郭浩 著

山东大学出版社

图书在版编目(CIP)数据

管子品读/郭浩著.—济南:山东大学出版社,2016.6
(齐鲁文化经典品读/马新主编)
ISBN 978-7-5607-4281-6

Ⅰ.①管… Ⅱ.①郭… Ⅲ.①法家 ②《管子》—研究
Ⅳ.①B226.15

中国版本图书馆 CIP 数据核字(2016)第 140983 号

责任编辑:张 瑞
封面设计:张 荔

出版发行:山东大学出版社
社 址 山东省济南市山大南路 20 号
邮 编 250100
电 话 市场部(0531)88364466
经 销:山东省新华书店经销
印 刷:山东新华印务有限责任公司
规 格:720 毫米×1000 毫米 1/16
34.25 印张 612 千字
版 次:2016 年 6 月第 1 版
印 次:2016 年 6 月第 1 次印刷
定 价:69.00 元

本书系山东省古籍整理项目“齐鲁文化经典研究”(N.02540903)、山东省文化建设委托项目“齐鲁文化资源研究”(N.56480905)、齐鲁文化名家立项课题“走进齐鲁经典文化”结项成果

《齐鲁文化经典品读》课题组

课题组负责人　马　新

课题组成员　（以姓氏笔画为序）

马　新　马德青　王玉喜　王其俊

王爱清　巩宝平　刘厚琴　李吉东

李学娟　校　潇　郭　浩　郭海燕

总序

齐与鲁是西周时代分封的两个著名的诸侯国，因都在今山东省的范围内，所以，山东又被称作“齐鲁之邦”。我们习惯上所称的“齐鲁文化”也因此有狭义与广义之分：狭义的齐鲁文化是指齐、鲁两国所创造的文化形态，广义的齐鲁文化则是指春秋战国时代兴盛于齐鲁之邦的所有文化的集合。无论哪一种意义上的齐鲁文化，都是传承与融合的结果，都是多元文化碰撞与交流的产物。

西周分封之前，山东地区西部是殷商重地，东部则是古老的东夷，被统称为“大东”①。周公协助周成王分封天下时，将自己的长子伯禽分封到今山东曲阜一带，建鲁国；将姜太公分封到营丘一带，建齐国；将周文王的四个儿子分封到大东地区，分别建立了曹、郜、滕、郯诸国。另外，大东地区被周王朝分封或认可的诸侯国还有东夷建立的莒、莱等国，以及相传为黄帝后裔所建的薛、邳等国；夏王朝的余绪杞、鄫、费。殷商遗国宋国的一部分也在大东地区。以上大大小小合计有六十多国。至春秋战国时代，随着列国的争战

① 西周建国初年，为监视东方各诸侯国，实行分区经营。距镐京较近的各诸侯国统称“小东”，较远的各诸侯国统称“大东”。

兼并，山东地区的主要国家演化为齐、鲁、莒、郯、邹等国。南方大国楚、越两国也先后进入山东。越王句践灭吴后，曾迁都琅邪（古邑名，为春秋齐地，在今山东青岛黄岛区琅琊台西北），长期据有山东东南沿海一带；战国后期，赵国还据有今山东的西北地区，楚国则占有了山东中南部，一度出现了齐、鲁、楚、赵并立的局面。

列国的并立与重组实际上也是多种文化的并存与交融。齐、鲁等国的统治者受封而来时，带来了周王朝的礼乐文化，随后便开始了周文化与殷商文化的交融、与东夷文化的交融。比如，鲁国有众多的商奄之民以及殷民六族，殷文化底蕴十分丰厚，鲁国之社祭便是周社与亳社并存，亳社为殷人社稷之所。孔子即是殷人后代，他临终前曾说："殷人殡于两楹之间……丘也，殷人也。予畴昔之夜，梦坐奠于两楹之间。"[①]又如，东夷之俗"好让不争"，"夷俗仁"，这一传统也被融入鲁文化中，成为儒家仁道思想的重要来源。正如王献唐先生所言："孔子本是接受东方传统的仁道思想的，又进一步发展为儒家的中心理论。"[②]齐国之开国者太公到齐地后，其为政方针是"因其俗，简其礼"[③]。齐为东夷故地，"因其俗"就是吸收、接纳东夷之俗，正因如此，才有了"通商工之业，便鱼盐之利"[④]的经济政策，也才有了"仓廪实则知礼节，衣食足则知荣辱"[⑤]的思想特色。总之，周文化、殷商文化与东夷文化构成了齐鲁文化的三大基本来源。

春秋战国时代，周王朝分崩离析，诸侯割据，群雄逐鹿，兼并与融合成为社会政治的主流，文化的交融与迸发造就了中国历史上的百家争鸣。齐鲁之邦是当时最为重要的文化中心，它在西周以来的历史蕴积之上，兼收并蓄，吸纳了宋文化，莒、郯、薛文化，楚文化，越文化以及燕赵文化，等等，成为当时最为繁盛、最具影响力的文化形态。可以说，齐鲁文化是百家争鸣最为丰硕的成果。

春秋时期是百家争鸣的先声期，鲁有孔丘，齐有管仲、晏婴与孙武，而周王室与其他诸国，除老聃外，无可述焉。孔丘创立了儒家学派，有弟子三千，是中国历史上第一位教育家，其倡行"有教无类"，打破了"学在官府"的垄断；其编修《诗》《书》《礼》《易》《春秋》，是中国文化传统的集大成者；其政治思想与社会伦理思想更是奠定了中国历史上正统思想的基础。管仲是一位

---

① 《礼记·檀弓上》。

② 王献唐：《山东古国考》，齐鲁书社 1983 年版，第 219 页。

③ 《史记·齐太公世家》。

④ 《史记·齐太公世家》。

⑤ 《管子·牧民》。

成功的政治家，也是一位卓越的思想家。他的礼法并重、注重赏罚的政治思想是后世法家学派的重要源头，他的“通工商，官山海”的经济思想则是后世经济家与改革家的重要依据，他关于仓廪与食、与荣辱、与礼节关系的宏论直接影响了中国古代社会思想史的发展。其后同出于齐国的晏婴则是颇具影响力的政治家与外交家，他“和而不同”的社会政治思想、致力于俭约的治国理念以及智慧万千的外交作为，对后世都产生了重要影响。晏婴之后的齐人孙武，继承了齐国开国之君太公以来的兵学传统与兵家文化，并在战争实践中升华、光大，成为中国历史上兵家文化第一人。

战国时期是百家争鸣的鼎盛期，诸子学说纵横交织，层出不穷。此时的鲁国虽已没落，但文脉仍在，以其为中心，在邹、鲁、滕、宋、卫一带，形成了众星璀璨的思想文化圈。其中，孔子的后继者子思、孟轲等人形成的思孟学派推进着儒学的发展；出身于儒家的鲁人墨翟创立了墨家学派，提倡兼爱，倡导非攻，在认识论、逻辑学和自然科学上都有重要发现，对中国古代哲学和科学的发展做出了巨大贡献。卫国左氏（今山东定陶西）人吴起早年便到鲁国学习儒学并出仕为武将，后成为战国前期法家的重要代表人物，参与了魏文侯的变法，主持了楚国的变法，对法家思想和兵学文化都有显著影响。宋国蒙（今山东东明一带）人庄周是战国道家的代表人物，认为道为天地万物之本原，“天地与我并生，而万物与我为一”，对中国古代思想与社会影响深远。在这一时期的齐鲁文化圈中，还曾活跃着编撰《春秋左氏传》的鲁人左丘明，远道而至滕国的农家创始人许行及其追随者，工匠之祖师鲁国的公输般（即鲁班，“般”和“班”同音，古时通用，故人们常称他为鲁班），等等。

此时的齐国为战国七雄之一，其官办的稷下学宫是当时无有匹敌的思想文化中心，存续长达一百四五十年。盛时的稷下学宫有学士数百，被赐为上大夫者一度达七十六人，同时代的战国诸子几乎被其网罗殆尽。其中较为著名者，有战国法家三大学派之一的田齐法家的代表人物慎到；有道家黄老学派的代表人物田骈、彭蒙、宋钘；还有儒家孙氏之儒的代表人物荀卿，他主张礼法并用，“隆礼重法”，倡导“法后王”与社会变革，对后世的儒家和法家都产生了较大影响，他的两位高足李斯与韩非子成为战国后期法家的代表人物；名家的代表人物尹文，阴阳家的代表人物邹衍，杂家的代表人物淳于髡等也是学宫之中的佼佼者；而兵学家孙武之后孙膑，是战国时代齐国的军事谋略家，指挥了围魏救赵、马陵之战等著名战役，为兵家文化之重要代表人物；齐人扁鹊提出了望、闻、问、切四诊法，是中国古代医学文化的代表人物；齐人甘德精于天文历算，与石申合著之《甘石星经》是中国古代科学的代表性著作，等等。

总之，春秋战国时代形成并繁荣的齐鲁文化，名家荟萃，洋洋大观，留下了丰厚的文化遗产。一部齐鲁文化史就是一部精编版的中国传统文化形成史，齐鲁文化中的传世经典就是中国传统文化的元典。千百年来对这些经典的诠释汗牛充栋，直到今天，这些经典仍然有着不可替代的品读价值，值得我们站在时代的高度再加品读，以更好地感受齐鲁文化之韵，领悟中国传统文化之魂。

需要说明的是，由于时代久远，齐鲁诸子的著述或散佚，或残缺，我们只能从传世至今的完璧中，选择能够代表诸子本人思想学说者，纳入这套“齐鲁文化经典品读”，计有《论语品读》《管子品读》《晏子春秋品读》《孙子兵法品读 孙膑兵法品读》《墨子品读》《孟子品读》《荀子品读》《庄子品读》，共八种。

既是品读，就要在充分吸收以往齐鲁文化研究成果的基础上，在以往整理工作的基础上，改变传统的古籍整理模式，以当代文化的视角重新梳理齐鲁文化经典，以当代社会的文化符号系统重新解读齐鲁文化经典，突出当代文化的实际需求，拉近社会大众与经典文化的距离，使广大读者能够轻松自由地走进齐鲁文化经典。

从结构上讲，丛书中的每一种书都包括了“人物与文化研究”“原著注释与品读”两大部分内容。在“人物与文化研究”中，旨在实现两个沟通：一是读者与古人的沟通。将人物置于其存在的文化背景中，发掘其文化内涵，寻找其核心精神，找到一个真实而鲜活的历史人物，而不是拘泥于常规的历史人物小传，以便于读者对其了解与认知。二是古文化与当代文化的沟通。着力寻找历史人物与相关文化在当代文化中的价值，以发扬光大中华优秀传统文化。在原著“品读”中，我们力图改变以往古籍类著作注释加翻译的习惯，把主动权交给读者，让读者直接与古人对话，直接亲近经典，自觉接受优秀传统文化的熏陶。因而，重点在疏与解上下功夫，通过恰当的疏与解，引导与帮助读者阅读，而不是越俎代庖。总之，通过对人物与文化的研究，可以更好地了解原著；通过对原著的解读，可以更好地认识与吸纳优秀文化。

这套“齐鲁文化经典品读”丛书，是我们的新尝试，更是我们向齐鲁文化经典的致敬。错谬不足之处，尚请大方之家不吝赐正。

是为序。

马 新

2015 年 12 月于山东大学高阁书斋

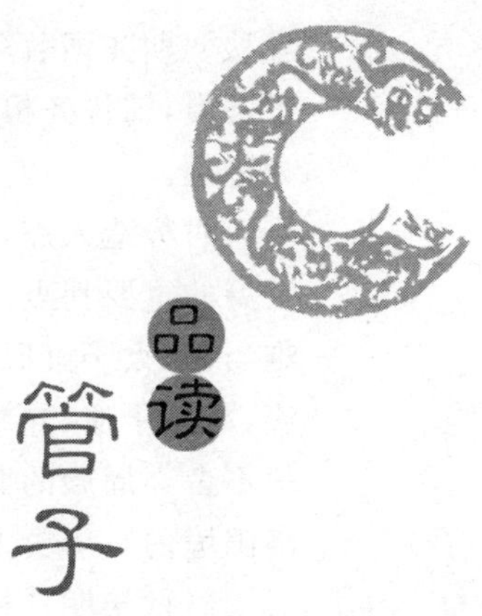

品读管子

《管子》一书，旧题管仲所撰，其实是战国时代齐国稷下学宫的学者们，汇集管子言论，加以阐发而成。统揽全书，内容包罗万象，兼收并蓄，涉及道、法、儒、兵、农、阴阳五行、名、轻重诸家学说，涵盖政治、经济、军事、哲学、法律、伦理、教育、农学、水文、地理、音乐等众多思想。其中，最令人叹为观止的当属《管子》的经济思想。在重义轻利、伦理至上的我国传统社会，能秉承以经济思维来分析政治、经济、军事等问题，着实难得。在近代西学东渐之前，其经济思想可谓卓绝高远，无出其右者。

一

管仲（？～前645年）[①]，名夷吾，字仲，颍上（今安徽颍上）人[②]。管仲是

① 对于管仲的生年，学界尚无定论。如陈庆照等《管仲生年考》（《管子学刊》2006年第2期）一文认为在公元前735年；龚武《论管仲出生于公元前723年》（《管子学刊》2007年第1期）一文认为在公元前723年；王京龙《"管仲生年考"述评》（《济南大学学报（社会科学版）》2008年第5期）认为在公元前716年。

② 见《史记·管晏列传》。按：汉代并无颍上县，司马迁所云"颍上"应指颍水之上，是一个宽泛的地理概念，具体所指有歧义。"安徽颍上"说只是一种常见说法。

春秋初期齐国著名的政治家、改革家。他任政相齐，对内富民强兵，对外尊王攘夷，辅佐齐桓公称霸，九合诸侯，一匡天下。其事迹家喻户晓，为后世广为传颂。

时势造人杰，乱世出英雄。管仲处于一个急剧转变革的时代，也是历史发展的重要拐点。公元前771年，犬戎攻入镐京，周幽王被杀，西周灭亡。国难当头，太子宜臼即位，是为周平王。经历战争洗劫，镐京周边地区满目疮痍，靡有孑遗，异族威胁有增无减。万般无奈之下，公元前770年，周平王不得不舍弃周族的龙兴之地，在郑、秦、晋等诸侯的卫护下，东迁洛邑（今河南洛阳境内），历史上称为东周，由此拉开了诸侯争霸、弱肉强食的春秋时代。

春秋初期，“礼乐征伐自天子出”的固有秩序受到挑战，开始向“礼乐征伐自诸侯出”转变。其主要原因是唯我独尊的周天子自身实力的式微。周平王东迁后，直辖的王畿地区不过一二百里，土地、人口等同弱国。经济上捉襟见肘，军事上萎靡不振，政治上内乱不止，东周王室的衰微是必然结果。由于名分与实力的巨大落差，以宗主自居的周天子与周边诸侯的矛盾自然在所难免，尤其是与郑庄公的恩怨。当时郑国不但实力雄厚，而且西接东周之地，利益交错，很难厘清。作为平王东迁的功臣，郑武公、郑庄公父子先后担任平王卿士，把持王室大权。君轻臣重，尾大不掉，自然心存芥蒂，龃龉滋生。公元前743年，郑庄公怀疑平王重用虢公来图谋自己，而平王居然要求与郑国交换人质，建立互信。这是前所未有的事。周天子尽显弱势，与郑国的矛盾开始走向公开化。平王驾崩后，周人拟将朝政大权交予虢公，来制衡强势的郑庄公。对此，恼羞成怒的郑庄公竟然派兵强行割取周地的庄稼。周、郑关系急剧恶化，开始兵戎相见。公元前707年，周桓王正式免去庄公职事，双方最终摊牌。周桓王率领蔡、卫、陈三国联军攻打郑国，战于繻葛（今河南长葛东北），结果王室败绩，桓王中箭受辱。周王重建天子权威的最后一丝幻想宣告破灭，从此一蹶不振，再无翻身之日，最终沦为大国诸侯利用、操纵的权力工具。

随着以周天子为宗主的权利均衡被打破，列国诸侯之间的关系逐渐变得错综复杂起来，演变成一个个大小不同的利益竞争体。他们之间不断联合、分化、和解、兼并，但还是难逃强者生存、弱者灭亡的命运。对此，刘向《说苑·尊贤》云：“春秋之时，天子微弱，诸侯力政，皆叛不朝。众暴寡，强劫弱，南夷与北狄交侵，中国之不绝若线。”此句一举道破当时两大历史主题：一是周天子徒有虚名，诸侯内斗倾轧；二是中原诸侯一盘散沙，周边异族大举进犯。如何能尊周室、攘夷狄、佑华夏成为当时中原诸侯的历史使命。这就要谈到管仲所在的齐国了。

二

齐国的始祖为太公姜尚。在周公东征胜利后，移封到东夷薄姑的旧地，始立齐国，建都营丘（今山东淄博境内）。《史记·齐太公世家》载："太公至国，修政，因其俗，简其礼，通商工之业，便鱼盐之利，而人民多归齐，齐为大国。"又，《汉书·地理志下》载："太公以齐地负海舄卤，少五谷而人民寡，乃劝以女工之业，通鱼盐之利，而人物辐凑。"当时国业初创，局势险恶，百废待兴，筚路蓝缕。一方面，山东半岛是东夷部族的世居之地，与中原文化的风俗习惯、宗教信仰有所不同。当地的土著部族内心不会轻易顺服，东邻的莱人又不时侵犯，威胁甚大。另一方面，兵燹之余，人烟稀少。齐地靠海，地多盐碱，粮食匮乏。对此，太公因地制宜，着眼长远，制定了切实有效的大政方针。首先，实行渐进的同化政策。"因其俗，简其礼"，尊重当地东夷文化；"尊贤而上功"[①]，不任人唯亲，以怀柔政策来争取土著居民的支持与归附。其次，注重农、工、商并举。发挥滨海产盐的地理优势，大力发展鱼盐业，劝导女工纺织，积极通商兴利。结果四方民众襁负而至。太公的建国方针为齐国通向强国之路奠定了雄厚基础，塑造了重工兴商的优良传统。直到汉代，齐地仍是全国丝织业的生产中心，太公之举可谓影响甚巨。

经过太公以及后继之君的苦心经营，齐国后来居上，渐渐成长为东方一颗冉冉升起的新星。

春秋初期，齐庄公、僖公在外交舞台上开始崭露头角。齐僖公曾小主诸侯盟会，故称为"小伯（霸）"。公元前720年，齐僖公与政治寡头郑庄公主动结盟于石门（今山东长清西南），借以提升自己的地位。公元前710年，当郑国与宋国、卫国疲于作战之际，齐僖公抓住时机，以大国姿态出面调停，与三国会盟于温（今河南温县西南），化解矛盾，达成和解。作为回报，郑庄公以王室卿士身份引见僖公朝觐周天子。公元前706年，北戎侵犯齐国，无力招架的齐国请援郑国，郑太子忽率军援助，大败戎敌。但是，对于近邻纪国、鲁国，齐国的手腕则较为强硬。纪国与齐国素有世仇，齐国一直想除之而后快，多次密谋吞并纪国。而鲁国与其实力相当，齐僖公就一方面积极拉拢，将女儿文姜嫁给鲁桓公；另一方面严格防范限制，甚至打击。公元前702年，郑、齐、卫联军一直攻至鲁国的腹地郎城（今山东曲阜近郊）。由此可见，齐僖公远交近攻的策略相当高明，可谓名利双收。不过，从北戎侵齐来看，当

---

① 《汉书·地理志下》。

时的齐国还是实力不济，略逊一筹。

齐襄公即位后，飞扬跋扈，残暴淫乱，穷兵黩武，四处树敌。公元前694年正月，齐、鲁二国会盟于泺（山东济南西北）后，鲁桓公陪同夫人文姜回齐省亲。期间，齐襄公与其妹文姜私通。事情败露后，气急败坏的襄公竟派人教训鲁桓公，结果致其毙命于车上。七月，齐襄公又借会盟之机，诱杀有宿怨的郑国新君。一年之内连伤二君，其暴虐成性，已登峰造极。公元前691年，他凭借武力完全吞并纪国，疆域得以拓展。当年威震东方的鲁国已经不再是平起平坐的对手。从这个意义上讲，后来齐桓公的旷世霸业绝不是空中楼阁、凭空而起的，还是要肯定齐庄公、僖公、襄公所做的功业铺垫。

不久，在齐襄公对内高压、对外强权的暴政下，一场血雨腥风已经悄然来临。起初，他废黜齐僖公母弟的儿子公孙无知，后者一直怀恨在心，伺机报复。同时，襄公对下寡恩刻薄，“卑圣侮士”“戎士冻馁”[①]，断然拒绝戍边到期的大夫连称、管至父换防，逼迫二人起兵叛乱。两股强大的反对势力最终合流，将齐襄公杀死，公孙无知篡位。短短几个月后，名不正言不顺的公孙无知又被杀。齐国内忧外患，风雨飘摇，陷入巨大的动荡之中。是覆灭？抑或中兴？就是在这样的历史舞台上，齐桓公、管仲君臣历经种种波折终于携起手来，上演了一场荡气回肠、波澜壮阔的历史篇章。

三

关于管氏的祖先主要有两种说法：一种是管氏的始祖为周文王第三子叔鲜，在武王灭商后，分封至管（今河南郑州），便以国为氏。后来，管叔发动叛乱，被周公诛杀。管氏就此没落，四处迁徙；另一种说法见于《左传·僖公十二年》孔颖达疏所引杜预《世族谱》，其文云：“管氏出自周穆王。”宋人郑樵《通志·氏族略》亦附会此说。二说未知孰是，迄无定论。不过，管氏为姬姓是确定无疑的。

在《史记·管晏列传》司马贞《索隐》所引《世本》中，详细记录了管仲家族的十代谱系，弥足珍贵。其云：“庄仲山产敬仲夷吾，夷吾产武子鸣，鸣产桓子启方，启方产成子孺，孺产庄子卢，卢产悼子其夷，其夷产襄子武，武产景子耐涉，耐涉产微，凡十代。”由此可知，管仲的父亲名为管山。在管仲父辈时，可能就已迁入齐国定居。从管仲父亲管山的谥号“庄”来看，其身份地位似不一般。管仲早年当过兵，也说明其出身至少为士一级的贵族家庭。

---

① 《国语·齐语》。

管仲早年坎坷失意，怀才不遇。西汉刘向《说苑·善说》记载管仲"家残于齐"，说明他早年家庭遭受变故，家道败落。对于这段酸楚的往事，管仲自嘲道：

> 吾始困时，尝与鲍叔贾，分财利多自与，鲍叔不以我为贪，知我贫也。吾尝为鲍叔谋事而更穷困，鲍叔不以我为愚，知时有利不利也。吾尝三仕三见逐于君，鲍叔不以我为不肖，知我不遭时也。吾尝三战三走，鲍叔不以我为怯，知我有老母也。①

由上可知，管仲早年与好友鲍叔牙一起创业，屡遭失败，饱受磨难。但如孟子所云"天将降大任于是人也，必先苦其心志，劳其筋骨，饿其体肤，空乏其身"，管仲经商为贾的经历，使其亲身体味经商的风险劳苦，明晓商人的必要角色，谙熟市场的轻重调节；"三仕三见逐于君"的艰险仕途，使其通晓政事，明辨时弊，成为其相齐施政的素材来源；"三战三走"的狼狈战绩，更是其军政改革的最初考量。换言之，管仲早年不同岗位、职业的兴替轮换，表面上看四处碰壁，一塌糊涂，实际上是一笔宝贵的财富。它成就了管仲灵活的经济头脑、敏锐的政治眼光、前瞻的军政策略以及坚忍的意志品质。

更为重要的是，管仲深藏的才华赢得了一生知己——鲍叔牙的相知与相荐。管仲事业的功成名就是与鲍叔牙的慧眼识才、极力荐举分不开的，他曾感叹道："生我者父母，知我者鲍子也。"②管鲍之交，传为千古美谈。

齐僖公在位时，管仲、召忽傅公子纠，鲍叔牙傅公子小白。个中原因有多种版本。如《吕氏春秋·不广》载：

> 鲍叔、管仲、召忽，三人相善，欲相与定齐国，以公子纠为必立。召忽曰："吾三人者于齐国也，譬之若鼎之有足，去一焉则不成。且小白则必不立矣，不若三人佐公子纠也。"管子曰："不可，夫国人恶公子纠之母以及公子纠，公子小白无母，而国人怜之。事未可知，不若令一人事公子小白。夫有齐国，必此二公子也。"故令鲍叔傅公子小白，管子、召忽居公子纠所。

上述内容与本书《大匡》篇所记大同小异，都是讲鲍叔辅佐小白的前因后果。虽然其记载有后人附会之嫌，但仍可以窥见：管仲对未来君位归属的复杂性与不确定性还是早有预判的，彰显了他高人一筹的政治眼光；至少在齐僖公后期，管仲、鲍叔、召忽形已经成为一个政治团体，在齐国政坛上已小有名气，具有一定的影响力。

嗣后，二公子的长兄齐襄公即位，暴虐无道。鲍叔牙预感不妙，携公子

---

① 《史记·管晏列传》。

② 《史记·管晏列传》。

小白先行奔莒国。齐国发生内乱后，管仲、召忽又辅佐公子纠奔其母的故国——鲁国，以寻求援助。内乱渐息后，二公子为争夺空缺的君位，剑拔弩张，投戈相向。管仲与鲍叔也各为其主，出谋献策。公元前685年，鲁庄公亲自出面与齐大夫会盟，议立年长的公子纠为齐君。不几日，慑于鲁国未来干政的忧虑，齐国又违背盟约。其中起决定作用的是国、高二族对公子小白的支持。他们是周天子任命的齐国上卿，实力雄厚，且一直与小白关系保持密切。他们送信请让公子小白前来即位。对此，鲁庄公只能率主力护送公子纠武力入齐。同时，管仲急率少量精兵半路拦截小白，正好在即墨（山东平度境内）与其发生遭遇战。战斗中，管仲一箭射中小白的衣带钩，险些伤其性命。受惊的小白倒下后，顺势佯死。管仲回去复命后，鲁军以为大功告成，进兵迟缓。而小白在鲍叔牙的统筹安排下，日夜兼程，抢先至齐即位，是为齐桓公。接着，他整肃军队，发兵拒鲁，与其决战于乾时（今山东临淄境内乌河）。结果，不争气的鲁庄公被同仇敌忾的齐军打得落花流水，险被俘获。齐、鲁两国实力已不可同日而语了。

对于公子小白的成功，晋国叔向分析道："齐桓，卫姬之子也，有宠于僖。有鲍叔牙、宾须无、隰朋以为辅佐，有莒、卫以为外主，有国、高以为内主。"[①]他认为，小白外有莒国、卫国的支持，内有国、高二氏的相助，再加上鲍叔牙等谋臣的运筹帷幄，是桓公入主继统的三个因素。我们认为，相比鲁国的倾力相助，莒国、卫国的支持实为有限。国、高势力的倒向以及齐国大夫对鲁国涉政的防范之心才是重中之重。

这就是管仲与桓公的第一次碰撞，结果桓公取胜。造化弄人，管仲这一箭的毫厘之差改变了君臣的命运，也影响了齐国其后的发展路径。

胜者为侯，败者为寇。齐桓公挟着胜利的余威，向鲁国全力施压，要求肃清政敌。衔有带钩之恨的桓公，本想置管仲于死地。关键时刻，成就桓公君位的功臣鲍叔牙直言力谏说："君且欲霸王，非管夷吾不可。"[②]并高度评价道：

> 臣之所不若夷吾者五：宽惠柔民，弗若也；治国家不失其柄，弗若也；忠信可结于百姓，弗若也；制礼义可法于四方，弗若也；执枹鼓立于军门，使百姓皆加勇焉，弗若也。[③]

鲍叔牙精彩绝伦的一番话彻底打动了胸怀大志的齐桓公。他权衡利弊后，还是以社稷为重，同意不计前嫌，展现了未来霸主的优秀潜质。于是君臣设

---

① 《左传·昭公十三年》。

② 《史记·齐太公世家》。

③ 《国语·齐语》。

计逼迫鲁国杀死其竞争对手公子纠，并以回国受刑为名，要求将召忽、管仲押解回齐。面对齐国的强势要求，鲁国贤臣施伯识破了齐国的算计，他进谏庄公道："夫管子，天下之才也，所在之国，则必得志于天下。令彼在齐，则必长为鲁国忧矣。"[①]但是，齐国大兵压境，敌强我弱，也只好作罢。从侧面可蠡测，管仲辅佐公子纠之时，其才华就已名声大噪、远近皆知了。

面临从主殉死，还是受囚回国的生死抉择，召忽毅然赴难，管仲却无视气节，恬然"请囚"求生。对此，孔老夫子高见卓识，早有解读。《论语·宪问》载：

> 子路曰："桓公杀公子纠，召忽死之，管仲不死。"曰："未仁乎？"子曰："管仲九合诸侯，不以兵车，管仲之力也。如其仁，如其仁！"
>
> 子贡曰："管仲非仁者与？桓公杀公子纠，不能死，又相之。"子曰："管仲相桓公，霸诸侯，一匡天下，民到于今受其赐。微管仲，吾其披发左衽矣。岂若匹夫匹妇之为谅也，自经于沟渎而莫之知也。"

在孔子看来，如果管仲选择从死，就如同普通百姓拘于小节的自杀，没有多大价值。其实，管仲早年为母亲而不耻"三战三走"，就是其坚忍、能屈能伸、不拘小节的一贯做法。对此，管仲一语中的："夷吾之为君臣也，将承君命，奉社稷以持宗庙，岂死一纠哉？"[②]在管仲眼里，维护齐国社稷是大义，死守臣节不化是小节。这种人生价值观始终贯穿管仲的一生。

管仲决定回齐国后，鲍叔牙唯恐不测，亲自在齐国的边境堂阜（今山东蒙阴西北）降尊守候，慰问洗尘。桓公求贤若渴，大喜过望，在郊外隆礼相迎，并委以卿相，尊为仲父。《韩非子·难一》记载：

> 桓公解管仲之束缚而相之。管仲曰："臣有宠矣，然而臣卑。"公曰："使子立高、国之上。"管仲曰："臣贵矣，然而臣贫。"公曰："使子有三归之家。"管仲曰："臣富矣，然而臣疏。"于是立以为仲父。

表面上看，管仲回齐后，直接要挟桓公，图名邀利。实际上，此举出于两种目的：其一，管仲深知要改革成功、成就霸业，必须树立自己的权威，才能削弱保守势力、利益集团的威胁，孔子就曾评价道："管仲之贤，不得此三权者，亦不能使其君南面而霸矣。"[③]其二，管仲也是在暗自试探桓公任用自己来改革弊政的决心。这也是管子不拘小节而深明大义的体现。

当然，对于管仲的一些僭奢行为，追求完美的孔子称其"器小"，倒也可理解。不过，齐国二巨擘——管子、晏子相比较，虽然晏子"相齐，食不重肉，

---

① 《国语·齐语》。

② 《管子·大匡》。按：下文中引自《管子》本书的内容，只在文中注明篇名，不再一一作下注。

③ （汉）刘向：《说苑·尊贤》。

妾不衣帛"，"节俭力行"[1]，但事齐灵公、庄公、景公三君，齐国仍不免式微，为田齐所代。这才谓"器小"。

四

管仲回齐之初，当面向桓公提出"修旧法，择其善者而业用之"[2]，即好的制度要留用，不好的就要改进，暗示要准备变革。当然，西周以来的民本理念要加以继承，管子的治国理念为"政之所兴，在顺民心；政之所废，在逆民心"《牧民》；礼制教化也是要极力维护的，管子提出了"礼不逾节，义不自进，廉不蔽恶，耻不从枉"(《牧民》)的"四维"新思想。在此基础上，他更进一步强调礼、法并重，主张"厚爱利足以亲之，明智礼足以教之。上身服以先之，审度量以闲之，乡置师以说道之。然后申之以宪令，劝之以庆赏，振之以刑罚"(《权修》)。

管仲主政伊始，凭借着自己在不同岗位上对齐国政事的长期观察和多年思索，利用桓公赋予的大权，在各个领域精心设计了一系列的新政举措，展开了一场卓有成效的改革。

第一，在内政方面。齐国当时仍是延续西周制度，国野分治。国人是以宗法贵族为主体，享有参军、参政、受教育的权利。野人是原来被征服地区的人民，居住在乡鄙，一般无政治特权。管仲在不触动国、高二公族利益的基础上，通过"参其国而伍其鄙"建立了一套系统、高效的行政制度，由松散的分封采邑制开始向分层官僚制转变，强化人口控制，最大限度地整合国家资源。

关于"参其国"，《国语·齐语》载：

> 管子于是制国以为二十一乡：工商之乡六；士乡十五，公帅五乡焉，国子帅五乡焉，高子帅五乡焉。参国起案，以为三官，臣立三宰，工立三族，市立三乡，泽立三虞，山立三衡。

由上来看，管子将国中居民整编为三个部分：桓公、国子、高子各统领五乡，再加上六个工商之乡，共二十一个乡级单位。需要注意的是"泽立三虞，山立三衡"一句，显然是管仲直接出手来控制山林川泽等自然资源，以拓展财税来源，将国、高二族排斥在外。

管仲将工、商、士乡单独编制是出自"四民分居"思想，即"处士也，使就

---

① 《史记·管晏列传》。

② 《国语·齐语》。

闲燕；处工，就官府；处商，就市井；处农，就田野”[①]。首先，由于齐国延续国野分治，实行工商食官、四民分居就具有较强的可操作性，成本并不高。其次，工商兴国一直是齐国沿袭的优良传统，也是其财政增收、武器制造的重要保障。四民分居有裨于各行业内部专业知识的学习、交流、传承，促进分工专业化，起到事半功倍之效。再次，此举便于民众安心于本职工作，有利于政府控制，社会稳定。

关于“五鄙”，《国语·齐语》载：

> 制鄙。三十家为邑，邑有司；十邑为卒，卒有卒帅；十卒为乡，乡有乡帅；三乡为县，县有县帅；十县为属，属有大夫。五属，故立五大夫，各使治一属焉；立五正，各使听一属焉。是故正之政听属，牧政听县，下政听乡。

在管仲改革之前，乡鄙几乎无政治地位，管理松散、混乱，责权不清。但是，这一地区恰恰人口众多，土地广袤。曾经在基层磨炼多年的管仲，早已心知肚明，深明其弊。他就曾提出“以家为家，以乡为乡，以国为国，以天下为天下”(《牧民》)的分层管理思想。因而，他针砭时弊，对症下药，将乡鄙分为五属，专设大夫一职，并下设县、乡等机构，实行逐级管理。由此，管仲将“野人”尽数纳入政府的实际管控之中，有效地整合了国家资源，扩大了赋税来源，增强了综合国力。

第二，在军政方面。乱世之秋，必然强军。管仲强化内政的初衷就是增强军力，即“作内政而寄军令”，在国中实行军政合一。《国语·齐语》载：

> 五家为轨，轨为之长；十轨为里，里有司；四里为连，连为之长；十连为乡，乡有良人焉。以为军令：五家为轨，故五人为伍，轨长帅之；十轨为里，故五十人为小戎，里有司帅之；四里为连，故二百人为卒，连长帅之；十连为乡，故二千人为旅，乡良人帅之；五乡一帅，故万人为一军，五乡之帅帅之。三军，故有中军之鼓，有国子之鼓，有高子之鼓。

管仲通过“卒伍整于里，军旅整于郊”来整治军政，益处良多。士兵“世同居，少同游”，相知相亲，不分你我。因而，“夜战声相闻，足以不乖；昼战目相见，足以相识”[②]，作战时就能配合默契，同生共死，战斗力极强。管子通过寓兵于民的方式，依托“春以蒐振旅，秋以狝治兵”来定期演练，最终建立一支训练有素的军事常备军。

为缓解甲兵不足、军费紧张的问题，管仲又审时度势，通于权变，允许违法者在一定条件下缴纳甲兵或折算财物来赎罪。《国语·齐语》载：

---

① 《国语·齐语》。

② 《国语·齐语》。

制重罪赎以犀甲一戟，轻罪以鞼盾一戟，小罪谪以金分，宥间罪。索讼者三禁而不可上下，坐成以束矢。美金以铸剑戟，试诸狗马；恶金以铸鉏、夷、斤、斸，试诸壤土。

此举既能宽刑于民，彰显君德，又可以解决军费开支，可谓一举两得。其后，各诸侯国纷纷仿效，成为通制。

第三，经济方面。管仲一向主张为政富民，其千古名句"仓廪实则知礼节，衣食足则知荣辱"(《牧民》)就是典型写照。他还专门指出"务五谷，则食足。养桑麻育六畜，则民富"(《牧民》)，强调"取于民有度，用之有止"(《权修》)。具体表现在：

一方面，他重视农业生产，强调"地之守在城，城之守在兵，兵之守在人，人之守在粟"(《牧民》)，指出农业生产的关键是土地，"地不平均和调，则政不可正也"(《乘马》)。因而，他主张"均地分力"，保证农村公社内土地轮换、分配的公平与公正。如《乘马》篇所载：

地之不可食者，山之无木者，百而当一。涸泽，百而当一。地之无草木者，百而当一。楚棘杂处，民不得入焉，百而当一。薮，镰缨得入焉，九而当一。蔓山，其木可以为材，可以为轴，斤斧得入焉，九而当一。泛山，其木可以为棺，可以为车，斤斧得入焉，十而当一。流水，网罟得入焉，五而当一。林，其木可以为棺，可以为车，斤斧得入焉，五而当一。泽，网罟得入焉，五而当一。命之曰：地均以实数。

《国语·齐语》一句"陆、阜、陵、墐、井、田、畴均，则民不憾"，与此有异曲同工之妙。在"均地分力"的基础上，管子创造性地实行"相地而衰征"的赋税制度，根据土地的优劣状况来确定征收的标准，改变过去劳役地租的单一方式。此项举措大大调动了农民的积极性，促进了农业的增产增收。

另一方面，管仲本身经历过商海鏖战，是一个理财的行家能手。其"天下不患无财，患无人以分之"(《牧民》)一句，更是振聋发聩，震惊世人。《史记·管晏列传》曾载："管仲既任政相齐，以区区之齐在海滨，通货积财，富国强兵，与俗同好恶。"他继续发展齐国鱼盐业、丝织业，积极对外贸易，"设轻重鱼盐之利"[①]，增加百姓收入，拓宽国家财源。

第四，人才选拔方面。《权修》篇云："一年之计，莫如树谷；十年之计，莫如树木；终身之计，莫如树人。"管子重视选举贤才，主张察能授官，反对"德不当其位，功不当其禄，能不当其官"(《立政》)的尸位素餐行为。

---

① 《史记·齐太公世家》。

管仲相齐后，立即向桓公推荐贤能，委任要职。《韩非子·外储说左下》载管仲云：

> 辨察于辞，清洁于货，习人情，夷吾不如弦商，请立以为大理。登降肃让，以明礼待宾，臣不如隰朋，请立以为大行。垦草仞邑，辟地生粟，臣不如宁戚，请以为大田。三军既成阵，使士视死如归，臣不如公子成父，请以为大司马。犯颜极谏，臣不如东郭牙，请立以为谏臣。

为实现人才选用的公开化、公正化、制度化，管子又创立了"三选"制，即基层乡长先行荐举、所属官长再实地考核、君主亲自面试的三个环节。如此，齐国通过层层筛选，名实勘验，将一大批良才贤士充实到各个岗位，打破了贵族垄断官位的局面，做到了任人唯贤、唯才是举。

五

管仲锐意改革，改弦易辙的目的当然是成就齐国霸业。面对王室衰微没落，诸侯交错林立，夷狄虎视中原，管仲有的放矢地制定了尊王室、攘夷狄的根本方针。当时周礼未远，宗法还在，要废弃共主周天子，很难让华夏诸国认同。又加之，从实力上讲，外有诸侯制衡，内有公族掣肘，独吞中原的君主专制大国还远未出现。因而，齐国只能借助周天子的余威来统领诸侯，称霸天下。在外交策略上，管子采取"拘之以利，结之以信，示之以武"，即恩利并施，诚信交结，武力威慑的方法，实现"大国惭媿，小国附协"[1]，以通向霸业之路。

齐桓公的个性极为鲜明。优点是胸有大智，从谏如流；缺点是做事急躁，纵欲享乐。他曾坦言承认自己喜好田猎、饮酒、美色等，若遇贤臣辅佐，就是一代明君；若受奸臣蒙蔽，就会饿死不葬。因而，管仲与桓公的磨合需要一个过程。齐桓公元年（前685年），他便急于求成，准备"小修兵革"，因管仲劝阻而作罢。二年（前684年），桓公又"欲缮兵"，此次管仲力阻未果。此次战役，即齐鲁之间著名的长勺（今山东曲阜北）之战，"齐师败绩"[2]，桓公遭遇了即位以来的最大失败。吃一堑长一智，君臣之间鱼水般的信任关系逐渐建立了起来。《韩非子·难二》载有：

> 齐桓公之时，晋客至，有司请礼，桓公曰"告仲父"者三。而优笑曰："易哉为君！一曰'仲父'，二曰'仲父'。"桓公曰："吾闻君人者劳于索人，佚于使人。吾得仲父已难矣，得仲父之后，何为不易乎哉！"

---

① 《国语·齐语》。

② 《左传·庄公十年》。

由上可见，桓公对自己的定位是求索贤人，政事则归属管仲，君臣信任可见一斑。

桓公五年（前681年），齐桓公首次以诸侯身份召集宋、陈、蔡、邾等国会盟于北杏（山东东阿境内），商讨平定宋国内乱之事。齐国通过北杏会盟，小试牛刀，初露锋芒，意义重大。期间，作为鲁国的附庸国——遂国不参加盟会。为树立齐国军威，剪除鲁国势力，桓公攻杀遂国。然后，长驱直入，击退鲁军，一雪前耻。鲁庄公被迫献地求和，与齐国会盟于柯（山东阳谷东）。会盟之中，毫无戒备的桓公却遭到鲁臣曹沫以匕首劫持，被迫同意归还鲁国失地。事后，桓公欲反悔杀之。管仲深明大义，劝说道：“夫劫许之而倍信杀之，愈一小快耳，而弃信于诸侯，失天下之援，不可。”结果，失之东隅，收之桑榆，“诸侯闻之，皆信齐而欲附焉”①，桓公威望大增。

桓公七年（前679年），因宋国违背北杏盟约，齐国率领陈国、曹国攻打宋国，并要求周天子出师相助，最终周大夫单伯率军参战，宋国屈服求和。于是，齐桓公召集宋、陈、卫、郑等国会盟于鄄（今山东鄄城西）。此次会盟级别较高，又有周大夫与盟。次年，各诸侯国又一次会盟于鄄，重申盟约，“齐始霸也”②。

当时周边夷狄进逼中原，齐国勇担重任，充当救世主的角色，兴灭国，继绝祀，极大地提升了桓公在诸侯之中的声望与地位。桓公二十二年（前664年），北方少数民族山戎进攻燕国。齐国越千里之险，凭一国之力，击败山戎。大功告成，却退至齐境，不贪图燕国一寸土地。管仲随同一起北伐，出力甚多。其事迹也演绎为民间故事，传为佳话。《韩非子·说林上》中记有“老马识途”的故事：

> 管仲、隰朋从于桓公伐孤竹，春往冬反，迷惑失道。管仲曰：“老马之智可用也。”乃放老马而随之，遂得道。

北伐山戎前，鲁庄公曾答应率前往，后计较个人利益，临阵退却。回国后，桓公内心颇不平，准备出兵鲁国。管仲劝阻道：

> 不可！诸侯未亲，今又伐远而还诛近邻，邻国不亲，非霸王之道。君之所得山戎之宝器者，中国之所鲜也，不可不进周公之庙乎？”③

桓公听从管仲建议，不仅不追究，还将所获山戎宝器献祭鲁国周公之庙。第二年，齐国伐莒，鲁国上下悉数而从。对此，孔子评价道：“圣人转祸为福，报

---

① 《史记·齐太公世家》。

② 《左传·庄公十五年》。

③ 《说苑·权谋》。

怨以德。"[1]后来，鲁国庆父私通庄公夫人哀姜，连弑二君，齐国大乱。又是桓公出面，遵循大义，处死齐女哀姜，逼死逆臣庆父，稳定局势，另立新君。鲁国彻底信服，唯桓公马首是瞻。

二十五年（前 661 年），狄人侵入邢国，管仲进言：

> 戎狄豺狼，不可厌也。诸夏亲暱，不可弃也。宴安鸩毒，不可怀也。《诗》云："岂不怀归，畏此简书。"简书，同恶相恤之谓也。请救邢以从简书。[2]

于是齐国援邢驱狄，并抢救邢国宝器，一并封存送还。二十六年（前 660 年），狄人又攻破卫国。桓公派军队保护卫国遗民，并慷慨地赠送财物。后经齐国妥善安置，邢国迁于夷仪（今山东聊城西南），卫国封于楚丘（今河南滑县），以至于"邢迁如归，卫国忘亡"[3]。桓公存邢救卫的做法，赢得了华夏诸侯的衷心拥戴，进一步巩固了齐国霸业。

北方局势稳定后，齐国的目标转向以蛮夷自居的南方楚国。当时，楚国蚕食汉水诸国，北上侵犯郑国，大有问鼎中原之势。二十九年（前 657 年），齐国与宋国以及新归附的江国、黄国会盟于阳谷（今山东阳谷东），开始密谋商议伐楚。

三十年（前 656 年），齐桓公率领齐、鲁、宋、陈、卫、郑，许、曹八国军队，声势浩大，直指强敌楚国。楚国底气不足，派使者诘问："君处北海，寡人处南海，唯是风马牛不相及也。不虞君之涉吾地也，何故？"管仲的应答可谓有礼有节，柔中带刚：

> 昔召康公命我先君大公，曰："五侯九伯，女实征之，以夹辅周室。"赐我先君履，东至于海，西至于河，南至于穆陵，北至于无棣。尔贡包茅不入，王祭不共，无以缩酒，寡人是征。昭王南征而不复，寡人是问。[4]

管仲先是强调齐国的征讨大权乃周天子所赐，是师出有名，接着质问楚国不入贡周天子以及周昭王当年南征溺亡的原因。对此，楚国不得不承认"王祭不共"的事实。在强强对话中，齐国占据上风。最终楚国妥协，与诸侯之师会盟于召陵（今河南郾城东），承认了齐国的霸主地位。召陵之盟在一定程度上挫伤了楚国的锐气，延缓了其北进的步伐。

三十三年（前 653 年），齐桓公会盟诸侯，商讨复杂的郑国事宜。管仲进

---

① 《说苑·权谋》。

② 《左传·闵公元年》。

③ 《左传·闵公二年》。

④ 《左传·僖公四年》。

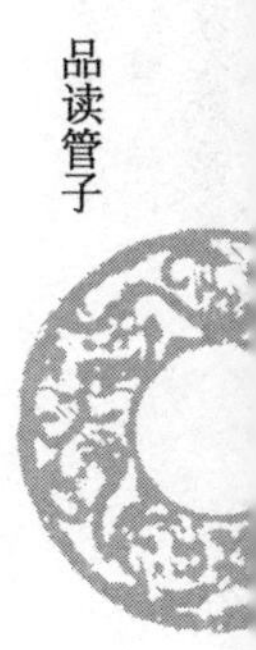

言“招携以礼，怀远以德，德礼不易，无人不怀”[①]，要秉承以礼相待、以德服人的原则来处理外交事务。期间，与会的郑国太子为己私利，以归顺齐国为重礼，请求桓公诛杀政敌，觊觎君位。桓公为利所诱，准备答应。管仲急忙阻止，义正词严地说道：“君以礼与信属诸侯，而以奸终之，无乃不可乎？子父不奸之谓礼，守命共时之谓信。违此二者，奸莫大焉。”[②]而且还颇具预见性地暗示桓公，只要不做违礼之事，郑国自会请盟。果不其然，郑国主动结盟，郑太子未得善终。

三十四年（前652），齐国召集诸侯会盟于洮（今山东鄄城西南），确立周太子郑继承王位，是为周襄王。周惠王生前，多次欲废长立幼，太子郑几近废黜，幸赖桓公大力相助，才得以继承王统。三十五年（前651），齐国召集鲁、宋、卫、郑、许、曹等国会盟于葵丘（今河南兰考东）。受齐大恩的周襄王专门派代表宰周公与盟，并赏赐祭肉，礼遇备至，这标志着齐国霸业达到顶峰，桓公首开春秋霸主之先河。

齐国霸业成功，管仲也居功至伟，名扬天下。三十八年（前648年），管仲奉命调停王室内部矛盾，受到周天子的高度礼遇。《左传·僖公十二年》载：

> 王以上卿之礼飨管仲，管仲辞曰：“臣，贱有司也。有天子之二守国、高在，若节春秋来承王命，何以礼焉？陪臣敢辞。”王曰：“舅氏，余嘉乃勋。应乃懿德，谓督不忘。往践乃职，无逆朕命。”管仲受下卿之礼而还。

管仲这种谦逊知礼的做法，备受时人赞誉。当然，管仲从大局出发，也有维护与国、高二族团结的考量。

此后，管仲年老，不能用事，多休居于家。早在公元前662年，桓公就曾下令筑小谷城（今山东东阿）[③]，作为管仲的封邑。而晚年的桓公内心膨胀，居功自傲，疏于政事，偏信小人，齐国霸业走向衰落。管仲曾多次警戒桓公，将奸佞小人视作恶毒无比的“社鼠”。如《韩非子·外储说右上》载：

> 桓公问管仲曰：“治国何患？”对曰：“最苦社鼠。夫社，木而涂之，鼠因自托也。熏之则木焚，灌之则涂阤，此所以苦于社鼠也。今人君左右，出则为势重以收利于民，入则比周谩侮蔽恶以欺于君，不诛则乱法，诛之则人主危。据而有之，此亦社鼠也。”

公元前645年，管仲临终之际，仍不忘劝谏桓公：

> 愿君去竖刁，除易牙，远卫公子开方。易牙为君主味，君惟人肉未

---

① 《左传·僖公七年》。

② 《左传·僖公七年》。

③ 《左传·庄公三十二年》。据《晏子春秋·外篇上》，管仲封邑包括“狐与谷，其县十七”。

尝，易牙烝其子首而进之。夫人情莫不爱其子，今弗爱其子，安能爱君？君妒而好内，竖刁自宫以治内。人情莫不爱其身，身且不爱，安能爱君？闻开方事君十五年，齐、卫之间不容数日行，弃其母久宦不归。其母不爱，安能爱君？[1]

他极力要求桓公废黜身边的奸臣——杀死儿子来邀宠君主的易牙，自损身体来取悦君主的竖刁，离弃父母来献媚君主的开方。然而，桓公终不能听从管仲所言，最终竟落得个死后不葬、尸体生虫的悲惨结局。对此，韩非子解析道：

桓公之兵横行天下，为五伯长，卒见弑于其臣，而灭高名，为天下笑者，何也？不用管仲之过也。[2]

这就是管仲鞠躬尽瘁、死而后已的一生。

六

管子虽逝，思想不朽。可惜的是，春秋不是私人著书立说的时代，更何况他日理万机，戎马倥偬，也无片刻功夫来创作。但是，他的事迹还是通过春秋史官，流传千古，启迪后学。他的子孙数世荣显齐国，也有机会将管子平时的只言片语加以整理。而人民感念其德，又广为传播其事迹，改编成众多版本，杜撰出逸闻轶事。到战国时期，学派蜂起，百家争鸣，人人都畅言管子，人人皆援引管子来立论成说。因而，谈及管子的书籍俯拾皆是、品类芜杂。如《韩非子·五蠹》云："今境内之民皆言治，藏商、管之法者家有之。"尤其齐地的稷下学宫，更是如此。

稷下学宫大致兴起于战国时期的齐桓公田午。他在首都临淄西南城门——稷门的旁边修建学宫，高薪聘请天下学者，专职著书讲学。至齐宣王时，稷下学宫达到鼎盛，成为华夏大地百家争鸣的文化中心。《史记·田敬仲完世家》载：

宣王喜文学游说之士，自如驺衍、淳于髡、田骈、接予、慎到、环渊之徒七十六人，皆赐列第，为上大夫，不治而议论。是以齐稷下学士复盛，且数百千人。

稷下学宫延续上百年，在这个互相争鸣、彼此包容的学术熔炉里，产生了邹衍、淳于髡、田骈、接予、慎到、环渊、孟轲、荀况等一批学术巨匠，出现了道家、法家、儒家、阴阳家、兵家、名家、农家等众多学派。稷下学士身处齐地，亲沐先贤管子之风。在整理、继承、研习管子思想的过程中，他们将自己的见解融入今本

---

① 《韩非子·难一》。

② 《韩非子·十过》。

《管子》一书中，甚至连稷下学宫的学生守则《弟子职》一篇也赫然在目。

今本《管子》中《法禁》《重令》《法法》《君臣》《任法》《明法》等多篇，与稷下学派中的齐法家关系极为密切。齐法家思想源于管子的礼法并用思想。一方面，他们主张“仁义礼乐者，皆出于法”(《任法》)，从法律的角度，延伸了管子的礼法思想；另一方面，又重视法令，认为“令重于宝，社稷先于亲戚，法重于民，威权贵于爵禄”(《法法》)。其理想的制度为“夫生法者，君也；守法者，臣也；法于法者，民也。君臣上下贵贱皆从法，此谓为大治”(《任法》)。

今本《管子》中的《心术上》《心术下》《白心》《内业》四篇属于稷下道家黄老学派的作品。[①]《史记·孟子荀卿列传》载：

> 慎到，赵人。田骈、接子，齐人。环渊，楚人。皆学黄老道德之术，因发明序其指意。故慎到著十二论，环渊著上下篇，而田骈、接子皆有所论焉。

黄老学派主张万物都本源于道，“不见其形，不闻其声”(《内业》)。“道”的外在体现便为“德”，“无为之谓道，舍之之谓德”(《心术上》)。在此基础上，又创造性地提出精气论，“精也者，气之精者也”，“凡物之精，比则为生。下生五谷，上为列星”(《内业》)。由此，将抽象的“道”与实体的“精气”对接起来，实现了道气一统，对后世的哲学发展影响甚大。

齐地兵学底蕴深厚，军事家孙武、孙膑、司马穰苴皆为齐人。今本《管子》的军事思想分见于《七法》《兵法》《参患》《制分》等数篇中，多半与齐兵家有一定的渊源。他们主张作战要“计必先定而兵出于竟(《参患》)”，避免“举兵之日而境内贫，战不必胜，胜则多死，得地而国败”的“四祸”(《兵法》)。其中，“计必先定”包含八个方面：财无敌、工无敌、器无敌、士无敌、政教无敌、服习无敌、遍知天下无敌、明于机数无敌。做到上述八点，就能实现“十战十胜，百战百胜”(《七法》)。此外，稷下学派中以邹衍为首的阴阳五行学家的理论，在今本《管子》中也有所体现。

当然，不单单是稷下学派，齐地的本土学派更是不遗余力地继承、发扬管子的思想。譬如，今本《管子》书中的《轻重》诸篇的作者，他们完全继承管子的衣钵，是管子“通轻重之权，徼山海之业”[②]的思想余绪，可称为“管子学派”。同时，他们又构建了自己的一套理论体系，也可名为“轻重学派”。轻重理论与齐地昌盛不衰的工商传统息息相关。战国时期，“齐冠带衣履天下”[③]，工商业一直保持领先。近年来，考古学者通过对渤海南岸地区规模巨

---

① 参见陈鼓应：《管子四篇诠释》，商务印书馆2006年版，第3～16页。

② 《史记·平准书》。

③ 《史记·货殖列传》。

大的东周时期盐业遗址群的考察，证明“《管子》轻重篇所呈现的以盐业生产和食盐专营制度为代表的财政经济思想是春秋末年至战国时期齐国的社会时情”[①]。他们饱受工商之风的耳濡目染，生于斯，长于斯，学于斯，经济思想自然生根、发芽、茁壮成长了。实际上，《轻重》诸篇的作者正是以管子思想为圭臬，在吸收、继承的基础上进一步延伸、凝练为轻重理论，成为管子经济思想的最强余音。

《管子》一书最大的闪光之处是其经济思想。巫宝三说道：

> 它所论述的经济问题甚为广泛，凡是我国封建社会早期出现的经济问题，它几乎无不涉及。可以说，在我国封建社会时期，这是一部论述封建国家经济问题最为全面和最为丰富的著作。[②]

胡寄窗也说道：

> 《管子》是战国中期出现的一本伟大经济巨著，在现存《管子》七十六篇中有三分之二以上都涉及经济问题；有将近二分之一主要是研究经济。这在先秦著作中是绝无仅有的现象。[③]

其思想精华主要体现在：第一，以独特的经济思维来分析、解决社会问题是其思想内涵的最大亮点，尤其在重义轻利、重农抑商、崇俭黜奢的传统社会。其主张“凡治国之道，必先富民”（《治国》），政府的职责是“以天下之财，利天下之人”（《霸言》），指出当时社会的自然资源并不稀缺，而是缺乏专于食货的理财家。而理财的关键是“利然后能通，通然后成国”（《侈靡》），即要保持“利”的流动性。这就需要“国之石民”（《小匡》）——士、农、工、商，四民分工，各司其职。

在从微观经济的层次来看，生产、流通、消费、分配理论面面俱到。生产理论方面，管子主张“均地分力”（《乘马》），实现劳动力与土地的最佳配置。“地大而不为，命曰土满；人众而不理，命曰人满”（《霸言》），都属于人地比例关系的失调；市场流通方面，“市者货之准”，“可以知多寡，而不能为多寡”（《乘马》），指商品只有进入市场，才能最终显现价格的高低。由于受到供求关系的影响，商品的价格经常波动，“终身不定”。因而，政府要根据市场行情来调控物价，要“使物一高一下，不得常固”（《轻重乙》）。市场的理想境界是“百货贱则百利得”（《乘马》），即物价不高，各行业都能获利的状态；消费理论方面，提出“俭则伤事”（《乘马》），人们过分节俭，对经济发展不利。很简单，如果大家都不消费，许多行业自然会倒闭、消失，我们又可能回到茹毛

---

① 燕生东：《从盐业考古新发现看〈管子·轻重篇〉》，《古代文明》（辑刊）2013 年第 9 卷。

② 巫宝三：《管子经济思想研究》，中国社会科学出版社 1989 年版，第 1 页。

③ 胡寄窗：《中国经济思想史》，上海人民出版社 1978 年版，第 288 页。

饮血的原始状态了。因而，政府要鼓励消费以刺激生产，“巨瘗培，所以使贫民也；美垄墓，所以使文萌也；巨棺椁，所以起木工也；多衣衾，所以起女工也”（《侈靡》）。在分配理论方面，“甚富不可使，甚贫不知耻”（《侈靡》），指贫富差距过大，影响社会稳定。如何均贫富？“富者靡之，贫者为之”（《侈靡》），富人多奢侈消费，穷人就有活可干。在货币理论方面，“黄金刀币，民之通施也”（《国蓄》），指货币的流通职能。“黄金者，用之量也”，指货币的衡量职能。“时货不遂，金玉虽多，谓之贫国”（《八观》），管子清醒地认识到货币只是流通媒介，并不代表财富的唯一形式。一个国家的“时货”，即四时生产的财货，才是真正的财富。

从宏观经济层次来看，其核心为轻重论，实质是国家宏观调控。管子主张运用隐蔽有效的经济调控来代替简单粗暴的行政手段，以实现“万民无籍而国利归于君”（《国蓄》）的目的。其原理是“以重射轻，以贱泄平”（《国蓄》），即高价收购廉价产品，低价投放商品以稳定物价。轻重论的经典模型为“策乘马”，即春耕之际，政府主动借贷农民。丰收之时，低价收购谷物以抵贷。然后，政府借机操纵价格，利用手中价格暴涨的粮食来轻松换购军需物资，一举解决财政开支问题（《巨乘马》）。同时，政府利用轻重理论大打国际间的价格战，以控制别国战略物资，甚至摧毁敌国经济。此外，“若岁凶旱水泆，民失本，则修宫室台榭，以前无狗后无彘者为庸。故修宫室台榭，非丽其乐也，以平国筴也”（《乘马数》），指在遭遇灾难的特殊时期，政府可以大兴土木，以工代赈，尽快恢复经济。“雕卵然后瀹之，雕橑然后爨之”（《侈靡》），意指蛋壳雕刻后煮着吃，木材雕刻后再烧掉，就是在特殊时期政府刺激经济，解决就业的惊天之举。

简言之，今本《管子》不但体现着管子本人思想的深邃高远，更是展现了先秦时期齐文化的博大精深。

以上就是我们研读《管子》后一些心得体会，不足挂齿。只愿与读者共享品读之悦，以图抛砖引玉之效。本书原文部分是以南宋浙刻本《管子》为底本，又辅以明代刘绩的《管子补注》本、赵用贤的《管韩合刻》本相校。其间，我们逐字逐句进行校正核对，确实费了些苦力。注释部分，参考了郭沫若《管子集校》，赵守正《管子通解》，钟肇鹏《管子简释》，谢浩范、朱迎平《管子全译》，姜涛《管子新注》，等等，在此一并表示感谢。古籍文献的解读应是“十年磨一剑”的工作，而两年间草然成书，心不禁惴惴焉，又加之天性愚驽，才疏学浅，不免存在舛误不当之处。学界同仁批评、切责倒无妨，能不误人子弟，心已足矣！

目录

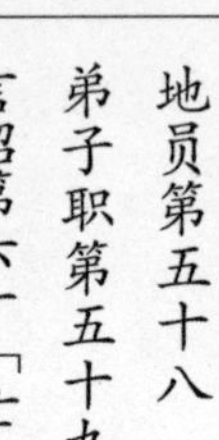
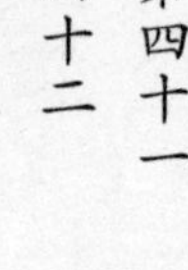

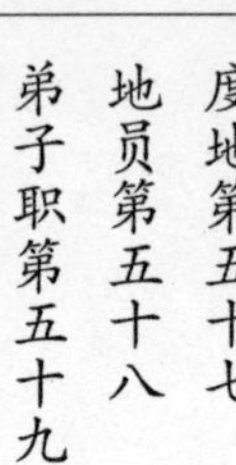
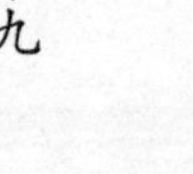

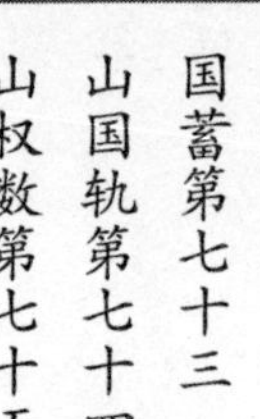

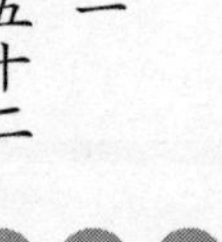

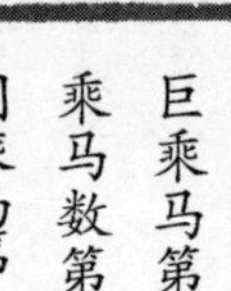
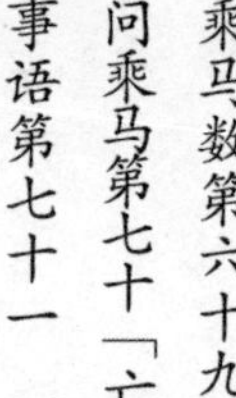

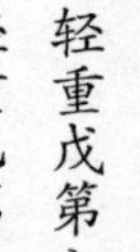
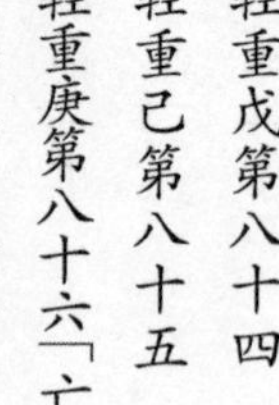

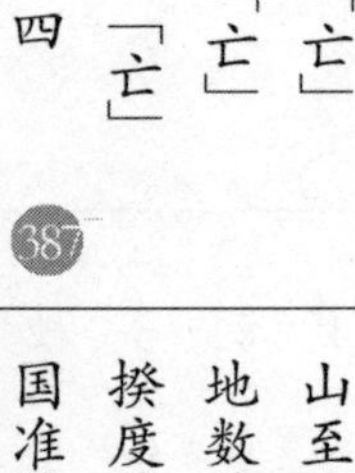
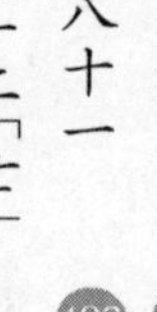

牧民第一

经言一

凡有地牧[1]民者，务在四时[2]，守在仓廪[3]。国多财则远者来，地辟举[4]则民留处；仓廪实则知礼节，衣食足则知荣辱。上服度[5]则六亲[6]固，四维[7]张则君令行。故省刑之要，在禁文巧[8]；守国之度，在饰[9]四维；顺[10]民之经，在明[11]鬼神、祇[12]山川、敬宗庙、恭祖旧。不务天时则财不生，不务地利则仓廪不盈。野芜旷则民乃荒[13]，上无量[14]则民乃妄，文巧不禁则民乃淫，不障两原[15]则刑乃繁。不明鬼神则陋民不悟，不祇山川则威令不闻，不敬宗庙则民乃上校[16]，不恭祖旧则孝悌不备。四维不张，国乃灭亡。

右国颂[17]。

【注释】

[1]牧：治理。

[2]四时：四季，此处指春耕、夏耘、秋收、冬藏等农事。

[3]仓廪：粮仓。

[4]举：尽、全。

[5]服度：指日常服用合乎法度。服，服用。

[6]六亲：父、母、兄、弟、妻、子。

[7]四维：礼、义、廉、耻。维，纲领。

[8]文巧：奇技淫巧，此指奢侈品的生产。

[9]饰：通“饬”，整饬。

[10]顺：通“训”，训导。

[11]明：敬、尊敬。

[12]祇：尊敬。

[13]荒：原文为“菅”，据猪饲彦博、俞樾说校改，意指怠惰。

[14]无量：指挥霍无度。量，度量。

[15]障：原文为“璋”，据俞樾说校改，意指堵塞。两原：指上句“上无量则民乃妄”与“文巧不禁则民乃淫”。

[16]校：读“较”，抗拒。

[17]右：原文字体自右向左竖排，标题在文后，故称正文为“右”。国颂：治国治民之道。颂，此节为韵文，属颂体。

【品读】

“仓廪实则知礼节,衣食足则知荣辱”为千古名句,是说在一定条件下,道德伦理从属于经济生活,并受到经济生活的影响和制约。只有早年卑贱、颠沛流离,嗣后高居显位、谋划有方的管仲,最能通过对社会现实的细致观察和深刻反思,提炼出这样的至理名言。实际上,它是《管子》经济政策主张的哲学逻辑的起点,也是其经济思想的灵魂。司马迁在《史记·货殖列传》中备加推崇,专引此句。

“文巧不禁则民乃淫”表明,管子认为奢侈、挥霍的社会风气会使得违法犯罪行为增多。由此可知,管子并非一味地追求“侈靡”,而是在一定程度上对奢侈品的生产持反对态度。这也从侧面反映了管子持有一种对节俭与消费的辩证观念。

国有四维,一维绝则倾,二维绝则危,三维绝则覆,四维绝则灭。倾可正也,危可安也,覆可起也,灭不可复错[1]也。何谓四维?一曰礼,二曰义,三曰廉,四曰耻。礼不逾节,义不自进[2],廉不蔽恶[3],耻不从枉[4]。故不逾节则上位安,不自进则民无巧诈,不蔽恶则行自全,不从枉则邪事不生。

右四维。

【注释】

[1]错:通“措”,安置。

[2]自进:妄自求进。

[3]蔽恶:掩饰过错。

[4]枉:邪曲。

【品读】

从本节可知,管仲熟谙于礼。据《左传·僖公十二年》载,周天子以“上卿之礼飨管仲”,而管仲执意推辞,“以受下卿之礼而还”。当然,礼、义并不是儒家的“专利”,在管子生活的春秋早期,它们实际上属于上层知识分子的“公共知识”。只是后来百家争鸣,私人著书成风,才将原来的“公共知识”进行人为切割,贴上标签,学派之间进而变得泾渭分明。

政之所兴,在顺民心;政之所废,在逆民心。民恶[1]忧劳,我佚[2]乐之;民恶贫贱,我富贵之;民恶危坠,我存安之;民恶灭绝,我生育之。能佚乐之,则民为之忧劳;能富贵之,则民为之贫贱;能存安之,则民为之危坠;能生育之,则民为之灭绝。故刑罚不足以畏其意,杀戮不足以服其心。故刑罚繁而意不恐，则令不行矣；杀戮众而心不服，则上位危矣。故从其四欲[3]，则远者自亲；行其四恶[4]，则近者叛之。故知予之为取[5]者，政之宝也。

右四顺。

【注释】

[1]恶（wù）：讨厌。

[2]佚：通“逸”，安逸。

[3]四欲：指上文“佚乐”“富贵”“存安”“生育”。

[4]四恶：指上文“忧劳”“贫贱”“危坠”“灭绝”。

[5]予之为取：给予是为了取得。予，给予。取，取得。

【品读】

管子极为重视民心，这是对我国古代民本思想的传承与光大。不过，其立足点是从人趋利避害的本性出发，自有特色。“刑罚不足以畏其意”说明管子主张礼、法并用，对偏用刑法的弊端认识颇深。

“知予之为取”与其后老子的思想相似，实为管子功利主义思想使然。管子一生，能屈能伸，着眼长远。《左传·庄公九年》载，管仲与召忽一起侍奉公子纠。在公子纠与公子小白（齐桓公）争权失败而后被杀，召忽殉死，而管子却“请囚”，转而辅佐齐桓公，九合诸侯，一匡天下，成就霸业。由此可见，管仲当初未选择殉难的动机，是着眼于以齐国社稷为重的考量，实为典型的功利主义思想。

错国于不倾之地，积于不涸[1]之仓，藏于不竭之府，下令于流水之原[2]，使民于不争之官，明必死之路，开必得之门。不为不可成，不求不可得，不处不可久，不行不可复[3]。错国于不倾之地者，授有德[4]也。积于不涸之仓者，务五谷[5]也。藏于不竭之府者，养桑麻育六畜[6]也。下令于流水之原者，令顺民心也。使民于不争之官者，使各为其所长也。明必死之路者，严刑罚也。开必得之门者，信庆赏[7]也。不为不可成者，量民力也。不求不可得者，不强民以其所恶也。不处不可久者，不偷取一时[8]也。不行不可复者，不欺其民也。故授有德，则国安。务五谷，则食足。养桑麻育六畜，则民富。令顺民心，则威令行。使民各为其所长，则用备。严刑罚，则民远邪。信庆赏，则民轻难[9]。量民力，则事无不成。不强民以其所恶，则诈伪不生。不偷取一时，则民无怨心。不欺其民，则下亲其上。

右十一经[10]。

【注释】

[1]涸：水干枯。

[2]下令于流水之原：指政令如流水源头般畅通无阻。原，通“源”，源头。

[3]复：重复。

[4]有德：有德行的人。

[5]五谷：一般指稻、黍、稷、麦、菽。

[6]六畜：指马、牛、羊、鸡、犬、猪。

[7]庆赏：奖赏。

[8]偷取一时：指贪图眼前利益。时，原文为“世”，据何如璋、张佩纶说校改。偷，苟且。

[9]轻难：看轻危难。

[10]十一经：指上言“错国于不倾之地”至“不行不可复”的十一条。“十一”原文为“士”，疑形近而误。

【品读】

“不为不可成，不求不可得。”此句精到，是政府使用民力的要领。“务五谷，则食足。养桑麻育六畜，则民富。”充分展示了管子经济思想的过人之处。在管子眼中，五谷丰登只是解决了温饱问题，要想民富，则需要种植桑麻等经济作物，着力发展养殖业。管子的确是一把理财的“好手”。

以家为乡[1]，乡不可为也；以乡为国，国不可为也；以国为天下，天下不可为也。以家为家，以乡为乡，以国为国，以天下为天下。毋曰不同生[2]，远者不听；毋曰不同乡，远者不行；毋曰不同国，远者不从。如地如天，何私何亲？如月如日，唯君之节[3]！

御民之辔[4]，在上之所贵；道[5]民之门，在上之所先；召民之路，在上之所好恶。故君求之则臣得之，君嗜之则臣食之，君好之则臣服之，君恶之则臣匿之。毋蔽汝恶，毋异汝度，贤者将不汝助。言室满室，言堂满堂[6]，是谓圣王。城郭[7]沟渠不足以固守，兵甲强力不足以应敌，博地多财不足以有众。惟有道者能备患于未形也，故祸不萌。

天下不患无臣，患无君以使之；天下不患无财，患无人以分之。故知时者可立以为长[8]，无私者可置以为政[9]，审于时而察于用[10]，而能备官者，可奉以为君也。缓者后于事，吝[11]于财者失所亲，信小人者失士[12]。

右六亲五法[13]。

【注释】

[1]以家为乡：指以从家的利益来治理乡。家与乡的利益主体不同，很难兼顾两者的利益，也很难做到公允无私。为，治理。下文“为国”“为天下”的“为”亦指此意。

[2]生：通“姓”，姓氏。

[3]节：度、原则。

[4]辔(pèi):马的缰绳,此指统治人民的方法。

[5]道:通“导”,引导。

[6]言室满室,言堂满堂:在室内讲话要让室内之人都听见,在堂内讲话要让堂内之人都听到。此处指人君要开诚布公。

[7]城郭:内城为“城”,外城为“郭”。

[8]时:天时。长(zhǎng):长官。

[9]政:通“正”,官长。

[10]用:指用人。

[11]悉:通“吝”,吝啬。

[12]士:指贤能之人。

[13]六亲五法:其具体所指,有歧义,无定论。

【品读】

“天下不患无财,患无人以分之。”此句话最为气魄。此处“分”是指分配,它包含两层含义:一是生产领域的分配,就是要“知时”,合理安排各行各业的生产;二是分配领域的分配,通过国家干预,操纵经济杠杆,限制蓄贾大家,实现贫富有度。

形势第二

经言二

山高而不崩，则祈羊[1]至矣；渊深而不涸，则沈玉[2]极矣。天不变其常，地不易其则，春秋冬夏不更其节，古今一也。蛟龙得水，而神可立也；虎豹托幽，而威可载也；风雨无乡[3]，而怨怒不及也。贵有以行令，贱有以忘卑，寿夭贫富，无徒归[4]也。衔命[5]者君之尊也，受辞者名[6]之运也。上无事则民自试，抱蜀不言而庙堂既修[7]。鸿鹄锵锵，唯民歌之；济济多士，殷民化之，纣之失也。飞蓬之问[8]，不在所宾；燕雀[9]之集，道行不顾。牺牷[10]圭璧，不足以享[11]鬼神，主功有素[12]，宝币奚为？羿[13]之道，非射也；造父[14]之术，非驭也；奚仲[15]之巧，非斫[16]削也。召远者使无为焉，亲近者言无事焉。[17]唯夜行者独有之也[18]。

【注释】

[1]祈羊：用来祭山的羊。

[2]沈玉：指古时用来投水祭祀川渊的玉。沈，同“沉”。玉，原文为“王”，据文义改。

[3]风雨无乡：指风雨无特定方向，喻为无偏无私。乡，通“向”，方向。

[4]无徒归：不是凭空而来，此处指贵、贱、寿、夭、贫、富都是有因缘的。归，至、来。

[5]衔命：受命。

[6]受辞：接受辞令。名：名分。

[7]抱蜀：祭器。庙堂：指朝政。

[8]飞蓬之问：比喻无根据的言论。飞蓬，随风吹动的枯草。问，原文为“间”，据赵用贤本改。

[9]燕雀：小鸟，此指细小之物。

[10]牷：古代用作祭品的毛色纯一的牛。

[11]享：祭献。

[12]素：根、本。

[13]羿：后羿，传说中的神箭手。

[14]造父：周代驾车能手。

[15]奚仲：夏代车正，造车巧匠。

[16]斫(zhuó)：砍削。

[17]召远者使无为焉，亲近者言无事焉：招抚远方之人，单靠使者是没有用的；亲近

身边之人，光凭空话也是无济于事。

[18]夜行：黑夜凭心行走，指内心按道行事的人。有之：原文为“有”，据本书《形势解》补。

【品读】

此节内容所反映的思想与老子思想相似。如“上无事则民自试，抱蜀不言而庙堂既修”一句，就体现着“无为而治”的思想。但与老子思想也有所区别。这主要体现在：第一，此处“无为”是积极入世的无为，从“衔命者君之尊也，受辞者名之运也”一句，即可得知。第二，作者通过对诸多自然、社会现象的观察，指出“羿之道，非射也；造父之术，非驭也；奚仲之巧，非斫削也”，已经洞察到潜伏在表面现象背后的“势”——规律。而如何悟道、得“势”，则需要有一颗无扰、沉稳的“夜行”心。

平原之陉[1]，奚[2]有于高？大山之隈[3]，奚有于深？訾讆[4]之人，勿与任大[5]。谟巨[6]者，可以远举；顾忧者，可与致道。其计也速，而忧在近者，往而勿召也；举长者，可远见也；裁[7]大者，众之所比[8]也；欲[9]人之怀，定服而勿厌也。必得之事，不足赖也；必诺之言，不足信也。小谨[10]者不大立，飺[11]食者不肥体。有无弃之言者，必参之[12]于天地也。坠岸三仞，人之所大难也，而猿猱饮焉。故曰：伐矜好专，举事之祸也。

【注释】

[1]陉：原文为“隰”，据郭沫若说校改，指小坡。

[2]奚：何。

[3]隈(wēi)：山、水等弯曲的地方。

[4]訾讆(wèi)：指诽谤好人，称誉坏人。

[5]任大：委以重任。

[6]谟：通“谋”，谋划。巨：原文为“臣”，据王引之说校改，指远大。

[7]裁：通“材”，材器、材质。

[8]比：通“庇”，依赖。

[9]欲：原文为“美”，据俞樾说校改。

[10]小谨：谨小慎微。

[11]飺(cí)：原文误为“訾”，据本书《形势解》改，指挑食。

[12]参之：原文为“参”，据本书《形势解》补。参，通“叁”，指人与天、地为三。

【品读】

“其计也速，而忧在近者，往而勿召也”是指贪图一时之效、注重眼前利益之人如果离开就不要再召回了。“欲人之怀，定服而勿厌也”是指要让人感怀、依附需身体力行而不知厌倦。“必得之事，不足赖也；必诺之言，不足信也”说明古人擅长辩证地看待问题，洞察表面现象“形”的内在必然的“势”。“有无弃之言者，必参之于天地也。”此句极为大气，大意是指人如果按照上述格言坚持去做，不放弃的话，就能与天、地并列为三了。

不行其野，不违[1]其马。能予而无取者，天地之配也。怠倦者不及，无广[2]者疑[3]神。疑神者[4]在内，不及者在门。在内者将假[5]，在门者将待[6]。曙戒勿[7]怠，后稚[8]逢殃。朝忘其事，夕失其功。邪气袭内，正色乃衰。君不君则臣不臣，父不父则子不子。上失其位，则下逾其节。上下不和，令乃不行。衣冠不正则宾[9]者不肃，进退无仪则政令不行。且怀且威，则君道备矣。莫乐之则莫哀之，莫生之则莫死之。往者不至，来者不极。

【注释】

[1]违：丢弃。

[2]广：通“旷”，荒废。

[3]疑：通“拟”，如。

[4]疑神者：原文为“神者”，据猪饲彦博说校补。

[5]假：通“暇”，闲暇。

[6]待：通“怠”，疲困。

[7]曙戒：早晨。曙，黎明。戒，戒鼓。勿：通“忽”，疏忽。

[8]后稚：日暮。稚，通“迟”，引申为晚。

[9]宾：礼宾的官员。

【品读】

此节着重强调事物之间的因果关系。“君不君则臣不臣，父不父则子不子”就是一种上行下效的因果关系，也是古代君王率先垂范、广行教化的理论基础。如何能动地利用因果关系？就是要“不行其野，不违其马”，即便不在野外行路，也不要丢弃马匹。“莫乐之则莫哀之，莫生之则莫死之”是指国君如果不能赢得百姓欢心，百姓就不会为之分忧；同样，国君如果不能安养百姓，那么百姓也不会为之献身。这就是“往者不至，来者不极”的因果关系。

道之所言者一也，而用之者异。有闻道而好为家者，一家之人也。有闻道而好为乡者，一乡之人也。有闻道而好为国者，一国之人也。有闻道而好为天下者，天下之人也。有闻道而好定万物者，天地之配[1]也。道往者其人莫来，道来者其人莫往。[2]道之所设，身之化[3]也。持满者与[4]天，安危者与人[5]。失天之度，虽满必涸；上下不和，虽安必危。欲王天下而失天之道，天下不可得而王也。得天之道，其事若自然；失天之道，虽立不安。其道既得，莫知其为之；其功既成，莫知其泽[6]之。藏之无形，天之道也。疑今者察之古，不知来者视之往。万事之生也，异趣[7]而同归，古今一也。

【注释】

[1]天地之配：与天地相匹配。原文为"天下之配"，据黄震说校改。

[2]道往者其人莫来，道来者其人莫往：离道者，人民不愿来投奔；持道者，人民却不愿离去。原文为"道往者其人莫往，道来者其人莫来"，据本书《形势解》篇改。

[3]身之化：指道与身体合而为一。

[4]持满：保持圆满。与：顺从。

[5]安危者与人：指要安定危亡局面，需顺从人意。安危，安定危亡。

[6]泽：通"释"，舍弃、离开。

[7]趣：旨趣。

【品读】

此节主要谈"道"。首先，"道之所言者一也，而用之者异"，是指作为世间万物客观规律的道，既具有普遍性，在具体实践的应用上又具有多样性。其次，"藏之无形，天之道也"，是指道的表象不是具体的、无法触摸的，只是体现在事物的发展、变化之中。再次，"得天之道，其事若自然"，是指唯有顺应、遵循规律，不违背自然，才能得"道"。最后，作者指出，道不仅包括自然规律，也包括社会规律。"疑今者察之古，不知来者视之往"，即蕴此意。

生[1]栋覆屋，怨怒不及；弱子[2]下瓦，慈母操棰[3]。天道之极，远者自亲；人事之起，近亲造怨。万物之于人也，无私近也，无私远也。巧者有余，而拙者不足。其功顺天者，天助之；其功逆天者，天围[4]之。天之所助，虽小必大；天之所围，虽成必败。顺天者有其功，逆天者怀其凶，不可复振[5]也。

【注释】

[1]生：新材未干。

[2]弱子：小孩子。

[3]棰：鞭子。

[4]围：通"违"，背离。下文"天之所围"的"围"同此。

[5]振：救。

【品读】

"生栋覆屋，怨怒不及；弱子下瓦，慈母操棰。"此句是说，用新木材做成房屋的正梁，即使房屋倒塌，也不会责怪别人；而小孩子上房揭瓦，即便是慈母也会操鞭责打。比喻如果错误是由自己造成的，虽然大也会吞声不语；如果错误是他人造成的，虽然小也会愤怒不已。

乌鸟之狡[1]，虽善不亲；不重之结[2]，虽固必解。道之用也，贵其重[3]也。毋与不可，毋强不能，毋告不知。与不可，强不能，告不知，谓之劳而无功。见与[4]之交，几于不亲；见爱之交[5]，几于不结；见施之德[6]，几于不报；四方所归，心行[7]者也。独[8]王之国，劳而多祸；独国之君，卑而不威；自媒之女，丑而不信[9]。未之见而亲焉，可以往矣；久而不忘焉，可以来矣。日月不明，天不易也；山高而不见，地不易也。言而不可复[10]者，君不言也；行而不可再者，君不行也。凡言而不可复，行而不可再者，有国者之大禁也。

【注释】

[1]乌鸟：乌鸦。狡：通“交”，交合。

[2]不重之结：没有系死的绳结。重，重复。结，绳结。

[3]重：慎重。

[4]见与：指表面上的友好。见，通“现”，显现。与，友好。

[5]见爱之交：原文为“见哀之役”，据本书《形势解》篇校改，指表面上的亲爱。

[6]见施之德：表面上的施舍恩德。

[7]心行：内心按道行事。

[8]独：独断专横。

[9]自媒之女，丑而不信：自己做媒的女子，定会被嘲笑，也得不到信任。古代女子婚嫁需要媒妁之言、父母之命。丑，嘲笑。

[10]复：重复。

【品读】

此节主题为“道之用也，贵其重也”，即按规律办事的原则是要慎重，不要被表面的现象所迷惑，如“见与之交，几于不亲；见爱之交，几于不结；见施之德，几于不报”。要甄别真伪，就需“心行”悟道。慎重行事的原则是为避免“言而不可复，行而不可再者”的事情发生。

权修第三

经言三

万乘之国[1]，兵不可以无主；土地博大，野不可以无吏；百姓殷[2]众，官不可以无长[3]；操民之命，朝不可以无政。

【注释】

[1]万乘之国：指大国。乘，兵车，古代一车四马为一乘。

[2]殷：多。

[3]长：长官。

【品读】

无论国家多大，军队没有主将就无法作战；无论土地多大，没有官吏管理就无法有序生产；无论百姓多少，没有长官，人民就会以强欺弱、以暴虐残。因而，没有国家和政府，社会就会陷于混乱，百姓会遭受非命。这就是俗语"人无头不走，鸟无头不飞"的意思。古往今来，鉴于国家机器的负面效应，许多人奉行无政府主义的乌托邦理想，以为取消国家、政府，就万事太平了。不过，时至今日此理想也未实现。殊不知，国家、政府是人类社会的必然产物，是人类社会向前发展的一个次优选择。纵观中国历史，无论"汉唐盛世"，还是"康乾盛世"都是处于国家强大、政府稳定的时期。

地博而国贫者，野不辟也；民众而兵弱者，民无取[1]也。故末[2]产不禁则野不辟，赏罚不信则民无耻[3]。野不辟，民无取，外不可以应敌，内不可以固守。故曰：有万乘之号而无千乘之用，而求权之无轻，不可得也。

地辟而国贫者，舟舆饰[4]，台榭广[5]也；赏罚信而兵弱者，轻用众，使民劳也。舟车饰[6]，台榭广，则赋敛厚矣；轻用众，使民劳，则民力竭矣。赋敛厚，则下怨上矣；民力竭，则令不行矣。下怨上，令不行，而求敌之勿谋己[7]，不可得也。

【注释】

[1]取：通"趣"，督促。

[2]末:工商业,此指奢侈品的生产。

[3]无耻:原文为"无取",据《北堂书钞》引文改。

[4]舟舆饰:船、车的装饰华丽。

[5]台榭广:楼台、宫室宽广。

[6]舟车饰:原文为"舟车",据《太平御览》引文补。

[7]谋己:图谋自己,指敌人的进犯。

【品读】

此节主题思想有二:一是重地辟、禁末产。当然,管子对工商业的态度并不完全排斥,并未像后世法家学派那么激进,他只是反对奢侈品的生产。在传统农业社会,农业是国民经济的命脉,又是兵力的稳定来源。在西方,古希腊的色诺芬、柏拉图、亚里士多德等都强调农业的重要性。古罗马的农学研究也极为兴盛。二是惜用民力。农业生产具有季节性,周期较长,因而国君不能滥用民力、穷奢极欲,应给予人民充足的劳作时间。

欲为天下者,必重[1]用其国;欲为其国者,必重用其民;欲为其民者,必重尽其民力。无以畜[2]之,则往而不可止也;无以牧之,则处而不可使也。远人至而不去,则有以畜之也;民众而可一[3],则有以牧之也。见其可也,喜之有征[4];见其不可也,恶之有刑。赏罚信于其所见,虽其所不见,其敢为之乎?见其可也,喜之无征;见其不可也,恶之无刑。赏罚不信于其所见,而求其所不见之为之化,不可得也。厚爱利足以亲之,明智礼足以教之。上身服以先之,审度量以闲[5]之,乡置师以说道[6]之。然后申之以宪令[7],劝之以庆赏,振[8]之以刑罚。故百姓皆说[9]为善,则暴乱之行无由至矣。

【注释】

[1]重:看重、重视。

[2]畜:养育。

[3]一:一心。

[4]征:征验。

[5]度量:法规。闲:防范。

[6]师:乡师,乡的长官。道:通"导",教导。

[7]宪令:法令。

[8]振:通"震",威慑。

[9]说:通"悦",欢喜。

【品读】

"欲为天下"体现了我国古代国家本位制的政治理想,是由当时家国一体、家国同构的社会结构决定的。如何"一匡天下",管子主张礼、法并用,不偏不倚。“明智礼足以教之”就是重礼。不仅君主“身服以先之”带头示范，地方乡里也设置“乡师”负责教化，引领乡间风俗。“赏罚信于其所见”就是重法。“申之以宪令，劝之以庆赏，振之以刑罚”是重法的具体原则。自从法律发明后，君主在表面施行“仁义礼教”的温情说教的背后，都未曾舍弃法律这一“利剑”。无论王朝如何兴衰更替，法律却愈加繁缛、残酷。其原因莫过于法律所具有的独特的功利性、高效性。

地之生财有时[1]，民之用力有倦，而人君之欲无穷。以有时与有倦[2]，养无穷之君，而度量[3]不生于其间，则上下相疾[4]也。是以臣有杀其君，子有杀其父者矣。故取于民有度，用之有止，国虽小必安；取于民无度，用之不止，国虽大必危。

【注释】

[1]时：时节。

[2]倦：疲劳。

[3]度量：限度。

[4]疾：怨恨。

【品读】

“臣有杀其君，子有杀其父”，是冲击生活在春秋时代人们的常事，虽令人难以接受，却司空见惯，可谓悲哀、无奈。对此现象，孔子改作《春秋》，教导弟子，对其口诛笔伐。

地之不辟者，非吾地也；民之不牧者，非吾民也。凡牧民者，以其所积[1]者食[2]之，不可不审也。其积多者其食多，其积寡者其食寡，无积者不食。或有积而不食者，则民离上；有积多而食寡者，则民不力；有积寡而食多者，则民多诈；有无积而徒食者，则民偷幸[3]。故离上、不力、多诈、偷幸，举事不成，应敌不用。故曰：察能授官，班禄[4]赐予，使民之机[5]也。

【注释】

[1]积：通“绩”，劳绩。

[2]食(sì)：供食，此指授予俸禄。

[3]偷幸：贪图侥幸。

[4]班禄：分等级授予俸禄。班，等级。

[5]机：关键。

【品读】

春秋战国是礼崩乐坏的年代。随着周天子地位式微，旧有秩序的平衡被打破，每个诸侯国之间是臣服与被臣服、兼并与被兼并的赤裸裸的竞争关系。为在乱世的罅隙中生存，各国纷纷展开制度变革。对于百姓，实行“积多者其食多，其积寡者其食寡”，即按劳分配，多劳多得，少劳少得。商鞅变法，奖励耕战，将此条分配原则发展到极致。对于官员，打破原有世卿世禄制，实行“察能授官”，授官标准由血缘变为才能，以选拔真正有用的人才。简言之，各诸侯国的变法，与其说是君主的开明之举，不如说是弱肉强食时代的必然产物。

野与市争民[1]，家与府争货[2]，金与粟争贵[3]，乡与朝争治[4]。故野不积草，农事先也；府不积货，藏于民也；市不成肆[5]，家用足也；朝不合众，乡分治也。故野不积草，府不积货，市不成肆，朝不合众，治之至也。

【注释】

[1]野与市争民：指农村与城市争夺劳动力。野，农村。

[2]家与府争货：指家庭与政府抢购货物。

[3]金与粟争贵：指货币与谷物相抬价格，类似现在的通货膨胀。

[4]乡与朝争治：指地方与中央争权。乡，指地方政府。朝，指中央政府。

[5]市不成肆：市场上货物不成列，暗指货物流通快。肆，市列。

【品读】

“市不成肆”，乍一看，容易产生歧义。管子在这里不是说要取消市场，而是主张减少流通环节，降低交易成本，达成交换。“市不成肆”是管子经济管理的最高境界。如今药品价格居高不下，大多是与其流通环节过多有关。政府搞的“菜篮子”工程，旨在让农产品直达各家各户，防止中间商的盘剥抽利，避免伤农害民现象发生。

人情不二[1]，故民情可得而御[2]也。审其所好恶，则其长短[3]可知也；观其交游[4]，则其贤不肖[5]可察也。二者不失，则民能[6]可得而官也。

【注释】

[1]不二：没有不同。

[2]御：驾驭、控制。

[3]长短：长处和短处。

[4]交游：结交的朋友。

[5]不肖：不好。

[6]民能：有才能的人。

【品读】

此节主要讲述的是如何识别人才。“审其所好恶，则其长短可知也；观其交游，则其贤不肖可察也。”意思是说，审查一个人喜爱和厌恶的事情，就可以知其优缺点；观察他都和什么人交往，就可以知其是否贤能。

地之守在城，城之守在兵，兵之守在人，人之守在粟。故地不辟，则城不固。有身不治，奚待于人？有人不治，奚待于家？有家不治，奚待于乡？有乡不治，奚待于国？有国不治，奚待于天下？天下者，国之本也；国者，乡之本也；乡者，家之本也；家者，人之本也；人者，身之本也；身者，治之本也。故上不好本事[1]，则末产[2]不禁；末产不禁，则民缓于时事[3]而轻地利；轻地利而求田野之辟，仓廪之实，不可得也。

【注释】

[1]本事：指农业。

[2]末产：指工商业。

[3]时事：指农时、农事。

【品读】

“地之守在城，城之守在兵，兵之守在人，人之守在粟。”这个简单的逻辑推理，一语道破了各国重农政策背后的生存需求和军事需要。“天下者，国之本也；国者，乡之本也；乡者，家之本也；家者，人之本也；人者，身之本也；身者，治之本也”是管子家国一体理论的又一典型反映，与儒家“修身、齐家、治国、平天下”有着异曲同工之妙。古人总是善于在大处着眼的同时，又能从小处着手。

商贾[1]在朝，则货财上流；妇人言事[2]，则赏罚不信；男女无别，则民无廉耻。货财上流，赏罚不信，民无廉耻，而求百姓之安难[3]，兵士之死节，不可得也。朝廷不肃，贵贱不明，长幼不分，度量不审，衣服无等，上下凌节，而求百姓之尊主政令，不可得也。上好诈谋间欺，臣下赋敛竞得，使民偷壹[4]，则百姓疾怨，而求下之亲上，不可得也。有地不务本事，君国不能壹民，而求宗庙社稷[5]之无危，不可得也。上恃龟筮[6]，好用巫医，则鬼神骤祟[7]。故功之不立，名之不章[8]，为之患者三：有独王者[9]，有贫贱者[10]，有日不足[11]者。

【注释】

[1]商贾：古时行商为商，坐商为贾。

[2]妇人言事：原文为“妇言人事”，据洪颐煊说校改，指妇人干政。

[3]安难：甘冒危难。

[4]偷壹：贪图一时之利。

[5]宗庙社稷：古时国家的代称。宗庙，祖宗灵位之地。社稷，土神和谷神。

[6]龟筮(shì)：占卜用的龟甲和蓍草。

[7]骤:屡次、多次。祟:原文为"崇",据赵用贤本改,指作怪。

[8]章:通"彰",显著。

[9]独王者:独断专行的君主。

[10]贫贱者:贫穷卑贱的君主。

[11]日不足:时间不足。此处指君主政务繁忙,疲于奔命。

【品读】

在君主专制社会,要维护统治阶级的既得利益,保持权力的均衡态势,势必强化等级、名分的划分,杜绝一部分人的非分、僭越之想。不过,从社会稳定的角度出发,贵贱分明,长幼有分,男女有别,上下有序,也确实能起到一定的积极作用。"上恃龟筮,好用巫医,则鬼神骤祟",指反对君主沉迷卜筮、好用巫术的现象。在当时的社会条件下,此观点具有重要的进步意义。

一年之计,莫如树[1]谷;十年之计,莫如树木;终身之计,莫如树人。一树一获者,谷也;一树十获者,木也;一树百获者,人也。我苟种之,如神用之,举事如神,唯王之门。

【注释】

[1]树:种植。

【品读】

"十年树木,百年树人"就是化身于此段话。管子的人才思想可谓跨越千年,屹立不倒。日本、德国从战后废墟中复兴,原因就在于人才没有荒废。如今我国与美国存有差距,主要还是人才上的差距。"一树百获者,人也",指的是培养人才是一本百利的事情。"我苟种之,如神用之,举事如神,唯王之门。"这句话是说如果重视培养人才,就会起到神效。做事如同神灵,那才是王道的门路。

凡牧民者,使士无邪行,女无淫事。士无邪行,教也;女无淫事,训也。教训成俗,而刑罚省,数[1]也。凡牧民者,欲民之正也。欲民之正,则微邪不可不禁也;微邪者,大邪之所生也。微邪不禁,而求大邪之无伤国,不可得也。凡牧民者,欲民之有礼也。欲民之有礼,则小礼不可不谨也。小礼不谨于国,而求百姓之行大礼,不可得也。凡牧民者,欲民之有义也。欲民之有义,则小义不可不行。小义不行于国,而求百姓之行大义,不可得也。凡牧民者,欲民之有廉也。欲民之有廉,则小廉不可不修也。小廉不修于国,而求百姓之行大廉,不可得也。凡牧民者,欲民之有耻也。欲民之有耻,则小耻不可不饰[2]也。小耻不饰于国,而求百姓之行大耻,不可得也。凡牧民

者，欲民之谨小礼、行小义、修小廉、饰小耻[3]、禁微邪，此厉民之道也。民之谨小礼、行小义、修小廉、饰小耻、禁微邪，治之本也。

【注释】

[1]数：道理、规律。

[2]饰：通“饬”，整饬。

[3]谨小礼、行小义、修小廉、饰小耻：原文为“修小礼、行小义、饰小廉、谨小耻”，据上下文例改，下句同。

【品读】

本节“小礼”“小义”“小廉”“小耻”与首篇《牧民》“四维”一一对应。不过，此处着重讲“小”，即防微杜渐，也可用“勿以恶小而为之，勿以善小而不为”为其作注脚。要说现实意义，就是做事要注重细节。当下中国经济、文化、教育等欠缺的就是细节。比如服务行业、体育产业的硬件、软件都不差，就是细节问题没有处理好、不到位，结果导致失之毫厘，谬之千里。

凡牧民者，欲民之可御也。欲民之可御，则法不可不重[1]。法者，将立朝廷者也。将立朝廷者，则爵服不可不贵也。爵服加于不义，则民贱其爵服；民贱其爵服，则人主不尊；人主不尊，则令不行矣。法者，将用民力者也。将用民力者，则禄赏不可不重也。禄赏加于无功，则民轻其禄赏；民轻其禄赏，则上无以劝民；上无以劝民，则令不行矣。法者，将用民能者也。将用民能者，则授官不可不审也。授官不审，则民间[2]其治；民间其治，则理不上通；理不上通，则下怨其上；下怨其上，则令不行矣。法者，将用民之死命者也。用民之死命者，则刑罚不可不审；刑罚不审，则有辟就[3]；有辟就，则杀不辜而赦有罪；杀不辜而赦有罪，则国不免于贼臣矣。故夫爵服贱、禄赏轻、民间其治、贼臣首难[4]，此谓败国之教也。

【注释】

[1]重：原文为“审”，据王念孙说校改，意为重视。

[2]间：背离。

[3]辟就：回避迁就。辟，通“避”。

[4]首难：带头发难。

【品读】

管子重法，如“欲民之可御，则法不可不重”。管子还列举了四点重视法的效果：一是“将立朝廷者”，即确立朝廷权威；二是“将用民力者”，即促使人民竭尽全力；三是“将用民能者”，即充分发挥人民的才能；四是“将用民之死命者”，使人民乐为之效力。

立政第四

经言四

国之所以治乱者三[1]，杀戮刑罚，不足用也。国之所以安危者四[2]，城郭险阻，不足守也。国之所以富贫者五，轻税租，薄赋敛，不足恃也。治国有三本，而安国有四固，而富国有五事。五事，五经[3]也。

【注释】

[1]三：指下文"三本"。

[2]四：指下文"四固"。

[3]经：纲领。

【品读】

立政，读为"莅政"，指临政。本篇论述人君临政时所应重视的九个方面问题，包括三本、四固、五事、首宪、首事、省官、服制、九败、七观，内容涉及选官、用人、农政、法令公布、执行、官吏考察、服制、危害学说、国家治理标准等。虽然看似繁杂零碎，但皆不离"立政"二字。

……………………………………

君之所审[1]者三：一曰德不当其位，二曰功不当其禄，三曰能不当其官。此三本者，治乱之原也。故国有德义未明于朝者，则不可加于尊位；功力未见于国者，则不可授与重禄；临事不信于民者，则不可使任大官。故德厚而位卑者谓之过，德薄而位尊者谓之失。宁过于君子，而毋失于小人。过于君子，其为怨浅；失于小人，其为祸深。是故国有德义未明于朝而处尊位者，则良臣不进；有功力未见于国而有重禄者，则劳臣不劝；有临事不信于民而任大官者，则材臣不用。三本者审，则下不敢求。三本者不审，则邪臣上通，而便辟[2]制威。如此则明塞于上，而治壅于下，正道捐弃，而邪事日长。三本者审，则便辟无威于国，道涂无行禽[3]，疏远无蔽[4]狱，孤寡无隐治[5]。故曰：刑省治寡，朝不合众。

右三本。

【注释】

[1]审：明察。

[2]便辟：君主宠幸的小人。辟，通"嬖"，宠爱、宠幸。

[3]涂：通“途”，道路。禽：通“擒”，囚犯。

[4]疏远：指无关系之人。蔽：蒙蔽，受蒙蔽。

[5]隐治：无法申诉之辞。治，通“辞”，讼词。

【品读】

此节所讲是选官标准——德、劳、能。品德第一，功劳第二，才能第三，即为“三本”。如果不明“三本”，国家就会“明塞于上，而治壅于下”，也就是会出现人君耳目闭塞、政令堵塞不通的现象。而明“三本”的最高境界是“刑省治寡，朝不合众”，即刑罚减省，政务简明，朝廷甚至不用召集众臣商量事宜了。

君之所慎者四：一曰大德[1]不至仁，不可以授国柄[2]；二曰见贤不能让，不可与尊位；三曰罚避亲贵，不可使主兵；四曰不好本事，不务地利，而轻赋敛[3]，不可与都邑。此四固[4]者，安危之本也。故曰卿相不得众，国之危也；大臣不和同，国之危也；兵主[5]不足畏，国之危也；民不怀其产[6]，国之危也。故大德至仁，则操国得众；见贤能让，则大臣和同；罚不避亲贵，则威行于邻敌；好本事，务地利，重[7]赋敛，则民怀其产。

右四固[8]。

【注释】

[1]大德：以德为大，指尚德之人。

[2]柄：权柄。

[3]轻：轻易。赋敛：征发赋役。

[4]四固：原文为“四务”，据张佩纶说校改。

[5]兵主：指军事统帅。

[6]怀：怀恋。产：产业。

[7]重：慎重。

[8]右四固：原文为“四固”，据上下文例补。

【品读】

此节着重论述卿相、大臣、兵主、民政官员的任用原则。对于卿相来说，个人品行当属第一。只有达到“至仁”，才能“操国得众”，赢得民心。对于大臣来说，“见贤能让”，不争权夺利才是关键。只有如此，才能团结和同，一致对外。对于军事统帅来说，要做到军令如山，“不避亲贵”。如此才能树威于天下。对于民政官员来说，要重视农业生产，“好本事，务地利”，不随意征发赋役。这样才能令百姓安土重迁，繁衍生息。

君之所务者五：一曰山泽不救于火，草木不殖[1]成，国之贫也；二曰沟渎不遂于隘[2]，郭水不安其藏[3]，国之贫也；三曰桑麻不殖于野，五谷不宜其地，国之贫也；四曰六畜不育于家，瓜瓠荤[4]菜百果不备具，国之贫也；五曰工事竞于刻镂[5]，女事繁于文章[6]，国之贫也。故曰山泽救于火，草木殖成，国之富也；沟渎遂于隘，郭水安其藏，国之富也；桑麻殖于野，五谷宜其地，国之富也；六畜育于家，瓜瓠荤菜百果备具，国之富也；工事无刻镂，女事无文章，国之富也。

右五事。

【注释】

[1]殖：原文为"得"，据下文"草木殖成"改。意为繁殖。

[2]遂：通达。隘：指狭隘之处。

[3]郭：围障，指堤坝。藏：蓄藏，指蓄水之处。

[4]瓠：葫芦一类瓜菜。荤：葱、蒜等有气味的蔬菜。

[5]刻镂：精雕细刻的工艺。

[6]文章：精美花纹的服饰。

【品读】

与西方经济学鼻祖亚当·斯密的《国富论》相比，两千年前管子的国富观也毫不逊色。管子国富观的根本要素主要有五个方面：一是"山泽救于火，草木殖成"，要保护自然资源，防止遭受破坏；二是"沟渎不遂于隘，郭水不安其藏"，搞好农田水利基础建设，为农业生产创造良好的外部环境；三是"桑麻殖于野，五谷宜其地"，积极发展粮食产业以及桑麻等经济作物的种植业；四是"六畜育于家，瓜瓠荤菜百果备具"，大力发展家庭养殖业，种植瓜果蔬菜，拓宽食物品种的来源渠道；五是"工事无刻镂，女事无文章"，反对奢侈浪费，以确保农业生产的必要劳动时间。管子国富观可谓全面、准确、到位。

管子生活在春秋时期的小农社会，其国富观又可称为是一种大农业观。在管子眼里，农业除五谷生产外，还有山林资源、水利建设、瓜果蔬菜、桑麻一类经济作物的种植及劳动时间的保障，比我们现在的农、林、牧、副、渔还要深刻、宽泛。

分国以为五乡，乡为之师。分乡以为五州，州为之长。分州以为十里，里为之尉。分里以为十游，游为之宗。十家为什，五家为伍，什伍皆有长焉。筑障塞匿[1]，一道路[2]，抟[3]出入。审闾闬[4]，慎筦键[5]，筦藏于里尉。置闾有司[6]，以时开闭。闾有司观出入者，以复[7]于里尉。凡出入不时，衣服不中，圈属群徒不顺于常[8]者，闾有司见之，复无时。若在长家[9]子弟、臣妾、属役、宾客，则里尉以谯于游宗，游宗以谯于什伍，什伍以谯于长家。谯敬而勿复[10]，一再则宥[11]，三则不赦。凡孝悌、忠信、贤良、俊材，若在长家子弟、臣妾、属役、宾客，则什伍以复于游宗，游宗以复于里尉，里尉以复于州长，州长以计于乡师，乡师以著于士师[12]。凡过党[13]，其在家属，及[14]于长家；其在长家，及于什伍之长；其在什伍之长，及于游宗；其在游宗，及于里尉；其在里尉，及于州长；其在州长，及于乡师；其在乡师，及于士师。三月一复，六月一计，十二月一著。凡上贤不过等，使能不兼官，罚有罪不独及，赏有功不专与。

【注释】

[1]匿：暗孔。

[2]一道路：指设置一条可进出的道路。

[3]抟：通“专”，专一。原文为“博”，据猪饲彦博、王念孙说校改。

[4]闾闬(hàn)：里门。

[5]管：钥匙。键：插门横木。

[6]闾有司：看守里门的专职人员。

[7]复：报告。

[8]圈属：眷属。圈，通“眷”。群徒：指下文“臣妾、属役、宾客”等人。不顺于常：指行为异常。

[9]长家：家长。

[10]谯敬而勿复：指斥责、警告之初期，以教育为主，不用上报。谯，斥责。敬，通“儆”，儆戒。

[11]再：第二次。宥(yòu)：宽恕。

[12]著：登记。士师：与乡师相对，指朝中之官。

[13]过党：犯罪的党徒。

[14]及：连及，指连带责任。

【品读】

此节讲述了齐国的行政编制，是一种极珍贵的文献史料。齐国行政单位为乡、州、里、游、什伍。什伍编制的精髓就是严密控制，厘清责任。在我国传统社会里，人身控制一直比古代西方要严密、严格得多。如《张家山·二年律令·户律》云：“自五大夫以下，比地为伍，以辨券为信，居处相察，出入相司。有为盗贼及亡者，辄谒吏、典。田典更挟里门籥(钥)，以时开；伏闭门，止行及作田者。”[①]与齐国制度似有渊源关系。这种严密的行政体系实际上是层层分解责任，一级向一级负责，如同环环锁链把所有人都束缚起来，最终获益的是金字塔的顶峰——国君。这就是君主集权的奥秘。“上贤不过等，使能不兼官，罚有罪不独及，赏有功不专与”，是指推荐贤人不能越级，选贤任能不能使其身兼数职，定罪不能仅仅是罪犯本身，赏赐也不能单单是有功者本人，完全说明了君权制下各级之间的责任从属关系。当然，为保证权力锁链的上下贯通，还要建立配套的行政文书制度，如“三月一复，六月一计，十二月一著”，就相当于时下实行的季报、半年报、年报制度。

此节中的“臣妾”指家庭男女奴婢，“属役”“宾客”是依附农民的一类人，

① 张家山二四七号汉墓竹简整理小组：《张家山汉墓竹简[二四七号墓](释文修订本)》，文物出版社2006年版，第51页。

这是一种新型生产关系，反映了春秋战国时期复杂的社会变革。同时这也说明，政府为扩大赋役征发范围，已经正式承认“属役”“宾客”的合法性。

……………………………………

孟春之朝，君自听朝，论爵赏校官[1]，终五日。季冬之夕，君自听朝，论罚罪刑杀，亦终五日。正月之朔[2]，百吏在朝，君乃出令，布宪[3]于国。五乡之师，五属[4]大夫，皆受宪于太史[5]。大朝之日，五乡之师，五属大夫，皆身习宪于君前。太史既布宪，入籍于太府[6]，宪籍分于君前。五乡之师出朝，遂于乡官，致[7]乡属，及于游宗，皆受宪。宪既布，乃反致令[8]焉，然后敢就舍[9]。宪未布，令未致，不敢就舍；就舍，谓之留令[10]，罪死不赦。五属大夫，皆以行车朝，出朝不敢就舍，遂行。至都[11]之日，遂于庙，致属吏，皆受宪。宪既布，乃发使者致令，以布宪之日，蚤晏之时。[12]宪既布，使者以发，然后敢就舍。宪未布，使者未发，不敢就舍；就舍，谓之留令，罪死不赦。宪既布，有不行宪者，谓之不从令，罪死不赦。考宪而有不合于太府之籍者，侈[13]曰专制，不足[14]曰亏令，罪死不赦。首宪既布，然后可以行[15]宪。

右首宪[16]。

【注释】

[1]论：评定。爵：爵位。校(jiào)官：考核官吏。

[2]朔：初一。

[3]宪：法令。

[4]五属：国都分为五乡，其外分为五属。

[5]太史：掌握法令文书的官员。

[6]籍：文书，此指法令的底本。太府：政令文书的保管存档机构。

[7]致：召集。原文其下有一“于”字，据王引之说删。

[8]反致令：返回复命。

[9]就舍：回到住所。

[10]留令：滞留法令。

[11]都：古时有先君之宗庙称为“都”，此处指大夫官府之地。

[12]宪既布，乃发使者致令，以布宪之日，蚤晏之时：指法令公布后，五属大夫要派使者复命朝廷，无论早晚都要在法令公布当日进行。蚤晏，早晚。蚤，通“早”，早晨。

[13]侈：多，此处指人为增添法令条文。

[14]不足：指删减法令条文。

[15]行：原文为“布”，据丁士涵说校改。

[16]首宪：指正月布宪。

【品读】

本节主要论述了法令体系的公布、传达等程序，是春秋时期一项重大的制度变革。不过，当时法律建设还处在草创阶段。例如，律令是由掌管历法、档案的太史兼任，并没有分化出后世专职掌管律令、监督百官的“御史”。但是，后世法家的思想内核已经具备。为维护法令的权威性、神圣性，要求官吏传布法令要及时，如有延迟，“罪死不赦”；不执行法令，亦“罪死不赦”；任意增减法令条文，同样判其“罪死不赦”。

凡将举事，令必先出。曰事将为，其赏罚之数[1]，必先明之。立事者谨守令以行赏罚，计事致令，复赏罚之所加[2]。有不合于令之所谓者，虽有功利，则谓之专制，罪死不赦。首[3]事既布，然后可以举事。

右首事。

【注释】

[1]数：政策、规定。

[2]计事致令，复赏罚之所加：回报法令执行情况时，也要上报赏罚处理结果。

[3]首：首先，指法令公布在先。

【品读】

“有不合于令之所谓者，虽有功利，则谓之专制，罪死不赦。”此句意为：指不符合法令的行为，即使取得功利成效，仍是一种“专制”行为，也要判定死罪且不能赦免。这是法家学派典型的法制精神，大有以法为纲之朝气。可是在当时君权制度下，对臣下“专制”的制约与惩处，却成为君主自身专制的有力工具。

修火宪，敬山泽林薮[1]积草。天[2]财之所出，以时禁发焉，使民足[3]于宫室之用，薪蒸[4]之所积，虞师[5]之事也。决水潦，通沟渎，修障防，安水藏，使时水虽过度，无害于五谷，岁虽凶旱，有所秎[6]获，司空之事也。相高下[7]，视肥硗[8]，观地宜[9]，明诏期[10]，前后农夫[11]，以时钧修[12]焉，使五谷桑麻，皆安其处，司田[13]之事也。行乡里，视宫室，观树艺[14]，简[15]六畜，以时钧修焉，劝勉百姓，使力作毋偷，怀乐家室，重去乡里，乡师之事也。论百工，审时事，辨功苦[16]，上[17]完利，监壹[18]五乡，以时钧修焉，使刻镂文采，毋敢造于乡，工师之事也。

右省[19]官。

【注释】

[1]敬：通“警”，警戒。薮（sǒu）：多草的湖泽。

[2]天：原文为“夫”，据丁士涵说校改。

[3]足：原文无此字，据戴望说校补。

[4]蒸：细柴。

[5]虞师：主管山林川泽之官。

[6]秎（fèn）：收割、刈获。

[7]相:观测。高下:地势高低。

[8]肥:肥沃。硗(qiāo):贫瘠。

[9]宜:适宜,此处指适宜种植。

[10]明诏期:指明确征召服役日期。

[11]前后农夫:指安排农夫服役、农作的先后顺序。

[12]以时钧修:指按时作统筹安排。

[13]司田:主管农业的官员。司,原文为“由”,据孙星衍、张文虎说校改。

[14]树艺:种植。

[15]简:检查。

[16]功苦:优劣。

[17]上:通“尚”,提倡。

[18]监:监视。壹:统一。

[19]省(xǐng):省视。

【品读】

此节“五官”之制是当时新型官吏制度初步形成的写照。“虞师”主管山林川泽,这表明政府已经着手垄断资源,以拓宽财源。“司空”负责水利,至西汉,地方还遗留此职(与此不同的是,中央三公之一的司空改称为“大司空”),主管地方水利、刑徒。“司田”与“乡师”是两条系统。“司田”负责地方授田、土地的管理;“乡师”则主管地方民政、户籍。秦、汉初在地方上设置的田啬夫、乡啬夫就是此系统的延续。“工师”是“工商食官”制度的延续,也是国家军备器械的制造者。

度爵而制服,量禄而用财。饮食有量,衣服有制,宫室有度,六畜人徒[1]有数,舟车陈器有禁[2],生则有轩冕、服位、谷禄[3]、田宅之分,死则有棺椁、绞衾、圹垄[4]之度。虽有贤身贵体,毋其爵,不敢服其服;虽有富家多资,毋其禄,不敢用其财。天子服文有章[5],而夫人不敢以燕[6]以飨庙,将军大夫以朝[7],官吏以命[8],士止于带缘[9],散民不敢服杂采,百工商贾不得服长鬈[10]貂,刑余戮民不敢服丝[11],不敢畜连[12]乘车。

右服制。

【注释】

[1]人徒:役徒士卒。

[2]陈器:陈设器物。禁:限制。

[3]生:原文为“修生”,据孙星衍说删改。轩冕:古时大夫以上官员的车乘和冕服。服位:职位。谷禄:俸禄。古代俸禄常发放谷物,故称。

[4]棺椁:棺材,内棺为“棺”,外棺为“椁”。绞:捆尸衣的带子。衾:死者的被子。圹垄:坟墓。

[5]章:花纹,此处指章法。

[6]燕：燕居之服，指闲居时所穿的衣服。

[7]朝：朝服。

[8]命：命服，指按官位等级所穿的官服。

[9]带缘：以丝绸在带上缘边。

[10]散民：平民。杂采：杂有文采。长鬈(quán)：羔羊皮。

[11]刑余：受过刑罚之人。戮民：服刑之人。貂：貂皮。丝：原文为“绕”，据洪颐煊说校改，指丝织品。

[12]畜连：指备车。畜，通“蓄”，蓄藏。连，通“辇”，小车。

【品读】

此节主讲的等级制度是战国时期新型君权体系构建“金字塔”型权力体系的外在表现。君主通过赋予少数人经济、政治等诸多特权，将他们纳入上层社会，与君主形成一个利益共同体，互相援引，彼此支持，以维护整个金字塔体系的稳定。其中，“谷禄、田宅”即授予俸禄、分封田宅，属于新型官吏制度下君臣关系利益交换的一部分，也就是《韩非子·难一》篇所云“臣尽死力以与君市，君垂爵禄以与臣市”。

寝兵之说胜[1]，则险阻不守。兼爱[2]之说胜，则士卒不战。全生[3]之说胜，则[4]廉耻不立。私议自贵[5]之说胜，则上令不行。群徒比周[6]之说胜，则贤不肖不分。金玉货财之说胜，则爵服下流。[7]观乐玩好之说胜，则奸民在上位。请谒任举[8]之说胜，则绳墨[9]不正。谄谀饰过[10]之说胜，则巧佞[11]者用。

右九败。

【注释】

[1]寝兵：废止军备。胜：指学说获胜，成为主导。

[2]兼爱：相互亲爱。

[3]全生：保全生命。

[4]则：原文为“则则”，据上下文删。

[5]私议自贵：私立异说，自命清高。

[6]群徒比周：结党营私。

[7]金玉货财之说胜，则爵服下流：如果追求金玉财货之说盛行，则爵位可以买卖，流通到下面。

[8]请谒：请托。任举：保举。

[9]绳墨：木匠取直用的墨线，此处指选人标准。

[10]谄(chǎn)谀：阿谀奉承。饰过：掩饰过错。

[11]巧佞(nìng)：巧诈、奸佞。

【品读】

阅读此节内容可渐渐嗅到春秋战国诸子蜂起、百家争鸣、思想碰撞的

“火药味”，因此这应该不是管子时代的作品。作者公然剑指兼爱、非攻、全生贵己等九种思想，并一一提出了尖锐的质疑。所谓“不破不立”，正是在彼此的激烈争锋中，各家才能相互鞭策，甚至彼此吸收，共同发展。

在春秋战国的大变革时期，各国竞立，求贤若渴，政治、学术逐渐平民化，又加之无官方意识的钳制与禁锢，人人皆可恣其所思，畅其所言，践其所行，因而呈现出一幅百家明珠、文化璀璨的墨卷。

期而致[1]，使而往，百姓舍己以上为心者，教之所期[2]也。始于不足见[3]，终于不可及[4]，一人服之，万人从之，训之所期也。未之令而为，未之使而往，上不加勉，而民自尽竭，俗[5]之所期也。好恶形于心，百姓化于下，罚未行而民畏恐，赏未加而民劝勉，诚信之所期也。为而无害，成而不议[6]，得而莫之能争，天道之所期也。为之而成，求之而得，上之所欲，小大必举，事之所期也。令则行，禁则止，宪之所及，俗之所被，如百体之从心[7]，政之所期也。

右七观。

【注释】

[1]期：期会、约会。致：到达。

[2]期：期望。

[3]始于不足见：起初看不见什么迹象。

[4]终于不可及：最终却达到不可企及的高度。

[5]俗：风气。

[6]议：据郭沫若说，读为“俄”，意为倾败。

[7]如百体之从心：如同身体各器官服从内心支配一样。

【品读】

此节提出的“七观”是指七项工作的最高标准，具有标杆、示范作用。征召即来，派遣就去，百姓舍身为君主着想，这是教化所期望的结果。君主一声喝令，臣民万人即如影随形，这是训导工作所期望的结果。不加命令而能主动作为，不用派遣而能自动前往，不用勉励而能竭尽全力，这是树立风气所期望的结果。好恶仅存于君主内心，百姓就转化为行动；不用刑罚，百姓已知畏惧；不用赏赐，百姓自我勉励，这是推行诚信所期望的结果。做任何事情不产生危害，也不会失败；一旦胜利，成果也没人能夺去，这是行天道之政所期望的结果。只要做就能成功，只要求就能得到，君主布置的大事、小事都能完成，这是做事所期望的结果。无论法令规定，还是风俗方面，百姓都如同百体从心般听从君主支配、指挥，这是为政所期望的结果。

乘马第五

经言五

凡立国都[1]，非于大山之下，必于广川[2]之上。高毋近旱而水用足，下毋近水而沟防省。因天材[3]，就地利，故城郭不必中规矩[4]，道路不必中准绳[5]。

右立国。

【注释】

[1]国都：国中都邑。

[2]广川：大河。

[3]天材：自然资源。

[4]中：符合。规矩：圆规、曲尺。

[5]准绳：水平器与取直的墨线。

【品读】

此节论述了建设城市选择地望的原则，即注重天、地、人的统一。如都城建立在高地，就要临近水源，便于用水；如选在低地，就要远离水涝，以节省沟堤费用。总的来讲，要因地制宜，因时就利，切不可循规蹈矩，拘泥于程式。

无为[1]者帝，为而无以为[2]者王，为而不贵者霸。不自以为所贵[3]，则君道也；贵而不过度，则臣道也。

右大数。

【注释】

[1]无为：无为而治。

[2]为而无以为：指虽然为政，但不为政务所累。

[3]贵：指自以为尊贵。

【品读】

帝、王、霸是战国时期一种新型历史观，是学者将春秋“礼乐征伐自诸侯出”的霸政与“礼乐征伐自天子出”的王政进行对比反思后，人为形成的一种社会发展演变理论。如《战国策·燕策二》云:“帝者与师处,王者与友处,霸者与臣处。”

此节与道家无为思想颇为相近。专就管子《经言》来讲,《汉书·艺文志》将其列入道家,似乎有因。

地者政之本也,朝者义之理[1]也,市者货之准也,黄金者用[2]之量也,诸侯之地千乘之国者,器[3]之制也。五者其理可知也,为之有道[4]。

【注释】

[1]朝:朝廷。义:通“仪”,仪法。理:体现。

[2]用:财用。

[3]器:兵器。

[4]为之有道:做起来是有规律可循的。

【品读】

“市者货之准也”,指货物只有进入市场后,经过供需双方的博弈,达到均衡,最终的价格标准才能显现出来。相反,不进入市场,个人的定价只是一厢情愿,不能成为价格标准。“黄金者用之量也”,强调了货币的流通、衡量职能。在小农经济社会下,我国古人早已明了黄金虽然饥不能食、寒不能衣,却是一种衡量万物价值的媒介工具。窃以为,无商战之经历者,实难提出此类精言妙语,唯管仲能如此。

地者政之本也。是故地可以正政[1]也。地不平均和调,则政不可正也。政不正则事不可理也。

春秋冬夏,阴阳[2]之推移也;时之短长,阴阳之利用也;日夜之易,阴阳之化也。然则阴阳正矣,虽不正,有余不可损,不足不可益也。天也[3],莫之能损益[4]也。然则可以正政者,地也。故不可不正也。正地者,其实[5]必正。长亦正,短亦正,小亦正,大亦正,长短小大尽正[6]。地不正[7]则官不理,官不理则事不治,事不治则货不多。是故何以知货之多也?曰:事治。何以知事之治也?曰:货多。货多事治,则所求于天下者寡矣。为之有道。

右阴阳。

【注释】

[1]正政:调正政事。

[2]阴阳:古人从自然现象中提炼的哲学概念。它代表事物最基本的对立面,是万物运动变化的本源。

[3]天也:原文为“天地”,据郭沫若说校改。

[4]损益：减少和增加。此指天时是阴阳变化的结果，非人力所能减增。

[5]实：实数，指土地的实际面积。

[6]长短小大尽正：指无论土地长短大小，都要核实正确。

[7]地不正：原文为"正不正"，据猪饲彦博、王念孙说校改。

【品读】

在我国传统社会，人民的生活资料都来自于土地，土地分配是经济制度中最核心的内容。"正地"就是土地产权关系的重新调整。"正地"的原则是"平均和调"。在"溥天之下，莫非王土"的名义产权下，通过"初税亩"等形式，承认宗法地主、自耕农新开垦土地的私人占有权。同时，又通过"名田宅"等方式，将公田和新田重新分配给有功官吏、士兵，使他们转变为军功地主。私有产权的确认，极大地提高了新兴地主组织生产和自耕农耕作的积极性。在古代，我国的农业经济大多数时候都遥遥领先于世界，可谓"一骑绝尘"。其中一个重要原因是相对于西欧的封建制度，我们私有土地产权确立得更早、更为彻底。

朝者义之理也。是故爵位正而民不怨，民不怨则不乱，然后义可理。不正[1]则不可以治，而不可不理也。故一国之人不可以皆贵，皆贵则事不成而国不利也。为[2]事之不成，国之不利也，使无贵者则民不能自理也。是故辨于爵列之尊卑，则知先后之序、贵贱之义矣。为之有道。

右爵位。

【注释】

[1]不正：原为为"理不正"，据丁士涵说校改。

[2]为：因为。

【品读】

"故一国之人不可以皆贵，皆贵则事不成而国不利也。"此句一语道破等级制度的秘密，即人为制造不平等，通过等级特权拉拢少数人，组成利益共同体来控制大多数人，占有他们的劳动财富，成就自己的特权生活。

市者货之准也。是故百货贱则百利得[1]，百利得则百事治，百事治则百用节[2]矣。是故事者生于虑[3]，成于务，失于傲。不虑则不生，不务[4]则不成，不傲[5]则不失。故曰：市者可以知治乱，可以知多寡，而不能为多寡。为之有道。

右务市事。

【注释】

[1]得：原文为“不得”，据《初学记》《太平御览》引文改。下“得”同此。

[2]节：调节、适度。

[3]虑：谋划。

[4]务：努力。

[5]傲：懈怠。

【品读】

此节是管子原汁原味的经济思想，每句话都意味深远，字词精练。据《史记·管晏列传》记载，管仲早年与鲍叔合伙经商。虽不算成功，却也收获了一箩筐“感悟”。

“市者货之准”，指商品的价格唯有通过市场才能体现出来。市场是商品价格的场所、供求状况的晴雨表。只有通过市场形成商品价格，生产者才好指导生产，消费者才清楚如何选择消费。

“百货贱则百利得”，是指完全让市场供求关系发生作用，商品可以准平，价格低贱，也就是西方经济学中“完全竞争市场”的理想状态。

“可以知多寡，而不能为多寡”，是指市场从属于流通领域，只能反映商品供需数量，并不能决定商品的生产数量，而真正直接决定商品生产数量的则是生产者。

黄金者，用之量也。辨于黄金之理则知侈俭，知侈俭则百用节矣。故俭则伤[1]事，侈则伤货。俭则金贱[2]，金贱则事不成，故伤事。侈则金贵[3]，金贵则货贱，故伤货。货尽而后知不足，是不知量也；事已而后知货之有余，是不知节也。不知量，不知节，不可。为[4]之有道。

【注释】

[1]伤：妨碍。

[2]俭则金贱：指过于节俭会导致金属货币流通需求少，金价下跌。

[3]侈则金贵：指过于奢侈就会导致金属货币流通需求大，金价大涨，商品价格虚涨实跌。

[4]为：原文为“谓”，据郭沫若说校改。下节“为”字同此。

【品读】

“黄金者，用之量也”，强调了货币的流通、衡量职能。黄金作为货币，起到一般等价物的作用，诸侯国间贸易、大宗商品交易一般都使用黄金。对于不能食用且不能御寒的黄金，管子明晓它不是财富的全部，只是流通的媒介而已。而西方直至重商主义时代，仍将黄金看作是财富的唯一形态，费尽周折，才从怪圈中走了出来。

“俭则伤事”是指节俭要有限度。消费对生产有刺激作用，过度节俭会使某些行业萎缩，导致商品奇缺，无法满足消费需求，长此以往，社会经济则有可能走向萧条。

天下乘马服牛，而任[1]之轻重有制。有一宿[2]之行，道之远近有数矣。是知诸侯之地、千乘之国者，所以知器之小大也[3]，所以知任之轻重也。重而后损之，是不知任也；轻而后益之，是不知器也。不知任，不知器，不可。为之有道。

【注释】

[1]任：负担。

[2]一宿(xiǔ)：一夜。

[3]所以知器之小大也：指对于千乘之国，可推知其军备规模的大小。器，原文为“地”，据王念孙说校改。

【品读】

此节讨论的核心问题是军赋的核算。乘马是当时的军赋征发单位。不同的诸侯国土地面积不同，人口有多有少，自然有不同的军赋规模。军赋税核算的具体原则为“知器之小大”与“知任之轻重”，就是通过核算本国军赋的总量以及人均负担量，制定适当的征赋方案。否则，就会出现“重而后损”“轻而后益”，反复调整而不得其要的不良后果。

地之不可食者，山之无木者，百而当一。涸泽，百而当一。地之无草木者，百而当一。楚棘[1]杂处，民不得入焉，百而当一。薮，镰缨[2]得入焉，九而当一。蔓山[3]，其木可以为材，可以为轴，斤斧[4]得入焉，九而当一。泛[5]山，其木可以为棺，可以为车，斤斧得入焉，十而当一。流水，网罟[6]得入焉，五而当一[7]。林，其木可以为棺，可以为车，斤斧得入焉，五而当一。泽，网罟得入焉，五而当一。命之曰：地均[8]以实数。

【注释】

[1]楚棘：荆棘。楚，原文为“樊”，据王引之说校改。

[2]镰：镰刀。缨(mò)：绳索。

[3]蔓山：丘陵。

[4]斤斧：泛指斧子。斤，斧子一类的工具，比斧小，横刃。

[5]泛：据于省吾说，同“洀”，古“盘”字，指盘旋。

[6]罟(gǔ)：网。

[7]五而当一:原文为“五当一”,据上下文例补。

[8]均:公平,此指折算。

【品读】

此节表明古人对不同土地的生产力有较清晰的认识。由于土地产力的千差万别,政府在土地分配、征收地租时要考虑具体情况。作者规定了“地之不可食者,山之无木者”“薮”“蔓山”等不同地形的土地与正常土地的折算比率,即“百而当一”“九而当一”“十而当一”“五而当一”。这项“正地”政策的核心理念就是“地均以实数”,即以折算后的可耕种的土地面积来计算,才能保证土地“长短小大尽正”,做到“平均和调”。

方六里命之曰暴,五暴命之曰部,五部命之曰聚。聚者有市,无市则民乏[1]。五聚命之曰某乡,四乡命之曰方。官制也。官成而立邑:五家而伍,十家而连,五连而暴,五暴而长,命之曰某乡,四乡命之曰都,邑制也。邑成而制事:四聚为一离,五离为一制,五制为一田,二田为一夫,三夫为一家,事制也。事成而制器:方六里,为一乘之地也;一乘者,四马也;一马,其甲[2]七,其蔽[3]五;一[4]乘,其甲二十有八,其蔽二十,白徒[5]三十人奉车两,器制也。

【注释】

[1]乏:原文为“之”,据文义改。

[2]甲:铠甲,指甲士。

[3]蔽:盾牌,指持盾护卫之士。

[4]一:原文为“四”,据丁士涵说校改。

[5]白徒:未经训练的步卒。

【品读】

本节所说的“官制”是指齐国的地理编制单位。“邑制”是指居民编制单位。“事制”是指生产编制单位,具体指均地分力,如下文“方一里,九夫之田”。“器制”是指制军赋,即“乘马”。春秋时期盛行车战,兵农合一,故“乘马”为军赋征收单位。《诗经·小雅·信南山》孔颖达疏引《司马法》云:“四邑为丘,有戎马一匹、牛三头,是曰匹马丘牛;四丘为甸,甸六十四井,出长毂一乘、马四匹、牛十二头、甲士三人、步卒七十二人,戈、楯具备,谓之乘马。”这两处“乘马”虽略有差异,但都是对齐国军赋制度的追述。

方六里,一乘之地也;方一里,九夫之田也。黄金一镒[1],百乘一宿之尽[2]也。无金则用其绢,季绢[3]三十三制[4]当一镒。无绢则用其布,经暴布百两[5]

当一镒。一镒之金，食百乘之一宿。则所市之地六步一斗，命之曰中岁。

【注释】

[1]镒：古代黄金计量单位，一镒为二十四两。

[2]百乘：百辆战车。一宿：一夜。尽：通“赆”，费用。

[3]季绢：细绢。

[4]制：长度单位，一制为一丈八尺。

[5]绻(quán)暴布：细白布。绻，原文为“经”，据张佩纶说校改。两：匹。

【品读】

一定尺寸规制的绢、布也可充当货币，起到一般等价物的作用。战国时期的秦国《金布律》云：“布袤八尺，福(幅)广二尺五寸。布恶，其广袤不如式者，不行”“钱十一当一布。其出入钱以当金、布，以律。”①

“六步一斗”是指土地粮食产量的衡量单位。岳麓秦简《算术书》载：“租禾。税田廿四步，六步一斗，租四斗。”②意思是一块田地共有二十四步，产量为“六步一斗”，按规定需缴田租四斗。《算数书》中产量高的有“三步一斗”，产量低的有“八步一斗”。看来《管子》一书称“六步一斗”为“中岁”，符合当时的实际状况。

有市，无市则民乏[1]矣。方六里名之曰社，有邑焉，名之曰央，亦关市之赋[2]。黄金百镒为一箧[3]，其货一谷笼为十箧[4]。其商苟在市者三十人，其正月、十二月，黄金一镒。[5]命之曰正分[6]。春曰书比[7]，夏曰月程[8]，秋曰大稽[9]。与民数得亡[10]。

【注释】

[1]乏：缺乏，此处指商品缺乏。原文“乏”上有“不”字，据猪饲彦博、安井衡、陶鸿庆说删。

[2]关市之赋：指关税、市税。

[3]箧(qiè)：小箱子，此处指征税单位。

[4]其货一谷笼为十箧：指一谷笼的货物要征税十箧。谷笼，货物数量单位。

[5]其商苟在市者三十人，其正月、十二月，黄金一镒：指如果市场上的商人每满三十人，那么在正月、十二月征税时，需缴纳黄金一镒。

[6]正分：征税比率。正，通“征”，征收。

[7]书比：比户登记。

[8]夏：原文“夏”上有“立”字，据孙诒让说删。月程：按月核定。

① 睡虎地秦墓竹简整理小组编：《睡虎地秦墓竹简》，文物出版社1978年版，第56页。

② 朱汉民、陈松长主编：《岳麓书院藏秦简(贰)》，上海辞书出版社2011年版，第4页。

[9]大稽：总计。

[10]与民数得亡：根据商民人数变化，定期增减。民数，指商民人数。得亡，增减。

【品读】

即便是传统社会，市场也是必要的。没有市场，人民的许多消费需求无法得到满足。事实上，市场能起到调配不同地区商品、平抑当地物价的作用。此外，"关市之赋"是政府财政收入的重要来源。故政府将固定市场的商人编入专门户籍，定期"书比""月程""大稽"，掌握人数、交易量，以确保税源。对于游走不定的行商，政府设置关卡，按货物量收关税，如"货一谷笼为十箧"。

三岁修封[1]，五岁修界[2]，十岁更制[3]，经正[4]也。一仞见水不大潦[5]，五尺见水不大旱[6]。一仞见水轻征，十分去一，二则去二，三则去三[7]，四则去四，五则去半，比之于山。五尺见水，十分去一，四则去二，三则去三，二则去四[8]，尺而见水，比之于泽。

【注释】

[1]封：即阡陌，田间纵横的小路。

[2]界：田界。

[3]更制：重新划定。

[4]经：经界。《孟子·滕文公上》曰："夫仁政，必自经界始。"正：公正。

[5]一仞见水不大潦(liáo)：深一仞才见水的土地，不会发生水涝。仞，长度单位，一般古一仞为七尺或八尺。潦，水灾。

[6]五尺见水不大旱：五尺见水的土地不会发生干旱。

[7]一仞见水轻征，十分去一，二则去二，三则去三：原文为"十一仞见水轻征，十分去二三，二则去三四"，据王引之说校改。

[8]四则去二，三则去三，二则去四：原文为"四则去三，三则去二，二则去一三"，据俞樾说校改。

【品读】

维护土地私有产权的持有以及变更，就要定期界定封界。私自改动田界，要负法律责任。睡虎地秦律《法律答问》载："'盗徙封，赎耐。'可(何)如为'封'？'封'即田千佰。"①

"见水轻征"，是管子"相地而征"、税赋公平思想的表现。根据水位观测，一仞见水的土地，减租十分之一；二仞见水的，减租十分之二；三仞见水

① 睡虎地秦墓竹简整理小组：《睡虎地秦墓竹简》，文物出版社1978年版，第178页。

的，减租十分之三；四仞见水的，减租十分之四；五仞见水的，减租一半，视同于山地。五尺见水的土地，减租十分之一；四尺见水的，减租十分之二；三尺见水的，减租十分之三；二尺见水的，减租十分之四；一尺见水的，减租一半，视同于沼泽。

距国门以外，穷四竟[1]之内，丈夫二犁[2]，童五尺[3]一犁，以为三日之功[4]。正月令农始作，服于公田[5]农耕。及雪释，耕始焉，芸卒[6]焉。士，闲见、博学、意察[7]，而不为君臣者[8]，与功而不与分焉[9]。贾，知贾[10]之贵贱，日至于市，而不为官贾者，与功而不与分焉。工，治容貌[11]功能，日至于市，而不为官工者，与功而不与分焉。不可使[12]而为工，则视贷离之实[13]，而出夫粟[14]。

【注释】

[1]穷：尽。竟：通“境”，边境。

[2]丈夫：成年男子。二犁：指以二犁所能耕种的土地作为工作定量。

[3]童：未成年男子。五尺：指身高五尺。

[4]三日之功：三天无偿劳役。

[5]公田：公室的土地。

[6]芸：通“耘”，除草。卒：终止、结束。

[7]闲见：，指原文为“闻”，据孙诒让说校改。意察：指明察之士。

[8]不为君臣者：没有做官的，即现在所说“编外人员”。

[9]与功而不与分焉：指令其参加劳役，却不给其报酬。

[10]贾：通“价”，价格。

[11]容貌：样式。

[12]不可使：因身体、疾病等无法劳作。工：通“功”，劳役。

[13]贷离之实：所欠的劳役实数。贷离，差别。

[14]出夫粟：指缴纳粮食以补偿出人劳役。

【品读】

公田劳作制度的孑遗与官私工贾的并存，说明当时齐国还处在由旧至新的变革过程中。其实，从近年公布的里耶秦简可知，即便到秦代，公田的比例依然占有优势，超乎我们的想象。“士，闲见、博学、意察，而不为君臣者，与功而不与分焉。”这说明至少“士”这个阶层，有官职才有俸禄，无官职则与民无异。“君垂爵禄以与臣市”的新型官吏制度的大幕已悄然开启。

是故智者知之，愚者不知，不可以教[1]民；巧者能之，拙者不能，不可以教民。非一令而民服之也，不可以为大善[2]；非夫人能之也[3]，不可以为大功。是故非诚[4]贾不得食于贾，非诚工不得食于工，非诚农不得食于农，非信士不得立于朝。是故官虚而莫[5]敢为之请，君有珍车珍甲而莫之敢有，君举事臣不敢诬其所不能。君知臣，臣亦知君知己也。故臣莫敢不竭力俱操其诚以来。

【注释】

[1]教：教化。

[2]非一令而民服之也，不可以为大善：不是一下命令人民就服从，就不能成为大治。善，好。

[3]非夫人能之也：不是人人都能做到。夫人，众人。

[4]诚：诚实。

[5]莫：原文为“其”，据赵用贤本改。

【品读】

教化百姓要注重方式、方法。毕竟人的智商、能力有高有低，各有差别。要善于因材施教，照顾大多数群体的实情，做到智愚皆知，巧拙皆能。只有如此，君主才能“一令而民服”。

对于君主来说，知人、用人是最难的。要做到知人善用，莫过于“君知臣，臣亦知君知己”。历来明君贤臣都是这种鱼水关系。如周文王与姜尚、齐桓公与管仲、刘备与诸葛亮等。

道曰：均地分力[1]，使民知时[2]也。民乃知时日之蚤晏，日月之不足[3]，饥寒之至于身也。是故夜寝蚤起，父子兄弟不忘其功[4]，为而不倦，民不惮劳苦。故不均之为恶也，地利不可竭，民力不可殚。不告之以时而民不知，不道之以事而民不为。与之分货[5]，则民知得正[6]矣；审其分[7]，则民尽力矣。是故不使而父子兄弟不忘其功。

右士农工商。

【注释】

[1]均地分力：指土地与劳动力的平均配置。

[2]时：农时。

[3]日月之不足：指时间紧迫。

[4]功：指农事。

[5]分货：分取财货。

[6]正：通“征”，征收。

[7]分：份额，此处指税率。

【品读】

“均地分力”是指劳动力与土地资源的最佳配置。如果做不到“均地分力”，劳动者没有生产的积极性，则必然会导致“地利不可竭，民力不可殚”的局面。也就是说，人少地多，部分土地会荒废、闲置；人多地少，部分劳动力又无法生存。春秋战国是生产关系的变革时期，由于土地私有产权的逐渐确立，劳动者从事集体劳动转变为个人劳动、被动劳动转变为自觉劳动。相应地，生产力大幅提高。劳役地租向实物地租转变，“与之分货”就是实物地租的体现。

圣人之所以为圣人者，善分[1]民也。圣人不能分民，则犹[2]百姓也。于己不足，安得名圣？是故有事则用，无事则归之于民，唯圣人为善托业[3]于民。民之生[4]也，辟[5]则愚，闭则类[6]。上为一，下为二。[7]

右圣人。

【注释】

[1]分：分利。

[2]犹：如同。

[3]善：善于。托业：托付产业。

[4]生：通“性”，本性。

[5]辟：放纵。

[6]闭：约束。类：善。

[7]上为一，下为二：圣人率先垂范，人民会加倍效仿。

时之处事精[1]矣，不可藏而舍[2]也。故曰：今日不为，明日亡[3]货。昔之日已往而不来矣。

右失时。

【注释】

[1]时：时间，此处指劳动时间。精：精妙。

[2]舍：停止。

[3]亡：通“无”，没有。

【品读】

“今日不为，明日亡货”，说明管子已经隐约认识到“货”（商品价值）与“时”（劳动时间）之间的关系。这可以说是管子经济思想的一大亮点。西方直到古典经济学阶段，才由配第、斯密、李嘉图、马克思等创立和完善劳动价值论。

上地[1]方八十里，万室之国一[2]，千室之都四[3]。中地方百里，万室之国一，千室之都四。下地方百二十里，万室之国一，千室之都四。以上地方八十里，与下地方百二十里，通[4]于中地方百里。

右地里。

【注释】

[1]上地：上等土地。

[2]万室之国一：一万户的国都，此处指八十里见方的土地，可承载一万户规模的国都的需要。室，户。

[3]千室之都四：四座一千户的城市，此处指八十里见方的土地，可承载四座一千户规模的城市的需要。

[4]通：相当于、等于。

【品读】

都城的选址都会遵循一定的法度。历代名都、名城的地望选择，都是多方因素权衡利弊的结果。此节重点考虑的是农村地区对都市人口的承载能力。因为每个都市的可持续发展都需要周边地区源源不断地供给、补充粮食、水源、劳动力，否则终究一天会沦为荒城废都。不同等级的土地按照当时生产力的不同，能够容纳不同规模的城市和城镇。上等土地方圆八十里能容纳一座一万户人口的城市和四座千户人口的城镇，而中等土地需要一百里、下等土地需要一百二十里才能容纳同等规模的城市。

七法第六

经言六

言是[1]而不能立，言非而不能废，有功而不能赏，有罪而不能诛，若是而能治民者，未之有也。是必立，非必废，有功必赏，有罪必诛，若是安治矣？未也。是何也？曰：形势、器械[2]未具，犹之不治也。形势、器械具，四者[3]备，治矣。不能治其民，而能强其兵者，未之有也。能治其民矣，而不明于为兵之数，犹之不可。不能强其兵，而能必胜敌国者，未之有也。能强其兵，而不明于胜敌国之理，犹之不胜也。兵不必胜敌国，而能正[4]天下者，未之有也。兵必胜敌国矣，而不明正天下之分[5]，犹之不可。故曰：治民有器，为兵有数，胜敌国有理，正天下有分。

【注释】

[1]言：言论。是：正确。

[2]形势：指军事形势。器械：指军事器械。

[3]四者：指上文的“是必立，非必废，有功必赏，有罪必诛”。

[4]正：匡正。

[5]分：名分。

【品读】

此节内容反映了管子的军事思想。一是“治民有器”，具体分为“治民有方”“积极备战”。其中，“治民有方”包括正确建议积极采用、错误言论坚决制止、有功之人不吝赏赐、有罪之人坚决惩治等四项内容。“积极备战”包括营造制胜的军事态势、打造精良军事装备等。二是“为兵有数”，即“带兵有方”，训练士兵要有章法。三是“胜敌国有理”即善于用兵，使己方立于不败之地。四是“正天下有分”，管仲辅佐齐桓公通过“尊王攘夷”，即尊奉周天子为共主、征伐夷狄的方式，来匡正天下，存正名分，最终九合诸侯，成就霸业。

……………………………………

则、象、法、化、决塞、心术、计数[1]：根[2]天地之气，寒暑之和，水土之性，人民鸟兽草木之生，物虽甚[3]多，皆均[4]有焉，而未尝变也，谓之则。义也、名也、时也、似也、类也、比也、状[5]也，谓之象。尺寸也、绳墨也、规矩也、衡石也、斗斛也、角量[6]也，谓之法。渐也、顺也、靡也、久也、服也、习[7]也，谓之化。予夺也、险易也、利害也、难易也、开闭也、杀生也，谓之决塞。实也、诚也、厚也、施也、度也、恕[8]也，谓之心术。刚柔也、轻重也、大小也、实虚也、远近也、多少也，谓之计数。不明于则，而欲错仪画制[9]，犹立朝夕于运均[10]之上，摇竿而欲定其末[11]。不明于象，而欲论材审用[12]，犹绝长以为短，续短以为长[13]。不明于法，而欲治民一众，犹左书而右息之[14]。不明于化，而欲变俗易教，犹朝揉轮而夕欲乘车[15]。不明于决塞，而欲驱众移民，犹使水逆流。不明于心术，而欲行令于人，犹倍招而必射[16]之。不明于计数，而欲举大事，犹无舟楫而欲经[17]于水险也。故曰：错仪画制，不知则不可；论材审用，不知象不可；治[18]民一众，不知法不可；变俗易教，不知化不可；驱众移民，不知决塞不可；布令必行，不知心术不可；举事必成，不知计数不可。

右七法[19]。

【注释】

[1]则：规律。象：表象。法：法度。化：教化。决塞：开放、禁止。心术：内心活动。计数：测算方法。

[2]根：深究。

[3]甚：原文为“不甚”，据许维遹说校改。

[4]均：共。

[5]义：通“仪”。名：名称。时：时间。似：相似。类：类别。比：位次。状：形状。

[6]衡石：衡量轻重的器具，古代一石为一百二十斤。斗斛：二者皆为量器，古代一斛为十斗。角量：平斗斛的用具。

[7]渐：渐进。顺：顺应。靡：通“磨”，磨炼。久：据猪饲彦博说，通“灸”，熏陶。服：适应。习：习惯。

[8]实：忠实。诚：诚信。厚：宽厚。施：施舍。度：大度。恕：推己及人。

[9]错仪画制：原文为“出号令”，据丁士涵说校改，指建立法度。

[10]朝夕：测量日影的标杆。运均：制作陶器的转轮。

[11]摇竿而欲定其末：摇动竹竿却又想固定其末端。摇，原文为“檐”，据王引之说校改。

[12]论材审用：量才用人。

[13]犹绝长以为短，续短以为长：如同截断长材短用，续接短材长用一样。

[14]左书而右息之：左手写字，右手却阻止。

[15]朝揉轮而夕欲乘车：早上刚制造车轮，晚上就想乘车。揉，使直木弯曲。

[16]倍招：背对箭靶。倍，通“背”。射：原文为“拘”，据王引之说校改，射箭。

[17]舟：船。楫：船桨。经：渡。

[18]治：原文为“和”，据戴望说校改。

[19]七法：原文为“四伤”，据赵用贤本校改。

【品读】

此节七法，大为深奥。作者对万事万物观察极为细致、透彻，从而高度概括出包罗万象、变幻莫测的七个理论范畴。“则”指自然万物的内在属性，它是制定、建立法度的依据。“象”指相对于万物实体的“名”，它是量才用人的标准，即名实相副。“法”是用来衡量万物的标准，它是治理人民、统一规范的工具。“化”指事物的运动、发展演变关系，它是移风易俗、教化百姓的关键。“决塞”是指事物矛盾双方的转化，它是驱使百姓化解矛盾的精髓。“心术”涉及人的心理情感世界，它是发布命令、治理人民的着力点。“计数”是通过对万物的测算所显现的特性，它是筹划大事、确保成功的前提条件。

百匿[1]伤上威，奸吏伤官法，奸民伤俗教，贼盗伤国众。威伤则重在下[2]，法伤则货上流[3]，教伤则从令者不辑[4]，众伤则百姓不安其居。重在下则令不行，货上流则官徒[5]毁，从令者不辑则百事无功，百姓不安其居则轻民处而重民散[6]。轻民处，重民散，则地不辟；地不辟则六畜不育，六畜不育则国贫而用不足，国贫而用不足，则兵弱而士不厉[7]；兵弱而士不厉，则战不胜而守不固；战不胜而守不固，则国不安矣。故曰：常令不审，则百匿胜；官爵不审，则奸吏胜；符籍[8]不审，则奸民胜；刑法不审，则盗贼胜。国之四经[9]败，人君泄见危[10]。人君泄，则言实之士[11]不进；言实之士不进，则国之情伪不竭[12]于上。

【注释】

[1]匿：通“慝”，奸邪。

[2]威：原文为“众”，据赵用贤本改。重在下：权力重心下移。

[3]货上流：财货上流，指贿赂公行。

[4]辑：和睦。

[5]官徒：指官事。

[6]轻民：指游食之民。处：留出。重民：指务农之民。散：离散。

[7]厉：勇猛。

[8]符籍：泛指各种凭证和登记簿册。

[9]四经：指常令、官爵、符籍、刑法。

[10]泄：泄密。见危：遇到危害。

[11]言实之士：说真话之人。

[12]情伪：真假。竭：尽。

【品读】

“国之四经”包括常令、官爵、符籍、刑法四个重要制度。如果日常法令不严明，奸邪之人就会兴风作浪，损害国君的权威，导致君权下移。如果官爵制度不严明，奸诈官吏就会违法乱纪，贿赂盛行，导致财货上流，中饱私囊。如果符籍制度不严明，奸民四处乱窜，狼狈为奸，造成伤风败俗，万民不睦。如果刑法不严明，盗贼就会蜂起，危害百姓，从而导致良民逃散、恶民留处。符籍是战国新型官吏制度的附属产物，类似今天的身份证，往往一式两份，官方一份，持有人一份。在重要的津渡关口，往往有专门的官员负责勘验过往人员的符籍，验明正身后才准许通行。

世主[1]所贵者，宝[2]也；所亲者，戚也；所爱者，民也；所重者，爵禄也。明[3]君则不然，致[4]所贵非宝也，致所亲非戚也，致所爱非民也，致所重非爵禄也。故不为重宝亏[5]其命，故曰：令贵于宝。不为亲戚危其社稷[6]，故曰：社稷亲于戚[7]。不为爱人枉其法，故曰：法爱于人。不为重爵禄分其威，故曰：威重于爵禄。不通此四者，则反于无有[8]。故曰：治人如治水潦，养人如养六畜，用人如用草木。居身论道行理，则群臣服教，百吏严断，莫敢开私[9]焉。论功计劳，未尝失法律也。便辟、左右[10]、大族、尊贵、大臣，不得增其功焉。疏远、卑贱、隐不知之人[11]，不忘其劳。故有罪者不怨上，受[12]赏者无贪心，则列陈[13]之士皆轻其死而安难，以要上事[14]，为兵之极[15]也。

右四伤[16]。

【注释】

[1]世主：世俗之主。

[2]宝：原文为“实”，据赵用贤本校改，指珍宝。

[3]明：原文为“亡”，据猪饲彦博、何如璋、张佩纶说校改，指高明。

[4]致：通“至”，最。

[5]亏：损害。

[6]亲戚：原文为“爱亲”，据丁士涵说校改。社稷：国家。

[7]亲于戚：原文为“戚于亲”，据上文文义改。

[8]反于无有：回到一无所有。

[9]开私：广开私门。

[10]左右：君主身边的人。

[11]隐不知之人：地位低下、无人知晓的人。

[12]受：原文为“爱”，据猪饲彦博说校改。

[13]陈：通“阵”，军阵。安难：安于危难。

[14]以要上事：指积极要求为君主效命。

[15]为兵：治兵。为，原文为“本”，据许维遹说校改。极：极致。

[16]四伤：指“百匿伤上威”“奸吏伤官法”“奸民伤俗教”“贼盗伤国众”。原文为“百匿”，据猪饲彦博、王念孙说校改。

【品读】

文中所谓的“令贵于宝”“社稷亲于戚”“法爱于人”“威重于爵禄”，都是明君的标准。不过，在君权社会，君主的权力缺少制度、法律的制约，君主单靠个人的素养和觉悟很难成为明君。“治人如治水潦，养人如养六畜，用人如用草木”，直视人民为奴役工具，此句反映了统治者的残暴。我国传统社会，在君权本位、国家本位的压制下，个体的权利无任何生存空间。而最可悲的是个体自身从来未意识到这一问题。

“论功计劳”是战国时期选拔、管理官吏的又一发明创造。论功计劳是以量化的方法来确立官吏升迁的标准，在一定程度上限制了任人唯亲、结党营私等不良行为的发生。实际上，“功”与“劳”是两个不同的计算方式，“功”是指某特定项功绩，“劳”是指任职年限。由此看来，“论功计劳”实行的是双重考核指标。如《居延汉简释文合校》记有：“肩水候官始安隧长公乘许宗井中功一劳一岁十五日。”①

为兵之数：存[1]乎聚财，而财无敌；存乎论工[2]，而工无敌；存乎制器[3]，而器无敌；存乎选士，而士无敌；存乎政教，而政教无敌；存乎服习[4]，而服习无敌；存乎遍知天下，而遍知天下无敌；存乎明于机数[5]，而明于机数无敌。故兵未出境，而无敌者八。是以欲正天下，财不盖[6]天下，不能正天下；财盖天下，而工不盖天下，不能正天下；工盖天下，而器不盖天下，不能正天下；器盖天下，而士不盖天下，不能正天下；士盖天下，而教不盖天下，不能正天下；教盖天下，而习不盖天下，不能正天下；习盖天下，而不遍知天下，不能正天下；遍知天下，而不明于机数，不能正天下；故明于机数者，用兵之势也。大者时也，小者计也。[7]

王道非废也，而天下莫敢窥者，王者之正也。衡库者，天子之礼也。[8]

【注释】

[1]存：在。

[2]论：考察。工：工匠。

[3]器：军事器械。

[4]服习：军事训练。

[5]机：时机。数：策略。

[6]盖：超过。

[7]大者时也，小者计也：首要的是时机，其次是策略。

[8]此段话与上下文义不连贯，疑为错简。

① 谢桂华、李均明、朱国炤：《居延汉简释文合校》，文物出版社1987年版，第63页。

【品读】

“为兵之数”是指战前带兵、练兵的军备要领，分为聚财、论工、制器、选士、政教、服习、遍知天下、明于机数八个条目。其中，“聚财”是指聚集钱财、储备粮草，是战争胜利的经济保障，“兵马未动，粮草先行”就是这个道理；“论工”是指选拔优秀工匠，这是一个特殊兵种。他们不仅要制作、维修军事器械，还负责遇山开路、过河搭桥等土木工作；“制器”是指兵器精良、器械完好。

是故器成卒选[1]，则士知胜矣。遍知天下，审御机数，则独行而无敌矣。所爱之国[2]，而独利之；所恶之国[3]，而独害之，则令行禁止。是以圣王贵之。胜一而服百[4]则天下畏之矣，立少而观多则天下怀之矣[5]。罚有罪，赏有功，则天下从之矣。故聚天下之精材[6]，论百工之锐器。春秋角试[7]，以练精锐为右[8]。成器不课[9]不用，不试不藏。收天下之豪杰，有天下之骏雄。故举之如飞鸟，动之如雷电，发之如风雨，莫当[10]其前，莫害其后，独出独入，莫敢禁圉[11]。成功立事，必顺于理义[12]，故不理不胜天下，不义不胜人。故贤知[13]之君，必立于胜地，故正天下而莫之敢御也。

右为兵之数。

【注释】

[1]卒：兵卒。选：拣选。

[2]所爱之国：友好的诸侯国。

[3]所恶之国：敌对的诸侯国。

[4]胜一而服百：战胜一国而使百国臣服。

[5]立少而观多则天下怀之矣：扶持少数国家而示范多国，则天下怀其德。

[6]材：原文为“财”，据银雀山汉简《王兵》篇、王念孙说校改，意指材料。

[7]角试：比较试用。

[8]练：选。右：上等。

[9]成器：制成的器械。课：考课、检查。

[10]当：抵挡。

[11]圉：限制。

[12]理义：公理、正义。

[13]知：通“智”，智慧。

【品读】

“为兵之数”论述了兵法，精言要绝，字约意深，洋洋洒洒，读之令人荡气回肠。尤其是“故举之如飞鸟，动之如雷电，发之如风雨，莫当其前，莫害其后，独出独入，莫敢禁圉”（举兵如飞鸟之巧，动兵如雷霆之怒，发兵如风雨奇袭，无人阻挡在前，无人加害在后，独来独往，无任何禁圄）一句，读后让人振聋发聩，余音缭绕。《管子》军事思想的宝贵之处在于认识到，战争胜负之势不仅仅取决于临场指挥的艺术，更是双方经济、政治、人心等综合实力的博弈。

若夫曲制时举[1]，不失天时，毋圹[2]地利。其数多少，其要必出于计[3]。故凡攻伐之为道也，计必先定于内，然后兵出乎境。计未定于内，而兵出乎境，是则战之自胜[4]，攻之自毁[5]也。是故张军[6]而不能战，围邑[7]而不能攻，得地而不能实[8]，三者见一[9]焉，则可破毁也。故不明于敌人之政，不能加[10]也；不明于敌人之积[11]，不可约[12]也；不明于敌人之将，不先军也；不明于敌人之士，不先陈[13]也。是故以众击寡，以治击乱，以富击贫，以能击不能，以教卒练士击驱众白徒[14]。故十战十胜，百战百胜。

【注释】

[1]若夫：至于。曲制：军队编制。时：时机。举：举兵。

[2]圹：通“旷”，荒废。

[3]计：原文为“计数”，据丁士涵说校改，意为谋划。

[4]自胜：战胜自己。

[5]自毁：毁灭自己。

[6]张军：摆开军阵。

[7]邑：城镇。

[8]实：充实、拥有。

[9]三者见一：三种情况出现一种。

[10]加：加兵。

[11]积：原文为“情”，据银雀山竹简《王兵》篇改，意为蓄积。

[12]约：约战。

[13]陈：通“阵”，列阵。

[14]白徒：未经军事训练的百姓。

【品读】

此节指出，如果事先不了解敌人的政治状况，就不能准备战争；不了解敌人的粮食储备，不可约定战争；不了解敌人的主将，不可采取军事行动；不了解敌人的士兵，不可先排兵布阵。只有保证以多数进攻少数，以治国进攻乱国，以富国进攻贫国，以贤能将帅进攻昏庸将帅，以训练有素的精兵攻击临时征集的乌合之众，才会“十战十胜，百战百胜”。此段话与《孙子兵法》“知己知彼，百战不殆”有异曲同工之妙。

故事无备，兵无主[1]，则不蚤知[2]；野不辟，地无吏，则无蓄积；官无常[3]，下怨上，则器械不功[4]；朝无政，赏罚不明[5]，则民幸生[6]。故蚤知敌则独行[7]，有蓄积则久而不匮[8]，器械功则伐而不费[9]，赏罚明则民不幸生[10]，民不幸生则勇士劝之。故兵也者，审于地图，谋于日官[11]，量蓄积，齐[12]勇士，遍知天下，审御机数，兵主之事也。

【注释】

[1]主：统帅。

[2]蚤知：指预先知道敌情。蚤，通“早”。

[3]无常：没有常规。

[4]则：原文为“而”，据猪饲彦博说校改。功：通“工”，指精良。

[5]原文“赏罚不明”前衍有“则赏罚不明”五字，据猪饲彦博说删。

[6]幸生：偷生。

[7]则独行：原文为“人如独行”，据丁士涵说校改。独行：如入无人之境。

[8]匮：缺乏。

[9]费：损耗。

[10]民不幸生：原文为“人不幸”，据许维遹说校补。下文“民不幸生”同此。

[11]谋于日官：原文为“谋十官日”，据何如璋说校改。而银雀山竹简《王兵》篇云“谋材官”。日官，掌管天文的官员。

[12]齐：统一，指统一训练标准。

【品读】

此节着重强调为兵的四个原则：战前要摸透敌人的虚实，出击时才能如入无人之境；事先要储备充足的军备物资，持久作战才会用之不竭；军事器械要制造精良，真刀真枪打拼之时才会坚不可摧；平时要做到赏罚分明，战时士兵才会勇往直前、齐心杀敌，不苟且偷生、临阵退缩。

有风雨之行[1]，故能不远道里[2]矣。有飞鸟之举，故能不险山河[3]矣。有雷电之战，故能独行而无敌矣。有水旱之功[4]，故能攻国破邑矣[5]。有金城[6]之守，故能定宗庙、育男女矣。有一体[7]之治，故能出号令、明宪法矣。风雨之行者，速也。飞鸟之举者，轻也。雷电之战者，士不齐[8]也。水旱之功者，野不收、耕不获也。金城之守者，用货财，设耳目[9]也。一体之治者，去奇说，禁雕俗[10]也。不远道里，故能威绝域[11]之民。不险山河，故能服恃固[12]之国。独行无敌，故令行而禁止。攻[13]国破邑，不待权与之国[14]，故所指必听。定宗庙，育男女，天下莫之能伤，然后可以有国。制仪法，出号令，莫不响应，然后可以治民一众矣。

右选陈。

【注释】

[1]有：原文其上衍一“故”字，据张文虎说删。

[2]不远道里：不以里程为远。

[3]不险山河：不以山河为险。

[4]水旱之功：如水灾、旱灾般的毁灭成效。

[5]破：原文为“救”，据银雀山汉简《王兵》篇改。下文“破邑”与此同。矣：原文无此字，据戴望说校补。

[6]金城：坚固之城。

[7]一体：浑然一体，指齐心。

[8]士不齐：指敌兵来不及布阵。

[9]耳目：间谍。

[10]雕俗：指奢侈之风。

[11]绝域：指边远之地。

[12]恃固：恃险固守。

[13]攻：原文“攻”上衍一“故”字，据猪饲彦博、王念孙说删。

[14]待：原文为“恃”，据王念孙说、银雀山汉简《王兵》篇校改。权与之国：盟国。

【品读】

《左传·成公十三年》云：“国之大事，在祀与戎。”“戎”指军政，关系到“定宗庙，育男女”，即宗庙社稷，族群繁衍的大事，不得不慎重。此节军事思想着重强调六点：一是行军如同风雨般疾行，不怕路途遥远；二是行军如同飞鸟般轻巧，不怕山河险阻；三是作战如同雷电之速，如入无人之境，敌人来不及列阵即被摧毁，做到天下无敌；四是具有浑然一体的治军成效，号令统一，军纪严明；五是如同水旱般的摧毁敌国，使其地不耕，收无获，这才叫攻城破邑；六是防守要做到固若金汤，还要收买敌情，布置间谍，才能免于亡国灭种。

版法第七

经言七

凡将立事[1]，正彼天植[2]，风雨无违[3]，远近高下，各得其嗣[4]。三经[5]既饬，君乃有国。

【注释】

[1]立事：立政视事。

[2]天植：天心，指君心。

[3]风雨无违：如同不违背时节的和风顺雨。

[4]嗣：据于省吾说，通“治”，治理。

[5]三经：指“正彼天植”“风雨无违”“远近高下，各得其嗣”。

【品读】

版，是古代书写用的木板，有时也称“方”。本篇字数不多，正合一版文字，主张国君遵循天德，兼爱无遗；赏罚公允，如天地无私。

喜无以赏，怒无以杀。喜以赏，怒以杀，怨乃起，令乃废。骤[1]令不行，民心乃外[2]。外之有徒[3]，祸乃始牙[4]。众之所忿，寡不能图[5]。举所美必观其所终，废所恶必计其所穷[6]。庆勉敦敬以显[7]之，禄富有功以劝[8]之，爵贵有名以休[9]之。兼爱无遗，是谓君心[10]。必先顺[11]教，万民乡风[12]，旦暮利[13]之，众乃胜任。取人以己[14]，成事以质[15]。

【注释】

[1]骤：屡次。

[2]外：外心。

[3]徒：党徒。

[4]牙：通“芽”，萌芽。

[5]寡：原文为“置”，据本书《版法解》篇改，指少数人。图：图谋，此处指应付。

[6]穷：终。

[7]庆：赏赐。勉：嘉勉。敦：敦厚。敬：恭敬。显：显耀。

[8]禄富：原文为“富禄”，据丁士涵说校改，指俸禄、富有。有功：有功之人。劝：劝进。

[9]爵贵：爵位、尊贵。有名：有名望之人。休：美。

[10]君心：原文无“心”字，据赵用贤本补。

[11]顺：通“训”，训导。

[12]乡风：指蔚然成风。乡，通“向”，趋向。

[13]利：好处，指分利于民。

[14]取人以己：用人要先正己。

[15]质：本质。

【品读】

此节叙述的核心概念是“君心”。君心是指“兼爱无遗”，即施利于民，普爱众生。如何修得“君心”？首先，赏罚不凭一时好恶；不可大加赏赐讨好君主的人；不可即加杀戮触怒君主的人。否则，民怨四起，滋生外心，外结死党，祸端萌生，最终众怒难犯，酿成大祸。其次，赏罚标准为“举所美必观其所终，废所恶必计其所穷”，即无论赞成一件事或一个人，还是废除一件事或一个人，都要坚持始终如一，以事情的最终成效来判断，而不是君主个人的喜好。

审用财，慎施报[1]，察称量。故用财不可以啬[2]，用力不可以苦。用财啬则费[3]，用力苦则劳。民不足，令乃辱[4]；民苦殃，令不行。施报不得[5]，祸乃始昌[6]；祸昌不寤[7]，民乃自图[8]。

【注释】

[1]施：施惠。报：酬劳。

[2]啬：吝啬。

[3]费：通“拂”，违逆。

[4]辱：辜负。

[5]不得：不当。

[6]昌：产生。

[7]寤：醒悟。

[8]图：图谋犯上。

【品读】

“用财不可以啬”，即国君不能过度搜刮民财、吝啬财物，要分利于民，藏富于民。否则，“用财啬则费”，将导致人民逆反。因为“民不足，令乃辱”，老百姓衣食不足，法令自然难以执行。总之，统治者要取之于民，用之于民，不能杀鸡取卵，图一时之利。“施报不得，祸乃始昌”，指君主施惠、酬报不当，无功之人受重赏，有功之人遭废黜，那么祸乱也就萌生了。

正法直度，罪杀不赦；杀僇[1]必信，民畏而惧。武威既明，令不再行[2]。顿卒怠倦[3]以辱之，罚罪有过[4]以惩之，杀僇犯禁以振[5]之。植[6]固不动，倚邪[7]乃恐。倚革邪化[8]，令往民移[9]。

【注释】

[1]僇：通“戮”，杀戮。

[2]令不再行：法令不再重申。再，第二次。

[3]顿卒：困苦。怠倦：懒惰之人。

[4]有过：有过错之人。有，原文为“宥”，据刘绩注本改。

[5]犯禁：触犯禁令之人。振：通“震”，震慑。

[6]植：志、志向。

[7]倚：通“奇”，怪异。邪：邪僻。

[8]革：去除。化：变化、改变。

[9]令往民移：法令所到之处，人民必随之而动。

【品读】

法度的要领，就是犯罪之人坚决不能赦免、饶恕；触犯死罪之人，要说到做到，该杀就杀。如此，百姓才会畏惧法令。法令的威严得到确立后，法令就不需要反复解释了。对于懒惰、倦怠之人，必让他自取其辱；对于犯罪、有过之人，必让他获得应有的惩罚；对于违法犯禁之人，必以刑杀来威慑。只有严格执法的心始终如一，奇邪之人才会惶恐不安。长此以往，奇风邪气就会渐渐消失。法令所到之处，如“草上之风”①，百姓必随之而动。此节中，虽然作者一再强调“杀僇必信”“杀僇犯禁”，但是最终的落脚点仍是通过法令的手段来“倚革邪化”，移风易俗。也就是说，“杀僇”是手段，教化才是目的。

法天合德[1]，象地无亲[2]，参于日月[3]，伍于四时[4]。悦众在爱施[5]，有众在废私，召远在修近，闭祸在除怨。备长[6]在乎任贤，安高在乎同利[7]。

【注释】

[1]法：效法。合德：遍施恩德。合，同。

[2]象：模仿。无亲：无私。

[3]参于日月：与日月相配成三。

[4]伍于四时：原文为“佐于四时”，据本书《版法解》篇改，指与四时为伍。

① 《论语·颜渊》。

[5]悦众在爱施：原文为“悦在施”，据刘绩说校改。其意为取悦众人在于仁爱、施惠。

[6]备长：准备长远。备，原文为“修”，据王念孙说校改。

[7]安高：原文为“高安”，据王念孙说校改，意为安于高贵。同利：分利与民。

【品读】

君主要效法上天广施恩德，如同大地一样遍育无私，要与日月相配成三，与四时为伍。君主取悦民众取决于仁爱、施惠，赢得民心则取决于废除私心；招徕远方之人需从身边之事做起，消除祸端需从清除怨恨开始；追求长远在于任用贤人，安于高位在于分利与民。此段话讲得很有哲理性。其中，“安高在乎同利”，要求利益集团舍得分利与民，从而让老百姓顺利地进行劳动力的再生产，继续为其高效地劳作、服役，以永保其富贵之位。

幼官第八

经言八

若图[1]:五和时节[2],君服黄色[3],味甘味[4],听宫声[5],治和气,用五数[6],饮于黄后之井[7],以倮兽之火爨[8]。藏温濡[9],行欧[10]养,坦[11]气修通,凡物开静,形生理。

处虚守静,人物则皇。[12]常至命[13],尊贤授德则帝。身仁行义,服[14]忠用信则王。审谋章[15]礼,选士利械则霸。定生处死[16],谨贤修伍[17]则众。信赏审罚,爵材禄能[18]则强。计凡付终[19],务本饬末则富。明法审数[20],立常备能[21]则治。同异分官[22]则安。

通[23]之以道,畜[24]之以惠,亲之以仁,养之以义,报之以德,结之以信,接之以礼,和之以乐,期之以事[25],考之以言[26],发之以力,威之以诚[27]。一举而上下得终[28],再举而民无不从,三举而地辟谷[29]成,四举而农佚粟十[30],五举而务轻金九[31],六举而絜[32]知事变,七举而外内为用,八举而胜行威立,九举而帝事成形。

九本博[33]大,人主之守也。八分[34]有职,卿相之守也。七胜备威[35],将军之守也。六纪[36]审密,贤人之守也。五终不解[37],庶人之守也。动而无不从,静而无不同。[38]治乱之本三[39],卑尊之交四[40],富贫之终五,盛衰之纪六,安危之机七[41],强弱之应八[42],存亡之数九[43]。练之以散群傰署[44],凡数财署[45]。杀僇以聚财,劝勉以迁众[46]。使二分具本[47]。发善必审于密[48],执威必明于中[49]。

此居图方中。

【注释】

[1]若图:如图。图,原文为"因",据刘师培说校改。

[2]五和时节:夏季最末之月。五行属土,方位属中。

[3]黄色:五色之一。五色为黄、青、赤、白、黑。

[4]甘:五味之一。五味为甘、酸、苦、辛、咸。

[5]宫声:五音之一。五音为宫、商、角、徵、羽。

[6]用五数:原文无此三字,据本书《幼官图》篇补。

[7]黄后之井:中央之井。中央土,色黄。

[8]倮兽之火：指中央之火。倮兽，短毛的虎豹一类。爨(cuàn)：烧火做饭。

[9]藏温濡：藏温和、柔缓之气，以助土气。濡，柔缓。

[10]欧：通“呕”，养育。

[11]坦：平。

[12]处虚守静，人物则皇：此句原在篇首“若图”之后，据丁士涵说移至此。处，原文为“夜”，据本书《幼官图》篇校改。人物则皇，原文为“人物人物则皇”，据郭沫若校改。则皇，成就皇业。

[13]常：循常。据张佩纶说，“常”前或脱一“率”字。至命：从天命。

[14]服：行、从事。

[15]章：通“彰”，显明。

[16]处死：死者得到安葬。

[17]谨：敬。伍：五家为伍，此处指基层民众。

[18]爵材禄能：以爵禄授予才能之人。

[19]计凡付终：古代财物核算的术语。计，计算。凡，总计。付，财物授予。终，结算。

[20]数：通“术”，权术。

[21]立常：建立常制。备能：配备有才能的人。

[22]同异分官：分清不同官位的职责。

[23]通：开导。

[24]畜：养育。

[25]期：期会，指定期上报。事：工作。

[26]考之以言：原文为“攻之以官”，据刘绩说校改，意为考察其言论。

[27]诫：原文为“诚”，据郭沫若说校改。

[28]上下得终：君臣上下都得以善终，指君臣无隙。

[29]谷：原文为“散”，据张佩纶说校改。

[30]佚：通“逸”，安逸。粟十：粟每石十钱，指粮价低廉，粮食丰收。

[31]务轻：负担轻。金九：据张佩纶说，“九”疑“重”之误，指金价提高。

[32]絜(xié)：测度。

[33]九本：本书《九守》篇有“九守”。博：原文为“搏”，据王念孙说校改，指博大。

[34]八分：《君臣上》篇有“八揆”。

[35]七胜备威：原文为“十官饰胜备威”，据何如璋说校改。《枢言》篇有“七胜”。

[36]六纪：指下文“盛衰之纪六”。《小匡》篇有“六秉”。

[37]五终：指下文“富贫之终五”。原文为“五纪”，据郭沫若说校改。《立政》篇有“五事”。解：通“懈”。

[38]动而无不从，静而无不同：据猪饲彦博说，此句为衍文。

[39]治乱之本三：《立政》篇有“三本”。

[40]卑尊之交四：据张佩纶说，当作“安危之机四”，《立政》篇有“四固”。

[41]安危之机七：据张佩纶说，当作“卑尊之交七”，《七法》篇有“七法”。

[42]强弱之应八：《八观》篇有“八观”。

[43]存亡之数九：《立政》篇有“九败”。

[44]散群傰署：据闻一多说，指离散群党，摧毁书社。

[45]凡数财署：据郭沫若说，是"风教则著"之误。

[46]迁众：移变民众风气。

[47]二分具本：指上文"杀僇""劝勉"都是根本。

[48]发善：行赏。密：周密。

[49]执威：行刑。明于中：宣明于国中。

【品读】

篇名"幼官"应为"玄官"之误。玄官即明堂，是古代帝王宣明政教的场所。本篇按照五方、五行、四季分为十节，每节分为两层内容：一为月令与方物；二为政论与兵法。其中，月令将一年分为三十个时节，与流行的二十四节气不同。银雀山竹简中时令书《三十时》的发现，说明那时曾流行过一种特殊的时令系统。

文字内容位于玄官图的方中，属中方本图。第一部分内容为月令。按照阴阳五行理论，将五行与方位、季节一一对应。为保证理论的逻辑严密性，在四季之外，又人为地将季夏末月抽出，独立为"五合时节"。其与五行之土相对，色尚黄，方位居中，饮中央之水，用中央之火。"五合时节"贵用"五数"，五味为甜，五音为宫。此时节要内藏温和、柔缓之气，身养万物之事，才能保证平和之气上下畅通，万物开通安宁，形体生成不悖天理。第二部分内容为政论，主讲治国、为君之道，与一些篇章在思想上有互通之处。如"九本""八分""七胜""六纪""五终"等说法，也见于《立政》《枢言》《八观》等篇。

春行冬政肃[1]，行秋政霜[2]，行夏政阉[3]。十二地气发[4]，戒[5]春事。十二小卯，出耕。十二天气下，赐与[6]。十二义气至，修门闾。十二清明，发禁[7]。十二始卯[8]，合男女[9]。十二中卯，十二下卯，三卯同事[10]。八举时节[11]，君服青色，味酸味，听角声，治燥气，用八数，饮于青后之井[12]，以羽兽[13]之火爨。藏不忍[14]，行欧养，坦气修通，凡物开静，形生理。

合内周外[15]，强国为圈[16]，弱国为属[17]。动而无不从，静而无不同。[18]举发以礼，时[19]礼必得。和好不基[20]，贵贱无司[21]，事变日至[22]。

此居于图东方方外。

【注释】

[1]肃：指寒气肃杀。

[2]霜：原文为"雷"，据丁士涵说校改。

[3]阉：掩闭，此处指阳气掩闭。

[4]十二：十二天。本篇中十二天为一个节气，全年共三十个节气。地气发：疑与下文"小卯""天气下""义气至"等，均指节气名。

[5]戒：告诫。

[6]赐与：赏赐。

[7]发禁：开放禁令。

[8]卯：原文为“毋”，据赵用贤本改，指清明后第一个卯日。

[9]合男女：男女婚嫁。

[10]三卯同事：指始卯、中卯、下卯三个节气行事相同。

[11]八举时节：指上文“地气发”“小卯”等八个时节。

[12]青后之井：因东方尚青，此处指东方之井。

[13]羽兽：鸟类。

[14]不忍：指不忍之心。

[15]合内周外：天地内外。原文“内”下有“空”字，据戴望说删。

[16]强国为圈：强国为亲属。圈，通“眷”，眷属。

[17]弱国为属：弱国为附属。

[18]动而无不从，静而无不同：有所行动，各国无不服从；无为静止，各国无不随同。

[19]时：处。

[20]和好不基：相互和好，不交恶。基，通“惎”，憎恶。

[21]贵贱无司：无论贵贱，都无狱讼。司，通“辞”，狱讼。

[22]事变日至：事情变故及时被堵塞、制止。至，通“窒”，堵塞。

【品读】

此节位于玄宫图东方方外，属东方本图。“春行冬政肃，行秋政霜，行夏政阉”，体现了我国古代“天人合一”的思想。作者主张国家政令要遵循自然万物的运行规律，与四季的更替相契合，达到人与自然和谐统一的境界。否则，春季如果实行冬季的政令，草木就会肃杀；如果实行秋季的政令，就会出现霜降；如果实行夏季的政令，就会使阳气掩闭。

夏行春政风，行冬政落[1]，重则雨雹，行秋政水。十二小郢[2]，至德[3]。十二绝气下，爵赏[4]。十二中郢，赐与。十二中绝，收聚[5]。十二小暑[6]至，尽善[7]。十二中暑，十二大暑终，三暑同事。七举时节[8]，君服赤色，味苦味，听羽声，治阳气[9]，用七数，饮于赤后之井[10]，以毛兽之火[11]爨。藏薄纯[12]，行笃厚[13]，坦气修通，凡物开静，形生理。

定府官[14]，明名分，而审责于群臣有司[15]，则下不乘[16]上，贱不乘贵。法立数得，而无比周[17]之民，则上尊而下卑，远近不乖[18]。

此居于图南方方外。

【注释】

[1]落：通“零”，下雨，此指雨水连绵不断。

[2]小郢：小满。郢，通“盈”，满。

[3]至德：招至贤德。

[4]爵赏：封爵赏赐。原文“爵赏”之上有一“下”字，据丁士涵说删。

[5]收聚：收集聚藏。

[6]小暑：原文为“大暑”，据吴志忠说校改。

[7]尽善：尽兴善事。

[8]七举时节：此处指上文小郢、绝气下等七个时节。

[9]治阳气：原文无此三字，据赵用贤本补。

[10]赤后之井：指南方之井。南方色赤，故名。

[11]毛兽之火：指西方之火。毛兽，西方白虎。

[12]薄：通“博”，博大。纯：纯素。

[13]笃厚：笃实忠厚。

[14]定府官：确定官员的职位。

[15]审责于群臣有司：在官府审查、问责于群臣。审责，审查问责。有司，官府。

[16]乘：凌驾。

[17]比周：相互勾结。

[18]乖：错。

【品读】

此节位于玄宫图南方方外，属南方本图。夏季如果实行春季的政令，就会大风四起；如果实行冬季的政令，就会雨水不断，严重时伴有冰雹；如果实行秋季的政令，则会发生水灾。夏季分为七个时节，每个时节都对应不同的政令。君主所用数、声、味以及服色等都有专门的讲究。看似高深的玄宫图现实意义并不大，但它仍彰显了古人探索自然与社会规律的执着精神。一般来说，与西方人相比，中国古人更加感性，多靠直觉、比附来分析问题，而非逻辑、推理。不过，玄宫图旨在建立一套严密、准确、动态的理论体系，一一对应地解决包括自然、社会的众多问题，达到“究天人之际”的根本目的。虽然它过于机械化，但仍展现了古人的一种难得的理性思维。

秋行夏政叶[1]，行春政华[2]，行冬政耗[3]。十二期风至，戒秋事。十二小酉[4]，薄百爵[5]。十二白露下，收聚。十二复理，赐与。十二始节，赋事[6]。十二始酉，合男女。十二中酉，十二下酉，三酉同事。九和时节，君服白色，味辛味，听商声，治湿气，用九数，饮于白后之井[7]，以介兽[8]之火爨。藏恭敬，行搏锐[9]，坦气修通，凡物开静，形生理。

闲男女之畜[10]，修乡闾之什伍，量委积[11]之多寡，定府官之计数[12]。养老弱而勿遗[13]，信利害[14]而无私。

此居于图西方方外。

【注释】

[1]叶:叶盛。

[2]华:开花。

[3]耗:减产。

[4]酉:原文为“卯”,据王绍兰、安井衡说校改。下文“始酉”“中酉”“下酉”“三酉”与此同。

[5]薄百爵:捕捉百雀。薄,通“搏”。爵,通“雀”。

[6]赋事:指征收赋税。

[7]白后之井:指西方之井。西方色白,故名。

[8]介兽:原文为“介虫”,据猪饲彦博、王引之说校改,指龟一类的动物。

[9]搏锐:据郭沫若说,当为“博悦”,即宽博愉悦之意。

[10]闲:通“简”,简阅。畜:畜养。

[11]委积:贮藏。

[12]计数:工作统计报告。

[13]遗:原文为“通”,据吴志忠说校改。

[14]信:通“申”,申明。利害:原文为“利周”,据《幼官图》篇校改。

【品读】

此节位于玄宫图西方方外,属西方本图。秋季如果实行夏季的政令,树木就会枝叶繁盛;如果实行春季的政令,草木就会开花;如果实行冬季的政令,万物的果实就会减耗。秋天是收获的季节。政府要根据不同的时节,进行组织秋收、征收租税等工作。“量委积之多寡,定府官之计数”,指政府根据贮存物资的多少,来确定各项财政开支。

冬行秋政雾,行夏政雷,行春政烝泄[1]。十二始寒,尽刑[2]。十二小榆[3],赐予。十二中寒,收聚。十二中榆,大收。十二寒至,静[4]。十二大寒之阴,十二大寒终,三寒同事。六行时节,君服黑色,味咸味,听徵声,治阴气,用六数,饮于黑后之井[5],以鳞兽[6]之火爨。藏慈厚[7],行薄纯,坦气修通,凡物开静,形生理。

器成于僇[8],教行于钞[9]。动静不记[10],行止无量[11]。戒四时以别息[12],异出入以两易[13],明养生以解固[14],审取予以总之[15]。一会诸侯,令曰:非玄帝[16]之命,毋有一日之师役[17]。再会诸侯,令曰:养孤老、食常疾[18]、收孤寡。三会诸侯,令曰:田租百取五,市赋百取二,关赋百取一,毋乏耕织之器[19]。四会诸侯,令曰:修道路,偕[20]度量,一称数[21]。薮泽以时禁发之。五会诸侯,令曰:修春秋冬夏之常祭,食[22]天壤山川之故祀,必以时。六会诸侯,令曰:以尔壤生物共玄宫[23],请四辅[24],将以礼上帝。七会诸侯,令曰：官处四体[25]而无礼者，流之焉莠命[26]。八会诸侯，令曰：立四义而毋议[27]者，尚[28]之于玄宫，听于三公[29]。九会诸侯，令曰：以尔封内之财物，国之所有为币[30]。九会，大命焉出，常至。[31]千里之外，二千里之内，诸侯三年而朝，习命[32]。二年，三卿使四辅[33]。一年正月朔日，令大夫来修[34]，受命三公。二千里之外，三千里之内，诸侯五年而会至，习命。三年，名[35]卿请事。二年，大夫通吉凶[36]。三千里之外，诸侯世[37]一至。十年，重适[38]入，正礼义。五年，大夫请受变。[39]置大夫以为廷官[40]，入共[41]受命焉。

此居于图北方方外。

【注释】

[1]烝(zhēng)泄：气外泄上行。

[2]尽刑：尽兴刑罚。

[3]揄：通“緰”，缩短，指冬季白日渐短。

[4]静：指清静无为。

[5]黑后之井：指北方之井。北方色黑，故名。

[6]鳞兽：有鳞一类的动物。

[7]慈厚：仁慈、笃厚。

[8]僇：通“穆”，静，此指专一。

[9]钞：通“眇”，细微。

[10]动静不记：动、静失去纲纪。记，通“纪”，纲纪。

[11]行止无量：行、止没有法度。

[12]戒四时以别息：审慎地根据四时之别安排作息。戒，审慎。原“戒”字下有一“审”字，据丁士涵说删。别，区别。息，作息。

[13]异：区别。出入：指出货、进货等记账术语。两易：交易双方。

[14]固：固结不通。

[15]审取予以总之：指审核财物售买，以便相互抵偿，加总统计。取予，财物出入的授受方向。总，总计。

[16]玄帝：北方之神，此处代指玄宫中的天子。

[17]师役：战事。

[18]常疾：久病的人。

[19]耕织之器：农耕、纺织的工具。

[20]偕：同、统一。

[21]一称数：统一衡制。

[22]食：通“飨”，享用，此指献祭。

[23]以尔壤生物共玄宫：用你们各地的物产供奉玄宫。尔，你。生物，所出物产。共玄宫，供奉玄宫。共，通“供”，供奉。宫，原文为“官”，据张佩纶说校改。

[24]四辅：天子身边的四大辅臣。

[25]四体：指人体“视、听、言、动”的器官。

[26]流之焉莠命:流放的乃是乱命之人。焉,乃。莠,田中杂草。

[27]议:通"俄",邪僻。

[28]尚:指上报。

[29]三公:指太师、太傅、太保。

[30]币:礼品。

[31]九会,大命焉出,常至:指上述九次大会的大令一旦发布,诸侯必须要例行朝觐。

[32]习命:修习政令。

[33]三卿使四辅:指诸侯派三卿向中央四辅报告。使,出使。

[34]修:修好。

[35]名:命令。

[36]通吉凶:通报吉凶之事。

[37]世:古三十年为一世。

[38]适:通"嫡",正妻所生长子。

[39]五年,大夫请受变:原文"十年,重适入,正礼义。五年,大夫请受变"一文,本在上文"大夫通吉凶"句下,据俞樾说移至此。变,通"辩"。受变,学习言令。

[40]廷:朝廷。官:原文为"安",据郭沫若说校改。

[41]入共:进贡。共,通"贡",贡物。

【品读】

此节位于玄官图的北方方外,属于北方本图。在《幼官》篇中,唯有此节的政论部分与玄官有着直接的关联。玄官是古代帝王宣明教化、处理政事的场所。居住在玄官中的天子自称"玄帝",拥有至高无上的权威。"非玄帝之命,毋有一日之师役",即没有天子的命令,战事一天都不允许发生。天子定期召集诸侯的九次大会,涉及国家社会保障、赋税征收、道路建设、度量衡统一、地方贡赋、考核奖惩等重大问题。天子要求地方诸侯"以尔壤生物共玄官",即以各地珍贵特产进贡至玄官,用来祭祀上帝。同时,诸侯也要将有才德的人推荐到玄官,以备中央三公的选拔、任用。

必得文威武[1],官习胜务[2]。因时[3],胜之纪[4];无方[5],胜之几[6];行义,胜之理;名实[7],胜之急;时分[8],胜之事;察伐[9],胜之行;备具[10],胜之原;无象[11],胜之本。定独威[12],胜;定计财[13],胜;定闻知[14],胜;定选士,胜;定制禄,胜;定方用[15],胜;定纶[16]理,胜;定死生,胜;定成败,胜;定偶奇[17],胜;定实虚,胜;定盛衰,胜。举机诚要,则敌不量[18];用利至诚,则敌不校[19]。明名章实,则士死节;举发[20]不意,则士欢用。交物因方[21],则械器备;因能利备[22],则求必得。执务明本,则士不偷;备具无常,无方应[23]也。

听于钞故能闻未极[24],视于新[25]故能见未形,思于浚[26]故能知未始,发于惊故能至无量[27]，动于冒故能得其宝[28]，立于谋故能实不可敌[29]也。器成教守，则不远道里；号审教施，则不险山河；专[30]一纯固，则独行而无敌；慎号审章[31]，则其攻不待权与。明必胜则慈者勇[32]，器无方则愚者智[33]，攻不守则拙者巧[34]。数也。

动慎十号[35]，明审九章[36]，饰习十器[37]，善习五教[38]，谨修三官[39]。必设常主[40]，计必先定。求天下之精材，论百工之锐器，器成角试否臧[41]。收天下之豪杰，有天下之称[42]材，说行[43]若风雨，发如雷电。

此居于图方中。

【注释】

[1]必得文威武：必须文有德，武有威。得，通“德”。

[2]官习胜务：指要求为官者勤习胜敌之务。习，修习。胜务，必胜之务。

[3]因时：原文为“时因”，据张佩纶说校改，指依据时机。

[4]纪：原文为“终”，据张佩纶说校改，指纲纪。

[5]无方：指敌方无法防御。方，通“防”。

[6]几：通“机”，机要。

[7]名实：名实相副，指战功与奖惩相符。

[8]时分：时间。

[9]察伐：明察攻伐。

[10]备具：完备军事器具。

[11]无象：不露迹象，指善于隐蔽。

[12]定独威：确立独有的威力。

[13]计财：筹划财用。

[14]闻知：耳闻所知，指情报工作。

[15]方用：因方至用，指善于器械设计，以提高效用。

[16]纶：通“伦”。

[17]偶奇：指用兵时遵循常规或出其不意。偶，原文为“依”，据石一参、许维遹说校改。

[18]举机诚要，则敌不量：指掌握时机、要领，敌方就无法估量我方。

[19]用利至诚，则敌不校：将己方有利条件发挥极致，敌方就无法对抗。校，通“较”，对抗。

[20]举发：发动战争。原文“举”上有“奇”字，据王念孙说删。

[21]交物因方：按照设计方案考校军事器械。交，通“校”，考校。

[22]因能利备：依据能力选备人才。

[23]无方应：无法应对。

[24]钞：通“眇”，细微。

[25]新：初，萌发之时。

[26]浚：深远。

[27]惊：通“警”，警戒。

[28]冒：原文为“昌”，据戴望说校改，意为冒险。

[29]敌：原文为“故”，据戴望说校改。

[30]专：原为为“博”，据猪饲彦博、王念孙说校改。

[31]慎号审章：谨慎号令，鲜明旗帜。号，号令。章，旗章。

[32]明必胜则慈者勇：指明必胜之路，仁慈之人也会变得勇猛。

[33]器无方则愚者智：使用无法防御的武器，愚蠢之人也会变得聪明。方，通“防”，防守。

[34]攻不守则拙者巧：进攻不设防的敌人，笨拙之人也会变得灵巧。

[35]动慎十号：指慎重地对待各种号令。动，据郭沫若说，应为“勤”。十号，十种号令。

[36]九章：九种旗章。详见《兵法》篇。

[37]饰习十器：指整修练习各种兵器。饰，通“饬”，整饬。十器，《兵法》篇为“九器”。

[38]五教：详见《兵法》篇。教，原文为“官”，据洪颐煊说校改。

[39]三官：鼓、金、旗。

[40]常主：固定的主帅。

[41]角试否臧：比较优劣。否臧，好坏。否，恶。臧，善。

[42]称：好。

[43]说行：据郭沫若说，“说”读为“脱”，急骤之意。“行”为衍字。

【品读】

此节位于玄官图方中，属于中方副图。在《幼官》篇中，副图的文字大部分论述的是兵法。本节的军事思想尤为精要、深邃。其中“定胜论”可谓条分缕析，令人拍案叫绝。其内容为：把握时机是胜利的纲领，使敌人无从防守是胜利的关键，秉承正义是胜利的公理，将士名实相副是胜利的急务，抓住战机是胜利的要事，明察攻伐是胜利的行为，器械完备是胜利的源泉，隐蔽无形是胜利的根本。能确定独自威力的，必胜。能确定财用筹划的，必胜。能确定情报搜集的，必胜。能确定优选士卒的，必胜。能确定按功授禄的，必胜。能确定因方制用的，必胜。能确定人伦之理的，必胜。能确定生死之道的，必胜。能确定战事成败的，必胜。能确定用兵奇正的，必胜。能确定敌军虚实的，必胜。能确定战势盛衰的，必胜。

……………………………………

旗物尚青，兵尚矛，刑则交寒害钛[1]。

器成不守经不知，教习不著发不意。[2]经不知，故莫之能圉[3]；发不意，故莫之能应。莫之能应，故全胜而无害。莫之能圉[4]，故必胜而无敌。

四机[5]不明，不过九日而游兵惊军[6]；障塞[7]不审，不过八日而外贼得间[8]；申守[9]不慎，不过七日而内有谗谋；诡禁不修，不过六日而窃盗者起；死士不食[10]，不过四日而军财在敌[11]。

此居于图东方方外。

【注释】

[1]交蹇害钛:指木刑。交,通"校",木囚。蹇,原文为"寒",据戴望说校改,通"键",木枷上的锁。害,通"辖",木械一类。钛,钳足。

[2]器成不守经不知,教习不著发不意:器械完备却不能防守,如同敌方经过而不知晓。教令训练不熟习,如同遭受出其不的地进攻。

[3]圉:通"御",抵挡。

[4]圉:原文为"害",据《幼官图》篇改。

[5]四机:指敌情、敌政、敌将、敌士。详见《兵法》篇。

[6]游兵惊军:指军心游离惊恐。

[7]障塞:城障要塞。

[8]间:离间。

[9]申:原文为"由",据俞樾说校改,指警戒。

[10]死士不食:指不犒劳敢死之士。死士,原文为"死亡",据王引之说校改,指敢死的将士。

[11]军财在敌:指军队、财物落入敌手。

【品读】

此节位于玄宫图的东方方外,属于东方副图。与下文南方、西方、北方副图相似,第一部分着重叙述每种方位对应的军事旗物颜色、兵器种类、刑罚形式,第二部分为兵论,着重叙述军事器械(器)、军事训练(教习)、敌方侦察(四机)、关隘审查(障塞)、间谍排查(申守)、严禁窃盗(诡禁)等一系列细节问题。这说明作者思维缜密,细致入微,具有较强的实战经验。实际上,每一场战争的胜利并不都是惊天之谋、破釜沉舟,展现更多的是士兵训练、敌情侦探、器械制造、军备物资等日常细节问题,也就是我们常说的"平时多流汗,战时少流血"。

旗物尚赤,兵尚戟,刑则烧交疆郊[1]。

必明其情[2],必明其将,必明其政,必明其士。四者备,则以治击乱,以成击败。数战则士疲,数胜则君骄。骄君使疲民则国危。至善不战[3],其次一[4]之。大胜者,积众胜而无非义[5]者焉,可以为大胜。大胜,无不胜也。

此居于图南方方外。

【注释】

[1]烧交疆郊:指火刑。

[2]情:原文为"一",据何如璋说校改。

[3]至善不战:最完美的是不战而胜。至善,最完美。不战,不战而胜。

[4]一：一战而胜。

[5]积众胜而无非义：累积了多次战争的胜利，却没有是不正义的。

【品读】

此节位于玄宫图的南方方外，属于南方副图，着重论述的是兵论，即必须了解敌方情实、将领、政治、士卒，才能以有备之军攻击无备之军，以必胜之军攻击必败之军。但是，战争频仍，士兵自然会疲劳倦怠；屡战屡胜，君主便会骄傲自大。那么，骄傲的君主驱使困顿的士兵，国家就要危险了。最好的战争莫过于不战而胜，其次为一战而胜，再次为大胜，就是多次取胜且没有不正义的。因此，不要轻易发动战争，即便多次取胜，也有可能给国家招致危险，最好是不战而屈人之兵。

旗物尚白，兵尚剑，刑则绍昧断绝[1]。

始乎无端，卒乎无穷。始乎无端，道也；卒乎无穷，德也。道不可量，德不可数。不可量，则众强不能图；不可数，则为诈不敢乡[2]。两者备施，动静有功。

畜之以道，养之以德。畜之以道则民和，养之以德则民合。和合故能习[3]，习故能偕，偕习以悉[4]，莫之能伤也。

此居于图西方方外。

【注释】

[1]绍昧断绝：刀剑断绝之刑，指金刑。绍，通“钊”，断割。昧，割。

[2]为：能“伪”，虚假。乡：通“向”，接近、靠近。

[3]和合故能习：和合才能和谐。和合，原文无此二字，据本书《幼官图》篇补。习，通“辑”，和。

[4]悉：全。

【品读】

此节位于玄宫图的西方方外，属于西方副图。本节将道家中“道”“德”范畴应用于兵法理论之中。《道德经》强调“道纪”具有“迎之不见其首，随之不见其后”的特点。此节也云“始乎无端，卒乎无穷”“不可量”“不可数”，即开始时看不到开头，结束时望不到尽头，无法估量，无法计数。将其应用在军事上就是要营造一种深不可测、无法估量的态势，迷惑、困扰敌人，使得众多强国不能图谋我方，伪诈敌军不敢正对我军。《道德经》第五十一章曰：“万物莫不尊道，而贵德……道生之，德畜之。”“道”是万物的无形本源，“德”是“道”寓于万物中的外在属性。此节也主张“畜之以道，养之以德”，强调通过“道”“德”来合同百姓，万众一心，以确保战争胜利，减少损失。

旗物尚黑，兵尚胁盾[1]，刑则游仰灌流[2]。

察数而知治，审器而识胜，明谋而胜适[3]，通德而天下定。定宗庙，育男女，官四分[4]，则可以立威行德，制法仪，出号令。至善之为兵也，非地是求也，非人是君也[5]；立义而加之以胜，至威而实之以德，守之而后修胜，心樊[6]海内。民之所利立之，所害除之，则民人从。立为六千里之侯，则大人[7]从。使国君得其治[8]，则人君从。会[9]请命于天，地知[10]气和，则生物从。

计缓急之事，则危危[11]而无难。明于器械之利，则涉难而不变。察于先后之理，则兵出而不困。通于出入之度，则深入而不危。审于动静之务，则功得而无害[12]。著于取与之分，则得地而不执[13]。慎于号令之官，则举事而有功。

此居于图北方方外。

【注释】

[1]胁盾：盾牌常置于腋下，又名"胁盾"。胁，腋下肋骨所在部分。

[2]游仰灌流：指水刑。

[3]胜适：原文为"适胜"，据王念孙说校改。适，通"敌"。

[4]四分：指士、农、工、商。

[5]至善之为兵也，非地是求也，非人是君也：用兵的最高境界不是占有更多别国的土地，也不是获得更多别国的人口。非，原文为"罚"，据张佩纶说校改。也，原文无此字，据《幼官图》篇补。

[6]樊：原文为"焚"，据猪饲彦博说校改，指牢笼，引申为统治。

[7]大人：指天子三公、四辅。

[8]使国君得其治：让各国国君都能治理好内政。国君，诸侯国君。

[9]会：通"桧"，消灾除病之祭。

[10]知：通"溜"，水渗入土中，指水土和。

[11]危危：重重危险。

[12]功得而无害：原文后有一"也"字，据赵用贤本删，指功成而无危害。

[13]执：通"慹"，畏惧。

【品读】

此节位于玄宫图的北方方外，属于北方副图兵论部分。此节指出了用兵的最高境界，颇为大气。"非地是求也，非人是君也。"战争不是以抢占土地为专务，也不是以获得人口为首要，而是囊括海内，天下归一。具体的做法是在维护正义的目标下，争取胜利；在树立威严的前提下，辅以德政；在巩固已有成果的基础上，获得完胜，最终一统天下。兴百姓之利，除百姓之害，百姓定会跟从。广至六千里范围内实行封侯赏爵，大臣就会随从；地方诸侯都能各得其政，百姓便会服从；祭天消灾，水土相和，万物才会顺从。

幼官图第九

经言九

秋行夏政叶，行春政华，行冬政耗。十二期风至，戒秋事。十二小卯，薄百爵。十二白露下，收聚。十二复理，赐与。十二始前节弟，赋事。十二始卯，合男女。十二中卯，十二下卯，三卯同事。九和时节，君服白色，味辛味，听商声，治湿气，用九数，饮于白后之井，以介虫之火爨。藏恭敬，行搏锐，坦气修通，凡物开静，形生理。

闲男女之畜，修乡里之什伍，量委积之多寡，定府官之计数。养老弱而勿通，信利害而无私。

此居于图西方方外。

右西方本图。

旗物尚白，兵尚剑，刑则绍昧断绝。

始乎无端，卒乎无穷。始乎无端，道也；卒乎无穷，德也。道不可量，德不可数。不可量，则众强不能图；不可数，则为诈不敢乡。两者备施，动静有功。畜之以道，养之以德。畜之以道则民和，养之以德则民合。和合故能习，习故能偕，偕习以悉，莫之能伤也。

此居于图西方方外。

右西方副图。

夏行春政风，行冬政落，重则雨雹，行秋政水。十二小郢，至德。十二绝气下，下爵赏。十二中郢，赐与。十二中绝，收聚。十二大暑至，尽善。十二中暑，十二大暑终，三暑同事。七举时节，君服赤色，味苦味，听羽声，治阳气，用七数，饮于赤后之井，以毛兽之火爨。藏薄纯，行笃厚，坦气修通，凡物开静，形生理。

定府官，明名分，而审责于群司有司，则下不乘上，贱不乘贵。法立数得，而无比周之民，则上尊而下卑，远近不乖。

此居于图南方方外。

右南方本图。

若因：处虚守静，人物则皇。五和时节，君服黄色，味甘味，听宫声，治和气，用五数，饮于黄后之井，以倮兽之火爨。藏温濡，行欧养，坦气修通。凡物开静，形生理。

常至命，尊贤授德则帝。身仁行义，服忠用信则王。审谋章礼，选士利械则霸。定生处死，谨贤修伍则众。信赏审罚，爵材禄能则强。计凡付终，务本饬末则富。明法审数，立常备能则治。同异分官则安。

通之以道，畜之以惠，亲之以仁，养之以义，报之以德，结之以信，接之以礼，和之以乐，期之以事，攻之以言，发之以力，威之以诚。一举而上下得终，再举而民无不从，三举而地辟散成，四举而农佚粟十，五举而务轻金九，六举而絜知事变，七举而外内为用，八举而胜行威立，九举而帝事成形。

九本博大，人主之守也。八分有职，卿相之守也。十官饰胜备威，将军之守也。六纪审密，贤人之守也。五终不解，庶人之守也。治乱之本三，卑尊之交四，富贫之终五，盛衰之纪六，安危之机七，强弱之应八，存亡之数九。练之以散群傰署，凡数财署。杀僇以聚财，劝勉以迁众，使二分具本。发善必审于密，执威必明于中。

此居图方中。

右中方本图。

冬行秋政雾，行夏政雷，行春政烝泄。十二始寒，尽刑。十二小榆，赐予。十二中寒，收聚。十二中榆，大收。十二寒至，静。十二大寒之阴，十二大寒终，三寒同事。六行时节，君服黑色，味咸味，听徵声，治阴气，用六数，饮于黑后之井，以鳞兽之火爨。藏慈厚，行薄纯，坦气修通，凡物开静，形生理。

器成于僇，教行于钞。动静不记，行止无量。戒审四时以别息，异出入以两易，明养生以解固，审取予以总之。一会诸侯，令曰：非玄帝之命，毋有一日之师役。再会诸侯，令曰：养孤老、食常疾、收孤寡。三会诸侯，令曰：田租百取五，市赋百取二，关赋百取一，毋乏耕织之器。四会诸侯，令曰：修道路，偕度量，一称数。毋征薮泽以时禁发之。五会诸侯，令曰：修春秋冬夏之常祭，食天壤山川之故祀，必以时。六会诸侯，令曰：以尔壤生物共玄宫，请四辅，将以祀上帝。七会诸侯，令曰：官处四体而无礼者，流之焉莠命。八会诸侯，令曰：立四义而无议者，尚之于玄宫，听于三公。九会诸侯，令曰：以尔封内之财物，国之所有为币。九会，大令焉出，常至。千里之外，二千里之内，诸侯三年而朝，习命。三年，三卿使四辅。一年正月朔日，令大夫来修，受命三公。二千里之外，三千里之内，诸侯五年而会至，习命。三年，名卿请事。二年，大夫通吉凶。三千里之外，诸侯世一至。七年，重适人，正礼义。五年，大夫请受变。三千里之外，诸侯世一至，置大夫以为廷安，入共受命焉。

此居于图北方方外。

右北方本图。

旗物尚赤，兵尚戟，刑则烧交疆郊。

必明其一，必明其将，必明其政，必明其士。四者备，则以治击乱，以成击败。数战则士疲，数胜则君骄。骄君使疲民则危国。至善不战，其次一之。大胜者，积众胜而无非义者焉，可以为大胜。大胜，无不胜也。

此居于图南方方外。

右南方副图。

必得文威武，官习胜之务，时因胜之终，无方胜之几，行义胜之理，名实胜之急，时分胜之事，察伐胜之行，备具胜之原，无象胜之本。定独威胜，定计财胜，定知闻胜，定选士胜，定制禄胜，定方用胜，定纶理胜，定死生胜，定成败胜，定依奇胜，定实虚胜，定盛衰胜。举机诚要，则敌不量；用利至诚，则敌不校。明名章实，则士死节；奇举发不意，则士欢用。交物因方，则械器备；因能利备，则求必得。执务明本，则士不偷；备具无常，无方应也。

听于钞故能闻无极，视于新故能见未形，思于濬故能知未始，发于惊故能至无量，动于昌故能得其宝，立于谋故能实不可故也。器成教守，则不远道里；号审教施，则不险山河；博一纯固，则独行而无敌；慎号审章，则其攻不待权与。明必胜则慈者勇，器无方则愚者智，攻不守则拙者巧。数也。

动慎十号，明审九章，饰习十器，善习五官，谨修三官。必设常主，计必先定。求天下之精材，论百工之锐器，器成角试否臧。收天下之豪杰，有天下之称材，说行若风雨，发如雷电。

此居于图方中。

右中方副图。

旗物尚黑，兵尚胁盾，刑则游仰灌流。

察数而知治，审器而识胜，明谋而适胜，通德而天下定。定宗庙，育男女，官四分，则可以立威行德，制法仪，出号令。至善之为兵也，非地是求也，罚人是君也。立义而加之以胜，至威而实之以德，守之而后修胜，心焚海内。民之所利立之，所害除之，则民人从。立为六千里之侯，则大人从。使国君得其治，则人君从。会请命于天，地知气和，则生物从。

计缓急之事，则危危而无难。明于器械之利，则涉难而不变。察于先后之理，则兵出而不困。通于出入之度，则深入而不危。审于动静之务，则功得而无害也。著于取与之分，则得地而不执。慎于号令之官，则举事而有功。

此居于图北方方外。

右北方副图。

春行冬政肃，行秋政雷，行夏政则阉。十二地气发，戒春事。十二小卯，出耕。十二天气下，赐与。十二义气至，修门闾。十二清明，发禁。十二始卯，合男女。十二中卯，十二下卯，三卯同事。八举时节，君服青色，味酸味，听角声，治燥气，用八数，饮于青后之井，以羽兽之火爨。藏不忍，行驱养，坦气修通，凡物开静，形生理。

合内空周外，强国为圈，弱国为属。动而无不从，静而无不同。举发以礼，时礼必得。和好不基，贵贱无司，事变日至。

此居于图东方方外。

右东方本图。

旗物尚青，兵尚矛，刑则交寒害钛。

器成不守经不知，教习不著发不意。经不知，故莫之能圉；发不意，故莫之能应。莫之能应，故全胜而无害。莫之能圉，故必胜而无敌。四机不明，不过九日而游兵惊军；障塞不审，不过八日而外贼得间；由守不慎，不过七日而内有谗谋；诡禁不修，不过六日而窃盗者起；死亡不食，不过四日而军财在敌。

此居于图东方方外。

右东方副图。

【品读】

此篇《幼官图》文字与上篇《幼官》相同，但段落顺序有些差异。本篇最初应是图文并茂，因图抄写不便，年久佚失。后人按照布图顺序，直录文字。因而《幼官图》按照布图顺序排列文字，而《幼官》按照逻辑关系排列，故二者有异。明赵用贤本《管子》将《幼官图》文字重新调整，似无必要。本篇不再一一校注，可参见前《幼官》篇。

五辅第十

外言一

古之圣王，所以取明名[1]广誉，厚功大业，显于天下，不忘于后世，非得人者，未之尝闻。暴[2]王之所以失国家，危社稷，覆宗庙，灭[3]于天下，非失人者，未之尝闻。今有土之君，皆处欲安，动欲威，战欲胜，守欲固。大者欲王天下，小者欲霸诸侯，而不务得人。是以小者兵挫而地削，大者身死而国亡。故曰：人不可不务也。此天下之极[4]也。

【注释】

[1]明名：盛名。

[2]暴：残暴。

[3]灭：覆灭。

[4]极：最。

【品读】

此节主旨为"得人"，即赢得人心。通过对比"圣王"与"暴王"的功成失败，来说明"得人"是"天下之极"，强调人心乃政治第一要务。其中，"大者欲王天下，小者欲霸诸侯"的王霸论，明显带有战国时各诸侯国相互兼并称王的特色。

曰：然则得人之道，莫如利之；利之之道，莫如教之以政。故善为政者，田畴[1]垦而国邑实，朝廷闲而官府治，公法行而私曲[2]止，仓廪实而囹圄[3]空，贤人进而奸民退。其君子上[4]中正而下谄谀，其士民贵武勇而贱得利，其庶人好耕农而恶饮食。于是财用足，而饮食薪菜饶。是故上必宽裕而有解舍[5]，下必听从而不疾怨，上下和同而有礼义，故处安而动威，战胜而守固，是以一战而正诸侯。不能为政者，田畴荒而国邑虚，朝廷凶而官府乱，公法废而私曲行，仓廪虚而囹圄实，贤人退而奸民进。其君子上谄谀而下中正，其士民贵得利而贱武勇，其庶人好饮食而恶耕农，于是财用匮而食饮薪菜乏。上弥残苛[6]而无解舍，下愈覆鸷[7]而不听从，上下交引[8]而不和同，故处不安而动不威，战不胜而守不固。是以小者兵挫而地削，大者身死而国亡。故以此观之，则政不可不慎也。

【注释】

[1]畴(chóu):田地。

[2]私曲:徇私曲邪。

[3]囹圄(líng yǔ):监狱。

[4]上:通"尚",崇尚。

[5]解舍:免除,此处指免除赋役。

[6]苛:苛刻。原文为"苟",据刘绩说校改。

[7]覆鸷(zhì):固执凶狠。覆,通"愎",固执。鸷,凶狠。

[8]交引:互相争利。

【品读】

此节主讲"得人之道"要"善为政",即切实做好政务。"善为政"的具体表现为:土地得到开垦而国家富足,官府无事而治理有序,公法盛行而私情杜绝,仓库充实而监狱空虚,贤人进用而小人斥退。君子崇尚中正而耻于谄谀,士人崇尚武勇而不重私利,百姓勤于农耕而不讲吃喝,于是财用充足,饮食丰富。可以看出,善政论沿袭了管子一贯的经济思想,将经济发展放在首位。"仓廪实而囹圄空"即"仓廪实而知礼节"的翻版。

德有六兴,义有七体,礼有八经,法有五务,权有三度,所谓六兴者何?曰:辟田畴,制坛宅[1],修树蓺[2],劝士民,勉稼穑,修墙屋,此谓厚其生。发伏利[3],输墆积[4],修道途,便关市,慎将宿[5],此谓输之以财。导水潦,利陂沟,决潘渚[6],溃泥滞,通郁闭[7],慎津梁,此谓遗[8]之以利。薄征敛,轻征赋,弛刑罚,赦罪戾[9],宥[10]小过,此谓宽其政。养长老,慈幼孤,恤鳏寡[11],问疾病,吊祸丧,此谓匡[12]其急。衣冻寒,食饥渴,匡贫窭[13],振罢露[14],资乏绝,此谓振其穷。凡此六者,德之兴也。六者既布,则民之所欲,无不得矣。夫民必得其所欲,然后听上;听上,然后政可善为也。故曰:德不可不兴也。

【注释】

[1]制:原文为"利",据王念孙说校改,指建造。坛:通"壥",住宅。

[2]蓺:通"艺",种植。

[3]伏利:潜藏的财利。

[4]输墆积:疏通滞留、贮积的财物。墆,通"滞",滞留。积,贮积。

[5]将宿:送迎。将,送。宿,止。

[6]决潘渚:疏导浅滩的回流。潘,回流。渚,水中浅滩。

[7]郁闭:郁结闭合。

[8]遗(wèi):给予。

[9]戾：罪行、过恶。

[10]宥：宽恕。

[11]恤鳏(guān)寡：体谅丧偶的男女。鳏，无妻之人。寡，无夫之人。

[12]匡：救助。

[13]窭(jù)：贫穷。

[14]振罢露：救济没有房屋居住的人。振，通"赈"，赈济。罢，通"疲"，疲敝。露，败。

【品读】

此节所讲"德"不是儒家之"德"，更不是道家之"德"，而是管子以经济发展为龙头的德政。其主要表现在以下几个方面：一是劝民治产业；二是修建道路，整顿关市，保证经济往来畅通；三是兴修水利设施，广建利民工程；四是轻徭薄赋，宽法省刑；五是抚恤老人、鳏寡等特殊人群；六是接济无衣无食的弱势群体。

曰：民知德矣，而未知义，然后明行以导之义。义有七体，七体者何？曰：孝悌慈惠，以养亲戚[1]；恭敬忠信，以事君上；中正比宜[2]，以行礼节；整齐撙诎[3]，以辟刑僇[4]；纤啬[5]省用，以备饥馑；敦懞纯固[6]，以备祸乱；和协辑睦，以备寇[7]戎。凡此七者，义之体也。夫民必知义然后中正，中正然后和调，和调乃能处安，处安然后动威，动威乃可以战胜而守固。故曰：义不可不行也。

【注释】

[1]亲戚：指父母兄弟。

[2]比宜：公正友爱，亲密无间。宜，通"谊"，友爱。

[3]撙诎(zǔn qū)：约束、克制。撙，节制。诎，通"屈"，约束。

[4]以辟刑僇：端正行为以免于刑杀。辟，通"避"。僇，通"戮"。

[5]纤啬：纤细吝啬。

[6]敦懞：敦实淳厚。

[7]寇：原文为"冠"，据文义改。

【品读】

本节讲述了"义有七体"，表现在以下七个方面：以孝悌慈惠来奉养亲戚；以恭敬忠信来侍奉君主；以公正亲爱来行礼守节；以严整节制来避免刑罚；以节约省用来避免饥荒；以敦实淳厚来防止祸乱；以协调和睦来防备敌寇。其内容涵盖范围甚广，涉及伦理、礼法、法律、经济、军事等多个方面。

曰：民知义矣，而未知礼，然后饰[1]八经以导之礼。所谓八经者何？曰：上下有义[2]，贵贱有分，长幼有等，贫富有度，凡此八者，礼之经也。故上下无义则乱，贵贱无分则争，长幼无等则倍[3]，贫富无度则失。上下乱，贵贱争，长幼倍，贫富失，而国不乱者，未之尝闻也。是故圣王饬此八礼，以导其民。八者各得其义，则为人君者，中正而无私。为人臣者忠信而不党，为人父者慈惠以教，为人子者孝悌以肃[4]，为人兄者宽裕以诲[5]，为人弟者比顺[6]以敬，为人夫者敦懞以固，为人妻者劝勉以贞[7]。夫然则下不倍上，臣不杀君，贱不踰贵，少不陵[8]长，远不间[9]亲，新不间旧，小不加[10]大，淫不破义。凡此八者，礼之经也。夫人必知礼然后恭敬，恭敬然后尊让，尊让然后少长贵贱不相踰越，少长贵贱不相踰越，故乱不生而患不作。故曰：礼不可不谨也。

【注释】

[1]饰：通“饬”，整饬。

[2]义：通“仪”，外形、风度。

[3]倍：通“背”，背离。

[4]肃：恭敬。

[5]诲：教诲。

[6]比顺：和顺。比，亲近。

[7]贞：坚贞、有操守。

[8]陵：欺辱。

[9]间：离间。

[10]加：凌驾。

【品读】

“上下有义，贵贱有分，长幼有等，贫富有度。”此句乃管子礼之“八经”，实为传统社会的等级制度。如同孔子极力维护周礼一样，作者想通过恢复原有等级制度来维护社会秩序的稳定，以解救“礼崩乐坏”所带来的社会危机及心理危机。与以血缘为纽带的周代宗法制度相比，以功劳、才能为标准的战国官僚制度也属于等级制度，但后者导致社会阶层之间的流动性更强，也更具有活力。

“贫富有度”是管子重要的经济分配思想，是指将贫富差距控制在一定程度之内，不宜过大或平均化。本书《轻重》篇就是在此思想指导下，主张通过国家干预来实现社会的贫富有度。

曰：民知礼矣，而未知务，然后布法以任力，任力有五务。五务者何？曰：君择臣而任官，大夫任官辩[1]事，官长任事守职，士修身功[2]材，庶人耕农树蓺。君择臣而任官，则事不烦乱；大夫任官辩事，则举措时；官长任事守职，则动作和；士修身功材，则贤良发[3]；庶人耕农树蓺，则财用足。故曰：凡此五者，力之务也。夫民必知务，然后心一，心一然后意专，心一而意专，然后功足观也。故曰：力不可不务也。

【注释】

[1]辩：治理。

[2]功：成。

[3]发：成长。

【品读】

"心一然后意专，心一而意专，然后功足观"体现的是管子的分工思想。只有每个人都专职某项固定工作，整个社会的效率才会提高。从这个意义上讲，社会分工的细化程度也是一个社会进步的表现。先秦诸子中，孟子系统而全面地阐述了社会分工，"劳心者治人，劳力者治于人"，并从侧面反映了由社会分工引发的社会不平等现象。西方经济学鼻祖亚当·斯密的鸿篇巨制《国富论》也是从社会分工开始谈起的。这些思想对当今的一些社会现象的解决仍然具有一定的参考价值。

曰：民知务矣，而未知权[1]，然后考三度[2]以动之。所谓三度者何？曰：上度之天祥[3]，下度之地宜，中度之人顺，此所谓三度。故曰：天时不祥，则有水旱；地道不宜，则有饥馑；人道不顺，则有祸乱。此三者之来也，政召[4]之。曰：审时以举事，以事动民，以民动国，以国动天下。天下动，然后功名可成也。故民必知权，然后举错[5]得。举错得则民和辑，民和辑则功名立矣。故曰：权不可不度也。

【注释】

[1]权：权衡。

[2]度：考量。

[3]祥：吉凶的预兆。

[4]召：招致。

[5]错：通"措"，措施。

【品读】

人们整日劳苦奔波，投入其中，而常常无暇思考、权衡一些宏观的社会问题。在传统农业社会，大问题有三：天有不测风云，水旱灾害时常发生；地有三六九等，饥荒饿殍，屡见不鲜；人心欲望无尽，奸臣逆子，祸害不断。但在作者看来，这些问题的出现虽有客观原因，但主观原因更不容忽视，即“此三者之来也，政召之”。也就是说，天灾人祸的降临，是执政不到位招致的。在天灾人祸面前，人们并不是无能为力的。只要“审时以举事，以事动民，以民动国，以国动天下”，即政府有条不紊地安排各项工作，人民才会顺势而动，国家才会运转良好，天下也就可以轻易掌控了，故“权不可不度也”。

五经[1]既布，然后逐奸民，诘[2]诈伪，屏谗慝[3]，而毋听淫辞，毋作淫巧。若民有淫行邪性，树为淫辞，作为淫巧，以上谄君上而下惑百姓，移国动众，以害民务者，其刑死流。故曰：凡人君之所以内失百姓，外失诸侯，兵挫而地削，名卑而国亏，社稷灭覆，身体危殆，非生于谄[4]淫者，未之尝闻也。何以知其然也？曰：淫声谄耳，淫观谄目，耳目之所好，谄心。心之所好，伤民。民伤而身不危者，未之尝闻也。曰：实圹[5]虚，垦田畴，修墙屋，则国家富；节饮食，撙衣服，则财用足；举贤良，务功劳，布德惠，则贤人进；逐奸人，诘诈伪，去谗慝，则奸人止；修饥馑，救灾害，振罢露，则国家定。

【注释】

[1]五经：指上述“德有六兴”“义有七体”“礼有八经”“法有五务”“权有三度”。原文“五经”前有“故曰”二字，据孙星衍说校改。

[2]诘：追问。

[3]屏谗慝(tè)：摒弃谗言、邪恶的人。屏，摒弃。谗，谗言之人。慝，邪恶之人。

[4]谄：通“慆”，取悦。

[5]实圹：指荒废之地。圹，通“旷”，荒废。

【品读】

此节主题为禁止淫行、淫辞、淫巧。在作者看来，此类行为不仅仅会导致衣食无度、靡费财物，更为重要的是会蛊惑人心、“移国动众”，上则奸人诈伪之风盛行，下则百姓无心劳作，卖弄淫巧之技，故不可不慎。

明王之务，在于强本事，去无用，然后民可使富；论贤人，用有能，而民可使治；薄税敛，毋苛[1]于民，待以忠爱，而民可使亲。三者，霸王之事也。事有本，而仁义其要也。今工以[2]巧矣，而民不足于备用者，其悦在玩好；农以劳矣，而天下饥者，其悦在珍怪[3]；女以巧矣，而天下寒者，其悦在文绣。是故博带梨[4]，大袂列[5]，文绣染，刻镂削，雕琢平[6]，关几[7]而不征，市鄽[8]而不税。古之良工，不劳其知巧以为玩好。是故无用之物，守法者不生[9]。

【注释】

[1]苛：原文为“苟”，据王念孙说校改，指苛求。

[2]以：通“已”。

[3]其悦在珍怪：原文此句后有“方丈陈于前”五字，据丁士涵说删。

[4]博带梨：割开宽大的衣带。博带，宽大的衣带。梨，通“剺”，割。

[5]大袂列：裁开肥大的衣袖。大袂，肥大的衣袖。列，通“裂”。

[6]平：原文为“采”，据王引之说校改。

[7]几：通“讥”，稽查。

[8]鄽：通“廛”，指存放货物的房屋。

[9]生：原文为“失”，据郭沫若说校改，指生产。

【品读】

此节主张限制“玩好”“珍怪”“文绣”等奢侈品的生产，提出要割开宽大的衣带，裁裂肥大的衣袖，染素华丽的色彩，削除刻镂的花纹，磨平雕琢的图案。毕竟当时是生产力较为落后的小农经济，农业生产需要占用大量社会劳动力。在社会劳动人口总量有限的前提下，奢侈品的生产更费时费力，挤占了大量劳动资源，阻碍了整个社会经济的正常发展。

宙合第十一

外言二

左操五音[1]，右执五味[2]。怀绳与准钩[3]，多备规轴[4]，减溜[5]大成，是唯时德之节。春采生，秋采蓏[6]，夏处阴，冬处阳，大贤之德长。明乃哲[7]，哲乃明，奋乃苓[8]，明哲乃大行。毒[9]而无怒，怨而无言，欲而无谋。大揆度[10]仪，若觉卧[11]，若晦明[12]，若敖[13]之在尧也。毋访于佞，毋蓄[14]于谄，毋育于凶，毋监[15]于谗。不正，广其荒[16]。不用其区[17]，鸟飞准绳。諓充末衡[18]，易政利民。毋犯其凶，毋迩[19]其求，而远其忧。高为其居，危颠莫之救。可浅可深，可浮可沉，可曲可直，可言可默。天不一时，地不一利，人不一事。可正而[20]视，定而履，深而迹。夫天地一险一易，若鼓桴[21]之有，摘挡[22]则击。天地，万物之橐[23]，宙合有橐天地。

【注释】

[1]五音：宫、商、角、徵、羽。

[2]五味：酸、辛、咸、苦、甘。

[3]绳：墨线，用来取正。准：准平器，用来取平。钩：据下解文，用来取直。

[4]规轴：圆轴。

[5]减：通“咸”，尽。溜：发。

[6]蓏(luǒ)：瓜类等植物的果实。

[7]哲：智。

[8]苓：通“零”，落。

[9]毒：憎恨。

[10]揆度(kuí duó)：估量。

[11]觉卧：睁着眼睡觉。

[12]晦明：黑暗中明察。

[13]敖：尧的儿子，名丹朱。其慢而不恭，故称为敖。

[14]蓄：通“畜”，养育。

[15]监：通“鉴”，借鉴。

[16]荒：败。

[17]区：原文为“区区”，据陈奂说校改，指虚。

[18]諓(xuàn)充末衡：心地平实、耳目平正。

[19]迩：近。

[20]而：通“尔”，汝。

[21]桴(fú)：原文为“桲”，据洪颐煊说校改，指鼓槌。下解文“桴”同此。

[22]擿挡：指鼓声。

[23]橐(tuó)：口袋。

【品读】

“宙合”有宇宙万物、包罗万象之意。“宙”指古往今来，“合”指上下四方。本篇初看行文另类、风格卓异，实际上它是一篇较为抽象的哲学论文，与老子《道德经》风格相似、思想接近。此节是经文，体裁为经解体，古奥深邃，讲求韵律，成书要早。此篇下面几个部分作逐句解释以及延伸与发挥，相较经文成书要晚。

“左操五音，右执五味”，此言君臣之分[1]也。君出令佚[2]，故立于左；臣任力劳，故立于右。夫五音不同声而能调，此言君之所出令无妄[3]也，而无所不顺，顺而令行政成。五味不同物而能和，此言臣之所任力无妄也，而无所不得，得而力务财多。故君出令，正其国而无齐[4]其欲，一其爱而无独与是[5]；王施而无私，则海内来宾[6]矣。臣任力，同其忠而无争其利，不失其事而无有其名[7]；分敬[8]而无妒，则夫妇和勉矣。君失音则风律必流[9]，流则乱败。臣离味则百姓不养，百姓不养则众散亡。臣各能其分则国宁矣。故名之曰不[10]德。

【注释】

[1]分：职分。

[2]佚：安逸。

[3]妄：随意。

[4]齐：通“济”，解决。

[5]一其爱而无独与是：指与民同乐。

[6]宾：服。

[7]无有其名：不是徒有虚名。

[8]分敬：相互尊敬。

[9]风律必流：音律失调。

[10]不：通“丕”，大。

【品读】

作者将“左操五音，右执五味”引申为君臣的职分问题。国君负责下达法令，安逸无为，立于左位。大臣专于执行、贯彻君令，劳力奉上，立于右位。君臣职分实施的原则是“五音不同声而能调”“五味不同物而能和”，即协和万物、合同一心。具体表现为:国君治理国家不能肆意妄为、独行其是,要与民同乐;大臣要竭尽忠心而不争权夺利,诚心做事而不图虚名,彼此尊敬而不嫉贤妒能。

“怀绳与准钩,多备规轴,减溜大成,是唯时德之节。”夫绳,扶拨[1]以为正;准,险以为平;钩,入枉而出直。此言圣君贤佐之制举也。博而不失,因以备能而无遗。国犹是国也,民犹是民也,桀纣以乱亡,汤武以治昌。章[2]道以教,明法以期[3],民之兴善也如化,汤武之功是也。多备规轴者,成轴也。夫成轴之多也,其处大也不窕[4],其入小也不塞[5]。犹迹求履之宪[6]也,夫焉有不适?善适,善备也。备[7]也,是以无乏。故谕教者取辟[8]焉。天淯养[9],无计量;地化生,无泮[10]崖。所谓是而无非,非而无是,是非有,必交来[11]。苟信是,以有不可先规之,必有不可识虑之。[12]然将卒而不戒[13]。故圣人博闻多见,畜道以待物,物至而对形[14],曲均[15]存矣。减,尽也;溜,发也。言偏环毕[16],莫不备得。故曰:减溜大成。成功之术,必有巨矱[17]。必周于德,审于时,时德之遇,事之会[18]也,若合符[19]然,故曰:是唯时德之节。

【注释】

[1]拨:不正。

[2]章:通“彰”,彰明。

[3]期:期望、要求。

[4]处大也不窕:指(成轴)放在大的地方,不会有空隙。窕,原文为“究”,据猪饲彦博、王念孙说校改,指细、小。

[5]其入小也不塞:成轴放入小的地方,不会堵塞。

[6]迹求履之宪:按照脚印做鞋的模具。宪,通“楥”,鞋的模具。

[7]备:原文为“仙”,据张佩纶说校改。

[8]辟:通“譬”,比喻。

[9]淯养:即育养。养,原文为“阳”,据丁士涵说校改。

[10]泮:原文为“法”,据王引之说校改,通“畔”,边际。

[11]是而无非,非而无是,是非有,必交来:是不能说成非,非不能说成是。是、非同时存在,必然同时来到。

[12]苟信是,以有不可先规之,必有不可识虑之:如果确信为是,应事先窥见“不可”(非)作为比对,才能辨识、考正是非。苟,如果。规,通“窥”,窥测。

[13]然将卒而不戒:它这样突然地降临,使人们没有准备。卒,通“猝”,突然。戒,防备。

[14]畜道以待物,物至而对形:积累规律来看待万物,万物来到即用规律来参照比对。畜,通“蓄”,积累。

[15]曲均:曲邪、公平。

[16]言偏环毕:这是说一切工具都起了好作用。偏环,全部。毕,完。

[17]巨矱(yuē):规矩,指法度。巨,通"矩",画直角或方形的工具。矱,原文为"获",据王念孙说校改,指尺度。

[18]会:机会。

[19]若合符:如同符契相合。古时符契多一式两份,双方持有。

【品读】

"怀绳与准钩,多备规轴,减溜大成。"其本意为:工匠持有绳、准、钩等测量用具,并多准备成品的各式圆轴,就可以进行所有制造工作。当然,这是"谕教者取辟"的做法,即教诲者用来建论立说的一种隐喻。其旨在说明"成功之术,必有巨矱",也就是说,成功的方法是必须掌握法度,而"周于德,审于时",即全心修德、明审时机就是为政者手中的"巨矱"。

"春采生,秋采蓏,夏处阴,冬处阳。"此言圣人之动静、开阖、诎信、浧儒[1]、取与之必因于时也。时则动,不时则静。是以古之士有意而未可阳[2]也。故愁[3]其治言,阴[4]愁而藏之也。贤人之处乱世也,知道之不可行,则沉抑以辟[5]罚,静默以侔[6]免。辟之也,犹夏之就[7]清,冬之就温焉。可以无反[8]于寒暑之菑[9]。非为畏死而不忠也。夫强言以为僇[10],而功泽不加,进伤为人君严之义,退害为人臣者之生,其为不利弥甚。故退身不舍端[11],修业不息版[12],以待清明。故微子[13]不与于纣之难,而封于宋,以为殷主。先祖不灭,后世不绝。故曰:大贤之德长。

【注释】

[1]阖(hé):关闭。诎信:屈伸。浧儒:据王念孙说,当作"逞偄",即盈缩。

[2]阳:宣扬。

[3]愁:通"揫",收敛。下文"愁"同。

[4]阴:原文为"含",据王念孙说校改,意为暗中。

[5]辟:通"避",躲避。

[6]侔:求。

[7]就:靠近。

[8]反:反时、反季。

[9]菑:通"灾",灾害。

[10]僇:通"戮",杀戮。

[11]端:通"专",大臣上朝奏事用的笏板。

[12]版:古时书写的方木板。

[13]微子:商纣王的庶兄,宋国始祖。

【品读】

此节主旨与老子的道家思想有相似之处,也为弱者全生避祸、明哲保身之术。其理论基础是“夏处阴，冬处阳”，“时则动，不时则静”，即强调有动有静，因时而动。其处世之道为：当“贤人之处乱世也，知道之不可行”时，要“沉抑以辟罚，静默以侔免”，深藏不露，安身立命。这是一种功利主义的做法。从表面上看，这似乎是贤人“畏死而不忠”的做法。但从事情的结果来看，贤人若强行进谏往往会招致杀身之祸。既伤害国君的尊严，又不能保全自身性命，可谓成效无有。不过，作者又云“退身不舍端，修业不息版，以待清明”，说明全身而退只是一种暂时的出世行为，待到政治清明之际，定要全力而进，积极入世。原来这只是一种“以退为进”的策略设计。

“明乃哲，哲乃明，奋乃苓，明哲乃大行。”此言擅美主盛自奋[1]也，以琅汤凌轹[2]人，人之败也常自此。是故圣人著之简策[3]，传以告后进曰：“奋盛，苓落也。盛而不落者，未之有也。”故有道者不平其称，不满其量，不依[4]其乐，不致[5]其度。爵尊则肃士，禄丰则务施，功大而不伐[6]，业明而不矜[7]。夫名实之相怨[8]久矣，是故绝而无交[9]。惠者[10]知其不可两守，乃取一焉。故安而无忧。

【注释】

[1]擅美：独专其美。主盛：自恃其盛。自奋：自我张扬。

[2]琅汤：浪荡。凌轹（lì）：欺凌。

[3]简策：简册，古时书写材料。

[4]依：通“殷”，盛大。

[5]致：通“至”，最。

[6]伐：自夸。

[7]矜（jīn）：骄傲。

[8]怨：违背。

[9]交：合。

[10]惠者：智者。惠，通“慧”，聪明。

【品读】

此节为弱者的全身立命之术。作者认为，“有道者不平其称，不满其量，不依其乐，不致其度”，即有道之人不自以为分量十足，不自以为已经满足，不自以为可唱高调，不自以为已达到标准。这与老子《道德经》“持而盈之不如其已”有异曲同工之妙。“功大而不伐，业明而不矜”一句更与《道德经》“不自伐故有功，不自矜故长”如出一辙。另外，作者认为“名”与“实”不副的现象由来已久，长期存在。只有智者知晓名位与才能不可强行一致，才取“实”弃“名”而守一，即可以安枕无忧了。

“毒而无怒”，此言止忿速济[1]也。“怨而无言”，言不可不慎也。言不周密，反伤其身。“欲而无谋[2]”，言谋不可以泄，谋泄菑[3]极。夫行忿速遂[4]，没法贼发[5]，言轻谋泄，菑必及于身。故曰：毒而无怒，怨而无言，欲而无谋。

【注释】

[1]止忿速济：控制愤怒以速成其事。原文“速济”下有“没法”二字，据章炳麟说删。

[2]欲而无谋：原文此句前有“故曰”二字，据王念孙说删。

[3]菑：通“灾”，灾害、灾祸。

[4]行忿速遂：任由愤怒来急成其事。遂，成。

[5]没法贼发：以死命之法逼迫捕捉盗贼。没法，没命之法，即死命之法。

【品读】

“毒而无怒”是指憎恨滋生时，千万不要愤怒、冲动，不计后果。俗话说得好，冲动是魔鬼。“怨而无言”是指怨恨别人时，不要说出来，以防别人算计自己。“欲而无谋”是指在处理重大事件时，千万不能泄露计划，否则会招致灾祸。古人对自然规律的研究投入精力不足，在揣摩人与人之间斗争、博弈方面却颇有心得。当然，这些在残酷的政治斗争中总结出来的实战经验不是用来害人的，仅仅是一种明哲保身之术。

“大揆度仪，若觉卧，若晦明”，言渊色以自诘[1]也。静默以审虑，依[2]贤可用也。仁良[3]既明，通于可不[4]利害之理，犹[5]发蒙也。故曰：若觉卧，若晦明，若敖之在尧也。

【注释】

[1]渊色以自诘：深沉静默以自省。渊色，沉默的神色。

[2]依：依靠。

[3]仁良：仁义贤良之人。

[4]不：通“否”，和肯定词对用时，表示否定。

[5]犹：原文为“循”，据王念孙说校改。

【品读】

“大揆度仪，若觉卧，若晦明”，是指洞察万物的境界如同睁着眼睡觉，黑暗之中自有明察。解经者的“静默以审虑”一句，十分贴切、到位。“静”是我国传统文化的重要元素之一。“静”的妙处实多，既可修身养性、洞察万物，又可淡泊明志、无为而治，还可以静制动、决胜千里之外。

“毋访于佞”，言毋用佞人也，用佞人则私多行。“毋蓄于谄”，言毋听谄，听谄则欺上。“毋育于凶”，言毋使暴，使暴则伤民。“毋监于谗”，言毋听谗，听谗则失士。夫行私、欺上、伤民、失士，此四者用，所以害君义失正[1]也。夫为君上者，既失其义正，而倚以为名誉[2]；为臣者，不忠而邪，以趋爵禄，乱俗败[3]世，以偷安怀乐。虽广其威，可损[4]也。故曰：“不正，广其荒。”是以古之人，阻其路，塞其遂[5]，守而物[6]修。故著之简策，传以告后人曰：其为怨也深，是以威尽焉。

【注释】

[1]义：通“仪”，外形、风度。正：通“政”，政事、政务。

[2]倚以为名誉：指国君依赖“义正”而获得名誉。倚，依赖。

[3]败：原为为“数”，据赵用贤本改。

[4]损：原文为“须”，据赵用贤本改，指损害。

[5]遂：通“隧”，通道。

[6]物：据许维遹说，当作“沕”，指潜藏。

【品读】

不要重用奸佞之人，他们常常玩忽职守、徇私舞弊；不要听信谄媚之人，他们往往口蜜腹剑、欺上瞒下；不要任用残暴之人，他们只会倚强凌弱、泯灭人性；不要听信小人谗言，他们就会挑拨离间、离散人心。如果以上四点不能纠正的话，功业就会败落到极点。

“不用其区。”区者，虚也。人而无良[1]焉，故曰虚也。凡坚解[2]而不动，陼陻[3]而不行，其于时必失，失则废而不济。天植[4]之正而不谬，不可贤也。直而无能，不可美[5]也。所贤美于圣人者，以其与变随化[6]也。渊泉而不尽，微约而流施。是以德之流润泽均加于万物。故曰：圣人参于天地。

【注释】

[1]良：善。

[2]坚解：坚实固结。

[3]陼陻：读作“堵堤”，堵塞。

[4]天植：指心。天，原文为“失”，据俞樾说校改。

[5]美：原文为“善”，据郭沫若说校改。

[6]与变随化：顺从事物而变化。

【品读】

仅仅“不用其区”一句，作者竭力发挥，其旨深远。“区者”是指无善德之人，不能加以任用。然而，即便做到有善之人，还是不够的。因为心正无私，不能称之为贤；正直无能，不能称之为美。要达到圣人的境界，就要与万物同变化，如同深泉一样不会枯竭、涓细而长流施远。这才是圣人润泽万物的品德，才可以与天地相配，并列为三。

“鸟飞准绳。”此言大人[1]之义也。夫鸟之飞也，必还山集谷。不还山则困，不集谷则死。山与谷之处也，不必正直。而还山集谷，曲则曲矣，而名绳[2]焉。以为鸟起于北，意南而至于南。起于南，意北而至于北。苟大意得，不以小缺为伤。故圣人美而著[3]之曰：千里之路，不可扶以绳。万家之都，不可平以准。言大人之行，不必以先常[4]，义立之谓贤。故为上者之论其下也，不可以失此术也。

【注释】

[1]大人：圣人，德才超群的人。

[2]绳：以绳取直，引申为直。

[3]著：著述。

[4]先常：原文为“先帝常”，据王念孙说校改，指先例常规。

【品读】

“鸟飞准绳”，喻指做事不可循规蹈矩，墨守成规。鸟类习性飞翔，盘旋山谷。但为何称其飞行如准绳般笔直呢？因为鸟儿畅飞无阻，想往南则南到，想往北则北至，所以只是大体上讲“鸟飞准绳”，并不是苛求其飞行轨迹必须直行。推而广之，圣人治理天下，亦不是纠结于细枝末节，受制于先例常规，而是“千里之路，不可扶以绳。万家之都，不可平以准”，即要具体情况，具体分析，抓住主要矛盾，解决关键问题。

“讂充”，言心也，心欲忠；“末衡[1]”，言耳目也，耳目欲端。中[2]正者，治之本也。耳司听，听必顺[3]闻，闻审谓之聪。目司视，视必顺见。见察谓之明。心司虑，虑必顺言，言得谓之知[4]。聪明以[5]知则博。博而不惛[6]，所以易政也。政易民利，利乃劝，劝则吉[7]。听不审不聪[8]，不审不聪则缪。视不察不明，不察不明则过。虑不得不知，不得不知则昏。缪过以昏则忧，忧则所以伎苛[9]，伎苛所以险政。政险民害，害乃怨。怨则凶。故曰：讂充末衡，言易政利民也。

【注释】

[1]末衡：原文为“未衡”，据前经文“末衡”改。

[2]中：通“忠”，忠诚、忠心。

[3]顺:通“慎”,谨慎。

[4]知:通“智”,智慧。

[5]以:及。

[6]惛:昏乱。

[7]吉:原文为“告”,据刘绩说校改。

[8]听不审不聪:原文为“听不慎不审不聪”,据刘绩本改。

[9]伎:通“忮”,嫉妒。苛:苛刻。

【品读】

此节讲的是个人修养与为政利民的关系。“谗充”指心地平实、内心公正,这是为政的根本。“末衡”是指耳目平正,即审慎地观察万事万物,只有做到耳聪目明,才会变得睿智而渊博,不会发生错乱。如此,为政利民就指日可待了。实际上,真正做到为政利民、惠施四方,道德约束才是关键。

“毋犯其凶”,言中正以蓄慎[1]也。“毋迩其求”,言上之败,常贪于金玉马女,而悉[2]爱于粟米货财也。厚藉敛[3]于百姓,则万民怼[4]怨。“远其忧”,言上之亡其国也,常迩其乐,立优美[5],而外淫于驰骋田猎,内纵于美好音声[6],下乃解怠惰失[7],百吏皆失其端,则烦乱以亡其国家矣。“高为其居,危颠莫之救”,此言尊高满大,而好矜人以丽[8];主盛处贤[9],而自予雄[10]也。故盛必失而雄必败。夫上既主盛处贤,以操士民,国家烦乱,万民心怨,此其必亡也。犹自万仞之山,播[11]而入深渊,其死而不振也必矣。故曰:毋迩其求,而远其忧,高为其居,危颠莫之救也。

【注释】

[1]蓄慎:保持谨慎。

[2]悉:通“吝”,吝啬。

[3]藉敛:征收赋役。

[4]怼(duì):怨恨。

[5]优美:倡优一类。

[6]美好音声:原文为“美色淫声”,据刘绩注本改。

[7]解:通“懈”,松懈。失:通“佚”,安逸。

[8]丽:华丽。

[9]盛:自满。处贤:自以为贤。

[10]自予雄:自诩为英雄。

[11]播:舍弃。

【品读】

作者由此告诫我们,不要轻易居险冒进,要内心平和、慎之又慎;不要贪图享乐，穷奢极欲，要远离声色犬马，避免倦怠松懈、政荒人废。特别是高居显位者，要知晓盛衰之道，即“盛必失而雄必败”，也就是爬得高、跌得重。解经者比喻得更为形象，如同“自万仞之山，播而入深渊，其死而不振也必矣”，读后让人振聋发聩。

“可浅可深，可沉可浮，可曲可直，可言可默。”此言指意要功[1]之谓也。天不一时，地不一利，人不一事。是以著业不得不多分[2]，名位不得不殊方[3]。明者察于事，故不官[4]于物，而旁通于道。道也者，通乎无上，详乎无穷，运乎诸生。是故辨于一言，察于一治[5]，攻于一事者，可以曲[6]说，而不可以广举。圣人由此知言之不可兼也，故博为之治而计其意；知事之不可兼也，故各[7]为之说而况[8]其功。岁有春秋冬夏，月有上下中旬，日有朝暮，夜有昏晨，半星辰序，各有其司[9]。故曰：天不一时。山陵岑[10]岩，渊泉闳[11]流，泉逾瀷[12]而不尽，薄[13]承瀷不满。高下肥硗，物有所宜。故曰：地不一利。乡有俗，国有法，食饮不同味，衣服异采，世用器械，规矩绳准，称量数度，品有所成。故曰：人不一事。此各事之仪，其详不可尽也。

【注释】

[1]指意要功：考计其意，以取功效。指，据于省吾说，读为“稽”，计。

[2]著业不得不多分：行业不得不分为多种。分，原文为“人之”，据郭沫若说校改。

[3]殊方：不同的方式。

[4]官：治、管理。

[5]治：通“辞”，言辞。下文“博为之治”的“治”同此。

[6]曲：片面。

[7]各：原文为“名”，据王念孙说校改。

[8]况：比方、比较。

[9]半星辰序，各有其司：中星十二时辰的顺序，各有所主。半星，中星。指二十八星宿运行中，每月位在中天的星。辰序，十二时辰的顺序。

[10]岑(cén)：高、尖锐。

[11]闳(hóng)：宏大。

[12]瀷(yì)：雨后地面的积水。

[13]薄：通“泊”，浅水。

【品读】

此节主讲圣人“指意要功”之术与考计取功之法。其逻辑起点是“天不一时，地不一利，人不一事”，天不止一个时节，地不止一种地形，社会也不止一种风俗。因而，“辨于一言，察于一治，攻于一事”，只听取一方之言、考察一人之辞、专治一种事情，只能是一种片面、主观、易受蒙蔽的行为。圣人则“博为之治而计其意”，“各为之说，而况其功”，即广纳众言而考察其意、厘分众说而比对成效。由此，圣人能够明察万物，“不官于物，而旁通于道”，也就是不拘泥于事物，能通晓万物的本原——道了。

“可正而视”，言察美恶，别良苦[1]，不可以不审。操分不杂，故政治不悔[2]。“定而履”，言处其位，行其路，为其事，则民守其职而不乱，故葆统[3]而好终。“深而迹”，言明墨章画[4]，道德有常，则后世人人修[5]理而不迷，故名声不息。

【注释】

[1]别良苦：原文“别良苦”上有一“审”字，据王念孙说校改。苦，粗劣。

[2]悔：灾祸。

[3]葆统：保持正统。葆，通“保”。

[4]章：通“彰”，显著、明显。画：原文为“书”，据王念孙说校改，指规划。

[5]修：当为“循”，据王念孙说。

【品读】

“可正而视”是指修正内心、正确地对待万事万物，只有做到辨明是非、分清优劣，才能行不悔之事。“定而履”是指各居其位、各行其道，只有每个人都各司其职、竭尽其职，社会自然就会和谐、有序发展。当今社会也是如此。每当我们抱怨不公、奢求名利之时，首先应扪心自问：自己的工作是否称职、到位？“深而迹”是指（君子）要明确绳墨规格、彰明规划图式，只有着眼长远，才能“名声不息”、历久弥新。

“夫天地一险一易，若鼓之有桴，擿挡则击。”言苟有唱之，必有和之，和之不差，因以尽天地之道。景不为曲物直，响不为恶声美。[1]是以圣人明乎物之往者，必以其类来[2]也，故君子绳绳乎慎其所先[3]。

【注释】

[1]景不为曲物直，响不为恶声美：影子不会因物体弯曲而变直，声音不会因音调难听而变美。景，通“影”，影子。

[2]物之往者，必以其类来：过去发生的事情，将来必然还要类似出现。往，原文为“性”，据安井衡说校改。类，类似。

[3]绳绳乎：谨慎状。先：指先行之事。

【品读】

“夫天地一险一易，若鼓之有桴，擿挡则击”是指天地之间，有险峻之地就会有平易之处，如鼓面与鼓槌之间，击打则相应。解经者理解为"苟有唱之，必有和之"。实际上，万物有因必有果，有果必有因。因而，圣人可以古知今，以往知来。这也是君子做事三思而后行的缘故。

……………………………………

"天地，万物之橐也[1]，宙合有橐天地。"天地苴[2]万物，故曰万物之橐。宙合之意，上通于天之上，下泉于地之下，外出于四海之外，合络[3]天地，以为一裹。散之至于无间[4]，不可名而止[5]。是大之无外，小之无内。故曰有橐天地。其义不传，一典品[6]之，不极一薄[7]，然而典品无治也。多内[8]则富，时出则当。而圣人之道，贵富以当。奚谓当？本乎无妄之治[9]，运乎无方之事，应变不失之谓当。变无不至，无有应当[10]，本错不敢忿[11]，故言而名之曰宙合。

【注释】

[1]也：经文中无"也"字。

[2]苴(jū)：包藏。

[3]络：包罗。

[4]间：间隙。

[5]止：原文为"山"，据刘绩说校改。

[6]典品：整理。

[7]薄：通"簿"，指一版古代书写材料，可容纳文字不多。

[8]内：通"纳"，容纳。

[9]治：通"辞"，言辞。

[10]无有应当：据安井衡说，"无"下疑脱漏一"不"字。

[11]本错不敢忿：据郭沫若说，"本错"当作"本镖"，始末之意。忿，当作"分心"。

【品读】

总结此节大意，可分为以下几点：首先，"宙合之意"是指上通于天，下深及泉，周边远至四海之外，将天地包罗其中，形成一个包裹，故又称为"宙合有橐天地"。"有橐天地"是由其"大之无外，小之无内"的特性决定的。"大之无外，小之无内"指大到没有物体在其外，小到没有物体在其内，就是小到"无间""不可名"。这是一个古老的命题，即《庄子·天下》篇中的"至大无外""至小无内"。其次，"宙合"理论面临"其义不传"的危险，虽然字数不多，但亟须整理、诠释。最后，注者强调掌握"宙合"理论的准则是"多内则富，时出则当"，即效法天地、广纳万物，适时的举措就会无所不当。只有依据正确无误的理论，运用于没有固定程式的复杂问题，做到随机而变，"变无不至"，才能达到无所不当的境界。

枢言第十二

外言三

管子曰："道之在天者，日[1]也；其在人者，心也。"故曰：有气则生，无气则死，生者以其气[2]；有名[3]则治，无名则乱，治者以其名。

【注释】

[1]日：太阳。

[2]生者以其气：原文无此句，据刘绩说补。

[3]名：名分。

【品读】

古人认为"气"是宇宙万物运作、演化的本源，也是构成人体的最基本物质。对于社会来讲，"名"如同"气"一样重要。"名"即正名，各守名分，不越级、不逾矩，是实现社会大治的前提。《论语·子路》篇云："名不正言不顺，言不顺则事不成。"

枢言曰：爱之[1]，利之，益之，安之，四者道之出。帝王者用之，而天下治矣。帝王者，审所先所后，先民与地[2]则得矣，先贵与骄[3]则失矣。是故先王慎[4]所先所后。

【注释】

[1]之：指百姓。

[2]先民与地：将人民和土地放在首位。

[3]先贵与骄：将富贵与骄奢放在首位。

[4]慎：原文其下有"贵在"二字，据王念孙说删。

【品读】

枢，指中枢，枢言即重要言论。本篇类似格言体。段与段之间，逻辑关系不强，每段文字不多，涉及治国理民、君道、臣道等内容，多为富有哲理性的话语。此节所讲为君主应该知道区分什么事情在前、什么事情在后：把百姓和地利放在前就恰当，以富有和奢靡为先就不恰当。所以古代圣王总是谨慎地对待何者为先、何者为后的问题。

人主不可以不慎贵[1]，不可以不慎民，不可以不慎富。慎贵在举贤，慎民在置官，慎富在务地。故人主之卑尊轻重在此三者，不可不慎。

国有宝，有器，有用。城郭、险阻、蓄藏[2]，宝也。圣智[3]，器也。珠玉，末用也。先王重其宝器而轻其末用，故能为天下。

生而不死者二[4]，亡[5]而不立者四。喜也者，怒也者，恶也者，欲也者，天下之败也。而贤者寡[6]之。

为[7]善者，非善也。故善无以为也，故先王贵善。

王主积[8]于民，霸主积于将战士[9]，衰主积于贵人，亡主积于妇女、珠玉，故先王慎其所积。

疾之，疾之，万物之师也。[10]为之，为之，万物之时也。[11]强之，强之，万物之指也。[12]

【注释】

[1]贵：尊贵，此指官位。

[2]蓄藏：物资储备。

[3]圣智：圣明智慧。

[4]二：指上文的“气”“名”。

[5]亡：原文为“立”，据丁士涵说校改。

[6]寡：原文为“宝”，据郭沫若说校改。

[7]为：通“伪”，虚假。下句“为”同此。

[8]积：积聚。

[9]将战士：刘绩本作“将士”。

[10]疾之，疾之，万物之师也：抓紧，抓紧，万事是众多的。疾，快速。师，众。

[11]为之，为之，万物之时也：做吧，做吧，万事是有时机的。为，做。时，时机。

[12]强之，强之，万物之指也：努力，努力，万事的意旨是精深的。强，勉力。指，通“旨”，意旨。

【品读】

“珠玉，末用”是我国古代经济思想的特色。作者为什么认为珠玉“末用”呢？其一，在小农经济社会，人们对珠玉存有先入为主的排斥，因其饥不能食，寒不能衣，无实际用途。其二，珠玉产地多不在中原，运输成本较高，因其价值大，人们视其为奢侈品。其三，先秦时期地理环境较为封闭，几乎无海外贸易。诸侯国之间的贸易往来，受政治、军事等因素的影响，变数很大，没有稳定的经贸秩序。因而珠玉的市场狭小，需求不足，用途狭窄，只能满足上层贵族的奢侈享用，故被视为末用。

凡国有三制：有制人者，有为人之所制者，有不能制人，人亦不能制者。何以知其然？德盛义尊，而不好加名[1]于人；人众兵强，而不以其国造难生患；天下有大事，而好以其国后。如此者，制人者也。德不盛，义不尊，而好加名于人；人不众，兵不强，而好以其国造难生患；恃与国[2]，幸[3]名利。如此者，人之所制也。人进亦进，人退亦退，人劳亦劳，人佚亦佚，进退劳佚，与人相胥[4]。如此者，不能制人，人亦不能制也。

【注释】

[1]加名：强加名分。名，名分。

[2]与国：盟国。

[3]幸：侥幸。

[4]相胥：相依、相辅。胥，通“须”，等待。

【品读】

此节大致列举了三类君主。第一类是控制别国的君主，其德高望重，却不强迫别国；其人众兵强，却不制造灾难，挑起事端；天下发生大事，却不敢为天下先。第二类是受制于别国的君主，其德不重，义不尊，却好强制别国；其人不众，兵不强，却好制造灾难，萌生祸患；其依仗盟国，又贪图名利。第三类是不能控制别国、也不受制于别国的君主，其与别国共进退、共劳逸，与人相随。

爱人甚而不能利也[1]，憎人甚而不能害也。故先王贵当[2]，贵周[3]。周者不出于口，不见于色，一龙一蛇，一日五化[4]之谓周。故先王不以一过二[5]，先王不独举[6]，不擅功[7]。

【注释】

[1]爱人甚而不能利也：十分喜欢一个人，也不能加利于他。甚，过分。

[2]当：适当。

[3]周：机密。

[4]一日五化：指龙、蛇一日变化五次。

[5]以一过二：将一说成二，指夸大。

[6]举：行动。

[7]擅功：独居其功。

【品读】

此节以先王为楷模，强调“贵当”“贵周”。“贵当”是指贵在做事恰如其分。即便先王对一个人宠爱有加，也不会加私利于他；即便先王对一个人憎恨至极，也不会无故加害于他。先王向来不把一说成二、夸大其词，也不独断专权、独居其功。“贵周”是指贵在做事机密。先王常常言行不露于色，如龙、蛇一样变化多端，难以识别其真面目。

先王不约束[1]，不结纽[2]。约束则解，结纽则绝。故亲[3]不在约束结纽。先王不货交[4]，不列地[5]，以为天下。天下不可改也，而可以鞭箠[6]使也。时也，义[7]也，出[8]为之也。余目不明[9]，余耳不聪[10]，以能继天子之容[11]。官职[12]亦然。时者得天，义者得人。既时且义，故能得天与人。

先王不以勇猛为边竟[13]，则边竟安。边竟安则邻国亲，邻国亲则举当矣。

【注释】

[1]约束：缠绕成束，指邦交。

[2]结纽：结扣，指结盟。

[3]亲：亲近。

[4]货交：以财货建立邦交。

[5]列地：割地。列，通“裂”，分裂。

[6]鞭箠(chuí)：鞭子，指驾驭天下。

[7]义：原文为“利”，据姚永概说校改。

[8]出：据石一参说，当作“主”。

[9]余目不明：多余的不看。

[10]余耳不聪：多余的不听。聪，听觉灵敏。

[11]容：通“睿”，睿智。

[12]官职：官吏的职分。

[13]竟：通“境”，边境。

【品读】

此节的主旨是“时者得天，义者得人”，即合乎时宜者就会得到天时，合乎道义者就会赢得人心。因为只靠财货建立邦交、割让土地来取悦盟国，是无法掌控天下的。天下不可能为你而改变，只能被你驾驭、控制。只有尊“时”行“义”，多余的不看，多余的不听，才可达到天子的睿智。

人故[1]相憎也，人之心悍[2]。故为之法。法出于礼，礼出于治[3]。治、礼，道也。万物待治、礼而后定。

【注释】

[1]故：通“固”，本来。

[2]悍：凶悍。

[3]治：通“辞”，言论、理论。

【品读】

人类本来是相互憎恶的，人心凶悍，所以要制定法律。制定法律是维护整个社会礼制的需要，礼制又是治理国家的关键，从这个意义上将，治国、礼制是根本，“万物待治、礼而后定”。此节明确体现了齐法家一方面承认人性丑恶，主张法治；另一方面又崇尚礼制、强调“法出于礼”的思想。

凡万物阴阳两生而参视[1]，先王因其参而慎所入所出。以卑为卑，卑不可得；以尊为尊，尊不可得。桀舜[2]是也。先王之所以最重也。

【注释】

[1]参：通“叁”，三。视：生。

[2]桀舜：皆指古代君王。桀，夏代最后一个君主，暴君。舜，传说上古部落联盟的首领，后世尊为圣王。

【品读】

万物都是阴阳相合而生成的第三种事物，这是古人的世界本源论。古人认为万物是矛盾的，都具有阴阳相对的特性。有高就有低，有美就有丑。因而，先王在观察万物时，极为重视事物“所入”“所出”的正、反两面。如果不这样，就会出现“以卑为卑，卑不可得；以尊为尊，尊不可得”，即以卑下的标准来衡量卑下，就不存在卑下；以高尚的标准来衡量高尚，就不存在高尚。“桀舜是也”，意为桀、舜不仅仅是按照卑下或高尚的标准，而是通过卑下与高尚这两个对立面的比对才显现出来的。此节内容所反映的思想极具有思辨性、哲理性。

得之必生，失之必死者，何也？唯粟[1]。得之，尧舜禹汤文武孝己[2]，斯待以成，天下必待以生。故先王重之。一日不食，比[3]岁歉；三日不食，比岁饥；五日不食，比岁荒；七日不食，无国土；十日不食，无畴[4]类，尽死矣。

【注释】

[1]粟：原文为“无”，据文义改，指粮食。

[2]孝己：即殷高宗太子。

[3]比：好比。

[4]畴：通“俦”，同类。

【品读】

俗话说，“民以食为天”。一日没饭吃，就好比农业歉收。三日没饭吃，就好比过饥年。五日没饭吃，就好比过荒年。七日没饭吃，就好比没有国土一样。十日没饭吃，人就全饿死了。这就是生存在小农社会的人们最直观的切身感受。“唯粟”就是重农思想，是小农社会生产力低下、商品经济不发达的必然产物。

而在重商主义时代，西方各国通过地理大发现，瓜分世界，用武力掠夺殖民地的财富，从而实现资本主义的原始积累。因而，那个时代的人们直观的切身感受是：商业给帝国带来一切，是财富的唯一源泉。商人成为高贵的职业，重商思想甚嚣尘上也就顺理成章了。

先王贵诚信。诚信者，天下之结[1]也。贤大夫不恃宗室[2]，士不恃外权。坦坦之利不以功[3]，坦坦之备不为用[4]。故存国家，定社稷，在卒谋[5]之间耳。

圣人用其心，沌沌乎博而圜[6]，豚豚[7]乎莫得其门，纷纷乎若乱丝，遗遗[8]乎若有从治。故曰：欲知者知之，欲利者利之，欲勇者勇之，欲贵者贵之。彼欲贵，我贵之，人谓我有礼。彼欲勇，我勇之，人谓我恭。彼欲利，我利[9]之，人谓我仁。彼欲知，我知之，人谓我慜[10]。戒之戒之，微而异[11]之，动作必思之，无令人识之，卒来者必备[12]之。信之者，仁也。不可欺者，智也。既智且仁，是谓成人[13]。

【注释】

[1]结：结交。

[2]宗室：宗族。

[3]坦坦之利不以功：平常的小利不算功劳。坦坦，平常。

[4]坦坦之备不为用：平常的储备不能作为大用。

[5]卒谋：短暂的谋划。卒，通“猝”，仓猝。

[6]沌沌：混沌状。圜：通“圆”，圆形。

[7]豚豚：隐隐约约。豚，通“遯”，隐。

[8]遗遗：据郭沫若说，当作“循循”，有次序。

[9]利：原文为“和”，据文义改。

[10]慜(mǐn)：聪明。

[11]微：隐约不明。而：能。异：通“翼”，遮护。

[12]卒：通“猝”，仓猝。备：防备。

[13]成人：完人。

【品读】

表面上“成人”的标准是“既智且仁”，实际上则是道家的心虚、取予、保身之术。心虚表现为：内心迷迷糊糊像在打圆转，隐隐约约又寻不到门户，纷纷杂杂如同乱丝，却又能井然有序地理出头绪。取予之术表现为：想富贵的，我使他富贵，人们认为我有礼节；想有勇气的，我使他有勇气，人们会认为我恭敬；想要利的，我让利给他，人们会认为我有仁爱；想学知识的，我授予其知识，人们会认为我聪敏。保身之术表现为：隐微之时，要注意遮护自己；一举一动，要三思而行；不让别人识透；针对突发事件，事前一定要有所预备。

贱固[1]事贵，不肖固事贤。贵之所以能成其贵者，以其贵而事贱也；贤之所以能成其贤者，以其贤而事不肖也。恶者，美之充[2]也；卑者，尊之充也；贱者，贵之充也。故先王贵之。

天以时使，地以材使，人以德使，鬼神以祥[3]使，禽兽以力使。所谓德者，先之之谓也。故德莫如先，应适莫如后[4]。

【注释】

[1]固：固然。

[2]充：通“统”，根本。下二句“充”，同此。

[3]祥：灾祥。

[4]应适莫如后：指后发制人。适，通“敌”，敌人。

【品读】

卑贱之人固然要侍奉高贵之人，无才之人固然要侍奉贤德之人。因为高贵之人给卑贱之人带来了一定的利益，贤德之人给无才之人带来了一定的好处。有恶才能有美，有卑贱之人，不就应该有尊贵之人吗？此段话虽然有人性优劣论的嫌疑，但其辩解仍具有一定的逻辑思维，值得一览。

先王用一阴二阳[1]者，霸；尽以阳者，王；以一阳二阴者，削；尽以阴者，亡。量之不以少多，称之不以轻重，度之不以短长。不审此三者，不可举大事。能戒乎？能敕[2]乎？能隐而伏乎？能而[3]稷乎？能而麦乎？春不生而夏无得乎。[4]先王事以合交，德以合人。二者不合，则无成矣，无亲矣。

【注释】

[1]一阴二阳：据郭沫若说，此处阴阳类似现代意义的正负。一阴二阳应指正大于负。

[2]敕(chì)：通“饬”，整顿。

[3]而：如。

[4]春不生而夏无得乎：此句下原有“众人之用其心也，爱者，憎之始也；德者，怨之本也。唯贤者不然”，与下文重复，据王念孙说删。

【品读】

万事都需要度量、权衡。制定决策利大于弊的君主，可以成就霸业；制定决策有利无弊的君主，可以成就王业；制定决策有弊无利的君主，肯定要亡国了。因而，任何君主遇事不量以多少、权以轻重、度以短长，是成不了大事的。君主要扪心自问：平时小心翼翼吗？能精神振作吗？能坚忍而埋头苦干吗？春天不种稷、麦，夏天哪来的收获？先王教导我们，要以行事交结友国，以德行赢取人心。否则，你就一无所有。

凡国之亡也，以其长[1]者也。人之自失也，以其所长者也。故善游者死于梁池[2]，善射者死于中野。

命属于食[3]，治[4]属于事。无善事而有善治者[5]，自古及今，未尝之有。

【注释】

[1]长：长处。

[2]梁池：有水堤的池子。池，原文为“也”，据赵用贤本改。

[3]食：粮食。

[4]治：通“辞”，言辞。

[5]无善事而有善治者：没有好的行事，却有好的言辞。

【品读】

“善游者死于梁池，善射者死于中野”与老子《道德经》“祸兮福之所倚，福兮祸之所伏”旨意相同，均敏锐地察觉到事物所包含的对立面在一定条件下会相互转化，这就需要“知足不辱，知止不殆，可以长久”。

众胜寡，疾胜徐，勇胜怯，智胜愚，善胜恶，有义胜无义，有天道胜无天道。凡此七胜者贵众[1]，用之终身者众矣。

人主好佚欲，亡[2]其身失其国者，殆[3]；其德不足以怀其民者，殆；明其刑而残[4]其士者，殆；诸侯假之威久而不知极已[5]者，殆；身弥老不知敬其适子[6]者，殆；蓄藏积，陈朽腐，不以与人者，殆。

【注释】

[1]贵众：贵在掌握多数。

[2]亡：通“忘”，忘记。

[3]殆：危险。

[4]残：原文为“贱”，据刘绩本校改。

[5]极：通“亟”，急。已：止。

[6]适子：嫡长子，此处指太子。

【品读】

此节主题为“七胜”“七殆”。其中，“七胜”指多胜少、快胜慢、勇猛胜胆怯、智慧胜愚蠢、善良胜邪恶、正义胜罪恶、有道胜无道。“七殆”指人主好逸纵欲而身没国亡、人主德行不足而百姓离心、人主好刑专杀而残害国士、人主长期假借别国之威而不知有所终止、人主年老体衰而不知尊敬太子、人主一味敛财无尽而不分利与人。

凡人之名[1]三,有治也者,有耻也者[2],有事也者[3]。事之名二,正之察之,五者而[4]天下治矣。名正则治,名倚[5]则乱,无名则死。故先王贵名。

【注释】

[1]名:名分。

[2]有耻也者:指监督者。耻,使人耻辱。

[3]有事也者:指具体办事人员。事,从事。

[4]而:能。

[5]倚:偏、不正。

【品读】

这是典型的名分论。其核心思想是名实相副。人事的名分有三种:管理者、监督者、执行者。事物的名分有两种,即正名与审查。如果五者做到名实相副,天下即可实现大治。如果名实相正,那么社会则会安定。如果名实不正,那么天下则大乱。无名无实,国灭民亡。

先王取天下,远者以礼,近者以体[1]。体、礼者,所以取天下;远近者,所以殊天下之际[2]。

日益之而患少者,惟忠;日损之而患多者,惟欲。多忠少欲,智也,为人臣者之广道也。为人臣者,非有功劳于国也,家富而国贫,为人臣者之大罪也。为人臣者,非有功劳于国也,爵尊而主卑,为人臣者之大罪也。无功劳于国而贵富者,其唯[3]尚贤乎?

【注释】

[1]体:亲近。

[2]殊:区别。际:边际。

[3]唯:通“谁”,表疑问的人称代词。

【品读】

此节主题是为臣之道。每天在进步、还嫌不够的是忠臣,每天在退步、还怕付出太多的是贪臣。多一些忠心,少一些贪心,才是为人臣的正道。臣子对于国家没有功劳,却家富国贫,爵位尊贵而君主卑微。这都是人臣的莫大罪过。其实，这段话影射的是春秋战国时期那些没有战功却依靠血缘世代享有特权的贵族。

众人[1]之用其心也，爱者憎之始也，德者怨之本也。生其事亲也，妻子具[2]则孝衰矣；其事君也，有好业，家室富足，则行衰矣；爵禄满则忠衰矣。唯贤者不然。故先王不满[3]也。人主操逆[4]，人臣操顺[5]。

【注释】

[1]众人：指普通人。

[2]妻子具：此处指家庭厚实。妻子，妻子与子女。具，具备。

[3]满：指使臣子对爵禄等满足无求。

[4]逆：逆从，指不使臣子对爵禄满足。

[5]顺：顺从。

【品读】

此节主要讲君主御用臣子之术。其关键为"人主操逆，人臣操顺"，即君主要逆着臣子的劣性而行，臣子反而会无比顺从。普通人的本性为：亲爱是憎恨的开始，恩德是积怨的起源。如同有些人侍奉父母，当家庭殷实时，孝心就日渐衰减；侍奉君主，当家业富足时，德行就渐趋衰退；当爵高禄满时，忠心就开始消退。"饱暖思淫欲"是人的劣根之性，所以君主驾驭臣下的诀窍便是"不满"，即不让臣下的财富、爵位、俸禄达到极点。其实，许多学科的理论都是基于人的本性出发的，如当下某些手机厂商的"饥饿销售"，通过缩减销量，让人的购买欲处于"不满"状态，从而引起跟风般的抢购风潮。

先王重荣辱，荣辱在为[1]。天下无私爱也，无私憎[2]也。为善者有福，为不善者有祸。祸福在为，故先王重为。

【注释】

[1]为：行为。

[2]私憎：私恨。

【品读】

此节大意为：先王重视荣辱，而荣辱取决于行为。天地没有私爱，也没有死恨，行善者就得福，行不善者就得祸，福与祸都取决于人们的行为，因此，先王重视行为。

明[1]赏不费，明刑不暴，赏罚明则德之至者也。故先王贵明。天道大而帝王者用。爱爱恶恶[2]，天下可秘[3]。爱恶重[4]，闭必固[5]。釜鼓[6]满，则人概[7]之；人满，则天概之。故先王不满也。

【注释】

[1]明：公开。

[2]爱爱恶恶：原文为"爱恶爱恶"，据郭沫若说校改，指爱天下人所敬爱的，厌恶天下人所憎恨的。

[3]秘：通"闭"，关闭。

[4]重：慎重。

[5]固：巩固。

[6]釜鼓：古量器。春秋时六斗四升为一釜。一鼓即一斛。

[7]概：古代用来刮平斗、斛等量器的工具，此用作动词，刮平。

【品读】

一方面来说，作者讲"法"，重视赏罚，认为公开的赏赐，不是浪费财物；公正的刑罚，不是残暴。只有赏罚严明，才能实现最高的德政。另一方面，作者又谈帝王之术，需持虚、行"不满"。这种讲道又讲法的做法，与战国时期黄老学派颇相似。

先王之书，心之敬执[1]也，而众人不知也。故有事，事[2]也；毋事，亦事也。吾畏事，不欲为事；吾畏言，不欲为言。故行年六十而老吃[3]也。

【注释】

[1]执：爱。

[2]事：事奉，此指捧读先王之书。

[3]行年六十而老吃：指人到六十，就会年老口吃。行年，经历的年岁，指年龄。老吃，年老口吃。

【品读】

此节较为特殊，应是一位文献整理者的后记。"先王之书，心之敬执也，而众人不知也。"细细忖度，作者对于古代典籍的虔敬、圣洁之心跃然纸上；同时，也可体会到作者整理文献过程中的酸辛、寂寞以及愉悦又不知向何人诉说。历经多少次战火劫余，一部分古代典籍才可完好地传承至今，其间又有多少无名学者的呕心沥血被遗忘、淹没在历史长河中。然而，正是学者对知识的渴望，对未知世界的执着解读，拯救国家、民族的人文关怀以及内心的自我解脱、救赎与超越，才成为先秦典籍薪火相传、生生不息的永恒动力。

八观第十三

外言四

大城不可以不完[1]，郭周[2]不可以外通，里域[3]不可以横通，闾闬不可以毋阖[4]，宫垣、关闭不可以不备[5]。故大城不完，则乱贼之人谋；郭周外通，则奸遁逾越者作；里域横通，则攘[6]夺窃盗者不止；闾闬无阖，外内交通，则男女无别；宫垣不备，关闭不固，虽有良货，不能守也。故形势不得为非，则奸邪之人悫愿[7]；禁罚威严，则简慢之人整齐[8]；宪令著明，则蛮夷[9]之人不敢犯；赏庆信必[10]，则有功者劝[11]；教训习俗者众，则君民化变[12]而不自知也。是故明君在上位，刑省罚寡，非可刑而不刑，非可罪而不罪也；明君者，闭其门，塞其涂[13]，弇[14]其迹，使民毋由接于淫非之地，是以民之道正行善也，若性[15]然。故罪罚寡而民以治矣。

【注释】

[1]大城不可以不完：内城不可以不完整、坚固。大城，指内城。完，完整坚固。

[2]郭：指外城。周：四周。

[3]域：边界，此处指里墙。

[4]闾闬(hàn)：里门。阖：关闭。

[5]关闭：门闩。备：原文为“修”，据张文虎说校改。

[6]攘：侵夺。

[7]悫(què)愿：老实谨慎。

[8]简慢：怠慢。整齐：指秩序整齐。

[9]蛮夷：古时对周边少数民族的蔑称。

[10]信必：必定要诚信。必，必定。

[11]劝：勉励。

[12]化变：潜移默化。

[13]涂：通“途”，道路。

[14]弇(yǎn)：掩盖。

[15]性：本性。

【品读】

此节着重谈“势”，有齐法家的意味。作者强调通过关闭犯罪的大门、堵塞犯罪的道路、消灭犯罪的迹象来造成一种无法接近淫乱作非的态势，从而达到君民自化向善而毫无察觉的境界。同时，作者也主张法令著明，赏罚分明。不过，刑罚只是手段，不是目的。具体实施原则是“闭其门，塞其涂，弇其迹”，即关闭通向犯罪的门户，堵塞走向犯罪的道路，消灭犯罪萌生的迹象，使得百姓行正道、做好事如同出自本性一样，最终达到“罪罚寡而民以治矣”。

行其田野，视其耕芸[1]，计其农事，而饥饱之国可以知也。其耕之不深，芸之不谨[2]，地宜不任[3]，草田多秽[4]，耕者不必肥，荒者不必硗，以人猥计[5]其野，草田[6]多而辟田[7]少者，虽不水旱，饥国之野也。若是而民寡，则不足以守其地；若是而民众，则国贫民饥；以此遇水旱，则众散而不收。彼民不足以守者，其城不固；民饥者，不可以使战；众散而不收，则国为丘墟[8]。故曰：有地君国而不务耕芸，寄生[9]之君也。故曰：行其田野，视其耕芸，计其农事，而饥饱之国可知也。

【注释】

[1]芸：通“耘”，除草。

[2]谨：小心。

[3]地宜不任：指土地种植不适宜，未充分利用。宜，适宜。任，使用。

[4]秽：田中杂草。

[5]猥计：总计。

[6]草田：荒地。

[7]辟田：已开垦的耕地。

[8]丘墟：废墟。

[9]寄生：依附他人生活。

【品读】

本节的核心内容是判断饥饱之国的标准，即实地调研，这也是《管子》一书中大力提倡的有效途径。通过对农田的调查，了解土地开垦、耕种、锄草状况，依据人口统计荒田、熟田的具体数字，即可判断该国粮食能否自给自足，是否会发生饥荒。其中，“耕者不必肥，荒者不必硗”，意即开垦的土地未必都是肥沃的，荒芜的土地未必都是贫瘠的，这说明国家发生饥荒不是由客观的地理条件所决定的，而是因为人没有竭尽地力，人的因素才是最关键的。

行其山泽，观其桑麻，计其六畜之产，而贫富之国可知也。夫山泽广大，则草木易多也；壤地肥饶，则桑麻易植也；荐草[1]多衍[2]，则六畜易繁也。山泽虽广，草木毋禁[3]；壤地虽肥，桑麻毋数[4]；荐草虽多，六畜有征[5]，闭货之门也。故曰：时货[6]不遂，金玉虽多，谓之贫国也。故曰：行其山泽，观其桑麻，计其六畜之产，而贫富之国可知也。

【注释】

[1]荐草：茂草。荐，牲畜、兽类能吃的草。

[2]衍：衍生、孳生。

[3]禁：禁止，指禁止砍伐。

[4]数：通“术”，方法。

[5]征：征税。

[6]时货：各个时节的财货。

【品读】

管子认为，“行其山泽，观其桑麻，计其六畜之产，而贫富之国可知也”。由此可知，管仲十分注重财富统计。他指出：“时货不遂，金玉虽多，谓之贫国也。”是说若用以生产和消费的货物没有增加，则一个国家虽货币很多，也只能算穷国。美国的发展正印证了这句话。布雷顿森林体系建立以来，美国一直是债务国。但正是此债务使美国获得了大量实物财富，经济得以快速增长。

入国邑，视宫室，观车马衣服，而侈俭之国可知也。夫国城大而田野浅狭者，其野不足以养其民；城域大而人民寡者，其民不足以守其城；宫营大而室屋寡者，其室不足以实其宫；室屋众而人徒寡者，其人不足以处其室；囷仓[1]寡而台榭繁者，其藏不足以共[2]其费。故曰：主上无积而宫室美，氓[3]家无积而衣服修。乘车者饰观望[4]，步行者杂文采，本资少而末用多者，侈国之俗也。国侈则用费，用费则民贫，民贫则奸智生，奸智生则邪巧作。故奸邪之所生，生于匮不足；匮不足之所生，生于侈；侈之所生，生于毋度。故曰：审度量，节衣服，俭财用，禁侈泰[5]，为国之急也。不通于若计者，不可使用国[6]。故曰：入国邑，视宫室，观车马衣服，而侈俭之国可知也。

【注释】

[1]囷(qūn)仓：粮仓。圆形成“囷”，方形成“仓”。

[2]共：通“供”，供给。

[3]氓：平民。

[4]观望：外观。

[5]泰：奢侈。

[6]用国：治国。

【品读】

本节主张"审度量，节衣服，俭财用，禁侈泰"。具体做法为：一是减少不必要的粮食浪费，保证丰年贮藏以备荒年调剂；二是减少非生产性人口，如家庭奴婢、游民、倡优等，保证农村劳动力的充足；三是黜奢崇简，减少劳役征发，保障农业生产所需的劳动时间；四是适度节俭，扩大生产规模，进行社会再生产。

课[1]凶饥，计师役[2]，观台榭，量国费，而实虚之国可知也。凡田野万家之众，可食之地，方五十里，可以为足矣。万家以上[3]，则就[4]山泽可矣；万家以下，则去山泽可矣。彼野悉辟而民无积者，国地小而食地浅也；田半垦而民有余食而粟米多者，国地大而食地博也；国地大而野不辟者，君好货而臣好利者也；辟地广而民不足者，上赋重，流其藏者[5]也。故曰：粟行[6]于三百里，则国毋一年之积；粟行于四百里，则国毋半[7]年之积；粟行于五百里，则众有饥色。其稼亡三之一者，命曰小凶；小凶三年而大凶，大凶则众有遗苞[8]矣。什一之师[9]，什三毋事[10]，则稼亡三之一。稼亡三之一，而非有故盖积[11]也，则道有捐瘠[12]矣。什一之师，三年不解，非有余食也，则民有鬻[13]子矣。故曰：山林虽近，草木虽美，宫室必有度，禁发必有时，是何也？曰：大木不可独伐也，大木不可独举也，大木不可独运也，大木不可加之薄墙之上[14]。故曰：山林虽广，草木虽美，禁发必有时；国虽充盈，金玉虽多，宫室必有度；江海虽广，池泽虽博，鱼鳖虽多，罔罟必有正[15]。船网不可一财而成[16]也，非私草木爱鱼鳖也，恶废民于生谷[17]也。故曰：先王之禁山泽之作者，抟[18]民于生谷也。彼民非谷不食，谷非地不生，地非民不动，民非作力，毋以致财。夫才[19]之所生，生于用力，力之所生[20]，生于劳身。是故主上用财毋已，是民用力毋休也。故曰：台榭相望者，其上下相怨也。民毋余积者，其禁不必止；众有遗苞者，其战不必胜；道有捐瘠者，其守不必固。故令不必行，禁不必止，战不必胜，守不必固，则危亡随其后矣。故曰：课凶饥，计师役，观台榭，量国费，实虚之国可知也。

【注释】

[1]课：考核。

[2]师役：兵役。

[3]上：原文为"下"。下句"万家之下"的"下"，原文为"上"，皆据俞樾说校改。

[4]就：靠近。

[5]上赋重，流其藏者：指国君赋税太重，百姓蓄藏流入国君手中。

[6]粟行：指粮食运输。

[7]半：原文为"二"，据郭沫若说校改。

[8]莩:通“殍”,饿死的人。原文“遗莩”上有一“大”字,据洪颐煊说删。

[9]什一之师:十人中有一人服兵役。

[10]什三毋事:十分之三的人不从事农业生产。事,从事,指从事农业。

[11]盖积:盖藏,指储藏的粮食。

[12]捐瘠:丢弃的死尸。捐,原文为“损”,据王念孙说校改。瘠(jí),通“胔”,未腐烂的尸体。

[13]鬻(yù):卖。

[14]大木不可加之薄墙之上:大的木材是不能架在单薄的墙上的。此处指如果让人随时砍伐森林,则会费时费力,直接影响粮食生产。薄墙,单薄的小墙。

[15]罔罟(gǔ):渔网。罔,通“网”。正:官长,此指管理渔业的人。

[16]船网不可一财而成:指不可能单单指望打鱼发财。

[17]恶废民于生谷:厌恶它妨碍了百姓的粮食生产。

[18]抟:原文为“博”,据王念孙说校改,通“专”,专一。

[19]夫才:原文为“天下”,据郭沫若说校改。才,通“财”,财富。

[20]力之所生:原文“力”上有一“用”字,据戴望说删。

【品读】

本节讲述的是“实虚之国”的判定标准。通过统计一国灾荒的次数和平时服徭役的人数、考察宫殿台榭的建筑规模、估算财政支出,就可以判定该国国力的虚实。

“谷非地不生,地非民不动,民非作力,毋以致财”,即没有土地,粮食无法生产;没有农民,土地无法开垦,财富也无法形成。这一句话直观地反映了作者已经认识到农业生产的二要素——劳动、土地,二者缺一不可。“夫才之所生,生于用力,力之所生,生于劳身”,即一切财富来源于劳动,而劳动的来源是劳动力。此观点极为深邃,与后世的劳动价值论相类似。而西方直到古典经济学阶段,劳动价值论的创始人英国军医威廉·配第才提出了“土地为财富之母,而劳动则为财富之父”①与此相类似观点。

入州里,观习俗,听民之所以化其上[1],而治乱之国可知也。州里不鬲[2],闾闬不设,出入毋时,早晏[3]不禁,则攘夺窃盗,攻击残贼[4]之民,毋自胜[5]矣。食谷水[6],巷凿井[7],场圃接[8],树木茂,宫墙毁坏,门户不闭,外内交通,则男女之别,毋自正矣。乡毋长游[9],里毋士舍[10],时无会同[11],丧烝[12]不聚,禁罚不严,则齿长辑睦[13],毋自生矣。故昏[14]礼不谨,则民不修廉;论贤不乡举,则士不及[15]行;货财行于国,则法令毁于官;请谒得于上,则

① [英]威廉·配第著,陈冬野等译:《赋税论 献给英明人士 货币略论》,商务印书馆1978年版,第66页。

党与[16]成于下；乡官毋法制，百姓群徒不从。此亡国弑[17]君之所自生也。故曰：入州里，观习俗，听民之所以化其上者，而治乱之国可知也。

【注释】

[1]化其上：随上而变化。

[2]鬲：通“隔”，阻隔。

[3]早晏：早晚。

[4]贼：杀害。

[5]毋自胜：无从制服。

[6]食谷水：喝同一条山谷的水。

[7]巷凿井：在一个巷子里打井。

[8]场圃接：场院、菜圃接连。

[9]长游：什长、游宗一类的地方基层官吏。

[10]士舍：乡里的学堂。

[11]会同：集会。

[12]烝：冬祭。

[13]齿：年龄。辑睦：和睦。

[14]昏：通“婚”。

[15]及：及时。

[16]党与：朋党。

[17]弑：杀。

【品读】

本节论述的是确定“治国”与“乱国”的标准。所采取的方法为“入州里，观习俗”的实地调研，主要考察三个方面，即地方治安；男女有别，宾礼相待；基层官吏的履职。其中，专门考察“男女有别”，这与传统社会的封建礼法、男尊女卑有一定的关系。不过，男女无别往往会引起彼此之间的矛盾，甚至仇杀，成为影响社会稳定的重要因素。齐、鲁二国就是典型的例子。鲁桓公夫人文姜与齐襄公私通，受到鲁桓公的斥责，而后齐襄公派人杀了鲁桓公。后来鲁庄公夫人哀姜与庆文私通，谋害鲁闵公，导致鲁国大乱，几近危亡。即便到今天，男女平等、女性解放仍然是一大社会问题。

入朝廷，观左右，求本[1]朝之臣，论上下之所贵贱者，而强弱之国可知也。功多为上，禄赏为下，则积劳之臣不务尽力；治行为上，爵列为下，则豪桀[2]材臣不务竭能。便辟左右，不论功能而有爵禄，则百姓疾怨非上，贱爵轻禄；金玉货财商贾之人，不论志行而有爵禄[3]，则上令轻，法制毁。权重之人，不论才能而得尊位，则民倍本行[4]而求外势。彼积劳之人不务尽力，则兵士不战矣；豪桀材臣[5]不务竭能，则内治不别矣；百姓疾怨非上，贱爵轻禄，则上毋以劝众矣；上令轻，法制毁，则君毋以使臣，臣毋以事君矣；民倍本行而求外势，则国之情伪[6]竭在敌国矣。故曰：入朝廷，观左右本求朝之臣，论上下之所贵贱者，而强弱之国可知也。

【注释】

[1]求本：原文为"本求"，据洪颐煊说校改。

[2]桀：通"杰"，特立、杰出。

[3]不论志行而有爵禄：原文为"不论而有爵禄"，据刘绩注本改。

[4]倍：通"背"，违背。行：军行。

[5]臣：原文为"人"，据刘绩注本改。

[6]情伪：虚实。

【品读】

此节讲的是观政。通过观察朝廷官员的言行，了解其官位与才能是否名副其实，然后就可判定该国国力的强弱。如何观政？孔老夫子最有心得。《论语·学而》载："子禽问于子贡曰：'夫子至于是邦也，必闻其政，求之与？抑与之与？'子贡曰：'夫子温、良、恭、俭、让以得之。夫子之求之也，其诸异乎人之求之与？'"

置法出令，临众用民，计其威严宽惠行于其民与不行于其民，而兴灭之国[1]可知也。法虚立而害疏远，令一布而不听者存，贱爵禄而毋功者富，然则众必轻令而上位危。故曰：良田不在战士[2]，三年而兵弱；赏罚不信，五年而破[3]；上卖官爵，七[4]年而亡；倍人伦而禽兽行，十年而灭。战不胜，弱也；地四削，入诸侯，破也；离本国，徙都邑，亡也；有者异姓[5]，灭也。故曰：置法出令，临众用民，计威严宽惠而行于其民不行于其民，而兴灭之国可知也。

【注释】

[1]而兴灭之国：原文无此五字，据张佩纶说补。下文此句同此。

[2]良田不在战士：指良田不用来赏赐战士。

[3]破：原文为"被"，据赵用贤本改。

[4]七：原文为"十"，据郭沫若说校改。

[5]有者异姓：指政权被异姓夺取。

【品读】

"置法出令，临众用民，计威严宽惠而行于其民不行于其民"，即一个国家制定和颁布法令，统治和役使百姓，只要衡量一下"法"的威严宽惠及其是否能在百姓中得到贯彻推行，国家的兴盛和衰亡也就不言而喻了。管子从法令是否真正得到执行的角度阐明了法制与国家兴灭的关系。这是观察一个国家政治情况的重要依据。他还指出了三种可能出现的现象：一是法形同虚设而只管制关系疏远的人；二是令虽布，不听者却平安无事；三是轻易添爵加禄，无功之人却能致富。在这种情况下，民众必然会轻视法令，统治者身居高位必然会危如累卵。这是对政治经验的深刻描述和总结，至今仍具参考价值。

计敌与[1]，量上意[2]，察国本[3]，观民产之所有余不足，而存亡之国可知也。敌国强而与国弱，谏臣死而谀臣尊，私情行而公法毁，然则与国不恃其亲，而敌国不畏其强，豪杰不安其位，而积劳之人不怀其禄。悦商贩而不务本货，则民偷处而不事积聚。豪杰不安其位，则良臣出；积劳之人不怀其禄，则兵士不用；民偷处而不事积聚，则囷仓空虚。如是而君不为变[4]，然则攘夺、窃盗、残贼、进取[5]之人起矣。内者廷无良臣，兵士不用，囷仓空虚，而外有强敌之忧，则国居而自毁[6]矣。故曰：计敌与，量上意，察国本，观民产之所有余不足，而存亡之国可知也。

故以此八者，观人主之国，而人主毋所匿其情矣。

【注释】

[1]与：盟国。

[2]上意：君主的意图。

[3]国本：国家的根本，此处指农业。

[4]变：变革。

[5]进取：冒进强取。

[6]居而自毁：坐而待亡。

【品读】

此为“八观”最后“一观”，即考察存亡之国的标准。具体为：一是“计敌与”，即考察敌国与盟国的强弱状况，如果敌国强大、盟国弱小的话，外部环境就可能陷入被动的局面；二是“量上意”，即考量君主的做事意图，勿听谗言，远离小人，公正无私，秉公执法，否则“谏臣死而谀臣尊，私情行而公法毁”；三是“察国本，观民产之所有余不足”，即察看国家的农业生产、民众的经济状况。农业是传统经济的血脉，如果农业生产投入不足，就会出现“民偷处而不事积聚，则囷仓空虚”。

“观人主之国，而人主毋所匿其情矣”，不仅点名了命题的由来，而且透露了本篇写作的大致年代。“观人主之国”的目的是为了“择主而仕”，此篇的作者或许本身就是一位游士，而游士的产生与活跃都在战国时期。

法禁第十四

外言五

法制不议[1]，则民不相私；刑杀毋赦，则民不偷于为善；爵禄毋假[2]，则下不乱其上。三者藏于官则为法，施于国则成俗，其余不强[3]而治矣。

【注释】

[1]议：私议。

[2]假：假借，指借与别人。

[3]强：勉强。

【品读】

法制不容许私议，人民就不会妄自为私；刑罚不轻易赦免，人民就不会轻视行善。由此，法家思想中激进的一面越来越突显。它强调通过法制的推行，革新旧习，涤清旧俗，达到“施于国则成俗”的效果，实现“不强而治”。这在一定程度上反映的是齐法家的思想。

君壹置其仪[1]，则百官守其法；上明陈其制，则下皆会[2]其度矣。君之置其仪也不一，则下之倍[3]法而立私理者必多矣。是以人用其私，废上之制而道其所闻[4]。故下[5]与官列[6]法，而上[7]与君分威，国家之危必自此始矣。昔者圣王之治其民也不然，废上之法制者，必负以耻；厚财[8]博惠以私亲于民者，正经[9]而自正矣。圣王既殁[10]，受之者衰。君人而不能知立君之道，以为国本，则大臣之赘[11]下而射[12]人心者必多矣。君不能审立其法，以为下制，则百姓之立私理而径[13]于利者必众矣。

【注释】

[1]仪：法度。

[2]会：领会。

[3]倍：通“背”，违背。

[4]道其所闻：称道自己的见闻。

[5]下：指百姓。

[6]列：通“裂”，分。

[7]上：指大臣。

[8]厚财：原文为“财厚”，据王念孙说校改。

[9]正经：整顿常理。经，常规、常理。

[10]歿(mò)：死。

[11]赘：通“缀”，连缀。

[12]射：谋求、逐取。

[13]径：小路，此指旁门左道。

【品读】

本节讨论的关键问题是“君一置其仪”，即法律的统一性问题。在中国古代，普遍实行以君权为代表的中央集权政治体制，立法权属于君主。维护君主最高立法权是古代法制思想的共性，本书正是这种思想的源头之一。立法权的统一，并不能自动保证立法内容的统一，还需立法严谨，所以“君一置其仪”，使法的内涵准确而统一，有利于“百官守其法”，便于执行。反之，如果“君之置其仪也不一”，法律内涵不明确或自相矛盾，致使官员随意解释，各取所需。钻法律的空子，滋生徇私枉法之风气，“则下之倍法而立私理者必多矣”。

昔者圣王之治人也，不贵其人博学也，欲其人之和同以听令[1]也。《泰誓》[2]曰：“纣有臣亿万人，亦有亿万之心。武王有臣三千而一心。”故纣以亿万之心亡，武王以一心存。故有国之君，苟不能同人心，一国威，齐士义，通上之治以为下法，则虽有广地众民，犹不能以为安也。君失其道，则大臣比权重[3]以相举于国，小臣必循利以相就也。故举国士以为己[4]党，行公道以为私惠。进则相推于君，退则相誉于民，各便其身，而忘社稷。以广其居，聚徒成[5]群，上以蔽君，下以索民，此皆弱君乱国之道也。故国之危也。

【注释】

[1]令：原文为“今”，据赵用贤本改。

[2]泰誓：《尚书》篇名。

[3]比权重：勾结手握重权者。

[4]国士：原文为“国之士”，据陶鸿庆说校改。己：原文为“亡”，据王念孙说校改。

[5]成：原文为“威”，据洪颐煊说校改。

【品读】

本节主张“不贵其人博学也，其人之和同以听令”，意即治理国家，首先看重的不是人们是否博学多才，而是要求人们都万众一心地遵从君令。此观点与墨子的“尚同”有几分相似。如何实现“人之和同”？作者主张“同人心，一国威，齐士义”，协同民众一心，统一国家权威，整齐士人意志，实质上就是统一法令，建立中央专制集权，实行下级无条件服从上级，个人利益服从集体利益。

乱国之道，易国之常，赐赏恣于己者，圣王之禁也[1]。

擅国权以深索[2]于民者，圣王之禁也。

其身毋任[3]于上者，圣王之禁也。

进则受禄于君，退则藏禄于室，毋事治职，但力事属[4]，私王官[5]，私君事，去非其人而人私行者[6]，圣王之禁也。

修行则不以亲[7]为本，治事则不以官为主，举毋能进毋功者，圣王之禁也。

交人则以为己赐，举人则以为己劳，仕人则与分其禄者，圣王之禁也。

交于利通而获[8]于贫穷，轻取于其民而重致[9]于其君，削上以附下，枉法以求[10]于民者，圣王之禁也。

用不称其人，家富于其列[11]，其禄甚寡而资财甚多者，圣王之禁也。

拂[12]世以为行，非上以为名。常反上之法制以成群于国者，圣王之禁也。

饰于贫穷而发[13]于勤劳，权[14]于贫贱，身无职事，家无常姓[15]，列上下之间，议言为民者，圣王之禁也。

壶士以为己[16]资，修甲[17]以为己本，亡则生之[18]，养私必[19]死，然后矢矫[20]以深与上为市者，圣王之禁也。

审饰小节以示民，时言大事以动上，远交以逾群[21]，假爵以临朝[22]者，圣王之禁也。

卑身杂处，隐行辟倚[23]，侧入迎远[24]，遁[25]上而遁民者，圣王之禁也。

诡俗异礼，大言法[26]行，难其所为而高自错[27]者，圣王之禁也。

守委[28]闲居，博分[29]以致众，勤身遂行，说[30]人以货财，济人以买誉，其身甚静，而使人求者，圣王之禁也。

行辟而坚，言诡而辩，术非而博，顺恶而泽[31]者，圣王之禁也。

以朋党为友，以蔽恶为仁，以数变为智，以重敛为忠，以遂忿为勇者，圣王之禁也。

固[32]国之本，其身务往[33]于上，深附于诸侯者，圣王之禁也。

【注释】

[1]原文此句在上文“厚财博惠以私亲于民者，正经而自正矣”之后，据丁士涵说移至此。恣(zì)：肆意。

[2]索：求。

[3]任：任用、任职。

[4]事属：指发展属下。属，属下。

[5]私王官：私用国家官吏。

[6]去非其人而人私行者：排除不听从自己的人，而任用为己行私的人。

[7]亲：事亲，指孝行。

[8]利通：指富贵之人。获：得，此处指收买人心。

[9]致：求。

[10]求：通"赇"，贿赂。

[11]列：位次，指爵位。

[12]拂：违背。

[13]饰：装扮。发：通"废"，倒塌。

[14]权：权变。

[15]常姓：常产，指产业。姓，生计。

[16]壶士：指供养私士。壶，原文为"壹"，据赵用贤本改。己：原文为"亡"，据王念孙说校改。下文"修甲以为己本"之"己"同此。

[17]甲：原文为"田"，据何如璋说校改。

[18]亡则生之：原文为"则生之"，据石一参说校补。亡，指亡命之徒。

[19]必：原文为"不"，据许维遹说校改。

[20]矢矫：强直。矢，原文为"失"，据郭沫若说校改。

[21]远交以逾群：远交他国以压制同朝。

[22]假爵以临朝：假借尊爵以威临同朝

[23]辟倚：邪僻不正。辟，通"僻"，邪僻。

[24]侧入迎远：潜入别国，迎合外国。

[25]遁：逃离。

[26]法：通"废"，废弃。

[27]自错：抬高自己。错，置。

[28]委：积，指蓄藏。

[29]博分：指广分家财。

[30]说：通"悦"，愉悦。

[31]泽：润饰、掩饰。

[32]固：通"锢"，闭塞。

[33]往：通"诳"，欺骗。

【品读】

此节一口气列出十八个"圣王之禁"，详细列举了损害中央权威、离散地方人心、影响社会稳定的不轨行为，可谓条分缕析，细致入微。

最难能可贵的是，作者对一些看似清高、实害君权之人的甄别。譬如，一是沽名钓誉之人。他们结交富贵，收揽贫穷，对人民收缴不多而对国君要求不少，削减君主的利益让百姓依附自己，通过违背法令来收买人心。二是蛊惑民心之人。他们粉饰贫穷，耻于劳作，只是暂时安于贫贱，家无恒产，游走于官民之间，口口声声为民请愿。三是隐行邪僻之人。他们屈身于人群之中，暗行邪僻之事。潜入别国，迎合外国，远离国君，远离国民。四是歪理邪说之人。他们提倡奇俗怪礼，语言夸大，行为狂妄，将自己所做之事，说得非常难做，借此来抬高自己。总之，十八种禁行体现的是强化君主专制、建立中央集权的法家思想。

圣王之身，治世之时，德行必有所是[1]，道义必有所明。故士莫敢诡俗异礼，以自见[2]于国；莫敢布惠缓行，修上下之交，以私[3]亲于民；莫敢[4]超等逾官，渔利苏功[5]，以取顺其君。圣王之治民也，进则使无由得其所利，退则使无由避其所害，必使反[6]乎安其位，乐其群，务其职，荣其名，而后止矣。故逾其官而离其群者必使有害；不能其事而失其职者必使有耻。是故圣王之教民也，以仁错[7]之，以耻使之，修其能致其所成而止。故曰：绝而定[8]，静而治，安而尊，举错而不变者，圣王之道也。

【注释】

[1]是：正确，此处指正确的标准。

[2]见：通“现”，表现。

[3]私：原文为“和”，据王念孙说校改。

[4]莫敢：原文为“故莫敢”，据王念孙说删。

[5]渔利苏功：指用不正当的手段谋取功名利禄。渔，谋取。苏，取。

[6]反：通“返”。

[7]错：通“措”，安置。

[8]绝而定：坚决而安定。绝，坚决。定，安定。

【品读】

管子虽然认为道德的好坏取决于物质经济条件，但是也并不否认道德的作用。如在本节，管子提到，统一“法制”而贯彻“君令”，是加强王权的根本要求，是实现改革、巩固统治基础的有力武器。而道德的首要作用是保证“君令”的贯彻，道德必须依据“法制”的“公理”，服务于贯彻“君令”的目的。因此，管子主张“治世之时，德行必有所是，道义必有所明”。

重令第十五

外言六

凡君[1]国之重器，莫重于令。令重则君尊，君尊则国安；令轻则君卑，君卑则国危。故安国在乎尊君，尊君在乎行令，行令在乎严罚。罚严令行，则百吏皆恐；罚不严，令不行，则百吏皆喜[2]。故明君察于治民之本，本莫要于令。故曰：亏[3]令者死，益令者死，不行令者死，留[4]令者死，不从令者死。五者死而无赦，唯令是视。故曰：令重而下恐。

【注释】

[1]君：君临、统治。

[2]喜：通“嬉”，轻慢。

[3]亏：减损。

[4]留：留迟。

【品读】

“凡君国之重器，莫重于令。令重则君尊，君尊则国安；令轻则君卑，君卑则国危。”即大凡统治国家的重要工具，没有比法令更为重要的。法令的力量强大则君主就有尊严，君主保持有威严则国家就安定；反之，法令的力量微弱则君主就会卑贱，而君主卑贱那么国家也就危险了。“国之重器，莫重于令”的思想，从维护君主的尊严、权威的角度，进一步阐释了国家实行“法治”战略的重要性。因此，它也是管子依法治国理念的重要组成部分。重视法令在治理国家中的工具作用，是先秦法家的重要思想，商鞅就曾明确指出实行“法治”是历史发展的必然之理。

为上者不明，令出虽自上，而论可与不可者在下。夫倍[1]上令以为威，则行恣于己以为私，百吏奚不喜之有？且夫令出虽自上，而论可与不可者在下，是威下系于民也。威下系于民，而求上之毋危，不可得也。令出而留者无罪，则是教民不敬也。令出而不行者毋罪，行之者有罪，是皆教民不听也。令出而论可与不可者在官，是威下分也。益损者毋罪，则是教民邪途也。如此则巧佞之人[2]，将以此成私为交；比周之人，将以此阿党取与[3]；贪利之人，将以此收货聚财；懦弱之人，将以此阿贵富，事便辟[4]；伐矜[5]之人，将以此买誉成名。故令一出，示民邪途五衢[6]，而求上之毋危，下之毋乱，不可得也。

【注释】

[1]倍：通“背”，违背。

[2]原文自“如此则巧佞之人”至下文“财用不足。便辟得进，毋功”共四百四十五字缺失，据赵用贤本补。

[3]阿(é)党取与：奉承同党，争取同盟。

[4]阿贵富，事便辟：原文为“阿贵事富便辟”，据郭沫若说校改。

[5]伐矜：自夸骄傲。

[6]衢：道路。

【品读】

此节逐一解释了“亏令者死，益令者死，不行令者死，留令者死，不从令者死”的理论依据。如果“益损者毋罪”，就是误导民众走向邪路；如果“令出而不行者毋罪”，就是误导民众不遵从法令；如果“令出而留者无罪”，就是误导民众不敬畏法令；如果“倍上令以为威”，那么权力就会下移，君主就会陷入危险境地。

菽[1]粟[2]不足，末生不禁，民必有饥饿之色，而工以雕文刻镂相稺[3]也，谓之逆[4]。布帛不足，衣服毋度，民必有冻寒之伤，而女以美衣锦绣綦组[5]相稺也，谓之逆。万乘藏兵之国，卒不能野战应敌，社稷必有危亡之患，而士以毋分役[6]相稺也，谓之逆。爵人不论能，禄人不论功，则士无为行制死节，而群臣必通外请谒，取权道，行事便辟，以贵富为荣华以相稺也，谓之逆。

【注释】

[1]菽(shū)：豆类。

[2]粟：谷类。

[3]稺：通“稚”，骄傲。

[4]逆：违背。

[5]纂(zuǎn)组：彩色的丝带。

[6]分役：应分的兵役。

【品读】

此节主题为四“逆”，即四种违逆不道之事。一是粮食不足，游民众多，百姓深陷饥荒，而高贵之人却以精雕细刻的工艺品来相互卖弄、攀比；二是布帛不足，衣服穿着没有法度，百姓衣不蔽体，饱受冻寒，而富贵之家女子却以绫罗绸缎来互相炫耀、攀比；三是万乘规模的大国，士兵不能应敌作战，国家面临危亡，而士人却以逃避兵役而感到骄傲；四是爵禄不按能力、功劳授予，士人就不会依法行事、为国献身，臣子就会里通外国、以权谋私、炫耀荣华富贵。

朝有经[1]臣，国有经俗，民有经产。何谓朝之经臣？察身能而受官，不诬于上；谨于法令以治，不阿党；竭能尽力而不尚得，犯难离[2]患而不辞死；受禄不过其功，服位不侈其能，不以毋实虚受者，朝之经臣也。何谓国之经俗？所好恶不违于上，所贵贱不逆于令；毋上拂之事，毋下比之说，毋侈泰之养，毋逾等之服；谨于乡里之行，而不逆于本朝之事者，国之经俗也。何谓民之经产？畜长[3]树艺，务时殖谷，力农垦草，禁止末事者，民之经产也。故曰：朝不贵经臣，则便辟得进，毋功虚取；奸邪得行，毋能上通。国不服经俗，则臣下不顺，而上令难行。民不务经产，则仓廪空虚，财用不足。便辟得进，毋功虚取；奸邪得行，毋能上通，则大臣不和。臣下不顺，上令难行，则应难不捷[4]。仓廪空虚，财用不足，则国毋以固守。三者见一焉，则敌国制之矣。

【注释】

[1]经：常。

[2]离：通“罹”，遭遇。

[3]畜长：畜养。

[4]捷：敏捷。

【品读】

本节体现了管子主张将崇本抑末思想作为国俗和臣民的行为规范，并以此提出了“朝有经臣，国有经俗，民有经产”。对“经臣”的要求是：朝中官员在其位、谋其政，以功受禄，任才唯用，即“察身能而受官，不诬于上；谨于法令以治，不阿党”，努力做好本职工作。对“经俗”的要求是：不违法妄行，不挥霍浪费，遵纪守法，“谨于乡里之行”“行从君令”，对人“信而有悌”。对“经产”的要求是：“畜长树艺，务时殖谷，力农垦草，禁止末事”。

故国不虚重，兵不虚胜，民不虚用，令不虚行。凡国之重也，必待兵之胜也，而国乃重。凡兵之胜也，必待民之用也，而兵乃胜。凡民之用也，必待令之行也，而民乃用。凡令之行也，必待近者之胜也，而令乃行。故禁不胜于亲贵，罚不行于便辟，法禁不诛于严重[1]，而害于疏远，庆赏不施于卑贱，而求令[2]之必行，不可得也。能不通于官受[3]，禄赏不当于功，号令逆于民心，动静诡[4]于时变，有功不必赏，有罪不必诛，令焉不必行，禁焉不必止，在上位无以使下，而求民之必用，不可得也。将帅不严威，民心不专一，陈士不死制[5]，卒士不轻[6]敌，而求兵之必胜，不可得也。内守不能完，外攻不能服，野战不能制敌，侵伐不能威四邻，而求国之重，不可得也。德不加于弱小，威不信于强大，征伐不能服天下，而求霸诸侯，不可得也。威有与两立[7]，兵有与分争，德不能怀远国，令不能一诸侯，而求王天下，不可得也。

【注释】

[1]严重：指罪行严重。

[2]令：原文为“今”，据赵用贤本改。

[3]通：达。官受：授予官位。

[4]动静：指动作举止。诡：违反。

[5]制：令。

[6]轻：蔑视。

[7]两立：并立。

【品读】

“凡令之行也，必待近者之胜也”，即法令的推行首先要从身边的人即“亲贵”开始，体现了不避亲贵、唯法至上的原则。不过，此举又与为尊者讳、为亲者讳的礼法制度相抵牾。因而，西汉武帝以后，儒家思想渐成主流思想，统治者常常援引儒法来修正律法。

地大国富，人众兵强，此霸王之本也，然而与危亡为邻矣。天道之数，人心之变：天道之数，至[1]则反，盛则衰；人心之变，有余则骄，骄则缓怠。夫骄者，骄诸侯。骄诸侯者，诸侯失于外。缓怠者，民乱于内。诸侯失于外，民乱于内，天道也，此危亡之时也。若夫地虽大，而不并兼，不攘夺[2]；人虽众，不缓怠，不傲下；国虽富，不侈泰，不纵欲；兵虽强，不轻侮诸侯，动众用兵必为天下政[3]理。此正天下之本而霸王之主也。

【注释】

[1]至：极。

[2]攘夺：掠夺。

[3]政：通“正”，匡正。

【品读】

此节论述富有哲理性，极具智慧。即使国家“地大国富，人众兵强”，也要“与危亡为邻”，也就是要有危机防范意识。其一，从哲学的角度上讲，“天道之数，至则反，盛则衰”，万事万物都在不断变化中，在一定条件下，会向矛盾的对立面转化。其二,从人的本性上讲,“人心之变,有余则骄,骄则缓怠”,人们在安逸、富足的境遇下,常常会滋生傲慢、懈怠之心,也就是孟子所说的“生于忧患,死于安乐”。

凡先王治国之器三,攻而毁之者六。明王能胜其攻,故不益于三者,而自有国正天下。乱王不能胜其攻,故亦不损于三者,而自有天下而亡。三器者何也?曰:号令也,斧钺[1]也,禄赏也。六攻者何也?曰:亲也,贵也,货也,色也,巧佞也,玩好也。三器之用何也?曰:非号令毋以使下,非斧钺毋以威众,非禄赏毋以劝民。六攻之败何也?曰:虽不听,而可以得存者;虽犯禁,而可以得免者;虽毋功,而可以得富者。凡国有不听而可以得存者,则号令不足以使下;有犯禁而可以得免者,则斧钺不足以威众;有毋功而可以得富者,则禄赏不足以劝民。号令不足以使下,斧钺不足以威众,禄赏不足以劝民,若此,则民毋为自用[2]。民毋为自用则战不胜,战不胜而守不固,守不固则敌国制之矣。然则先王将若之何?曰:不为六者变更于号令,不为六者疑错[3]于斧钺,不为六者益损于禄赏。若此,则远近一心,远近一心则众寡同力,众寡同力则战可以必胜,而守可以必固。非以并兼攘夺也,以为天下政治也。此正天下之道也。

【注释】

[1]斧钺:刑杀之器。

[2]自用:为君主所用。

[3]疑错:犹豫停止。

【品读】

管子认为,“亲也,贵也,货也,色也,巧佞也,玩好也”是导致法令不一、违法乱禁的六大毒瘤。早在春秋战国时期,法家已深明法律执行中的固有弊端。但是,纵观我国两千多年的封建社会,藐视权威而舍身执法的“青天大老爷”却是凤毛麟角,寥寥无几。其原因是法家一方面主张法律至上,另一方面又强调中央集权,而二者终归是不可调和的悖论,最终法律往往要让位于权威。

法法第十六

外言七

不法法则事毋常，法不法则令不行。令而不行则令不法也，法而不行则修[1]令者不审也，审而不行则赏罚轻也，重而不行则赏罚不信也，信而不行则不以身先之也。故曰：禁胜[2]于身则令行于民矣。

【注释】

[1]修：制定。

[2]胜：克制。

【品读】

“法法”就是以法行法。不按法律办事，万事即无常规。法律不合法度，政令就无法施行。政令公布却不能实施，是因为政令不合法度；政令合乎法度却不能施行，是因为制定政令者考虑不周密；考虑周密而政令不行，是因为赏罚太轻；加大赏罚力度而政令不行，是因为赏罚不能让人信服；赏罚令人信服而政令不行，是因为君主没有率先垂范。此节运用一系列的逻辑推理强调了立法、执法的重要性，层层递进，环环相扣，令人拍案叫绝。作者的最后结论为“禁胜于身则令行于民矣”，即法令若是君主都能约束，百姓自然也就遵行了。

闻贤而不举，殆[1]；闻善而不索，殆；见能而不使，殆；亲人而不固[2]，殆；同谋而离，殆；危人而不能，殆；废人而复起，殆；可而不为，殆；足而不施，殆；几[3]而不密，殆。人主不周密，则正言直行之士危；正言直行之士危，则人主孤而毋内[4]；人主孤而毋内，则人臣党而成群。使人主孤而毋内，人臣党而成群者，此非人臣之罪也，人主之过也。

【注释】

[1]殆：危险。

[2]固：牢固。

[3]几：通“机”，机要。

[4]内：亲信。

【品读】

此节列举十"殆"，即十种不良的危险行为，其中重点强调了"周密"，即君主只有坚守秘密，才可以御臣下。如果君主不注意言行周密，就会导致正行直言的臣子处于危险境地，从而使君主痛失忠信之臣而日益孤立，臣下更容易抱成一团，结党营私。

民毋重罪，过不大也。民毋大过，上毋赦也。上赦小过，则民多重罪，积之所生也。故曰：赦出则民不敬[1]，惠行则过日益。惠赦加于民，而囹圄虽实，杀戮虽繁，奸不胜矣。故曰：邪莫如蚤[2]禁之。赦过遗[3]善，则民不励。有过不赦，有善不遗，励民之道，于此乎用之矣。故曰：明君者，事断者也。

【注释】

[1]敬："儆"，儆戒。

[2]蚤：通"早"。

[3]遗：原文为"积"，据赵用贤本改，指遗忘。

【品读】

此节主题是小过勿赦。小的过错若经常被宽赦，就极易积少成多，形成习惯，最终会铸成大错，难以根除。需要注意的是，作者反对赦免小过主要是从防微杜渐的角度来考量的，与后期法家轻刑重罚的理念是有所区别的。

君有三欲于民，三欲不节，则上位危。三欲者何也？一曰求，二曰禁，三曰令。求必欲得，禁必欲止，令必欲行。求多者，其得寡；禁多者，其止寡；令多者，其行寡。求而不得，则威日损；禁而不止，则刑罚侮[1]；令而不行，则下凌上。故未有能多求而多得者也，未有能多禁而多止者也，未有能多令而多行者也。故曰：上苛则下不听，下不听而强以刑罚，则为人上者众谋矣。为人上而众谋之，虽欲毋危，不可得也。号令已出又易之，礼义已行又止之，度量已制又迁之，刑法已错[2]又移之。如是，则庆赏虽重，民不劝也；杀戮虽繁，民不畏也。故曰：上无固植[3]，下有疑心。国无常经，民力必竭，数也。

【注释】

[1]侮：轻视。

[2]错：通"措"，施行。

[3]植：志、心。

【品读】

"禁多者，其止寡；令多者，其行寡"，即主张法令不能过于繁杂、苛刻，应

注重实践中的可行性。否则，法令执行不力，将会损害君主法令的权威性，导致有法不立，有法不行，形同虚设而已。如秦朝覆亡，实与严刑酷法有关。

“上无固植，下有疑心”的思想，应来源于经言《版法》篇的“植固不动，倚邪乃恐”。此处是指各项政策、制度要保持一贯性，不能随意变更。如朝令夕改，礼法数变，度量无标准，刑罚无常制，都可引起臣民内心惶惶，造成人为的混乱，给国家带来灾难。

明君在上位，民毋敢立私议自贵者，国毋怪严[1]，毋杂俗，毋异礼，士毋私议。倨[2]傲易令，错仪画[3]制，作议者尽诛。故强者折，锐者挫，坚者破。引之以绳墨，绳之以诛僇[4]，故万民之心皆服而从上，推之而往，引之而来。彼下有立其私议自贵，分争而退者，则令自此不行矣。故曰：私议立则主道卑矣。况夫[5]倨傲易令，错仪画制，变易风俗，诡服殊说犹立。上不行君令，下不合于乡里，变更自为，易国之成俗者，命之曰不牧之民。不牧之民，绳之外也。绳之外诛。使贤者食于能，斗士食于功。贤者食于能，则上尊而民从；斗士食于功，则卒轻患而傲敌。上尊而民从，卒轻患而傲敌。二者设于国，则天下治而主安矣。

【注释】

[1]怪严：怪诞。严，通“谳”，诞。

[2]倨：傲慢。

[3]错：通“措”，筹划。画：谋划。

[4]僇：通“戮”。

[5]况：况且。夫：原文为“主”，据郭沫若说校改。

【品读】

此节主要讲君主如何整治“不牧之民”。“不牧之民”是“变更自为，易国之成俗”之人，即自创邪说、影响风俗的人。他们通过私自非议来抬高自己，通过奇俗怪礼来显示自己，傲慢、轻视君主法令，擅自谋划，干涉政务。这些行为的最大恶果便是“令自此不行”，那么君主的权威自然就卑微了。如何整治这些不牧之民呢？管子认为，应“引之以绳墨，绳之以诛僇”，即用法度来约束他，通过诛杀来惩罚他。实际上，这段话体现了君主专制的权威性、高度集中性，不容忍任何人私议朝政，蛊惑人心。

凡赦者，小利而大害者也，故久而不胜其祸。毋赦者，小害而大利者也，故久而不胜其福。故赦者，奔马之委[1]辔；毋赦者，痤疽[2]之砭石[3]也。

【注释】

[1]委：丢弃。

[2]痤疽(jū)：原文为"痤睢"，据孙星衍说校改，指痈疮。

[3]砭(biān)石：原文为"矿石"，据王念孙说校改，指古代治病用的石头。

【品读】

此节主题是法律执行时，不要轻易赦免罪过。因为轻易赦免无异于姑息放纵，小利大害。日积月累，小错不断，最终演变成大的祸害。不轻易宽赦是防微杜渐，以免小害大利。长此以往，必受其福。如同本节所言，轻易宽赦的行为，如同狂奔的野马丢弃了缰绳，导致无法驾驭；不轻易宽赦的行为，如同治病的良药，终会根除顽疾。

爵不尊禄不重者，不与图难犯危，以其道为未可以求之也。是故先王制轩冕[1]所以著贵贱，不求其美；设爵禄所以守其服，不求其观也。使君子食于道，小人食于力。君子食于道，则上尊而民顺；小人食于力，则财厚而养足。上尊而民顺，财厚而养足，四者备体，则胥[2]时而王不难矣。

【注释】

[1]轩冕：古时卿大夫的车乘、礼帽。

[2]胥：等待。原文"胥"下有"足上尊"三字，据王念孙说删。

【品读】

"君子食于道，小人食于力"，说的是社会劳动分工的问题。此处"道"指脑力劳动，"力"指体力劳动。君子依靠脑力劳动来管理国家，就能使国君有尊严，百姓都顺从。小人依靠劳力来生活，就能使财物丰赡，供养充足。即便在当今社会，"道""力"分工依然存在。《孟子·滕文公上》曾云："劳心者治人，劳力者治于人。"与此观点大同小异。

文有三侑[1]，武毋一赦。惠者，多赦者也，先易而后难，久而不胜其祸；法者，先难而后易，久而不胜其福。故惠者，民之仇雠[2]也；法者，民之父母也。太上以制[3]制度，其次失而能追之，虽有过，亦不甚矣。

【注释】

[1]侑(yòu)：通"宥"，宽恕。

[2]仇雠(chóu)：仇敌。

[3]制：法制。

【品读】

此节主要从人的本性出发，来解析不轻易赦免的缘由。如果法律执行一开始就要求简易宽松，那么民众小错不断，养成不良习惯，以后定会铸成大错，就难以管理了。如果法律执行一开始就严格不赦，民众能够做到防微杜渐，养成守法的良好习惯，以后就容易管理了。这就是"先易而后难"与"先难而后易"的区别。

明君制宗庙，足以设宾祀，不求其美；为宫室台榭，足以避燥湿寒暑，不求其大；为雕文刻镂，足以辨贵贱，不求其观。故农夫不失其时，百工不失其功，商无废利[1]，民无游日，财无砥墆[2]。故曰：俭其道乎！

【注释】

[1]废利：失利。

[2]砥墆：停滞。砥，通"底"，止。

【品读】

此节回归管子的原始教义，不再一味强调重农抑商，而是倡导节俭。管子的节俭观是适度消费，工、农、商并举，反对奢侈品的生产。只要宗庙可以用来祭祀，宫室台榭能够挡风避雨，衣服花纹可以用来辨别贵贱，就不要再继续扩建、修饰、追求奢华了。最重要的是，农业要保证充裕的劳动时间，手工业者能够完成各自的既定工作，商人都有正常的赢利空间，社会上没有无所事事的游民，整个社会的经济秩序就会运作正常而通畅无阻。

令[1]未布，而民或为之，而赏从之，则是上妄予也。上妄予则功臣怨，功臣怨而愚民操事于妄作，愚民操事于妄作，则大乱之本也。令未布而罚及之，则是上妄诛也。上妄诛则民轻生，民轻生则暴人兴，曹党[2]起而乱贼作矣。令已布而赏不从，则是使民不劝勉、不行制、不死节。民不劝勉、不行制、不死节，则战不胜而守不固。战不胜而守不固，则国不安矣。令已布，而罚不及，则是教民不听。民不听则强者立，强者立则主位危矣。故曰：宪律制度必法道，号令必著明，赏罚必信必[3]，此正民之经[4]也。

【注释】

[1]令：原文为"今"，据文义改。

[2]曹党：群党。

[3]必：原文为"密"，据王念孙说校改，指坚决。

[4]经：常规。

【品读】

此节从人君的角度谈法令的贯彻、执行。一种情况是“令未布”,指法令中没有公布、规定相关的条文。虽然一个人做了某件好事,或某件坏事,但是如果法律并没有与此相关的明文规定,君主就不能随意赏赐或处罚。简言之,法的意志决定一切。与之相反的另一种情况是“令已布”,即法令中已有了相关规定。那么君主要根据法令条文,当赏则赏,当罚则罚。这就是两千年前先贤们执着追求的法的精神。

凡大国之君尊,小国之君卑。大国之君所以尊者,何也?曰:为之用者众也。小国之君所以卑者,何也?曰:为之用者寡也。然则为之用者众则尊,为之用者寡则卑,则人主安能不欲民之众为己用也?使民众为己用,奈何?曰:法立令行,则民之用者众矣;法不立,令不行,则民之用者寡矣。故法之所立、令之所行者多,而所废者寡,则民不诽议;民不诽议,则听从矣。法之所立,令之所行,与其所废者钧[1],则国毋常经;国毋常经,则民妄行矣。法之所立、令之所行者寡,而所废者多,则民不听;民不听,则暴人起而奸邪作矣。

【注释】

[1]钧:通“均”,均等。

【品读】

大国的国君有尊严,而小国的国君却显卑微。其表面原因是大国能用的人多,而小国能用的人少。但是,大国之间也有强弱之别,小国也有三六九等。所以,关键原因还是“法立令行”。无论是大国还是小国,如果法令顺畅通行,民众不妄自非议,为国君所用的民众自然就多了。

计上之所以爱民者,为用之爱之也。为爱民之故,不难[1]毁法亏令,则是失所谓爱民矣。夫以爱民用民,则民之不用明矣。夫至用民者,杀之危之,劳之苦之[2],饥之渴之,用民者将致之此极也,而民毋可与虑害己者,明王在上,道法行于国,民皆舍所好而行所恶。故善用民者,轩冕不下儗[3],而斧钺不上因[4]。如是,则贤者劝而暴人止。贤者劝而暴人止,则功名立其后矣。蹈白刃,受矢石,入水火,以听上令。上令尽行,禁尽止。引而使之,民不敢转其力;推而战之,民不敢爱其死。不敢转其力,然后有功;不敢爱其死,然后无敌。进无敌,退有功,是以三军之众皆得保其首领,父母妻子完安于内。故民未尝可与虑始,而可与乐成功。是故仁者、知者、有道者,不与人[5]虑始。

【注释】

[1]不难：不惜。

[2]苦之：原文无此二字，据刘绩注本补。

[3]儗(yì)：通“拟”，打算。

[4]因：就、随。

[5]人：原文为“大”，据王念孙说校改。

【品读】

由上文来看，法家主张的“民未尝可与虑始，而可与乐成功”，是一种典型的愚民政策。其理论依据是性恶论，即人的本性都是好逸恶劳、贪生怕死、趋利避害的。因而，对待百姓只有“杀之危之，劳之苦之，饥之渴之”，如同驯服野兽一样，才能“民皆舍所好而行所恶”，共享所谓君主的“成功”。这就是我们所说的“痛并快乐着”吧。

与此类似，《论语·泰伯》篇载：“民可使由之，不可使知之。”这是儒家从教化角度提出的观点。《道德经》也说：“是以圣人之治，虚其心，实其腹，弱其志，强其骨。”这是道家从无为而治的角度来考量。虽然儒、道、法三家观点各异，但对民众的定位还是有着异曲同工之处。一言以蔽之，几千年来，在民本思想旗帜的掩盖下，民众个人权利的生存空间被众家学派集体所忽视。

国无以小与不幸而削亡者，必主与大臣之德行失于身也。官职、法制、政教失于国也，诸侯之谋虑失于外也，故地削而国危矣。国无以大与幸而有功名者，必主与大臣之德行得于身也。官职、法制、政教得于国也，诸侯之谋虑得于外也。然后功立而名成。然则国何可无道？人何可无贤[1]？得道而导之，得贤而使之，将有所大期[2]于兴利除害。期于兴利除害莫急于身，而君独[3]甚。伤也，必先令之失。人主失令而蔽，已蔽而劫，已劫而弑。

【注释】

[1]贤：原文为“求”，据张佩纶说校改。

[2]期：期望。

[3]独：唯独。

【品读】

“人主失令而蔽，已蔽而劫，已劫而弑”，即人主如果失去法令的控制，将因受到蒙蔽而被胁制，导致大权旁落，甚至有被弑杀的可能。此节将法令与国君的生死等同起来，从而彰显出君主重法行令的必要性。

凡人君之所以为君者，势也。故人君失势，则臣制之矣。势在下则君制于臣矣，势在上则臣制于君矣。故君臣之易位，势在下也。在臣期[1]年，臣虽不忠，君不能夺也；在子期年，子虽不孝，父不能服也。故春秋[2]之记，臣有弑其君、子有弑其父者矣。故曰：堂上远于百里，堂下远于千里，门庭远于万里。今步者一日，百里之情通矣；堂上有事，十日而君不闻，此所谓远于百里也。步者十日，千里之情通矣；堂下有事，一月而君不闻，此所谓远于千里也。步者百日，万里之情通矣，门庭有事，期年而君不闻，此所谓远于万里也。故请[3]入而不出谓之灭，出而不入谓之绝，入而不至谓之侵，出而道止谓之壅。灭绝侵壅[4]之君者，非杜其门而守其户也，为政之有所不行也。故曰：令重于宝，社稷先于亲戚，法重于民，威权贵于爵禄。故不为重宝轻号令，不为亲戚后社稷，不为爱民枉法律，不为爵禄分威权。故曰：势非所以予人也。

【注释】

[1]期(jī)：一年。

[2]春秋：史书的泛称。

[3]请：通“情”，情况。

[4]壅：原文为“拥”，据《群书治要》引文改。

【品读】

此节首谈法家思想中的“势”。“人君失势，则臣制之矣”，即如果人君失去权势，就要受制于臣下。在史书中臣弑君、子弑父的例子，就是君臣易位、君父失势的结果。从技术的层面来讲，“堂上远于百里，堂下远于千里，门庭远于万里”，堂上所议之事多在百里之外，堂下之事又在万里之外，门庭之事更在万里之外，因而君主必须利用“势”作为驾驭天下的有力工具。“势”是齐国法家思想的重要特色。

政者，正也。正也者，所以正定万物之命[1]也。是故圣人精德立中以生正，明正以治国。故正者，所以止过而逮[2]不及也。过与不及也，皆非正也。非正则伤国一也。勇而不义伤兵，仁而不法伤正。故军之败也，生于不义；法之侵也，生于不正。故言有辨而非务[3]者，行有难而非善者。故言必中务，不苟为辩；行必思善，不苟为难。规矩者，方圜[4]之正也。虽有巧目利手，不如拙规矩之正方圜也。故巧者能生规矩，不能废规矩而正方圜。虽圣人能生法，不能废法而治国。故虽有明智高行，倍[5]法而治，是废规矩而正方圜也。

【注释】

[1]命：名称。

[2]逮：到、及。

[3]辨：通“辩”，辩论。务：务实。

[4]圜：通“圆”，圆形。

[5]倍：通“背”，背离。

【品读】

此节讲“正”。“正”为“止过而逮不及”，就是过犹不及。做任何事情都要适度，也就是保持一个均衡状态。过度或不充分都会打破这个均衡状态。人的言行也是如此。那些华而不实的狡辩之词，不能听信；那些貌似高难的非善行为，不值得提倡。因为它们都偏离了“正”。例如，规矩是确定方圆的标准。水平再高的能工巧匠也不能废规矩而正方圆。这就是圣人虽然可以创制法律但却无法舍弃法律来治理国家的道理。

一曰：凡人君之德行威严，非独能尽贤于人也。曰人君也，故从而贵之，不敢论其德行之高卑。有故为其杀生急于司命[1]也，富人贫人使人相畜也，良人贱人使人相臣也。人主操此六者以畜其臣，人臣亦望此六者以事其君。君臣之会，六者谓之谋[2]。六者在臣期年，臣不忠，君不能夺；在子期年，子不孝，父不能夺。故春秋之记，臣有弑其君，子有弑其父者，得此六者，而君父不智[3]也。六位在臣，则主蔽矣。主蔽者，失其令也。故曰：令入而不出谓之蔽，令出而不入谓之壅，令出而不行谓之牵[4]，令入而不至谓之瑕[5]。牵瑕蔽壅之君[6]者，非敢杜其门而守其户也，为令之有所不行也。此其所以然者，在贤人不至而忠臣不用也。故人主不可以不慎其令。令者，人主之大宝也。

【注释】

[1]司命：主管生死之神。

[2]谓：通“为”，成为。谋：通“媒”，媒介。

[3]智：通“知”，知道。

[4]牵：牵累。

[5]瑕：通“格”，扞格、抵触。

[6]君：原文其上有一“事”字，据王念孙说删。

【品读】

文首“一曰”二字，刘绩注云“此乃集书者再述异闻”，应是整理者面临两个不同的版本而难以取舍时只好采取二者共存的折中方式。古人整理文献的审慎态度，由此可见一斑。因此，《管子》一书的确不是一人、一时所作，而是众人智慧的结晶，而且经历了一个长期的整理、改编的过程。

一曰：贤人不至谓之蔽，忠臣不用谓之塞，令而不行谓之障，禁而不止谓之逆。蔽塞障逆之君者，不敢杜[1]其门而守其户也，为[2]贤者之不至，令之不行也。

【注释】

[1]杜：关闭。

[2]为：因为。

【品读】

此节大意为：贤人不来叫作“蔽”，忠臣不被任用叫作“塞”，有令而不能行叫作“障”，有禁而不能止叫作“逆”。有蔽、塞、障、逆现象的君主，并不是有人关闭了他的门，而是因为贤人不来，政令不能通行。

凡民从上也，不从口之所言，从情之所好者也。上好勇则民轻死，上好仁则民轻财。故上之所好，民必甚焉。是故明君知民之必以上为心也，故置法以自治，立仪以自正也。故上不行则民不从，彼民不服法死制，则国必乱矣。是以有道之君，行法修制，先民服[1]也。

【注释】

[1]服：施行。

【品读】

此节大意为：百姓追随君主的原因，并不是听从他所说的话，而是随从他性情之所好。君主喜好勇敢则百姓轻死，君主喜欢仁义则百姓轻财。所以说君主爱好什么，百姓必定喜欢什么，而且更厉害。所以，明智的君主知晓百姓必定是以君主为出发点的，因此制定法律管理自己，建立礼仪矫正自己。

凡论人有要：矜物之人，无大士焉。彼矜者，满也；满者，虚也。满虚在物，在物为制也。矜者，细之属也。凡论人而违[1]古者，无高士焉。既不知古而易[2]其功者，无智士焉。德行成于身而违古，卑人也；事无资[3]，遇时而简[4]其业者，愚士也。钓名之人，无贤士焉；钓利之君，无王主焉。贤人之行其身也，忘其有名也；王主之行其道也，忘其成功也。贤人之行，王主之道，其所不能已[5]也。

【注释】

[1]违:原文为“远”,据张文虎、姚永概说校改,指违背。下文“违古”之“违”同此。

[2]易:轻视。

[3]资:凭借。

[4]简:怠慢。

[5]已:停止、废止。

【品读】

此节将矛头指向骄傲自大之人。凡骄傲者,没有能成大器的。因为骄傲就是自满,而自满又是内心空虚无知的体现;骄傲、自满者容易受制于人。所以说,骄傲之人是难成大器的细小之人。在作者看来,唯有不“违古”,向古代圣贤虚心学习,才能成为“高士”“智士”。这应是一种“好古”的历史观。

明君公国一民[1]以听于世,忠臣直进以论其能。明君不以禄爵私所爱,忠臣不诬[2]能以干爵禄。君不私国,臣不诬能,行此道者,虽未大治,正民之经也。今以诬能之臣,事私国之君,而能济功名者,古今无之。诬能之人易知也。臣度之先王者,舜之有天下也,禹为司空,契为司徒,皋陶为李[3],后稷为田。此四士者,天下之贤人也,犹尚精一德[4]以事其君。今诬能之人,服事任官,皆兼四贤之能。自此观之,功名之不立,亦易知也。故列尊禄重,无以不受也;势利官大,无以不从也。以此事君,此所谓诬能篡利之臣者也。世无公国之君,则无直进之士;无论能之主,则无成功之臣。昔者三代之相授也,安得二天下而私之?[5]

【注释】

[1]公国:以公治国。一民:一统民心。

[2]诬:欺骗。

[3]李:通“理”,掌司法之官。

[4]精一德:精通一事。

[5]昔者三代之相授也,安得二天下而私之:过去三代政权相交替,怎么会有第二个天下去营私呢。私,原文为“杀”,据张佩纶说校改。

【品读】

作者用历史的方法,将当今的君臣与先代的君臣相互比较。先代明君以公治国,一统民心。如在舜帝时,即便禹、契、皋陶、后稷一类的贤臣也是精通一事,各有分工。而当今的君主以私治国,大臣冒充有才能而谋得高官。他们与先代贤臣最大的区别是:无论多高的爵禄,也能受用;无论什么样的官位,也能兼任。因而,二者相鉴,“诬能之人易知也”“功名之不立,亦易知也”。

贫民伤财莫大于兵，危国忧主莫速于兵。此四患者明矣，古今莫之能废也。兵当废而不废，则惑[1]也；不当废[2]而欲废之，则亦惑也。此二者伤国一[3]也。黄帝唐虞，帝之隆[4]也，资有天下，制在一人。当此之时也，兵不废。今德不及三帝，天下不顺，而求废兵，不亦难乎？故明君知所擅[5]，知所患。国治而民务积，此所谓擅也。动与静，此所患也。是故明君审其所擅，以备其所患也。

【注释】

[1]惑：迷惑。原文"惑"上有"古今"二字，据王念孙说删。

[2]不当废：原文为"此二者不废"，据王念孙删补。

[3]一：相同。

[4]隆：兴隆。

[5]擅：指专营。

【品读】

此节反对"寝兵说"，与本篇主旨重法明显不同，可能是别文窜入此篇。

春秋战国之际，诸侯混战，生灵涂炭，反对战争的"寝兵说"极为盛行，以墨子的"兼爱""非攻"为典型代表。对此，作者旗帜鲜明地反对。其一，古往今来，军队一直存在，未曾废止过；其二，当时，天下诸侯称雄争霸，尔虞我诈，非太平之世，遑论废止战争。"寝兵说"反映的只是民众向往和平的美好愿景。实践证明，恰恰是秦汉的武力统一，才真正给人民带来了安定与和平。

猛毅之君，不免于外难；懦弱之君，不免于内乱。猛毅之君者轻[1]诛，轻诛之流，道正者不安；道正者不安，则材[2]能之臣去亡矣。彼智者知吾情伪，为敌谋我，则外难自是至矣。故曰：猛毅之君，不免于外难。懦弱之君者重[3]诛，重诛之过，行邪者不革；行邪者久而不革，则群臣比周；群臣比周，则蔽美扬恶；蔽美扬恶，则内乱自是起矣。故曰：懦弱之君，不免于内乱。

【注释】

[1]轻：轻易。

[2]材：通"才"，才能。

[3]重：重惜、姑息。

【品读】

此节强调"法法"要适度，不能走极端。一方面，不能"轻诛"，滥用刑法。如果严猛刚毅的君主任意施用刑罚，德行端正之臣会内心不定，有才之臣便可能逃至他国。他们尽知本国虚实，一旦为别国所用，灾难立即就要到来；

另一方面，不能“重诛”，刑法过宽，无异于形同虚设。如果软弱无能的君主用法过于宽松，行为邪恶之人就难以去除。群臣便会相互勾结，隐君之善，扬君之恶，内乱便是这样开始的。

……………………………………

明君不为亲戚危其社稷，社稷戚[1]于亲；不为君欲变其令，令尊于君；不为重宝分其威，威贵于宝；不为爱民亏[2]其法，法爱于民。

【注释】

[1]戚：亲近。

[2]亏：损害。

【品读】

贤明的君主不会为亲戚的利益而牺牲国家的利益；不会因为自己个人的意图而改变法令，法令大于君位；不会因为财宝而丧失权威，权威大于财宝；不会因为爱民而违反法律，法律大于百姓。这是我国古人难能可贵的法制精神。虽然管子认为“不为爱民亏其法，法爱于民”，行使法令与爱护民众并行不悖，但是这种法制精神的维护对象是君主的“社稷”，而非百姓的利益。此外，作者一方面强调令大于君，另一方面又极力确保君主权威不容侵犯。二者互相矛盾，实难两全。

兵法第十七

外言八

明一[1]者皇，察道者帝，通德者王，谋得兵胜者霸。故夫兵，虽非备道至德也，然而所以辅王成霸。今世[2]之用兵者不然，不知兵权[3]者也。故举兵之日而境内贫，战不必胜，胜则多死，得地而国败。此四者，用兵之祸者也。四祸其国而无不危矣。

【注释】

[1]一：万物的本质。

[2]世：原文为“代”，避唐太宗李世民讳改“世”为“代”，今据许维遹说校改。

[3]权：衡量。

【品读】

此节开宗明义提出用兵之“四祸”：一是发动战争的时机选择在国家贫穷之际，实为兵家之大忌。因为战争的根本是国与国之间经济实力的较量。二是发动一场没有把握的战争。“国之大事，在祀与戎。”战争关系国家存废、民族兴亡，不可不慎。三是战争虽取胜，却损兵折将。伤敌八千，自损一万，得不偿失，最终还是要失败的。四是夺得别国土地，却不能用其人民，最终导致国力衰败，元气大伤。君主只有懂得用兵作战的规律，才能避免兵之“四祸”。这是“辅王成霸”的关键。

大度之书[1]曰：举兵之日而境内不贫，战而必胜，胜而不死，得地而国不败。为此四者若何？举兵之日而境内不贫者，计数[2]得也。战而必胜者，法度审也。胜而不死者，教器备利，而敌不敢校[3]也。得地而国不败者，因其民也。因其民，则号制有发[4]也。教器备利，则有制也。法度审，则有守也。计数得，则有明也。治众有数，胜敌有理。察数而知理，审器而识胜，明理而胜敌。定宗庙，遂[5]男女，官四分[6]，则可以定威德；制法仪，出号令，然后可以一众治民。

【注释】

[1]大度之书：古兵书名，史学界认为大度之书即是《汉书·艺文志》儒家所载《大弢》六篇，大弢为周太史。

[2]计数：计算、筹划。

[3]校：对抗。

[4]发：通“法”，法度。

[5]遂：成。

[6]四分：士、农、工、商。

【品读】

此节讲权衡战争利弊的四条准则：一是掌控本国粮草、兵源、器械及确切数字，才能发动战争；二是赏罚分明，令行禁止，是战争胜利的保证；三是士兵训练有素，器械完备锐利，才能减少伤亡人数；四是占有别国土地，安抚其民，恢复生产，才能巩固胜利果实，立于不败之地。

兵无主，则不蚤[1]知敌。野无吏，则无蓄积。官无常，则下怨上，器械不巧。朝无政[2]，赏罚不明，则民轻其产。故曰：蚤知敌则独行[3]，有蓄积则久而不匮，器械功则伐而不费[4]，赏罚明则勇士劝也。

【注释】

[1]蚤：通“早”，在某一时间之前。

[2]朝无政：原文为“则朝无定”，据孙星衍说校改。

[3]独行：独来独往，如入无人之境。

[4]功：原文为“巧”，据丁士涵说校改。费：通“拂”，挫折。

【品读】

军中没有主帅，就无法早知敌情；农业没有田吏，就无法充实粮食储备。唐代房玄龄注解道：“兵无主则人怀苟且，故不能知敌；野无田吏则人惰本业，故无蓄积。”官府没有常法，下面就抱怨上级，使用的武器制造不精；朝廷没有统一政令，赏罚不明，百姓就不会重视自己的田产。所以，早知敌情，才能够所向无敌；有充足的粮食储备，才能够久战而不匮乏；赏罚分明，勇士才会奋力征战。

三官不缪[1]，五教不乱，九章著明，则危危而无害，穷穷而无难。故能致远以数，纵[2]强以制。三官：一曰鼓，鼓所以任[3]也，所以起也，所以进也；二曰金，金所以坐也，所以退也，所以免也；三曰旗，旗所以立兵也，所以制[4]兵也，所以偃兵也。此之谓三官。有三令，而兵法治也。五教：一曰教其目以形色之旗，二曰教其耳[5]以号令之数，三曰教其足以进退之度，四曰教其手以长短之利，五曰教其心以赏罚之诚。五教各习，而士负以勇矣。九章：一曰举日章，则昼行；二曰举月章，则夜行；三曰举龙章，则行水；四曰举虎章，则行林；五曰举乌[6]章，则行陂；六曰举蛇章，则行泽；七曰举鹊章，则行陆；八曰举狼章，则行山；九曰举橐[7]章，则载食而驾。九章既定，而动静不过。

【注释】

[1]缪：通“谬”，错乱。

[2]纵：总领。

[3]任：担任。

[4]制：原文为“利”，据陶鸿庆说校改，指节制。

[5]耳：原文为“身”，据洪颐煊说校改。

[6]乌：原文为“鸟”，据郭沫若说校改。

[7]橐：通“韬”，弓衣。举弓衣旗章，表示战士套上弓衣，装载粮食而行。

【品读】

“三官”“五教”“九章”又见于本书《幼官》篇。本节对此进行了详细解释：“三官”指鼓、金、旗，是作战时进退、制兵的标志物；“五教”指五个训练士兵必备的项目；“九章”指九种不同作战条件下使用的旗章。这是关于作战的具体训练、执行细则。

三官、五教、九章，始乎无端，卒乎无穷。始乎无端者，道也；卒乎无穷者，德也。道不可量，德不可数[1]也。故不可量则众强不能图，不可数则伪诈不敢向。两者备施，则动静有功。径[2]乎不知，发乎不意。径乎不知，故莫之能御也；发乎不意，故莫之能应也。故全胜而无害。因便而教，准利而行。教无常，行无常。两者[3]备施，动乃有功。

【注释】

[1]数：计数。

[2]径：通“经”，经过。

[3]两者：原文为“两乃”，据赵用贤本校改，指道和德。

【品读】

此节借用道家思想来阐释“三官”“五教”“九章”。“道”是不可以估量的，“德”也是不可计数的。若将二者完全运用于作战，大军经过敌境时就不会被发现。发动战争，出其不意，就会“全胜而无害”。因为军力无法估量，强敌就不能图谋。军力无法计数，伪诈之敌就不敢面对。

器成教施，追亡逐遁若飘风，击刺若雷电。绝地不守，恃固不拔。中处[1]而无敌，令行而不留。器成教施，散之无方，聚之不可计。教器备利，进退若雷电，而无所疑匮[2]。一气专定，则傍通而不疑；厉士利械，则涉难而不匮。进无所疑，退无所匮，敌乃为用。凌山阬[3]，不待钩梯；历水谷，不须舟辑。径于绝地，攻于恃固，独出独入，而莫之能止。实[4]不独入，故莫之能止；实不独出[5]，故莫之能敛。无名之至，尽尽而不意[6]。故能疑[7]神。

【注释】

[1]中处：适中之地。

[2]疑：止。匮：通"溃"，溃败。

[3]阬：沟堑。

[4]实：原文为"宝"，据刘绩说校改，指实际上。下句"实"同。

[5]出：原文为"见"，据丁士涵、戴望说校改。

[6]尽尽而不意：指达到极限而难以意会。

[7]能：原文为"不能"，据俞樾说改。疑：通"拟"，如。

【品读】

此节讲的是"器成教施"的妙用。军事器械的完备、士兵的教习训练一直《管子》军事思想的重要内容。此节的闪光之处是其一气呵成的磅礴之势。读来使人心底耐不住腾起一股在古老岁月体验金戈铁马、"独出独入，而莫之能止"的冲动。

畜之以道，则民和；养之以德，则民合。和合故能谐，谐故能辑[1]，谐辑以悉，莫之能伤。定一至，行二要，纵[2]三权，施四机，发五教[3]，设六行，论七数，守八应，审九章[4]，章十号。故能全胜大胜。

【注释】

[1]辑：和睦。

[2]纵：总。

[3]施四机，发五教：原文为"施四教发五机"，据张佩纶说校改。

[4]章：原文为"器"，据张佩纶说校改。

【品读】

"和合故能谐，谐故能辑，谐辑以悉，莫之能伤"是一种典型的和谐观。我国是农业文明，人们的生产、生活与自然息息相关。在生活、劳动实践中，人们亲身体会到，只有与自然和谐，才能五谷丰登，国泰民安。这种朴素的自然观，反映在哲学上便顺理成章地成为和谐观。

无守[1]也，故能守胜。数战则士罢[2]，数胜则君骄。夫以骄君使罢民，则国安得无危？故至善不战，其次一[3]之。破大胜强，一之至也。乱之不以变，乘之不以诡，胜之不以诈，一之实也。近则用实[4]，远则施号，力不可量，强不可度，气不可极，德[5]不可测，一之原也。众若时雨，寡若飘风，一之终也。

【注释】

[1]无：语助词。守：坚守。

[2]罢：通“疲”，疲惫。

[3]一：指一战而胜。

[4]实：实力。

[5]德：此处指心。

【品读】

此节着重强调“一战胜敌”。虽然用兵的最高境界为不战而胜，但是多数情况下，战争还是很难避免的。因而，退而求其次，争取“一战而胜”“破大胜强”。要乱敌不用权变，乘敌不用诡计，胜敌不用欺诈。临近之敌，凭借强大实力击败他；远方之敌，实施号令使之臣服。自己的力量强大到不可度量，气势如吞山河，军心深不可测，这是“一战胜敌”的源泉。军队集结进攻如同密集时雨，不可阻挡；军队分散奇袭如同飘风，行踪难测，这是“一战胜敌”的结果。

制适[1]，器之至也；用适，教之尽也。不能致[2]器者，不能制适；不能尽教者，不能用适。不能用适者穷，不能致器者困。速[3]用兵，则可以必胜。出入异涂，则伤其敌。深入危之，则士自修[4]，士自修则同心同力。善者之为兵也，使敌若据虚，若搏景[5]。无设无形焉，无不可以成也；无形无为焉，无不可以化也。此之谓道矣。若亡而存，若后而先，威不足以命[6]之。

【注释】

[1]制：原文为“利”，据于省吾说校改。适：通“敌”，敌人。

[2]致：通“緻”，细致。

[3]速：原文为“远”，据张文虎说校改。

[4]修：儆，此处指警戒。

[5]景：通“影”，影子。

[6]命：通“名”，命名。

【品读】

“善者之为兵也，使敌若据虚，若搏景”，意即善于用兵的人，总是使得敌人如同处虚无之地，如同与影子搏斗，无处下手，无处突破，说明用兵已经达到出神入化的境地。如何达到此种境界？即“无设无形焉，无不可以成也；无形无为焉，无不可以化也”，即没有设置，没有形体，也就没有不可生成的；没有形体，没有作为，也就没有不可以变化的。这就是用兵之道。

大匡第十八

内言一

齐僖公[1]生公子诸儿、公子纠、公子小白。使鲍叔傅[2]小白，鲍叔辞，称疾不出。管仲与召忽[3]往见之，曰："何故不出？"鲍叔曰："先人有言曰：'知子莫若父，知臣莫若君。'今君知臣不肖也，是以使贱臣傅小白也。贱臣知弃矣。"召忽曰："子固辞，无出，吾权任[4]子以死亡，必免子。"鲍叔曰："子如是，何不免之有乎？"管仲曰："不可。持社稷宗庙者，不让事，不广[5]闲。将有国者未可知也。子其出乎。"召忽曰："不可[6]。吾三人者之于齐国也，譬之犹鼎之有足也，去一焉，则必不立矣。吾观小白必不为后矣。"管仲曰："不然也。夫国人憎恶纠之母，以及纠之身，而怜小白之无母也。诸儿长而贱，事未可知也。夫所以定齐国者，非此二公子者，将无已也。小白之为人无小智，惕[7]而有大虑，非夷吾[8]莫容小白。天下不幸降祸加殃于齐，纠虽得立，事将不济，非子定社稷，其将谁也？"召忽曰："百岁之后：吾君下[9]世，犯吾君命，而废吾所立，夺吾纠也，虽得天下，吾不生也。兄[10]与我齐国之政也，受君令而不改，奉所立而不济，是吾义也。"管仲曰："夷吾之为君臣也，将承君命，奉社稷以持宗庙，岂死一纠哉？夷吾之所死者，社稷破，宗庙灭，祭祀绝，则夷吾死之。非此三者，则夷吾生。夷吾生则齐国利，夷吾死则齐国不利。"鲍叔曰："然则奈何？"管子曰："子出奉令则可。"鲍叔许诺，乃出奉令，邀傅小白。鲍叔谓管仲曰："何行？"管仲曰："为人臣者，不尽力于君则不亲信，不亲信则言不听，言不听则社稷不定。夫事君者无二心。"鲍叔许诺[11]。

【注释】

[1]齐僖公：名禄甫，齐国国君，公元前730～前698年在位。生有三子，即公子诸儿（齐襄公）、公子纠、公子小白（齐桓公）。

[2]鲍叔：即鲍叔牙，齐国大夫。傅：辅佐。

[3]召忽：齐国大夫。

[4]任：担保。

[5]广：通"旷"，空旷。

[6]不可：原文无"不"字，据赵用贤本补。

[7]惕：性急。

[8]夷吾：即管仲，名夷吾。

[9]下：原文为“卜”，据俞樾说校改。

[10]兄：通“况”，何况。

[11]诸：同意。

【品读】

本篇篇名中“匡”为匡正之意。“三匡”的说法，也见于《逸周书·大匡解》：“大匡封摄，外用和大；中匡用均，劳故礼新；小匡用惠，施舍静众。”

此节讲述的主要是鲍叔牙傅公子纠的前因后果。起初，齐僖公派遣鲍叔辅佐公子小白，鲍叔感到羞辱，有一种被齐僖公抛弃的感觉。因为论出身、地位、品性，公子小白都属末流。于是，鲍叔装病在家。召忽与管仲前来商议此事。召忽想让鲍叔通过诈死的方法来逃避这一任命。而管仲通过对未来形势的分析、判断，晓之以理，动之以情，劝说鲍叔最终受命。由此可知：(1)管仲分析问题具有极强的前瞻性。在继承君位问题上，他认为公子纠虽然出身正统，但其母却遭国人厌恶；公子诸儿虽然年长，但其母地位低贱；公子小白虽然没有母亲，反而能更能受到国人的同情。事实证明确实如此。后来公子纠与公子小白竞争君位时，国人支持公子小白的占多数。(2)管仲慧眼识人的能力极强。对于公子小白，鲍叔、召忽都不看好。但在管仲眼里，公子小白“为人无小智，惕而有大虑”，即小事上不聪明，一副急性子，但大问题上却不糊涂。后来的齐桓公，不计前嫌，从谏如流，委任管仲，成就霸业，完全证明管仲预见的正确性。(3)管仲与召忽的人生观不同。前者是与社稷共存亡，后者是与人主共生死。这也预示了他们最终结局的不同。

此段内容不见于《左传》《国语》《史记》等其他书籍的记载，事实虚构、夸大成分较多，有以结果演绎前因的嫌疑。

僖公之母弟夷仲年生公孙无知，有宠于僖公，衣服礼秩如适[1]。僖公卒，以诸儿长，得为君，是为襄公。襄公立后，绌[2]无知，无知怒。公令连称、管至父戍葵丘曰：“瓜[3]时而往，及瓜时而来。”期[4]戍，公问[5]不至，请代，不许，故二人因公孙无知以作乱。

【注释】

[1]秩：品位。适：通“嫡”，正妻所生长子。

[2]绌：通“黜”，废除。

[3]瓜：原文为“爪”，据文义改，指瓜熟之时。下文“瓜”同此。

[4]期：一年。

[5]问：音讯。

【品读】

此节交代了齐襄公被弑杀的直接原因。齐襄公以长子即位后，极力压制骄横的公孙无知，导致其怀恨在心，伺机报复。早在齐僖公时，公孙无知的父亲与僖公是同母兄弟，无知便备受宠爱，服制礼遇如同嫡出。也就是说，作为公室成员，公孙无知具有一定的政治势力、经济实力，他是发动叛乱的主谋。另外，连称、管至父受齐襄公之命去戍守葵丘，期满归还，齐襄公却不许。于是，拥有军事实力的二人与公孙无知一拍即合，为了各自的私怨，密谋将共同的目标——齐襄公置于死地。客观来讲，如果齐襄公废黜无知可能是出于稳固政权的考量，那么，臣子戍守到期不还，言而无信，齐襄公被杀也是其咎由自取。

鲁桓公夫人文姜，齐女也。公将如齐，与夫人皆[1]行。申俞[2]谏曰："不可。女有家，男有室，无相渎[3]也，谓之有礼。"公不听，遂以文姜会齐侯于泺。文姜通于齐侯，桓公闻，责文姜。文姜告齐侯，齐侯怒，飨公，使公子彭生乘鲁侯胁[4]之，公薨[5]于车。竖曼[6]曰："贤者死忠以振[7]疑，百姓寓焉；智者究理而长虑，身得免焉。今彭生二于[8]君，无尽言而谀行，以戏我君，使我君失亲戚之礼，今[9]又力成吾君之祸，以构二国之怨，彭生其得免乎？祸理属焉。夫君以怒遂祸，不畏恶亲，闻容昏生[10]，无丑[11]也。岂及彭生而能止之哉？鲁若有诛，必以彭生为说。"二月，鲁人告齐曰："寡君畏君之威，不敢宁居，来修旧好。礼成而不反，无所归咎[12]，请以彭生除之。"齐人为杀彭生，以谢于鲁。五月，襄公田[13]于贝丘，见豕彘[14]。从者曰："公子彭生也。"公怒曰："公子彭生安敢见！"射之，豕人立而啼。公惧，坠于车下，伤足亡屦[15]。反，诛[16]屦于徒人费，不得也，鞭之见血。费走而出，遇贼于门，胁而束之，费袒而示之背，贼信之，使费先入，伏公而出，斗死于门中。石之纷如[17]死于阶下。孟阳代君寝于床，贼杀之。曰："非君也，不类[18]。"见公之足于户下，遂杀公而立公孙无知也。

【注释】

[1]皆：通"偕"，一同。

[2]申俞：鲁国大夫。

[3]渎：亵渎。

[4]胁：肋骨。此处作动词，指折断肋骨。

[5]薨(hōng)：诸侯去世称为"薨"。

[6]竖曼：齐国大夫。

[7]振：通"抠"，刷洗。

[8]二于：疑为“近”之误。长沙马王堆帛书《春秋事语》云：“今彭生近君。”

[9]今：原文为“命”，据许维遹说校改。

[10]闻容昏生：此句费解，疑文有误。长沙马王堆帛书《春秋事语》与此文不同。

[11]无丑：无耻。

[12]咎：原文为“死”，据王念孙说校改。

[13]田：田猎。

[14]豕彘(shǐ zhì)：猪。

[15]屦(jù)：鞋。

[16]诛：索取。

[17]石之纷如：齐襄公的侍从。

[18]类：类似。

【品读】

此节叙述了齐襄公被弑杀的前后过程。最初，鲁桓公夫人文姜要回娘家齐国省亲。鲁桓公不识大体，不顾礼节，执意一同前往。到了齐国，文姜与齐襄公私通，鲁桓公得知后严厉斥责了文姜。文姜转而向齐襄公告状。齐襄公大怒，便授意公子彭生教训一下鲁桓公。在一次宴会之后，公子彭生御车送鲁桓公，趁机想整治他。然而，不知公子彭生是出于表现，用力过猛，还是鲁桓公弱不禁风，不经打，最后鲁桓公毙命车中，客死他乡。（不过，可悲又可笑的鲁桓公的后代“三桓”——即孟孙、叔孙、季孙家族后来一直把持着鲁国朝政。这当然是后话了）事后，即便鲁国再弱小，丧君之辱的惊天大事必然要有个交代。结局也多能料到，事件的执行人公子彭生成为政治牺牲品，被处死以泄鲁愤。不久，齐襄公外出打猎时，突然出现一头野猪，处在彭生之事阴影下的众人想当然地说是彭生所变。襄公情急之下，拔箭就射。野猪受到惊吓，似人站立啼哭状。在此特殊的情境下，本来就愧疚心虚、疑神疑鬼的齐襄公面对野猪的过激反应，竟吓得直从车上跌了下来。等跌跌撞撞地逃回宫内，发现连鞋子都跑丢了，立刻要求随从费去找，结果无果而还。襄公惊怒之下，鞭打费至血流不止。在此上上下下混乱之际，蓄谋已久的公孙无知等人乘虚攻入宫内，杀死了齐襄公。

在此，我们讨论一个细节问题：在齐襄公殉难之际，无论曾是遭受鞭打的徒人费，还是石之纷如、孟阳等人，都为保护齐襄公而战斗到生命的最后一刻。这说明：春秋时期，君臣之义、主仆之分还是颇为盛行，恪守此观念的人为数不少。

鲍叔牙奉公子小白奔莒，管夷吾、召忽奉公子纠奔鲁。九年，公孙无知虐于雍廪，雍廪杀无知也。桓公自莒先入，鲁人伐齐，纳公子纠。战于乾时，管仲射桓公中钩[1]。鲁师败绩[2]，桓公践位。于是劫鲁，使鲁杀公子纠。桓公问于鲍叔曰："将何以定社稷？"鲍叔曰："得管仲与召忽，则社稷定矣。"公曰："夷吾与召忽，吾贼也。"鲍叔乃告公其故图[3]。公曰："然则可得乎？"鲍叔曰："若亟召则可得也，不亟不可得也。夫鲁施伯知夷吾为人之有慧也，其谋必将令鲁致政于夷吾。夷吾受之，则彼知能弱齐矣；夷吾不受，彼知其将反[4]于齐也，必将杀之。"公曰："然则夷吾将受鲁之政乎？其否也？"鲍叔对曰："不受。夫夷吾之不死纠也，为欲定齐国之社稷也，今受鲁之政，是弱齐也。夷吾之事君无二心，虽知死，必不受也。"公曰："其于我也，曾若是乎？"鲍叔对曰："非为君也，为先君也。其于君不如亲纠也，纠之不死，而况君乎？君若欲定齐之社稷，则亟迎之。"公曰："恐不及，奈何？"鲍叔曰："夫施伯之为人也，敏而多畏。公若先及[5]，恐注怨[6]焉，必不杀也。"公曰："诺。"施伯进对鲁君曰："管仲有急，其事不济，今在鲁，君其致鲁之政焉。若受之，则齐可弱也；若不受，则杀之。杀之，以说[7]于齐也，与同怒，尚贤于已[8]。"君曰："诺。"鲁未及致政，而齐之使至，曰："夷吾与召忽也，寡人之贼也。今在鲁，寡人愿生得之。若不得也，是君与寡人贼比[9]也。"鲁君问施伯，施伯曰："君与之。臣闻齐君惕而亟骄，虽得贤，庸[10]必能用之乎？及齐君之能用之也，管子之事济也。夫管仲天下之大圣也，今彼反齐，天下皆乡[11]之，岂独鲁乎！今若杀之，此鲍叔之友也，鲍叔因此以作难，君必不能待也，不如与之。"鲁君乃遂束缚管仲与召忽。管仲谓召忽曰："子惧乎？"召忽曰："何惧乎？吾不蚤死，将胥[12]有所定也；今[13]既定矣，令子相齐之左，必令忽相齐之右。虽然，杀君而用吾身，是再[14]辱我也。子为生臣，忽为死臣。忽也知得万乘之政而死，公子纠可谓有死臣矣。子生而霸诸侯，公子纠可谓有生臣矣。死者成行，生者成名，名不两立，行不虚至。子其勉之，死生有分矣。"乃行，入齐境，自刎[15]而死。管仲遂入。君子闻之曰："召忽之死也，贤其生也；管仲之生也，贤其死也。"

【注释】

[1]钩：衣带钩。

[2]败绩：战败。

[3]故图：原来的计划。

[4]反：通"返"，回归、返回。

[5]及：原文为"反"，据张文虎说校改。

[6]注怨：结怨。

[7]说：通"悦"，取悦。

[8]贤：胜过。已：止，指不杀。

[9]比：合。

[10]庸：怎么。

[11]乡：通"向"，面向。

[12]胥：原文为"耳"，据赵用贤本改，意为待。

[13]今：原文为“令”，据赵用贤本改。

[14]再：第二次。

[15]自刎(wěn)：割颈部自杀。

【品读】

此节主要记述管仲成功生还、返归齐国的过程。这其中牵扯到多方力量的博弈。公孙无知多行不义，篡位后被杀，齐国陷入群龙无首的局面。公子小白在鲍叔的辅佐下，抢先入齐，继承君位，是为齐桓公。齐国与支持公子纠的鲁国爆发了乾时之战，鲁国败绩。据《史记·齐太公世家》记载，在乾时之战发生前，管仲在堵截公子小白回国的战斗中，一箭射中了他的衣带钩。公子小白顺势装死来麻痹鲁国，竟偷偷率先入齐。作为胜利的一方，公子小白逼迫鲁国杀死政敌公子纠，还扬言要处死仇敌管仲、召忽。关键时刻，鲍叔向齐桓公进言“得管仲与召忽，则社稷定矣”，从江山社稷的角度，力劝桓公将管仲引渡回齐。如果耽搁时间，管仲就有杀身之祸。因为鲁国主政大臣施伯定想让管仲为政于鲁，而管仲肯定不会答应，就可能被杀以杜绝后患。果不出鲍叔所料，齐国使者急速赶到鲁国，缩手缩脚的施伯还是让鲁君遣送管仲、召忽回国。

自此，齐桓公与管仲这一对明君贤臣终于携手登上历史舞台，演绎着流传千年的美谈佳话。君臣的际会相遇有着三个关键因素：一是鲍叔慧眼识才，运筹策划，当居首功；二是管仲心系齐国，以社稷为重；三是齐桓公不计前仇，宽宏大量，纳谏如流，重用贤人。

……………………………………

或曰：明年，襄公逐小白，小白走莒。三年，襄公薨，公子纠践位。国人召小白。鲍叔曰：“胡[1]不行矣？”小白曰：“不可。夫管仲知[2]，召忽强武，虽国人召我，我犹不得入也。”鲍叔曰：“管仲得行其知于国，国可谓[3]乱乎？召忽强武，岂能独图我哉？”小白曰：“夫虽不得行其知，岂且不有焉乎？召忽虽不得众，其友[4]岂不足以图我哉？”鲍叔对曰：“夫国之乱也，智人不得作内事，朋友不能相合摎[5]，而国乃可图也。”乃命车驾，鲍叔御小白乘而出于莒。小白曰：“夫二人者奉君令，吾不可以试也。”乃将下，鲍叔履[6]其足曰：“事之济也，在此时；事若不济，老臣死之，公子犹之免也。”乃行。至于邑郊，鲍叔令车二十乘先，十乘后。鲍叔乃告小白曰：“夫国之疑二三子[7]，莫忍老臣。事之未济也，老臣是以塞道。”鲍叔乃誓曰：“事之济也，听我令；事之不济也，免公子者为上，死者为下，吾以五乘之实距[8]路。”鲍叔乃为前驱，遂入国，逐公子纠。管仲射小白，中钩。管仲与公子纠、召忽遂走鲁。桓公践位，鲁伐齐，纳公子纠而不能。

【注释】

[1]胡：为什么。

[2]知：通“智”，聪明、智慧。

[3]可谓：通“何为”。

[4]友：原文为“反”，据宋翔凤说校改。

[5]合摎(jiū)：合作团结。摎，相交。

[6]履：踩。

[7]二三子：一些人，此处指小白的随从。

[8]距：通“拒”，阻拦、阻挡。

【品读】

本节以“或曰”为首，是作者在整理管仲事迹时，搜集到的关于管仲辅佐桓公事迹的另一版本，故附在其后，供后世读者辨别、观览。此节所云“襄公逐小白”，又云“襄公薨，公子纠践位”等，都与《左传》《史记》《国语》等相关史料不同，应非信史。实际上，据《史记·齐太公世家》所载，公子小白能入主君位与齐国内部的贵族势力高、国两家族的暗中支持有直接关系。

桓公元年[1]践位，召管仲。管仲至，公问曰：“社稷可定乎？”管仲对曰：“君霸王，社稷定；君不霸王，社稷不定。”公曰：“吾不敢至于此其大也，定社稷而已。”管仲又请，君曰：“不能。”管仲辞于君曰：“君免臣于死，臣之幸也；然臣之不死纠也，为欲定社稷也。社稷不定，臣禄[2]齐国之政而不死纠也，臣不敢。”乃走出，至门，公召管仲。管仲反，公汗出曰[3]：“勿已，其勉霸乎。”管仲再拜稽首[4]而起曰：“今日君成霸，臣贪承命，趋立于相位。”乃令五官行事。异日，公告管仲曰：“欲以诸侯之间无事也，小修兵革。”管仲曰：“不可。百姓病，公先与[5]百姓，而藏其兵。与其厚于兵，不如厚于人。齐国之社稷未定，公未始于人而始于兵，外不亲于诸侯，内不亲于民。”公曰：“诺。”政未能有行也。

【注释】

[1]元年：原文为“二年”，据郭沫若说校改。

[2]禄：通“录”，总领。

[3]曰：原文无此字，据赵用贤本补。

[4]稽首：古代一种跪拜礼。行跪拜礼时，拱手胸前先拜，而后叩头至地。

[5]与：亲附、跟随。

【品读】

此节主要涉及两个方面的内容：一是管仲鼓励齐桓公，迫使其重新树立一个远大的目标——成就齐国霸业。事实上，齐桓公出身卑微，早年丧母，能继够承君位是他最初没有想到的。这也是齐襄公、公孙无知相继被杀等一系列的偶然事件所触发的结果。因而，对于齐桓公来说，能守住家业、稳定社稷就已经足够了。而对于负旷世奇才、欲一展抱负的管仲来说，是远远不够的。“不想当元帅的士兵，不是好士兵。”有了宏伟目标的齐桓公，自然会更加奋发图强，只争朝夕了。二是管仲评价齐桓公性格“惕而有大虑”，鲁臣施伯称其“惕而亟骄”，这说明齐桓公性急是众所周知的事实。果不其然，齐桓公即位不久，就着手发展军事力量。对此，管仲及时阻止了其急于求成的做法。他认为国家初定，立足未稳，应以恢复经济、笼络民心为先。

二年，弥乱[1]。桓公又告管仲曰：“欲缮兵。”管仲又曰：“不可。”公不听，果为兵。桓公与宋夫人饮船中。夫人荡船而惧公。公怒，出之，宋受而嫁之蔡侯。明年，公怒告管仲曰：“欲伐宋。”管仲曰：“不可。臣闻内政不修，外举事不济。”公不听，果伐宋。诸侯兴兵而救宋，大败齐师。公怒，归告管仲曰：“请修兵革[2]。吾士不练，吾兵不实，诸侯故敢救吾仇。内修兵革[3]！”管仲曰：“不可，齐国危矣。内夺民用，士劝于勇，乱[4]之本也。外犯诸侯，民多怨也。为义之士，不入齐国，安得无危？”鲍叔曰：“公必用夷吾之言。”公不听，乃令四封之内修兵。关市之征侈[5]之，公乃遂用以勇授禄。鲍叔谓管仲曰：“异日者，公许子霸，今国弥乱，子将何如？”管仲曰：“吾君惕，其智多诲[6]，姑少胥其自及也。”鲍叔曰：“比其自及也，国无阙亡乎？”管仲曰：“未也。国中之政，夷吾尚微[7]为焉，乱乎尚可以待。外诸侯之佐，既无有吾二人者，未有敢犯我者。”明年，朝之争禄相刺，裚领[8]而刎颈者不绝。鲍叔谓管仲曰：“国死者众矣，毋乃害乎？”管仲曰：“安得已然，此皆其贪民也。夷吾之所患者，诸侯之为义者莫肯入齐，齐之为义者莫肯仕。此夷吾之所患也。若夫死者，吾安用而爱之？”

【注释】

[1]弥乱：更加混乱。原文“弥乱”在“桓公”下，据许维遹说校改。

[2]兵革：原文为“革”，据赵用贤本补。

[3]兵革：原文为“兵”，据赵用贤本补。

[4]乱：原文“乱”上有一“外”字，据王念孙说删。

[5]政：通“征”，征税。侈：加大。

[6]诲：通“悔”，悔过。

[7]微：隐、暗中。

[8]裚：通“折”，折断。领：原文无此字，据赵用贤本补，指头领。

【品读】

此节所记内容与史事有些出入。据《左传·僖公三年》记载，齐桓公与蔡姬乘舟游玩。从小谙熟水性的蔡姬故意荡舟，嬉戏齐桓公。不料，北方长大的齐桓公极为恐惧，为之变色，急忙命她停止摇晃，而娇惯的蔡姬并没有停止。齐桓公盛怒之下，送其回蔡国娘家，但并没有完全断绝关系。而蔡国不甘示弱，将蔡姬另嫁他人。《史记·齐太公世家》所载与《左传》相同，时间为齐桓公二十九年(前657年)，并不是此节所云齐桓公二年发生的事情，更不是宋夫人荡舟，被齐桓公休弃后，改嫁给蔡侯。此节记载张冠李戴，实为混乱。

本来是夫妻之间的龃龉不合，却最终演变成政治冲突。齐桓公三十年(前656年)率领诸侯之师南征，侵蔡伐楚。这个事件是一个导火索。

公又内修兵。三年，桓公将伐鲁，曰："鲁与寡人近，于是其救宋也疾，寡人且诛焉。"管仲曰："不可。臣闻有土之君，不勤于兵，不忌于辱，不辅其过，则社稷安。勤于兵，忌于辱，辅其过，则社稷危。"公不听，兴师伐鲁，造[1]于长勺。鲁庄公兴师逆[2]之，大败之。桓公曰："吾兵犹尚少，吾参[3]围之，安能圉[4]我！"

【注释】

[1]造：至、到。

[2]逆：迎战。

[3]参：通"三"，三倍。

[4]圉：通"御"，抵抗。

【品读】

此节所讲就是著名的长勺之战，也是弱小的鲁国取得的少有的胜利。战役的关键人物不是管仲，也不是齐桓公，而是曹刿。《左传·庄公十年》记载得十分生动：战役刚开始，鲁庄公准备击鼓进军。曹刿说："不可。"等到齐人击了三次鼓以后，曹刿才让击鼓进兵。结果，齐军大败。接着，鲁庄公想乘胜追击。曹刿又说："不可。"他下车查看齐军的车辙，又上车观察齐军败退的样子，然后才同意追击。事后，曹刿解释道："打仗是要靠勇气的。我们是一鼓作气，而齐军二次击鼓后勇气就会衰减，三次击鼓时勇气就耗尽了。这是我们取胜的原因。另外，齐国这样的大国实力难测，恐怕后有埋伏。我在看到齐军车辙混乱、军旗东倒西歪时，才敢去追击。"

失败是成功之母。对于急于求成的齐桓公来说，长勺之战的失利无疑给他上了深刻的一课，给予他宝贵的经验和教训。

四年，修兵，同[1]甲十万，车五千乘。谓管仲曰："吾士既练，吾兵既多，寡人欲服鲁。"管仲喟然[2]叹曰："齐国危矣。君不竞于德而竞于兵。天下之国带甲十万者不鲜矣，吾欲发小兵以服大兵。内失吾众，诸侯设备，吾人设诈,国欲无危得已乎?”公不听,果伐鲁。鲁不敢战,去国五十里而为之关。鲁请比于关内,以从于齐,齐亦毋复侵鲁。桓公许诺。鲁人请盟曰:“鲁小国也,固不带剑,今而带剑是交兵闻于诸侯,君不如已。请去兵。”桓公曰:“诺。”乃令从者毋以兵。管仲曰:“不可。诸侯加忌于君,君如是以退可。君果弱鲁君,诸侯又加贪于君,后有事,小国弥坚,大国设备,非齐国之利也。”桓公不听。管仲又谏曰:“君必不去。鲁胡不用兵?曹刿之为人也,坚强以忌[3],不可以约取也。”桓公不听,果与之遇。庄公自怀剑,曹刿亦怀剑,践坛,庄公抽剑其怀曰:“鲁之境去国五十里,亦无不死而已。”左揕[4]桓公,右自承曰:“均之死也,戮死于君前。”管仲走君,曹刿抽剑当两阶之间,曰:“二君将改图,无有进者!”管仲曰:“君与地,以汶为竟。”桓公许诺,以汶为竟[5]而归。桓公归而修于政,不修于兵革,自圉,辟人,以[6]过,弭师[7]。

【注释】

[1]同:齐整。

[2]喟(kuì)然:叹息的样子。

[3]忌:通“惎”,毒。

[4]揕(zhèn):用刀剑刺。

[5]竟:通“境”,边境。

[6]以:止。

[7]弥师:息兵。

【品读】

此节所说的内容就是著名的“曹刿劫盟”,会盟地点是柯(今山东阳谷东北)。会盟之前,鲁国提议双方都不携带武器,齐桓公轻易答应。而管仲认为诸侯多忌恨齐国,如果不带武器,安危难料,还是不去为好。再说,即便通过会盟能削弱鲁国,诸侯们又会说我们贪得无厌,以后会更加防备齐国。齐桓公不听,执意前去。结果,果真被曹刿劫持,被迫同意归还鲁国失地。《史记·齐太公世家》将“曹刿”写作“曹沫”,并载齐桓公事后欲反悔杀曹沫,管仲劝道:“你被劫时已答应,现在又反悔失信。这只是逞一时之快,而失信于诸侯,孤立于天下。”齐桓公无奈作罢。

“曹刿劫盟”是齐桓公霸业历程中一个重要的转折点。齐桓公虽然受到惊吓,但他还是遵守诺言,如数归还土地,赢得了天下诸侯的信任,提升了齐国的地位和声望。两年之后,即桓公七年(前679年),齐国召集宋、陈、卫、郑会盟于鄄(今山东鄄城境内),齐国霸业初创。此事过后,遭受耻辱、打击的齐桓公彻底被管仲的才能所折服,与管仲真正建立起鱼水一般的信任关系,君臣之间的磨合期宣告结束。此后,君臣二人相互支持,默契配合,共同演绎了一番轰轰烈烈的旷世霸业。

五年，宋伐杞。桓公谓管仲与鲍叔曰："夫宋，寡人固欲伐之，无若诸侯何？夫杞[1]，明王之后也。今宋伐之，予欲救之，其可乎？"管仲对曰："不可。臣闻内政之不修，外举义不信。君将外举义，以行先之，则诸侯可令附。"桓公曰："于此不救，后无以伐宋。"管仲曰："诸侯之君，不贪于土。贪于土必勤于兵，勤于兵必病于民，民病则多诈。夫诈密而后动者胜，诈则不信于民。夫不信于民则乱，内动则危于身。是以古之人闻先王之道者，不竞于兵。"桓公曰："然则奚若？"管仲对曰："以臣则不而[2]令人以重币使之。使之而不可，君受而封之。"桓公问鲍叔曰："奚若？"鲍叔曰："公行夷吾之言。"公乃命曹孙宿使于宋。宋不听，果伐杞。桓公筑缘陵以封之，予车百乘，甲一千。明年，狄人伐邢，邢君出致于齐，桓公筑夷仪以封之，予车百乘，卒千人。明年，狄人伐卫，卫君出致[3]于虚，桓公且封之，隰朋、宾胥无谏曰："不可。三国所以亡者，绝以小。今君蕲[4]封亡国，国尽若何？"桓公问管仲曰："奚若？"管仲曰："君有行之名，安[5]得有其实。君其行也。"公又问鲍叔，鲍叔曰："君行夷吾之言。"桓公筑楚丘以封之，与车五[6]百乘，甲五千。既以封卫，明年，桓公问管仲将何行，管仲对曰："公内修政而劝民，可以信于诸侯矣。"君许诺。乃轻税，弛关市之征，为赋禄之制。既已，管仲又请曰："问病。臣愿赏而无罚，五年，诸侯可令傅[7]。"公曰："诺。"既行之，管仲又请曰："诸侯之礼，令齐以豹皮往，小侯以鹿皮报；齐以马往，小侯以犬报。"桓公许诺，行之。管仲又请赏于国以及诸侯，君曰："诺。"行之。管仲赏于国中，君赏于诸侯。诸侯之君有行事善者，以重币贺之；从列士以下有善者，衣裳贺之；凡诸侯之臣有谏其君而善者，以玺问之，以信其言。公既行之，又问管仲曰："何行？"管仲曰："隰朋聪明捷给，可令为东国。宾胥无坚强以良，可以为西土。卫国之教，危傅[8]以利。公子开方之为人也，慧以给，不能久而乐始，可游于卫。鲁邑之教，好迩[9]而训于礼。季友之为人也，恭以精，博于礼[10]，多小信，可游于鲁。楚国之教，巧文以利，不好立大义，而好立小信。蒙孙博于教，而文巧于辞，不好立大义，而好结小信，可游于楚。小侯既服，大侯既附，夫如是，则始可以施政矣。"君曰："诺。"乃游公子开方于卫，游季友于鲁，游蒙孙于楚。五年，诸侯附。

【注释】

[1]杞：国名。周武王封夏禹的后代于杞。

[2]不而：不如。

[3]致：至、到。

[4]蕲(qí)：原文为"簕"，据孙星衍说校改，通"祈"，求。

[5]安：乃、才。

[6]五：原文为"三"，据王引之说校改。

[7]傅：通“附”，归附。

[8]危傅：读为“诡薄”，诡变轻薄。

[9]迩：通“艺”，六艺。

[10]礼：原文为“粮”，据刘绩说校改。

【品读】

此节主要涉及三件事。一是齐桓公筑缘陵以封杞。此处记载明显有误。《左传·僖公十四年》载：“诸侯城缘陵而迁杞焉。”鲁僖公十四年（前646年），当为齐桓公四十年（前646年），绝非此文的齐桓公五年（681年），而且攻伐杞国的是淮夷，并不是宋国。二是存邢救卫。当时中原地区各国面临周边少数民族的威胁，于是管仲为齐桓公制定了“尊王攘夷”的战略，以笼络诸侯之心，确保其领导地位。当邢、卫二国遭受狄人入侵，国破家亡之时，齐国带头保护遗民，并筑城安置，馈赠车、马等。齐国慷慨、周到的援助，渐渐抚平了两国遗民的战争创伤。《左传·闵公二年》云“邢迁如归，卫国忘亡”，便指此事。三是攻势外交。齐国凭借管仲经济改革带来的红利，对诸侯各国施予小恩小惠，以赢得他们的支持。诸侯之间的朝聘之礼，齐国以豹皮相送，要求对方以鹿皮回报；以马相送，要求以犬相应。《国语·齐语》也载齐国采用“轻其币而重其礼”的方法，利诱各国来使。“诸侯之使垂橐而入，捆载而归”，莫不称道齐国。同时，管仲有针对性地拣选隰朋、宾胥无、公子开方、季友、蒙孙等人到不同的国家去从事外交联谊活动。经过不懈的努力，最终出现了齐国一呼而百应、诸侯争先归附的大好局面。

狄人伐，桓公告诸侯曰：“请救伐。诸侯许诺，大侯车二百乘，卒二千人；小侯车百乘，卒千人。”诸侯皆许诺。齐车千乘，卒先[1]致缘陵，战于后，故败狄。其车甲与货，小侯受之，大侯近者，以其县分之，不践其国。北州侯莫来，桓公遇南州侯于召陵，曰：“狄为无道，犯天子令以伐小国；以天子之故，敬天之命，令以救伐。北州侯莫至，上不听天子令，下无礼诸侯，寡人请诛于北州之侯。”诸侯许诺。桓公乃北伐令支，下凫之山，斩孤竹，遏[2]山戎，顾问管仲曰：“将何行？”管仲对曰：“君教诸侯为民聚食，诸侯之兵不足者，君助之发。如此则始可以加政矣。”桓公乃告诸侯，必足三年之食，安以其余修兵革。兵革不足，以引其事告齐，齐助之发。既行之，公又问管仲曰：“何行？”管仲对曰：“君会其君臣父子，则可以加政矣。”公曰：“会之道奈何？”曰：“诸侯毋专立妾以为妻，毋专杀大臣，无国劳毋专予禄，士庶人毋专弃妻，毋曲隄[3]，毋贮粟，毋禁材。行此卒岁，则始可以罚矣。”君乃布之于诸侯，诸侯许诺，受而行之。卒岁，吴人伐穀，桓公告诸侯未遍，诸侯之师竭至，以待桓公。

桓公以车千乘会诸侯于竟，都师未至，吴人逃。诸侯皆罢。桓公归，问管仲曰："将何行？"管仲曰："可以加政矣。"曰："从今以往二年，适子不闻孝，不闻爱其弟，不闻敬老国良，三者无一焉，可诛也。诸侯之臣及国事[4]，三年不闻善，可罚也。君有过，大夫不谏，士庶人有善，而大夫不进，可罚也。士庶人闻之吏，贤孝悌，可赏也。"桓公受而行之，近侯莫不请事，兵车之会[5]六，乘车之会[6]三，飨[7]国四十有二年。

【注释】

[1]先：原文为"可"，据赵用贤本改。

[2]遏：原文为"遇"，据陶鸿庆说校改。

[3]曲隄：筑堤防。

[4]事：据于省吾说，通"吏"。

[5]兵车之会：指军事盟会。

[6]乘车之会：指政治盟会。

[7]飨：通"享"，享有。

【品读】

此节内容讲述的是齐桓公"兵车之会六，乘车之会三"最终成就霸业的历程。不过，内容颠三倒四，与史实多有不符。一是齐桓公率军北伐的起因，与所谓狄人伐杞无涉，应与山戎攻伐燕国有关。二是此节所记盟约应为葵丘会盟中缔结。齐桓公三十五年（前651年），齐国召集鲁、宋、卫、郑、许、曹诸国盟于葵丘（今河南兰考），周天子也派代表参加，标志着齐国霸业达到顶峰。此次盟约具体条文，见于《孟子·告子下》。其云："初命曰，诛不孝，无易树子，无以妾为妻。再命曰，尊贤育才，以彰有德。三命曰，敬老慈幼，无忘宾旅。四命曰，士无世官，官事无摄，取士必得，无专杀大夫。五命曰，无曲防，无遏籴，无有封而不告。"三是此节云"吴人伐穀"、齐桓公讨吴之事，更是子虚乌有。齐桓公终其一生，并未与吴国发生任何军事瓜葛。当时吴国弱小，还不成气候。吴国称霸也是春秋后期的事情了。

桓公践位十九年，弛[1]关市之征，五十而取一。赋[2]禄[3]以粟，案[4]田而税。二岁而税一，上年什取三，中年什取二，下年什取一；岁饥不税，岁饥弛而税。

【注释】

[1]弛：减轻。

[2]赋：发放。

[3]禄：俸禄。

[4]案：考查。

【品读】

“赋禄以粟”是指官吏的俸禄主要以粟米的方式发放，这也是战国官秩以谷物重量单位“石”标准的原因。即便汉代官俸以钱为主，官秩仍以“石”相称。如地方太守官秩一般为二千石。

“案田而税”是等差税制，根据土地的具体状况确定税收的标准，这样税收制度更加公平、合理。“上年什取三，中年什取二，下年什取一”，即根据每年丰歉状况来确定税收标准，是典型的相年而征。

桓公使鲍叔识君臣之有善者，晏子识不仕与耕者之有善者，高子识工贾之有善者，国子为李[1]，隰朋为东国，宾胥无为西土，弗郑为宅。凡仕者近宫[2]，不仕与耕者近门，工贾近市。三十里置遽[3]，委[4]焉，有司职之。凡[5]诸侯欲通，吏从行者，令一人为负以车；若宿者，令人养其马，食以[6]委。客与有司别契[7]，至国入[8]契费。义[9]数而不当，有罪。凡庶人欲通，乡吏不通，七日，囚。士[10]欲通，吏不通，五日，囚。贵人子欲通，吏不通，三日，囚。凡县吏进诸侯士而有善，观其能之大小以为之赏，有过无罪。令鲍叔进大夫，劝国家，得之成而不悔[11]，为上举。从政，治为次；野为原[12]，又多不发[13]；起讼不骄[14]，次之。劝国家，得之成而悔；从政虽治而不能；野原又多发；起讼骄，行此三者为下。令晏子进贵人之子，出不狂[15]，处不华[16]，而友有少长，为上举；得二，为次；得一，为下。士处靖，敬老与贵，交不失礼，行此三者，为上举；得二，为次；得一，为下。耕者农农[17]用力，应于父兄，事贤[18]多，行此三者，为上举；得二，为次；得一，为下。令高子进工贾，应于父兄，事长养老，承事敬，行此三者，为上举；得二者，为次；得一者，为下。令国子以情断狱。三大夫既已选举，使县行之。管仲进而举言，上而见之于君，以卒年[19]君举。管仲告鲍叔曰：“劝国家，不得成而悔，从政不治不能，野原又多而发，讼骄，凡三者，有罪无赦。”告晏子曰：“贵人子处华，下交，好饮食，行此三者，有罪无赦。士出入无常，不敬老而营富，行此三者，有罪无赦。耕者出入不应于父兄，用力不农，不事贤，行此三者，有罪无赦。”告高子[20]曰：“工贾出入不应父兄，承事不敬，而违老治危[21]，行此三者，有罪无赦。凡于父兄无过，州里称之，吏进之，君用之。有善无赏，有过无罚。吏不进，旷怠[22]。于父兄无过，于州里莫称，吏进之，君用之。善为上赏，不善吏有罚。”君谓国子：“凡贵贱之义，入与父俱，出与师俱，上与君俱。凡三者，遇贼不死，不知贼，则无赦。断狱，情与义易[23]，义与禄易，禄可无敛[24]，有罪[25]无赦。”

【注释】

[1]李：通“理”，掌刑狱之官。

[2]宫：原文为“公”，据赵用贤本改。

[3]遽(jù)：驿站。

[4]委：储存。

[5]凡：原文为“从”，据许维遹说校改。

[6]以：原文为“其”，据刘绩注本校改。

[7]别契：契券剖分，双方各持一份。

[8]人：原文为“八”，据郭沫若是校改。

[9]义：通“仪”，礼仪。

[10]士：原文为“出”，据刘绩说校改。

[11]成：有功。不悔：无过。

[12]野为原：原野。为，与。

[13]发：通“废”，荒废。

[14]骄：通“矫”，矫伪枉法。下文“讼骄”的“骄”同此。

[15]狂：原文为“仕”，据郭沫若说校改。

[16]华：奢华。

[17]农农：勤勉的样子。

[18]贤：通“艰”，辛劳。

[19]卒年：年终。

[20]高子：原文为“国子”，据何如璋、陶鸿庆说校改。

[21]危：通“诡”，欺诈。

[22]旷怠：原文为“廉意”，据刘师培说校改。

[23]易：交换。

[24]禄可无敛：有禄之人可以违法，无从约束。原文此句前有一“易”字，据郭沫若说删。敛，约束。

[25]罪：原文为“可”，据王念孙说校改。

【品读】

此节讲述了选拔各种人才的标准，令人印象深刻的是各类考核人才的具体方法。一是为选拔人员制定了许多具体的考察条目。如大夫分为“从政”“野原”“起讼”三个条目；贵人之子分为“出不狂”“处不华”“友有少长”三个条目；士人分为“处靖”“敬老与贵”“交不失礼”三个条目；耕者分为“农农用力”“应于父兄”“事贤多”三个条目；工贾分为“应于父兄”“事长养老”“承事敬”三个条目。二是针对各个条目的完成情况量化算分。如“行此三者，为上举；得二，为次；得一，为下”。

“凡仕者近宫，不仕与耕者近门，工贾近市。”这句话反映了管子主张“四民分业”，即工、农、商、贾各居其处、各司其职的分工思想。

中匡第十九

内言二

管仲会[1]国用，三分二在宾客，其一在国。管仲惧而复之。公曰："吾子犹如是乎？四邻宾客，入者说[2]，出者誉，光名满天下；入者不说，出者不誉，污名满天下。壤可以为粟，木可以为货。粟尽则有生，货散则有聚。君人者，名之为贵，财安可[3]有？"管仲曰："此君之明也。"公曰："民办军事矣，则可乎？"对曰："不可。甲兵未足也。请薄刑罚，以厚甲兵。"于是死罪不杀，刑罪不罚，使以甲兵赎。死罪以犀甲一戟，刑罪[4]以胁盾一戟，过罚以金钧[5]，无所抑而讼[6]者，成以束矢[7]。公曰："甲兵既足矣，吾欲诛大国之不道者，可乎？"对曰："爱四封之内，而后可以恶竟外之不善者；安卿大夫之家，而后可以危救[8]敌之国；赐小国地，而后可以诛大国之不道者；举贤良，而后可以废慢法鄙贱之民。是故先王必有置也，而后必有废也；必有利也，而后必有害也。"桓公曰："昔三王者，既弑其君，今言仁义，则必以三王为法度，不识其故何也？"对曰："昔者禹平治天下，及桀而乱之，汤放桀以定禹功也。汤平治天下，及纣而乱之，武王伐纣，以定汤功也。且善之伐不善也，自古至今，未有改之。君何疑焉？"公又问曰："古之亡国其何失？"对曰："计得地与宝，而不计失诸侯；计得财委，而不计失百姓；计见亲，而不计见弃。三者之属一足以削，遍而有者亡矣。古之隳[9]国家，陨社稷者，非故且为之也，必少有乐焉，不知其陷于恶也[10]。"

【注释】

[1]会：统计。

[2]说：通"悦"，喜悦。

[3]可：通"何"，为什么。

[4]罪：原文为"罚"，据王引之说校改。

[5]金：铜铁等金属。钧：原文为"军"，据王引之说校改，指重量单位，三十斤为一钧。

[6]抑：原文为"计"，据苏舆说校改，即曲抑，指冤屈。讼：诉讼。

[7]束矢：一束箭。

[8]救：通"仇"，

[9]隳(huī)：毁坏。

[10]必少有乐焉，不知其陷于恶也：必定从小的享乐开始，不知不觉中陷入了罪恶的深渊。

【品读】

“死罪以犀甲一戟，刑罪以胁盾一戟，过罚以金钧，无所抑而讼者，成以束矢”，主要是指准许以缴纳军事武器来抵偿刑罚。这种做法在战国时期较为常见。如睡虎地秦律中有“赀一甲”“赀一盾”等刑罚名称。当然，并不是每个触犯刑法之人都必须以实物缴纳，也可以折算成现金缴纳。

“三王者，既弑其君，今言仁义”是一个司空见惯的争论话题，想必生活在先秦时期的士人都曾经思考过这个绕不过的千年命题。

桓公谓管仲曰：“请致仲父。”公与[1]管仲父而将饮之，掘新井而柴[2]焉。十日斋戒，召管仲。管仲至，公执爵，夫人执尊，觞三行，管仲趋出[3]。公怒曰：“寡人斋戒十日而饮仲父，寡人自以为修矣。仲父不告寡人而出，其故何也？”鲍叔、隰朋趋而出，及管仲于途，曰：“公怒。”管仲反，入，倍[4]屏而立，公不与言。少进中庭，公不与言。少进傅[5]堂，公曰：“寡人斋戒十日而饮仲父，自以为脱于罪矣。仲父不告寡人而出，未知其故也。”对曰：“臣闻之，沉于乐者洽[6]于忧，厚于味者薄于行，慢于朝者缓于政，害于国家者危于社稷，臣是以敢出也。”公遽[7]下堂曰：“寡人非敢自为偷[8]也，仲父年长，虽寡人亦衰矣，吾愿一朝安仲父也。”对曰：“臣闻壮者无怠，老者无偷，顺天之道，必以善终者也。三王[9]失之也，非一朝之萃，君奈何其偷乎？”管仲走出，君以宾客之礼再拜送之。明日，管仲朝，公曰：“寡人愿闻国君之信。”对曰：“民爱之，邻国亲之，天下信之，此国君之信。”公曰：“善。请问信安始而可？”对曰：“始于为身，中于为国，成于为天下。”公曰：“请问为身。”对曰：“道[10]血气，以求长年、长心、长德。此为身也。”公曰：“请问为国。”对曰：“远举贤人，慈爱百姓，外存亡国，继绝世，起诸孤，薄税敛，轻刑罚。此为国之大礼也。”公曰：“请问为天下。”对曰[11]：“法行而不苛，刑廉而不赦，有司宽而不凌[12]。菀浊困滞者[13]，法度不亡，往行不来[14]，而民游世[15]矣。此为天下也。”

【注释】

[1]与：通“预”，预备。

[2]掘新井而柴：用柴草覆盖新挖掘的井，保持洁净，以示尊重。

[3]觞(shāng)三行，管仲趋出：古代小燕之礼，君赐臣超过三爵为失礼，因而管仲疾走而出。觞，酒器。三行，三次。

[4]倍：通“背”，背对。

[5]傅：通“附”，近、迫近。

[6]洽：浸润。

[7]遽(jù)：急忙。

[8]偷：苟且偷安。

[9]三王：指夏桀、商纣、周幽王。

[10]道：通“导”，导引。

[11]公曰：“请问为天下。”对曰：原文无此九字，据张佩纶说校补。

[12]凌：杂乱。

[13]菀(yù)浊困滞者：屈辱困苦之人。者，原文为“皆”，据郭沫若说校改。

[14]来：据于省吾说，即古“敕”字，指约束。

[15]游世：据俞樾说，读为“游泄”，指和乐。

【品读】

此节记述了发生在齐桓公与管仲的一些奇闻轶事，生动地再现了君臣之间从相敬到相知的过程。齐桓公准备宴请管仲。为表示对仲父的尊重，齐桓公专门斋戒十日，静候管仲到来。酒宴之中，齐桓公执爵，夫人执尊。敬酒三次后，齐桓公虔心礼贤，不愿罢手。而管仲误会齐桓公之意，认为其不顾礼节，沉湎于酒乐，故起身拂袖而去。齐桓公一腔热情，却换来冷水浇顶，颜面扫地，怎能不生气！后来，二人各道初衷，冰释前嫌，重归于好。接着，管仲还不忘劝谏齐桓公要“始于为身，中于为国，成于为天下”，也就是修身、齐家、治国、平天下。齐桓公点头称是。从此节可以看出，齐桓公对管仲的“敬”，确实是礼重如山；管仲对齐桓公的“诚”，的确是忠贞不贰。

小匡第二十

内言三

桓公自莒反于齐,使鲍叔牙为宰。鲍叔辞曰:“臣,君之庸臣也。君有加惠于其臣,使臣不冻饥,则是君之赐也。若必治国家,则非臣之所能也,其唯管夷吾乎!臣之所不如管夷吾者五:宽惠爱民,臣不如也;治国不失秉[1],臣不如也;忠信可结于诸侯,臣不如也;制礼义可法于四方,臣不如也;介胄执枹[2],立于军门,使百姓皆加勇,臣不如也。夫管仲,民之父母也,将欲治其子,不可弃其父母。”公曰:“管夷吾亲射寡人,中钩,殆[3]于死,今乃用之,可乎?”鲍叔曰:“彼为其君动也,君若宥而反之,其为君亦犹是也。”公曰:“然则为之奈何?”鲍叔曰:“君使人请之鲁。”公曰:“施伯,鲁之谋臣也。彼知吾将用之,必不吾予也。”鲍叔曰:“君诏使者曰:‘寡君有不令[4]之臣在君之国,愿请之以戮于[5]群臣。’鲁君必诺。且施伯之知夷吾之才,必将致鲁之政。夷吾受之,则鲁能弱齐矣。夷吾不受,彼知其将反于齐,必杀之。”公曰:“然则夷吾受乎?”鲍叔曰:“不受也。夷吾事君无二心。”公曰:“其于寡人犹如是乎?”对曰:“非为君也,为先君与社稷之故。君若欲定宗庙,则亟请之,不然无及也。”

【注释】

[1]秉:通“柄”,权柄。

[2]介胄:披盔带甲。枹(fú):鼓槌。

[3]殆:几乎。

[4]令:善。

[5]于:原文无此字,据刘绩本改。

【品读】

此节中,鲍叔对管仲的评价最为精彩,确实能打动齐桓公的爱才之心。管仲是一个通才,无论治国、爱民,还是外交、礼仪、治兵,都远超常人之上。不仅如此,管仲还明大义,识大体,以社稷为重,对齐国忠心耿耿。只有这样的贤臣,才会使桓公忘却射钩之恨,委以重任。

此节以及后面的内容,与《国语·齐语》所载大同小异,这说明它们可能来源于同一母本。

公乃使鲍叔行成[1]，曰："公子纠，亲也。请君讨之。"鲁人为杀公子纠。又曰："管仲，仇也。请受[2]而甘心焉。"鲁君许诺。施伯谓鲁侯曰："勿予。非戮之也，将用其政也。管仲者，天下之贤人也，大器也。在楚则楚得意于天下，在晋则晋得意于天下，在狄则狄得意于天下。今齐求而得之，则必长为鲁国忧，君何不杀而受之其尸。"鲁君曰："诺。"将杀管仲。鲍叔进曰："杀之齐，是戮齐也。杀之鲁，是戮鲁也。弊邑寡君愿生得之，以徇于国，为群臣僇[3]；若不生得，是君与寡君贼比也。非弊邑之君所请[4]也，使臣不能受命。"于是鲁君乃不杀，遂生束缚而柙[5]以予齐。鲍叔受而哭之，三举[6]。施伯从而笑之，谓大夫曰："管仲必不死。夫鲍叔之忎[7]，不僇贤人，其智称贤以自成也。鲍叔相公子小白先入得国，管仲、召忽奉公子纠后入，与鲁以战，能使鲁败，功足以[8]。得天与失天，其人事一也。今鲁惧，杀公子纠、召忽，囚管仲以予齐，鲍叔知无后事，必将劝[9]管仲以劳其君愿，以显其功。众必予之有得[10]。力死之功，犹尚可加也，显生之功将何如？是昭德以贰君[11]也，鲍叔之知，不是失也。"

【注释】

[1]行成：议和。

[2]受：通"授"，授予。下"受之其尸"之"受"同此。

[3]僇：通"戮"，杀戮。

[4]请：原文为"谓"，据刘绩、王念孙说校改。

[5]柙(xiá)：木笼。此处作动词，指用木笼押送。

[6]三举：指大哭三次，假示管仲必死。

[7]忎(rén)：古"仁"字。

[8]以：通"已"，完成。

[9]劝：原文为"勤"，据安井衡说校改。

[10]得：通"德"，德行。

[11]贰君：君主的副贰，让指相位。贰，副手、副职。

【品读】

在管仲回齐国这个问题上，鲍叔与鲁大夫施伯进行了斗智斗勇的博弈。施伯早已料到管仲若回国必堪重用，将遗患于鲁。毕竟齐、鲁为近邻，齐的盛衰与鲁国利益攸关。因而，他极力劝说鲁君杀掉管仲，早除后患。而鲍叔清楚必须从鲁君这个薄弱环节突破，于是威胁鲁君，如果在鲁国处死管仲，鲁君便是齐国的敌人。最终，智勇双全的鲍叔凭借着齐国强大的实力，最终促成管仲生还齐国。

施伯对鲍叔评价极高，称赞其既有辅君即位、杀死政敌的"力死之功"，又有知人善用、力荐管仲的“显生之功”。此功可谓不朽。据《史记·管晏列传》载管仲曾感叹道：“生我者父母，知我者鲍子也。”

至于堂阜之上，鲍叔祓[1]而浴之三。桓公亲迎之郊。管仲诎缨捷衽[2]，使人操斧而立其后。公辞斧三，然后退之。公曰：“垂缨下衽，寡人将见。”管仲再拜稽首曰：“应公之赐，杀之黄泉，死且不朽。”公遂与归，礼之于庙，三酌而问为政焉，曰：“昔先君襄公，高台广池，湛乐饮酒，田猎罼弋[3]，不听国政。卑圣侮士，唯女是崇，九妃六嫔，陈妾数千。食必粱肉，衣必文绣，而戎士冻饥。戎马待游车之弊，戎士待陈妾之余。倡优侏儒[4]在前，而贤大夫在后。是以国家不日益，不月长。吾恐宗庙之不扫除，社稷之不血食，敢问为之奈何？”管子对曰：“昔吾先王周昭王、穆王世法文武之远迹，以成其名。合群叟[5]，比校民之有道者，设象[6]以为民纪，式券[7]以相应，比缀以书，原本穷末。劝之以庆赏，纠之以刑罚，粪除其颠旄[8]，赐予以镇抚之，以为民终始。”公曰：“为之奈何？”管子对曰：“昔者圣王之治其民也，参其国而伍其鄙，定民之居，成民之事，以为民纪。谨用其六秉，如是而民情可得而百姓可御。”桓公曰：“六秉者何也？”管子曰：“杀、生、贵、贱、贫、富，此六秉也。”桓公曰：“参国奈何？”管子对曰：“制国以为二十一乡：商工之乡六，士农之乡十五。公帅十一乡，高子帅五乡，国子帅五乡。参国故为三军。公立三官之臣：市立三乡，工立三族，泽立三虞，山立三衡。制五家为轨，轨有长。十轨为里，里有司。四里为连，连有长。十连为乡，乡有良人。五[9]乡一帅。”桓公曰：“五鄙奈何？”管子对曰：“制五家为轨，轨有长。六轨为邑，邑有司。十邑为卒[10]，卒有长。十卒为乡，乡有良人。三乡为属，属有大夫[11]。五属五[12]大夫。武政听属，文政听乡，各保而听，毋有淫佚者。”

【注释】

[1]祓(fú)：古代除灾祈福的仪式。

[2]诎缨捷衽：屈下帽缨，挽起衣襟。诎，通“屈”，弯曲，此指垂下。捷，古“插”字。

[3]罼：通“毕”，捕鸟兽的网。弋：以绳系箭来射取猎物。

[4]倡优：歌女艺人。侏儒：从事娱乐的身材矮小的人。

[5]叟：原文为“国”，据《国语·齐语》改，意为老者。

[6]象：典型。

[7]式券：品式、凭证。券，原文为“美”，据郭沫若说校改。

[8]粪除其颠旄：剪除头顶之发。旄，通“毛”，此处指髡刑。

[9]五：原文为“三”，据《国语·齐语》改。

[10]卒：原文为“率”，据《国语·齐语》改。下句两“卒”同此。

[11]大夫：原文为“帅”，据王念孙说校改。

[12]五：原文为“一”，据王念孙说校改。

【品读】

管子“参其国而伍其鄙”的目的是作内政寓军令。由于春秋时期礼崩乐坏，西周宗法制、分封制逐渐破坏，原有的国野划分已失去意义。管子重新整顿国、鄙行政编制，目的就是要扩大赋役的来源，强大齐国的经济实力、军事实力。此外，“泽立三虞，山立三衡”也说明国家已经有意识地控制山泽川林等自然资源，开辟新的财政收入来源。

桓公曰：“定民之居，成民之事奈何？”管子对曰：“士农工商四民者，国之石民[1]也，不可使杂处，杂处则其言哤[2]，其事乱。是故圣王之处士必于闲燕[3]，处农必就田壄[4]，处工必就官府，处商必就市井。令[5]夫士，群萃而州[6]处，闲燕则父与父言义，子与子言孝，其事君者言敬，长者言爱，幼者言弟。旦昔[7]从事于此，以教其子弟，少而习焉，其心安焉，不见异物而迁焉。是故其父兄之教，不肃[8]而成；其子弟之学，不劳而能。夫是故士之子常为士。令夫农，群萃而州处，审其四时，权节其用，备其械器[9]，比耒耜耞芟[10]。及寒击槁[11]除田，以待时乃耕，深耕、均种、疾耰[12]。先雨芸耨[13]，以待时雨。时雨既至，挟其枪刈耨镈[14]，以旦暮从事于田壄，税[15]衣就功，别苗莠，列疏遬[16]。首戴苎蒲[17]，身服袯襫[18]，沾体涂足，暴其发肤，尽其四支之力，以疾从事于田野。少而习焉，其心安焉，不见异物而迁焉。是故其父兄之教，不肃而成；其子弟之学，不劳而能。是故农之子常为农。朴野而不慝[19]，其秀才之能为士者，则足赖也。故以耕则多粟，以仕则多贤，是以圣王敬农[20]戚农。令夫工群萃而州处，相[21]良材，审其四时，辨其功苦[22]，权节其用，论比、计制、断器[23]，尚完利。相语以事，相示以功，相陈以巧，相高以知[24]。旦昔从事于此，以教其子弟。少而习焉，其心安焉，不见异物而迁焉。是故其父兄之教，不肃而成；其子弟之学，不劳而能。夫是故工之子常为工。令夫商群萃而州处，观凶饥，审国变，察其四时而监其乡之货，以知其市之贾[25]。负任担荷，服牛辂马[26]，以周四方；料[27]多少，计贵贱，以其所有，易其所无，买贱鬻贵。是以羽旄[28]不求而至，竹箭有余于国，奇怪时来，珍异物聚。旦昔从事于此，以教其子弟。相语以利，相示以时，相陈以知贾。少而习焉，其心安焉，不见异物而迁焉。是故其父兄之教，不肃而成；其子弟之学，不劳而能。夫是故商之子常为商。相地而衰其政[29]，则民不移矣。正旅[30]旧，则民不惰。山泽各以其时至，则民不苟。陵陆、丘阜[31]、田畴均，则民不惑。无夺民时，则百姓富；牺牲不劳[32]，则牛马育。”

【注释】

[1]石民:柱石之民。

[2]哤(máng):言语杂乱。

[3]闲燕:指清静之处。

[4]壄:古"野"字。

[5]令:原文为"今",据《国语·齐语》改。此节下文三"令"字同此。

[6]萃:集。州:聚。

[7]昔:通"夕",傍晚。

[8]肃:严急。

[9]权节其用,备其械器:原文为"权节具备其械器用",据刘绩说校改。权节,权衡调节。

[10]比:比如。耒耜:耕具。枷芟:连枷、大镰,原文为"梲芨",据《国语·齐语》改。

[11]槁:通"稿",干草、禾秆一类。

[12]耰(yōu):以土覆盖种子。

[13]芸耨(nòu):锄草。芸:通"耘",除草。

[14]枪刈(yì):镰刀一类农具。耨镈(bó):锄头一类农具。

[15]税:通"脱",除去。

[16]遬:通"数",稠密。

[17]苎蒲:用苎麻、蒲草编成的草帽。

[18]襏襫(bó shì):蓑衣。

[19]慝:奸邪。

[20]敬农:原文为"敬畏",据王念孙说校改。

[21]相(xiàng):察看。

[22]功:通"工",良。苦:恶。

[23]论比:评定等级。计制:设计方案。断器:裁制器物。

[24]知:通"智",智慧。原文"知"下有一"事"字,据丁士涵、陶鸿庆说删。

[25]贾:通"价",价格。

[26]辂马:驾马。

[27]料:核计。

[28]羽:雉羽。旄:牦牛尾。

[29]衰(cuī):等级。政:通"征",征收。

[30]正:安定。旅:寄居流离之人。

[31]阜:原文为"井",据丁士涵说校改。

[32]劳:夺取。

【品读】

"士农工商四民者,国之石民"将工商群体纳入柱石之民,管子的重商观念在先秦时期可谓首屈一指,无出其右。其原因为:一是管子本人经商的经历，使其亲身感受商人“负任担荷，服牛辂马，以周四方”的艰辛劳苦，明晓工商业在人们日常生活、政府财政收入、社会经济运作中所扮演的重要角色。二是自姜太公开国伊始，齐国就有着重视工商业的优良传统。《史记·齐太公世家》云：“太公至国，修政，因其俗，简其礼，通商工之业，便鱼盐之利。”到战国时，齐国国都临淄成为东方商业中心，《史记·苏秦列传》记载了临淄城内“车毂击，人肩摩，连衽成帷，举袂成幕，挥汗成雨，家殷人足，志高气扬”的繁荣景象。当时齐国的丝织业十分发达，“齐冠带衣履天下”。直至汉代，政府仍在临淄设置服官，负责皇室丝织品的生产和供应。

“处士必于闲燕，处农必就田墅，处工必就官府，处商必就市井”反映的是管子“四民分业分居”的思想。此举有利于各个行业的传承和交流，进一步细化劳动分工，从而提高劳动生产效率，增加社会财富总量。“相地而衰其政”是根据土地质量状况确定赋税征收标准的方法，体现了管子均地力、爱民力的富国重民思想。

桓公又问曰：“寡人欲修政以干[1]时于天下，其可乎？”管子对曰：“可。”公曰：“安始而可？”管子对曰：“始于爱民。”公曰：“爱民之道奈何？”管子对曰：“公修公族，家修家族，使相连以事，相及以禄，则民相亲矣。放[2]旧罪，修旧宗，立无后，则民殖矣。省刑罚，薄赋敛，则民富矣。乡建贤士，使教于国，则民有礼矣。出令不改，则民正矣。此爱民之道也。”公曰：“民富而以亲，则可以使之乎？”管子对曰：“举财长工[3]，以足[4]民用；陈力尚贤，以劝民知；加刑无苛，以济百姓；行之无私，则足以容众矣；出言必信，则令不穷矣。此使民之道也。”

【注释】

[1]干：求。时：时会。

[2]放：宽容。

[3]举财长工：开辟财源，发展百工。

[4]足：原文为“止”，据王念孙说校改。

【品读】

管仲给齐桓公讲“爱民之道”：要想天下诸侯都依附、会盟齐国，须从爱民开始；国君自己整治公族，大夫各自整治其家，各尽其职，各保禄位，一切和谐有序，百姓自然就相亲无怨了；赦免一些罪犯回家，抚恤旧有的宗族，为无后之人立嗣，人口自然就增长了；减省刑罚，轻徭薄赋，百姓就会富裕起来；乡里定期推荐贤士，使其教化当地，百姓自然就会知礼了。接着，管仲又谈“使民之道”：国家广开财源，发展手工业，满足百姓各种需求；广纳贤才，崇尚贤人，劝勉民众求学之风；宽徭薄赋，方便于百姓；为政公正无私，团结民众；政令只有讲求信用，才能畅通无阻。

桓公曰："民居定矣，事已成矣，吾欲从事于天下诸侯，其可乎？"管子对曰："未可。民心未吾安。"公曰："安之奈何？"管子对曰："修旧法，择其善者，举而严用之；慈于民，予无财，宽政役，敬百姓，则国富而民安矣。"公曰："民安矣，其可乎？"管仲对曰："未可。君若欲正卒伍，修甲兵，则大国亦将正卒伍，修甲兵。君有征战之事，则小国诸侯之臣有守圉[1]之备矣。然则难以速得意于天下。公欲速得意于天下诸侯，则事有所隐，而政有所寓[2]。"公曰："为之奈何？"管子对曰："作内政而寓军令焉。为高子之里，为国子之里，为公里，三分齐国，以为三军。择其贤民，使为里君。乡有行伍[3]，卒长则[4]其制令，且以田猎，因以赏罚，则百姓通于军事矣。"桓公曰："善。"于是乎管子乃制五家以为轨，轨为之长。十轨为里，里有司。四里为连，连为之长。十连为乡，乡有良人，以为军令。是故五家为轨，五人为伍，轨长率之。十轨为里，故五十人为小戎，里有司率之。四里为连，故二百人为卒，连长率之。十连为乡，故二千人为旅，乡良人率之。五乡一师，故万人一军，五乡之师率之。三军故有中军之鼓，有高子之鼓，有国子之鼓。春以田，曰蒐[5]，振旅[6]。秋以田，曰狝[7]，治兵。是故卒伍政定于里，军旅政定于郊。内教既成，令不得迁徙。故卒伍之人，人与人相保，家与家相爱，少相居，长相游，祭祀相福，死丧相恤，祸福相忧，居处相乐，行作相和，哭泣相哀。是故夜战其声相闻，足以无乱；昼战其目相见，足以相识。欢欣足以相死。是故以守则固，以战则胜。君有此教士三万人，以横行于天下，诛无道，以定周室，天下大国之君莫之能圉也。

【注释】

[1]圉：通"御"，防御。

[2]寓：寄托。

[3]行伍：古代军队编制。

[4]则：效法。

[5]蒐（sōu）：同"搜"，指春猎。

[6]振旅：训练军队。

[7]狝（xiǎn）：秋猎。

【品读】

"作内政而寓军令"反映的是兵农合一的军政制度。居则为农，闲时操练，出则为兵。西周时，只有国人才有资格服兵役。而管子"三分齐国"作三军后，取消国、鄙服役差别，将兵源范围扩大至全国，大大增强了齐国的军事实力。

正月之朝，乡长复[1]事，公亲问焉，曰："于子之乡，有居处为义好学、聪明质仁、慈孝于父母、长弟[2]闻于乡里者，有则以告。有而不以告，谓之蔽贤，其罪五。"有司已于事而竣[3]。公又问焉，曰："于子之乡，有拳勇[4]、股肱[5]之力、筋骨秀出于众者，有则以告。有而不以告，谓之蔽才，其罪五。"有司已于事而竣。公又问焉，曰："于子之乡，有不慈孝于父母，不长弟于乡里，骄躁淫暴，不用上令者，有则以告。有而不以告，谓之下比[6]，其罪五。"有司已于事而竣。于是乎乡长退而修德进贤。桓公[7]亲见之，遂使役之官。公令官长，期而书伐[8]以告，且令选官之贤者而复之。曰："有人居我官有功，休德维顺，端悫[9]以待时使。使民恭敬以劝。其称秉[10]言，则足以补官之不善政。"公宣问其乡里，而有考验。乃召而与之坐，省相其质，以参[11]其成功，成事可立而时[12]。设问国家之患而不宄[13]，退而察问其乡里，以观其所能，而无大过，登以为上卿之佐。名之曰三选。高子、国子退而修乡，乡退而修连，连退而修里，里退而修轨，轨退而修家。是故匹夫有善，故可得而举也；匹夫有不善，故可得而诛也。政既成，乡不越长，朝不越爵。罢[14]士无伍，罢女无家。士三出[15]妻，逐于境外。女三嫁，入于舂谷[16]。是故民皆勉为善。士与其为善于乡，不如为善于里；与其为善于里，不如为善于家。是故士莫敢言一朝之便，皆有终岁之计；莫敢以终岁为议，皆有终身之功。

【注释】

[1]复：回报。

[2]弟：通"悌"，敬爱兄长。

[3]竣：退。

[4]拳勇：大勇。

[5]股：大腿。肱：胳膊由肘到肩的部分。

[6]比：通"庇"，包庇。

[7]桓公：原文为"明公"，据赵用贤本校改。

[8]伐：伐阅，此处指功劳簿。

[9]端悫：正直诚实。

[10]秉：读为"谤"，非议。

[11]参：检验。

[12]成：通"诚"。而时：待时。

[13]宄：原文为"肉"，据王念孙说校改，通"究"，穷。

[14]罢：通"疲"，指行为不端。

[15]出：休弃。

[16]舂(chōng)谷：用杵臼捣谷物。古时指一种劳役刑罚。

【品读】

“三选”指三级选举人才制度，包括乡级推荐贤才、官长实地考察、国君亲自考问。选拔的人才有文，也有武。“居处为义好学、聪明质仁、慈孝于父母、长弟闻于乡里者”就是文才，“拳勇、股肱之力、筋骨秀出于众者”即武才。三级选举反映了管子以品德、能力、功劳为选举标准的人才观，务使人尽其才，官尽其能。

正月之朝，五属大夫复事于公，择其寡功者而谯[1]之曰：“列地分民者若一，何故独寡功？何以不及人？教训不善，政事其[2]不治，一再则宥，三则不赦。”公又问焉，曰：“于子之属，有居处为义好学、聪明、质[3]仁、慈孝于父母、长弟闻于乡里者，有则以告。有而不以告，谓之蔽贤，其罪五。”有司已事而竣。公又问焉，曰：“于子之属，有拳勇、股肱之力秀出于众者，有则以告。有而不以告，谓之蔽才，其罪五。”有司已事而竣。公又问焉，曰：“于子之属，有不慈孝于父母，不长弟于乡里，骄躁淫暴，不用上令者，有则以告。有而不以告者，谓之下比，其罪五。”有司已事而竣。于是乎五属大夫退而修属，属退而修连，连退而修乡，乡退而修卒，卒退而修邑，邑退而修家。是故匹夫有善，可得而举；匹夫有不善，可得而诛。政成国安，以守则固，以战则强。封内治，百姓亲，可以出征四方，立一霸王矣。

【注释】

[1]谯：责备。

[2]其：将要。

[3]质：原文为“贤”，据上文改。

【品读】

梁启超曾论曰：“此当时实施之制度也。观于此，则其综核名实之精神，可见一斑。而凡言官僚政治者，皆当以为楷模矣。”①上节讲述了乡长每年年初要到国君面前汇报工作，而此节中五属大夫也要在每年年初接受国君的考核。考核完了，“于是乎五属大夫退而修属，属退而修连，连退而修乡，乡退而修卒，卒退而修邑，邑退而修家”。这样，既强调由国君掌控法令赏罚以建立中央集权，又重视利用乡里组织宗法制度以加强对人民控制。

桓公曰：“卒伍定矣，事已成矣，吾欲从事于诸侯其可乎？”管子对曰：“未

① 梁启超：《梁启超论诸子百家》，商务印书馆2012年版，第78页。

可。若军令则吾既寄诸内政矣，夫齐国寡甲兵，吾欲轻重罪而移之于甲兵。”公曰：“为之奈何？”管子对曰：“制重罪入以兵甲犀胁[1]、二戟，轻罪入兰[2]、盾、鞈[3]革、二戟，小罪入以金钧分[4]，宥薄罪入以半钧，无坐[5]抑而讼狱者，正三禁之而不直[6]，则入一束矢以罚之。美金[7]以铸戈、剑、矛、戟，试诸狗马；恶金以铸斤、斧、鉏、夷、锯、欘[8]，试诸木土。”

【注释】

[1]犀胁：用犀牛皮制作的胁驱，为战马护具。

[2]兰：兵器架。

[3]鞈(jiá)：双重革制胸甲。

[4]钧分：一钧半。三十斤为一钧。

[5]坐：通“挫”，受挫。

[6]正：官长。不直：不实。

[7]美金：青铜之类。

[8]恶金：铁之类。斤：斧。鉏：锄。夷：钩镰类。欘(zhú)：大锄。

【品读】

所谓“轻重罪而移之于甲兵”，意思是允许用兵器及其原料铜、铁等来赎罪。实际上，由于兵器等铜铁制品毕竟需要专业技术才能冶炼、制造。因此，在实际执行过程中，诸侯国也会采取变通的办法，用作赎罪的兵器可以折算成钱币缴纳。如鲁国法律规定：“盗一钱到廿，罚金一两；过廿到百，罚金二两。”①

桓公曰：“甲兵大足矣，吾欲从事于诸侯，可乎？”管仲对曰：“未可。治内者未具也，为外者未备也。”故使鲍叔牙为大谏，王子城父为将，弦子旗为理，宁戚为田，隰朋为行[1]，曹孙宿处楚，商容处宋，季友[2]处鲁，卫开方[3]处卫，匽尚处燕，审友处晋。又游士八十[4]人，奉之以车马衣裘，多其资粮，财币足之，使出周游于四方，以号召收求天下之贤士。饰玩好，使出周游于四方，鬻之诸侯，以观其上下之所贵好，择其沈乱[5]者而先政之。公曰：“外内定矣，可乎？”管子对曰：“未可。邻国未吾亲也。”公曰：“亲之奈何？”管子对曰：“审吾疆埸[6]，反其侵地，正其封界；毋受其货财，而美为皮币，以极聘覜[7]于诸侯，以安四邻，则邻国亲我矣。”桓公曰：“甲兵大足矣，吾欲南伐，何主？”管子对曰：“以鲁为主。反其侵地常、潜，使海于有弊[8]，渠弥于有陼[9]，环山于有牢[10]。”桓公曰：“吾欲西伐，何主？”管子对曰：“以卫为主。反其侵地台[11]、

① 张家山二四七号汉墓竹简整理小组：《张家山汉墓竹简［二四七号墓］（释文修订本）》，文物出版社2006年版，第107页。

原、姑与柒里，使海于有弊，渠弥于有陼，环山于有牢。”桓公曰：“吾欲北伐，何主？”管子对曰：“以燕为主，反其侵地柴夫、吠狗，使海于有弊，渠弥于有陼，环山于有牢。”四邻大亲。既反其侵地，正其封疆，地南至于岱阴，西至于济，北至于海，东至于纪随，地方三百六十里。三岁治定，四岁教成，五岁兵出。有教士三万人，革车八百乘。诸侯多沈乱，不服于天子。于是乎桓公东救徐州，分吴半。存鲁陵蔡[12]，割越地。南据宋、郑，征伐楚，济汝水，逾方城[13]。望文山，使贡丝于周室。成周反胙于隆岳[14]，荆州诸侯莫不来服。中救晋公，禽[15]狄王，败胡貉，破屠何，而骑寇始服。北伐山戎，制泠支，斩孤竹，而九夷始听。海滨诸侯，莫不来服。西征攘白狄之地，遂至于西河，方舟投柎[16]，乘桴[17]济河，至于石沈。县[18]车束马，逾大行与卑耳之豀[19]，拘泰夏[20]，西服流沙西虞，而秦戎始从。故兵一出而大功十二。故东夷、西戎、南蛮、北狄、中国诸侯，莫不宾服。与诸侯饰牲为载书，以誓要于上下庶[21]神。然后率天下定周室，大朝诸侯于阳谷。故兵车之会六，乘车之会三，九合诸侯，一匡天下。甲不解垒[22]，兵不解翳[23]，弢[24]无弓，服[25]无矢，寝武事，行文道，以朝天子。

【注释】

[1]行：大行，即掌管外交事务的官员。

[2]季友：原文为“季劳”，据宋翔凤说校改。

[3]卫开方：原文为“徐开封”，据王念孙说校改。

[4]八十：原文为“八千”，据《国语·齐语》改。

[5]沈乱：淫乱。

[6]疆埸(yì)：原文为“疆场”，据安井衡说校改，指边境。

[7]极：通“亟”，屡次。覜(tiào)：古代诸侯每三年行聘问相见之礼。人多称“覜”，人少称“聘”。

[8]弊：通“蔽”，屏蔽。

[9]渠弥：小海。陼：通“堵”，墙垣。

[10]环山：原文“纲山”，据王念孙说校改。牢：栅栏。下文“环山”同此。

[11]台：卫国地名。原文为“台”上有一“吉”字，据王念孙说删。

[12]陵蔡：原文为“蔡陵”，据张佩纶说校改。

[13]方城：原文为“方地”，据刘绩说校改。

[14]胙(zuò)：祭肉。隆岳：此指齐桓公。四岳古称“方伯”，周天子以齐桓公为方伯。

[15]禽：通“擒”，擒获。

[16]方：并。柎：木筏。

[17]桴：小木筏。

[18]县：通“悬”，悬挂。

[19]豀：原文为“貉”，据王念孙说校改。

[20]泰夏：大夏，西方国名。泰，原文为“秦”，据丁士涵说校改，通“大”。下节“泰夏”同此。

[21]庶：原文为“荐”，据《国语·齐语》改，意为众。

[22]垒：通“累”，用来捆铠甲的绳子。

[23]翳：盛兵器的大袋。

[24]弢：弓衣。

[25]服：箭袋。

【品读】

在记述齐桓公的霸业方面，作者有一定的夸大之处。例如，“东夷、西戎、南蛮、北狄、中国诸侯，莫不宾服”一句，有粉饰之嫌。但是，管仲的争霸策略还是可窥端倪的。首先，派遣各类人才积极从事外交活动，争取盟友，分化敌人；还特派游士八十人，资助钱财，负责招纳别国贤才，刺探他国内情。其次，笼络邻国，巩固边界。归还侵占鲁、卫、燕等邻国的土地，“使海于有弊，渠弥于有陼，环山于有牢”，即齐国有大海作屏障，有小海作墙垣，有环山作防护。邻国的友好与边界的修正，为齐国未来的南征北伐提供了一个稳定的大后方。最后，齐桓公“兵一出而大功十二”“九合诸侯，一匡天下”，成为春秋首位诸侯霸主。

……………………………………

葵丘之会，天子使大夫宰孔致胙于桓公曰：“余一人之命有事于文武[1]。使宰孔致胙。”且有后命曰：“以尔自卑劳，实谓尔伯舅[2]毋下拜。”桓公召管仲而谋，管仲对曰：“为君不君，为臣不臣，乱之本也。”桓公曰：“余乘车之会三，兵车之会六，九合诸侯，一匡天下。北至于孤竹、山戎、秽貉，拘泰夏；西至流沙、西虞；南至吴、越、巴、牂牁、䍧、不庾、雕题、黑齿。荆夷之国，莫违寡人之命，而中国卑我，昔三代之受命者，其异于此乎？”管子对曰：“夫凤凰鸾鸟不降，而鹰隼鸱枭[3]丰，庶神不格[4]，守龟[5]不兆，握粟而筮[6]者屡中。时雨甘露不降，飘风暴雨数臻[7]。五谷不蕃[8]，六畜不育，而蓬蒿藜藿[9]并兴。夫凤凰之文，前德义，后日昌。昔人之受命者，龙龟假[10]，河出图，雒出书，地出乘黄[11]。今三祥未见有者，虽曰受命，无乃失诸乎？”桓公惧，出见客曰：“天威不违颜咫尺，小白承天子之命而毋下拜[12]，恐颠蹶于下，以为天子羞。”遂下拜，登受赏服、大路[13]、龙旗九游[14]、渠门[15]赤旗。天子致胙于桓公而不受，天下诸侯称顺焉。

【注释】

[1]余一人有事于文武：原文“人”下有“之命”二字，据丁士涵说校改。

[2]伯舅：周天子对异性诸侯的称谓。

[3]鹰隼鸱枭：各类猛禽。

[4]格：感通。

[5]守龟：占卜时使用的龟甲。

[6]握粟而筮：指民间用粟米来占卜。

[7]臻：至、到。

[8]蕃：茂盛。

[9]蘿：通“藋”，草名，类似蒺藜。

[10]假(gé)：通“格”，至、到。

[11]乘黄：神马。

[12]下拜：原文为“不拜”，据赵用贤本改。

[13]大路：大车。路，通“辂”，车。

[14]九游：九旒，指龙旗有九旒下垂。

[15]渠门：辕门。

【品读】

葵丘会盟之时，风光不再的周天子派遣宰孔赐祭肉于齐桓公，并说：“我在文王、武王的庙中祭祀，特将祭肉赏赐给你。因为你谦卑、劳苦，可不用下拜受赐。”面对极高的礼遇，处在霸业顶峰的齐桓公有些飘飘然了，竟然准备接受。对此，管仲一针见血地点破问题的关键，说道：“为君不君，为臣不臣，乱之本也。”如果大家都效仿这种做法，最终也会引起齐国的动乱，威胁你自己的君位。然后，管仲又以祥瑞不现、灾异屡降来使其有所畏惧。齐桓公最终言听计从。经过君臣多年的相处，管仲对齐桓公了如指掌，在劝谏建言方面显得进退自如，游刃有余。

桓公忧天下诸侯。鲁有夫人庆父之乱，而二君弑死，国绝无后。桓公闻之，使高子存之。男女不淫，马牛选具[1]。执玉以见，请为关内之侯，而桓公不使也。狄人攻邢，桓公筑夷仪以封之。男女不淫，马牛选具。执玉以见，请为关内之侯，而桓公不使也。狄人攻卫，卫人出旅[2]于曹，桓公城楚丘封之。其畜以散亡，故桓公予之系马三百匹，天下诸侯称仁焉。于是天下之诸侯知桓公之为己勤也，是以诸侯之归之也，譬若市人。桓公知诸侯之归己也，故使轻其币而重其礼。故使天下诸侯以疲马犬羊为币，齐以良马报。诸侯以缦帛鹿皮四介[3]以为币，齐以文锦虎豹皮报。诸侯之使垂橐而入，捆[4]载而归。故钓[5]之以爱，致之以利，结之以信，示之以武。是故天下小国诸侯，既服桓公，莫之敢倍而归之。喜其爱而贪其利，信其仁而畏其武。桓公知天下小国诸侯之多与[6]己也，于是又大施惠[7]焉。可为忧者为之忧，可为谋者为之谋，可为动者为之动。伐谭、莱而不有也，诸侯称仁焉。通齐国之鱼盐东莱，使关市几而不正，廛[8]而不税，以为诸侯之利，诸侯称宽焉。筑

蔡、鄢陵、培夏、灵父丘，以御[9]戎狄之地，所以禁暴于诸侯也。筑五鹿、中牟、邺、盖与牡丘[10]，以卫诸夏之地，所以示劝于中国也。教大成。是故天下之于桓公，远国之民望如父母，近国之民从如流水。故行地兹[11]远，得人弥众，是何也？怀其文而畏其武。故杀无道，定周室，天下莫之能圉，武事立也；定三革[12]，偃五兵[13]，朝服以济河，而无怵惕[14]焉，文事胜也。是故大国之君惭媿[15]，小国诸侯附比。是故大国之君事如臣仆，小国诸侯欢如父母。夫然，故大国之君不尊，小国诸侯不卑。是故大国之君不骄，小国诸侯不慑。于是列[16]广地以益狭地，损有财以与无财。周其君子，不失成功；周其小人，不失成命[17]。夫如是，居处则顺，出则有成功。不称动甲兵之事，以遂文武之迹[18]于天下。

【注释】

[1]选具：齐备。

[2]旅：寄居。

[3]缦帛鹿皮四介：原文为“缕帛布鹿皮四分”，据王念孙、王引之说校改。介，个。

[4]捃(jùn)：采集。

[5]钓：原文为“钧”，据郭沫若说校改，指诱使。

[6]与：亲附。

[7]惠：原文为“忠”，据《册府元龟》引文校改。

[8]廛：指市场存放货物的房屋。

[9]御：原文为“卫”，据《国语·齐语》改。

[10]牡丘：原文为“社丘”，据王引之说校改。

[11]兹：通“滋”，更加。

[12]定：止。三革：皮革防护具。

[13]偃：藏。五兵：泛指兵器。

[14]怵(chù)惕：恐惧状。

[15]媿：通“愧”，惭愧、羞愧。

[16]列：通“裂”，断裂、裂开。

[17]命：职命。

[18]迹：原文为“近”，据赵用贤本改，指功绩。

【品读】

此节记述的是齐桓公成就霸业的文治武功，即“文事胜，武功立”。在武功方面，协助鲁国，平定内乱，拥立新君；攻破谭、莱二国，而不占其地；存邢救卫，天下称仁；“尊王攘夷”，卫护华夏，“筑蔡、鄢陵、培夏、灵父丘”，以防御戎狄的进攻；“筑五鹿、中牟、邺、盖与牡丘”，以保护中原的华夏各国。在文事方面，“轻其币而重其礼”，广施利于诸侯。遭遇忧患的尽力为其排忧解难，需要谋划的为其出谋划策。因而齐桓公的声望如日中天，“远国之民望如父母，近国之民从如流水”。

桓公能假其群臣之谋，以益其智也。其相曰夷吾，大夫曰宁戚、隰朋、宾胥无、鲍叔牙。用此五子者何[1]功，度义光德，继法绍终，以遗后嗣，贻孝昭穆。大霸天下，名声广裕，不可掩也。则唯有明君在上，察相在下也。初，桓公郊迎管子而问焉。管仲辞让，然后对以参国伍鄙，立五乡以崇化，建五属以厉武，寄兵于政，因刑罚[2]，备器械，加兵无道诸侯，以事周室。桓公大说[3]。于是斋戒十日，将相管仲。管仲曰：“斧钺之人[4]也，幸以获生，以属其腰领[5]，臣之禄[6]也。若知国政，非臣之任也。”公曰：“子大夫受政，寡人胜任；子大夫不受政，寡人恐崩。”管仲许诺，再拜而受相。三日，公曰：“寡人有大邪三，其犹尚可以为国乎？”对曰：“臣未得闻。”公曰：“寡人不幸而好田[7]，晦夜而至禽侧，田莫不见禽而后反[8]。诸侯使者无所致[9]，百官有司无所复。”对曰：“恶则恶矣，然非其急者也。”公曰：“寡人不幸而好酒，日夜相继，诸侯使者无所致，百官有司无所复。”对曰：“恶则恶矣，然非其急者也。”公曰：“寡人有污行，不幸而好色，而姑姊[10]有不嫁者。”对曰：“恶则恶矣，然非其急者也。”公作色曰：“此三者且可，则恶有不可者矣？”对曰：“人君唯优与不敏[11]为不可，优则亡众，不敏不及事。”公曰：“善。吾子就舍，异日请与吾子图之。”对曰：“时可将与夷吾，何待异日乎？”公曰：“奈何？”对曰：“公子举为人博闻而知礼，好学而辞逊，请使游于鲁，以结交焉。公子开方为人巧转而兑[12]利，请使游于卫，以结交焉。曹孙宿其为人也小廉而苛忕[13]，足恭而辞给[14]，正荆之则[15]也，请使往游，以结交焉。”遂立行三使者，而后退。

【注释】

[1]何：通“荷”，担任。

[2]因刑罚：原文无“刑”字，据陶鸿庆说补。

[3]说：通“悦”，喜悦。

[4]斧钺之人：指获罪应死之人。

[5]属：连接。领：颈。

[6]禄：福。

[7]田：田猎。

[8]莫：通“暮”，傍晚。反：通“返”，返回。

[9]无所致：原文无“所”，据赵用贤本补。

[10]姊：姐姐。

[11]优：原文为“優”，据刘绩本改，指优柔寡断。敏：勤勉。

[12]兑：通“锐”，锐利。

[13]苛：细小。忕(shì)：察。

[14]辞给：言辞敏捷。原文为"辞结"，据刘绩说校改。

[15]荆之则：楚国的风俗。

【品读】

此节是管仲以阶下囚的身份回到齐国为相的又一种版本。此节将齐桓公"大霸天下"的原因归结为"假其群臣之谋，以益其智也"，即集思广益，非常有见地。实际上，齐桓公不仅只倚重管仲一人，宁戚、隰朋、宾胥无、鲍叔牙等贤人也尽列其麾下，为其所用。知人善用、从谏如流是齐桓公具有霸主潜质的关键因素。此外，齐桓公坦陈自己有三大缺点：好打猎、好酒、好色。这说明其最初不被人看好也是事出有因。但是，他贵在有自知之明，知错即改，大事上从不糊涂，终成一位有作为的君主。

相三月，请论百官。公曰："诺。"管仲曰："升降揖让，进退闲[1]习，辨辞之刚柔，臣不如隰朋，请立为大行。垦草入邑，辟土聚粟多众，尽地之利，臣不如宁戚，请立为大司田。平原广牧[2]，车不结辙[3]，士不旋踵[4]，鼓之而三军之士视死如归，臣不如王子城父，请立为大司马。决狱折中，不杀不辜，不诬无罪，臣不如宾胥无，请立为大司理。犯君颜色，进谏必忠，不辟[5]死亡，不挠富贵，臣不如东郭牙，请立以为大谏之官。此五子者，夷吾一不如，然而以易夷吾，夷吾不为也。君若欲治国强兵，则五子者存矣；若欲霸王，夷吾在此。"桓公曰："善。"

【注释】

[1]闲：通"娴"，熟悉。

[2]牧：郊外。

[3]结辙：车辙交错。

[4]旋踵(zhǒng)：旋转脚后跟，意指退缩。

[5]辟：通"避"，躲避。

【品读】

管仲相齐三个月后，根据自己的细致考察，选择每个职位上最合适的人选。隰朋通晓礼仪，善于辞令，故任命为大行；宁戚习于耕种，能尽地利，故任命为大司田；王子城父教兵有方，训练有素，故任命为大司马；宾胥无法令娴熟，执法公正，故任命为大谏；东郭牙竭忠进谏，不避死亡，不为富贵，故任命为大谏。与五位人才的专业特长相比，管仲自愧不如。但是，总理百官，成就霸业，无敌于天下，则非管仲莫属。

霸形第二十二

内言五

桓公在位，管仲、隰朋见。立有间，有贰鸿飞而过之。桓公叹曰："仲父，今彼鸿鹄有时而南，有时而北，有时而往，有时而来，四方无远，所欲至而至焉，非唯有羽翼之故，是以能通其意于天下乎?"管仲、隰朋不对。桓公曰："二子何故不对?"管子对曰："君有霸王之心，而夷吾非霸王之臣也，是以不敢对。"桓公曰："仲父胡为然? 盍不当言[1]，寡人其有乡[2]乎? 寡人之有仲父也，犹飞鸿之有羽翼也，若济大水有舟楫也。仲父不一言教寡人，寡人之有耳将安闻道而得度哉?"管子对曰："君若将欲霸王举大事乎? 则必从其本事矣。"桓公变躬迁席，拱手而问曰："敢问何谓其本?"管子对曰："齐国百姓，公之本也。人甚忧饥，而税敛重；人甚惧死，而刑政险；人甚伤劳，而上举事不时。公轻其税敛，则人不忧饥；缓其刑政，则人不惧死；举事以时，则人不伤劳。"桓公曰："寡人闻仲父之言此三者，闻命矣，不敢擅[3]也，将荐之先君。"于是令百官有司，削方[4]墨笔。明日，皆朝于太庙之门朝[5]，定令于百吏。使税者百一钟，孤幼不刑，泽梁时纵，关讥[6]而不征，市书而不赋，近者示之以忠信，远者示之以礼义。行此数年，而民归之如流水。

【注释】

[1]当言：直言。当，通"谠"，正直。

[2]乡：通"向"，方向。

[3]擅：专。

[4]方：古代书写用的方版。

[5]朝：庭。

[6]讥：稽查。

【品读】

"齐国百姓，公之本也"体现的是管子典型的人本思想。他主张轻敛薄赋、约法省刑、征发有时的惠民政策。具体表现为：农业税实行百一之税制；孤、幼等弱势群体享受刑罚上的优抚；定期开放山林川泽，放利于民；关税、市场交易税等实行优惠减免；等等。

"令百官有司，削方墨笔。明日，皆朝于太庙之门朝，定令于百吏。"其所反映的是齐国法令的制定、公布、存档等。《管子》书中“叁国伍鄙”“四民分业”等制度的原始素材可能就来自齐国史官保存的档案。

此其后，宋伐杞，狄伐邢、卫。桓公不救，裸体纫[1]胸称疾。召管仲曰："寡人有千岁之食，而无百岁之寿，今有疾病，姑[2]乐乎！"管子曰："诺。"于是令之县钟磬之榱[3]，陈歌舞竽瑟之乐，日杀数十牛者数旬。群臣进谏曰："宋伐杞，狄伐邢、卫，君不可不救。"桓公曰："寡人有千岁之食，而无百岁之寿，今又疾病，姑乐乎！且彼非伐寡人之国也，伐邻国也，子无事焉。"

宋已取杞[4]，狄已拔邢、卫矣。桓公起，行筍虡[5]之间，管子从。至大钟之西，桓公南面而立，管仲北乡对之，大钟鸣。桓公视[6]管仲曰："乐夫，仲父？"管子对曰："此臣之所谓哀，非乐也。臣闻之，古者之言乐于钟磬之间者不如此。言脱于口，而令行乎天下；游钟磬之间，而无四面兵革之忧。今君之事，言脱于口，令不得行于天下；在钟磬之间，而有四面兵革之忧。此臣之所谓哀，非乐也。"桓公曰："善。"于是伐[7]钟磬之县，并[8]歌舞之乐，宫中虚无人。桓公曰："寡人以[9]伐钟磬之县，并歌舞之乐矣，请问所始于国，将为何行？"管子对曰："宋伐杞，狄伐邢、卫，而君之不救也，臣请以庆。臣闻之，诸侯争于强者，勿与分于强[10]。今君何不定三君之居[11]处哉？"于是桓公曰："诺。"因命以车百乘、卒千人，以缘陵封杞；车百乘、卒千人，以夷仪封邢；车五百乘、卒五千人，以楚丘封卫。

桓公曰："寡人以定三君之居处矣，今又将何行？"管子对曰："臣闻诸侯贪于利，勿与分于利。君何不发虎豹之皮、文锦[12]以使诸侯，令诸侯以缦帛[13]鹿皮报？"桓公曰："诺。"于是以虎豹皮、文锦使诸侯，诸侯以缦帛、鹿皮报，则令固始行于天下矣。

【注释】

[1]纫：抚摩。

[2]姑：姑且。

[3]县：通“悬”，悬挂。榱：悬挂钟磬的木架。

[4]杞：原文为“相”，据赵用贤本改。

[5]筍(sǔn)：悬挂钟磬的横木。虡(jù)：古代悬挂钟磬木架上的立柱。

[6]视：原文为“亲”，据《册府元龟》引文改。

[7]伐：断。

[8]并：通“屏”，排除。

[9]以：通“已”，已经。

[10]分于强：与之争强。

[11]居：原文无此字，据许维遹说补。

[12]文锦：有花纹的织锦。

[13]缦帛：无花纹的帛。

【品读】

齐桓公偶得疾病，性情大变，感叹人生如白驹过隙，去日苦多，于是说道："作为国君，我有千年吃不完的家业，却无法做到长命百岁，不如及时行乐。"因而，他日日纵情于声色之间，不理朝政。对此，管仲采取循循善诱、因势利导的方法来劝谏齐桓公。心理学上有一个名词，叫"边际效应"，是说接触某一事物的次数越多，情感体验也就越发淡漠。天天山珍海味，也有吃够的时候。待数日，当齐桓公对声色的满足程度下降之时，管仲从容进言："君主你现在的行为，在臣眼里，不是真正的快乐，而是乐极生悲。国君最大的快乐莫过于言出于口，令行天下，四面无敌。"这时，齐桓公病已痊愈，素有的雄心壮志重被激发，兴师救助邢国、卫国、杞国，"定三君之居"，扬名于天下。

此其后，楚人攻宋、郑。烧焫熯[1]焚郑地，使城坏者不得复筑也，屋之烧者不得复葺也，令其人有[2]丧雌雄，居室如鸟鼠处穴。要[3]宋田，夹塞两川，使水不得东流，东山之西，水深灭垝[4]，四百里而后可田也。楚欲吞宋、郑而畏齐，思[5]人众兵强能害己者，必齐也。于是乎楚王号令于国中曰："寡人之所明于人君者，莫如桓公；所贤于人臣者，莫如管仲。明其君而贤其臣，寡人愿事之。谁能为我交齐者，寡人不爱封侯之君焉。"于是楚国之贤士皆抱其重宝、币帛以事齐。桓公之左右，无不受重宝、币帛者。

于是桓公召管仲曰："寡人闻之，善人者人亦善之。今楚王之善寡人一[6]甚矣，寡人不善，将拂[7]于道。仲父何不遂交楚哉？"管子对曰："不可。楚人攻宋、郑，烧焫熯焚郑地，使城坏者不得复筑也，屋之烧者不得复葺也，令人有丧雌雄，居室如鸟鼠处穴。要宋田，夹塞两川，使水不得东流，东山之西，水深灭垝，四百里而后可田也。楚欲吞宋、郑，思人众兵强而能害己者，必齐也。是欲以文克齐，而以武取宋、郑也。楚取宋、郑而不止禁，是失宋、郑也；禁之，则是又不信于楚也。知失于内，兵困于外，非善举也。"桓公曰："善。然则若何？"管子对曰："请兴兵而南存宋、郑，而令曰：'无攻楚，言与楚王遇。'至于遇上[8]，而以郑城与宋水为请。楚若许，则是我以文[9]令也；楚若不许，则遂以武[10]令焉。"桓公曰："善。"于是遂兴兵而南存宋、郑，与楚王遇于召陵之上，而令于遇上曰："毋[11]贮粟，毋曲隄，无擅废嫡子，无置妾以为妻。"因以郑城与宋水为请于楚。楚人不许，遂退七十里而舍[12]。使军人城郑南之地，立石付[13]城焉。曰：自此而北至于河者，郑自城之，而楚不敢隳[14]也。东发宋田，夹两川，使水复东流，而楚不敢塞也。遂南伐楚[15]，逾方城，济于汝水，望汶山，南致吴越[16]之君。而西伐秦，北伐狄，东存晋公于南，北伐孤竹，还存燕公。兵车之会六，乘车之会三，九合诸侯，反位已霸，修钟磬而复乐。管子曰："此臣之所谓乐也。"

【注释】

[1]爇(ruò)：烧、点燃。熯(hàn)：烧。

[2]有：通"又"，再。

[3]要：拦截。

[4]垝(guǐ)：倒塌的墙。

[5]思：原文其上有一"曰"字，据猪饲彦博、陶鸿庆说删。

[6]一：乃。

[7]拂：违背。

[8]上：处所。

[9]文：和平方式。

[10]武：武力方式。

[11]毋：原文为"母"，疑形近而误。

[12]舍：驻扎。

[13]石付：原文为"百代"，据郭沫若说校改。石，石碑。

[14]隳：毁坏。

[15]楚：原文为"及"，据许维遹说校改。

[16]吴越：原文为"楚越"，据本书《小匡》篇改。

【品读】

此节主题是召陵之盟，即齐、楚两大强国之间的第一次较量。在管仲的精心谋划下，齐国最终占得上风。春秋初期，作为南方大国，楚国以蛮夷自居，藐视周天子，觊觎中原各国。楚王采取远交近攻的策略，攻打宋、郑，并烧略城池，水淹农田。同时，为防止北方强国——齐国的干预，又主动派人馈赠重宝、币帛，以结好齐国。如此一来，齐桓公感到左右为难，不好直接出兵干涉。对此，管仲倡言采取"先礼后兵"的方针，打着会见楚王的旗号，出兵宋、郑。最后与楚国会见于召陵，齐国要求其放弃毁城堵水的行为。楚国虽没有答应，但慑于齐国的军事压力，被迫将军队后撤七十里。齐国趁机帮助宋国修复城池，开通郑国被堵水道，恢复了两国人民的生产生活。齐国通过召陵之盟，不战而屈人之兵，成功化解宋、郑两国的军事危机，为齐桓公的霸业奠定坚实的基础。

等到齐桓公霸业成就之后，才"修钟磬而复乐"，享受成功的愉悦。此情此景，管仲想到当年齐国弱小之时，他劝谏齐桓公远离声色的往事，说道："君主今天的快乐就是老臣我由来已久的心愿啊！"

霸言第二十三

内言六

霸王之形，象天则地[1]，化人易代，创制天下，等列诸侯，宾[2]属四海，时匡天下。大国小之，曲[3]国正之，强国弱之，重国轻之，乱国并之，暴王残[4]之。僇[5]其罪，卑其列，维其民，然后王之。夫丰国之谓霸，兼正之国之谓王。夫王者有所独明，德共者不取也，道同者不王也。夫争天下者，以威易[6]危暴，王之常也。君人者有道，霸王者有时。国修而邻国无道，霸王之资[7]也。夫国之存也，邻国有焉；国之亡也，邻国有焉。邻国有事，邻国得焉；邻国有事，邻国亡焉。天下有事，则圣王利也。国危，则圣人知矣。夫先王所以王者，资邻国之举不当也。举而不当，此邻敌之所以得意也。

【注释】

[1]象：模仿。则：效仿。

[2]宾：服。

[3]曲：邪曲。

[4]残：毁灭。

[5]僇：通“戮”，用杀戮来惩罚。

[6]易：更换。

[7]资：凭借。

【品读】

首先，谈霸王之业的形势。成就霸王之业的君主，他们施政能够效法天地，移风易俗，号令诸侯，匡正天下。具体来讲，以雄厚军力为强的君主成就霸业，能够匡正天下的君主成就王业。其次，提出“霸王之资”。此观点具有一定的思辨性。有强才有弱，有弱才有强。因而，君主成就霸业的原因是邻国“无道”、政策不当的原因。同样，如果邻国都“有道”，那么自己国家就可能危险了。所以，“先王所以王者，资邻国之举不当也”，即先王成就大业的，得益于邻国失败的政策。

夫欲用天下之权者，必先布德诸侯。是故先王有所取，有所与，有所诎[1]，有所信[2]，然后能用天下之权。夫兵幸于权，权幸于地。故诸侯之得地利者，权从之；失地利者，权去之。夫争天下者，必先争人。明大数者得人，审小计者失人。得天下之众者王，得其半者霸。是故圣王卑礼以下天下之贤而王之，均分以钧天下之众而臣之。故贵为天子，富有天下，而世[3]不谓贪者，其大计存也。以天下之财，利天下之人；以明威之振[4]，合天下之权；以遂德之行，结诸侯之亲；以奸佞之罪，刑[5]天下之心；因天下之威，以广明王之伐；攻逆乱之国，赏有功之劳；封贤圣之德，明一人[6]之行，而百姓定矣。夫先王取天下也，术术[7]乎大德哉，物利之谓也。夫使国常无患，而名利并至者，神圣也；国在危亡，而能寿者，明圣也。是故先王之所师者，神圣也；其所赏者，明圣也。夫一言而寿国，不听而国亡，若此者，大圣之言也。夫明王之所轻者马与玉，其所重者政与军。若失主不然，轻予人政，而重予人马；轻予人军，而重与人玉；重宫门之营，而轻四竟[8]之守，所以削也。

【注释】

[1]诎：通“屈”，弯曲。

[2]信：通“伸”，伸直。

[3]世：原文为“伐”，据俞樾说校改。

[4]振：通“震”，震动。

[5]刑：通“型”，示范。

[6]一人：此处指天子。

[7]术术：盛大的样子。

[8]竟：通“境”，边境。

【品读】

“以天下之财，利天下之人。”这是管子学派的经典话语。其有两层含义：一是如何获取“天下之财”。管子学派多是理财专家，他们认为当时财富并不匮乏，而是不会用财、分财，主张用“轻重术”等国家调控手段来用财、分财。二是如何使用“天下之财”。管子学派主张“轻重术”等国家调控的初衷并不是与民争利，而是与民同利。其根本目的是取之于民，用之于民，藏富于民。

……………………………………

夫权者，神圣之所资也；独明者，天下之利器也；独断者，微密之营垒也。此三者，圣人之所则也。圣人畏微，而愚人畏明；圣人之憎恶也内[1]，愚人之憎恶也外[2]；圣人将动必知，愚人至危勿[3]辞。圣人能辅时，不能违时。知者善谋，不如当时。精时者，日少而功多。夫谋无主[4]则困，事无备则废。是以圣王务具其备，而慎守其时。以备待时，以时兴事，时至而举兵。绝坚而攻国，破大而制地，大本而小标[5]，埊[6]近而攻远。以大牵小，以强使弱，以众致寡，德利百姓，威振天下；令行诸侯而不拂，近无不服，远无不听。夫明王为天下正[7]，理也。案[8]强助弱，圉[9]暴止贪，存亡定危，继绝世，此天下之所载[10]也，诸侯之所与也，百姓之所利也，是故天下王之。知盖天下，断[11]最一世，材振四海，王之佐也。

【注释】

[1]内：内心。

[2]外：外表。

[3]勿：原文为“易”，据刘绩本改。

[4]主：主见。

[5]标：末梢。

[6]埊：古“地”字。

[7]正：长。

[8]案：通“按”，抑制。

[9]圉：抵御。

[10]载：通“戴”，拥戴。

[11]断：原文为“继”，据张佩纶、刘师培说校改，指决断。

【品读】

“精时者，日少而功多”，是指精通于利用时机的人，往往用时少而取得的功效多。由此说明，管子学派已经认识到劳动效率的问题，即可以用单位劳动时间（日）所创造的价值（功）来表示劳动效率。

千乘之国得其守，诸侯可得而臣，天下可得而有也。万乘之国失其守，国非其国也。天下皆理己独乱，国非其国也；诸侯皆合[1]己独孤，国非其国也；邻国皆险己独易，国非其国也。此三者，亡国之征[2]也。夫国大而政小者，国从其政；国小而政大者，国益大。大而不为者，复小；强而不理者，复弱；众而不理者，复寡；贵而无礼者，复贱；重而凌节[3]者，复轻；富而骄肆者，复贫。故观国者观君，观军者观将，观备者观野。其君如明而非明也，其将如贤而非贤也，其人如耕者而非耕也，三守既失，国非其国也。地大而不为，命曰土满；人众而不理，命曰人满；兵威而不正[4]，命曰武满。三满而不止，国非其国也。地大而不耕，非其地也；卿贵而不臣，非其卿也；人众而不亲，非其人也。

【注释】

[1]合：原文为“令”，据王念孙说校改，指联合。

[2]征：征兆。

[3]凌：超越。节：节制。

[4]正：原文为“止”，据丁士涵说校改，指整理。

【品读】

“地大而不为，命曰土满；人众而不理，命曰人满”，讲的是人地的比例关系。劳动力、土地是传统农业社会的两个重要的生产要素。人多地少，会造成饥馑灾荒；人少地多，会导致土地荒废。如何分配二者之间的比例关系，充分发挥土地与劳动力的潜力，则涉及经济学的资源配置问题。

……………………………………

夫无土而欲富者忧，无德而欲王者危，施薄而求厚者孤[1]。夫上夹而下苴[2]，国小而都大者弑。主尊臣卑，上威下敬，令行人服，理之至也。使天下两天子，天下不可理也；一国而两君，一国不可理也；一家而两父，一家不可理也。夫令，不高不行，不抟[3]不听。尧舜之民，非生而理也；桀纣之民，非生而乱也。故理乱在上也。夫霸王之所始也，以人为本。本理则国固，本乱则国危。故上明则下敬，政平则民[4]安，士教和则兵胜敌，使能则百事理，亲仁则上不危，任贤则诸侯服。

【注释】

[1]孤：孤立。

[2]夹：通“狭”，狭窄。苴：粗大。

[3]抟：通“专”，专一。

[4]民：原文为“人”，以避唐太宗李世民讳。今据《艺文类聚》《太平御览》引此文作“民”。下句“民”同此。

【品读】

“天下两天子，天下不可理也；一国而两君，一国不可理也”应是战国时代学者要求加强中央集权、尚同诉求的直接体现。“夫霸王之所始也，以人为本”是管子民本思想的简要概括。

……………………………………

霸王之形，德义胜之，智谋胜之，兵战胜之，地形胜之，动作胜之，故王之。夫善用国者，因其大国之重，以其势小之；因强国之权，以其势弱之；因重国之形，以其势轻之。强国[1]众，合强以攻弱，以图霸。强国少，合小以攻大，以图王。强国众，而言王势者，愚人之智也；强国少，而施霸道者，败事之谋也。夫神圣，视天下之形，知动静之时；视先后之称[2]，知祸福之门。强国众，先举者危，后举者利。强国少，先举者王，后举者亡。战国众，后举可以霸；战国少，先举可以王。

【注释】

[1]强国:原文为“弱国”,据赵用贤本改。

[2]称:适当。

【品读】

本节的王霸论与孟子的王霸论大有不同。《孟子·公孙丑上》云:“以力假仁者霸,霸必有大国,以德行仁者王,王不待大。”孟子所讲的是两种不同的统治方式,王道表仁,霸道表力。而此节只是赤裸裸地畅谈成就霸业、王业的谋略手段。其中,“合强以攻弱”与“合小以攻大”应是战国时期诸侯称雄、合纵连横斗争白热化的体现。

夫王者之心,方而不最[1]。列不让贤,贤不齿弟[2]择众,是贪大物也。是以王之形大也。夫先王之争天下也以方正[3],其立之也以整齐,其理之也以平易。立政出令用人道[4],施爵禄用地道[5],举大事用天道[6]。是故先王之伐也,伐逆不伐顺,伐险不伐易,伐过不伐不[7]及。四封之内,以正使之;诸侯之会,以权致之。近而不服者,以地患之;远而不听者,以刑危之。二[8]而伐之,武也;服而舍之,文也;文武具满,德也。夫轻重强弱之形,诸侯合则强,孤则弱。骥[9]之材,而百马代[10]之,骥必罢[11]矣。强最一代,而天下共[12]之,国必弱矣。强国得之也以收小,其失之也以恃强;小国得之也以制节[13],其失之也以离强。夫国小大有谋,强弱有形。服近而强远,王国之形也;合小以攻大,敌国之形也;以负海[14]攻负海,中国之形也;折节事强以避罪,小国之形也。自古以至今,未尝有能先作难,违时易形,以立功名者;无有常先作难,违时易形,而[15]不败者也。夫欲臣伐君,正四海者,不可以兵独攻而取也。必先定谋虑,便地形,利权称,亲与国,视时而动,王者之术也。夫先王之伐也,举之必义,用之必暴,相形而知可,量力而知攻,考[16]得而知时。是故先王之伐也,必先战而后攻,先攻而后取地。故善攻者,料[17]众以攻众,料食以攻食,料备以攻备。以众攻众,众存不攻;以食攻食,食存不攻;以备攻备,备存不攻。释实而攻虚,释坚而攻朧[18],释难而攻易。

【注释】

[1]方:方正。最:极端。

[2]齿:年龄。弟:通“第”,顺序。

[3]方正:原文为“方心”,据王念孙说校改。

[4]人道:顺应人心。

[5]地道:公正无私。

[6]天道:迎合天时。

[7]不：原文无此字，据丁士涵说校改。

[8]二：原文为“一”，据王念孙说校改，指二心。

[9]骥：良马。

[10]代：原文为“伐”，据猪饲彦博说校改，更替。宋蔡潜道墨宝堂本作“代”。下句“代”通此。

[11]罢：通“疲”，疲劳。

[12]共：通“攻”，攻打。

[13]制节：折节。

[14]负海：靠海。

[15]而：原文为“无”，据张文虎说校改。

[16]考：原文为“攻”，据安井衡说校改。

[17]料：估量。

[18]朡(cuì)：同“脆”，薄弱。

【品读】

“释实而攻虚，释坚而攻朡，释难而攻易”，具体是指避开实处而攻击虚处，避开坚固而攻击脆弱，避开难攻之地而进攻易攻之地。与兵家孙武的“避实而击虚”的军事思想不谋而合。如《孙子兵法》云：“夫兵形象水，水之形，避高而趋下；兵之形，避实而击虚。”

夫抟[1]国不在敦古，理世不在善故[2]，霸王不在成典[3]。夫举失而国危，刑过而权倒，谋易而祸及[4]，计得而强信[5]，功得而名从，权重而令行，固其数[6]也。

【注释】

[1]抟：专。

[2]故：原文为“攻”，据郭沫若说校改。

[3]典：原文为“曲”，据俞樾说校改。

[4]及：原文为“反”，据陶鸿庆说校改。

[5]信：通“伸”，伸张。

[6]数：规律。

【品读】

统治国家不在于遵循古法，治理当世不在于善循旧例，霸王之业不在于固守条规。只要举措失当，国家就会危险；形势逆转，权力就要倒置；谋划轻率，灾祸就会来临。同样，只要计策得当，强力就能伸张；功业成功，名声自来；权力威重，法令就能畅通。这些本来都是为政治国的规律。

夫争强之国，必先争谋、争刑[1]、争权。令人主一喜一怒者，谋也；令国一轻一重者，刑也；令兵一进一退者，权也。故精于谋则人主之愿可得，而令可行也；精于刑则大国之地可夺，强国之兵可圍也；精于权则天下之兵可齐[2]，诸侯之君可朝也。夫神圣视天下之刑，知世之所谋，知兵之所攻，知地之所归，知令之所加矣。夫兵攻所憎而利之，此邻国之所不亲也。权动所恶，而实[3]寡归者强。擅破一国，强在后世者王。擅破一国，强在邻国者亡。

【注释】

[1]刑：通“形”，形势。此节下文同此。

[2]齐：齐正。

[3]实：利。

【品读】

作者已经充分认识到，只凭借道义“称霸”诸侯是不可能的，霸王之业的实现方式是“德义胜之，智谋胜之，兵战胜之，地形胜之，动作胜之，故王之”，即德义处于优势，智谋处于优势，兵战处于优势，地形处于优势，行动处于优势。为此，争强的诸侯国必先竞争谋略、竞争形势、竞争权力，即“争强之国，必先争谋、争刑、争权”。“谋”就是通过出谋划策，让别国君主或喜或怒；“刑”就是操纵形势，让别国地位或轻或重；“权”就是善于权变，让他国军队可进可退。

问第二十四

内言七

凡立[1]朝廷，问有本纪。爵授有德，则大臣兴义；禄予有功，则士轻死节。上帅士以人之所戴，则上下和；授事以能，则人上[2]功。审刑当罪，则人不易讼[3]；无乱社稷宗庙，则人有所宗。毋遗老忘亲[4]，则大臣不怨；举知人急，则众不乱。行此道也，国有常经，人知终始[5]。此霸王之术也。

【注释】

[1]立：通"莅"，临。

[2]上：通"尚"，崇尚、提倡。

[3]讼：诉讼。

[4]遗老忘亲：指遗忘老臣、近臣。

[5]终始：有始有终。

【品读】

本篇包括六十多个问题，实为一篇社会政治、经济、军事的调查提纲。问题涉及广泛，细致入微，实用性强，具有鲜明的时代特色，为先秦时期的一大奇文。

作为战国时期的一个重要命题，此节主题仍为霸王之术。具体内容为：如果君主授予有德之人爵位，大臣就会崇尚德义；授予有功之人俸禄，士兵就会以死相报。君主任命受人拥戴的将帅，上下就会齐心协力；按照能力来授予职位，人们就会争相立功。刑罚能做到与罪相符，人们就不会轻易诉讼；社稷宗庙礼仪不混乱，人们就不会忘祖先宗亲。不遗弃老臣、忽视亲臣，大臣就不会抱怨；解决人们急需的事情，人们就不会聚众作乱。

然后问事，事先大功，政自小始。

问死事[1]之孤，其未有田宅者有乎？问少壮[2]而未胜甲兵者几何人？问死事之寡，其饩廪[3]何如？问国之有功大者，何官之吏也？问州之大夫也，何里之士也？今吏，亦何以明[4]之矣？问刑论有常以行，不可改也，今其事之久留也何若？问五官有度制，官都[5]其有常断，今事之稽[6]也何待？问独夫、寡妇、孤穷[7]、疾病者几何人也？问国之弃人[8]，何族之子弟也？问乡之良家[9]，其所牧养者几何人矣？问邑之贫人，债[10]而食者几何家？问理园圃[11]而食者几何家？人之开田而耕者几何家？士之身耕者几何家？问乡之贫人，何族之别[12]也？问宗子之收昆弟[13]者，以贫从昆弟者几何家？余子[14]仕而有田邑，今入[15]者几何人？子弟以孝闻于乡里者几何人？余子父母存，不养而出离[16]者几何人？士之有田而不使者几何人？吏恶何事[17]？士之有田而不耕者几何人？身何事？群[18]臣有位而未有田者几何人？外人之来从而未有田宅者几何家？国子弟之游于外者几何人？贫士之受责[19]于大夫者几何人？官贱行书[20]身士，以家臣自代者几何人？官承吏之无田饩而徒理事者[21]几何人？群臣有位事官大夫者几何人？外人来游，在大夫之家者几何人？乡子弟力田为人率[22]者几何人？国子弟之无上事，衣食不节，率子弟不田弋猎者几何人？男女不整齐，乱乡子弟者有乎？问人之贷粟米有别券[23]者几何家？

【注释】

[1]死事：指为国牺牲的烈士。

[2]壮：原文为“仕”，据赵用贤本改。

[3]饩(xì)廪：公家按月供给的粮食等生活物资。

[4]明：显，此指提拔。

[5]都：朝官，此处指中央系统官员。

[6]稽：延迟。

[7]穷：原文为“寡”，据许维遹说校改。

[8]弃人：指流放、遗弃之人。

[9]良家：富裕之家。

[10]债：举债。

[11]园圃：菜园。

[12]别：分支。

[13]宗子：嫡长子。收：原文为“牧”，据赵用贤本改。昆弟：兄弟。

[14]余子：除宗子以外的子弟。

[15]入：指入税。

[16]出离：指出赘。

[17]吏恶何事：官吏干什么事去了。恶(wū)，表示疑问。

[18]群：原文为“君”，据猪饲彦博说校改。

[19]责：通“债”，债务。

[20]行书：指公文抄写、传递一类的工作。

[21]承：通"丞"，佐吏。田饩：口粮。徒理事者：指无俸禄而白工作的人。

[22]力田：努力耕田的人。率：表率。

[23]别券：债券。古时债券一分为二，双方各执一份。

【品读】

此节表面是各类琐碎工作的调查、统计，实际上反映了春秋战国转型时期，新旧制度相依伴存、社会变革暗流涌动的境况。具体体现在：第一，宗法制度开始破坏。"问国之弃人，何族之子弟也""余子父母存，不养而出离者几何人"，此二问暗示原有宗法制度的权威遭到挑战及破坏。同时，"外人之来从而未有田宅者几何家""国子弟之游于外者几何人"二问，说明人民的地域迁徙也会破坏宗法制度下的血缘关系。第二，士的身份变动沉浮。"士之身耕者几何家""士之有田而不使者几何人""士之有田而不耕者几何人""贫士之受责于大夫者几何人"，此四项统计表明当时"士"这个阶层有了较大的分化，不再是享受特权的阶层。其原因是世卿世禄制度在调整初期，作为统治阶级最底层的"士"首当其冲要面临最直接的冲击。第三，原有的土地国有制度正悄然发生变化。"人之开田而耕者几何家"说明私田开垦现象较为普遍。"群臣有位而未有田者几何人"，"官承吏之无田饩而徒理事者几何人"这表明国家对无田地的新型官吏进行统计，其目的与名田制度有关，即国家将控制的国有新开垦土地分配给新型官吏，进行分户经营的新型土地制度。

问国之伏利[1]，其可应人之急者几何所也？人之所害于乡里者何物也？问士之有田宅，身在陈[2]列者几何人？余子之胜甲兵有行伍者几何人？问男女有巧伎[3]，能利备用者几何人？处女操工事者几何人？问[4]国所开口而食者几何人？问一民有几年之食也？问兵车之计几何乘也？牵家马轭[5]家车者几何乘？处士修行，足以教人，可使帅众莅百姓者几何人？士之急难可使者几何人？工之巧，出足以利军伍，处可以修城郭、补守备[6]者几何人？城粟军粮，其可以行[7]几何年也？吏之急难可使者几何人？大夫疏[8]器：甲兵、兵车、旌旗、鼓铙、帷幕、帅车之载几何乘？疏藏器：弓弩之张[9]、夹锁之衣[10]、钩弦之造[11]、戈戟之緊[12]，其厉[13]何若？其宜修而不修者，故何视？而造修之官[14]，出器处器之具，宜起而未起者何待？乡帅车辎[15]造修之具，其缮何若？工尹伐材用，毋于三时[16]，群材乃植[17]而造器定。冬，完良[18]备用必足。人有余兵，诡陈之行[19]，以慎国常。时简稽乡[20]帅马牛之肥膌，其老而死者，皆举[21]之；其就山薮林泽食荐[22]者几何？出入死生之会[23]几何？若夫城郭之厚薄，沟壑之浅深，门闾之尊卑，宜修而不修者，上必几[24]之守备之伍。器物不失其具，淫雨而各有处藏。问兵之官吏[25]、国之豪士，其急难足以先后者[26]几何人？夫兵事者危物也，不时而胜，不义而得，未为福也。失谋而败，国之危也，慎谋乃保国。

【注释】

[1]伏利：潜在的资源。

[2]陈：通“阵”，军队、作战时的战斗队列。

[3]伎：通“技”，技艺。

[4]问：原文为“冗”，据丁士涵说校改。

[5]轭：车辕前架在马脖子上的横木。

[6]守备：守御防备的器械。

[7]行：用。

[8]疏：条录。

[9]张：通“韔”，弓衣。

[10]夹锬之衣：原文为“衣夹铗”，据张佩纶说校改。夹，通“铗”，剑。锬，长矛。

[11]造：通“灶”，灶室。

[12]繄(yì)：原文为“紧”，据丁士涵说校改，指戟衣。

[13]厉：通“砺”，磨刀石，此指磨砺。

[14]官：通“馆”，馆舍。

[15]帅：原文为“师”，据张佩纶说校改。辎：辎重。

[16]三时：春、夏、秋。

[17]植：立。

[18]完良：完整良好。完，原文为“皃”，据赵用贤本改。

[19]诡陈之行：指责其将兵器放于行伍，不得私藏。诡，责成。

[20]简：检阅。稽：检查。乡：原文无此字，据许维遹说补。

[21]举：检举。

[22]荐：草。

[23]出入：古时籍簿术语，出为出账，入为进账。会：统计。

[24]几：察。

[25]兵之官吏：原文为“兵官之吏”，据许维遹说校改。

[26]先后者：供前后使用之人。

【品读】

此节诸问主要涉及军政相关事务。其中，“处女操工事者几何人”表明齐国政府对其支柱手工业——纺织业的高度重视。从“工之巧，出足以利军伍，处可以修城郭、补守备者几何人”可看出，齐国工匠基本上还是食在官府，由“工尹”负责具体管理。

“时简稽乡帅马牛之肥膌，其老而死者，皆举之”是指地方政府定期考课官马、牛的身体状况。如饲养不善者，将受处罚。睡虎地秦简《厩苑律》也有类似规定：“以四月、七月、十月、正月肤田牛。卒岁，以正月大课之，最，赐田啬夫壶酉（酒）束脯，为旱〈皂〉者除一更，赐牛长日三旬；殿者，谇田啬夫，罚冗皂者二月。”①

问所以教选人者何事？问执官都者，其位[1]事几何年矣？所辟草莱[2]有益于家邑者几何矣？所封表[3]以益人之生利者何物也？所筑城郭，修墙闬[4]，绝通道，陒门[5]阙，深沟防[6]，以益人之地守者，何所也？所捕盗贼，除人害者几何矣？

【注释】

[1]位：通“莅”。

[2]草莱：荒田。

[3]封表：堆土以作标记。此处指田间划界。

[4]闬(hàn)：原文为“闭”，据郭沫若说校改，指垣墙。

[5]陒：通“陒”，扼守。门：原文无此字，据陈奂说校补。

[6]沟防：原文为“防沟”，据陈奂说校改。

【品读】

此节调研项目涉及地方人事、农业、治安三个方面：一是调查教育、选拔人才的具体标准，并考察在职官员的任职年限，以备考核、调整；二是调研荒田开垦情况，摸排田界之内高产的农作物；三是调查地方的防御设施——城墙、通道、门阙、沟防等完备情况，统计抓获盗贼的人数。

制地君[1]曰：理国之道，地德为首。君臣之礼，父子之亲，覆育万人，官府之藏，强兵保国，城郭之险，外应四极，具[2]取之地。而市者，天地之财具也。而万人之所和[3]而利也，正是道也。民荒无苛[4]，人尽地之职，一保其国。各主异位，毋使谗人乱替[5]，而德营九军[6]之亲。关者，诸侯之陬隧[7]

① 睡虎地秦墓竹简整理小组编：《睡虎地秦墓竹简》，文物出版社1978年版，第30页。

也，而外财之门户也，万人之道行也。明道以重告之，征于关者，勿征于市；征于市者，勿征于关。虚车勿索[8]，徒负勿入[9]，以来远人，十六道同身[10]。外事谨，则听其名，视其色[11]，是[12]其事，稽其德，以观其外，则无敦于权人，以困貌德无敦于权人，以困貌德[13]。国则不惑，行之职也。问[14]于边吏曰："小利害信，小怒伤义，边信伤德，厚和构四国，以顺完德，后[15]乡四极。"令守法之官曰[16]："行度必明，无[17]失经常。"

【注释】

[1]制地君：疑为古书名，与本篇内容不连属。

[2]具：通"俱"，都。

[3]和：交易。

[4]苛：通"疴"，病。

[5]替：原文为"普"，据王念孙说校改，指替换。

[6]九军：九州。

[7]陬(zōu)隧：边界通道。

[8]索：指索税。

[9]徒负：徒步背负财物之人。入：缴税。

[10]十六道：指十六道的关口。身：通"申"，申明。

[11]视其色：原文其上有"视其名"三个字，据猪饲彦博、王引之说删。色，颜色。

[12]是：读为"视"。

[13]无敦于权人，以困貌德：指不要因为权变奸诈之人的貌似忠厚而被迷惑。权人，权变奸诈之人。困，通"悃"，忠厚。

[14]问：告。

[15]后：通"厚"，优待。

[16]曰：原文为"日"，据王念孙说校改。

[17]无：原文无此字，据赵用贤本补。

【品读】

"市者，天地之财具也。而万人之所和而利也"指市场是商品交换的场所，任何人都可以通过平等交换而各得其所、各受其利。这是对市场最准确的定义。作为人类社会商品经济的必然产物，市场的产生须具备两个基本条件，即社会分工与私有制。同时，市场的产生体现的是一种平等性、互利性，也是人类交换本性的真实体现，不啻为人类社会的伟大发明之一。此外，"关者，诸侯之陬隧也，而外财之门户也，万人之道行也"叙述的是对关税征收的合理性、合法性的探讨。"征于关者，勿征于市；征于市者，勿征于关"，说明作者已经意识到避免重复收税的问题。

戒第二十六

内言九

桓公将东游，问于管仲曰："我游犹东由转斛[1]，南至琅邪。司马[2]曰：亦先王之游已。何谓也？"管仲对曰："先王之游也，春出，原农事之不本[3]者，谓之游；秋出，补人之不足者，谓之夕[4]。夫师行而粮食其民者，谓之亡；从乐而不反者，谓之荒。先王有游夕之业于人，无荒亡之行于身。"桓公退，再拜命曰："宝法也！"管仲复于桓公曰："无翼而飞者，声也；无根而固者，情也；无立而贵[5]者，生[6]也。公亦固情谨声，以严尊生，此谓道之荣。"桓公退，再拜："请若此言。"管仲复于桓公曰："任之重者莫如身，涂[7]之畏者莫如口，期而远[8]者莫如年。以重任行畏涂，至远期，唯君子乃能矣。"桓公退，再拜之曰："夫子数[9]以此言者教寡人。"管仲对曰："滋味动静，生之养也；好恶、喜怒、哀乐，生之变也；聪明当物[10]，生之德也。是故圣人齐滋味而时动静，御正六气之变，禁止声色之淫，邪行亡乎体，违言不存口，静然定生，圣也。仁从中出，义从外作。仁故不以天下为利，义故不以天下为名。仁故不代王，义故七十而致政[11]。是故圣人上德而下功，尊道而贱物。道德当身，故不以物惑。是故身在草茅之中，而无慑意；南面听天下，而无骄色。如此而后可以为天下王。所以谓德者不动而疾，不相告而知，不为而成，不召而至，是德也。故天不动，四时云[12]，下而万物化；君不动，政令陈[13]，下而万功成；心不动，四枝耳目使[14]，而万物情。寡交多亲，谓之知人。寡事成功，谓之知用。闻一言以贯万物，谓之知道。多言而不当，不如其寡也；博学而不自反[15]，必有邪。孝弟者，仁之祖也；忠信者，交之度[16]也。内不考孝弟，外不正忠信，泽[17]其四经而诵学者，是亡其身者也。"

【注释】

[1]犹：欲。东由：原文为"轴"，据郭沫若说校改。转斛：地名。

[2]司马：当时王子城父担任司马。

[3]原：察。本：本钱。

[4]夕：读为"豫"，巡游。

[5]无立而贵：原文为"无方而富"，据郭沫若说校改。立，古"位"字。

[6]生：通"性"，心性。此节中"生"皆同此。

[7]涂：通“途”，路途。

[8]期而远：时间的长短。

[9]数：通“速”，快速。

[10]当物：处事恰当。

[11]致政：交还政务，指退休。

[12]云：通“运”，运转。

[13]政令陈：政令下达。

[14]四枝耳目使：原文为“使四枝耳目”，据陶鸿庆说校改。四枝，四肢。

[15]自反：自我反省。

[16]度：原文为“庆”，据郭沫若说校改，指依托。

[17]泽：通“释”，舍弃。

【品读】

此节讲述的是桓公东游一事，也见于《孟子·梁惠王下》《晏子春秋》。不过，二书中是齐景公与晏子的对话，非桓公与管子。应是本篇内容张冠李戴，记载舛误。

自“管仲复于桓公曰”后的内容，儒道思想混杂。其中，“仁从中出，义从外作”与《孟子·告子上》中告子云“仁，内也，非外也；义，外也，非内也”内涵一致，二者似有承袭关系。

桓公明日弋[1]在廪，管仲、隰朋朝。公望二子，弛弓脱钎[2]而迎之曰：“今夫鸿鹄，春北而秋南，而不失其时，夫唯有羽翼以通其意于天下乎？今孤之不得意于天下，非皆二子之忧也？”桓公再言，二子不对。桓公曰：“孤既言矣，二子何不对乎？”管仲对曰：“今夫人患劳，而上使不时；人患饥，而上重敛焉；人患死，而上急刑焉。如此而又近有色[3]而远有德，虽鸿鹄之有翼，济大水之有舟楫也，其将若君何？”桓公蹴然逡遁[4]。管仲曰：“昔先王之理人也，盖人有患劳而上使之以时，则人不患劳也；人患饥而上薄敛焉，则人不患饥矣；人患死而上宽刑焉，则人不患死矣。如此而近有德而远有色，则四封[5]之内视君其犹父母邪！四方之外归君其犹流水乎！”公辍[6]射，援绥[7]而乘。自御，管仲为左，隰朋参乘[8]。三月朔日[9]，进二子于里宫[10]，再拜顿首[11]曰：“孤之闻二子之言也，耳加聪而视加明，于孤不敢独听之，荐之先祖。”管仲、隰朋再拜顿首曰：“如君之王也，此非臣之言也，君之教也。”于是管仲与桓公盟誓为令曰：“老弱勿刑，参宥而后弊[12]。关几而不正[13]，市正而不布[14]。山林梁泽，以时禁发而不正也。”草封泽盐[15]者之归之也，譬若市人。三年教人，四年选贤以为长，五年始兴车践乘。遂南伐楚，傅[16]施城。北伐山戎，出冬葱与戎叔[17]，布之天下。果三匡天子而九合诸侯。

【注释】

[1]弋:射猎。

[2]钎(hàn):护臂的铠甲。

[3]色:女色。

[4]蹴(cù)然:恭敬的样子。逡(qūn)遁:迟疑不决。

[5]封:边界。

[6]辍:停止。

[7]绥:用来上车的拉绳。

[8]参乘:陪乘。古时乘车,尊者居左,车夫居中,参乘居右,保持车体平衡。

[9]三月朔日:原文为"朔月三日",据洪颐煊说校改。

[10]里宫:原文为"里官",据何如璋说校改,指宗庙。

[11]顿首:叩头。

[12]参:通"三",三次。宥:赦免。弊:判决。

[13]几:检查。正:通"征"。

[14]正:据郭沫若说,疑当为"书"之误。布:布匹,引申为征税。古时,布匹可作为一般等价物流通。

[15]草封泽盐:垦草开荒,就泽煮盐。

[16]傅:通"附",接近。原文"傅"上有一"门"字,据丁士涵说删。

[17]戎叔:胡豆。叔,通"菽",豆类。

【品读】

此节内容也见于前《霸形》篇中,唯行文略有不同。

桓公外舍而不鼎馈[1],中妇诸子[2]谓宫人:"盍[3]不出从乎?君将有行。"宫人皆出从。公怒曰:"孰谓我有行者?"宫人曰:"贱妾闻之中妇诸子。"公召中妇诸子,曰:"女[4]焉闻吾有行也?"对曰:"妾人闻之,君外舍而不鼎馈,非有内忧,必有外患。今君外舍而不鼎馈,君非有内忧也,妾是以知君之将有行也。"公曰:"善。此非吾所与女及也,而言乃至焉,吾是以语女。吾欲致[5]诸侯而不至,为之奈何?"中妇诸子曰:"自妾之身之不为人持接也,未尝得人之布织也[6],意者更容不审[7]耶?"明日,管仲朝,公告之。管仲曰:"此圣人之言也,君必行也。"

【注释】

[1]舍:住宿。鼎馈:列鼎进食,指饮食丰盛。

[2]中妇诸子:女官名。

[3]盍:何。

[4]女:通"汝",你。

[5]致：招致。

[6]自妾之身之不为人持接也，未尝得人之布织也：指自己不侍候别人，就得不到别人送的织布。暗示桓公要卑身施惠诸国，才能赢得诸侯之心。

[7]意者：大概、恐怕。审：谨慎。

【品读】

此节内容也见于本书《侈靡》篇中，个别地方有异。齐桓公一心想会盟诸侯，成就霸业。为此，他寝食难安。有一次，齐桓公在外住宿，因为将要出行，饭食就草草预备。而聪明细心的中妇诸子观察到这一点，就提前让宫女做好出行准备。齐桓公得知后，感觉此女子非同寻常，便请问招揽诸侯的方法。女子隐喻道："我平时不主动结好别人，就得不到别人赠送的织布。"也就是暗示齐桓公要主动卑身施惠诸国。其实，这说明要善于听取别人的意见，不要看不起低贱的人。

……………………………………

管仲寝疾[1]，桓公往问之，曰："仲父之疾甚矣，若不可讳[2]也。不幸而不起此疾，彼政我将安移之？"管仲未对。桓公曰："鲍叔之为人何如？"管子对曰："鲍叔，君子也。千乘之国，不以其道予之，不受也。虽然，不可以为政。其为人也，好善而恶恶已甚，见一恶终身不忘。"桓公曰："然则孰可？"管仲对曰："隰朋可。朋之为人，好上识而下问[3]。臣闻之，以德予人者谓之仁，以财予人者谓之良。以善胜人者，未有能服人者也；以善养人者，未有不服人者也。于国有所不知政，于家有所不知事，必则朋[4]乎！且朋之为人也，居其家不忘公门，居公门不忘其家，事君不二其心，亦不忘其身。举齐国之币，握路家[5]五十室，其人不知也。大仁也哉，其朋乎！"公又问曰："不幸而失仲父也，二三大夫者，其犹能以国宁乎？"管仲对曰："君请矍[6]己乎？鲍叔牙之为人也好直，宾胥无之为人也好善，宁戚之为人也能事，孙宿[7]之为人也善言。"公曰："此四子者其执能[8]一人之上也，寡人并而臣之，则其不以国宁，何也？"对曰："鲍叔之为人，好直而不能以国诎[9]；宾胥无之为人也，好善而不能以国诎；宁戚之为人，能事而不能以足[10]息；孙在之为人，善言而不能以信默。臣闻之，消息盈虚[11]，与百姓诎信[12]，然后能以国宁勿已者，朋其可乎？朋之为人也，动必量力，举必量技。"言终，喟然而叹曰："天之生朋，以为夷吾舌也，其身死，舌焉得生哉！"管仲曰："夫江、黄之国近于楚，为[13]臣死乎，君必归之楚而寄之；君不归，楚必私之。私之而不救也，则不可；救之，则乱自此始矣。"桓公曰："诺。"管仲又言曰："东郭有狗嘊嘊[14]，旦暮欲啮，我枷[15]而不使也。今夫易牙，子之不能爱[16]，安能爱君？君必去之。"公曰："诺。"管子又言曰："北郭有狗嘊嘊，旦暮欲啮，我枷而不使也。今夫竖刁，其身之不爱[17]，焉能爱君？君必去之。”公曰：“诺。”管子又言曰：“西郭有狗嘊嘊，旦暮欲啮，我枷而不使也。今夫卫公子开方，去其千乘之太子而臣事君，是所愿也，得于君者是将欲过其千乘也。君必去之。”桓公曰：“诺。”管子遂卒。卒十月，隰朋亦卒。桓公去易牙、竖刁、卫公子开方。五味不至，于是乎复反[18]易牙。宫中乱，复反竖刁。利言卑辞不在侧，复反卫公子开方。桓公内不量力，外不量交，而力伐四邻。公薨。六子皆求立。易牙与卫公子内与竖刁，因共杀群吏，而立公子无亏。故公死六十七[19]日不殓，九月不葬。孝公奔宋，宋襄公率诸侯以伐齐，战于甗，大败齐师，杀公子无亏，立孝公而还。襄公立十三年，桓公立四十二年。

【注释】

[1]寝疾：指卧病在床。

[2]讳：忌讳，此言死。

[3]上识：上级的命令牢记在心。识，通“志”，记住。下问：虚心听取臣下的意见。

[4]则：是。朋：原文为“明”，据赵用贤本改，此处指隰朋。

[5]握：通“渥”，沾润，引申为救济。路家：指路宿贫困之家。

[6]矍：通“蒦”，衡量。

[7]孙宿：原文为“孙在”，据刘师培说校改，指曹孙宿。下文“孙在”同此。

[8]执能：才能。执，原文为“埶”，据郭沫若说校改，通“艺”。

[9]诎：通“屈”，屈从。

[10]足：知足。

[11]消息盈虚：消长盈亏。

[12]诎信：即屈伸。

[13]为：如果。

[14]嘊(ái)嘊：狗欲咬人的样子。

[15]枷：原文为“豭”，据王引之、许维遹说校改。

[16]子之不能爱：指易牙蒸子献食齐桓公。

[17]其身之不爱：指竖刁自宫为齐桓公管理内宫。

[18]反：通“返”，召回。

[19]六十七：原文为“七”，据《史记·齐太公世家》改。

【品读】

此节所载为管仲临终之事。齐桓公在管仲的病榻前询问其接班人选。管仲并没有推荐有知遇之恩的挚友鲍叔，而是力荐隰朋，彰显了其敏锐的观察能力以及以社稷为重的高风亮节。管仲指出，隰朋在为人做事方面有超出常人之处：既能铭记上级交代的事情，又能虚心听取下级意见；居家休息之时不忘公务之事；官府工作之时也不舍弃家庭；对国君忠贞不贰，对家庭也照顾周到。管仲还说，隰朋曾经用齐币资助过五十家贫户，而却不想让人知道，这可称为“大仁”。对于朝中四位重臣，管仲的评价可谓一分为二，入木三分。他指出：鲍叔为人正直，疾恶如仇，却不能为国家隐忍、受屈；宾胥无为人善良，宽宏大量，却不能为国家担当、受屈；宁戚敏于做事，但不知适可而止；曹孙宿善于言辞，但不知守信静默。对于另外三位佞臣，管仲则痛斥辱骂，要求立即驱除。他认为，易牙亲蒸儿子来献食齐桓公，这种绝情之人怎能真心爱君？竖刁自宫侍奉齐桓公，这种狠心之人怎能真心爱君？公子开方舍弃卫国太子来臣属齐桓公，他的欲望绝不止于此。于是，齐桓公采纳管仲的建议。管仲死后十个月，隰朋也去世了。齐桓公无贤人辅佐，又重新任命易牙等人，最终齐国陷入混乱。冰冻三尺，非一日之寒。实际上，自葵丘会盟以后，齐桓公内心就开始膨胀，自比天高，渐渐听不进去忠臣的谏言了。

作为《内言》的最后一部分，此节记载了管子临终之事以及齐桓公悲惨结局，与《内言》首篇《大匡》载管子初佐齐桓公之事遥相呼应，应是整理者有意而为之。

此节所记之事，也见于《韩非子》《庄子》等书中。管子作为春秋先贤，是战国众家学派共同推崇、敬重的对象，其言论、事迹自然成为各家理论学说的营养来源。

地图第二十七

短语一

凡兵主者，必先审知地图。轘辕之险[1]，滥车[2]之水，名山、通谷、经川、陵陆[3]、丘阜[4]之所在，苴[5]草、林木、蒲苇之所茂，道里之远近，城郭之大小，名邑、废邑、困殖[6]之地，必尽知之。地形之出入相错[7]者，尽藏之。然后可以行军袭邑，举错[8]知先后，不失地利，此地图之常也。

【注释】

[1]轘辕之险：如同车辕环曲的险地。轘，通“环”。

[2]滥车：水深能泛车。滥，泛。

[3]陵陆：高原。

[4]丘阜：土山。

[5]苴(chá)草：枯草。

[6]困：贫瘠地。殖：可耕地。

[7]错：交错。

[8]错：通“措”，措施。

【品读】

此节主题是地图的军事用途，包括地形、植被、道路、城郭、市镇等条目。文中指出，地图是带兵之人的必审之物，是行军、奔袭城邑、制订计划、占据地势的重要依据，尤其指出地形复杂、犬牙交错之地要重点掌握。长沙马王堆汉墓就出土过军事地图，其内容全面，比例适中，位置准确，标志分明，体现了古人较高的绘图水平。

人之众寡，士之精粗，器之功苦，尽知之，此乃知形者也。知形不如知能，知能不如知意，故主兵必参具者也。主明、相知、将能之谓参具。故将出令发士，期[1]有日数矣；宿[2]定所征伐之国，使群臣、大吏、父兄、便辟左右不能议成败，人主之任也。论功劳，行赏罚，不敢蔽贤有私；行用货财，供给军之求索，使百吏肃敬，不敢解[3]怠行邪，以待君之令，相室之任也。缮器械，选练士，为教服[4]，连什伍，遍知天下，审御机数，此兵主之事也。

【注释】

[1]期：期限。

[2]宿：预先。

[3]解：通“懈”，松懈。

[4]服：习，此处指演习。

【品读】

此节提出战争成败的三个要素：主明、相知、将能，称为“参具”。将帅发令出战，君主要给出一定的期限；预定征伐对象后，群臣、高官以及君主的亲戚、亲信都不能妄议成败，动摇军心。这是君主履行的责任，即“主明”。按功赏罚，不营私舞弊；军需货财及时供应；百吏肃敬，听从君命，不偷懒懈怠、为奸行邪。这是相室履行的责任，即“相知”。修缮器械，精选兵士，教习有方，整编部队，遍知天下形势，审慎把握战机策略。这是将帅的事情，即“将能”。

本篇字数不多，首、尾句与本书《七法》篇相同，部分内容又与银雀山竹简《王兵》相似。我们怀疑刘向在编撰《管子》时，在校对不同版本后，可能将不同、多余的语句放入《短语》一组。

参患第二十八

短语二

凡人主者，猛毅则伐[1]，懦弱则杀[2]。猛毅者何也？轻[3]诛杀人之谓猛毅。懦弱者何也？重[4]诛杀人之谓懦弱。此皆有失彼此。凡轻诛者杀不辜，而重诛者失有罪。故上杀不辜，则道正者不安；上失有罪，则行邪者不变。道正者不安，则才能之人去亡[5]；行邪者不变，则群臣朋党。才能之人去亡，则宜有外难；群臣朋党，则宜有内乱。故曰：猛毅者伐，懦弱者杀也。

【注释】

[1]伐：指遭到讨伐。

[2]杀：指被杀。

[3]轻：轻易。

[4]重：慎重，此处指姑息养奸。

[5]去亡：出走逃亡。

【品读】

张佩纶最早指出，此节与下文关系不连，应是错简。关于"猛毅"与"懦弱"人主之辨，也见于本书《法法》篇。篇名"参患"是参详避患之意。本篇字数较少，与别篇多类似，疑刘向将不同版本的余文整理而成。

君之所以卑尊，国之所以安危者，莫要于兵。故诛暴国[1]必以兵，禁辟[2]民必以刑。然则兵者外以诛暴，内以禁邪。故兵者尊主安国之经也，不可废也。若夫世主则不然，外不以兵，而欲诛暴，则地必亏矣；内不以刑，而欲禁邪，则国必乱矣。

【注释】

[1]暴国：强暴的国家。

[2]辟：通"僻"，邪僻。

【品读】

此节大意为：决定君王尊卑、国家安危的，没有比军队更关键的了。讨伐暴国，必用军队；禁止邪僻，必用刑罚。因此，军队对外用来讨伐暴国，对内禁止邪僻。所以军队是尊君安国的根基，不可废除。此节作者重点强调的是军队的作用。

故凡用兵之计，三惊当一至[1]，三至当一军[2]，三军当一战。故一期之师，十年之蓄积殚[3]；一战之费，累代之功尽。今交刃接兵而后利之，则战之自胜[4]者也。攻城围邑，主人易子而食之[5]，析骸而爨之[6]，则攻之自拔[7]者也。是以圣人小征而大匡，不失天时，不空地利，用日维梦[8]，其数不出于计。故计必先定而兵出于竟。计未定而兵出于竟，则战之自胜[9]，攻之自毁者也。

【注释】

[1]惊：通“警”，戒备。至：出征。

[2]军：驻守。

[3]殚：竭尽。

[4]自胜：战胜自己。

[5]易子而食之：交换子女以当食物。

[6]析骸而爨(cuàn)之：拆分尸骨当柴烧。

[7]自拔：攻克自己。

[8]用日维梦：指白天用兵，夜间提前谋划。

[9]自胜：原文为“自败”，据本书《七法》篇改。

【品读】

此节关键句与《七法》篇相同，可能是对它的解读，或者是另一个版本。

得众而不得其心，则与独行者同实；兵不完利，与无操者同实；甲不坚密，与俴者[1]同实；弩不可以及远，与短兵同实；射而不能中，与无矢者同实；中而不能入，与无镞[2]者同实；将徒人[3]，与残[4]者同实；短兵待远矢，与坐而待死者同实。故凡兵有大论[5]，必先论其器、论其士、论其将、论其主。故曰：器滥恶不利者，以其士予人也；士不可用者，以其将予人也；将不知兵者，以其主予人也；主不积务于兵者，以其国予人也。故一器成，往夫[6]具，而天下无战心；二器成，惊夫[7]具，而天下无守城；三器成，游夫[8]具，而天下无聚众。所谓无战心者，知战必不胜，故曰无战心；所谓无守城者，知城必拔，故曰无守城；所谓无聚众者，知众必散，故曰无聚众。

【注释】

[1]俴(jiàn)者：只穿单衣、不披铠甲的人。

[2]镞：箭头。

[3]徒人：指白徒，未经训练的乌合之众。

[4]残：原文为“俴”，据张佩纶说校改，指自我残杀。

[5]论：评定。

[6]往夫：敢于出征的战士。

[7]惊夫：智勇惊敌的战士。

[8]游夫：善辩游说的人。

【品读】

此节内容与《汉书·晁错传》中《言兵事书》的引文有相似之处。只不过，晁错引文称“兵法曰”，而非管子本书。这说明，在西汉初，《管子》中的一些篇章还是单篇流传。如银雀山竹简《王兵》篇，与《管子》的《七法》篇相类似，就是单篇流行。只是到了刘向校订群书时，才按照一定的渊源关系和学术标准，将一些单篇文章整理、归类到《管子》书中。而晁错直称“兵法曰”，很有道理。在《汉书·艺文志》中，《管子》的兵论篇章也是归入到“兵权谋家”一类的。

制分第二十九

短语三

凡兵之所以先争[1]，圣人贤士不为爱尊爵，道术知能不为爱官职，巧伎[2]勇力不为爱重禄；聪耳明目[3]不为爱金财。故伯夷、叔齐非于死之日而后有名也，其前行多修矣；武王非于甲子之朝而后胜也，其前政多善矣。

【注释】

[1]先争：争先。

[2]伎：通“技”，技艺。

[3]聪耳明目：指侦察情报人员。

【品读】

在此节管子详细论述了富国强兵的治国之道，也意识到了国家实力和国家权力之间的区别：“治者所道富也，治而未必富也，必知富之事，然后能富。”管理国家，不仅要制定治国总纲，确定总体目标，而且要结合实际把它具体分解，采取相应的措施和办法加以贯彻、落实，故“治国有器，富国有事，强国有数，胜国有理，制天下有分”。

故小征，千里遍知之。筑堵之墙[1]，十人之聚，日五间[2]之。大征，遍知天下。日五[3]间之，散金财用聪明也。故善用兵者，无沟垒而有耳目。兵不呼僘[4]，不苟聚，不妄行，不强进。呼僘则敌人戒，苟聚则众不用，妄行则群卒困，强进则锐士挫。故凡用兵者，攻坚则轫[5]，乘瑕则神[6]。攻坚则瑕者坚，乘瑕则坚者瑕。故坚其坚者，瑕其瑕者。屠牛坦[7]朝解九牛，而刀可以莫[8]铁，则刃游间也。故天道不行，屈不足从[9]；人事荒乱，以十破百；器备不行，以半击倍。故军争者不行于完城池，有道者不行于无君[10]。故莫知其将至也，至而不可圉[11]；莫知其将去也，去而不可止。敌人虽众，不能止待。

【注释】

[1]筑堵之墙：指一墙之隔。

[2]间：刺探。

[3]五:原文为"一",据郭沫若说校改。

[4]儆:通"警",警戒。

[5]轫:使车轮停止的车件,引申为阻止。

[6]瑕:原文为"瑕",据赵用贤本改,指罅隙,引申为薄弱环节。神:指用兵如神。

[7]坦:屠牛者人名。

[8]莫:通"劘",削。

[9]屈不足从:指穷屈之敌不要追逐。

[10]无君:指国君死丧。

[11]圉:原文为"围",据赵用贤本改,指抵御。

【品读】

此节主旨与本书《七法》篇中"遍知天下""用货财,设耳目"等内容相近。

……………………………………

治者所道[1]富也,治而未必富也,必知富之事,然后能富。富者所道强也,而富未必强也,必知强之数,然后能强。强者所道胜也,而强未必胜也,必知胜之理,然后能胜。胜者所道制也,而胜未必制也,必知制之分[2],然后能制。是故治国有器,富国有事,强国有数,胜国有理,制天下有分。

【注释】

[1]道:由、从。

[2]分:度。

【品读】

此节与《七法》篇中"遍知天下""用货财,设耳目"有相似之处。首先,要善于布置耳目,侦察敌情。小规模的战争要遍知千里以内的敌情。即便一墙之隔的距离、十人规模的聚落,也要每日侦察五次。大规模的战争要遍知天下的敌情。要不惜重金买通耳目,每日侦察五次。其次,要讲究用兵之道。用兵既不能高调警戒,也不能轻易集结、妄自行动,更不能强行进攻。高调警戒会引起敌人戒备,轻易集结会引起众人不满,妄自行动会导致士兵困乏,强行进攻会使精锐受挫。最后,用兵要达到这样的境界:敌军不能料知我军的到来,更无法防御我军的进攻;敌军不能预测我军的撤退;更无法阻止我们的行动。敌人虽然数量占优,但无法进攻和防守。

君臣上第三十

短语四

为人君者，修官上[1]之道，而不言其中；为人臣者，比官中之事[2]，而不言其外[3]。君道不明，则受令者疑；权度不一，则循义[4]者惑。民有疑惑贰豫[5]之心而上不能匡，则百姓之与间[6]，犹揭表而令之正[7]也。是故能象[8]其道于国家，加之于百姓，而足以饰官化下者，明君也。能上尽言于主，下致力于民，而足以循义从令者，忠臣也。上惠[9]其道，下敦[10]其业，上下相希[11]，若望参表[12]，则邪者可知也。

【注释】

[1]官上：指统属百官。

[2]比：考核。官中之事：指百官的本职工作。

[3]外：指本职以外的工作。

[4]循义：原文为“修义”，据王念孙说校改。下文“循义”同此。

[5]贰豫：犹豫不决。

[6]间：间隙，引申为隔阂。

[7]揭：高举。表：木表。古时立木表于地，通过测量日影的长短来定节气。正：原文为“止”，据张文虎说校改。

[8]象：法式。

[9]惠：顺从。

[10]敦：勤勉。

[11]希：通“睎”，瞻望。

[12]参表：参测日影的木表。

【品读】

此节主题是君臣职分问题。君主总领百官，不涉及职内事务；臣子负责职内之务，不得越权行事。如果君主不明此道，执行命令者就会困惑；法度不统一，遵照法度者就会迷惑。民众怀有疑惑、贰心，君主就很难纠正。君民之间存有隔阂，如同高举木表是无法正确测量时节的。因而，明君能够统一法度，整饬百官，教化百姓。忠臣能够进忠言于君上，对下竭力于百姓，一切遵循法度道义办事。如此一来，君主总行其道，臣子勤勉尽职，上下相互对照，如同测量日影的木表，歪邪不正就一目了然了。

吏啬夫任事，民啬夫[1]任教。教在百姓，论在不挠[2]，赏在信诚，体[3]之以君臣，其诚也以守战。如此，则民啬夫之事究矣。吏啬夫尽有訾程[4]事律，论法辟[5]、衡权、斗斛、文劾，不以私论，而以事为正。如此，则吏啬夫之事究矣。民啬夫成教，吏啬夫成律之后，则虽有敦悫忠信者不得善[6]也，而戏豫怠傲者不得败也。如此，则人君之事究矣。是故为人君者因其业，乘其事，而稽[7]之以度。有善者，赏之以列爵之尊，田地之厚，而民不慕也。有过者，罚之以废亡之辱，僇[8]死之刑，而民不疾也。杀生不违，而民莫遗其亲者。此唯上有明法，而下有常事也。

【注释】

[1]民啬夫：原文为“人啬夫”，据张佩纶说校改。下文“民啬夫”同此。

[2]挠：曲，指枉法。

[3]体：体现。

[4]訾：计量。程：程式。

[5]辟：刑。

[6]善：通“缮”，修补。

[7]稽：考察。

[8]僇：通“戮”。

【品读】

此节法家思想鲜明，受秦晋法家的影响较大。“吏啬夫”也见于睡虎地秦简《语书》《秦律》中，其中既有泛指的官职“县啬夫”“道啬夫”，也有指具体官职的“田啬夫”。此篇“吏啬夫”是泛指执行法律的官吏，与负责教化的“民啬夫”相对。

“訾程事律，论法辟、衡权、斗斛、文劾”是指法律条文的具体内容。如睡虎地秦律中就有专门计算工时标准的“工人程”、规范度量衡标准的《效律》等。

天有常象，地有常刑[1]，人有常礼。一设而不更，此谓三常。兼而一之，人君之道也；分而职之，人臣之事也。君失其道，无以有其国；臣失其事，无以有其位。然则上之畜[2]下不妄，而下之事上不虚矣。上之畜下不妄，则出法制度[3]者明也；下之事上不虚，则循义从令者审也。上明下审，上下同德，代相序也。君不失其威，下不旷其产，而莫相德[4]也。是以上之人务德，而下之人守节。义礼成形[5]于上，而善下通于民，则百姓上归亲于主，而下尽力于农矣。故曰：君明、相信、五官肃、士廉、农愚[6]、商工愿[7]，则上下体[8]而外内别也，民性因而三族[9]制也。

【注释】

[1]刑:通“形”,形状。

[2]畜:养活。

[3]出法制度:出台法令,制定制度。原文“出”上有一“所”字,据丁士涵说删。

[4]德:恩德。

[5]形:通“型”,典型。

[6]愚:质朴。

[7]愿:诚实。

[8]上下体:指上下各得其体。

[9]性:通“生”,生活。因:依靠。三族:农、工、商。

【品读】

此节主旨是厘清君臣职分。君主“兼而一之”,总领全局;人臣“分而职之”,专务本职。另外,“循义从令”,强调遵循礼义与遵守法令并行不悖。因此,此节又体现出儒法合流的倾向。

夫为人君者,荫[1]德于人者也;为人臣者,仰生于上者也。为人上者,量功而食之以足;为人臣者,受任而处之以敬[2]。布政有均,民足于产,则国家丰矣。以劳受禄,则民不幸生;刑罚不颇[3],则下无怨心;名正分明,则民不惑于道。道也者,上之所以导民也。是故道德出于君,制令传于相,事业程[4]于官,百姓之力也,胥[5]令而动者也。是故君人也者,无贵如其言;人臣也者,无爱如其力。言下力上,而臣主之道毕矣。是故主画[6]之,相守之;相画之,官守之;官画之,民役之;则又有符节、印玺、典法、策籍以相揆[7]也。此明公道而灭奸伪之术也。

【注释】

[1]荫:庇护。

[2]敬:原文为“教”,据刘师培说校改。

[3]颇:偏颇。

[4]程:称量、计量,引申为考核。

[5]胥:等待。

[6]画:谋划。

[7]符节:古代官府用作凭信的权力象征。印玺:印章。策籍:文书。揆:揣度。

【品读】

此节是关于战国时期新型官僚制度的设计。如《韩非子·难一》篇所云:“臣尽死力以与君市,君垂爵禄以与臣市。”具体来讲,权力设置表现为

"主画之，相守之；相画之，官守之；官画之，民役之"；而制度配置有符节（权利象征）、印玺（权利信物）、典法（法令）、策籍（行政文书）相配套。

论材、量能、谋德而举之，上之道也；专意一心，守职而不劳[1]，下之事也。为人君者，下及官中之事，则有司不任；为人臣者，上共专于上，则人主失威。是故有道之君，正其德以莅[2]民，而不言智能聪明。智能聪明者，下之职也；所以用智能聪明者，上之道也。上之人明其道，下之人守其职，上下之分不同任，而复合为一体。

是故知善，人君也；身善[3]，人役也。君身善，则不公矣。人君不公，常惠于赏，而不忍于刑，是国无法也。治国无法，则民朋党而下比，饰巧以成其私。法制有常，则民不散而上合，竭情以纳其忠。是以不言智能，而朝[4]事治，国患解，大臣之任也。不言聪明[5]，而善人举，奸伪诛，视听者众也。

是以为人君者，坐万物之原[6]，而官诸生[7]之职者也。选贤论材，而待之以法。举而得其人，坐而牧[8]，其福不可胜收也。官不胜任，奔走而奉[9]，其败事不可胜救也。而国未尝乏于胜任之士，上之明适[10]不足以知之。是以明君审知胜任之臣者也。故曰：主道得，贤材遂[11]，百姓治。治乱在主而已矣。

【注释】

[1]劳：劳苦。

[2]莅：治理。

[3]身善：指事必躬亲。

[4]朝：原文为"顺"，据郭沫若说校改。

[5]聪明：原文其上有一"于"字，据张文虎说删。

[6]坐：坐守。原：根本。

[7]官：通"管"，掌管。诸生：群生。

[8]牧：原文为"收"，据郭沫若说校改。

[9]奉：事奉。

[10]适：正好。

[11]遂：成。

【品读】

用人正确与否是君主是否贤明的重要体现。正确用人是君主的本职，知人善任方为明君。本节指出君主的工作是品论才识、衡量能力、考评德行而任命有用之才；臣下的职责是专心一意，坚守岗位而不疲于奔命。如果君主干涉臣下的职事，相关部门就无法行使权责。如果人臣专权于国，那么君主就会丧失权威。

同时,统治者与被统治者是一个统一的矛盾体,统治者往往是矛盾的主要方面。本节坦率地承认国家治乱的根源往往出自上面,即“主道得,贤材遂,百姓治理。治乱在主而已”。因此,统治者要进行严格的自我约束,不能贪得无厌。

……………………………………

故曰:主身者,正德之本也;官治者,耳目之制也。身立而民化,德正而官治。治官化民,其要[1]在上。是故君子不求于民。是以上及下之事谓之矫[2],下及上之事谓之胜。为上而矫,悖也;为下而胜,逆也。国家有悖逆反迕[3]之行,有土主民者,失其纪也。是故别交正分之谓理,顺理而不失之谓道。道德定而民有轨矣。有道之君者,善明设法而不以私防者也。而无道之君,既已设法,则舍法而行私者也。为人上者释法而行私,则为人臣者援[4]私以为公。公道不违,则是私道不违者也。行公道而托其私焉,寖[5]久而不知,奸心得无积乎?奸心之积也,其大者有侵偪[6]杀上之祸,其小者有比周内争之乱。此其所以然者,由主德不立,而国无常法也。主德不立,则妇人能弇[7]其意;国无常法,则大臣敢侵其势。大臣假于女之能,以规[8]主情;妇人嬖宠假于男之知,以援外权。于是乎外夫人而危太子,兵乱内作,以召外寇。此危君之征[9]也。

【注释】

[1]要:关键。
[2]矫:擅权。
[3]迕(wǔ):违背。
[4]援:引。
[5]寖(jìn):渐。
[6]偪:逼近、接近。
[7]弇:原文为“食”,据刘娇说校改①,指掩蔽。
[8]规:通“窥”,窥伺。
[9]征:征兆。

【品读】

此节主题是君主要以“正德”为本。治理国家、教化民众的关键在于君主,而百官如同耳目从心一样受制于君。只要君主修身自立,民众自然会受教化;君主德行端正,官吏就好治理。相反,君主干预下级政事,称作“矫”;官吏擅权君主之事,称作“胜”。“矫”与“胜”都属于悖逆行为。

君主的道德确立,民众自然就遵循法度。有道的君主善明法度,不以私心设防;无道的君主置法度不顾,妄自行私。君主带头行私,臣下就会假公营私。长此以往,奸心日益膨胀。根本原因还是君主道德不立,国家无常

① 刘娇:《据清华简〈皇门〉校读〈管子〉一则》,《中华文史论丛》2013年第2期。

法。君主道德不立，宠幸的妇人就能掩蔽其旨意。国家没有常法，大臣就敢侵夺君主的权势。大臣假借宠妇来刺探君情，宠妇援引大臣来争取外部势力所支持。因而，废弃夫人、危及太子的事情发生，兵变骤起，引起内乱、召入外寇的结局就不可避免了。

在理论建构与制定设计方面，法家已经预判到妇人干政、内外援引的可能性。但是，无论春秋晋国的骊姬之乱，还是清末的慈禧摄政，都无法根除这一痼疾。因为，其“主身者，正德之本”的解决方案只是一种道德自律，而非制度约束。在君权至上的制度前提下，这一解决方案无异于缘木求鱼。

是故有道之君，上有五官以牧其民，则众不敢逾轨而行矣；下有五横以揆[1]其官，则有司不敢离法而使矣。朝有定度衡仪，以尊主位，衣服绋绕[2]，尽有法度，则君体[3]法而立矣。君据法而出令，有司奉命而行事，百姓顺上而成俗，著久而为常，犯俗离教者，众共奸[4]之，则为上者佚[5]矣。

【注释】

[1]横：通“衡”，指纠察之官。揆：管理。

[2]绋绕(yùn wèn)：通“衮冕”，指国君的衣冠。

[3]体：依。

[4]奸：以……为奸。

[5]佚：安逸。

【品读】

本节指出，有道的君主任命五官来治民，百姓就不敢逾越法度行事；设置“五横”来纠察百官，官吏就不敢违法做事。朝廷有固定的礼仪法度，以彰显君主尊位。衣服冠冕，各有等级，君主临朝依法穿着。只要君主依法出令，百官就奉命从事，百姓也顺从教令，日久便习以为常。那些违反习俗、背离教化的奸人，百姓会群起而攻之。如此一来，君主便安逸无事、垂拱无为了。实际上，这只是法家的一厢情愿罢了。拿“以吏为师”的秦朝为例，密如凝脂的法令，使得基层“刀笔”小吏整日忙碌于长篇累牍的公文之中。始皇帝也不例外。正如《史记·秦始皇本纪》所载“上至以衡石量书，日夜有呈，不中呈不得休息”。

天子出令于天下，诸侯受令于天子，大夫受令于君，子受令于父母，下听其上，弟听其兄，此至顺矣。衡石一称，斗斛一量，丈尺一绰制[1]，戈兵一度，书同名[2]，车同轨，此至正也。众[3]顺独逆，众正独辟[4]，此犹夜有求而得火也，奸伪之人，无所伏矣。此先王之所以一民心也。是故天子有善，让德于天；诸侯有善，荐[5]之于天子；大夫有善，纳之于君；民有善，本于父，荐之于

长老。此道法之所从来，是治本也。是故岁一言者，君也；时省者，相也；月稽者，官也；务四支[6]之力，修耕农之业以待令者，庶人也。是故百姓量其力于父兄之间，听其言于君臣之义，而官论其德能而待之。大夫比官中之事，不言其外；而相为常具[7]以给之。相总要，者[8]官谋士，量实义[9]美，匡请所疑。而君发其明府之法瑞[10]以稽之，立三阶之上，南面而受要。是以上有余日，而官胜其任；时令不淫[11]，而百姓肃给。唯此上有法制，下有分职也。

【注释】

[1]綧(zhǔn)：丈量的标准。制：布的匹长。

[2]名：文字。

[3]众：原文为“从”，据尹知章注改。下一“众”字同此。

[4]辟：通“僻”，邪僻。

[5]荐：原文为“庆”，据王念孙说校改。下文“荐之于长老”的“荐”同此。

[6]支：通“肢”。

[7]常具：日常制度。

[8]者：通“诸”，众。

[9]义：通“议”，评议。

[10]瑞：指印玺等信物。

[11]淫：乱。

【品读】

“天子出令于天下”与《商君书·定分》“天子则各主法令之”的法家思想相似。“衡石一称，斗斛一量，丈尺一綧制，戈兵一度，书同名，车同轨”，反映了战国后期学者主张“一民心”、强调中央集权、实现一统天下的理想诉求。

道者，成人之生[1]也，非在人也。而圣王明君，善知而道之者也。是故治民有常道，而生财有常法。道也者，万物之要也。为人君者，执要而待之，则下虽有奸伪之心，不敢试[2]也。夫道者虚设，其人在则通，其人亡则塞者也。非兹是[3]无以理人，非兹是无以生财。民治财育，其福归于上。是以知明君之重道法而轻其国也。故君一国者，其道君之也。王天下者，其道王之也。大王天下，小君一国，其道临之也。是以其所欲者能得诸民，其所恶者能除诸民。所欲者能得诸民，故贤材遂[4]；所恶者能除诸民，故奸伪省[5]。如冶之于金，陶之于埴[6]，制在工也。

【注释】

[1]成人之生：原文为“诚人之姓”，据戴望说校改，指生成人的生命。

[2]试：原文为“杀”，据王念孙说校改。

[3]兹：此。是：则。

[4]遂：成、达。

[5]省：省察。

[6]埴(zhí)：黏土。

【品读】

此节论述的是道论法。显然，“道者虚设，其人在则通”体现的是道家思想。但是，仔细读一读，字里行间体现的还是法家思想。此节的道法思想说明，战国后期法家在与诸家激烈碰撞中，也不由自主地相互影响甚至吸收，以至于出现法家与儒家、法家与道家杂糅的现象。

是故将与之，惠厚不能供；将杀之，严威不能振[1]。严威不能振，惠厚不能供，声实有间[2]也。有善者不留[3]其赏，故民不私其利；有过者不宿[4]其罚，故民不疾其威。赏[5]罚之制，无逾于民，则人归亲于上矣。如天雨然，泽下尺，生上尺。[6]

【注释】

[1]振：通“震”，震慑。

[2]声实有间：名实不副。间，间隔。

[3]留：留迟。

[4]宿：隔夜，引申为推迟。

[5]赏：原文为“威”，据刘绩说改。

[6]如天雨然，泽下尺，生上尺：如同下雨一样，天降一尺雨水，庄稼就向上长一尺。

【品读】

此节主题是赏罚有度。行赏之时，不能太过丰厚，以至于难以兑现；行罚之时，也不能太过严厉，以至于起不到震慑作用，造成官逼民反。如果赏罚不能兑现，无法震慑，则会导致名不副实，法律失去公信力。有善行之人，不扣留他的赏赐，百姓就不会计较私利。有过错之人，不拖延他的惩罚，百姓就不会藐视威严。赏罚有度，不超越本身行为，百姓自然会亲近、依附君主了。

是以官人不官，事人不事，独立而无稽[1]者，人主之位也。先王之在天下也，民比之神明之德，先王善牧[2]之于民者也。夫民别而听之则愚，合而听之则圣。虽有汤武之德，复合于市人[3]之言。是以明君顺人心，安情性，而发于众心之所聚。是以令出而不稽[4]，刑设而不用。先王善与民为一体，与民为一体，则是以国守国，以民守民也。然则民不便为非矣。

【注释】

[1]稽：考查。

[2]牧：养活，引申为管理。

[3]市人：指众人。

[4]稽：留迟。

【品读】

此节重点为君主要听取众言、与民同心。君主的职位是授人官职而不居官位，授人职事而不涉职事，独立行事而不受考核。君主偏信个人，是愚蠢之举；广听众言，才是圣明之举。即便商汤、周武王这样的贤王，也要纳谏于众人。明君顺从民心，安定民情，一切从民众的意愿出发。政令发出而不停留，刑罚设立而无人触犯。这是因为先王善于与民同心，遵从国家的利益来治理国家，顺从人民的利益来治理人民，人民自然不会为非作乱了。

虽有明君，百步之外，听而不闻；间之堵墙，窥而不见也。而名为明君者，君善用其臣，臣善纳其忠也。信以继信，善以传善。是以四海之内，可得而治。是以明君之举其下也，尽知其短长，知其所不能益[1]，若任之以事。贤人之臣其主也，尽知短长与身力之所不至，若量能而授[2]官。上以此畜下，下以此事上，上下交期于正[3]，则百姓男女皆与治焉。

【注释】

[1]益：通"溢"，满，引申为极限。

[2]授：通"受"，接受。

[3]交：相互。期：约定。正：公正。

【品读】

此节强调人君要善用其臣，臣子要尽忠于君。即便是明君，也听不到百步之外的话，看不到一墙之外的事。之所以称为明君，是其善用贤臣，臣下竭忠效力。诚信与诚信相继，善行与善行相传，四海之内即可大治。明君选举臣下时，要尽知其长处、短处以及能力的极限，然后任命职位。贤臣也要清楚自己的长处、短处以及能力达不到的地方，按照自身才能接受相应的职位。君臣之间如此公正、诚心相待，民治自然是水到渠成。

君臣下第三十一

短语五

古者未有君臣上下之别，未有夫妇妃匹[1]之合，兽处群居，以力相征。于是智者诈愚，强者凌弱，老幼孤独不得其所。故智者假众力以禁强虐，而暴人止。为民兴利除害，正民之德，而民师之。是故道术德行，出于贤人。其从义理兆[2]形于民心，则民反道矣。名物处[3]，是非分[4]，则赏罚行矣。上下设，民生体[5]，而国都立矣。是故国之所以为国者，民体以为国；君之所以为君者，赏罚以为君。

【注释】

[1]妃匹：配偶。

[2]兆：预示。

[3]处：辨别。

[4]是非分：原文为“违是非之分”，据许维遹说删改。

[5]体：根本。

【品读】

战国时期，一些学者在古代典籍的习读中，结合远古传说，对当时的社会制度进行了深刻反思，形成了较为进步的历史观。存在即有一定的合理性，君权的产生也是人类社会发展到一定阶段的必然产物。此节虽然本意论述“赏罚”产生的必然性，但是也诠释了君权产生的原因：君权产生之前，原有社会秩序混乱，“以力相征”“强者凌弱”，而“贤人”（君主）出现后，“兴利除害”“正民之德”，逐渐为人民所接受。这种社会秩序选择的理论至少比“君权神授”理论要进步、高明得多。

致[1]赏则匮，致罚则虐。财匮而令虐，所以失其民也。是故明君审居处[2]之教，而民可使居治、战胜、守固者也。夫赏重，则上不给也；罚虐，则下不信也。是故明君饰食饮吊伤[3]之礼，而物属[4]之者也。是故厉之以八政[5]，旌[6]之以衣服，富之以国禀[7]，贵之以王禁，则民亲君可用也。民用，则天下可致也。天下道其道则至，不道其道则不至也。夫水波而上，尽其摇[8]

而复下，其势固然者也。故德之以怀也，威之以畏也，则天下归之矣。有道之国，发号出令，而夫妇尽归亲于上矣；布法出宪，而贤人列士尽功[9]能于上矣。千里之内，束矢[10]之罚，一亩之赋，尽可知也。治斧钺者不敢让[11]刑，治轩冕者不敢让赏，隤然[12]若一父之子，若一家之实，义礼明也。

【注释】

[1]致：通"至"，最。

[2]居处：日常。

[3]饰：通"饬"，整饬。食饮：指享燕。吊伤：指丧祭。

[4]物属：按物类归属。属，原文为"厉"，据刘绩注本改。

[5]厉：通"励"。八政：据《尚书·洪范》，指食、货、祀、司空、司徒、司寇、宾、师。

[6]旌：表彰。

[7]禀：原文为"裹"，据王引之说校改，通"廪"，廪食。

[8]摇：摇动。

[9]功：读为"贡"。

[10]束矢：一束箭。矢，原文为"布"，据许维遹说校改。

[11]让：推让。

[12]隤(tuí)：原文为"坟"，据陈奂说校改，指柔顺。

【品读】

"致赏则匮，致罚则虐"，指行赏过度会导致财力匮乏，处罚过分会造成法令暴虐。此举旨在说明赏罚要适度，比极端的"轻罪重刑""重刑轻赏"的法家思想更加温和、理性。要使赏罚始终，就需要辅之以礼，即"明君饰食饮吊伤之礼"。此举凸显了管子学派礼、法并用的典型思想。

夫下不戴[1]其上，臣不戴其君，则贤人不来。贤人不来，则百姓不用。百姓不用，则天下不至。故曰：德侵则君危，论侵则有功者危，令侵则官危，刑侵则百姓危。而明君者，审禁淫侵者也。上无淫侵之论，则下无异幸[2]之心矣。

【注释】

[1]戴：拥戴。

[2]异幸：侥幸。异，通"冀"，希望。

【品读】

此节主题是君主要"审禁淫侵者"，即严格禁止侵夺权力的僭越行为。如果君主实施德政的权力被侵夺，君主就会危险；如果论功行赏的权力被侵夺，有功之人就会危险；如果发号施令的权力被侵夺，百官就会危险；如果判定刑罚的权力被侵夺，百姓就会危险。因而，上面之人没有侵夺权力的言行，下面之人就不会滋生侥幸、非分之心。

为人君者，倍[1]道弃法，而好行私，谓之乱。为人臣者，变故易常，而巧言[2]以谄上，谓之腾[3]。乱至则虐，腾至则北[4]。两[5]者有一至，败，敌人谋之。故施舍优犹以济乱[6]，则百姓悦。选贤遂材，而礼孝弟，则奸伪止。要[7]淫佚，别男女，则通乱隔。贵贱有义，伦等不逾，则有功者劝。国有常式，故法不隐[8]，则下无怨心。此五者，兴德、匡过、存国、定民之道也。

【注释】

[1]倍：通“背”，背弃。

[2]言：原文为“官”，据王引之说校改。

[3]腾：凌驾。

[4]北：通“背”，反叛。

[5]两：原文为“四”，据郭沫若说校改。

[6]故：原文其上有一“则”字，据安井衡说删。优犹：宽容。济：止。

[7]要：约束。

[8]故法：成法。不隐：指公开。

【品读】

此节首先讲述了君臣的败政。君主违背道义，舍弃法制，好行其私，可称为混乱。臣子变更常法，巧言令色，谄媚君上，可称为凌驾。混乱至极就会暴虐成性，凌驾至极就会背叛弑主。二者有其一，国家就必败无疑。然后总结了以下五种善政之道。君主宽容大度，平定祸乱，百姓就会人心大快；选举贤才，崇礼孝悌，奸伪之人就会销声匿迹；严禁淫乱、逸乐之行，实行男女有别，私通混乱之风就会消失；贵贱有等，不逾越等级，有功之人就会受到激励；国有常法，公布于众，百姓就无怨言。

夫君人者有大过，臣人者有大罪。国所有也，民所君也，有国君民而使民所恶制之，此一过也。民有三务[1]，不布其民，非其民也。民非其民，则不可以守战。此君人者二过也。夫臣人者，受君高爵重禄，治大官。倍其官，遗其事，穆[2]君之色，从其欲，阿而胜之，此臣人之大罪也。君有过而不改，谓之倒；臣当罪而不诛，谓之乱。君为倒君，臣为乱臣，国家之衰也，可坐而待之。是故有道之君者执本，相执要，大夫执法以牧其群臣，群臣尽智竭力以役其上。四守者得则治，易则乱。故不可不明设而守固。

【注释】

[1]三务：指春、夏、秋三季的农事。

[2]穆：恭敬。

【品读】

此节列举了两种君主的“大过”和一种臣子的“大罪”，并提出“四守”的主张。君主拥有国家，治理人民，却遭到人民的憎恶。这是君主的第一个大过。一年之中人民有三季的农事。君主不安排农时，人民不能准备农事，就无法防卫、作战。这是君主的第二个大过。臣子身居高位，受高爵重禄，却背离职守，不务正事，只会讨君欢心，阿谀奉承。这是臣子的大罪。如果君主有过不改，臣子有罪不诛，国家的衰败就指日可待。因此，要治理好国家，须秉承“四守”，即君主掌握治国的根本，相国执掌治国的纲要，大夫依法管理群臣，群臣竭力尽职报效。

昔者，圣王本厚民生，审知祸福之所生。是故慎小事微，韪非索辩以根[1]之。然则躁作、奸邪、伪诈之人，不敢试也。此正民[2]之道也。

古者有二言：“墙有耳，伏寇在侧。”墙有耳者，微[3]谋外泄之谓也；伏寇在侧者，沉疑[4]得民之道也。微谋之泄也，狡妇袭主之请[5]，而资游慝[6]也。沉疑得民者也，前贵而后贱者为之驱也。明君在上，便僻不能弇[7]其意，刑罚亟[8]近也。大臣不能侵其势，比党者诛，明也。为人君者，能远谗谄，废比党，淫悖行食[9]之徒无爵列于朝者。此止诈、拘奸、厚国、存身之道也。

【注释】

[1]韪：原文为“违”，据丁士涵说校改，是。根：根究。

[2]正民：原文“正民”上有一“礼”字，据文义删。

[3]微：隐微。

[4]沉疑：阴险、僭越。

[5]袭：探取。请：通“情”。

[6]资：帮助。慝：奸邪之人。

[7]弇：原文为“食”，据刘娇说校改，指掩蔽。

[8]亟：急。

[9]行食：游食。

【品读】

此节主题是君主防奸、保身之道。俗语说：“隔墙有耳，身旁有潜伏之敌。”“隔墙有耳”是指机密外泄，“身旁有潜伏之敌”是指阴险僭越的臣子争得民心。机密外泄是由狡妇探取君主实情以助宫外的奸邪之徒导致的。奸臣争得民心是因为那些曾被君主剥夺富贵，沦为贫贱的小人愿意为其驱使。只有明君在上，宠幸小人就不敢掩蔽人君的意愿，因为刑罚随时来临；大臣不能侵夺君主权势，因为结党营私之人必遭诛杀。因此，君主要远离谄媚奉承的小人，废弃结党营私之徒，让淫邪悖逆的游食之士不得任用。

为人上者，制群臣百姓，通中央之人[1]。是以中央之人，臣主之参[2]。制令之布于民也，必由中央之人。中央之人，以缓为急，急可以取威；以急为缓，缓可以惠民。威惠迁于下，则为人上者危矣。贤不肖之知于上，必由中央之人。财力之贡于上，必由中央之人。能易贤不肖而可成[3]党于下。有能以民之财力上啗[4]其主，而可以为劳于下。兼上下以环[5]其私，爵制而不可加，则为人上者危矣。先其君以善者，侵其赏而夺之惠[6]者也。先其君以恶者，侵其刑而夺之威者也。讹言于外者，胁其君者也。郁[7]令而不出者，幽[8]其君者也。四者一[9]作而上不知[10]也，则国之危，可坐而待也。

【注释】

[1]中央之人：手握大权的重臣。原文"人"下有一"和"字，据丁士涵说删。

[2]参：通"三"，配合成三的、三分的。

[3]成：原文为"威"，据王念孙说校改。

[4]啗(dàn)：原文为"陷"，据王引之说校改，指供养。

[5]环：营。

[6]惠：原文为"实"，据丁士涵说校改。

[7]郁：郁结、阻止。

[8]幽：封闭。

[9]一：都。

[10]上不知：原文为"上下不知"，据刘绩注本删。

【品读】

此节首次提出君主对"中央之人"(即握有实权的重臣)要存有戒心。此举表明在君主集权的制度设计伊始，君权与权臣之间的依赖性与斗争性就已存在。两千多年里，虽然君主专制集权一直在不断自我调整，进行制度变革，如设置尚书台、内阁、军机处等，但是君权与权臣的斗争从未消停过，惨案一幕幕重复上演。其原因就是君主专制集权的先天不足。当国力强盛，君主有为、强势时，则视臣下为犬马；当国力式微，君主昏庸、弱势时，则又成为臣下的玩偶。

神圣者王，仁智者君，武勇者长。此天之道，人之情也。天道人情，通者质[1]，穷[2]者从，此数之因[3]也。是故始于患[4]者不与其事，亲其事者不规其道。是以为人上者患而不劳也，百姓劳而不患也。君臣上下之分素[5]，则礼制立矣。是故以人役上，以力役明，以刑役[6]心，此物之理也。心道进退，而形道滔迁[7]。进退者主制，滔迁者主劳。主劳者方，主制者圆。圆者运，运者通，通则和。方者执，执者固，固则信。君以利和，臣以节信，则上下无邪矣。故曰：君人者制仁，臣人者守信。此言上下之礼也。

【注释】

[1]质:主。

[2]穷:原文为“宠”,据丁士涵说校改。

[3]因:凭借。

[4]患:思患。

[5]分素:分定。

[6]刑:通“形”,形体。役:役使、驱使。

[7]滔迂:屈伸。迂,原文为“赶”,据吴汝纶、刘师培说校改。下“滔迂”同此。

【品读】

“为人上者患而不劳也,百姓劳而不患。”此句论述的是脑力劳动与体力劳动的问题。君王表面上不从事体力劳动,实际上每天都在考虑国家大事,而老百姓天天干重活,却不用考虑天下大事。因而,“主劳者方,主制者圆”,即老百姓不用变通,踏实干活即可,而君王要善于变通,解决高深、复杂的问题。这种观点虽有一定的合理性,但仍不过是维护等级社会存在合法性的说辞。

君之在国都也,若心之在身体也。道德定于上,则百姓化于下矣。戒心形于内,则容貌动于外矣。正也者,所以明其德。知得[1]诸己,知得诸民,从其理也。知失诸民,退而修诸己,反其本也。所求于己者多,故德行立。所求于人者少,故民轻给之。故君人者上注[2],臣人者下注[3]。上注者,纪[4]天时,务民力。下注者,发地利,足财用也。故能饰[5]大义,审时节,上以礼神明,下以义辅佐者,明君之道。能据法而不阿,上以匡[6]主之过,下以振[7]民之病者,忠臣之所行也。

【注释】

[1]得:得到。

[2]上注:注意上面的事。

[3]下注:注意下面的事。

[4]纪:整理。

[5]饰:通“饬”,整饰。

[6]匡:匡正。

[7]振:通“赈”,赈济。

【品读】

“知得诸己,知得诸民,从其理也。知失诸民,退而修诸己,反其本也。所求于己者多,故德行立”,指从自己身上得到什么,就可知道百姓想要得到什么,这就是推己及人的道理。知道百姓损失了什么,就要回去多反省自

己，从自身找原因，才能树立德行。《论语·卫灵公》载孔子云“君子求诸己，小人求诸人”，也就是这个道理。

明君在上，忠臣佐之，则齐[1]民以政刑，牵[2]于衣食之利，故愿[3]而易使，愚而易塞。君子食于道，小人食于力，分也[4]。威无势也无所立，事无为也无所生。若此则国平而奸省[5]矣。君子食于道，则义审而礼明。义审而礼明，则伦等不逾，虽有偏卒之大夫[6]，不敢有幸心，则上无危矣。齐民食于力则作本[7]，作本者众，农以听命。是以明君立世，民之制于上，犹草木之制于时也。故民迂[8]则流之，民流通则迂之。决之则行，塞之则止。虽[9]有明君，能决之，又能塞之。决之则君子行于礼，塞之则小人笃于农。君子行于礼，则上尊而民顺。小民笃于农，则财厚而备足。上尊而民顺，财厚而备足，四者备体，顷时[10]而王不难矣。

【注释】

[1]齐：整齐。

[2]牵：牵制。

[3]愿：老实。

[4]也：原文为“民”，据李哲明说校改。

[5]省：减少。

[6]偏卒之大夫：指握有军权的大臣。偏，兵车的编制单位。卒，士兵的编制单位。

[7]则：原文无此字，据赵用贤本补。作本：从事农业。

[8]迂：原文误作“赶”，据赵用贤本改，指迂曲。

[9]虽：通“唯”，只有。

[10]顷时：短时。

【品读】

“君子食于道，小人食于力，分也。”此句一针见血地点出了脑力与体力劳动的社会分工问题。只有君子专职于推行道义，天下才能义理明审；礼制彰显，全国上下才无法僭越等级；权臣无侥幸之心，国君才无危险之忧。同样，只有百姓专职于农业生产，国家才能财力雄厚，储备充足，才能为成就王业奠定坚实的经济基础。

四肢六道[1]，身之体也。四正[2]五官，国之体也。四肢不通，六道不达，曰失。四正不正，五官不官，曰乱。是故国君聘妻于异姓，设为侄娣[3]、命妇[4]、宫女，尽有法制，所以治其内也。明男女之别，昭[5]嫌疑之节，所以防其奸也。是以中外不通，谗慝不生，妇言不及官中之事，而诸臣子弟无宫中之交，此先王所以明德圉奸，昭公威[6]私也。

【注释】

[1]六道：指口、鼻、耳、目、前阴、后阴。

[2]四正：君臣父子。

[3]侄娣：指古代国君娶妻时，以其妻侄女、妹妹陪嫁。

[4]命妇：有封号的贵妇人，指国君的嫔妃。

[5]昭：显示。

[6]烕：原文为“威”，据丁士涵说校改，指灭火，引申为灭亡。

【品读】

此节侧重于防止妇人干政，杜绝宫内外勾结。如同人的身体有四肢、六道一样，国家也有四正、五官。君臣父子不正，五官不称职，国家就要陷入混乱。君主娶妻于异性诸侯，还要按法度设立侄娣、命妇、宫女等，就是便于宫中的管理。区别男女，明示避嫌的礼节，这样才能防止奸情的发生。宫内外不交结勾通，诋毁、邪恶之事就不会发生。不准妇人妄言朝政，也不允许大臣、子弟与宫中交往。以上就是先王彰明德行、消除奸邪、昭示公正、灭除私欲的英明举措。

明妾宠设，不以逐[1]子伤义。礼私爱欢，势不并伦[2]。爵位虽尊，礼无不行。适为都佼[3]，冒之以衣服，旌之以章旗，所以重其威也。然则兄弟无间郄[4]，谗人不敢作矣。

【注释】

[1]逐：驱逐。

[2]并伦：指嫡子与庶子同等。

[3]适：原文为“选”，据郭沫若说校改，通“嫡”，嫡长子。都佼：指众子之中的佼佼者。

[4]间郄(xì)：隔阂。

【品读】

在君权社会，君位的继承一直是事关国家命运的大事。处理不当，就会血雨腥风，国家陷于内乱，甚至崩溃。从周代开始，通常情况下，实行嫡长子继承制。但是，君权的殊死争夺却从来没有消停过。纵观中国历史，废长立幼、废嫡立庶的事件一幕幕在上演。即便是清代的康熙大帝，他的众皇子依然为争夺君位拉帮结伙，钩心斗角，拼得你死我活。

君主废嫡立庶多半与其宠妃有关。皇后年老色衰，而宠妃后来居上，备受君主疼爱。君权社会的权力法则是“母以子贵”，因而宠妃从自身的利益出发，定会怂恿、教唆君主废掉太子，立其亲子。春秋时期，此类现象为数不少。如晋献公宠幸的骊姬，就设计害死太子申生，迫使重耳、夷吾逃亡，最终立其子奚齐为太子，史称“骊姬之乱”。

此节所讨论的就是这一问题。君主不能因为宠幸爱妾而废嫡立庶，违背礼义。君主可以优待并疼爱庶子，但不能嫡、庶同等。庶子爵位虽然尊贵，但要依礼而行。嫡子作为众子之中的佼佼者，要用高贵的衣服来显示，用特殊的旗帜来旌表。这就是为了彰显他的威严。由此，兄弟之间就没有隔阂，谗佞挑拨之人就不会兴风作浪。

……………………………………

故其立相也，陈功而加之以德，论劳而昭之以法，参伍相德[1]而周举之，尊势而明信之。是以下之人无谏死之諅[2]，而聚立者[3]无郁怨之心。如此，则国平而民无慝矣。其选贤遂材也，举德以就列，不类无德[4]；举能以就官，不类无能。以德弇[5]劳，不以伤年[6]。如此，则上无困，而民不幸生矣。

【注释】

[1]参伍：考核比较。德：通"得"，适合。

[2]諅：通"忌"，顾忌。

[3]聚立者：指众吏。

[4]不类无德：指不将无德之人视为同类。

[5]弇：掩蔽。

[6]伤年：指因为年少而受限。

【品读】

此节主题是选用人才。管子学说的一个显著特点就是经世致用，所以他对人才的要求也是从理政治国的需要出发，但又强调必须德才兼备，而且对德、才都赋予了新的更深刻的含义。这是管子与其他法家的一个重大区别。"陈功而加之以德，论劳而昭之以法，参伍相德而周举之，尊势而明信之。"此句强调的是要重用有德有才之人，甚至要将品德放在才能之上，只有这样，君主才不会陷于困境，人民才不会心生侥幸。

……………………………………

国之所以乱者四，其所以亡者二。内有疑[1]妻之妾，此宫乱也；庶有疑适[2]之子，此家乱也；朝有疑相之臣，此国乱也；任官无能，此众乱也。四者无别，主失其体。群官朋党，以怀其私，则失族矣。国之几臣[3]，阴约闭谋以相待也，则失援矣。失族于内，失援于外，此二亡也。故妻必定，子必正，相必直立以听，官必中[4]信以敬。故曰：有宫中之乱，有兄弟之乱，有大臣之乱，有中民之乱，有小人之乱。五者一作，则为人上者危矣。宫中乱曰妒纷，兄弟乱曰党偏，大臣乱曰称述[5]，中民乱曰奢谆[6]，小民乱曰财匮。财匮生薄[7]，奢谆生慢，称述、党偏、妒纷生变。

【注释】

[1]疑：通"拟"，比。下文"疑"同此。

[2]适：通“嫡”，嫡长子。

[3]几臣：掌握机要的大臣。

[4]中：通“忠”，忠诚。

[5]称：喜好。述：通“术”，权术。

[6]詟(zhé)谆：指议论纷纷。

[7]薄：薄德。

【品读】

此节对导致君权危机的“四乱”“二亡”的论述条分缕析，细致入微。同时，作者也提出了君主解决危机的对策为“妻必定，子必正，相必直立以听，官必中信以敬”。但是，两千多年来，宫廷政变、外戚干政、权臣篡权屡见不鲜，其根本原因是寄托于君主本人素养的专制集权是永远无法根除这些毒瘤的。

故正名稽疑，刑杀亟近，则内定矣。顺[1]大臣以功，顺中民以行，顺小民以务，则国丰矣。审天时，物[2]地生，以辑[3]民力；禁淫务，劝农功，以职其无事[4]，则小民治矣。上稽之以数，下十伍以征，近其罪伏[5]，以固其意。乡树之师，以遂其学。官之以其能，及年而举，则士反行矣。称德度功，劝其所能，若稽之以众风[6]，若任以社稷之任。若此，则士反于情[7]矣。

【注释】

[1]顺：次第。

[2]物：物色，指考察。

[3]辑：和。

[4]无事：指无事之人。

[5]近其罪伏：据郭沫若说，当作“近其巽升”。巽，读为“选”，应指缩短选拔、升迁之期。

[6]风：通“讽”，舆论。

[7]反：通“返”，回归。情：实情。

【品读】

此节的主题是如何治理宫内、官吏、百姓。一是宫内事务至关重要，如王储的废立直接关系到王朝的兴亡。其基本原则为确立名分，刑杀不赦。也就是要遵循礼法，不轻易废长立幼，对僭越名分的人要毫不留情，严惩不贷。二是官吏的选举、考核。要按照个人的品德、才能等标准来任官授职，要重视官吏德行、功绩的定期考核。推举贤良要注重功绩，根据功绩安排大臣的次序，根据德行安排百官的次序，依据个人才能任官授职。三是治理百姓。要顺应天时的变化，实地考察土地的状况，合理安排人民的生产生活。禁止妨碍农业生产的无用之事，着力提高人民的生产积极性，让那些无所事事的人有事可做。

小称第三十二

短语六

管子曰："身不善之[1]患，毋患人莫己知。丹青[2]在山，民知而取之；美珠在渊，民知而取之。是以我有过为，而民毋过命[3]。民之观也察矣，不可遁逃以为不善。故我有善，则立誉我；我有过，则立毁我。当民之毁誉也，则莫归问于家矣，故先王畏民。操名从人，无不强也；操名去人，无不弱也。虽有天子诸侯，民皆操名而去之，则捐[4]其地而走矣，故先王畏民。在于身者孰为利？耳[5]与目为利。圣人得利而托焉，故民重而名遂。我亦托焉，圣人托可好，我托可恶以求[6]美名，又可得乎？我托可恶，爱且不能为我能[7]也。毛嫱、西施[8]，天下之美人也，盛[9]怨气于面，不能以为可好。我且恶面而盛怨气焉，怨气见于面，恶言出于口，去恶充[10]以求美名，又可得乎？甚矣！百姓之恶人之有余忌[11]也。是以长者断之，短者续之，满者洫[12]之，虚者实之。"

【注释】

[1]之：是。

[2]丹青：用来制作颜料的矿石。

[3]过命：错误的评价。命，名。

[4]捐：舍弃。

[5]耳：原文为"气"，据郭沫若说校改。

[6]求：原文为"来"，据王念孙说校改。

[7]能：得。

[8]毛嫱、西施：二人皆为古代美女。

[9]盛：大。

[10]去：通"弃"，藏。充：实。

[11]忌：禁忌。

[12]洫：沟渠，此处指疏泄。

【品读】

此节出现的毛嫱、西施是历代学者论证《管子》非管子本人所作的一大铁证。因为毛嫱、西施是春秋末期的越国美女，当时管子早已去世多年。实际上，春秋之时，并无私人著书之风，管子本人也无时间和精力著书立说。当然，探究《管子》是否为管子本人所作，并非首要之务。我们讨论的着重点是《管子》一书中哪些篇章是管子的原生思想，哪些篇章是后人依托，又分别代表什么思想及学术背景。

管子曰："善罪身者，民不得罪也；不能罪身者，民罪之。故称[1]身之过者，强也；治身之节[2]者，惠[3]也；不以不善归人者，仁也。故明王有过则反之于身，有善则归之于民。有过而反之身则身惧，有善而归之民则民喜。往喜民，来惧身，此明王之所以治民也。今夫桀纣不然，有善则反之于身，有过则归之于民。归之于民则民怒，反之于身则身骄。往怒民，来骄身，此其所以失身也。故明王惧声以感[4]耳，惧气以感目。以此二者有天下矣，可毋慎乎？匠人有以感斤欘[5]，故绳可得料[6]也。羿有以感弓矢，故彀[7]可得中也。造父有以感辔策[8]，故遫[9]兽可及，远道可致。天下者，无常乱，无常治。不善人在则乱，善人在则治，在于既善，所以感之也。"

【注释】

[1]称：举。

[2]节：节制。

[3]惠：通"慧"，智慧。

[4]感：感应。

[5]斤欘(zhú)：指斧子。

[6]料：计量。

[7]彀(gòu)：张满弓弩。

[8]辔：马缰绳。策：马鞭。

[9]遫：通"速"，快速。

【品读】

此节的中心思想是"罪身"，反面教材是夏商二朝的昏君桀、纣。上古三代时期，贤王常有罪身之辞。如《尚书·汤誓》云："其尔万方有罪，在予一人。予一人有罪，无以尔万方。"文治武功的汉武帝晚年悔过，也曾下轮台罪己之诏，为后世所乐道。

管子曰："修恭逊、敬爱、辞让、除怨、无争，以相逆[1]也，则不失于人矣。尝试多怨争利，相为不逊，则不得其身。大哉！恭逊敬爱之道。吉事可以入祭[2]，凶事可以居丧。大以理天下而不益也，小以治一人而不损也。尝试往之中国、诸夏、蛮夷[3]之国，以及禽兽昆虫，皆待此而为治乱。泽[4]之身则荣，去之身则辱。审行之身毋怠，虽夷貉之民，可化而使之爱。审去之身，虽兄弟父母，可化而使之恶。故之身者，使之爱恶；名者，使之荣辱。此其变名物也，如天如地，故先王曰道。"

【注释】

[1]逆:迎,指对待。

[2]祭:原文为"察",据王念孙说校改。

[3]中国:京师。诸夏:中原诸国。蛮夷:少数民族。

[4]泽:润泽。

【品读】

道德是调整人际关系的行为准则和规范。社会成员只有在内心树立起坚定的道德信念,并外化为现实的行为方式,成为谦谦君子,才有利于建立理想的社会秩序。那么,怎样做才具有君子之德呢?管子认为,君子之德主要是谦逊、柔顺、庄重、和悦。也就是让人们排除私欲,加强自我修养,以符合统治阶级所认可的道德规范的要求。如本节所言"修恭逊、敬爱、辞让、除怨、无争,以相逆也,则不失于人矣。尝试多怨争利,相为不逊,则不得其身。"讲求恭逊、敬爱、谦让、除怨、无争,来互相对待,就不会失去人心。如果多怨争利,互相不讲恭逊,自身亦难保。

管仲有病,桓公往问之曰:"仲父之病病[1]矣,若不可讳而不起此病也,仲父亦将何以诏寡人?"管仲对曰:"微[2]君之命臣也,故臣且谒[3]之。虽然,君犹不能行也。"公曰:"仲父命寡人东,寡人东;令寡人西,寡人西。仲父之命于寡人,寡人敢不从乎?"管仲摄[4]衣冠起,对曰:"臣愿君之远易牙、竖刁、堂巫、公子开方。夫易牙以调和事公,公曰:惟烝[5]婴儿之未尝。于是烝其首子而献之公。人情非不爱其子也,于子之不爱,将何有于公?公喜内而妒,竖刁自刑而为公治内[6]。人情非不爱其身也,于身之不爱,将何有于公?公子开方事公,十五年不归视其亲,齐卫之间,不容数日之行。臣闻之,务为[7]不久,盖虚不长。其生不良[8]者,其死必不终。"桓公曰:"善。"管仲死,已葬。公憎四子者,废之官。逐堂巫而苛病起[9],逐易牙而味不至,逐竖刁而宫中乱,逐公子开方而朝不治。桓公曰:"嗟!圣人固有悖乎!"乃复四子者。处期年[10],四子作难,围公一室不得出。有一妇人遂从窦[11]入,得至公所。公曰:"吾饥而欲食,渴而欲饮,不可得,其故何也?"妇人对曰:"易牙、竖刁、堂巫、公子开方四人分齐国,涂[12]十日不通矣。公子开方以书社[13]七百下卫矣,食将不得矣。"公曰:"嗟兹乎!圣人之言长乎哉!死者无知则已,若有知吾何面目以见仲父于地下!"乃援素幭[14]以裹首而绝。死十一日,虫出于户,乃知桓公之死也。葬以杨门[15]之扇。桓公之所以身死十一日,虫出户而不收者,以不终用贤也。

【注释】

[1]病病:病情加重。

[2]微：没有。

[3]故：通“固”，本来。谒：进见。

[4]摄：提起。

[5]烝：通“蒸”，烧煮。

[6]内：原文为“宫”，据王引之说校改。

[7]为：通“伪”，虚假。

[8]良：原文为“长”，据戴望说校改。

[9]苛病：指鬼魂附体的病。起：原文其下有一“兵”字，据文义删。

[10]期年：一年。

[11]窦：洞。

[12]涂：通“途”，道路。

[13]书社：古时二十五家为一社，书人名于籍册。

[14]素幭(miè)：白手帕。

[15]杨门：南门。杨，通“阳”。

【品读】

此节内容与《戒》篇相似，这说明现存版本《管子》是经西汉刘向搜集、整理不同版本的篇章归类而成，并不是管子本人事先制定提纲、统一写就的。《管子》八十六篇，归类为经言、外言、内言、短语、区言、杂篇、管子解、轻重八个部分，这八个名称极有可能是刘向整理时题就的。

桓公、管仲、鲍叔牙、宁戚四人饮，饮酣，桓公谓鲍叔牙曰：“阖不起为寡人寿[1]乎？”鲍叔牙奉[2]杯而起曰：“使公毋忘出如[3]莒时也，使管子毋忘束缚在鲁也，使宁戚毋忘饭牛车下也。”桓公辟席[4]再拜曰：“寡人与二大夫能无忘夫子之言，则国之社稷必不危矣。”

【注释】

[1]阖：通“盍”，何。寿：祝酒。

[2]奉：通“捧”，恭敬地捧着。

[3]如：去。

[4]辟席：离开坐席，上前拜谢。辟，通“避”，避开。

【品读】

此节所讲述的是齐桓公、管仲、鲍叔牙、宁戚四人在一起饮酒，喝到高兴时，齐桓公对鲍叔牙说：“为什么不给我祝酒？”鲍叔牙举杯而起说：“希望您不要忘记流亡在莒国的时候，希望管仲不要忘记被囚在鲁国的时候，希望宁戚不要忘记在车下喂牛的时候。”就在大家“今日痛饮庆功酒”的喜悦场面，鲍叔牙却说出如此这般煞风景的话，其迂腐耿直甚至不近情理的性格由此可见一斑。

四称第三十三

短语七

桓公问于管子曰："寡人幼弱惛[1]愚，不通诸侯四邻之义，仲父不当尽语我昔者有道之君乎？吾亦鉴焉。"管子对曰："夷吾之所能与所不能，尽在君所矣，君胡有[2]辱令？"桓公又问曰："仲父，寡人幼弱惛愚，不通四邻诸侯之义，仲父不当尽告我昔者有道之君乎？吾亦鉴焉。"管子对曰："夷吾闻之于徐伯曰，昔者有道之君，敬其山川、宗庙、社稷，及至先故之大臣[3]，收聚以德[4]而大富之。固其武臣，宣用其力。圣人在前，贞廉在侧，竞称于义，上下皆饰[5]。形正[6]明察，四时不贷[7]，民亦不忧，五谷蕃[8]殖。外内均和，诸侯臣伏[9]，国家安宁，不用兵革。受其币帛，以怀其德；昭受其令[10]，以为法式。此亦可谓昔者有道之君也。"桓公曰："善哉！"

【注释】

[1]惛：糊涂。

[2]胡：何。有：通"又"，再。

[3]先故之大臣：指先朝旧臣。

[4]德：原文为"忠"，据张文虎说校改。

[5]饰：通"饬"，整饬。

[6]形正：通"刑政"。

[7]贷：读为"忒"，差错。

[8]蕃：通"繁"，繁衍。

[9]伏：通"服"，服从。

[10]令：原文为"今"，据赵用贤本改。

【品读】

"敬其山川、宗庙、社稷，及至先故之大臣"，与本书《牧民》篇"顺民之经，在明鬼神、祇山川、敬宗庙、恭祖旧"一句的内涵基本一致。《牧民》篇是公认成篇较早的，故此节思想应为管子的原生思想。此外，"收聚以德而大富之"一句，既讲德又谈富，也体现了管子的原生思想。

桓公曰："仲父既已语我昔者有道之君矣，不当尽语我昔者无道之君乎？吾亦鉴焉。"管子对曰："今若君之美好而宣[1]通也，既官职[2]美道，又何以闻恶为？"桓公曰："是何言邪？以缁缘缁[3]，吾何以知其美也？以素缘素，吾何以知其善也？仲父已语我其善，而不语我其恶，吾岂知善之为善也？"管子对曰："夷吾闻之徐伯曰，昔者无道之君，大其宫室，高其台榭，良臣不使，谗贼是舍[4]。有国[5]不治，借人为图，政令不善，墨墨若夜，辟[6]若野兽，无所就[7]处，不循[8]天道，不鉴四方，有家不治，辟若生[9]狂，众所怨诅，希不灭亡。进其俳优[10]，繁其钟鼓，流于博塞[11]，戏其工瞽[12]。诛其良臣，敖[13]其妇女，獠猎毕[14]弋，暴遇诸父[15]，驰骋无度，戏乐笑语。式政既輮[16]，刑罚则烈。内削其民，以为攻伐[17]，辟犹漏釜[18]，岂能无竭。此亦可谓昔者无道之君矣。"桓公曰："善哉！"

【注释】

[1]宣：明。

[2]官职：明识。官，宣。职，通"识"。

[3]以缁缘缁：原文为"以繑缘繑"，据王念孙说校改，指用黑布给黑色的衣服镶边。缘，镶边。

[4]舍：留止。

[5]国：原文为"家"，据《册府元龟》引文改。

[6]辟：通"譬"，譬如。下文两处"辟"字，同此。

[7]就：原文为"朝"，据《册府元龟》引文改。

[8]循：原文为"修"，据王念孙说校改。

[9]生：通"性"，本性。

[10]俳优：歌舞、杂戏等艺人。俳，原文为"诶"，据刘绩注本改。

[11]博塞：六博棋之类的游戏。塞，通"簺"，骰子。

[12]工瞽：乐工。古时以盲人为乐工。

[13]敖：戏。

[14]獠：夜间打猎。毕：捕鸟兽用的网。

[15]诸父：古时天子对同姓诸侯、诸侯对同姓大夫长辈的尊称。

[16]式：用。輮：弯曲。

[17]攻：通"功"，功劳。伐：自傲。

[18]釜：锅。

【品读】

在此节中，齐桓公询问管仲无道之君的恶行，以示警醒。起初，管仲还不愿回答，说道："君主追求美好，明识大体，又何必知晓恶行呢？"而齐桓公直言道："用黑色给黑色衣服缘边，用白色给白色衣服缘边，怎能看出它的美？我已经知道善君的行为，却不了解恶君的言行，怎么知道善君之所以为善的原因？"管仲听后，顿生士别三日、刮目相见的感觉。近朱者赤，近墨者黑。齐桓公与管仲朝夕相处，境界大为提升，已经不是当年受人轻视的公子小白了。紧接着，管仲将无道君主的恶行娓娓道来，齐桓公听后大为受用。

桓公曰："仲父既已语我昔者有道之君，与昔者无道之君矣，仲父不当尽语我昔者有道之臣乎？吾以鉴焉。"管子对曰："夷吾闻之于徐伯曰，昔者有道之臣，委质[1]为臣，不宾[2]事左右；君知则仕，不知则已。若有事，必图国家，遍其发挥。循其祖德，辩[3]其顺逆，推育贤人，谗慝[4]不作。事君有义，使下有礼，贵贱相亲，若兄若弟，忠于国家，上下得体。居处则思，语言则谋[5]，动作则事[6]。居国则富，处军则克，临难据事，虽死不悔。近君为拂[7]，远君为辅，义以与交，廉以与处。临官则治，酒食则辞[8]，不谤其君，不讳其辞。君若有过，进谏不疑；君若有忧，则臣服[9]之。此亦可谓昔者有道之臣矣。"桓公曰："善哉！"

【注释】

[1]委质：委身。质，形体。

[2]宾：尊敬、礼敬。

[3]辩：通"辨"，辨别。

[4]谗慝：小人。

[5]居处则思，语言则谋：原文为"居处则思义，语言则谋谟"，据张文虎说删改。

[6]事：通"倳"，立。

[7]拂：纠错。

[8]辞：原文为"慈"，据刘绩说校改，指推辞。

[9]服：从事。

【品读】

管子认为，有道之君都是敬山川、宗庙和社稷的，对于先故的大臣，施以恩德，并使其大富。巩固武将，发挥他们的能力。圣人在前，廉洁之士在左右，互相提倡行义，上下都有修治，把布帛授予邻国，以感怀邻国的恩惠；把政令昭示于邻国，以作为他们的规范。管仲的这番议论，充分肯定了作为君主在治理国家中的作用，贤明的君主可以不用手段使臣民服从，使诸侯朝拜称王天下，这就是有道之君的"道"之所在。管子的这个主张，实质上还是在施"德政"的方针下对君主提出的要求。

桓公曰:“仲父既以语我昔者有道之臣矣,不当尽语我昔者无道之臣乎?吾亦鉴焉。”管子对曰:“夷吾闻之于徐伯曰,昔者无道之臣,委质为臣,宾事左右;执说以进,不蕲正[1]己;遂进不退,假宠鬻贵[2]。尊其货贿,卑其爵位;进曰辅之,退曰不可,以败其君,皆曰非我。不仁群处,以攻贤者,见贵[3]若货,见贱若过[4]。贪于货贿,竞于酒食,不与善人,唯其所事。倨敖不恭,不友善士,谗贼与通[5],不弥[6]人争,唯趣人讼[7]。湛湎于酒,行义不从。不循[8]先故,变易国常,擅创为令,迷或[9]其君,生夺之政,保贵宠矜。迁损善士,辅援货人[10],入则乘[11]等,出则党骈[12],货贿相入,酒食相亲,俱乱其君。君若有祸[13],各奉其身。此亦谓昔者无道之臣。”桓公曰:“善哉!”

【注释】

[1]蕲(qí):通“祈”,求。正:原文为“亡”,据王念孙说校改。

[2]鬻贵:买卖高贵的职位。

[3]贵:原文为“贤”,据丁士涵说校改。

[4]过:指路人经过。

[5]通:原文为“斗”,据《册府元龟》引文改。

[6]弥:通“弭”,停息。

[7]趣:促。讼:原文为“诏”,据王念孙说校改,指诉讼。

[8]循:原文为“修”,据王念孙说校改。

[9]或:通“惑”,迷惑。

[10]辅:原文为“捕”,据郭沫若说校改。货人:逐利之人。

[11]乘:欺凌、凌驾。

[12]骈:并,此处指勾结。

[13]祸:原文为“过”,据郭沫若说校改。

【品读】

此节主题为无道之臣的恶行。他们委身于君主,却只顾讨好亲近之人;执邪说以求名利,从不改正自身;只求进升而不知后退,自恃恩宠炫耀富贵;只重财货,不计自身爵位;当面假装辅佐君主,私下非议朝政,败坏君主名望,推卸自身责任;与不仁之徒相处,共同攻击贤人;见高贵之人,如同追逐财货,而见卑贱之人,如同路人经过;贪图钱财,攀比酒食,不结交善人,专交有用之人;为人傲慢不恭敬,不与善士为友,专勾结谗佞之人,不平息争斗,专挑拨人诉讼;整日沉湎饮酒,行为不端正;不遵循旧制,随意更改,擅制法令,迷惑君主,侵夺君权,拉拢权贵,保护恩宠;贬损善良之士,援引逐利之人,入朝逾越等级,出朝结党营私,求财索贿,大吃大喝,合伙欺骗君主;君主如遭祸患,他们却各求自保。这便是无道之臣。

侈靡第三十五

短语九

问曰：古之时与今之时同乎？曰：同。其人同乎，不同乎？曰：不同。可[1]与？其政殊[2]。佶[3]尧之时，混吾之美[4]在下。其道非独出人[5]也。山不同而用掞[6]，泽不弊而养足，耕以自养，以其余应养[7]天子，故平。牛马之牧不相及，人民之俗不相知，不出百里而求[8]足。故卿而不理，静也。其狱一踦腓一踦屦而当死。[9]今周公断指满稽[10]，断首满稽，断足满稽，而死民不服，非人性也，敝[11]也。地重人载[12]，毁敝而养不足，事末作而民兴之，是以下名而上实[13]也。圣人者，省诸本而游诸乐，大昏也，博夜也[14]。

【注释】

[1]可：通“何”，为什么。

[2]其政殊：原文为“政其诛”，据张佩伦、许维遹说校改。

[3]佶：帝喾。

[4]混吾：通“昆吾”，山名。美：指赤铜。

[5]出人：超出于人。

[6]同：通“童”，山无草木。掞：通“赡”，充足。

[7]养：原文为“良”，据俞樾说校改。

[8]求：原文为“来”，据猪饲彦博说校改。

[9]其狱一踦腓一踦屦而当死：犯人一只脚穿草鞋，一只脚穿平常的鞋，以表示犯了死罪。踦，脚。腓，通“扉”，草鞋。屦，鞋。

[10]指：原文无，据赵用贤本补。稽：通“阶”，台阶。下二“稽”同此。

[11]敝：困乏。

[12]载：通“戴”，增加。

[13]下名而上实：指轻视虚名，重视实际。

[14]大昏也，博夜也：指夜以继日。大昏，日暮之极。博夜，长夜。

【品读】

隆古贱今，道必称古，是我国古代许多学者的一种思维定式。然而，此节的历史观却具有一定的合理性。作者认为古今的天时相同，而人事不同。远古时期，昆吾山所产的赤铜无人问津，也没有人把它当作好东西。因为当时的科学技术还达不到冶炼赤铜的水平，人们当然认识不到它的价值。那时最稀缺的资源不是土地、山林、水泽，而是人。由于人烟稀少，山上的林木不用砍光就已经够用，水泽的物产无需捕尽就已经够用。耕地不仅能养活自己，还能有余粮奉养天子。因而天下太平。地广人稀，百姓不出百里就已满足需求，也就无从知晓百里之外的风俗了。社会安定，公卿无所事事。偶有死刑之犯，也就让他穿一只草鞋以示羞辱。至周公之时，刑罚兴起，满街都是断指、断头、断足的罪犯，即便如此，百姓还是难以驯服。个中原因并不是人性变得丑恶，而是人口增多，物质欲望相应增加，土地、山林等资源相对稀缺的缘故。因而，人们便不再追求虚名，而是更重视实际，热衷于容易获利的工商业。即便贤明的君主们也开始夜以继日地享乐了。

问曰：兴时化若何？莫善于侈靡。贱有实[1]，敬无用[2]，则人可刑[3]也。故贱粟米而如敬珠玉，好礼乐而如贱事业，本之始也。珠者，阴之阳[4]也，故胜火[5]；玉者，阳之阴[6]也，故胜水[7]。其化如神。故天子臧珠玉，诸侯臧金石，大夫畜狗马，百姓臧布帛。不然，则强者能守[8]之，智者能收[9]之，贱所贵而贵所贱。不然，鳏寡独老不与得焉。

【注释】

[1]有实：指粟米等生活必需品。

[2]无用：指珠玉等奢侈品。

[3]刑：通“型”，规范。

[4]阴之阳：指珠生于水属阴，形状圆又为阳。

[5]胜火：指珠生于水，水能克火。

[6]阳之阴：原文为“阴之阴”，据王念孙说校改，指玉生于土属阳，形状方又为阴。

[7]胜水：指玉生于土，土能克水。

[8]守：指占有。

[9]收：原文为“牧”，据猪饲彦博、王念孙说校改。

【品读】

“天子臧珠玉，诸侯臧金石，大夫畜狗马，百姓臧布帛”反映的是一种等级消费观念。一方面，按照等级制度进行消费，不僭越等级、礼法，有利于稳固当时上下森严、尊卑有别的社会秩序。另一方面，从经济学的角度讲，每个群体都根据自己的收入状况，量力而行，适度消费，对于社会再生产和劳动就业的增加也是有所裨益的。不利之处在于，这种侈靡观念容易成为统治者穷奢极欲生活的合法外衣。

均之始也，政与教孰急？管子曰：夫政教相似而殊方。若夫教者，摽然[1]若秋云之远，动人心之悲；蔼然[2]若夏之静云，乃及人之体；窎然若皜月[3]之静，动人意以怨；荡荡若流水，使人思之，人所生[4]往。教之始也，身必备之，辟[5]之若秋云之始见，贤者不肖者化焉。敬而待之，爱而使之，若樊[6]神山祭之。贤者少，不肖者多，使其贤，不肖恶得不化？今夫政则少别[7]，若夫威形[8]之征者也，去则少可使人乎？

【注释】

[1]摽(biào)然：高远的样子。

[2]蔼然：温和的样子。

[3]窎(diào)然：幽深的样子，原文为"鹏然"，据郭沫若说校改。皜月：原文为"譹"，据郭沫若说校改，即皓月。

[4]生：通"性"，本性。

[5]辟：通"譬"，譬如。

[6]樊：樊篱。

[7]别：原文为"则"，据刘师培说校改，指区别。

[8]威形：原文为"成形"，据郭沫若说校改，指权威、刑罚。形，通"刑"，刑罚。

【品读】

与政事相比，作者极力推崇教化，强调施教的深远境界，用词可谓精妙。其文云：教化如同秋云般高远疏淡，让人动容心悲；又如同夏天的静云一样和煦怡人，让人感受温暖；又如同皓月当空一般静谧神思，引发人的哀怨；又如同浩荡的流水一般发人深省，令人向往。作者用文学式的语言来形容教化的至高境界，这在《管子》一书中并不多见。如何达到上述境界？作者认为：首先，君主要以身作则，率先垂范，对待人民要普施仁爱，恭敬有加；其次，君主不能完全倚重权势刑杀，要善于甄别贤人与不肖之人，并加以区别对待，以便让后进之人有所改变和进步。

用贫与富，何如而可？曰：甚富不可使，甚贫不知耻。水平而不流，无源则遬[1]竭；云平而雨不甚，无委[2]云，雨[3]则遬已；政平而无威则不行，爱而无亲则流。亲左右[4]，用无用，则辟[5]之若相为盲[6]，兆[7]怨。上短下长，无度而用，则危本。

【注释】

[1]遬：通"速"，快速。

[2]委：积蓄、累积。

[3]雨：原文为“云”，据赵用贤本校改。

[4]右：原文为“有”，据张佩纶说校改。

[5]辟：通“譬”，譬如。

[6]盲：原文为“有”，据郭沫若说校改。

[7]兆：出现。

【品读】

“甚富不可使，甚贫不知耻。”这是管子贫富调节论的理论基础。一个社会如果贫富差距过大，不仅会影响经济持续、有序地增长，而且会激化社会矛盾，影响整个社会秩序的稳定。在现代经济学中，基尼系数是衡量一个社会收入分配程度是否公平的指标。如果基尼系数超过0.4的警戒线，说明整个社会贫富差距过大，有可能导致阶层对立，社会动荡不安。

不称而祀谭[1]，欺[2]祖。犯诅渝[3]盟，伤信[4]。敬祖祢[5]，尊始也。齐约之信，论行也。尊天地之理，所以论威也。薄德之君之府[6]，囊也。必因威[7]形而论于人，此政行[8]也。

【注释】

[1]谭：绵延相及。

[2]欺：原文为“次”，据李哲明说校改。

[3]诅：盟誓。渝：改变。

[4]信：原文为“言”，据许维遹说校改。

[5]祖：指祖庙。祢(mí)：父庙。

[6]府：府库。

[7]威：原文为“成”，据郭沫若说校改。

[8]行：原文为“衍”，据赵用贤本校改。

【品读】

此节着重强调君主要树立权威之势，政令才可以顺利推行。这就要求君主要按时遵礼祭祀，不能违礼欺祖；要讲求诚信，不能随意违背盟约。因为祭祖是表示不忘根本，遵守盟约是用来彰显君主的德行。

可[1]以王乎？请问用之若何？必辨于天地之道，然后功名可以殖[2]。辩于地利，而民可富；通于侈靡，而士可戚[3]。君亲以[4]好事，强以立断，仁以好任人。君寿以致[5]年，百姓不夭厉[6]，六畜遮[7]育，五谷遮熟，然后民力可得用。邻国之君俱不贤，然后得王。

【注释】

[1]可:通“何”,为什么。

[2]殖:通“植”,立。

[3]戚:亲近。

[4]以:原文为“自”,据吴汝纶说校改。

[5]寿:通“祷”,祈祷。致:原文为“政”,据丁士涵说校改。

[6]厉:通“疠”,疫病。

[7]遮:通“庶”,繁多。下一“遮”同此。

【品读】

此节讲述成就王业之道需要做好以下五个方面:一是君主能辨析天地万物的变化规律,然后才能功成名就;二是要善于利用地利,因地制宜,才能实现农业增收、百姓富庶;三是要精通侈靡之士,控制财源,士人才肯为君主卖命;四是君主平时要以身作则,做事雷厉风行,仁爱待人;五是君主要诚心祈祷丰年,预防疾病,实现六畜繁育,五谷丰登,民力才可尽为君主所用。

俱贤若何?曰:忽然易卿而移,忽然易事而化,变而足以成名。承弊而民劝,慈[1]种而民富;应变[2]待感,与物俱长,放[3]日月之明,应风雨而动[4]。天之所覆,地之所载,斯民之养[5]也,不有而丑[6]天地,非天子之事也。民变而不能变,是棁之傅革[7],有革而不能革[8],不可服民死信。

【注释】

[1]慈:通“滋”,栽种。

[2]变:原文为“言”,据张佩伦说校改。

[3]放:原文为“故”,据俞樾说校改,意为放出。

[4]动:原文为“种”,据张文虎说校改。

[5]养:原文为“良”,据郭沫若说校改。

[6]丑:类似。

[7]棁(zhuō)之傅革:木柱外包上皮革。棁,梁上的短柱。傅,通“附”,附着。

[8]有革而不能革:指木柱外面有革,而内里却没有变革。

【品读】

此节是承接上一段话而言,作者作进一步假设:如果邻国的国君都贤明,该怎么办?这就需要君主根据形势而选用大臣,做到随事而变。只有善于变通,才能功成名就。修正时弊,劝勉百姓,勤于耕种,百姓才会富有。要善于因天地感应而变,与万物共同生长,散发日月般光辉,顺应风雨而变动。天载地覆是百姓生养的来源。与天地同德,才是天子的本分。百姓要变革,君主不随之而变,如同木柱外包皮革,外面有革,而实质未变。这样就无法取信于民了。

诸侯死化[1]。请问诸侯之化弊[2]？弊也者，家[3]也。家也者，以因人之所重而行之。吾君长[4]来猎，君长虎豹之皮；用功力之君，上[5]金玉币；好战之君，上甲兵。甲兵之本，必先于田宅。今吾君战，则请行民之所重。

【注释】

[1]死：通“尸”，指管理。化：通“货”，财货。

[2]弊：通“币”，货币。

[3]家：家用，此指当时货币多取用生产工具等家用之物的形状。

[4]长：重视。

[5]上：崇尚。

【品读】

“弊也者，家也”，意即春秋战国时期货币的形状多取自日常所用的生产工具。如三晋地区流通的布币形似铲，就是从青铜农具镈演变而来。“甲兵之本，必先于田宅”，指铠甲、兵器等军备充足的前提是要先授予百姓土地、田宅。只有百姓有地可种，有屋可居，才能安心于农业生产，积极增产创收，从而甲兵等军赋收入才会源源不断。当时秦国就积极招徕三晋移民，授予田宅，极大地增强了国家实力。

饮食者也，侈乐者也，民之所愿也。足其所欲，赡其所愿，则能用之耳。今使衣皮而冠角[1]，食野草，饮野水，孰能用之？伤心者不可以致功。故尝至味而[2]，罢[3]至乐而。雕卵然后瀹[4]之，雕橑然后爨[5]之。丹沙之穴不塞，则商贾不处[6]。富者靡之，贫者为之，此百姓之怠[7]生，百振[8]而食。非独自为也，为之畜[9]化。

【注释】

[1]角：兽角。

[2]至味：最美的味道。而：语气词，下一“而”同此。

[3]罢：通“疲”，疲劳。

[4]卵：原文为“卯”，据赵用贤本改。瀹(yuè)：煮。

[5]橑：木柴。爨(cuàn)：烧火做饭。

[6]处：停留。

[7]怠：通“怡”，和悦。

[8]振：通“赈”，赈济。

[9]畜：通“蓄”，蓄积。

【品读】

“今使衣皮而冠角，食野草，饮野水，孰能用之？”此句从人的本性出发，对过度俭啬论进行了有力地反击。先秦时期，墨家一派就主张节衣缩食，过度节俭。殊不知，人类社会由低级向高级发展是客观规律。财富不是节省出来的，而是由辛勤劳动创造出来的。人民物质生活的极大丰富与精神生活的彻底解放才是社会发展的终极目标。

“雕卵然后瀹之，雕橑然后爨之”是千古绝句，大意为鸡蛋在蛋壳雕刻完后再煮着吃，木材在加工雕刻后再用来烧。如此，雕刻蛋壳的工人就有饭吃，雕刻木器的工匠就有活可干。这种观点与两千多年后的英国经济学家马尔萨斯、凯恩斯的观点不谋而合。20世纪30年代经济大萧条时期，凯恩斯主张政府通过兴建大量公共项目来带动消费，刺激需求，扩大社会就业。据说，凯恩斯甚至故意弄乱酒店的毛巾，声称这能起到刺激就业的功效。

“富者靡之，贫者为之，此百姓之怠生，百振而食”，是侈靡论的目的。即富人奢侈消费，贫人就业生产。通过鼓励富人奢侈消费，将部分财富转移到贫民手中。

对于管子的侈靡论，既不能人为拔高，溢美有加，将其与凯恩斯经济思想完全画等号，也不能视其为奇谈怪论而嗤之以鼻。第一，侈靡论的精华是意识到消费的重要作用。消费既是生产的终点，又反作用于生产。消费取决于生产，同时也是创造需求、开拓市场、扩大就业、促进生产的动力。第二，侈靡论的作者极有可能谙熟于日常的工商活动，凭借着敏锐的洞察力，提出了这个天才式的创见。然而，春秋战国时期，小农经济靠天吃饭，生产力相对低下，社会产品供给严重不足，远远满足不了消费者的需求。只有保持适度的消费水平，才能保证社会再生产的顺利进行。第三，侈靡论不是长久之策，只是权宜之计，仅适用于特定的时期。比如，在大饥荒时期，政府可以通过兴建公共项目，解决贫民的就业生计问题。《梦溪笔谈·官政》记载北宋时期杭州发生灾荒，范仲淹就曾采用出资修建官府、寺庙的方法来赈济灾民。第四，侈靡论所谈的消费只是富人的奢侈品消费，扩大社会就业的惠及面狭窄，对生产的带动效果并不明显。同时，统治阶级的消费又具有寄生性，他们无偿占有农民的剩余劳动，是一种超经济的剥削关系。因而，侈靡论的成效很难实现，其难免成为统治阶级骄奢淫逸、生活糜烂的合理辩词。总之，侈靡论的理论意义要远远大于实践意义。

用其臣者，予而夺之，使而辍之，徒以[1]而富之，父系[2]而伏之，予虚爵而骄之，收其春秋之时而消[3]之，有集礼义[4]而居之，时举其强者以誉之。强而可使服事，辩以辩[5]辞，智以招请[6]，廉以摽[7]人。坚强以乘下[8]，广其德以轻上位，不能使之而流徙。此谓国亡之郄[9]。故[10]法而守常，尊礼而变俗，上信而贱文，好缘而嫌驵[11]，此谓成国之法也。为国者，反民性，然后可以与民戚。民欲佚而教以劳，民欲生而教以死。劳教定而国富，死教定而威行。

【注释】

[1]徒：徒役之人。以：与，指赐予。

[2]父：通"斧"。系：原文为"击"，据赵用贤本改，意为捆绑，此处指拘囚。

[3]时：通"实"，果实。消：削弱。

[4]集：原文为"杂"，据姚永概说校改。义：原文为"我"，据王引之说校改。

[5]辩：原文为"辨"，据郭沫若说校改。

[6]招：招来。请：请问。

[7]摽（biào）：击，引申为监察。

[8]乘下：欺凌下属。下，原文为"六"，据俞樾说校改。

[9]郄：通"隙"，空隙、漏洞。

[10]故：通"固"，坚持。

[11]缘：顺从。嫌：原文为"好"，据郭沫若说校改。驵（zǎng）：粗暴。

【品读】

"反民性"这个提法极具特色。人的本性皆欲安恶劳，欲生恶死，而在治理国家时就需要政府引导人们改变本性，这便是教化。其实，这也反映了我国的家国同构的本位思想，个体的诉求受到压制，私人空间狭小，缺乏足够的重视。

……

圣人者，阴阳理，故平外而险[1]中。故信[2]其情者伤其神，美其质者伤其文。化之美者应其名，变之[3]美者应其时，不能兆其端[4]者，灾及之。故缘地之利，承天之指[5]，辱举其死[6]，开其国门[7]，辱知其神。缘地之利者，所以参天地之吉纲也。承天之指者，动必明。辱举其死者，与其先人[8]同。公事则，道必行。开其国门者，玩[9]之以善言。奉其畢[10]，辱知神次者，操牺牲与其珪璧，以执其畢家[11]小害，以小胜大。员其中，展其外[12]，而复畏强[13]，长其虚[14]，而物正以，视其中情。

【注释】

[1]平：平和。险：起伏。

[2]信：通"伸"，舒展。

[3]变:变革。之:原文为“其”,据王念孙说校改。

[4]兆:预兆。端:苗头。

[5]承天:原文“承”后有一“从”字,据戴望说删。下文“承天”同此。指:意。

[6]辱:通“蓐”,厚。死:通“尸”,古代祭祀时,代表死者受祭的人。

[7]开其国门:原文为“开国闭”,据猪饲彦博说校改。

[8]先人:原文为“失人”,据郭沫若说校改。

[9]玩:研习。

[10]奉:原文为“奈”,据猪饲彦博说校改。斝(jiǎ):酒器,圆口,口上有两柱,三足。

[11]家:通“嫁”,转移。

[12]员其中,展其外:指心欲圆,行欲方。员,通“圆”,圆通。展,直。原文为“辰”,据姚永概说校改。

[13]畏强:使强者畏惧。

[14]虚:谦虚。

【品读】

此节大意为:圣贤的人明于阴阳变化,所以外表平和而内心难测。因而,放纵性情的人会劳损其精神,过于质朴的人会有伤文采。善于变通的人要遵循名分,善于革新的人要顺应时势。不能预见祸端的人,灾祸必然来临。要因循地利,顺承天意,厚祭祖先,开放国门,敬祭众神。因循地利,就可以参悟天地的规律;顺承天意,行动方向自然明确;厚祭祖先,就可与先人相通,祭祀合礼,道义必行;开放国门,就可以研习来自国外的名言;敬祭众神,就可以学会操持牺牲、珪璧等祭品,执酒器来躲避小害,以防酿成大祸。只有君主内心圆通,外表方正,让强者畏惧,又常持谦逊,臣民才会归于正道,袒露他们的真情。

上述内容虽然有些繁芜纷乱,但仍不离君道御下之术。其主题思想为:君主只有运用阴阳之理,做到外表平和方正,内心深不可测,臣民才会心悦诚服。

公曰:国门则塞,百姓讙敖[1],胡以备之?择天之所宥[2],择鬼之所富[3],择人[4]之所戴,而亟付[5]其身,此所以安之也。强与短而立齐,国之若何?高予之名而举之,重予之官而危[6]之,因责其能以随之。犹傶则疏[7]之,毋使人图[8]之;犹疏则数[9]之,毋使人曲[10]之。此所以为之也。

【注释】

[1]讙(huān)敖:原文为“谁衍敖”,据张佩纶说校改,指喧嚣。

[2]天:原文为“天下”,据王念孙说删。宥:通“佑”,保佑。

[3]富:原文为“当”,据王念孙说校改,通“福”,赐福。

[4]人:原文为“人天”,据上下文义删。

[5]付:托付,此指任用。

[6]危:通“诡”,显异。

[7]犹:通“由”,从。儇:通“戚”,亲近。疏:疏远。

[8]图:图谋,此指议论。

[9]数:多次,此指亲近。

[10]曲:委曲。

【品读】

国门闭塞,而民心躁动不安。君主如何防备动乱?选择受上天保佑、鬼神赐福、百姓拥戴的贤人,委以重任,就可以安抚民心了。能力强与弱的人处于同等地位,又该怎么办?对于有才的人,要公开褒奖并加以提拔,授予高位以示荣显,这就是根据才能而任用。贵戚的臣子,君主要保持适度的距离,避免别人背后议论。疏远的臣子,要多加亲近,不要使其遭受委曲。

夫[1]有臣甚大,将反为害,吾欲优患[2]除害,将小能察大,为之奈何?潭[3]根之毋伐,固蒂之毋乂[4],深黧[5]之毋涸,不仪[6]之毋助,章明之毋灭,生荣之毋失。十[7]言者不胜此一,虽凶必吉,故平以满。

【注释】

[1]夫:原文为“大”,据安井衡说校改。

[2]优患:平患。优,通“耰”,平。

[3]谭:通“覃”,长。

[4]蒂:原文为“事”,据张佩纶说校改。乂:原文为“入”,据丁士涵说校改,意为割。

[5]黧:通“犁”,耕。原文为“黧”,形近误。

[6]不仪:违反法度。

[7]十:据郭沫若说,“十”为“甲”,“甲”又通“狎”,亲昵。

【品读】

此节提出一设问:有些大臣权势过大,恐怕遭受小人谗言,我想提前消除这一祸患,防患于未然,怎么样?作者答道:对待国家的重臣,如同保护大树一样,不要砍伐它的长根,不要割掉它固定的根蒂,深耕根土不要使其干涸,不法的树杈不要助长它,而是要让它多见阳光而避免黑暗,生机盎然而繁荣茂盛,即便亲近小人的谗言也无法奏效。如此,必然会逢凶化吉,功德圆满。

无事而总[1],以待有事,而为之若何?积者立[2]余食而侈,美车马而驰,多酒醴而靡,千岁毋出食[3],此谓本事。县入[4]有主,入此治用,然而不治,积

之市。一人积之下，一人积之上，此谓利无常。百姓无宝，以利为首。一上一下，唯利所处。利然后能通，通然后成国。利静[5]而不化，观其所出，从而移之。

【注释】

[1]总：积累。

[2]立：通“俟”，等待。

[3]出食：外出求食。

[4]入：原文为“人”，据郭沫若说校改。下一“入”字同此。

[5]静：停滞。

【品读】

“立余食而侈”说明侈靡是有条件限定的，即当社会农产品有剩余时，国家实施侈靡政策，刺激消费，改变市场需求关系，从而提高农产品价格，改变丰年“谷贱伤农”的政策。

“利然后能通，通然后成国”，着重讲利“通”，也就是经济学中的“流动性”问题。只有社会经济秩序稳定，市场商品流通顺畅，交易成本最大限度地降低，才能实现国强民富的根本目的。

视其不可使，因以为民等[1]。择其好名，因使长[2]民；好而不已，是以为国纪[3]。功未成者，不可以独名；事未道[4]者，不可以言名。成功然后可以独名，事道然后可以言名，然后可以承致酢[5]。

【注释】

[1]民等：指削职为民。等，等同。

[2]长：官长。

[3]纪：纲纪。

[4]道：治理。

[5]酢：通“胙”，祭肉。古时国家大祭后，君主会将祭肉赏赐给大臣。

【品读】

此节主题是官吏的任用。此处着重强调两点：一是要重视社会舆论，重点选拔那些名声远扬而经久不衰的人才；二是要名实勘验，避免选拔那些华而不实、徒有虚名的人。对于没有功劳，缺乏政绩的人，也不能随意提拔或选用。

先其士者之为自犯[1]，后其民者之为自赡[2]。轻国位者国必败，疏贵戚者谋将泄。毋仕异国之人，是为失经[3]。毋教变易，是为败成。大臣得罪，勿出封[4]外，是为漏情。毋数据大臣之家而饮酒，是为使国大消。消尧哉[5]，臧于荒[6]，返于连[7]，比若是者，必从是儡[8]亡乎！辟之若尊觯[9]，末[10]胜其本，亡流而下不平。令苟下不治，高下者不足以相待。此谓杀。

【注释】

[1]犯：犯错。

[2]赡：满足。

[3]失：原文无此字，据赵用贤本补。经：常。

[4]封：边境。

[5]消尧哉：原文为“三尧在”，据郭沫若说校改。通“逍遥哉”。

[6]臧：通“藏”。荒：荒亡。

[7]连：流连。

[8]儡（lěi）：颓败。

[9]尊觯（zhì）：二者皆为酒器。觯，原文为“谭”，据张佩纶说校改。

[10]末：原文为“未”，据丁士涵说校改。

【品读】

此节为规劝君主的警示之文，其中涉及一些重要的细节问题，表明作者的心思较为缜密。一是君主不应一味地维护权贵的利益，要将百姓的利益放在首位。譬如酒器，如果口大底小的话，就会根基不稳，酒水容易流溢。同样，民心不稳，容易以下犯上，给国君带来杀身之祸。二是大臣有罪，君主不要将其放逐国外，这会暴露国家机密。别国之人进入我国，也要常持警戒之心。三是君主不能只顾贪图享乐，逍遥自在，长此以往，国家必然败亡。尤其不能经常去臣下家中饮酒作乐，这样会使君威大减，甚至颜面扫地。

事立而坏，何也？兵远而不[1]畏，何也？民已聚而散，何也？辍[2]安而危，何也？功成而不信[3]者，殆；兵强而无义者，残；不谨于附近而欲来远者，不信；略[4]近臣合于其远者，事立而坏[5]。亡国之纪，毁国之族，则兵远而不畏。国小而修大，仁而不利，犹有争名者，累哉是也！乐聚己[6]力，以兼人之强，以待其害，虽聚必散。大王不自恃而恃众[7]，百姓自聚；供而后利之，成而无害。疏戚而好外，企[8]以仁而谋泄，贱寡而好大，此所以危。

【注释】

[1]不：原文无此字，据安井衡说补。

[2]辍：止。

[3]不信：原文为“兵不信”，据猪饲彦博说删改。

[4]略：省去，此处指疏远。

[5]事立而坏：原文为一“立”字，据刘绩说补。

[6]己：原文为“之”，据张文虎说校改。

[7]不自恃而恃众：原文为“不恃众而自恃”，据上下文义改。

[8]企：企望。

【品读】

作者在此节提出了四个问题。一是为什么事情成功了又遭毁坏。功业成就而不能取信于民，是危险之举；兵力强大而不行仁义，是残暴之师；对身边的人不好，却想让远方的人来归附，是不讲信用；忽视近臣而亲近远臣，就会导致事业成功又要毁败。二是为什么军队远征却不让人产生畏惧。军队缺乏纪律，毁灭别国的宗族，因而激起当地百姓的义愤。三是民众已经聚集为何又流散。国家弱小，野心很大，口称仁义却不分利于民，还想争名夺利，真是祸患啊！一味地聚集民力，妄想兼并强国，结果是必受其害，民众流散。四是为什么国家由安定转为危急。疏远近臣而亲近外臣，企望仁政而谋略外泄，轻视小事而好大喜功，这些都会造成国家危急。

众而约[1]，实取而言让，行阴而言阳，利人之有祸，害[2]人之无患，吾欲独有是，若何？是故[3]之时，陈财之道可以行。今[4]也利散而民察，必放之[5]，然后行。公曰：谓何？长丧以毁[6]其时，重送葬以起其[7]财，一亲往，一亲来，所以合亲也。此谓众约。问：用之若何？巨瘗培[8]，所以使贫民也；美垄墓，所以使文萌[9]也；巨棺椁，所以起木工也；多衣衾，所以起女工也。犹不尽，故有次浮[10]也，有差樊[11]，有瘗藏。作此相食，然后民相利，守战之备合矣。

【注释】

[1]约：少。

[2]害：害怕。原文为“言”，据王念孙说校改。

[3]故：通“古”，古代。

[4]今：原文为“令”，据赵用贤本改。

[5]放之：原文“放之”下有一“身”字，据郭沫若说删改。放，散利。

[6]毁：原文为“黑”，据何如璋说校改。

[7]起：花费。其：原文为“身”，据丁士涵说校改。

[8]瘗(yì)：埋。培(yìn)：通“窨”，土室。

[9]使文萌：原文为“文明”，据郭沫若说增改。文萌，雕刻工匠。

[10]次浮：不同等级的祭祀包裹。浮，通“包”，包裹。

[11]差樊：不同等级的灵车所系的布帛。樊，通“披”，用在柩车两旁牵挽的帛。

【品读】

“巨瘗培，所以使贫民也；美垄墓，所以使文萌也；巨棺椁，所以起木工也；多衣衾，所以起女工也”，表明作者十分清楚地认识到消费对生产、就业的反作用。

从理论层面来讲，在当时以重农思想为主导的农业社会里，这个非主流的见解无疑是一个天才式的发现。难能可贵的是，这个理论设计的出发点不是为上层人士的奢侈消费辩解，而是想借侈靡消费将富人的财富转移到下层农民、手工业者手里。这就是文中所说“利人之有祸，害人之无患”的做法。从行文的字里行间，完全能感受到作者本人对这一奇见也是颇感自负的。“实取而言让，行阴而言阳”，作者又将其理论进一步提升甚至神秘化。两千多年后的英国经济学家马尔萨斯才注意到社会有效需求不足的问题，他认为只有地主等非生产阶级的消费才能解决这一难题。二者相较，《管子》的思想似乎要更广泛、全面，更具有浓厚的人文关怀。

从实践层面来讲，春秋战国时期，生产力低下，粮食自给还是第一要务。与古希腊、古罗马不同，各诸侯国的粮食无法通过海外贸易获取，列国之间区域分工并未形成。由于受战争、政治、交通、自然等因素的制约，粮食贸易的规模比较小。侈靡论只会导致更多劳动力从农业部门中抽离出来，而富人的过度侈靡消费又会影响农业的扩大再生产，最终导致农业陷入绝境，整个国民经济也会出现衰败。一言以蔽之，在当时的社会环境中，侈靡论的理论意义要远远大于其实践意义。

乡殊俗，国异礼，则民不流[1]矣；不同法，则民不困；乡丘[2]老不通睹，诛流散，则人不眺[3]。安乡乐宅，享祭而讴吟称号者皆殊[4]，所以留民俗也。断方井田[5]之数，乘马田[6]之众，制之；陵溪立鬼神而谨祭；皆以能别以为食数，示重本也。

【注释】

[1]流：流动。

[2]乡丘：指乡里。

[3]眺：通“逃”，逃走。

[4]殊：原文为“诛”，据张佩纶说校改。

[5]断：制定。方井田：即方里为井，指分配土地。

[6]乘马田：计算军赋。

【品读】

作者的见解颇为新颖。政府通过刻意保持不同地区的风俗，来减少百姓的迁徙、流动，以确保固定的农业劳动力供应以及稳定的赋税来源。乡与乡风俗不同，国与国礼节不同，百姓就不愿意迁徙、流动。根据实际情况制定不同的法度,百姓就不会因此贫困。严厉处罚流动的移民,人民就不会外逃。乡里之间老死不相往来,人民安居乐业。地区之间要求祭祀不同的吟诵名号,这就是为了保存各地的风俗。

故地广千里者,禄重而祭尊,其君无余地与他若[1]一者,从而艾[2]之。君始者艾若一者,从乎杀[3]。与于杀若一者,从者艾。艾若一者,从于杀。与于杀若一者,从无封[4]。始王事者上,王者上[5]事,霸者上功,言重本,是为十禺[6],分地[7]而不争,言先人而自后也。

【注释】

[1]若:原文无此字,据尹知章注补。

[2]艾:通"刈",刈割,指开垦荒地。

[3]杀:减,指降低俸禄、祭祀规格。

[4]无封:指庶人。

[5]上:崇尚。原文为"生",据丁士涵说校改。

[6]十禺:据郭沫若说,当为"甲寓",指寓兵于农。

[7]地:原文为"免",据丁士涵说校改。

【品读】

此节大意指君主在分封臣下土地时,要依据自身经济实力,量力而行,不能铺张浪费。地广千里的君主,臣子的俸禄比较丰厚,祭礼也十分隆重。而没有多余土地的君主就要另辟荒地,同时降低臣子的俸禄和祭祀的规格。俸禄受到削减的臣子,也要降低自己家臣的俸禄、祭祀规格。如此逐级降低,一直到与庶民相同为止。成就王业的重视农事,成就霸业的重视战功,这就是要农业为本,寓兵于农。

官礼之司[1],昭穆之离[2],先后功器[3],事之治,尊鬼而守故[4];战事之任,高功而下死[5];本事,食功而省[6]利;劝臣,上义而不能与小利。五官者,人争其职,然后君闻[7]。

【注释】

[1]司:长官。

[2]昭穆之离:宗庙的位次。古时宗庙始祖居中,左为昭,右为穆。

[3]功器:指按功劳授予各位。器,指标各位的器物。

[4]尊鬼:尊重死者。故:成规。

[5]下死:以战死为下。

[6]食：俸禄，指酬赏。省：省察。

[7]闻：指名闻天下。

【品读】

此节讲述了五种官位即掌管朝廷礼仪、主管祭祀大礼、负责军事、掌管农业以及劝勉臣民的官员的职责要求。其中，朝礼祭祀是彰显君权神圣的国之大事，必然要重视。军事、农业事关国家的存亡，是治理国家的要务。需要注意的是“劝臣”，它是战国时期新型官僚制度的衍生品，实际上是君主派驻各地、行使监督职能的新型官职的雏形。

祭之时，上[1]贤者也，故君臣掌[2]。君臣掌则上下均，此以知上贤无益也，其亡兹速[3]。上贤者亡，而役[4]贤者昌。上义以禁暴，尊祖以敬祖，聚宗以朝杀[5]，示不轻为主也。

【注释】

[1]上：抬高，此处指一种越礼行为。

[2]君臣掌：指君臣共掌权。

[3]速：原文为“适”，据李哲明说校改。

[4]役：使用。

[5]朝：通“昭”，昭示。杀：等差。

【品读】

古代君主极度重视祭祀，将其与兵事置于同等地位。此节内容读后，便可明白个中心道理。重视礼义是为了禁止违逆礼法的暴行。祭祀祖先是为了敬重祖宗，凸显高贵血统。祭礼中聚集宗族是为了昭示亲疏、等差，来凝聚族心。一言以蔽之，这都是为了烘托君主至高无上的权威。

载祭明置，高子闻之，以告中寝诸子。中寝诸子告寡人，舍朝不鼎馈。中寝诸子告宫中女子曰：公将有行，故不送公。公言无行，女安闻之？曰：闻之中寝诸子。索中寝诸子而问之，寡人无行，女安闻之？吾闻之先人，诸侯舍于朝不鼎馈者，非有外事，必有内忧。公曰：吾不欲与汝及若，女言至焉，不得毋与女及若言。吾欲致诸侯，诸侯不至若何哉？女子不辩于致诸侯，自吾不为污杀之事人，布织不可得而衣，故虽有圣人，恶用之？

【品读】

此节应为错简，与《戒》篇部分内容重复。

能摩[1]故道新道，定国家，然后化时乎？国贫而鄙富，莫美于朝[2]；国富而鄙贫，莫尽如市。市也者，劝[3]也。劝者，所以起。本善而末事起。不侈，本事不得立。

【注释】

[1]摩：揣摩。

[2]国贫而鄙富，莫美于朝：原文为“国贫而贪鄙富，苴美于朝市国”，据何如璋说校改。国，指城市。鄙，指乡村。朝，指政府。

[3]劝：勉励。

【品读】

“国贫而鄙富，莫美于朝；国富而鄙贫，莫尽如市”大意指当城市萧条、农村富庶时，就需要国家干预，使用财政手段来调节；当城市富庶、农村萧条时，就需要刺激消费，用市场方式来调节。作者能从整个宏观经济的角度，来探讨城市与农村之间的经济关系，又是一天才式的创见。实际上，西方直到18世纪，法国重农学派魁奈才编写出了著名的《经济表》，从宏观角度探讨国民经济中各个阶级之间的经济联系。

如何解决“国富而鄙贫”的难题？作者仍坚持侈靡论，“不侈，本事不得立”，即通过城市富人的奢侈消费，来抬高粮食价格，解决农村贫民的生计问题。

选贤举能不可得，恶得伐不服耶[1]？百夫无长，不可临也[2]；千乘有道，不可侵[3]也。夫纣在上，恶得伐不得[4]？钧[5]则战，守[6]则攻，百盖无筑[7]，千聚无社[8]，谓之陋，一举而取。天下有事[9]之时也，万诸侯钧，万民无听，上位不能为功更制，其能王乎？

【注释】

[1]恶(wū)：怎么。耶：疑问词，原文为“用”，据郭沫若说校改。

[2]不：原文为“衍”，据赵用贤本改。临：治理。

[3]侵：原文为“修”，据张佩纶说校改。

[4]得：通“德”，德行。

[5]钧：通“均”，相等。

[6]守：指敌人处于守势。

[7]百盖：百室。筑：修建。

[8]聚：居民单位。社：神社。

[9]天下有事：原文为“天下有一事”，据刘绩注本删。

【品读】

此节通过一系列的质问来鞭策君主选贤任能、建功立业。不能选举贤能的人，怎能讨伐不服从的人？像商纣王一样的君主，怎能讨伐无德的人？国君不能建功立业、更改旧制，怎能成就王业呢？这一系列提问是在战国时期诸侯称王争霸的背景下提出来的。作者眼中的"王业"，并不是尧舜的圣王之道，而是通过武力征服天下。因而，作者不加掩饰地提出：敌我实力相当，可以一战；敌方处于守势，就可以进攻；敌方贫困弱小，就可一举攻取。

缘[1]故修法，以政[2]治道，则钧杀于吾君[3]，故取夷吾谓替[4]。公曰：何若？对曰：以同[5]。其日久临[6]，可立而待。鬼神不明[7]，囊橐之食无报，明厚德也。沈浮[8]，示轻财也。先立象[9]而定期，则民从之，故为祷朝缕绵[10]，明轻财而重名。公曰：同临？所谓同者，其以先后智渝[11]者也。钧同则[12]争，倍则说[13]，十则从服，万则化。成功而不能识[14]，而民期为后[15]，成形而更名，则临矣。

【注释】

[1]缘：遵循。

[2]政：通"正"，匡正。

[3]钧杀于吾君：原文为"约杀子吾君"，据张佩纶说校改。杀，减、不如。

[4]谓：通"为"。替：指管仲替桓公筹划。

[5]同：指同化。

[6]临：统治，指君临天下。

[7]鬼神不明：自"鬼神不明"至"明轻财而重名"一段，与上下文义脱节，疑为错简。

[8]沈浮：投玉祭水仪式。

[9]象：神像。

[10]朝：通"庙"。缕绵：招魂用具。

[11]渝：通"逾"，超过。

[12]则：原文为"财"，据猪饲彦博说校改。

[13]倍：原文为"依"，据猪饲彦博说校改。说：通"悦"。

[14]识：觉察。

[15]为：原文为"然"，据郭沫若说校改。后：君主。

【品读】

此节是管仲与齐桓公的一段对话。管仲说道："吸收旧规，创制新法，以正道治国，各国诸侯都不如我们国君，那就让夷吾我替你谋划吧。"接着，管仲提出只有同化百姓，君临天下的目标才能指日可待。一谈到"君临天下"，

齐桓公两眼放光，急忙问个究竟。管仲说道：“要以才智来同化百姓。才智相当，双方会相互争斗；智力相差一倍，对方会心悦诚服；智力相差十倍，对方就彻底臣服；相差万倍，对方就归化了。作者用智力来归化天下的提法，颇为新颖。历史证明，我国一些凭借武力入主中原的少数民族政权，往往都吸收了先进的中原文化。北魏孝文帝改革全盘接受先进文化，也可视作“十则从服，万则化”的典型事例。

请问为边[1]若何？对曰：夫边日变，不可以常知[2]观也。民未始变而是变，是为自乱。请问诸边而参[3]其乱，任之以事，因其谋。方百里之地，树表[4]相望者，丈夫走祸[5]，妇人备食，内外相备。春秋一日，败曰千金，称本而动。[6]候人不可重[7]也，唯交于上，能必于边之辞。行人不可有私[8]，有私所以为内因也。使能者有主，俟而[9]内事。

【注释】

[1]边：边境。

[2]常知：常识。

[3]参：参验。

[4]表：报警用的标志。

[5]走祸：赴难。

[6]春秋一日，败曰千金，称本而动：军事备战，一日要耗费千金之多，须量力而行。

[7]候人：边境守望人员。重：通“动”，指擅离职守。

[8]行人：外交官员。不可有私：原文为“可不有私不”，据张佩纶说删改。

[9]俟：原文为“矣”，据郭沫若说校改，意为待、准备。而：通“尔”，你。

【品读】

此节内容涉及边境情况的判断、边境的管理，主要涉及两方面的内容：一是边境的情况瞬息万变，不能以常规思维来应变。边境没有发生变乱而误判为真，这就是自乱阵脚。要仔细检验变乱的迹象，安排好各项事务，预先准备应急策略。二是边境守望人员不能擅离职守，要及时向上级通报边情；为此，我国古代逐渐建立了一套行之有效的报警机制。如通过白天放烟、晚上点火的方式逐次传递敌情，还有专门负责上报军情的快递——驿骑。

万世之国，必有万世之宝[1]。必因天地之道，使其内无使其外[2]，使其小毋使其大。弃其国宝使其大，遗与而败[3]；称其宝使其小，可以为道。能则专，专则佚。椽能逾[4]，则椽于逾。能官[5]，则不守而不散。众能，伯[6]；不然，将见对[7]。

【注释】

[1]宝：原文为“实”，据王念孙说校改。

[2]使其内无使其外：指勤于内政，不要盲目扩张。原文为“无使其内使其外”，据俞樾说校改。

[3]遗与而败：原文为“贵一与而圣”，据郭沫若说校改。与，与国、盟国。

[4]椽(chuán)：椽子，放在檩子上架屋瓦的木条。逾：逾越。

[5]官：原文为“宫”，据丁士涵说校改。

[6]伯：通“霸”，称霸。

[7]对：相反。

【品读】

该节提出了国家长久存续的“万世之宝”，实际上阐述了两层内容：一要从小事做起，不能好大喜功，盲目扩张，如春秋时期的宋襄公就不自量力，以小博大，结果不得善终；二要广纳贤才，专用能人，得人才得天下，管仲相齐就是一个成功的范例。

君子者，勉于乿[1]人者也，非见乿者也。故轻者轻，重者重，前后不慈[2]。凡轻者操实也，以轻则可使，重不可起轻，轻重有齐[3]。重以为国，轻以为死[4]。毋全禄，贫国而用不足；毋全赏，好德亡[5]使常。

【注释】

[1]乿：古“治”字，治理。原文为“乣”，据张文虎说校改。下文“乿”同此。

[2]慈：通“戴”，相当。

[3]轻：原文为此字，据赵用贤本补。齐：通“剂”，比例。

[4]死：通“尸”，指祭祀中的代祭者。

[5]亡：通“无”。原文“亡”上有一“恶”字，据李哲明说删。

【品读】

此节用秤的轻重原理来解释管理者与被管理者的关系，叙述得很形象、生动。管理者与被管理者之间的关系，如同用秤，如果轻的一方自管其轻，重的一方自管其重，前后就不会平衡，也就无法称重；轻的一方可以称量重物，因为它便于操纵，而重的一方则不可，所以轻、重之间要有一定的比例。这也就是俗话所说的“四两拨千斤”的道理。

请问先合[1]于天下而无私怨，犯强而无私害，为之若何？对曰：国虽强，令必忠以义；国虽弱，令必敬以哀[2]。强弱不犯，则人欲听矣。先人而自后而无以为仁[3]也，加功于人而勿得[4]，所橐[5]者远矣，所争者外[6]矣。明无私交，则无内怨。与[7]大则胜，私交众则怨杀。

【注释】

[1]合：会合。

[2]哀：通"爱"，亲爱。

[3]先人而自后而无以为仁：先人后己，不自以为仁义。

[4]得：通"德"，此处指以德自居。

[5]橐(tuó)：包容。

[6]外：远大。

[7]与：指盟国。

【品读】

此节主题是国家如何建立良好的外交关系。不论国家强弱、大小，都要彼此尊重。即便有恩于别国，也不能居功自傲，恃强凌弱。海纳百川，有容乃大，包容别国越多，最终收获也就越多。齐桓公就是按照此既定外交战略，帮助燕国打败了侵犯他们的山戎，拯救刑、卫二国于危难之中。表面上，齐国出财出力，做出了牺牲，但通过这几件事，齐桓公在列国中的威望大大提升。最终诸侯都臣服于齐，成就了齐桓公的霸主地位。

夷吾也，如以予人财者，不如无夺时；如以予人食者，不如毋夺其事，此谓无外内之患。忠敬[1]也，君臣之际[2]也；礼义[3]者，人君之神也。且君臣之属，义也；亲戚之爱，性也。使君亲之际同索[4]，属敬[5]也。使人君不安者，属察[6]也，不可不谨也。

【注释】

[1]忠敬：原文为"事故"，据李哲明、郭沫若说校改。

[2]际：交接。原文为"察"，据安井衡说校改。

[3]义：原文无此字，据李哲明说补。

[4]同索：同求。

[5]属：互相。敬：原文为"故"，据郭沫若说校改。

[6]察：戒备。原文为"际"，据郭沫若说校改。

【品读】

此节是管仲对于民政以及君臣关系的论述。在民政方面，作者认为授人以鱼不如授人以渔。君主与其救济百姓，不如保证其劳作时间充足；与其给予百姓粮食，不如保障其产业不受侵夺。在君臣关系上，忠诚、尊敬是君臣交接的准则。要使君臣关系如同亲情般稳固，就需要彼此尊敬与信任。而破坏君臣关系的是君臣之间心存芥蒂、相互戒备。

贤不可威，能不可留[1]，杜事之于前，易也。水泉之汩[2]也，人聚之；壤地之美也，人死之。若江湖之大也，求珠贝者，不舍[3]也。逐神而远热[4]，交觯者不处[5]，兄[6]遗利夫！事在[7]中国之人，观危国过君而弋[8]其能者，岂不几于危社主哉！

【注释】

[1]留：留止。

[2]泉：原文为"鼎"，据张文虎说校改。汩(gǔ)：水流的样子。

[3]舍：原文为"令"，据洪颐煊说校改。

[4]逐神而远热：逐神仪式时，点燃火炬而远传。热，读为"莼"。

[5]交觯者不处：指饮酒者不安心，也起身追逐火炬。交觯者，饮酒者。

[6]兄：通"况"，况且。

[7]事：通"使"假如。在：原文为"左"，据郭沫若说校改。

[8]弋：显示。

【品读】

用人正确与否是君主是否贤明的重要体现。齐国统治者对用人的重要性既有充分认识，又见诸于实际行动。齐桓公认为，"国未尝乏于胜任之士，上之明适不足以知之"。国家不缺乏能胜任职务的人才，只是国君还不能完全了解他们，因此要得到人才，就要尊贤者，用能者，不可淹滞。所以，本节云"贤不可威，能不可留"。

利不可法[1]，故民流[2]；神不可法，故事之。天地不可留，故动，化故从新。是故得天者高而不崩，得人者卑而不可胜。是故圣人重之，人君重之。故至贞生至信，至信生至交[3]。生至自有道，不务以文胜情[4]，不务以多胜少，不动则望有廧[5]，旬[6]身行。

【注释】

[1]法：通"废"，废除。下句"法"同此。

[2]流：求。

[3]至信生至交：原文为"至言往至绞"，据猪饲彦博说校改。

[4]文:文采。情:真情。

[5]廧:通“墙”。

[6]旬:均平正直。

【品读】

本节云:“利不可法,故民流;神不可法,故事之。天地不可留,故动,化故从新。”利不可废止,因而百姓迁徙追逐,神不可废止,因而百姓供奉祭礼。天地运行不可停滞,因而万物变动不居,去旧布新。改革会触及两个最重要的东西——“利”和“神”。改革是利益的再分配,必然会分割一部分人的利益,但总的原则是符合民众的利益,一些人们信奉的原则要被废除,因而这种变革必须给人们提供更容易接受的新的原则。化故从新,就必须顺从“利”和“神”的变化,满足人们在物质和精神方面的追求。

法制度量,王者典器也。执故义道,畏变也。天地若夫神之动。化变也者,天地之极也。能与化起而善[1]用,则不可以道止[2]也。仁者善用,智者善用,非其人则与神往[3]矣。

【注释】

[1]善:原文为“王”,据安井衡说校改。

[2]止:原文为“山”,据丁士涵说校改。

[3]神往:与神而逝。

【品读】

管子所处的春秋前期,正是奴隶制瓦解、封建制兴起的大变革时代。面对不断出现的种种社会问题,管仲既不故步自封,也不回避矛盾,而是强调要敢于和善于“化固从新”“致利除害”。他在本节提出:“法制度量,王者典器也。执故义道,畏变也……化变也者,天下之极也。”总之,就是要遵循事物不断发展变化的规律和特点,勇于改革创新,推动社会前进。

衣食之于人也,不可以一日违也,亲戚可以时去[1]也。是故圣人万民艰处而立焉。人死则易云,生则难合[2]也。故一为赏,再为常,三为固然。其小行之则俗[3]也,久之则礼义。故无使下当[4],上必行之,然后移。

【注释】

[1]亲戚:此指父母。去:原文为“大”,据郭沫若说校改。

[2]合:相和。

[3]俗:指习以为常。

[4]当：以……当然。

【品读】

行赏之事，第一次为奖赏，第二次就习以为常，第三次就是理所当然了。也就是说，小行奖赏，就会习以为常；久行赏赐，就会成一般的礼节了。因而君主不要使下面的人视奖赏为应当，在必要的奖赏之后，可改用其他方式。

作者通过研究人的受赏心理，建议君主不能滥用赏赐。实际上，这也是经济学中的边际效用递减规律。人对吃的第一个馒头的满足程度与吃到第二个、第三个馒头时是不同的。同时，人们会对激励作出反应。因而，第一次奖赏的边际效应最大，对人们的激励、刺激作用也最大。

商人于国，非用人[1]也。不择乡而处，不择君而使，出则从利，入则不守。国之山林也，取[2]而利之。市廛[3]之所及，二倍[4]其本。故上侈而下靡，而君、臣、相上下相亲，则君臣之财不私藏。然则贫动肢[5]而得食矣。徙邑移市，亦为数一。

【注释】

[1]用人：庸人。用，通"庸"。

[2]取：原文为"则"，据丁士涵说校改。

[3]廛：原文为"尘"，据孙星衍说校改。

[4]倍：原文为"依"，据丁士涵说校改。

[5]贫动肢：原文为"贪动枳"，据郭沫若说校改，指贫穷者使用四肢劳动，指贫穷者进行体力劳动。

【品读】

此节作者对商人特性的描述，较为客观中肯。一方面，商人"不择乡而处，不择君而使"，具有冒险性与开拓性；另一方面，商人"出则从利""二倍其本"，又具有极强的逐利性。

"上侈而下靡"，即侈靡政策。君臣上下的奢侈消费，刺激了社会需求，提高了贫民的再就业率，使得君臣的私人财产无法"私藏"，并以劳务支出的方式转入贫民手中，最终实现社会收入的再分配。

问曰：多贤可[1]云？对[2]曰：鱼鳖之不食饵[3]者，不出其渊；树木之胜霜雪者，不听于天；士能自治者，不从圣人。岂云哉？夷吾之闻之也，不欲，强能[4]不服，智而不牧[5]。若盈虚[6]期于月，律吕[7]出于一，明然，则可以处[8]矣。故阨其道而薄其所予[9]，则士云[10]矣。不择人而予之，谓之好人；不择

人而取之，谓之好利。审此两者，以为处行[11]，则云矣。

【注释】

[1]可：通“何”。

[2]对：原文为“封”，据上下文义改。

[3]饵：原文为“咡”，据孙星衍说校改。

[4]能：而。

[5]牧：治，此表被动，指受治。

[6]盈虚：指月亮的圆缺。盈，原文为“旬”，据猪饲彦博说校改。

[7]律吕：音律。原文为“津若”，据郭沫若说校改。

[8]处：原文为“虚”，据何如璋说校改。

[9]薄其所予：指上文“毋全禄”“毋轻赏”。

[10]云：盛多。

[11]处行：处事行为。

【品读】

奖罚是很重要的领导手段，所以领导者在确定奖罚对象时一定要慎重，如果对象错了就会适得其反。管子所言，赏罚要讲求效率、效果，如果一个人一无所求如不吃鱼饵的鱼鳖、不畏风霜的树木，那么用强力也不能使其服从，用智巧也不能统治，不加选择地给人以赐予叫作“空仁”，不加选择地对人索取叫作“空利”。

不方[1]之政，不可以为国；曲[2]静之言，不可以为道。节时于政，与时往矣。不动以为道，齐[3]以为行，避世之道，不可以进取。

【注释】

[1]方：正。

[2]曲：局限。

[3]齐：等齐。

【品读】

此节的主题句是“节时于政，与时往矣”，就是指政事节度要符合时宜，才能与时俱进。这就要求决策者不能静止地看待问题，不能把事物发展的规律看作是一成不变的。

阳者[1]进谋，几者应感[2]，再杀则齐[3]，然后运。可谓[4]也？对曰：夫运谋者，天地之虚满也，合离也，春秋冬夏之胜[5]也，然有知强弱之所尤[6]，然后应诸侯取交[7]，故知安危国之所存。以时事[8]天，以天事神，以神事鬼，故国无罪而君寿，而民不杀，智运谋而离橐刃[9]焉。

【注释】

[1]阳者：显明之事。

[2]几者：隐微之事。感：感知。

[3]杀：通“试”，试验。齐：通“济”，成。

[4]可：通“何”。谓：原文为“请”，据郭沫若说校改。

[5]胜：相替。

[6]有：通“又”。尤：差异。

[7]交：外交。

[8]事：祭祀。

[9]离：远离。原文为“杂”，据赵用贤说校改。橐：盛弓箭的袋子。刃：兵刃。

【品读】

齐桓公问道：“对于显明的事情，要用谋略；对于隐微的事情，要有所感知。这是什么意思？”管仲答道：“运用谋略的人，要掌握天地盈虚、合离的变化，春夏秋冬的时令兴替，然后了解各国的强弱差异，以建立不同的外交关系。这都是决定国家安危的关键所在。要按时祭天，用祭天的态度来祭祀神灵，用祭神的态度来待鬼，因而国家没有灾祸，国君长寿，百姓无性命之忧。”上述管仲的精彩回答，体现了古代“知天命，行人事”的二元思想。它重视人的主观能动性，并没有完全沉浸在信神弄鬼的原始宗教中。其中，“显明的事情”是指人们能够认识、改变的领域，而“隐微的事情”是指人们无法了解与认知的领域。对此这两种不同事物，古人的态度是积极向上的——“谋事在人，成事在天”。

其满为盛[1]，其虚为亡，满虚之合，有时而为实，时而为动。阴阳时贷[2]，其冬厚则夏热，其阳厚则阴寒。是故王者谨于日至[3]，故知虚满之所在，以为政令。已杀生[4]，其合而未散，可以决事[5]。将合，可以禹[6]其随行以为兵，分其多少以为曲[7]政。

【注释】

[1]盛：原文为“感”，据张文虎说校改。

[2]阴：原文为“地”，据丁士涵说校改。贷：通“代”，更替。

[3]日至：夏至、冬至。

[4]已杀生：可杀生之时，指秋时。

[5]决事：判决狱事。

[6]禺:通“寓”。

[7]曲:军队编制。

【品读】

此节属于阴阳变化理论。具体内容为:气满就表现盛多,气虚就表现若有若无,满、虚相会,有时成为实体,有时就会变动。阴气、阳气时常交替变化,冬天极冷,夏天就要炎热;阳气极重,阴气就寒。因而,君主要知晓阴阳之气的虚满状况,以此制定相应的政令。譬如,到了杀生的深秋,秋气聚合而不散,可以行狱事;在秋气将要聚合的初秋,可以行兵事。

请问形有时而变乎?对曰:阴阳之分定,则甘苦之草生也。从其宜,则酸咸和焉,而形色定焉,以为声乐。夫阴阳进退,满虚亡时[1],其散合可以视岁。唯圣人不为岁罢[2],知满虚,夺余满,补不足,以通政事,以赡民常。地之变气,应其所出;水之变气,应之以精[3],受之以豫[4];天之变气,应之以正。且夫天地精气有五,不必为沮[5],其亟而反其重[6]。陔[7]动毁之进退,即此数之难得者也。此形之时变也。

【注释】

[1]亡时:原文为“时亡”,据张佩纶说校改。亡,通“无”,没有。

[2]罢:通“疲”,疲劳。原文为“能”,据郭沫若说校改。

[3]精:精气。

[4]豫:预备。

[5]沮:通“阻”,阻碍。

[6]重:通“动”,动向。

[7]陔:应为“核”,审查。

【品读】

此节论述有形之物出现灾变的原因及应对举措,属于阴阳五行学说。阴阳之气的分量一定,就会产生甘草或苦草。顺从阴阳的适宜变化,酸、咸之味就能调和,形体、颜色确定,声乐由此产生。阴阳之气的消长进退,或满或虚没有定时,根据它们的分散、聚合状况,可以预见年成的丰歉。唯有圣人不为年成而困扰,因为他们知晓阴阳之气的满虚状态,能够夺有余而补不足,使得政事亨通、民用赡足。地发生灾异之气,可在出现处祈祷消灾。水发生灾异之气,要用精诚之心对待,并积极防备水害。上天如果出现灾异之气,要以坚守正道来对待。天地有五行之气,不要刻意阻碍。它达到极致自然反向而动,但要审查五行之气的消长进退,是难以完全做到的。

沮[1]平气之阳，若如辞静[2]？余气[3]之潜然而动，爱气[4]之潜然而哀，胡得而治动？对曰：得[5]之衰时，位而观之[6]，信美然后有辉[7]。修之心，其杀[8]以相待，故有满虚哀乐之气也。故书之帝八，神农不与存，为其无位[9]，不能相用。

【注释】

[1]沮：通“阻”，阻碍。

[2]辞：通“治”，治理、应对。静：指阻力。

[3]余气：残余之气。

[4]爱气：隐蔽之气。爱，通“薆”，隐蔽。

[5]得：通“德”，德行。

[6]位而观之：按照五行的位次而观察问题。位而，原文为“位之”，据赵用贤本改。

[7]信：原文为“佁”，据郭沫若说校改。辉：光。

[8]杀：指五德相胜。

[9]位：指五行之位。

【品读】

此节借用君臣问答提出了五德相胜理论。齐桓公问道：“正气方生，即受阻碍，如何应对这种阻力？残余的邪气暗中流动，隐蔽的邪气暗自哀怨，如何应对此种躁动？”管仲答道：“主德衰落之际，要根据五行的位次来观察问题。只有合于五德相胜，才能熠熠生辉。”五德相胜理论是指人类社会按照自然界的五行相克，即土克水、木克土、金克木、火克金、水克火的规律循环演进的，并由此产生土、木、金、火、水五德依次相胜的五个周而复始的发展趋势。

问：运之合满安臧[1]？二十岁而可广，十二岁而聂广，百岁伤神。[2]周郑之礼移矣，则周律之废矣，则中国之草木有移于不通之野者。然则人君声服变矣，则臣有千驷[3]之禄，妇人为政，铁之重反于金[4]。而声好下曲[5]，食好醎苦，则人君日退。亟则谿陵山谷之神之祭更[6]，应国之称号亦更矣。

【注释】

[1]运：国运。臧：通“藏”，隐藏。

[2]二十岁而可广，十二岁而聂广，百岁伤神：此句是对齐国命运的预言，指二十年后，齐桓公称霸；又十二年，晋文公代齐称霸；百年后，田氏篡齐。聂，通“摄”，摄政。

[3]千驷：千乘。古代一车四马为一乘。千，原文为“依”，据张佩纶说校改。

[4]重：指价格高。于：原文为“旅”，据丁士涵说校改。金：铜。

[5]下曲：民间流行之曲。

[6]亟：通“极”，极端。更：改变。

【品读】

此节是管仲对齐国未来、后世变革的灵验预言，属于后世学者的虚构、假托之言。齐桓公问道：“国运实现圆满在什么时候？”管仲答道：“二十年后，国运即可广大；再过十二年，就要被摄政；百年以后，就会黯然神伤了。那个时候，周、郑的礼仪改变，周代法律也遭废弃，中原的精英迁移到闭塞不通的边远地区。君主的声乐、服饰也大变，臣下有千乘的厚禄，妇人也干涉政治，铁的价格高于铜了，流行民间的通俗乐曲，饮食喜好咸苦，君主的地位日益减退，混乱至极，连河川山谷的祭祀神名发生改变，国家的称号也变更了。”

视之天[1]变，观之风气。古之祭，有时而星[2]，有时而熺[3]，有时而煦[4]，有时而昫[5]。鼠应广[6]之实，阴阳之数也。华若落[7]之名，祭之号也。是故天子之为国，图具其树物[8]也。

【注释】

[1]天：原文为“亦”，据俞樾说校改。

[2]星：晴。

[3]熺(xī)：光明。原文“熺”前有一“星”字，据俞樾说校改。

[4]煦(òu)：极热。

[5]昫(xù)：温。

[6]鼠应广：指小与广。

[7]华若落：指盛与衰。

[8]树：指封树。物：指服色。

【品读】

此节内容读来颇为费解。大意是：要查看天象变化，须观察风气。古代祭祀，有时选择在晴天举行，有时选择光明之时，有时选择炎热的天气，有时选择温暖的天气。祭祀成效的大小，完全取决于阴阳的定数；祭祀名称有吉、有凶，但这只是称号而已。因而，天子治国主政，都具体规定本朝祭祀所用的封树、服色。上述内容大致论述的是祭祀时天气的选择以及祭祀成效等问题。

心术上第三十六

短语十

心之在体，君之位也；九窍[1]之有职，官之分也。心处其道，九窍循理；嗜欲充盈[2]，目不见色，耳不闻声。故曰：上离其道，下失其事。毋代马走，使尽其力；毋代鸟飞，使弊[3]其羽翼；毋先物动，以观其则[4]。动则失位，静乃自得。

【注释】

[1]九窍：指眼、耳、鼻等人体器官的九个孔穴。

[2]盈：满。原文为“益”，据王念孙说校改。

[3]弊：衰退。

[4]则：规则。

【品读】

君臣关系，如同人体之心与九窍，要分职而治。反之，君臣会欲望膨胀，耳目受到蒙蔽，那么君主就会离经叛道，臣下也会无所事事。而国君驾驭臣下的原则：不要代替马奔跑，让它竭尽全力地展现自己；不要代替鸟飞，否则它的翅膀就会退化。君主的自身工作就是“静乃自得”“以观其则”，即以静制动，掌握万物之规律。

道，不远而难极[1]也，与人并处而难得也。虚其欲，神[2]将入舍；扫除不絜[3]，神乃留处。人皆欲智而莫索其所以智[4]。智乎，智乎，投之海外无自夺，求之者不及虚之者[5]。夫圣人[6]无求之也，故能虚[7]。

【注释】

[1]极：达到。

[2]神：道。

[3]絜：通“洁”，洁净。

[4]智：原文“智”下有一“乎”字，据王念孙说删改。

[5]求之者不及虚之者：原文为“求之者不得处之者”，据郭沫若说校改。

[6]圣人：原文为“正人”，据王念孙说校改。

[7]虚：原文为“虚无”，据王念孙说删改。

【品读】

“道”指万事万物的内在规律，是抽象的，不是具体的。如何得道？作者提出要“虚其欲”，即清心寡欲。譬如，人人都希望变聪明、有智慧。只有内心真正克服追求智慧的欲望，智慧才会自然而然地生发出来。世人只要能够克制私情、多欲，就会自然而然地达到圣人的境界了。

虚而[1]无形谓之道，化育万物谓之德，君臣父子人间之事谓之义，登降揖让[2]、贵贱有等、亲疏之体谓之礼，简物小大[3]一道、杀僇[4]禁诛谓之法。

【注释】

[1]而：原文为“无”，据王念孙说校改。

[2]登降揖让：宾主相见之礼。

[3]简物：简繁。小大：原文为“小未”，据丁士涵说校改。墨宝堂本“小未”为“小末”。

[4]僇：通“戮”。

【品读】

此节兼谈道、德、义、礼、法，既体现了战国时期齐国稷下黄老学派在继承老子道家思想基础上的新变化，也体现了诸子百家在争鸣之中不自觉地彼此影响、相互融合。

大道可安[1]而不可说。真人[2]之言，不义不颇[3]，不出于口，不见于色。四海之人，又孰知其则[4]？

【注释】

[1]安：安处。

[2]真人：得道之人。原文为“直人”，据王念孙说校改。

[3]义：通“俄”，偏斜。颇：原文为“顾”，据郭沫若说校改，意为偏颇。

[4]则：准则。

【品读】

此节中作者认为，得道之人的言论，态度中正，不偏不倚，既不从口中说出来，又不表露在脸上。因而，“道”只可意会，不可言传。只有保持内心虚静，才能领悟大道。

天曰虚，地曰静，乃不忒[1]。絜其宫[2]，开其门[3]，去私毋言，神明若存。纷乎其若乱，静之而自治。强不能遍立，智不能尽谋。物固有形，形固有名，名当[4]，谓之圣人。故必知不言之言，无为之事，然后知道之纪[5]。殊形异执[6]，不与万物异理，故可以为天下始[7]。

【注释】

[1]忒：差错。原文为“伐”，据张佩纶说校改。

[2]絜：通“洁”。宫：指心。

[3]门：指耳、目等器官。

[4]名当：名实相当。

[5]纪：纲纪。

[6]执：通“势”，形势。

[7]始：原文无此字，据赵用贤本补。

【品读】

形名之术是黄老学派的重要思想，对法家思想影响甚大。这里，“物固有形，形固有名”是指万物都有各自的形体，而每个形体都有相对应的名称。对于君主来说，治理臣下要以名制形，“执其名，务其所以成”，也就是说，根据官吏的“名”（职位）来考察他的“形”（实际行为），要做到名实相副。

人之可杀，以其恶死也；其可不利，以其好利也。是以君子不怵[1]乎好，不迫乎恶，恬愉无为，去智与故[2]。其应也，非所设[3]也；其动也，非所取也。过在自用[4]，罪在变化。是故有道之君子[5]，其处也若无知，其应物也若偶[6]之。静因[7]之道也。

【注释】

[1]怵(chù)：诱惑。

[2]故：巧诈。

[3]设：谋划。

[4]自用：自以为是。

[5]君子：原文为“君”，据下文补。

[6]偶：偶合。

[7]静因：虚静因循。

【品读】

作者先从人的本性谈起。人之所以能用杀戮来震慑，是因为人都怕死；人之所以能用不利之事来约束，是因为人们都好利。而君子不为利好所诱，不惧死亡胁迫，其根本原因是君子能恬淡无为，弃除智谋与巧诈。这也就是虚静因循的道理。

“心之在体，君之位也；九窍之有职，官之分也。”耳目者，视听之官也，心而无与于视听之事，则官得守其分矣。夫心有欲者，物过而目不见，声至而耳不闻也。故曰：“上离其道，下失其事。”故曰：心术者，无为而制[1]窍者也。故曰“君”。“毋代马走”“毋代鸟飞”，此言不夺能能[2]，不与下试[3]也。“毋先物动”者，摇者不定，趮[4]者不静，言动之不可以观也。“位”者，谓其所立也。人主者立于阴，阴者静，故曰“动则失位”。阴则能制阳矣，静则能制动矣，故曰“静乃自得”。

【注释】

[1]制：控制。

[2]能能：能者的才能。

[3]试：比试。原文为“诫”，据张文虎说校改。

[4]趮：通“躁”，急躁。

【品读】

本篇题材为经解体。前六段为经文，从此节开始是对经文的逐一解释。其中，“动则失位，静乃自得”一句，作者认为君位属于阴，阴主静。阴能制阳，静能制动，因而君主要守静才能有所得。

道在天地之间也，其大无外，其小无内，故曰“不远而难极也”。虚之与人也无间[1]，唯圣人得虚道，故曰“并处而难得”。世人之所职[2]者精也。去欲则宣[3]，宣则静矣，静则精。精则独立矣，独则明，明则神矣。神者至贵也，故馆不辟除，则贵人不舍焉。故曰“不洁则神不处”。“人皆欲知[4]而莫索之”，其所知[5]，彼也；其所以知，此也。不修之此，焉能知彼？修之此，莫能[6]虚矣。虚者，无藏也。故曰去知则奚求[7]矣，无藏则奚设矣。无求无设[8]则无虑，无虑则反复虚矣。

【注释】

[1]间：间隔。

[2]职：主管。

[3]宣：通、疏导。

[4]知：通“智”，智慧。

[5]其所知：原文为“其所以知”，据吴汝纶说校改。

[6]莫能：不如。

[7]奚求：原文为“奚率求”，据王念孙说校改。

[8]设：谋划。

【品读】

“其大无外，其小无内”，指大到外无边际，小到无法再划分，是先秦时期的一个重要哲学命题。如《庄子·天下》篇载“至大无外，谓之大一；至小无内，谓之小一”，分别将两种状态称为“大一”“小一”。

天之道，虚其无形。虚则不屈，无形则无所低赶[1]，无所低赶，故遍流万物而不变。德者，道之舍[2]。物得以生生，知得以职[3]道之精。故德者得也。得也者，其谓所得以然也以[4]。无为之谓道，舍之之谓德。故道之与德无间，故言之者不别也。间之理者，谓其所以舍也。义者，谓各处其宜也。礼者，因人之情，缘义之理，而为之节文[5]者也。故礼者谓有理也。理也者，明分以谕义之意也。故礼出乎义，义出乎理，理因乎道[6]者也。法者所以同出[7]，不得不然者也，故杀僇禁诛以一之也。故事督[8]乎法，法出乎权，权出于道。

【注释】

[1]低赶：通“抵牾”，抵触。低，原文为“位”，据王引之说校改。下“低赶”同此。

[2]舍：施舍。

[3]职：通“识”。

[4]以：通“已”。

[5]节文：条文，此处指制度。

[6]道：原文为“宜”，据郭沫若说校改。

[7]同出：指“礼”“义”“理”同出于道。

[8]督：督查。

【品读】

作者在此节中解释了黄老学派的几个核心概念。“道”是虚空无形的。虚空就可以不屈从于外物，无形就可以不受阻挡。不受阻挡，就通行于万物而不变。“德”是道的外在体现。万物依赖它得以生成，心智依靠它得以识别道的精髓。“道”与“德”实为一体，一般不用特意区别。“义”指各得其宜。“礼”是根据人的情感、遵循义的道理而为人们制定的礼法条文。“理”就是明确名分，以符合义。“法”是通过杀戮刑罚统一规范人们的行为。上述概念的逻辑关系是：礼出自于义，义出自于理，理要合乎于道，法也要遵循于道。

道也者，动不见其形，施不见其德，万物皆以得，然莫知其极。故曰“可以安而不可说”也。真[1]人，言至也。不宜[2]，言应也。应也者，非吾所设，故能无宜也。不颇[3]，言因也。因也者，非吾所取[4]，故无颇也。“不出于口，不见于色”，言无形也；“四海之人，孰知其则”，言深囿[5]也。

【注释】

[1]真：原文为“莫”，据上下文义改。

[2]宜：应为“义”，偏斜。

[3]颇：偏颇。原文为“顾”，据上文改。下一“颇”字同此。

[4]取：原文为“顾”，据俞樾说校改。

[5]深囿：幽深的苑囿，此处指深不可测。

【品读】

道在运动时，我们是看不到的；道在广施恩德时，万物虽皆有所得，却不知道它的究竟。为什么“真人”能够得道呢？因为他们从不执意谋划，也从不刻意追求，能够达到不偏不倚的境界。此外，由于“真人”淡泊无为，“不出于口，不见于色”，四海之人就更难以识别其庐山真面目了。

天之道虚，地之道静。虚则不屈，静则不变，不变则无过，故曰“不忒[1]”。“洁其宫，开[2]其门”：宫者，谓心也。心也者，智之舍也，故曰“宫”。洁之者，去好过[3]也。门者，谓耳目也。耳目者，所以闻见也。“物固有形，形固有名”，此言名[4]不得过实，实不得延[5]名。姑[6]形以形，以形务名，督言正名，故曰“圣人”。“不言之言”，应也。应也者，以其为之人者也。执其名，务其所以成[7]，之[8]应之道也。“无为之事[9]”，因也。因也者，无益无损也。以其形因为之名，此因之术也。名者，圣人之所以纪万物也。人者立于强，务于善[10]，本[11]于能，动于故[12]者也。圣人无之，无之则与物异[13]矣。异则虚，虚者万物之始也，故曰“可以为天下始”。

【注释】

[1]忒：原文为“伐”，据上文改。

[2]开：原文为“阙”，据上文改。

[3]好过：好恶。

[4]名：原文无此字，据王念孙说补。

[5]延：超越。

[6]姑：通“诂”，解释。

[7]务其所以成：原文“其”下有一“应”字，据王引之说删。

[8]之：此。

[9]事：原文为“道”，据上文改。

[10]善：通“缮”，修饰。

[11]本：原文为“末”，据丁士涵说校改。

[12]动：动作。故：巧诈。

[13]与物异：随物而异。

【品读】

“物固有形，形固有名”是典型的黄老学派的形名之术，指名不过其实，实不超其名。能够以实际的形体来解释事物，以实际的形体来确定名称，督查言论而厘正名分的就是圣人了。圣人用名掌控万事万物，而常人自立强求，专务修饰，一心逞能，动用巧诈。圣人没有功利之心，知晓万物的不同规律，能够达到虚无的境界。而虚无就是万物的本原，所以说圣人“可以为天下始”。由此可知，虚无的心情是认识万物的根本，名实勘验是操控万物的手段。

人迫于恶，则失其所好；怵于好，则忘其所恶。非道也。故曰：“不怵乎好，不迫乎恶。”恶不失其理，欲不过其情，故曰：“君子”。“恬愉无为，去智与故”，言虚素[1]也。“其应非所设也，其动非所取也”，此言因也。因也者，舍己而以物为法者也。感[2]而后应，非所设也；缘理而动，非所取也，“过在自用，罪在变化”，自用则不虚，不虚则仵[3]于物矣；变化则为[4]生，为生则乱矣。故道贵因。因者，因其能者言所用也。“君子之处也若无知”，言至虚也。“其应物也若偶之”，言时适也，若影之象形，响之应声[5]也。故物至则应，过则舍矣。舍矣者，言复所于虚也。

【注释】

[1]素：质朴。

[2]感：感知、感动。

[3]仵：通“忤”抵触。

[4]为：通“伪”，虚假。下一“为”字同此。

[5]影之象形，响之应声：如同影子跟随形体，如同回响应和声音。

【品读】

即使是稷下黄老学派，亦承认人的天性是恶死好利。所不同的是，稷下黄老道家没有像法家一样，利用民之本性来达到令行禁止的局面，而是导向道家心目中的君子不为其所好而诱惑，不被其所恶而胁迫，安愉无为，抛弃智巧。在本节作者看来，“人迫于恶，则失其所好；怵于好，则忘其所恶。非道也。故曰：‘不怵乎好，不迫乎恶。’恶不失其理，欲不过其情，故曰：‘君子’”。可见，即使对人性有相同的认识，其行为导向和目的也可能大不相同，甚至截然相反。

心术下第三十七

短语十一

形[1]不正者，德不来；中不精[2]者，心不治。正形饰德，万物毕得。翼然[3]自来，神莫知其极，昭知天下，通于四极。是故曰：无以物乱官，毋以官乱心，此之谓内德[4]。是故意气定，然后反正。气者身之充[5]也，行者正之义[6]也。充不美则心不得，行不正则民不服。是故圣人若天然，无私覆也；若地然，无私载也。私者，乱天下者也。

【注释】

[1]形：外表。

[2]中：内心。精：精诚、专一。

[3]翼然：鸟飞状。

[4]德：通"得"。

[5]充：充实。

[6]行：行为。义：通"仪"，仪表。

【品读】

在结构、文义上，本篇与《心术上》并不连贯；在内容上，本篇与《内业》篇相似，却不如《内业》篇翔实完整，疑本篇为《内业》篇的另一残缺版本，而误置于《心术》篇之下。

"气者身之充也"，指精气是充实身体之物，是齐地道家黄老之学"气论"的体现。只有内心意气安定，外表才会端正。如果所充精气不美，就达不到内心虚静。进而，行为就不会端正，百姓也不会心悦诚服。

凡物载[1]名而来，圣人因而财[2]之，而天下治。实[3]不伤，不乱于天下，而天下治。

【注释】

[1]载：带着。

[2]财：通"裁"，裁定。

[3]实：与"名"相对，指事物本身。

【品读】

此节讲的是形名之论。万物都是带着名称而来的，圣人根据实际与名称来裁定它们，天下便得到治理。名称与实物相符，天下就不会大乱。需要注意的是，黄老学派的形名相符与法家的循名责实还是有所区别的。前者侧重于虚无守静，无为而治；后者着重于事无巨细，唯法而法。

专于意，一于心，耳目端，知远之近[1]。能专乎？能一乎？能毋卜筮[2]而知凶吉乎？能止乎？能已乎？能毋问于人而自得之于己乎？故曰：思之。思之不得，鬼神教之。非鬼神之力也，其精气之极也。

【注释】

[1]近：原文为"证"，据许维遹说校改。

[2]卜筮：占卜。古时占卜用龟甲称"卜"，用蓍草称"筮"。

【品读】

管子指出，人们常常认为是鬼神起作用的地方，实际是精气在起作用。"思之不得，鬼神教之。非鬼神之力也，其精气之极也。"有时一个问题百思不得其解，忽然想通了，通常以为这是鬼神的力量，其实不然，而是精气作用的结果。因此，他们认为，只要胸中藏有精气，可以"不卜不筮"就能知道事情的吉凶了。

一[1]气能变曰精，一事能变曰智。募选者所以等[2]事也，极变者所以应物也。募选而不乱，极变而不烦。执一之君子，执一而不失，能君[3]万物，日月之与同光，天地之与同理。

【注释】

[1]一：专一。

[2]募：广求。原文为"慕"，据郭沫若说校改。下文"募"同此。等：等次。

[3]君：统治。

【品读】

"一气能变曰精"指气专一于心为精气。而蓄养精气的关键是"执一"，即精诚、专一。如果君子做到精诚、专一，精气不失，就能够统治万物，也就可以与日月同光、与天地同理了。精气说是齐地稷下道家基于老子"专气致柔"思想上的又一发展。

圣人裁[1]物，不为物使。心安是国安也，心治是国治也。治也者心也，安也者心也。治心在于中，治言出于口，治事加于民，故功作[2]而民从，则百姓治矣。所以操者非刑也，所以危者非怒也。民人操，百姓治，道其本至也。至不[3]至无，非所人而乱。

【注释】

[1]裁：裁定。

[2]功：功业。作：成。

[3]不：通"丕"，大。

【品读】

本节的理论归宿不是法治，而是心治，即强调心的修养的重要性，而强调心的信仰，实际上就是强调神性智慧的重要性。"圣人裁物，不为物使。心安是国安也，心治是国治也。治也者心也，安也者心也。"此句强调心治是国治的基础。管子在《心术上》中提出道生法的中间有一个权衡的问题。心若不治，权衡的结果就不可能是公平正义，所制定的法与礼也不可能公正，国治就论为一句空话。

凡在有司执制者之利，非道也。圣人之道，若存若亡，援[1]而用之，殁世[2]不亡。与时变而不化[3]，应物而不移，日用之而不化。

【注释】

[1]援：援引。

[2]殁世：终世。

[3]化：消亡。

【品读】

此节主讲"道"的内涵，它不是具体的方针、政策，凡是能被用来执行的，都不是真正的道。道，好像存在又好像不存在，拿来加以运用，永世不会消亡。它不会因变化而变化，也不会随事物的发展而发展，每天被人们使用也不会损耗。因为，道是抽象的，是万物存在、发展、变化，并不随人们意志转移的客观规律。

人能正静者，筋肋[1]而骨强，能戴大圆[2]者，体乎大方[3]，镜大清[4]者，视乎大明[5]。正静不失，日新其德，昭知天下，通于四极。全[6]心在中不可匿，外见[7]于形容，可知于颜色。善气迎人，亲如弟兄；恶气迎人，害于戈兵。不言之言，闻于雷鼓。全心之形，明于日月，察于父母。昔者明王之爱天下，故天下可附；暴王之恶天下，故天下可离。故赏[8]之不足以为爱，刑之不足以为恶。赏者爱之末也，刑者恶之末也。

【注释】

[1]肕：通"韧"，坚韧。

[2]戴：顶。大圆：指天。

[3]大方：指地。

[4]镜：照。大清：指清水。

[5]大明：指日月。

[6]全：原文为"金"，据本书《内业》篇改。下文"全"字同此。

[7]见：通"现"，显现。

[8]赏：原文为"货"，据俞樾说校改。下文"赏"字同此。

【品读】

作者将内心虚静与身心健康相联系起来。人如果能达到心正虚静的境界，就会筋骨坚韧，顶天立地，明察如清水，目明如日月。只要心正虚静，就能日日提升德行，遍知天下之事，通达四方之极。全心在体内，无法遮蔽它。拥有全心的人，比日月还要光明，比父母了解子女还要明晰。全心是一个新的提法，是指只要人们内心守正虚静，就能够达到心智健全、明察万物的境界。

凡民之生也，必以正平[1]。所以失之者，必以喜乐哀怒。节怒莫若乐，节乐莫若礼，守礼莫若敬。外敬而内静者，必反[2]其性。

【注释】

[1]正平：中正平和。平，原文为"乎"，据赵用贤本改。

[2]反：恢复。

【品读】

此节着重谈论养生大道。大凡养生，必须要保持中正平和。之所以有过失，肯定是由于喜、怒、哀、乐。如何调节自己的心情？只有外表恭敬而内心虚静，才能回归中正平和的本性。

岂无利事哉？我无利心。岂无安处哉？我无安心。心之中又有心[1]。意[2]以先言，意然后形，形然后思，思然后知。凡心之形，过知失生。是故内聚以为原[3]。泉之不竭，表里遂通；泉之不涸，四支[4]坚固。能令用之，被及四圄[5]。是故圣人一言解之，上察于天，下察于地。

【注释】

[1]心之中又有心：前"心"指心，后"心"指精。

[2]意：意识。

[3]原：源泉。

[4]支：通"肢"，此为人的手脚、胳膊、腿的统称。

[5]被及四圄：原文为"被服四固"，据王念孙说校改。圄，通"圉"，边境。

【品读】

首先，作者分析了人们智慧产生的内在机理。心意在语言表达之前就已产生。心意产生具体的形象，依据形象后才能思考，经过思考才能形成智慧。其次，作者提出不能过分劳神竭虑，损减精气，因为心的形体，过度求知就会失去生机。最后，作者认为养生之道的根本是要内聚精气作为源泉。源泉不枯竭，表里才能相通；源泉不干涸，四肢才能坚固。用心利用源泉，才能通及四面八方了。

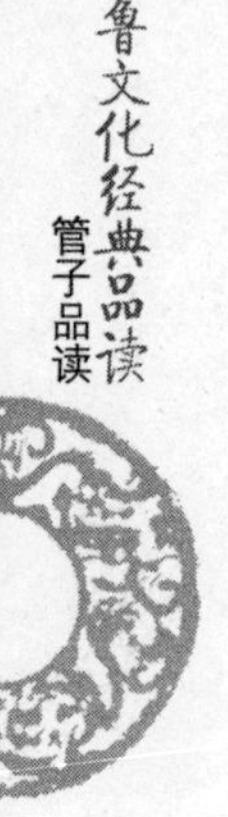

白心第三十八

短语十二

建常立首[1]，以靖[2]为宗，以时为宝，以政[3]为仪，和则能久。非吾仪虽利不为，非吾常虽利不行，非吾道虽利不取。上之随天，其次随人。人不倡不和[4]，天不始不随。故其言也不废，其事也不堕[5]。

【注释】

[1]常：常规。原文为“当”，据王念孙说校改。下文“非吾常”同此。首：通“道”，法则。原文为“有”，据王念孙说校改。

[2]靖：通“静”，虚静。

[3]政：通“正”，中正。

[4]倡：倡导。和：应和。

[5]堕：失败。原文为“随”，据王念孙说校改。

【品读】

本篇篇名“白心”指纯洁的内心，也见于《庄子·天下》篇。此篇属于齐国稷下黄老学派的作品。① “上之随天，其次随人”，指首先要遵循天道，其次要顺从人心。由此可知，稷下道家学派不仅倡导效法天地、清静无为，而且也知晓人道必修、民心在和。

原始计实[1]，本[2]其所生。知其象则索其形，缘其理则知其情，索其端则知其名。故苞[3]物众者，莫大于天地；化[4]物多者，莫多于日月；民之所急，莫急于水火。然而，天不为一物枉其时，明君圣人亦不为一人枉其法。天行其所行而万物被其利，圣人亦行其所行而百姓被其利。是故万物均，既夸[5]

① 刘节的《管子中所见之宋钘一派学说》（载《古史考存》，人民出版社1958年版）、郭沫若的《宋钘尹文遗著考》（载《青铜时代》，科学出版社1957年版）先后考证管子《心术》上下、《白心》、《内业》四篇为宋钘、尹文学派的作品。而马王堆黄老帛书出土后，朱伯崑《管子〈四篇〉考》（载《中国哲学史论文集》第一辑，山东人民出版社1979年版）一文认为它是慎到一派的著作。张岱年的《中国古代唯物主义的发展与自然科学的联系》（载《中国哲学史文集》，吉林人民出版社1979年版）一文认为是战国时期齐国管仲学派所作。

众矣。是以圣人之治也，静身以待之，物至而名自治之。正名自治之，奇名自废[6]。名正法备，则圣人无事。不可常居[7]也，不可废舍也。随变断事也，知时以为度。大者宽[8]，小者局[9]，物有所余，有所不足。

【注释】

[1]原：推究。计：考察。实：事实。

[2]本：推原。

[3]苞：通"包"，包容。

[4]化：化育。

[5]夸：大，此指人口增长。

[6]奇名自废：原文为"奇身名废"，据王念孙说校改。奇，奇邪。

[7]居：停留。

[8]宽：宽松。

[9]局：局促。

【品读】

稷下道家推崇形名之术，其中"形"是事物的客观属性，"名"是事物的客观属性的主观反映。只有形名相当，"名正法备"，才会"圣人无事"。稷下道家的形名之术被法家所吸收、借鉴。如《韩非子·扬权》篇云："君操其名，臣效其形，形名参同，上下和调也。"

……………………………………

兵之出，出于人；其人入，入于身[1]。兵之胜，从于适[2]；德之来，从于身。故曰：祥[3]于鬼者义于人，兵不义不可。强而骄者损其强，弱而骄者亟死亡；强而卑义信[4]其强，弱而卑义免于罪。是故骄之余[5]卑，卑之余骄。

【注释】

[1]其人入，入于身：指在战争时，遭到对方反击，会危及自身。

[2]适：通"敌"，敌人。

[3]祥：福祥，引申为保佑。

[4]卑：谦卑。信：通"伸"，壮大、发展。

[5]余：剩下的。

【品读】

此节主题是用兵。作者认为对外用兵必须遵循道义。在他看来，受到鬼神保佑的必定是行义的一方，军队不行义是不可以的。另外，作者指出用兵之人不能骄傲自大，要谦卑谨慎。强大的一方，如果骄傲就会减损实力；弱小的一方，如果骄傲就会加速灭亡。相反，强大的一方，如果谦卑有义就会更加强大；弱小的一方，如果谦卑有义就会免除罪过。因而，骄傲的后果就是变得卑微，谦卑的结局就是扬眉吐气。

道者，一人用之，不闻有余；天下行之，不闻不足。此谓道矣。小取焉则小得福，大取焉则大得福，尽行之而天下服，殊[1]无取焉则民反，其身不免于贼[2]。左者，出者也[3]；右者，入者也[4]。出者而不伤人，入者自伤也。不日不月[5]，而事以从；不卜不筮，而谨知吉凶。是谓宽乎刑，徒居而致名。出[6]善之言，为善之事，事成而顾[7]反无名。能者无名[8]，从事无事。审量出入[9]，而观物所载。

【注释】

[1]殊：断绝。

[2]贼：贼杀。

[3]左者，出者也：古人左为阳，主生。

[4]右者，入者也：古人右为阴，主死。入，指死亡。

[5]不日不月：不用选择日子。古时有专门视日吉凶的《日书》。

[6]出：原文为“去”，据许维遹说校改。

[7]顾：还。

[8]无名：原文为“无口”，据赵用贤本改。

[9]出入：指生死。

孰能法无法乎？始无始乎？终无终乎？弱无弱乎？故曰：美哉岪岪[1]。故曰不中有中[2]，孰能得夫中之衷[3]乎？故曰功成者隳，名成者亏。故曰：孰能弃名与功，而还与众人同？孰能弃功与名而还反无成？无成有贵其成也，有成贵其无成也[4]。日极则仄[5]，月满则亏。极之徒仄，满之徒亏，巨之徒灭。孰能己无己[6]乎？效[7]夫天地之纪。

【注释】

[1]岪(fú)岪：兴起的样子。

[2]不中有中：原文为“有中有中”，据尹注改。中，中正，此处指恰到好处。

[3]衷：恰当。

[4]无成有贵其成也，有成贵其无成也：没有成就者重视成功，有成就者重在保持如同没有成就的境界。

[5]仄：偏斜。

[6]己无己：指忘记自己的存在。

[7]效：效法。

【品读】

“功成者隳，名成者亏”，即功成就会有所毁坏，名成就会有所亏缺。这是沿袭了老子的无为思想。道家强调事物是发展、变化的，尤其是矛盾双方在一定条件下向对立面转化。无为思想是“道法自然”的结果，“日极则仄，月满则亏”等自然现象，是道家智慧灵感的来源。

人言善亦勿听，人言恶亦勿听。持而待之，空然勿两[1]之，淑然自清。无以旁言为事成，察而征之，无听辩，万物归之，美恶乃自见[2]。

【注释】

[1]两：匹偶，引申为对抗。

[2]见：通“现”。

【品读】

此节讲述的是“正名”的具体方法。人们说好，不要全信；人们说不好，也不要全听。持有它并耐心等待，内心虚静而不执意分辨，善恶终究会清然自现。另外，不要把别人的话当作事实，不要听别人的狡辩，要亲自观察、验证。

天或维[1]之，地或载之。天莫之维，则天以坠矣；地莫之载，则地以沉矣。夫天不坠，地不沉，夫或维而载之也夫！又况于人？人有治之，辟之若夫靁鼓之动[2]也。夫不能自摇者，夫或摇[3]之。夫或者何？若然者也。视则不见，听则不闻，洒乎天下满，不见其塞。集于颜色，知于肌肤，责其往来，莫知其时。薄乎其方也，韕乎[4]其圜也，韕韕乎莫得其门。故口为声也，耳为听也，目有视也，手有指也，足有履也，事物有所比[5]也。

【注释】

[1]维：维系。

[2]辟之若夫靁(lèi)鼓之动：指如同击鼓一样，没有外力的作用，鼓本身不会发出响声。辟，通“譬”，譬如。靁鼓，雷鼓。

[3]摇：原文为“[illegible]”，应为“搖”字之误。“搖”为古“摇”字。

[4]韕(dūn)乎：混沌状。

[5]比：通“庇”，庇护。

【品读】

此节是说天或许有什么东西在维系它，地或许有什么东西在承载它，否则天会坠落，地会下沉。天地是这样，何况于人呢？人也有外力在支配它。如同击鼓一样，没有外力的作用，鼓不会发出声音。这是一种什么东西呢？只能这样解释：它是看不见的，听不到的，却遍布天下，无法阻塞。有时聚集在人的脸上，有时感知在人的皮肤上，要探知它的来往，却不知来去的时间。它遇方就方，遇圆则圆，混混沌沌找不到其门路。所以，口用来发声，耳用来听音，眼用来视物，手能指，足能走，万事万物都是有所依靠的。

这段话反映了古人对自然规律、人类社会规律的积极探索，体现了他们对未知世界的求知欲。但是，在当时的科技条件下，古人还无法得到确切的答案。不过，古人用一个抽象而精练的概念——道来概括它。

"当生者生，当死者死。"言有西有东，各死其乡[1]。置常立仪，能守贞[2]乎？常事通道，能官[3]人乎？故书其恶者，言其薄者[4]。上圣之人，口无虚习也，手无虚指也，物至而命之耳。发于名声，凝于体色[5]，此其可谕[6]者也。不发于名声，不凝于体色，此其不可谕者也。及至于至者，教存可也，教亡可也。故曰：济于舟者和于水矣，义于人者祥其神矣。

【注释】

[1]死：通"尸"，主。乡：通"向"，方向。

[2]贞：正，正直。

[3]官：通"管"，管理。

[4]书其恶者，言其薄者：著书是人所厌恶的，立说是人所鄙薄的。

[5]凝：聚集。体色：肢体、颜色。

[6]谕：明白。

【品读】

"当生就生，当死就死"，是指虽然万物的命运各有东西，但都遵循各自的规律。设置常法，建立仪度，真能坚守正道吗？善于常事，通于官道，真能管理好百姓吗？所以说，著书是令人厌恶的，立说是受人鄙薄的。古代的圣人从不口若悬河，指手画脚，事物来到而确定个名分就解决了。可以从名声中发现的，可以用体色来展现的事物，都是能解释明白。反之，就无法搞明白的。至于最好的办法，就是顺其存在而存在，顺其消亡而消亡。所以，能渡船的人自会熟悉水性，遵循道义的人自会受神灵佑护。

"书其恶者，言其薄者"表明作者对靠著书立说来干求名利的学者持有鄙视、质疑态度。春秋战国时期，私学之风渐趋兴起，不乏利禄之徒混杂在学者队伍之中。《论语·宪问》篇载孔子叹云"古之学者为己，今之学者为人"，说的正是这种为利禄而著述的现象。

事有适[1]，而无适，若有适；觿[2]解，不可解而后解。故善举事者，国人莫知其解。为善乎，毋提提[3]；为不善乎，将陷于刑。善不善，取信而止矣。若左若右，正中而已矣。县[4]乎日月无已也。愕愕者[5]不以天下为忧，剌剌者不以万物为策[6]，孰能弃剌剌而为愕愕乎？

【注释】

[1]适：适当。

[2]觿（xī）：用来解结的锥子。

[3]提提：显著的样子。

[4]县：通"悬"，悬挂。

[5]愕愕者：指无为之人。愕，读为"落"。

[6]剌剌者：指有为之人。剌，读为"烈"。策：通"慊"，满足。

【品读】

此节作者认为，事情总有适宜的办法，却常常在看似无解的时候，才找到它。如同骨锥，只有在结解不开时，才想到用它。因而，善于行事的人，国人都不知道他是如何解决的。"为善乎，毋提提；为不善乎，将陷于刑"，是指行善事不是为了名声，行恶事则会深陷刑罚。善与不善，只要取信于人就可以了；是左还是右，中正就好。无为的人，不为天下之事而忧虑；有为的人，不为统率万物而满足。谁能弃去有为，奉行无为呢？

难言宪术[1]，须同[2]而出。无益言，无损言，近可以免。故曰：知何知乎？谋何谋乎？审而出者彼自来。自知曰稽[3]，知人曰济。知苟适，可为天下君[4]。内固之，一可为长久。论而用之，可以为天下王。

【注释】

[1]宪术：法令政策。

[2]同：同心，指合民心。

[3]稽：留止。

[4]君：原文为"周"，据俞樾说校改。

【品读】

制定法令不是一件容易的事，必须要与民同心。不一定非要字斟句酌、损益条文，只要贴近民心就可以了。所以说，智慧从哪来？谋略从哪来？作者提出，审视百姓的内心，智谋就会自动到来。只了解自己就会故步自封，只有了解别人才能成事。只有准确把握民心，才可以成为天下的君主。如果君主牢记在心，专一持久，研习运用，就可以成就王业了。

天之视而精[1]，四辟而知请[2]，壤土而与生。能若夫风与波乎？唯其所欲适[3]。故子而代其父，曰义也；臣而代其君，曰篡也。篡何能歌？武王是也。故曰：孰能去辩与巧[4]，而还与众人同道？故曰：思索精者明益衰，德行修者王道狭，卧名利者写[5]生危，知周于六合[6]之内者，吾知生之有为阻也。持而满之，乃其殆也。名满于天下，不若其已也。名进而身退，天之道也。满盛之国，不可以仕任；满盛之家，不可以嫁子；骄倨傲暴之人，不可与交。

【注释】

[1]精：精细。

[2]辟：开通。原文为“壁”，据丁士涵说校改。请：通“情”，实情。

[3]适：往、到。

[4]辩：狡辩。巧：巧诈。

[5]写：忧。

[6]六合：指天、地、东、西、南、北。

【品读】

“思索精者明益衰，德行修者王道狭，卧名利者写生危”，是指思索过度，精力容易衰退；过于苛求德行，王道则狭窄难以推行，沉迷名利之人则会滋生危险。这仍然是老子无为思想的余绪。道家是弱者之学，也是全身养生之学。“持而满之，乃其殆也”，意指物极必反，过犹不及，要居安思危。这无不体现道家的大智慧。

道之大如天，其广如地，其重如石，其轻如羽。民之所以[1]，知者寡。故曰：何道之近而莫之能服[2]也？近而就远[3]何以费力也？故曰：欲爱吾身，先知吾情。周视[4]六合，以考内身。以此知象，乃知行情。既知行情，乃知养生。左右前后，周而复所。执仪服象，敬迎来者。今夫来者，必道其道，无迁无衍[5]，命乃长久。和以反中，形性相葆[6]。一以无贰[7]，是谓知道。将欲服之，必一其端[8]，而固其所守。责其往来，莫知其时，索之于天，与之为期，不失其期，乃能得之。故曰：吾语若大明[9]之极，大明之明非爱不予[10]也。同则相从，反则相距[11]也。吾察反相距，吾以故知古从之同也。

【注释】

[1]以：与。

[2]莫之能服：原文“之”下有一“与”字，据安井衡说删。

[3]近而就远：舍近求远。

[4]周视：原文为“君亲”，据俞樾说校改，意为遍察。

[5]衍：通“延”，延时。

[6]葆：通“保”，安适、平衡。

[7]一以无贰：专一不二。

[8]必一其端：原文无“一”字，据赵用贤本补。

[9]大明：日月。

[10]予：原文为“矛”，据赵用贤本改。

[11]距：背离。

【品读】

从“欲爱吾身，先知吾情”开始，本节主要讲述了道家养生之学。如何“知吾情”？就是要知“道”。只有“道其道，无迁无衍”，即按照道的标准行事，不随意迁移、延时，人才能“命乃长久”。当然，道家所谈“爱吾身”与不愿“拔一毛而利天下”的杨朱学派的极端个人主义有很大的不同。道家的“爱吾身”与天下“无为而治”是并行不悖的。也就是说，在个人实现“形性相葆”的同时，天下就会自然而然地趋于大治。

水地第三十九

短语十三

地者，万物之本原，诸生之根菀[1]也，美恶、贤不肖、愚俊之所生也。水者，地之血气，如筋脉之通流者也。故曰：水，具材[2]也。

何以知其然也？曰：夫水淖弱[3]以清，而好洒人之恶，仁也；视之黑而白，精[4]也；量之不可使概[5]，至满而止，正也；唯无不流，至平而止，义也；人皆赴高，己独赴下，卑也。卑也者，道之室，王者之器也，而水以为都[6]居。

【注释】

[1]菀：通"苑"，苑囿。

[2]具材：具备众才。

[3]淖弱：柔弱。

[4]精：通"情"，实。

[5]概：用来刮平斗、斛等量器的工具。

[6]都：聚。

【品读】

本节谈及万物本源问题，也是人类很早就开始思索、探寻的古老命题。作者表面指出"地者，万物之本原"，实际上更加推崇"水"。他大赞水的仁、精、正、义、卑等五种优良品性，尤其强调它的"人皆赴高，己独赴下"的谦卑特性，为"道之室"，具有"王者之器"。这种论点明显带有浓厚的道家意味。

准[1]也者，五量[2]之宗也；素[3]也者，五色之质也；淡[4]也者，五味之中也。是以水者，万物之准也，诸生之淡也，违非[5]得失之质也。是以无不满，无不居也。集于天地而藏于万物，产于金石，集于诸生，故曰水神。集于草木，根得其度，华得其数，实得其量[6]。鸟兽得之，形体肥大，羽毛丰茂，文理明著。万物莫不尽其几[7]，反其常者，水之内度适也[8]。

【注释】

[1]准：用来测平的工具。

[2]五量：指权、衡、规、矩、准。

[3]素:白色。

[4]淡:无味。

[5]韪(wěi)非:是非。韪,原文为"违",据丁士涵说校改。

[6]量:数量。

[7]几:通"机",生机。

[8]水之内度适也:指万物内部水分适度。

【品读】

在此节作者详细论证了水在万物中的地位。水是万物的基准、众生的中心、是非得失的基础。没有水不能充满的地方,也没有水不能停留的地方。它汇集于天地之间,蕴藏于万物之中,金石因水而产生,生命因水而形成,所以称它为"水神"。万物呈现一片生机勃勃,就是万物内部水分适度的原因。古人对水的崇拜,反映了一种回归自然、与自然合而为一的生态观。

夫玉之所贵者,九德出焉。夫玉温润以泽[1],仁也;邻以理[2]者,知[3]也;坚而不蹙[4],义也;廉而不刿[5],行也;鲜而不垢,洁也;折而不挠,勇也;瑕适[6]皆见,精[7]也;茂华光泽,并通而不相陵[8],容也;叩之,其音清扬[9]彻远,纯而不殽[10],辞[11]也。是以人主贵之,藏以为室,剖以为符瑞,九德出焉。

【注释】

[1]泽:光泽。

[2]邻:通"粼",清澈。理:条理。

[3]知:通"智",智慧。

[4]蹙(cù):皱。

[5]刿(guì):刺伤。

[6]瑕:毛病。适:优点。

[7]精:通"情",情实。

[8]陵:通"凌",欺凌。

[9]扬:原文为"搏",据猪饲彦博说校改。

[10]殽:混乱。原文为"杀",据许维遹说校改。

[11]辞:通"治",条理。

【品读】

上节作者谈到水"产于金石",故玉的美德仍可视为水的品质的延续与扩散。在中国,玉文化源远流长。古人相信玉能通天,玉自然被赋予祭祀功能。如距今四五千年的良渚文化就出土了众多制作精美的玉制礼器。同时,由于玉自身的物理特性,人们又将其与美德联系起来。因而,"志于道"的士人无不佩玉。

人，水也。男女精气合，而水流形。三月如咀[1]。咀者何？曰五味。五味者何？曰五藏。酸主脾，咸主肺，辛主肾，苦主肝，甘主心。五藏已具，而后生肉。脾生隔，肺生骨，肾生脑，肝生革[2]，心生肉。五内[3]已具，而后发为九窍。脾发为鼻，肝发为目，肾发为耳，肺发为口，心发为下窍[4]。五月而成，十月而生。生而目视，耳听，心虑。目之所视[5]，非特山陵之见也，察于荒忽[6]。耳之所听，非特雷鼓之闻也，察于啾啾[7]。心之所虑，非特知于粗粗也，察于微眇[8]。

【注释】

[1]咀：含味。

[2]革：皮肤。

[3]内：原文为“肉”，据丁士涵说校改。

[4]肺发为口，心发为下窍：原文为“肺发为窍”，据王念孙说补。

[5]目之所视：原文“所”下有一“以”字，据刘绩说删。

[6]荒忽：恍惚。

[7]啾啾：细微的声音。原文为“淑湫”，据俞樾说校改。

[8]微眇：细微渺小。原文“微眇”后有“故修要之精”五字，据张佩伦说删改。

【品读】

此节强调人的本原是水。人的最初形态是“男女精气合，而水流形”，即男女的精气相合，由水流而成胎形，最后“五月而成，十月而生”。这便为水的万物本原论增添了又一强有力的论据。

是以水集于玉而九德出焉。凝蹇[1]而为人，而九窍五虑[2]出焉。此乃其精粗凝[3]蹇能存而不能亡者也。

【注释】

[1]凝蹇：凝滞停留。

[2]五虑：五官。

[3]凝：原文为“浊”，据张佩伦说校改，下文“凝蹇”之“凝”同此。此句原文“精”字下有一“也”字，据王引之说删。

【品读】

水聚集在玉中而生出九种美德。水凝滞停留而成人形，进而生出九窍、五官。对此，作者认为水生玉德、育人形只是寻常可见的典型例子。实际上，水中所滋生的一些名物是我们很难感知与捕捉到的。这就是下文所要谈的内容了。

伏阇能存而能亡者，蓍[1]龟与龙是也。龟生于水，发之于火[2]，于是为万物先[3]，为祸福正[4]。龙生于水，被[5]五色而游，故神。欲小则化如蚕蠋[6]，欲大则藏于天下，欲尚[7]则凌于云气，欲下则入于深泉，变化无日，上下无时，谓之神。龟与龙，伏阇能存而能亡者也。

【注释】

[1]蓍：通“耆”，老。

[2]发：现。火：指以火钻灼龟甲显现纹理来占卜。

[3]先：先知。

[4]正：通“征”，征兆。

[5]被：通“披”。

[6]蠋(zhú)：蛾蝶类的幼虫。

[7]尚：上。原文为“上”，据尹知章注改。

【品读】

老龟与龙就是由水滋生而时隐时现的典型代表。龟生于水中，可用火灼龟甲来占卜，因而它能成为万物的先知，是祸福的征兆。龙生于水中，身披五色而畅游四海。它想变小就能小到如同蚕和蠋，想变大就能纵横天下，上能直冲云霄，下能潜入深泉，变化无时，上下无限，称为神。

或世见，或世不见者，生蟡与庆忌[1]。故涸[2]泽数百岁，谷之不徙[3]，水之不绝者，生庆忌。庆忌者，其状若人，其长四寸，衣黄衣，冠黄冠，戴黄盖，乘小马，好疾驰，以其名呼之，可使千里外一日反报，此涸泽之精也。涸川之精者，生于蟡。蟡者，一头而两身，其形若虵[4]，其长八尺，以其名呼之，可使[5]取鱼鳖。此涸川水之精也。

【注释】

[1]蟡(guǐ)与庆忌：均指传说中的水中精怪。

[2]涸：通“沍”，冻结。

[3]谷之不徙：山谷没有变迁。

[4]虵：同“蛇”。

[5]使：原文为“以”，据王念孙说校改。

【品读】

文中所提到的蟡与庆忌就是人们很难见到的水中精怪。数百年不能流动的湖泽，只要山谷没有变化，水源没有断绝，就能产生庆忌。它貌似人，身长四寸，穿黄衣，戴黄帽，打着黄色的华盖，骑乘小马，喜好疾驰。你呼喊它的名字，能差使它到千里之外而当天就能返回。这就是涸泽的精灵。不流动的江河里则产蚴。它一头两身，形似蛇，身长八尺。你呼喊它的名字，可驱使它捕捉鱼鳖。这就是涸川的精灵。上述庆忌、蚴两个活灵活现的精灵虽然是虚构的，但是反映了古人对自然的敬畏，对无知世界的大胆想象与思索。

是以水之精粗凝蹇，能存而不能亡[1]者，生人与玉。伏阇能存而能亡者，蓍龟与龙。或世见或不见者，蚴与庆忌。故人皆服[2]之，而管子则[3]之；人皆有之，而管子以[4]之。

【注释】

[1]能亡：原文无“能”字，据上文补。

[2]服：使习惯于，此指习以为常。

[3]则：效法。

[4]以：利用。

【品读】

由于水的“精粗凝蹇”、能生成而不能隐没的特性，产生了人和玉；伏在暗中、既能生成又能隐没的，是神龟和龙；有时出现、有时不见的，是蚴和庆忌。所以，人人都饮用水，而管子却能以水为法则；人人都拥有水，而管子却能利用水。由此，引出下文。

是故具者何也？水是也。万物莫不以生，唯知其托者能为之正[1]。具者，水是也，故曰：水者何也？万物之本原也，诸生之宗室[2]也，美恶、贤不肖、愚俊之所产也。何以知其然也？夫齐之水道躁而复[3]，故其民贪粗而好勇；楚之水淖弱而清，故其民轻果而敢[4]；越之水浊重而洎[5]，故其民愚疾而垢；秦之水泔冣而稽[6]，淤滞而杂，故其民贪戾罔而好事齐[7]；晋之水枯旱而运[8]，淤滞而杂，故其民谄谀葆诈，巧佞而好利；燕之水萃[9]下而弱，沈滞而杂，故其民愚戆而好贞，轻疾而易死；宋之水轻劲而清，故其民间[10]易而好正。是以圣人之化世也，其解在水。故水一则人心正，水清则民心易。人心正[11]则欲不污，民心易则行无邪。是以圣人之治于世也，不人告也，不户说也，其枢[12]在水。

【注释】

[1]正：通“证”，证实。

[2]宗室：指根源。

[3]遒：劲。原文为“道”，据王念孙说校改。复：盛。

[4]敢：原文为“贼”，据郭沫若说校改。

[5]洎(jì)：浸润。

[6]泔(gān)：淘米水，比喻水不清。冣(jù)：积聚。稽：留滞。

[7]罔：诬。事齐：指杀伐。事，通“剚”，刺杀。齐，剪。

[8]运：通“浑”，浑浊。

[9]萃：聚集。

[10]间：通“简”，简朴。

[11]人心正：原文为“一”，据王念孙说校改。

[12]枢：机要，引申为关键。

【品读】

此节将水与当地民俗联系起来，虽然有些牵强附会，但是俗话说“一方水土养一方人”，水、土等地理环境与当地的风土人情也有着一定的关联。此外，在各地民俗的品性考察中，作者只谈越国，而避谈吴国，不知何意。或吴与越二者具有共性，抑或当时吴国已被越国覆灭。

四时第四十

短语十四

管子曰：令有时。无时则必视顺天之所以来，五漫漫，六惛惛[1]，孰知之哉？唯圣人知四时。不知四时，乃失国之基。不知五谷之故[2]，国家乃路[3]。故天曰信明，地曰信圣，四时曰正。其王信明圣，其臣乃正。何以知其王之信明信圣也？曰：慎使能而善听信[4]。使能之谓明，听信之谓圣。信明圣者，皆受天赏。使不能为惛，惛而忘[5]也者，皆受天祸。是故上见成事而贵功，则民事接劳而不谋[6]。上见功而贱，则为人下者惰[7]，为人上者骄。是故阴阳者天地之大理也，四时者阴阳之大经[8]也，刑德者四时之合也。刑德合于时则生福，诡[9]则生祸。

【注释】

[1]五漫漫，六惛惛：指乱七八糟。惛，心乱。

[2]故：缘由、来历。

[3]路：通"露"，败坏。

[4]慎使能而善听信：原文句末有一"之"字，据丁士涵说删。

[5]忘：通"妄"，狂妄。

[6]接：通"捷"，敏捷。谋：图谋。

[7]惰：原文为"直"，据张佩伦说校改。

[8]经：原文为"径"，据赵用贤本校改。

[9]诡：违背。

【品读】

此篇属于齐地阴阳五行学派的作品。与《幼官》篇相似，本篇论述时节与政令。不同的是，《幼官》将木、火、土、金、水五行与东、南、中、西、北五方相匹配，而本篇则从自然变化的规律出发，探讨阴阳、五行、四时、刑德之间的关系，体现了古人朴素的自然观与天人合一的思想。

此节的主题是政令要与四季相合。如果政令无时，老百姓需要自己考察天时的变化。在如此混沌不开的状态下，谁能做到呢？只有圣人才能明察四时。因为四时是国家的根基。圣人知天，知地，更知四时。因为阴阳变化是天地运作的基本原理，而四时是阴阳变化的根本原则。君主实行刑政、德政要与四季相合。刑德与时节相合就会生福，相背就会招祸。

实际上，在战国时期，"发五政"的部分内容已纳入法律之中，极力推行。如四川青川县郝家坪50号秦墓出土秦武王二年（前309年）木牍记有："二年十一月己酉朔朔日，王命丞相戊（茂）、内史匽，□□民臂更修为田律：田广一步，袤八则为畛。亩二畛，一百（陌）道。百亩为顷，一千（阡）道，道广三步。封高四尺，大称其高。捋（埒），高尺，下厚二尺。以秋八月，修封捋（埒），正疆畔，及登千（阡）百（陌）之大草。九月，大除道及除阾（谕）。十月为桥，修陂隄，利津□。鲜草，離（雖）非除道之时，而有陷败不可行，相为之□□。"①

……………………………………

然则春夏秋冬将何行？东方曰星，其时曰春，其气曰风，风生木与骨。其德喜嬴[1]，而发出[2]节时。其事：号令修除神位，谨祷弊梗[3]，宗正阳[4]，治堤防，耕芸树艺，正津梁，修沟渎，甃屋行水[5]，解怨赦罪，通四方。然则柔风甘雨乃至，百姓乃寿，百虫乃蕃，此谓星德。星掌发[6]，发为风。是故春行冬政则雕[7]，行秋政则霜，行夏政则杀[8]。是故春三月以甲乙之日发五政。一政曰：论幼孤，舍有罪；二政曰：赋爵列，授禄位；三政曰：冻解修沟渎，复亡人[9]；四政曰：端险阻，修封疆，正千伯[10]；五政曰：无杀麑夭[11]，毋蹇华绝萼[12]。五政苟时，春雨乃来。

【注释】

[1]嬴：满。

[2]发出：出生。

[3]弊梗：用币帛祷祭。弊，通"币"，古人用作礼物的丝织品。梗，祷祭。

[4]宗正阳：以正阳为宗。

[5]甃(zhòu)：以砖修治。行水：指排水。

[6]星掌发：原文为"星者掌"，据下文文例改。

[7]雕：通"凋"，凋零。

[8]杀：肃杀。原文为"欲"，据刘师培说校改。

[9]复：免除赋役。亡人：指亡人家庭。

[10]千伯：通"阡陌"。

[11]麑(ní)夭：幼鹿。

[12]蹇：通"搴"，拔。华：花。萼：花萼。原文为"芋"，据王念孙说校改。

【品读】

此节内容分为春季时令、春季政令两部分：一为时令。东方属星，时节

---

① 四川省博物馆等：《青川县出土秦更修田律木牍——四川青川县战国墓发掘简报》，《文物》1982年第1期。

为春季，其气为风，风生木与骨，其德喜好生长。二为政令。春季如果行冬季的政令，草木就会凋谢；如果行秋季的政令，草木就会霜杀；如果行夏季的政令，草木就会萎缩。在春季的三个月之中，要选择属木的甲、乙之日来行五政：一是抚恤幼小、孤儿，赦免有罪的人；二是赋予爵位，授予官位；三是疏通沟渎，减免亡人家庭的赋役；四是开通险阻，修正疆界，修理田界；五是禁止捕杀幼兽、折取花萼。此五政能行，春雨便会来到。

南方曰日，其时曰夏，其气曰阳，阳生火[1]与气。其德施舍修乐。其事：号令赏赐，赋爵，受[2]禄，顺[3]乡。谨修神祀，量功赏贤，以助[4]阳气。大[5]暑乃至，时雨乃降，五谷百果乃登，此谓日德[6]。日掌赏，赏为暑[7]，夏行春政则风，行秋政则水，行冬政则落。是故夏三月以丙丁之日发五政。一政曰：求有功发[8]劳力者而举之；二政曰：开久积[9]，发故屋，辟故窌[10]以假贷；三政曰：令禁扇去笠[11]，毋扱免[12]，除隐漏[13]田庐；四政曰：求有德赐布施于民者而赏之；五政曰：令禁罝[14]设禽兽，毋杀飞鸟。五政苟时，夏雨乃至也。

【注释】

[1]火：原文为“人”，据尹知章注改。

[2]受：通“授”，授予。

[3]顺：通“巡”，巡行。

[4]助：原文为“动”，据王念孙说校改。

[5]大：原文为“九”，据王引之说校改。

[6]此谓日德：原文为此句下有“中央曰土”至“此谓岁德”共六十六字，据张文虎说移入下文“夏雨乃至也”后。

[7]赏为暑：原文为此句下有“岁掌和和为雨”六字，据许维遹说移入下文“此谓岁德”后。

[8]发：通“伐”，功绩。

[9]积：原文为“坟”，据刘师培说校改，意为积蓄。

[10]窌(jiào)：地窖。

[11]禁扇去笠：指禁止门扉不闩，注意安全。扇，门扉。笠，门闩。

[12]扱：挽起衣襟。免：免冠。

[13]隐漏：排水沟。隐，原文为“急”，据张佩伦说校改。

[14]罝(jū)：捕兽网。

【品读】

此节内容分为夏季时令、夏季政令两部分：一是时令，南方属日，时节为夏季，其气为阳，阳生火与气，其德为施舍与修乐。二为政令。夏季行春季的政令，就会大风四起；行秋季的政令，就会出现水灾；行冬季的政令，草木就会凋落。在夏季的三个月之中，要在属火的丙、丁之日实行五政：一是荐举有功以及为国出力的人；二是开放存粮，打开窖仓，出粮借贷百姓；三是禁止门户不关，杜绝路人撩衣、免冠等不文明行为，要清理水沟与田舍；四是奖赏那些恩施百姓的有德之人；五是禁止设网捕兽，不准杀害飞鸟。此五政能行，夏雨便会来到。

中央曰土[1]，土德实辅四时入出，以风雨节，土益力[2]。土生皮肌肤。其德和平用均，中正无私，实辅四时，春嬴育，夏养长，秋聚收，冬闭藏。大寒乃极[3]，国家乃昌，四方乃服，此谓岁德。岁掌和，和为雨。

【注释】

[1]中央曰土：中央方位土，不对应季节，起到辅助四时的职能。

[2]土益力：增加土地的肥力。

[3]极：至。

【品读】

此节内容为中央方位土德的政令。因为五行与四季无法一一对应。作者便将中央方位单列出来，赋予它特殊的职能。具体职能为辅助四时运转，节制风雨，增强土力。

西方曰辰，其时曰秋，其气曰阴，阴生金与甲[1]。其德忧哀、静正、严顺[2]，居不敢淫佚。其事：号令毋使民淫暴，顺旅[3]聚收，量民资以畜[4]聚。賈彼群干[5]，聚彼群材，百物乃收，使民毋怠。所恶其察，所欲必得，义[6]信则克。此谓辰德。辰掌收，收为阴。秋行春政则荣[7]，行夏政则水，行冬政则耗。是故秋三月以庚辛之日发五政：一政曰：禁博塞[8]，圉[9]小辩，译忌斗[10]。二政曰：毋见五兵之刃；三政曰：慎旅农，趣[11]聚收；四政曰：补缺塞坼[12]；五政曰：修墙垣，周门闾。五政苟时，五谷皆入。

【注释】

[1]甲：爪甲。

[2]顺：通“慎”，谨慎。下一“顺”字同此。

[3]旅：指旅居田野的农民。

[4]畜：蓄积。

[5]賈(yǔn)：通“陨”，坠落。干：指树木。

[6]义：原文为“我”，据吴志说校改。

[7]荣：开花。

[8]博塞：指古时赌博一类的游戏。塞，通“赛”，比试。

[9]圉：限制。

[10]译忌斗：排解忌恨、争斗。原文为“斗译谌”，据郭沫若说校改。译，读为“释”，排解。

[11]趣：通“促”，催促。

[12]坼（chè）：缺口。

【品读】

此节内容分为秋季时令、秋季政令两个部分：一为时令。西方属辰，时节为秋季，其气为阴，阴生金和甲。其德为忧虑哀伤，静穆端正，庄严顺从，生活起居不敢淫佚放纵。二为政令。秋季如果行春季的政令，就会反季开花；如果行夏季的政令，就会发生水灾；如果行冬季的政令，收成就会损耗。在秋季的三个月之中，要在属金的庚、辛之日来行五政。所谓五政，一是禁止聚众赌博，化解日常矛盾，排解仇恨争斗；二是不得动用兵器，轻言兵事；三是谨慎看护暂居田野的农民，督促他们尽快收获庄稼；四是修理、堵塞房舍、仓库的漏洞；五是修补墙垣，严禁门户。五政能行，五谷就能丰登。

北方曰月，其时曰冬，其气曰寒，寒生水与血。其德淳越、温恕[1]、周密。其事：号令修禁徙民，令静止，地乃不泄。断刑致罚，无赦有罪，以符[2]阴气。大寒乃至，甲兵乃强，五谷乃熟，国家乃昌，四方乃犕[3]，此谓月德。月掌罚，罚为寒。冬行春政则泄，行夏政则雷，行秋政则旱。是故冬三月以壬癸之日发五政。[4]一政曰：论[5]孤独，恤长老；二政曰：善顺阴，修神祀，赋爵禄，授备位；三政曰：效[6]会计，毋发山川之藏；四政曰：摄[7]奸遁，得盗贼者有赏；五政曰：禁迁徙，止流民，圉分异[8]。五政苟时，冬事不过[9]，所求必得，所恶必伏。

【注释】

[1]淳越：淳朴、清越。恕：宽恕。原文为“怒”，据安井衡说校改。

[2]符：符合。

[3]犕：古“服”字。原文为“备”，据安井衡说校改。

[4]是故冬三月以壬癸之日发五政：自此句至“所恶必伏”共八十九字，原文在下节“暴虐积则亡”后，据刘绩说上移至此。

[5]论：选取。

[6]效：考核。

[7]摄：拘捕。

[8]圉：限制。分异：分家离居。

[9]不过：没有过错。

【品读】

此节内容分为冬季时令、冬季政令部分。一为时令。北方属月，时节为冬季，其气为寒，寒生水和血。其德淳朴清越，温和宽恕，周密严谨。二为政令。冬季如果行春天的政令，就会地气泄漏；如果行夏季的政令，就会天空响雷；如果行秋季的政令，就会发生旱灾。在冬季的三个月之中，要在属水的壬、癸之日来行五政：一是抚恤老幼孤独；二是顺从阴气，礼重祭祀，赋予爵禄，授予职位；三是考核各项工作的完成情况，禁止开发山川资源；四是拘捕奸人、逃犯，捕获盗贼给予奖赏；五是禁止随意迁徙，阻止流民四散，限制分家离居。五政能行，冬事就会无差错，有求必定有收获，有恶必定会降服。

是故春凋，秋荣，冬雷，夏有霜雪，此皆气之贼[1]也。刑德易节失次，则贼气遬[2]至；贼气遬至，则国多灾殃。是故圣王务时而寄政焉，作教而寄武，作祀而寄德焉。此三者圣王所以合于天地之行也。日掌阳，月掌阴，岁[3]掌和。阳为德，阴为刑，和为事。是故日食，则失德之国恶之；月食，则失刑之国恶之；彗星见，则失和之国恶之；风与日争明，则失正[4]之国恶之。是故，圣王日食则修德，月食则修刑，彗星见则修和，风与日争明则修正。此四者，圣王所以免于天地之诛也。信[5]能行之，五谷蕃息，六畜殖，而甲兵强。治积则昌，暴虐积则亡。

【注释】

[1]贼：害，残害。

[2]遬：通“速”，快速。

[3]岁：原文为“星”，据郭沫若说校改。

[4]正：通“政”，政事。原文为“生”，据许维遹说校改。下文“修正”之“正”，同此。

[5]信：果真。

【品读】

此节内容是对本篇首段“刑德合于时则生福，诡则生祸”一句的详细阐述，反映的是阴阳刑德思想。如果刑罚和德政随意调换季节，失掉次序，就会导致贼气迅速降临，国家也将遭受灾殃。譬如春季树木凋零，秋季草木开花，冬季响雷，夏季出现霜雪，都是贼气的表现。只有按照时节实施政令、制定教令、演练武事、设置祭祀、彰显德行，才能符合天地的运行，实现国泰民安。

道生天地，德出贤人。道生德，德生正[1]，正生事。是以圣王治天下，穷

则反[2]，终则始。德始于春，长于夏；刑始于秋，流于冬。刑德不失，四时如一。刑德离乡[3]，时乃逆行。作事不成，必有大殃。月有三政[4]，王事必理，以为久长。不中[5]者死，失理者亡。国有四时，固执王事，四守[6]有所，三政执辅[7]。

【注释】

[1]正：政。下一“正”字同此。

[2]反：通“返”，返回。

[3]乡：通“向”，方向。

[4]三政：指上文的“务时而寄政焉，作教而寄武，作祀而寄德”。

[5]中：符合。

[6]四守：指守春夏秋冬四时。

[7]辅：辅助。

【品读】

此节论述的是刑、德与四季的对应关系。德在春天开始，夏天生长；刑在秋天开始，冬天流播。刑、德都符合时节，四季就会始终如一地良性循环。反之，则会导致四季逆行，万事不成，必遭大祸。若想成就王业，必须要坚守四时的政令。实际上，“刑德合时”的思想并不是阴阳五行学派的发明、创造，而是在先秦时期就已深入人心。如，《左传·襄公二十六年》记载：“古之治民者，劝赏而畏刑，恤民不倦，赏以春夏，刑以秋冬。”也就是说，这种天人合一的思想早已存在，只不过阴阳五行学家对此进行了提取与凝练，并构建了一个严密的形而上学的体系罢了。

五行第四十一

短语十五

一者本[1]也，二者器[2]也，三者充[3]也，治者四也，教者五也，守[4]者六也，立[5]者七也，前[6]者八也，终者九也。十者，然后具五官于六府[7]也，五声于六律[8]也。

【注释】

[1]本：农业。

[2]器：器具。

[3]充：充足，此处指人力配置。

[4]守：掌管。

[5]立：立事。

[6]前：通“剪”，整齐。

[7]五官：泛指百官。据《淮南子·天文训》，东方为田，南方为司马，西方为理，北方为司空，中央为都，可备一说。六府：水、火、金、木、土、谷所藏之处。

[8]五声：宫、商、角、徵、羽。六律：黄钟、太蔟、姑洗、蕤宾、夷则、无射。

【品读】

此节论述了为政治国的十个条目。第一是农业，第二是器具，第三是劳力充足，第四是整治，第五是教化，第六是管理，第七是立事，第八是整齐划一，第九是始终如一，第十是任命五官于六府之中，如同五声与六律。

六月日至[1]，是故人有六爻，六爻所以街[2]天地也。天道以九制，地理以八制，人道以六制。以天为父，以地为母，以开乎万物，以总一统。通乎九制、六府、三充，而为明天子。修概水土[3]，以待乎天堇[4]；发五藏[5]，以视不亲[6]；治祀之下，以观地利[7]；货曋神庐[8]，合于精气。已合而有常，有常而有经。审合其声，修十二钟，以律人情。人情已得，万物有极，然后有德。

【注释】

[1]六月日至：每经六个月为夏至、冬至。

[2]六爻：《易》中重卦为六划，称“六爻”。原文为“六多”，据郭沫若说校改。街：通达。

[3]概：平。土：原文为“上”，据王念孙说校改。

[4]馑：饥馑，原文为“堇”，据丁士涵说校改。

[5]发：发放，原文为“反”，据郭沫若说校改。五藏：储藏五谷的仓廪。

[6]视：通“示”。不亲：指大公无私。

[7]利：原文为“位”，据郭沫若说校改。

[8]货：通“化”。噿：读为“覃”，延及。神庐：内心。

【品读】

此节着重论述成为贤明天子所要具备的素质。总体来讲，要上知天文，下知地理，整治万物，总控统一。具体来说，要修平水土，以备饥馑；发放存粮，以示大公无私；祭祀土地之时，要观察土地的状况；修养内心，聚合精气。另外，审合声乐，修正十二音律，可以节制人的性情。性情节制，万物尽知，就可成为有德的天子。

故通乎阳气，所以事天也，经纬[1]日月，用之于民。通乎阴气，所以事地也，经纬星历，以视其离[2]。通若道然后有行，然则神筮不灵，神龟不卜[3]，治之至也。昔者黄帝得蚩尤而明于天道，得大常而察于地利，得苍龙而辩[4]于东方，得祝融而辩于南方，得大封而辩于西方，得后土而辩于北方。黄帝得六相而天下[5]治，神明之至也[6]。蚩尤明乎天道，故使为当[7]时；大常察乎地利，故使为廪者；苍龙辩乎东方，故使为工师；祝融辩乎南方，故使为司徒；大封辩于西方，故使为司马；后土辩乎北方，故使为李。是故春者工师[8]也，夏者司徒也，秋者司马也，冬者李[9]也。

【注释】

[1]经纬：条理。

[2]离：读为“列”，次序。

[3]神龟不卜：原文“龟”下有一“衍”字，据赵用贤本删。原文“神龟不卜”后有“黄帝泽参”四字，据郭沫若说删。

[4]苍龙：原文为“奢龙”，据《北堂书钞》《太平御览》引文改。下文“苍龙”同此。辩：通“辨”，辨明。

[5]天下：原文为“天地”，据《北堂书钞》《太平御览》引文改。

[6]神明之至也：原文为“神明至”，据《北堂书钞》《太平御览》引文改。

[7]当：掌管。

[8]工师：司空。原文为“土师”，据俞樾说校改。下一“工师”同此。

[9]李：通“理”，治狱官员。

【品读】

此节的黄帝六相是按照天、地、春、夏、秋、冬来划分的。《周礼》也分为天官、地官、春官、夏官、秋官、冬官，不过具体官职与本节有差异。例如，本节为“夏者司徒也，秋者司马也，冬者李也”，而《周礼》地官为司徒，夏官为司马，秋官为司寇。当然，对此也无须深究，二者本来都是一种对过去制度的理想化设计。

昔黄帝以其缓急作五声，以政[1]五钟。令[2]其五钟，一曰青钟大音，二曰赤钟重心，三曰黄钟洒光，四曰景钟昧[3]其明，五曰黑钟隐其常。五声既调，然后作立五行以正天时，五官以正人位。人与天调，然后天地之美生。

【注释】

[1]政：通“正”，匡正。

[2]令：命令。

[3]景：读为“颢”，白色。昧：掩蔽。

【品读】

此节中记述黄帝作五声，定五钟，名为青钟大音、赤钟重心、黄钟洒光、景钟昧其明、黑钟隐其常。古人对音乐的教化功能是极为推崇的。此节就是通过调正五声，来确立五行以厘正天时、确立五官以规正人位。由此，天道、人事便协调和顺，美好的事物也会自然降临。

日至，睹甲子木行御[1]。天子出令，命左右士师内御[2]。总别列爵，论[3]贤不肖士吏。赋秘[4]，赐赏于四境之内，发故粟以田数。出国，衡顺[5]山林，禁民斩木，所以爱草木也。然则冰[6]解而冻释，草木区萌[7]，蛰虫卵养[8]。春辟勿时，苗足本。不疠雏鷇[9]，不夭麑麇[10]。毋傅速[11]，亡伤襁褓[12]。时则不凋[13]。七十二日而毕。

【注释】

[1]睹：遇见。木行：指按照木德行事。御：治理。

[2]内御：《银雀山汉墓竹简(贰)》中《四时令》篇中作“入御”。

[3]论：评定。

[4]赋：发放。秘：秘藏。

[5]衡：掌管山林的官员。顺：通“巡”，巡行。

[6]冰：原文为“水”，据赵用贤本改。

[7]区萌：植物发芽。

[8]蛰虫卵养：原文为“赎蛰虫卵菱”，据丁士涵说校改，指蛰虫卵生。

[9]疠：杀。雏鷇(kòu)：幼禽。

[10]夭：早死。麑麇：幼鹿。

[11]傅速：通“缚束”，捆束。

[12]亡：通“无”。褞褓：指婴儿。

[13]时：按时。不凋：指草木不凋零。

【品读】

与《幼官》《四时》篇不同，此篇把一年分为五个时间段，每个间段为七十二天，而不是按照四季来划分。它将五行与五个间段一一相匹配，要求按照五行的各自属性来施政治国。

此节大意是：冬至过后，遇到甲子日要按木德行事。天子下命，命左右士师居官治事。需分别汇总统计百官爵位，评定功劳高低。发放蓄藏，赏赐天下百姓，按照田亩数量发放种粮。山林官员要离开国都，实地巡查山林，禁止百姓砍树，倡导爱护草木。如此这样，冰层化解，土地解冻，草木萌芽，蛰虫繁殖。春耕不要延误农时，根苗需要厚土培植。不杀幼鸟，不害幼兽。不要紧缚褞褓，误伤婴儿。如果按时行政令，草木就不会凋零。持续七十二日，才能完毕。

睹丙子火行御。天子出令，命行人[1]内御。令掘沟浍[2]，津[3]旧涂。发藏，任君赐赏。君子修游驰，以发地气。出皮币，命行人修春秋之礼[4]于天下诸侯，通天下遇者兼和。然则天无疾风，草木发奋，郁气息[5]，民不疾而荣华蕃[6]。七十二日而毕。

【注释】

[1]行人：外交官员。

[2]浍(kuài)：田间水沟。

[3]津：桥梁，此处指搭建桥梁。

[4]春秋之礼：春秋之季的聘问之礼。

[5]郁气：郁结之气。息：止。

[6]蕃：繁殖。

【品读】

遇到丙子之日要按火德行事。天子下令，命行人居官行事。要开掘沟渠，修建津梁。发放库藏，以供天子赏赐所用。君子可以游乐驰骋，以发泄地气。拿出皮币，命令行人出访诸侯，行春秋聘问之礼。与天下诸侯通好，万邦和睦。如此这样，天就没有暴风，草木繁盛，充满生气，人民没有疾病而子孙众多。持续七十二日，才能完毕。

睹戊子土行御。天子出令，命左右司徒内御。不诛不赏[1]，农事为敬。大扬惠言，宽刑死，缓罪人。出国，司徒令，命顺民之功力[2]，以养五谷。君子之静居，而农夫修其功力极。然则天为奥宛[3]，草木养长，五谷蕃实秀大，六畜牺牲具，民足财，国富，上下亲，诸侯和。七十二日而毕。

【注释】

[1]赏：原文为“贞”，据俞樾说校改。

[2]顺：通“巡”。功力：指农业生产。

[3]奥：原文为“粤”，据张佩伦说校改，指深。宛：通“苑”，苑囿。

【品读】

遇到戊子之日要按土德行事。天子下令，命左右司徒居官行事。不要诛杀，不要行赏，以农事为重。宣扬仁惠的言论，宽大判决刑死之人，延缓拘捕罪人。司徒要离开国都，巡视地方农业生产，确保五谷繁育。君子要安身于静居，农民要致力于农功。如此这样，天便如深广的苑囿，草木飞长，五谷所结的颗粒大而多，六畜养育而牺牲具备，人民财足，国家富有，上下相亲，诸侯和睦。持续七十二日，才能完毕。

睹庚子金行御。天子出令，命祝宗选禽兽之禁[1]、五谷之先熟者，而荐之祖庙与五祀[2]，鬼神享其气焉，君子食其味焉。然则凉风至，白露下，天子出令，命左右司马组甲厉兵[3]，合什为伍[4]，以修于四境之内，谀然[5]告民有事，所以待[6]天地之杀敛也。然则昼炙[7]阳，夕下露，地竞环[8]，五谷邻[9]熟，草木茂实，岁农丰年大茂。七十二日而毕。

【注释】

[1]祝宗：掌管祭祀官员。禁：禽兽之圈。

[2]五祀：指户、灶、中霤(liù)、门、行五种祭祀方式。其中，中霤是指对土神的祭祀。

[3]组甲：穿连盔甲。原文“组甲”前有一“衍”字，据张佩纶说应为“内御”二字。厉：通“砺”，磨砺。兵：兵器。

[4]什、伍：军队编制，五人为伍，十人为什。

[5]谀然：恭和貌。

[6]待：备。

[7]炙：炙热。

[8]竞：竞相。环：环绕。

[9]邻：接连。

【品读】

遇到庚子之日要按金德行事。天子下令，命祝宗挑选禁圈的禽兽、先熟的五谷，敬献祖庙、五祀之神，让鬼神享用其香气，君子品尝其味道。如此这样，凉风至，白露降。于是天子下令，命左右司马制作盔甲，磨砺兵器，整编军队，全国上下积极动员，肃敬地通告百姓准备战事，以待天地的秋杀收敛之气。如此这样，白天秋阳似火，夜晚白露降下，大地昼夜竞替，五谷相继成熟，草木丰茂充实，农业大获丰收。持续七十二日，才能完毕。

睹壬子水行御。天子出令，命左右使人内御。其气足，则发[1]而止；其气不足，则发撊渎[2]盗贼。数剿竹箭[3]，伐檀柘[4]，令民出猎，禽兽不释巨少而杀之，所以贵天地之所闭藏也。然则羽卵者不段[5]，毛胎者不赎[6]，腫妇不销弃[7]，草木根本美。七十二日而毕。

【注释】

[1]发：此指揭发。

[2]撊(xiàn)：防止、禁止。渎：通"黩"，贪污。

[3]剿(jiǎo)：截削、砍。竹箭：一种用来制作箭支的竹子。

[4]檀柘(zhè)：二者皆为用来制作弓的树木。

[5]段：通"毈"，指禽鸟孵卵不出。

[6]赎：通"殰"，指兽类怀胎不成。

[7]腫：古"孕"字。销弃：指流产。

【品读】

遇到壬子之日要按水德行事。天子下令，命左右使人居官行事。如果冬气足，发奸除贼之事就适可而止；如果冬气不足，就要大肆揭发奸人，围捕盗贼。要多削箭竹来制箭，多伐檀柘来作弓。让百姓集体出猎，禽兽无论大小都要捕杀，以迎合天地的闭藏之气。如此这样，鸟类就不会孵化不出，兽类就不会怀胎不成，孕妇就不会流产，草木根深茂美。持续七十二日，才能完毕。

睹甲子木行御。天子不赋[1]不赐赏，而大斩伐伤，君危，不然[2]太子危，家人夫人死，不然则长子死。七十二日而毕。睹丙子火行御。天子敬[3]行急政，旱札[4]，苗死，民厉[5]。七十二日而毕。睹戊子土行御。天子修宫室，筑台榭，君危；外筑城郭，臣死。七十二日而毕。睹庚子金行御。天子攻山击石，有兵作战而败，士死，丧执政。七十二日而毕。睹壬子水行御。天子决塞，动大水，王后夫人薨，不然则羽卵者段，毛胎者赎，孕妇销弃，草木根本不美。七十二日而毕。

【注释】

[1]赋:发放。

[2]然:原文为“杀”,据孙诒让说校改。

[3]敬:据王念孙说,当作“亟”,屡次。

[4]札:夭死。

[5]厉:疫病。

【品读】

此节论述在五个时节中,天子违发五行政令的要求所带来的严重后果。甲子之日当行木德。如果天子不发放蓄藏,不进行赏赐,而大肆砍伐山林,君位就会危险。七十二日后,遇丙子之日当行火德,如果天子屡行急政,干旱与夭亡就会出现,禾苗早死,人遭瘟疫。七十二日后,遇戊子之日当行土德,如果天子营造宫室,修建台榭,君位就会危险;修筑城郭,大臣就会死亡。七十二日后,遇庚子之日当行金德,如果天子开山击石,就会作战失利,士兵死亡,执政大臣丧亡。七十二日后,遇壬子之日当行水德,如果天子开决、堵塞河道,导致大水变动,王后夫人就会死亡。鸟类孵化不出,兽类怀胎不成,孕妇则会流产,草木不能根深茂美。作者将违反时令所带来的后果总结出来的目的:一是增加五行学说体系的完整性,如果遇到天灾人祸,可以对号入座,查找原因;二是刻意增强五行学说的信服力,五行学说本身虽然牵强附会,但种种恶果却都是真实存在的。

五行学说是一种机械的生搬硬套的理论体系,很难经得起推究。不过,它仍然反映了古人探究自然、社会变化周期规律的一种内心的执着。它的天人感应思想在一定程度上对君权的制衡起到了积极的作用。

势第四十二

短语十六

战而惧水，此谓胆[1]灭。小事不从，大事不吉。战而惧险，此谓迷中[2]。分[3]其师众，人既迷芒[4]，必其将亡之道。

【注释】

[1]胆：原文为“澹”，据张佩伦说校改。

[2]中：内心。

[3]分：通“纷”，纷乱。

[4]芒：通“茫”。

【品读】

此节主题为用兵之道。作者主张作战不能胆怯不前。战争时惧怕涉水，这是因为胆气丧失。小事都思前顾后，大事肯定不会顺利。战争时惧怕危险，这是因为内心迷惑。军队纷乱，人心迷茫，必定走向败亡。

重静者比于死[1]，重作者比于鬼[2]，重信者比于距[3]，重诎者比于避[4]。夫静与作，时以为主人，时以为客，贵得度。知静之备[5]，居而自利；知作之从，每动有功。故曰：无为者帝，其此之谓矣。

【注释】

[1]重：原文为“动”，据俞樾说校改，下三“重”字同此。死：尸体。

[2]作：动。鬼：原文为“丑”，据张佩伦说校改，喻为神出鬼没

[3]信：通“伸”，伸展。距：鸡距，雄鸡爪子后面突出像脚趾的部分。

[4]诎：通“曲”，弯曲、收缩。避：据郭沫若说，读为“躄”，瘸腿。

[5]备：原文为“修”，据张佩纶说校改，意为准备。

【品读】

此节主题为“无为者帝”，强调“静与作”，反映的是道家思想。不过，作者是借用道家思想来阐述作战的军事原则，要注重动静结合，军队静止时如同死尸般纹丝不动，行动时如同鬼神般出没无常，前进时如同鸡距般直刺敌

人，退缩时如同腿瘸般屈曲回避。只有如此，用兵才能达到神出鬼没、化于无形的最高境界。

……………………………………

逆节[1]萌生，天地未刑[2]，先为之政[3]，其事乃不成，僇[4]受其刑。天因人，圣人因天。天时不作勿为客[5]，人事不起勿为始。慕和其众，以循[6]天地之从。人先生之，天地刑之，圣人成之，则与天同极[7]。正静不争，动作不忒[8]，素质不留[9]，与地同极。未得天极，则隐[10]于德；已得天极，则致其力。既成其功，顺守其从，人不能代。

【注释】

[1]逆节：悖逆的行为。

[2]刑：通"形"，表现。

[3]政：通"征"，征伐。

[4]僇：通"戮"，杀戮，原文为"缪"，据洪颐煊说校改。长沙马王堆帛书《黄帝书·十六经》也云"僇受其刑"。

[5]客：指主动进攻的一方。

[6]循：原文为"修"，据王念孙说校改。

[7]同极：指同道。极，准则。

[8]忒：差错，原文为"贰"，据王念孙说校改。

[9]素质：本质。留：通"镏"，杀。

[10]隐：依靠。

【品读】

此节表面上谈兵，实质上是在论道。首先，作者强调用兵的时机选择。如果敌方的悖逆行为刚萌生，天地还未出现征兆，那么抢先发起进攻则不会成功，却会反受其害。天根据人事而呈现征兆，而圣人据此征兆行事。敌国如果没有天时之灾，就不要轻易发起进攻；如果没有人事之祸，就不要轻易挑起祸端。接着作者话锋一转，进一步指出，人事的祸乱先发生，接着天地出现征兆，然后圣人据以成事，就是与天同道；内心宁静而不务争夺，动作举止没有差错，本质上无杀伐之心，就是与地同道。这在一定程度反映的是道家的"道法天地"思想。

……………………………………

成功之道，嬴缩[1]为宝。毋亡天极，究数而止。事若未成，毋改其形[2]，毋失其始，静民观时，待令而起。故曰：循[3]阴阳之从，而道天地之常。嬴嬴缩缩，因而为当；死死生生，因天地之形。天地形之[4]，圣人成之。小取者小利，大取者大利，尽行之者有天下。

【注释】

[1]赢缩：屈伸，此处指能屈能伸。

[2]形：常形，原文为“刑”，据尹知章注改。

[3]循：原文为“修”，据王念孙说校改。

[4]天地形之：原文为“天地之形”，据王念孙说校改，天地出现征兆。

【品读】

此节的主题是遵循阴阳变化、顺从天地之道。具体做法为：一要与民休息，静观时变，等待天令而起事；二要能屈能伸，依据时机行事，抉择时要遵循天地的征兆。因而，小用天道就会有小利，大用天道就会有大利，尽用天道就会拥有天下。

故贤者诚信以仁之，慈惠以爱之，端政象不敢以先人[1]。中静不留，裕德无求，形于女色[2]。其所处者，柔安静乐，行德而不争，以待天下之濆[3]作也。故贤者安徐正静，柔节先定，行于不敢，而立于不能，守弱节而坚处之。故不犯天时，不乱民功，秉时养人，先德后刑，顺于天，微[4]度人。

【注释】

[1]端政象：公布政令。不敢先人：指不敢自以为是。

[2]形于女色：指安闲之状如女子之色。

[3]濆(pēn)：喷涌，此处指动乱。

[4]微：暗自。

【品读】

此节为典型的道家弱者之学。其要求平时“形于女色”，如同女子品性般“安徐正静，柔节先定”。通过“守弱节而坚处”，达到以柔克刚的境界。长久以来，笔者内心总是偏执地认为道家思想的创见人想必是在历经坎坷波折、大喜大悲的人生苦旅后，才能感悟出如此深邃的人生哲理。相反，一个事业顺风顺水、生活波澜不惊的人是绝不会有此参悟的。

善周[1]者，明[2]不能见也；善明者，周不能蔽也。大明胜大周，则民无大周也；大周胜大明，则民无大明也。大周之先，可以奋[3]信；大明之祖，可以代天。下索而不得，求之招摇之下[4]。

【注释】

[1]周：周密。

[2]明:明察。

[3]奋:迅速。

[4]求之招摇之下:指向上天求索。招摇,古星宿名。

【品读】

此节强调"善周""善明",要求做事周密,不轻易示于人。同时,要善于明鉴,洞察万物。"善周""善明"思想也见于本书《枢言》《九守》等篇,后为法家所吸收、借鉴与发挥。

兽厌走[1],而有伏网罟。一偃一侧[2],不然不得。大文三曾[3],而贵义与德;大武三曾,而偃武与力[4]。

【注释】

[1]厌:满足、尽力。走:跑。

[2]一偃一侧:指一进一退。偃,卧倒。侧,倾斜。

[3]曾:通"载",年。

[4]偃:停止。力:暴力。

【品读】

此节借野兽极力奔跑就会有陷入罗网的危险,告诫为政者要做到进退有节、张弛有度、文武兼治。如大范围实行三年的文治,人民自然会崇尚道义、德行;大范围实行三年的武治,争斗与暴力自然会平息。

正第四十三

短语十七

制断五刑[1]，各当其名，罪人不怨，善人不惊，曰刑。正之、服之、胜之、饰[2]之，必严其令，而民则之，曰政。如四时之不贰[3]，如星辰之不变，如宵如昼，如阴如阳，如日月之明，曰法。爱之、生之、养之、成之，利民不得[4]，天下亲之，曰德。无德无怨，无好无恶，万物崇[5]一，阴阳同度，曰道，刑以弊[6]之，政以命之，法以遏之，德以养之，道以明之。刑以弊之，毋失民命；令之以终其欲，毋使民径[7]；遏之以绝其志意，毋使民幸[8]；养之以化其恶，必自身始；明之以察其生[9]，必修其理。致刑，其民庸心以敬[10]；致政，其民服信以听；致德，其民和平以静；致道，其民付[11]而不争。罪人当名曰刑，出令当时[12]曰正，当故[13]不改曰法，爱民无私曰德，会民所聚曰道。

【注释】

[1]五刑：指古时墨、劓、剕、宫、大辟五种刑罚。

[2]饰：通"饬"，整治。

[3]贰：通"忒"，差错。

[4]得：通"德"，以为……有德。

[5]崇：通"宗"，根本。

[6]弊：判决。

[7]毋使民径：原文为"明之毋径"，据刘绩说校改。径，邪。

[8]幸：侥幸。

[9]生：通"性"，本性。

[10]庸：用。敬：原文为"弊"，据俞樾说校改。

[11]付：通"附"，依附。

[12]当时：原文为"时当"，据刘绩注本校改。

[13]故：成规。

【品读】

制定、判决五类刑罚，做到罪与罚相当，有罪的人才不会抱怨，无罪的人才不受惊扰——这就是刑。匡正人民，制服人民，统治人民，整饬人民，做到严格政令而使人民效从——这就是政。如四时转换没有差错，星辰运行没有改变，如昼夜、阴阳、日月一样分明——这就是法。爱护百姓，使百姓养育后代，使百姓休养生息，教化百姓，惠施万民而不以德自居，使天下之人亲附自己——这就是德。不自视有德，不抱怨别人，没有喜好与厌恶，万物归于一心，阴阳同有法度——这就是道。此节并谈刑、政、法、德、道，其间杂糅阴阳、名墨，应是齐地黄老学派的成熟代表作。陈鼓应先生指出，司马谈《论六家要旨》中所说道家"因阴阳之大顺，采儒墨之善，撮名法之要"实为黄老道家思想。①

立常[1]行政，能服信乎？中和慎敬，能日新乎？正衡[2]一静，能守慎乎？废私立公，能举人乎？临政官民，能后其身乎？能服信[3]，此谓正纪。能[4]日新，此谓行理。守慎正名，伪诈自止。举人无私，臣德咸道[5]。能后其身，上佐天子。

【注释】

[1]常：常规。

[2]衡：平。

[3]服信：原文"服信"后有一"政"字，据丁士涵说删。

[4]能：原文"能"下有一"服"字，据丁士涵说删。

[5]道：称道。

【品读】

在此节作者首先提出五个反问，然后逐一作答。立常规，行政令，能让人信服吗？内心平和，谨慎恭敬，能日新德行吗？平正宁静，能保持谨慎吗？废私立公，能荐举贤人吗？为官治民，能做到先人后己吗？能让人信服就是纲纪端正，能日新德行就是修行有理。保持谨慎，匡正名分，奸伪欺诈自然消止。选举人才而没有私心，其德行就会广为称道。能先人后己，就能辅佐天子。上述内容讲的是为官临民的素质要求。简言之，就是秉公无私、纲纪端正、先人后己、日新德行。

---

① 参见陈鼓应：《管子四篇诠释——稷下道家代表作解析》，商务印书馆2006年版，第4页。

九变第四十四

短语十八

凡民之所以守战至死而不德[1]其上者，有数以至焉。曰：大者亲戚[2]坟墓之所在也，田宅富厚足居也。不然，则州县乡党与宗族足怀乐也。不然，则上之教训、习俗，慈爱之于民也厚，无所往而得之。不然，则山林泽谷之利足生也。不然，则地形险阻，易守而难攻也。不然，则罚严而可畏也。不然，则赏明而足劝也。不然，则有深怨于敌人也。不然，则有厚功于上也。此民之所以守战至死而不德其上者也。今恃不信之人，而求以智；用不守之民，而欲以固；将不战之卒，而幸以胜，此兵之三暗[3]也。

【注释】

[1]德：恩德。

[2]亲戚：此处指父母。

[3]暗：愚昧。

【品读】

篇名“九变”，据郭沫若说，是“九娈”之误。“娈”乃思慕之意，“九娈”即指九种思慕、眷恋。此篇重在论述如何训练人民“守战至死”、不畏牺牲的军事建设问题。人民的英勇牺牲与此九种心理活动有直接关联：一是人民难舍父母埋葬之地，而田宅丰厚又能安居乐业；二是乡亲相处和睦，宗族相互关怀，因而难舍离去；三是君主教化成俗，对百姓慈爱有加，没有更好的去处；四是山林泽谷的物产丰富，足利于民；五是地形险峻，易守难攻；六是刑罚严明，让人敬畏；七是奖赏分明，劝人奋进；八是与敌人素有深仇大恨；九是力争丰厚的功名，以效力君上。基于这几种心理基础，人们才会守战至死。

此篇观点也见于《墨子·备城门》篇，这说明战国时期各学派之间在相互争鸣的同时，也在不自觉地彼此影响、借鉴，甚至融合。

任法第四十五

区言一

圣君任法而不任智[1]，任数[2]而不任说，任公而不任私，任大道而不任小物，然后身佚而天下治。失君则不然，舍法而任智，故民舍事而好誉；舍数而任说，故民舍实而好言；舍公而好私，故民离法而妄行；舍大道而任小物，故上劳烦，百姓迷惑，而国家不治。圣君则不然，守道要，处佚乐，驰骋弋猎，钟鼓竽瑟，宫中之乐，无禁圉[3]也。不思不虑，不忧不图，利身体，便形躯，养寿命，垂拱[4]而天下治。是故人主有能用其道者，不事心，不劳意，不动力，而土地自辟，囷仓自实，蓄积自多，甲兵自强，群臣无诈伪，百官无奸邪，奇术技艺之人莫敢高言孟[5]行以过其情，以遇[6]其主矣。

【注释】

[1]任：依靠。智：智慧。

[2]数：通"术"，政策。

[3]圉：限制。

[4]垂拱：垂衣拱手，指毫不费力。

[5]孟：通"猛"，粗莽。

[6]遇：通"愚"，愚弄。

【品读】

此节主要论述的内容为"法"，属齐法家思想。"任法而不任智"，强调以法为重，反对虚名好誉之说。"任公而不任私"为法家重要的命题。万事皆以法为准绳，何谈私利，何论不公！君主"身佚而天下治"是"任法"的至高境界。圣君通过以法治天下，可以"不思不虑，不忧不图，利身体，便形躯，养寿命，垂拱而天下治"。齐地法家将道家无为思想援引入法，形成了君佚臣劳的统御理论。同时，齐地道家也将法家、名家思想引入其中，形成了黄老道家之学。

昔者尧之治天下也，犹埴之在埏[1]也，唯陶之所以为；犹金之在炉，恣冶[2]之所以铸。其民引之而来，推之而往，使之而成，禁之而止。故尧之治也，善明法禁之令而已矣。黄帝之治天下也，其民不引而来，不推而往，不使而成，不禁而止。故黄帝之治也，置法而不变，使民安其法者也。

【注释】

[1]埴之在埏(shān):原文为"埴巳埏",据赵用贤本改。埴,黏土。埏,制陶器的模范。

[2]恣:任意。冶:指冶炼工匠。

【品读】

此节从历史的角度出发,将唐尧与黄帝治民的方式、成效进行比较分析。古时唐尧治理天下,其百姓招之即来,推之即去,差使他们就能完成任务,严令禁止就能奏效。因而,尧治民善于行法禁令罢了。而黄帝治理天下,其百姓不召就来,不推就往,不驱使就能成事,不用禁令就能自行停止。因而,黄帝治民设置法令而不变更,百姓安习法令就可以了。二者比较,不难发现,黄帝的无为而治比唐尧的有为而治更胜一筹。

所谓仁义礼乐者,皆出于法。此先圣之所以一民者也。周书[1]曰:"国法法[2]不一,则有国者不祥;民不道[3]法,则不祥;国更立法以典[4]民,则不祥[5];群臣不用礼义教训,则不祥;百官服[6]事者离法而治,则不祥。"故曰:法者不可不恒[7]也,存亡治乱之所以出,圣君所以为天下大仪也。君臣上下贵贱皆发[8]焉,故曰"法"。

【注释】

[1]周书:周代官方文献。此处多半为假托。

[2]法法:依法行法。

[3]道:从。

[4]典:主管。

[5]不祥:原文无"不"字,据上下文义删。

[6]服:原文为"伏",据尹知章注改。

[7]不恒:原文无"不",据张佩伦说补。

[8]发:通"法",行法。

【品读】

"仁义礼乐者,皆出于法",表明齐法家与儒家渐行渐远。起初,仁义礼乐作为公共知识的形态存在,随着各家各派的争鸣、辩驳,仁义礼乐逐渐成为儒家的专利、标签。然而,为了维护本家学派的权威、正统,作者竟然辩称仁义礼乐本源自于法。

古之法也,世无请谒任举[1]之人,无闲[2]识博学辩说之士,无伟服[3],无奇行[4],皆囊[5]于法以事其主。故明王之所恒者二:一曰明法而固守之,二曰禁民私而收使之。此二者主之所恒也。夫法者，上之所以一民使下也；私者，下之所以侵法乱主也。故圣君置仪设法而固守之，然故堪材[6]习士闻识博学之人不可乱也，众强富贵私勇者不能侵也，信近亲爱者不能离[7]也，珍怪奇物不能惑也，万物百事非在法之中者不能动也。故法者，天下之至道也，圣君之宝[8]用也。

【注释】

[1]请谒：请托谒见。任举：保举。

[2]闲：通"娴"，多见。

[3]伟服：特异服饰。

[4]奇行：指特立独行。

[5]囊：囊括。

[6]堪材：指能胜任的有才之人。原文为"谌杵"，据孙诒让说校改。下文"堪材"同此。

[7]离：违背。

[8]宝：原文为"实"，据安井衡说校改。

【品读】

此节着重论述法的精神。其核心内容为：一要公明法令而坚定执行；二要禁止民众徇私，让其服从役使。其本质是君主用来整治、役使臣民的工具。从这种意义上讲，它是以君权为核心的法制精神，只是披了一层公正无私的外衣。

今天下则不然，皆有善法而不能守也。然故堪材习士闲[1]识博学之士能以其智乱法惑上，众强富贵私勇者能以其威犯法侵陵，邻国诸侯能以其权置子立相[2]，大[3]臣能以其私附百姓，剪公财以禄私士。凡如是而求法之行，国之治，不可得也。圣君则不然，卿相不得剪公以禄其私[4]，群臣不得辟[5]其所亲爱，圣君亦[6]明其法而固守之，群臣修通辐凑[7]以事其主，百姓辑睦听令道法以从其事。故曰：有生法，有守法，有法于法。夫生法者，君也；守法者，臣也；法于法者，民也。君臣上下贵贱皆从法，此谓为大治。

【注释】

[1]闲：原文为"闻"，据上文文义改。

[2]子：太子。相：相国。

[3]大：原文为"天"，据文义改。

[4]剪公以禄其私：原文为"剪其私"，据上文文义补。

[5]辟：征辟、任用。

[6]亦：原文为“赤”，据赵用贤本改。

[7]辐凑：车轮辐条向轴心汇集，此处指群臣向心于君主。

【品读】

“生法者，君也；守法者，臣也；法于法者，民也”是典型的君主专制集权的制度安排。君、臣、民之间的定位关系不再用“礼”来规范，而完全被“法”所取代。随着法家越来越执着地坚信“法”可以解决一切问题，西周以来的“民惟邦本”的思想渐趋淡化，民众的地位在法理上也被安排在被奴役、被压制的地位，个人的自由空间也被国家意志挤压得所剩无几。

故主有三术：夫爱人不私赏也，恶人不私罚也，置仪设法以度量[1]断者，上主也。爱人而私赏之，恶人而私罚之，倍大臣，离左右，专以其心断者，中主也。臣有所爱而为私赏之，有所恶而为私罚之，倍其公法，损其正心，专听其大臣者，危主也。故为人主者，不重[2]爱人，不重恶人。重爱曰失德，重恶曰失威。威德皆失，则主危也。

【注释】

[1]仪：仪法。度量：标准。

[2]重：极、甚。

【品读】

“爱人不私赏也，恶人不私罚也”是法家公私分明的体现，是以法治国的理想境界，颇有现代法治的意味。通过公法取代私情来解决所有社会问题，是法家不遗余力推广法治的动力源泉和美好愿景。不过，从制度设计那一刻起，悖论也就随之而生。法家理论的兜售对象是各国君主，必然要服从于君主集权的约束。因而，法律的制定者、执行者、监督者都集于君主之一身，缺乏本应有的透明度、牵制力、执行力，无疑成为以法治国的最大漏洞，公私分明的愿景只能成为一纸空文。

故明王之所操者六：生之、杀之、富之、贫之、贵之、贱之。此六柄[1]者，主之所操也。主之所处者四：一曰文，二曰武，三曰威，四曰德。此四位者，主之所处也。藉[2]人以其所操，命曰夺柄；藉人以其所处，命曰失位。夺柄失位，而求令之行，不可得也。法不平，令不全，是亦夺柄失位之道也。故有为枉法，有为毁令，此圣君之所以自禁也。故贵不能威[3]，富不能禄[4]，贱不能事[5]，近不能亲[6]，美不能淫也。植[7]固而不动，奇邪乃恐，奇革而邪化，令往而民移。故圣君设[8]度量，置仪法，如天地之坚，如列星之固，如日月之明，如四时之信，然故令往而民从之。而失君则不然，法立而还废之，令出而后反之，枉法而从私，毁令而不全。是贵能威之，富能禄之，贱能事之，近能亲之，美能淫之也。此五者不禁于身，是以群臣百姓人挟其私而幸其主。彼幸而得之，则主日侵。彼幸而不得，则怨日产。夫日侵而产怨，此失君之所慎也。

【注释】

[1]柄：权柄。

[2]藉：借，通"借"，假借。

[3]威：威胁。

[4]禄：通"赂"，贿赂。

[5]事：指奉承。

[6]亲：指任人唯亲。

[7]植：心志、志向。

[8]设：原文为"失"，据王念孙说校改。

【品读】

此节着重论述君主统御臣下的权势，应该与齐地法家慎到一派有着渊源关系。早期法家中，慎到一派以"重势"而著称。"植固而不动，奇邪乃恐，奇革而邪化"，也见于成书较早的《版法》篇中。由此可见，在稷下学宫这个学术大熔炉中，各学派之间求同存异，兼收并蓄。

凡为主而不得用其法，不能适[1]其意，顾臣而行[2]，离法而听贵臣，此所谓贵而威之也。富人用金玉事主而求[3]焉，主离法而听之，此所谓富而禄之也。贱人以服约[4]卑敬悲色告诉其主，主因离法而听之，所谓贱而事之也。近者以偪近亲爱有求其主，主因离法而听之，此谓近而亲之也。美者以巧言令色请其主，主因离法而听之，此所谓美而淫之也。治世则不然，不知亲疏、远近、贵贱、美恶，以度量断之。其杀戮人者不怨[5]也，其赏赐人者不德[6]也。以法制行之，如天地之无私也，是以官无私论，士无私议，民无私说，皆虚其匈以听于上。上以公正论，以法制断，故任天下而不重也。今乱君则不然，有私视也，故有不见也；有私听也，故有不闻也；有私虑也，故有不知也。夫私者，壅蔽失位之道也。上舍公法而听私说，故群臣百姓皆设私立方以教于国，群党比周以立其私，请谒任举以乱公法，人用其心以幸于上。上无度量以禁之，是以私说日益，而公法日损，国之不治，从此产矣。

【注释】

[1]适：原文无此字，据赵用贤本补，意为符合。

[2]顾臣而行：看大臣的脸色行事。顾，回头看。

[3]求：原文为“来”，据王念孙说校改。

[4]服约：屈服俭约。

[5]怨：怨恨。

[6]德：感恩戴德。

【品读】

此节主要通过比较乱君与贤君实行法制后的差异，来揭示公正行法的重要性。君主不用其法，看贵臣的脸色行事，这是贵臣能威胁的乱君；富人能通过贿赂君主以求私事，这是富人能贿赂的乱君；卑贱的人能以屈服、卑微的样子向君主求私，这是贱人能侍奉的乱君。亲近的人能仰仗亲密友爱的关系以私求君主，这是徇私枉法的乱君。美人能凭借花言巧语、花容月貌来私请君主，这是淫于美色的乱君。而贤君与此不同，不论亲疏、远近、贵贱、美恶，凡事都以法制来度量、决断。这样，依法处死的人没有怨言；受重赏的人也不用感恩戴德。行法如同天地般无私，官员、士人、百姓没有私说，都虚心听命于君主。作者向人们形象地描述了一种天地无私般至上的法制精神，令人神往。然而，这种以君权为核心的法制理念缺乏有效的权力制约，在我国古代社会从未真正实现过。留在我们记忆中的不是残暴不仁的五马分尸，就是登峰造极的凌迟处死。

夫君臣者，天地之位也；民者，众物之象也。各立其所职以待君令，群臣百姓安得各用其心而立私乎？故遵主令而行之，虽有伤败，无罚；非主令而行之，虽有功利[1]，罪死。然故下之事上也，如响之应声也；臣之事主也，如影之从形也。故上令而下应，主行而臣从，此治之道也。夫非主令而行，有功利，因赏之，是教[2]妄举也；遵[3]主令而行之，有伤败而罚之，是使民虑利害而离法也。群臣百姓人虑利害，而以其私心举措，则法制毁而令不行矣。

【注释】

[1]功利：功劳得利。

[2]教：教导。

[3]遵：原文无此字，据赵用贤本补。

【品读】

“非主令而行之，虽有功利，罪死”表明法家追求功利性具有两面性：一方面，与其他学派相较，法家追求功利的色彩最浓；另一方面，随着法家理论的成熟化以及追求法治的极端化，在不经意间也显露出一定程度的非功利化。譬如，如果君主没有下令批准臣子的行动，即便臣下私自行动而取得胜利，也要处死。这就是功利让位于法治极端化的体现。

明法第四十六

区言二

所谓治国者主道[1]明也，所谓乱国者臣术胜也。夫尊君卑臣，非亲[2]也，以执[3]胜也；百官论职[4]，非惠也，刑罚必也。故君臣共道则乱，专授则失。夫国有四亡：令本[5]不出谓之灭，出而道留[6]谓之拥，下情求不上通谓之塞，下情上而道止谓之侵。故夫灭、侵、塞、拥之所生，从法之不立也。是故先王之治国也，不淫意于法之外，不为惠于法之内也。动无非法者，所以禁过而外[7]私也。威不两错[8]，政不二门。以法治国则举错而已。是故有法度之制者，不可巧以诈伪；有权衡之称者，不可欺以轻重；有寻[9]丈之数者，不可差以长短。今主释法以誉[10]进能，则臣离上而下比周矣；以党[11]举官，则民务交而不求用矣。是故官之失其治也，是主以誉为赏，以毁为罚也。然则喜赏恶罚之人，离公道而行私术矣。比周以相为匿[12]，是忘主死交，以进其誉。故交众者誉多，外内朋党，虽有大奸，其蔽主多矣。是以忠臣死于非罪，而邪臣起于非功。所死者非罪，所起者非功也，然则为人臣者重私而轻公矣。十至于[13]私人之门，不一至于庭；百虑其家，不一图国。属[14]数虽众，非以尊君也；百官虽具，非以任国也。此之谓国无人。国无人者，非朝臣之衰也，家与家务相益[15]，不务尊君也；大臣务相贵[16]，而不任国；小臣持禄养交，不以官为事，故官失其能。

【注释】

[1]主道：君道。

[2]非亲：原文为“非计亲”，据丁士涵说删。

[3]执：通“势”，权势。

[4]百官论职：原文为“百官识”，据本书《明法解》篇改。

[5]本：原文为“求”，据王念孙说校改。

[6]道留：中途留止。

[7]外：排除。

[8]错：通“措”，放置。

[9]寻：古代长度单位，八尺为一寻。

[10]誉：虚名。

[11]党：朋党。

[12]匿：据郭沫若说，当为“医”，即“也”字。下节“故能匿而不可蔽”之“匿”同此。

[13]于：原文无此字，据刘绩注本补。

[14]属：部属。

[15]务相益：原文为“务于相益”，据《明法解》篇删。益，帮助。

[16]贵：抬举。

【品读】

“夫尊君卑臣，非亲也，以执胜也”是齐法家慎到一派的势论。君主如何做到重势？就要“威不两错，政不二门”，树立君威，权出一门，建立君主专制集权。

“有权衡之称者，不可欺以轻重；有寻丈之数者，不可差以长短”是法家主张统一度量衡的政策体现。秦国在商鞅变法时，就明令要求统一度量衡。云梦秦律中《效律》就是与度量衡相关的法律。

是故先王之治国也，使法择人，不自举也；使法量功，不自度也。故能匿而不可蔽，败而不可饰[1]也；誉者[2]不能进，而诽者[3]不能退也。然则君臣之间明别，明别则易治也，主虽不身下为，而守法为之可也。

【注释】

[1]饰：掩饰。

[2]誉者：得到虚名之人。

[3]诽者：遭受诽谤之人。

【品读】

此节主要阐述了两方面内容：一是用法制来选拔和考核官吏。君主要利用法制来选举人才，而不是自己随意选择；按照法制来衡量功劳，而不是自己随性考量。所以，人的才能不会被掩蔽，人的败行也不会被掩饰。二是君臣之间要做到“明别”，即权限分明，各司其职。君主不能干涉臣下的具体事务，只有秉公守法，才可以做到垂拱而治。

正世第四十七

区言三

古之欲正世调[1]天下者，必先观国政，料[2]事务，察民俗，本治乱之所生，知得失之所在，然后从事。故法可立而治可行。

夫万民不和，国家不安，失非在上，则过在下。今使人君行逆不修道，诛杀不以理，重赋敛，竭[3]民财，急使令，罢[4]民力，财竭则不能毋侵夺，力罢则不能毋堕倪[5]。民已侵夺、堕倪，因以法随而诛之，则是诛罚重而乱愈起。夫民劳苦困不足，则简[6]禁而轻罪，如此则失在上。失在上而上不变，则万民无所讬其命。今人主轻刑政，宽百姓，薄赋敛，缓使令，然民淫躁行私而不从制，饰智任诈，负力而争，则是过在下。过在下，人君不廉而变[7]，则暴人不胜，邪乱不止。暴人不胜，邪乱不止，则君人者势伤而威日衰矣。

【注释】

[1]调：调治。

[2]料：核计。

[3]竭：原文为“得”，据赵用贤本校改，指尽。

[4]罢：通“疲”，疲劳。

[5]堕：通“惰”，懒惰。倪：傲慢。

[6]简：怠慢。

[7]廉：考察。变：改变。

【品读】

此节体现的法家观点相对温和，并没有将法律视作万能的工具，与轻赏重罚、轻刑重判的激进主张有别。作者强调君主诛杀以理的同时，也要注重“宽百姓，薄赋敛”。君主重征赋税就会枯竭百姓的财力，急征无时又会耗尽人民的劳力，因而百姓无财力就会抢夺，人民无劳力则会心生怠慢。此时，如果君主再动用严法酷刑，只能是越治越乱，最终官逼民反了。

故为人君者，莫贵于胜。所谓胜者，法立令行之谓胜。法立令行，故群臣奉法守职，百官有常。法不繁匿[1]，万民敦悫[2]，反本[3]而俭力。故赏必足以使，威必足以胜，然后下从。

【注释】

[1]繁：滋长。匿：通“慝”，邪恶。

[2]悫：诚实。

[3]本：指农业。

【品读】

此节提出了一个新的法律术语——胜。法制建立，政令通行就是“胜”。其实，“胜”的实质是君权胜过一切，如同作者所云：“赏赐必须足以驱使民众，威严必须足以压制邪恶，然后臣民才会服从。”

故古之所谓明君者，非一[1]君也。其设赏有薄有厚，其立禁有轻有重，迹行[2]不必同，非故相反也，皆随时而变，因俗而动。夫民躁[3]而行僻，则赏不可以不厚，禁不可以不重。故圣人设厚赏，非侈也；立重禁，非戾[4]也。赏薄则民不利，禁轻则邪人不畏。设人之所不利，欲以使，则民不尽力；立人之所不畏，欲以禁，则邪人不止。是故陈[5]法出令而民不从。故赏不足劝，则士民不为用；刑罚不足畏，则暴人轻犯禁。民者，服于威杀然后从，见利然后用，被治然后正，得所安然后静者也。夫盗贼不胜，邪乱不止，强劫弱，众暴寡，此天下之所忧，万民之所患也。忧患不除，则民不安其居；民不安其居，则民望绝于上矣。

【注释】

[1]一：一样。

[2]迹行：事迹行为。

[3]躁：躁动。

[4]戾(lì)：暴戾。

[5]陈：公布。

【品读】

此节作者认为，古代明君们的行为事迹不尽相同，并非他们的大政方针存有矛盾，而是“随时而变，因俗而动”的结果。作者的历史观应是受到秦国法家思想的影响。《商君书・更法》中记载，商鞅在与保守派甘龙等人的论战中，明确提出“治世不一道，便国不必法古”的主张。

夫利莫大于治，害莫大于乱。夫五帝三王所以成功立名，显于后世者，以为天下致[1]利除害也。事行不必同，所务一也。夫民贪行躁，而诛罚轻，罪过不发，则是长淫乱而便邪僻也。有爱人之心，而实合[2]于伤民。此二者不可不察也。

【注释】

[1]致：招致。

[2]合:等同。

【品读】

此节首先提出了较为进步的历史观。三皇五帝之所以功成名就,荣显后世,就是因为能够为天下兴利除害。他们的事迹不必相同,但追求的目标是一致的。也就是说,只要能兴利除害,就不必因袭照搬古人的做法。另外,作者所处的时代民性贪利而躁动,如果诛罚较轻,罪行不能发举,就会助长淫乱而方便邪僻。君主即使有爱民之心,如果不能兴利除害,实际上还是等于伤害百姓。这就是与时俱进、因时而变的道理。

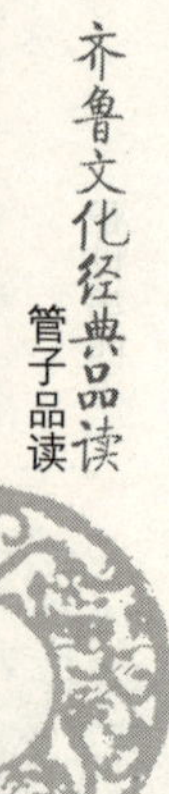

夫盗贼不胜则良民危[1],法禁不立则奸邪繁。故事莫急于当务,治莫贵于得齐[2]。制民急则民迫,民迫则窘,窘则民失其所葆[3];缓则纵,纵则淫,淫则行私,行私则离公,离公则难用。故治之所以不立者,齐不得也。齐不得则治难行。故治民之齐,不可不察也。圣人者,明于治乱之道,习于人事之终始者也。其治民也,期于利民而止。故其位[4]齐也,不慕古,不留[5]今,与时变,与俗化。

夫君[6]人之道,莫贵于胜。胜,故君道立;君道立,然后下从;下从,故教可立而化可成也。夫民不心服体从,则不可以礼义之文教[7]也,君人者不可以不察也。

【注释】

[1]危:不安。

[2]齐:适中。

[3]葆:通"保",保障。

[4]位:通"立"。

[5]留:留止。

[6]君:统治。

[7]文教:教化。

【品读】

此节主题是治民不能过急、过缓,要适中有度。盗贼不治,良民就会恐惧不安;法令不能禁止,奸邪之人就会增多。但是,治民太急,就会造成人民困迫,人民困迫就会陷入窘境,失去保障;治民过缓,则会造成百姓放纵,放纵就会导致淫邪,淫邪就会徇私,徇私就会背公,背公就难以役使了。

"不慕古,不留今,与时变,与俗化"是指君主不必仰慕古代,也不必拘泥于今天,而要与时俱变,应俗而化。这种进步的历史观是战国时期各国推行变法的理论基础。与之相对立的是"祖宗之法不可变"的思想。纵观中国历史,变革与守旧两大势力的交锋一直没有停止过。从商鞅变法到王安石变法,直至戊戌变法,皆是如此。当然,也并非变革就好,守旧就坏,而是要根据具体情况具体分析,关键是在传承与变革之间找到最佳的平衡点。

治国第四十八

区言四

凡治国之道，必先富民。民富则易治也，民贫则难治也。奚以知其然也？民富则安乡重家，安乡重家则敬上畏罪，敬上畏罪则易治也。民贫则危[1]乡轻家，危乡轻家则敢陵[2]上犯禁，凌上犯禁则难治也。故治国常富，而乱国常贫。是以善为国者，必先富民，然后治之。

【注释】

[1]危：不安。

[2]陵：通“凌”，凌辱。

【品读】

“善为国”必先“富民”。作者认为，百姓富足，就会安居乡里，看重家庭，尊重官吏，畏惧犯罪，因而容易管理。相反，百姓贫困，就会不安于乡里，看轻家庭，凌辱官吏，冒犯禁令，因而难以治理。富民论是管子学说一贯的观点。《管子》开篇就云“仓廪实则知礼节，衣食足则知荣辱”，明确指出了经济基础与道德伦理之间的密切关系。

昔者，七十九代之君，法制不一，号令不同，然俱王天下者，何也？必国富而粟多也。夫富国多粟生于农，故先王贵之。凡为国之急者，必先禁末作文巧[1]，末作文巧禁则民无所游食[2]，民无所游食则必农。民事农则田垦，田垦则粟多，粟多则国富。国富者兵强，兵强者战胜，战胜者地广。是以先王知众民、强兵、广地、富国之必生于粟也，故禁末作，止奇巧，而利农事。今为末作奇巧者，一日作而五日食[3]。农夫终岁之作，不足以自食也。然则民舍本事而事末作。舍本事而事末作，则田荒而国贫矣。

【注释】

[1]文巧：指奢侈品。

[2]游食：指不务农而游手好闲的人。

[3]一日作而五日食：一日的获利可供五日的享用。

【品读】

此节可视为管子的原生富民思想与秦晋法家的功利性相结合的产物。商鞅的农战论是“田垦则粟多，粟多则国富”的“1+1=2”式的理论，具有一定的质朴性、简单性与功利性。为了最大限度地实现“田垦”“粟多”，秦晋法家着力推行重农抑商政策，“禁末作，止奇巧”，限制“游食”之人。

“今为末作奇巧者，一日作而五日食”，是指从事奢侈品行业的暴利。在传统社会，社会生产部门之间流通性不强，无法形成社会平均利润。但奢侈品的消费对象多半是购买力较高的上层贵族、官僚，而奢侈品的市场需求大于供给，因而从业人员往往会抬高奢侈品的价格，从中攫取暴利。而农产品作为生活必需品，需求弹性小，容易出现“谷贱伤农”的现象。

凡农者月不足而岁有余[1]者也，而上征暴急无时，则民倍贷[2]以给上之征矣。耕耨者有时，而泽[3]不必足，则民倍贷以取庸[4]矣。秋籴[5]以五，春粜以束[6]，是又倍贷也。关市之租，府库之征，粟十一[7]，厮舆[8]之事，此四时亦当一倍贷矣。故以上之征而倍取于民者四。[9]夫以一民养四主，故逃徙者刑而上不能止者，粟少而民无积也。

【注释】

[1]月不足而岁有余：指每月亏空，到年终收获时才有盈余。

[2]倍贷：借一还二的高利贷。

[3]泽：雨露。

[4]庸：雇工。

[5]籴(dí)：买粮。

[6]粜(tiào)：卖粮。束：十。

[7]十一：指十一之税。

[8]厮舆：劈柴、驾车等杂役。

[9]故以上之征而倍取于民者四：此句原文在“是又倍贷也”之后，据姚永概说移至此处。

【品读】

作者对农业之困境、农民之绝境的分析，可谓一针见血、深入骨髓。作者从以下四个方面进行了论述。第一，农业生产的自然周期性，决定了农民平时无固定收入，只有在收获季节才有收入，即“月不足而岁有余”。如果政府不考虑农业生产的季节性，在青黄不接之时肆意征发赋役的话，农民必定会背负高额债务。第二，小农经济是靠天吃饭的，旱涝之际及农忙时节，农民有时还要雇佣人手填补劳力之缺，这又是一项不菲的开支。第三，农产品的需求弹性不足，加之商人从中投机盘剥、囤积居奇，导致农民收获季节低价卖粮食，青黄不接之际又高价买粮食，受到双层剥削。第四，政府的十一之税、赋役以及临时摊派、苛捐杂税等又使得农民的生活进一步陷入窘境。

常山[1]之东，河海[2]之间，蚤生而晚杀[3]，五谷之所蕃孰[4]也，四种而五获。中年亩二石，一夫为粟二百石。今也仓廪虚而民无积，农夫以粥[5]子者，上无术以均[6]之也。故先王使农、士、商、工四民交能易作[7]，终岁之利无道相过[8]也。是以民作一[9]而得均。民作一则田垦，奸巧不生。田垦则粟多，粟多则国富。奸巧不生则民治。富而治，此王之道也。

【注释】

[1]常山：恒山。

[2]河：河水，即今黄河。海：原文为“汝”，据《初学记》《太平御览》引文改。

[3]蚤：通“早”。杀：凋落。

[4]蕃：繁多。孰：通“熟”，成熟。

[5]粥：通“鬻”，卖。

[6]均：平均。

[7]交能易作：交换所能与所作。

[8]无道相过：无从相互超过。

[9]作一：专务一业。

【品读】

“先王使农、士、商、工四民交能易作，终岁之利无道相过也”反映的是管子学说一脉相承的观点。与法家强制性的重农抑商政策不同，管子学说总是利用经济杠杆来思考问题，主张农、士、商、工之间加强商品、劳务的交换，以便形成社会平均利润。这种想法的确让人赞叹不已。

不生粟之国亡，粟生而死[1]者霸，粟生而不死者王。粟也者，民之所归[2]也；粟也者，财之所归也；粟也者，地之所归也。粟多则天下之物尽至矣。故舜一徙成邑，二徙成都，参徙成国。舜非严刑罚重禁令，而民归之矣，去者必害，从者必利也。先王者善为民兴利除害[3]，故天下之民归之。所谓兴利者，利农事也；所谓除害者，禁害农事也。农事胜则入粟多，入粟多则国富，国富则安乡重家，安乡重家则虽变俗易习、驱众移民，至于杀之，而民不恶也。此务粟之功也。上不利农则粟少，粟少则人贫，人贫则轻家，轻家则易去，易去则上令不能必行，上令不能必行则禁不能必止，禁不能必止则战不必胜，守不必固矣。夫令不必行，禁不必止，战不必胜，守不必固，命之曰寄生之君。此由不利农少粟之害也。粟者，王之本事也，人主之大务，有人之涂[4]，治国之道也。

【注释】

[1]死：指流失。

[2]归：聚集。

[3]兴利除害：原文为“除害兴利”，据《艺文类聚》引文改。

[4]涂：通“途”，途径。

【品读】

此节着重强调粮食生产是君主的工作重心、治国的关键举措、国家的根本大事，属于典型的重农思想。本节主要讲述的是：(1)粮食生产事关国家兴亡。不能生产粮食的国家，就会灭亡；能生产粮食却吃光用尽的国家，仅能成就霸业；能生产粮食且食用不尽的国家，才能成就王业了。粮食能让百姓来归附，能够聚集钱财，能够换得土地。只要拥有众多的粮食，天下的一切财物就会到来。(2)粮食生产的关键是兴利除害。兴利就是做有利于农业的事；除害就是禁止有害于农业生产的事。农事有利，粮食自然就多；粮食多了，国家则富有；国家富有，百姓就安土重迁。

内业第四十九

区言五

凡物之精，比[1]则为生。下生五谷，上为列星。流于天地之间，谓之鬼神；藏于胸中，谓之圣人。是故此[2]气，杲[3]乎如登于天，杳[4]乎如入于渊，淖[5]乎如在于海，卒[6]乎如在于己。是故此气也，不可止以力，而可安以德；不可呼以声，而可迎以意[7]。敬守勿失，是谓成德，德成而智出，万物毕[8]得。

【注释】

[1]比：原文为“此”，据石一参说校改，指相合。

[2]此：原文为“民”，据丁士涵说校改。

[3]杲（gǎo）：明亮。

[4]杳：幽暗。

[5]淖：通“绰”，宽绰。

[6]卒：忽然。

[7]意：原文为“音”，据王念孙说校改，指心意。

[8]毕：原文为“果”，据王念孙说校改。

【品读】

此节论述的是齐地黄老学派的精气论。对于万物的本源，《老子》云“吾不知其名，强字之曰道”。此处“道”是高度对万物本源的抽象，不易理解。稷下黄老学派在继承老子道论的基础上，又辅之以精气作为万物本源，使万物的来源——道更具体、更直观、更便于理解。

凡心之刑[1]，自充自盈，自生自成。其所以失之，必以忧乐喜怒欲利。能去忧乐喜怒欲利，心乃反济[2]。彼心之情[3]，利安以宁，勿烦勿乱，和乃自成。折折[4]乎如在于侧，忽忽[5]乎如将不得，渺渺乎如穷无极。此稽[6]不远，日用其德。

【注释】

[1]刑：通“形”，形体。

[2]济：成。

[3]情：本性。

[4]折折：清楚的样子。

[5]忽忽：恍惚的样子。

[6]稽：考察。

【品读】

"能去忧乐喜怒欲利，心乃反济"是道家无为、修心思想的体现。实际上，其现实意义是教导我们调整心情，因此，可以说道家是最早、最成功的心理医生。的确，现代人的通病是"哀莫过于心不死"。道家并不是绝对的宗教式的灭绝人欲，而是主张从宇宙的角度看待人生所遇到的"蚂蚁式"的琐事，要用"万物并作，吾以观复"的大智慧来完成内心的超脱。而齐地黄老学派则从微观角度出发，提出精气论、虚静之道，具体指导通过修心来达到内心淡定、平静的境界。

夫道者，所以充形也，而人不能固[1]。其往不复，其来不舍。谋[2]乎莫闻其音，卒乎乃在于心，冥冥乎不见其形，淫淫[3]乎与我俱生。不见其形，不闻其声，而序[4]其成，谓之道。凡道无所，善心安爱。心静气理，道乃可止。彼道不远，民得以产；彼道不离，民因以知。是故卒乎其如可与索[5]，眇眇乎其如穷无所。彼[6]道之情，恶音与声，修心静意[7]，道乃可得。道也者，口之所不能言也，目之所不能视也，耳之所不能听也，所以修心而正形也；人之所失以死，所得以生也；事之所失以败，所得以成也。凡道无根无茎，无叶无荣[8]。万物以生，万物以成，命之曰道。

【注释】

[1]固：固守。

[2]谋：通"媒"，昏昧不明。

[3]淫淫：水溢浸润的样子。

[4]序：有序。

[5]索：寻求。

[6]彼：原文为"被"，据赵用贤本改。

[7]意：原文为"音"，据猪饲彦博说校改。

[8]荣：植物的花。

【品读】

此节是对道的直观、具体的描述。道是用来充实形体的，人们不能长期固有，正如文中所说："其往不复，其来不舍。"昏昏沉沉听不见其声音，忽然之间却我心中；昏昏暗暗看不见其形体，却能浸润身心。这就是道。道没有常住的地方，遇到善心就会停留。静心养气，道就可以留止。通过作者对道的诠释，我们可以这样理解：作为万物客观规律的“道”，它是永久客观存在的，并时时处在运动变化中。如果人们静心观察、用心思索，就可以领悟并利用它。

天主正，地主平，人主安静。春秋冬夏，天之时也；山陵川谷，地之材[1]也；喜怒取予，人之谋也。是故圣人与时变而不化，从物而不移。能正能静，然后能定。定心在中，耳目聪明，四枝[2]坚固，可以为精舍[3]。精也者，气之精者也。气，道乃生，生乃思，思乃知[4]，知乃止矣。凡心之形，过知失生[5]。

【注释】

[1]材：原文为“枝”，据王念孙说校改。

[2]枝：通“肢”，肢体。

[3]精舍：精气的住所。

[4]知：通“智”。

[5]过知失生：指过分追求智慧会失去生机。

【品读】

为了与老子的道论相统一，此节指出“气，道乃生”，即精气仍来源于高度抽象的“道”。

“精舍”是齐地黄老学派又一新的提法。“精舍”是精气留存人体内的地方。只有做到中正安静，才能拥有一颗安定之心。安定在心，耳目聪明，四肢健壮，精气自然留存于体内，形成“精舍”。

一物能化谓之神，一事能变谓之智。化不易气，变不易智[1]，唯执一[2]之君子能为此乎！执一不失，能君万物。君子使[3]物，不为物使，得一之理。治心在于中，治言出于口，治事加于人，然则天下治矣。一言得[4]而天下服，一言定而天下听，此[5]之谓也。

【注释】

[1]化不易气，变不易智：随物变化而不变换气，随事变化而不变化智。

[2]一：专一。

[3]使：役使。

[4]得：得当。

[5]此：原文为“公”，据王念孙说校改。

【品读】

此节的核心理念为“专一”，它是悟道的关键所在。专于一物而能随物变化的，称为“神”；专于一事而能随事变通的，称为“智”。随物变化而不变换气，随事变化而不变化智，只有执着专一的君子才能够做得到。君子能役使万物，而不受万物支配。此处“专一”的提法极好，但真正做起来却很难。古往今来，有多少人能不受利欲、外物的干扰而专心于修身为学。在《论语·宪问》中，孔子就曾说道：“古之学者为己，今之学者为人。”

形[1]不正，德不来；中不静，心不治。正形摄[2]德，天仁地义，则淫然[3]而自至神明之极，照[4]乎知万物。中守不忒[5]，不以物乱官，不以官乱心，是谓中得。

【注释】

[1]形：形体。

[2]摄：吸取。

[3]淫然：浸润不断的样子。

[4]照：通“昭”，通晓。

[5]中守：原文为“中义守”，据王念孙说删改。中，内心。忒：差错。

【品读】

此节强调得道要内外兼顾、表里如一。形体不端正，德就不会到来；内心不虚静，心就无法治理。端正形体，吸取美德，如天地一般仁义，就可达到神明的境界。内心虚静没有差错，不让外物扰乱五官，不让五官扰乱内心，这就是内心有所得。实际上，人们平时为人处事也要注意外表与内涵的统一。如果不重外表，则显得粗俗；不重内涵，则显得虚伪。

有神[1]自在身，一往一来，莫之能思。失之必乱，得之必治。敬除其舍，精将自来。精想思之，宁念治之，严容畏敬，精将至定[2]。得之而勿舍，耳目不淫[3]。

【注释】

[1]神：精。

[2]至定：达到安定。

[3]淫：迷惑。

【品读】

此节主要讲述修身虚静的具体的方法：一是静心清除内心的杂念，精气自然到来；二是精诚冥思，默念对待，严肃敬畏，精气自然安定。得到精气要不舍去，耳目自然就不会受外物迷惑，也就不会为万物役使了。

心无他图，正心在中，万物得度[1]。道满天下，普在民所[2]，民不能知也。一言之解，上察[3]于天，下极于地，蟠[4]满九州。何谓解之？在于心安。我心治，官[5]乃治；我心安，官乃安。治之者心也，安之者心也。

【注释】

[1]度：法度。

[2]民所：人民的住所。

[3]察：通"际"，至。

[4]蟠（pán）：遍及。

[5]官：指五官。

【品读】

此节的主题是内心安定平静才能领悟万物的规律——道。道布满天下，普遍存在于人民心中，而人民却不能察知它的存在。如何能理解它呢？在于内心安定。内心平定，五官就平定；内心安静，五官就安静。平定、安静的关键在于内心。

心以藏心[1]，心之中又有心焉。彼心之心，意[2]以先言。意然后形，形然后言，言然后使，使然后治。不治必乱，乱乃死。

【注释】

[1]心以藏心：前"心"，指精舍；后"心"，指精。

[2]意：原文为"音"，据王念孙说校改，下句"意"亦同此，均指意识。

【品读】

此节客观地论述了内心精气如何一点点转化成语言、最终成为政令的逻辑过程。心中藏心，是心中又有一心。心中之心，"意以先言"，即意识先于语言而存在。意识产生后，先生成具体的形象，形象再以语言表达出来，然后通过语言来差使别人，最终实现治理国家的目的。由此说明，古人已经对人的思维过程开始有意识地分解与剖析，具有一定的进步意义。

精存自生，其外安荣[1]，内藏以为泉原[2]，浩然和平，以为气渊[3]。渊之不涸，四体[4]乃固；泉之不竭，九窍遂通。乃能穷天地，被[5]四海。中无惑意，外无邪灾。心全于中，形全于外，不逢天灾，不遇人害，谓之圣人。

【注释】

[1]安：安详。荣：指容光焕发。

[2]泉原：源泉。

[3]渊：渊源。

[4]四体：四肢。

[5]被：通“披”，遍及。

【品读】

“内藏以为泉原，浩然和平，以为气渊”，是指精气藏在体内，浩大而又平和，就会形成气的渊源。孟子之“浩然正气”与此处“浩然和平”应有一定的渊源关系。孟子曾经在稷下学官任职，受到稷下黄老学派“气论”的影响极有可能。

人能正静，皮肤裕宽[1]，耳目聪明，筋信[2]而骨强。乃能戴大圜[3]，而履大方[4]，鉴[5]于大清，视于大明。敬慎无忒[6]，日新其德，遍知天下，穷于四极。敬发其充，是谓内得。然而不反，此生之忒。

凡道，必周必密，必宽必舒，必坚必固。守善勿舍，逐淫泽[7]薄，既知其极，反于道德。全心在中，不可蔽匿，知[8]于形容，见于肤色。善气迎人，亲于弟兄；恶气迎人，害于戎兵。不言之声，疾于雷鼓；心气之形，明于日月，察于父母。赏不足以劝善，刑不足以惩过，气意得而天下服，心意定而天下听。

【注释】

[1]裕宽：丰润宽舒。

[2]信：通“伸”，伸展。

[3]大圜：指天。

[4]大方：指地。

[5]鉴：明察。

[6]忒：差错。

[7]逐：驱逐。泽：通“释”，舍弃。

[8]知：原文为“和”，据刘绩说改。

【品读】

黄老学派也有自己的一套“内圣外王”理论。只要善于修心悟道，守住善根不舍弃，驱走淫邪，祛掉轻薄，归一于道德，便可做到“全心在中”，最终就能达到“气意得而天下服，心意定而天下听”的境界。

抟[1]气如神，万物备存。能抟乎？能一乎？能无卜筮而知吉凶乎？能止乎？能已乎？能勿求诸人而得之己[2]乎？思之，思之，又重思之。思之而不通，鬼神将通之。非鬼神之力也，精气之极也。

四体既正，血气既静，一意抟心，耳目不淫，虽远若近。思索生知，慢易[3]生忧，暴傲[4]生怨，忧郁生疾，疾困乃死。思之而不舍，内困外薄[5]，不蚤[6]为图，生将巽舍[7]。食莫若无饱，思莫若勿致[8]，节适之齐[9]，彼将自至。

【注释】

[1]抟：专心。下文"抟"同此。

[2]得：原文无此字，据赵用贤本补。诸：之于。己：自身。

[3]慢易：怠慢轻易。

[4]暴傲：暴虐骄傲。

[5]薄：通"迫"，迫近。

[6]蚤：通"早"。

[7]生：生命。巽(xùn)：通"逊"，退让、离开。舍：处所。

[8]致：通"至"，极。

[9]节适：合宜适度。齐：通"剂"，调剂。

【品读】

此节所讲心情要节制，饮食要适度。忧愁郁闷，疾病就会缠身；疾病困顿，去日则不多。思虑过度而放心不下，内外受困，不早图谋，生命就易失去。饭不要吃得太饱，思虑不要太多，适宜为度，生命才会长久。这是道家典型的养生思想。

凡人之生也，天出其精，地出其形，合此以为人。和乃生，不和不生。察和之道，其精不见，其征不丑[1]。平正擅[2]匈，论治在心，此以长寿。忿怒之失度，乃为之图。节其五欲，去其二凶[3]，不喜不怒，平正擅匈。

【注释】

[1]征：征象。丑：类比。

[2]擅：占据。

[3]二凶：指喜与怒。

【品读】

此节主谈"长寿"，是道家主张的养生思想。现代医学已经证明，心情与人类某些疾病有直接关联。道家主张"不喜不怒"，注意"忿怒"不能失度。只有心平气和，心情舒畅，才能延年益寿。

凡人之生也，必以平正。所以失之，必以喜怒忧患。是故止怒莫若诗，去忧莫若乐，节乐莫若礼，守礼莫若敬，守敬莫若静[1]。内静外敬，能反其性[2]，性将大定。

【注释】

[1]静：虚静。

[2]性：本性。

【品读】

此节讲述的是如何调节“喜怒忧患”四种心情。作者指出，调节的方式有诗、乐、礼。这从侧面表明，诗、乐、礼最早是以公共知识的形态出现的，并不是儒家的专利。许多学派也主张学习诗、乐、礼，只不过没有儒家那样笃诚、专一罢了。

凡食之道：大充[1]，伤而形不臧[2]；大摄[3]，骨枯而血沍[4]。充摄之间，此谓和成，精之所舍，而知之所生。饥饱之失度，乃为之图。饱则疾[5]动，饥则广[6]思，老则长虑[7]，饱不疾动，气不通于四末[8]；饥不广思，饱而不废[9]；老不长虑，困[10]乃遬竭。大心而敞[11]，宽气而广，其形安而不移，能守一而弃万苛[12]，见利不诱，见害不惧，宽舒而仁，独乐其身，是谓云气，意行似天。

【注释】

[1]大充：吃得过饱。

[2]臧：善。

[3]大摄：过度收敛。

[4]沍(hù)：凝聚。

[5]疾：快速。

[6]广：通“旷”，停止。

[7]长虑：珍惜思虑。

[8]四末：四肢。

[9]废：停止。

[10]困：废弃的房屋，此喻老人的躯体。

[11]敞：宽敞。原文为“敢”，据何如璋说校改。

[12]苛：通“疴”，病。

【品读】

此节论述的是道家的饮食养生之学。道家强调，平时要饮食适度，不要暴饮暴食，亦不能缩食挨饿。注意"饱则疾动"，即吃得过饱后，要多多活动。在心情调节上，要心胸宽广，乐观向上，既不沉迷于利欲，也不斤斤计较。道家的养生之学注重饮食、心情的调节，真正诠释了身心健康的双重意义。

凡人之生也，必以其欢[1]。忧则失纪[2]，怒则失端[3]。忧悲喜怒，道乃无处。爱欲静之，遇[4]乱正之，勿引勿推，福将自归。彼道自来，可藉[5]与谋，静则得之，躁则失之。灵气在心，一来一逝，其细无内，其大无外。所以失之，以躁为害。心能执静，道将自定。得道之人，理丞而毛泄[6]，匈中无败[7]。节欲之道，万物不害。

【注释】

[1]欢：欢畅。
[2]纪：纲纪。
[3]端：头绪。
[4]遇：通"愚"愚昧。
[5]藉：凭借。
[6]理：肌理。丞：通"蒸"，蒸发。毛：原文为"屯"，据王引之说校改，毛发。泄：排泄。
[7]败：腐败。

【品读】

此节所讲述的主要是如何调适心情、节制欲望。人要保持心情欢畅，否则就会忧愁、暴怒。爱欲萌生就要静心去除，心有愚乱就要竭力匡正，不用拉也不用推，道自然会到来。道自然到来时，要借此机会用心谋划，虚静就能得道，急躁则会失去。道家这一套调理心情、克制欲望的方法对于当下的人们有着重要的借鉴意义。虽然当今社会科技日新月异，商品琳琅满目，但随着生活节奏的加快、职场竞争的日趋激烈，人们的内心是躁动的、饱受煎熬的。恰恰需要品读道家的思想精华，以求内心宁静、淡泊。

封禅第五十

杂篇一

桓公既霸，会诸侯于葵丘，而欲封禅。管仲曰："古者封泰山禅梁父者七十二家，而夷吾所记者十有二焉。昔无怀氏[1]封泰山，禅云云[2]；虙羲[3]封泰山，禅云云；神农封泰山，禅云云；炎帝封泰山，禅云云；黄帝封泰山，禅亭亭[4]；颛顼封泰山，禅云云；帝俈[5]封泰山，禅云云；尧封泰山，禅云云；舜封泰山，禅云云；禹封泰山，禅会稽[6]；汤封泰山，禅云云；周成王封泰山，禅社首[7]。皆受命然后得封禅。"桓公曰："寡人北伐山戎[8]，过孤竹；西伐大夏，涉流沙，束马悬车，上卑耳之山；南伐至召陵，登熊耳山以望江汉。兵车之会三，而乘车之会六[9]，九合诸侯，一匡天下，诸侯莫违我。昔三代受命，亦何以异乎？"于是管仲睹桓公不可穷以辞，因设之以事，曰："古之封禅，鄗上之黍，北里之禾，所以为盛[10]；江淮之间，一茅三脊[11]，所以为藉[12]也；东海致比目之鱼[13]，西海致比翼之鸟[14]，然后物有不召而自至者十有五焉。今凤凰麒麟不来，嘉谷不生，而蓬蒿藜莠[15]茂，鸱枭[16]数至，而欲封禅，毋乃不可乎？"于是桓公乃止。

【注释】

[1]无怀氏：《史记》裴骃《集解》引服虔曰："古之王者，在伏羲前。"

[2]云云：泰山下的小山。

[3]虙(fú)羲：即伏羲。

[4]亭亭：泰山下的小山。

[5]帝俈(kù)：即帝喾。

[6]会稽：会稽山，在今浙江绍兴境内。

[7]社首：山名。

[8]山戎：我国古代北方民族。

[9]兵车之会三，而乘车之会六：与此不同的是本书《大匡》《小匡》《霸形》等篇记为"乘车之会三，兵车之会六"。

[10]盛(chéng)：装在祭器中的禾黍。

[11]一茅三脊：有三条脊梗的茅草。

[12]藉：草垫。

[13]比目之鱼:《史记》裴骃《集解》引韦昭曰:“各有一目,不比不行,其名曰鲽。”

[14]比翼之鸟:《史记》裴骃《集解》引韦昭曰:“各有一翼,不比不飞,其名曰鹣鹣。”

[15]蓬蒿(hāo)藜(lí)莠(yǒu):指杂草。

[16]鸱枭(chī xiāo):猫头鹰,古时为不祥之鸟。

【品读】

封禅是古代帝王祭祀天地的礼仪。在泰山之上筑土设坛以祭天,报天之功,称为“封”;在泰山之下梁父等小山辟场以祭地,报地之功,称为“禅”。本篇主要记述的是管仲谏止齐桓公封禅之事。唐代尹知章注释《管子》之时,《封禅》篇原文已佚失,故将《史记·封禅书》所载管子言论补入其缺。

小问第五十一

杂篇二

桓公问管子曰："治而不乱，明而不蔽，若何？"管子对曰："明分任职，则治而不乱，明而不蔽矣。"公曰："请问富国奈何？"管子对曰："力地而动于时，则国必富矣。"公又问曰："吾欲行广仁大义，以利天下，奚为而可？"管子对曰："诛暴禁非，存亡继绝，而赦无罪，则仁广而义大矣。"公曰："吾闻之也，夫诛暴禁非，而赦无罪者，必有战胜之器、攻取之数，而后能诛暴禁非，而赦无罪。"公曰："请问战胜之器？"管子对曰："选天下之豪杰，致天下之精材，来天下之良工，则有战胜之器矣。"公曰："攻取之数何如？"管子对曰："毁其备，散其积，夺之食，则无固城矣。"公曰："然则取士[1]若何？"管子对曰："假[2]而礼之，厚而无欺，则天下之士至矣。"公曰："致天下之精材若何？"管子对曰："五而六之，九而十之，不可为数。[3]"公曰："来工若何？"管子对曰："三倍[4]，不远千里。"桓公曰："吾已知战胜之器，攻取之数矣。请问行军袭邑，举错[5]而知先后，不失地利若何？"管子对曰："用货[6]，察图[7]。"公曰："野战必胜若何？"管子对曰："以奇。"公曰："吾欲遍知天下若何？"管子对曰："小以吾不识，则天下不足识也。"公曰："守战，远见，有患。夫民不必死，则不可与出乎守战之难；不必信，则不可恃而外知。夫恃不死之民而求以守战，恃不信之人而求以外知，此兵之三暗[8]也。使民必死必信若何？"管子对曰："明三本。"公曰："何谓三本？"管子对曰："三本者，一曰固，二曰尊，三曰质。"公曰："何谓也？"管子对曰："故国父母坟墓之所在，固也；田宅爵禄，尊也；妻子，质[9]也。三者备，然后大其威，厉其意，则民必死而不我欺也。"

【注释】

[1]士：原文为"之"，据王念孙说校改。

[2]假：通"嘉"，美。

[3]五而六之，九而十之，不可为数：指别人出价五钱，我出六钱；别人出九钱，我出十钱，没有具体的定数。

[4]三倍：指提高工价三倍。

[5]错：通"措"，措施。

[6]货：钱财。

[7]图：地图。

[8]暗：愚昧。

[9]质：人质。

【品读】

“力地动于时，则国必富矣。”这是管子典型的财富观，一语道出生产的二要素：劳动与土地。在谈到如何抢购天下军需物资时，管子提出“五而六之，九而十之”的办法，即用价格杠杆来吸引物资流入，也就是通过抬高价格的手段来抢购，能达到事半功倍的奇效。在如何吸引天下优秀工匠方面，管子主张把工匠的工钱提高“三倍”，即高薪聘用。由此可见，早年坎坷的从商经历使得管子在利用经济杠杆治理国家方面得心应手、游刃有余。

桓公问治民于管子。管子对曰：“凡牧民者，必知其疾[1]，而忧[2]之以德，勿惧以罪，勿止以力[3]。慎此四者，足以治民也。”桓公曰：“寡人睹其善也，何为其寡也？”管仲对曰：“夫寡非有国者之患也。昔者天子中立，地方千里，四言者该[4]焉，何为其寡也？夫牧民不知其疾则民疾，不忧以德则民多怨，惧之以罪则民多诈，止之以力则往者不反，来者鸷距[5]。故圣王之牧民也，不在其多也。”桓公曰：“善，勿已，如是又何以行之？”管仲对曰：“质信极仁[6]，严以有礼，慎此四者，所以行之也。”桓公曰：“请闻其说。”管仲对曰：“信也者，民信之；仁也者，民怀之；严也者，民畏之；礼也者，民美之。语曰：泽命不渝[7]，信也；非其所欲，勿施于人，仁也；坚中外正，严也；质信以让，礼也。”桓公曰：“善哉！牧民何先？”管子对曰：“有时先政，有时先德。[8]飘风暴雨不为人害，涸旱不为民患，百川道[9]，年谷熟，籴贷贱，禽兽与人聚食民食，民不疾疫。当此时也，民富且骄。牧民者厚收善岁以充仓廪，禁薮泽，先之以事[10]，随之以刑，敬之以礼乐以振[11]其淫。此谓先之以政。飘风暴雨为民害，涸旱为民患，年谷不熟，岁饥籴贷贵，民疾疫。当此时也，民贫且罢[12]。牧民者发仓廪、山林、薮泽以共[13]其财。后之以事，先之以恕，以振其罢。此谓先之以德。其收之也，不夺民财；其施之也，不失有德。富上而足下，此圣王之至事也。”桓公曰：“善。”

【注释】

[1]疾：疾苦。

[2]忧：通“优”，优待。

[3]止：禁止。力：强力。

[4]该：通“赅”，完备。

[5]鸷距：据郭沫若说，“趑趄或踯躅”，即疑惧不决的样子。

[6]仁:原文为“忠”,据宋翔凤说校改。下文“仁也者”之“仁”同此。

[7]泽:通“释”,舍弃。渝:改变。

[8]有时先政,有时先德:原文为“有时先事,有时先政,有时先德,有时先恕”,据陶鸿庆说删改。

[9]道:通“导”,疏通。

[10]先之以事:原文前有“此谓”两字,据陶鸿庆说删。

[11]敬:通“儆”,警戒。振:消除。

[12]罢:通“疲”,疲劳。

[13]共:通“供”,供给。

【品读】

此节主要论述的是如何牧民,与《管子》首篇《牧民》相似,应属于管子本人原生态的富民思想。当然,富民并不是绝对的,要具体情况具体分析。列举了此节两种情况:一是“先之以政”,即当风调雨顺、五谷丰登时,百姓富足而显骄色,这就需要以刑罚来鞭策,以礼乐来教化;二是“先之以德”,即当水旱为患、五谷不熟时,百姓饥荒而遭受疾疫,这时就需要赈济财物,德施百姓,采取“富上而足下”的国策。

春秋初期,百家争鸣态势并未形成,私人著书立说亦未成风,礼、义、仁、信仍作为公共知识形态而存在,故此节中管子畅谈礼、仁、信。

桓公问管仲曰:“寡人欲霸,以二三子之功,既得霸矣。今吾有[1]欲王,其可乎?”管仲对曰:“公当召叔牙而问焉。”鲍叔至,公又问焉。鲍叔对曰:“公当召宾胥无而问焉。”宾胥无趋而进,公又问焉。宾胥无对曰:“古之王者,其君丰[2],其臣杀[3]。今君之臣丰。”公遵遁[4],缪然远立[5]。三子遂徐行而进。公曰:“昔者大王[6]贤,王季[7]贤,文王贤,武王贤;武王伐殷克之,七年而崩,周公旦辅成王而治天下,仅能制于四海之内矣。今寡人之子不若寡人,寡人不若二三子。以此观之,则吾不王必矣。”

【注释】

[1]有:通“又”,再。

[2]丰:厚,指德厚。

[3]杀:减,指德薄。

[4]遵遁:通“逡巡”,退却不前。

[5]缪:通“穆”,肃穆。立:原文为“二”,据郭沫若说校改。

[6]大王:公亶父,即周文王的祖父。

[7]王季:季历,即周文王之父。

【品读】

此节所讲的是齐桓公霸业已成，内心膨胀，开始觊觎王业，询问臣下王业之事，管仲、鲍叔、宾胥无三位臣子通过各种方法巧妙劝阻的事情。此处桓公欲称王之事，不见于《左传》《国语》《史记》，恐非信史。中原诸侯称王之事绝非发生在春秋初期，而是战国诸侯的想法。

桓公曰："我欲胜[1]民，为之奈何？"管仲对曰："此非人君之言也。胜民为易。夫胜民之为道，非天下之大道也。君欲胜民，则使有司疏[2]狱，而谒[3]有罪者偿[4]，数省[5]而严诛，若此，则民胜矣。虽然，胜民之为道，非天下之大道也。使民畏公而不见亲，祸亟[6]及于身。虽能不久，则人特莫之弑[7]也，危哉，君之国岌[8]乎。"

【注释】

[1]胜：制服。

[2]疏：分条记录。

[3]谒：告发。

[4]偿：通"赏"，赏赐。

[5]省：察看。

[6]亟：急。

[7]特：原文为"持"，据吴汝纶、姚永概说校改，指只是。弑：用。

[8]岌(jí)：危险。

【品读】

此节中，齐桓公欲制服百姓，管仲直言道："这可不是人君说的话？你想制服百姓，不用你出面，可专门差使官吏治狱，能揭发罪行的人有重赏，反复审查，严厉诛杀。如此，百姓就被制服了。但是，这不是治国之道。让百姓害怕而不敢亲近你，灾祸马上要降临君主身上。虽然你能制服百姓，但无法长久。因为没有人为你卖力，这就危险了。"管仲说的话非常深刻。水可以载舟，也可以覆舟。正如《孟子·离娄下》云："君之视臣如犬马，则臣视君如国人；君之视臣如土芥，则臣视君如寇仇。"

桓公观于厩[1]，问厩吏曰："厩何事最难？"厩吏未对。管仲对曰："夷吾尝为圉人[2]矣，傅马栈[3]最难。先傅曲木[4]，曲木又求曲木，曲木已傅，直木无所施矣。先傅直木[5]，直木又求直木，直木已傅，曲木亦无所施矣。"

【注释】

[1]厩:马厩。

[2]圉人:养马的仆役。

[3]傅:通"附",此处指编排、搭建。马栈:马栅栏。

[4]曲木:此喻邪曲之人。

[5]直木:此喻正直之人。

【品读】

此节是管仲借用马栅栏的搭建来告诫齐桓公要慎重识别正直、邪曲之人。搭建马栅栏时,如果先选用曲木,以后就无法使用直木了。如果先选用直木,曲木就无法放置。其实,这就是物以类聚,人以群分的道理。如果选择正直的大臣主政,君主周边必定为方正之士。如果让邪曲的人主政,君主周围肯定为奸佞小人。

桓公谓管仲曰:"吾欲伐大国之不服者奈何?"管仲对曰:"先爱四封[1]之内,然后可以恶竟[2]外之不善者;先定卿大夫之家[3],然后可以危邻之敌国。是故先王必有置也,然后有废也;必有利也,然后有害也。"

【注释】

[1]四封:四境。

[2]竟:通"境",边境。

[3]家:采邑。

【品读】

此节中,齐桓公欲出兵征伐大国,一举成就霸业。对此,管仲劝阻他不能操之过急,要攘外必先安内。只有赢得国内人民的拥护,争取国中公族的支持,才能举国上下齐心协力,一致对外,才不会有后顾之忧。这就是做事要有先有后、有破有立的道理。

桓公践位,令衅社塞祷[1]。祝凫已疵献胙[2],祝曰:"除君苛疾与若之多虚而少实[3]。"桓公不说[4],瞋目[5]而视祝凫已疵。祝凫已疵授酒而祭之曰:"又与君之若贤[6]。"桓公怒,将诛之,而未也。以复[7]管仲。管仲于是知桓公之可以霸也。

【注释】

[1]衅社:指杀牲血祭土地神。塞:通"赛",行祭礼以酬神。祷:祷告。

[2]祝：司祝，掌管祝事之官。凫已疵：司祝人名。胙：祭肉。

[3]苛疾：繁苛的毛病。多虚而少实：指说虚话，不干实事。

[4]说：通“悦”，高兴。

[5]瞋(chēn)目：怒目。

[6]若贤：指似贤而非贤。

[7]复：告。

【品读】

此节中，祝人借着祭祀酬神之际，公开指出齐桓公讲虚话、不干实事等缺点。虽然齐桓公听后很生气，但是理智仍然战胜了冲动，事后未做任何处罚。由此可知，齐桓公处事还是识大体、讲大局、以社稷为重的。

桓公乘马，虎望见之而伏。桓公问管仲曰：“今者寡人乘马，虎望见寡人而不敢行，其故何也？”管仲对曰：“意者君乘驳马而盘桓[1]，迎日而驰乎？”公曰：“然。”管仲对曰：“此驳[2]象也。驳食虎豹，故虎疑焉。”

【注释】

[1]驳马：毛色青白相间的马，又指杂色的马。驳，指马的毛色不纯。盘桓：指盘旋。

[2]驳象：指驳像的样子。驳，兽名，似马，食虎豹。

【品读】

桓公遇驳兽以及下文的登山之神不见于《左传》《国语》等文献的记载，都是后人虚构的荒诞不经的事情。刘向整理管子诸篇之时，也心知肚明，索性将其归入杂篇一组了。

楚伐莒，莒君使人求救于齐。桓公将救之，管仲曰：“君勿救也。”公曰：“其故何也？”管仲对曰：“臣与其使者言，三辱[1]其君，颜色不变。臣使官无满其礼，三强[2]其使者，争之以死。莒君，小人也。君勿救。”桓公果不救而莒亡。

【注释】

[1]辱：羞辱。

[2]强：强迫，此处指强迫使者接受缺礼的待遇。

【品读】

管仲对莒国使者的观察可谓见微知著、入木三分。管仲多次当面羞辱他的君主，其面不改色。而当强迫其接受较低的礼遇时，他却以死抗争。此种人心中必无君主、国家，唯有自己的私利。如此品行的使者莒国国君，有如此国君的国家也就可想而知了。这就是一叶知秋的道理。

桓公放春[1]，三月观于野。桓公曰："何物可比于君子之德乎？"隰朋对曰："夫粟，内甲[2]以处，中有卷城[3]，外有兵刃[4]。未敢自恃，自命曰粟。此其可比于君子之德乎！"管仲曰："苗，始其少也，眴眴[5]乎何其孺子也！至其壮也，庄庄[6]乎何其士也！至其成也，由由乎兹免[7]，何其君子也！天下得之则安，不得则危，故命之曰禾。此其可比于君子之德矣。"桓公曰："善。"

【注释】

[1]放春：春游。放，游放。

[2]甲：盔甲，指谷皮。

[3]卷：通"圈"，圈城，指粟米的外壳。

[4]兵刃：指粟米的外芒。

[5]眴眴：通"恂恂"，柔顺的样子。

[6]庄庄：庄重的样子。

[7]由由：通"油油"，恭敬的样子。兹：益、更加。免：通"俛"，俯身、屈身。

【品读】

这是隰朋与管仲分别用粟、禾来比附君子的美德。隰朋认为，粟身有盔甲，中有圈城卫护，外有尖利的兵刃，却不敢自恃强大，自称渺小。这就是君子的谦逊美德。而管仲以禾为例：禾苗初生之时，柔嫩和顺如同孩子。长成以后，庄重威严如同男子汉。等到成熟之际，恭敬地弯腰俯首向地，这才是君子之风。二人相较，其实管仲的比附更为生动贴切，略胜一筹。

桓公北伐孤竹，未至卑耳之溪十里，阘然[1]止，瞠[2]然视，援[3]弓将射，引而未敢发也。谓左右曰："见是前人乎？"左右对曰："不见也。"公曰："事其不济乎？寡人大惑。今者寡人见人长尺而人物具[4]焉：冠，右祛衣[5]，走马前疾[6]。事其不济乎？寡人大惑。岂有人若此者乎？"管仲对曰："臣闻登山之神有俞儿者，长尺而人物具焉。霸王之君兴，而登山神见。且走马前疾，道也。祛衣，示前有水也。右祛衣，示从右方涉也。"至卑耳之溪，有赞[7]水者曰："从左方涉，其深及冠；从右方涉，其深至膝。若右涉，其大济。"桓公立拜管仲于马前曰："仲父之圣至若此，寡人之抵[8]罪也久矣。"管仲对曰："夷吾闻之，圣人先知无形。今已有形，而后知之，臣非圣也，善承教也。"

【注释】

[1]阘(xī)然：突然停立的样子。

[2]瞠(chēng)：瞪着眼。

[3]援：引、牵引。

[4]人物：指人物风貌。具：具备。

[5]祛(qū)衣：撩衣。

[6]走马前疾：在马前跑得很快。

[7]赞：引导。

[8]抵：当、应当。

【品读】

该故事发生在齐桓公救助燕国、北伐山戎之时。"孤竹"即孤竹国，也就是商朝末年贤人伯夷、叔齐的母国。春秋时，孤竹地邻强敌山戎，故常受其控制、摆布。文中载桓公行军途中，忽见一人形，不知何物，左右众人亦不解。此时，博学多才的管仲成功破解了这个谜团，考证此物为"俞儿"的"登山之神"。此类故事怪诞不经，纯属杜撰，但却反映了齐桓公北上讨伐山戎历经磨难与艰险的历史事实。攻伐山戎之时，桓公由于孤军深入，地形不熟，经历了种种艰难险阻才取得最终胜利。难怪当时的鲁庄公先承诺出兵，后食言不往。桓公勇往直前、不惧艰险的原因主要有：一是他胸怀着成就霸业的坚定决心，肩负着佑护华夏，攘除夷狄的历史使命；二是早在齐僖公时期，北戎就曾侵犯过齐国，也就是说从齐国自身安全的角度考虑，北伐山戎也势在必行。

桓公使管仲求宁戚，宁戚应之曰："浩浩[1]乎。"管仲不知，至中食[2]而虑之。婢子曰："公何虑？"管仲曰："非婢子之所知也。"婢子曰："公其毋少少[3]，毋贱贱[4]。昔者吴干[5]战，未龀[6]不得入军门。国子擿[7]其齿，遂入，为干国多[8]。百里徯[9]，秦国之饭牛者也。穆公举而相之，遂霸诸侯。由是观之，贱岂可贱，少岂可少哉？"管仲曰："然。公使我求宁戚，宁戚应我曰：'浩浩乎。'吾不识。"婢子曰："诗有之：'浩浩者水，育育[10]者鱼，未有室家，而安召我居？'宁子其欲室[11]乎？"

【注释】

[1]浩浩：水盛大的样子。

[2]中食：中午饭。

[3]少少：看轻年轻之人。

[4]贱贱：鄙视卑贱之人。

[5]吴：吴国。干：通"邗"，古国名。

[6]龀(chèn)：小孩换齿。

[7]擿(zhì)：摘取。

[8]多：指多立战功。

[9]百里徯：指百里奚。

[10]育育：活泼自如的样子。

[11]室：内室，指成家。

【品读】

三人行必有我师，要虚心听取别人的意见，“毋少少，毋贱贱”，不要轻视年少的人，不要看不起低贱的人，即使是鸡鸣狗盗之徒，也有可取之处。在此节中，正是低贱的婢女轻松解决了管仲的费解的问题。

桓公与管仲阖[1]门而谋伐莒，未发也，而已闻于国矣[2]。桓公怒谓管仲曰：“寡人与仲父阖门而谋伐莒，未发也，而已闻于国，其故何也？”管仲曰：“国必有圣人。”桓公曰：“然。夫之役者，有执席食以视上[3]者，必彼是邪？”于是乃令之复役，毋复相代[4]。少焉，东郭邮至。桓公令傧者[5]延而上，与之分级而立[6]，问焉，曰：“子言伐莒者乎？”东郭邮曰：“然，臣也。”桓公曰：“寡人不言伐莒而子言伐莒，其故何也？”东郭邮对曰：“臣闻之，君子善谋，而小人善意[7]，臣意之也。”桓公曰：“子奚以意之？”东郭邮曰：“夫欣然喜乐者，钟鼓之色也；夫渊然清静者，缞绖之色[8]也；漻然[9]丰满，而手足拇动者，兵甲之色也。日者，臣视二君之在台上也，口开而不阖[10]，是言莒也；举手而指，势当莒也。且臣观小国诸侯之不服者，唯莒。于是臣故曰伐莒。”桓公曰：“善哉，以微射[11]明，此之谓乎！子其坐，寡人与子同之。”

【注释】

[1]阖：关闭。

[2]自“矣”至下句的“而已闻于国”原文无此二十七个字，据刘绩注本补。

[3]执席食以视上：据尹知章注，即“执席而食，私目上视”之意。

[4]代：代替。

[5]傧(bīn)者：迎宾之人。

[6]立：原文为“上”，据王念孙说校改。

[7]意：推测。

[8]缞绖(cuī dié)之色：居丧时的面色。缞绖，丧服，此处指丧父。

[9]漻(liáo)然：清澈的样子。

[10]口开而不阖：此处指发“莒”音时，口开而不合。

[11]射：猜度。

【品读】

此节内容与《戒》篇之中女官预知齐桓公出行的事情大同小异，依靠的都是敏锐的察言观色的能力。有一次，东郭邮服役君上。他远远看到齐桓公神色清澈气满，手足指动，好像在谋划战争。仔细观察，齐桓公与管仲谈话常常口开而不合，类似是“莒”的发音。而当时不服从齐国的邻近小国也只有莒国。由此他作出判断：齐国要攻伐莒国。其实，所谓的神机妙算并不是借助神灵而故弄玄虚，大都是注重细节、善于观察、通晓时事、勤于思考的结果。

客或欲见齐桓公，请仕上官[1]，授禄千钟。公以告管仲。曰：“君予之。”客闻之曰：“臣不仕矣。”公曰：“何故？”对曰：“臣闻取人以人者，其去[2]人也，亦用人。吾不仕矣。”

【注释】

[1]上官：高官。

[2]去：罢免。

【品读】

春秋时期并没有后世科举制度一样选吏的常规方法，因而相互荐举，甚至“毛遂自荐”的做法就司空见惯了。又加之，当时诸侯林立，并不存在一个统一的中央集权的政体。在人才市场上，列国是一个个独立的利益竞争主体，大大推动了人才的需求，导致各国礼贤下士成风、仁人立说盛行，中国也进入了一个前所未有的思想井喷的时代。此节就是一个“毛遂自荐”的例子。有人想谒见齐桓公，自我推荐，要求高官厚禄。如此重大的事情，齐桓公要向管仲咨询。此人得知后，就要拂袖而去。问其原因，他从容答道：“听取别人的意见来任用人才，有一天也会听信别人而弃用人才。”此故事虽短，道理却深刻，即用人不疑，疑人不用。

七臣七主第五十二

杂篇三

或以平虚请论七主之过，得六过一是，以还自镜，以知得失。以绳七臣，得六过一是。呼呜美哉，成事疾[1]。

申[2]主：任势守数以为常，周听近远以续明。皆要[3]审则法令固，赏罚必则下服度。不备待而得[4]和，则民反素[5]也。故主虞而安[6]，吏肃而严，民朴而亲，官无邪吏，朝无奸臣，下无侵争，世无刑民。

惠主[7]：丰赏厚赐以竭藏，赦奸纵过以伤法。藏竭则主权衰，法伤则奸门闿[8]。故曰：泰则反败矣。

侵主[9]：好恶反法以自伤，喜决难知以塞明。从狙[10]而好小察，事无常而法令申。不許[11]，则国失势。

芒[12]主：目伸[13]五色，耳常五声，四邻不计[14]，司声[15]不听，则臣下恣行而国权大倾。不許，则所恶及身。

劳主[16]：不明分职，上下相干，臣主同则。刑振以丰[17]，丰振以刻。去之而乱，临之而殆，则后世何得?

振主[18]：喜怒无度，严诛无赦，臣下振恐[19]，不知所错[20]，则人反其故[21]。不許，则法数日衰而国失固。

亡[22]主：不通人情以质疑，故臣下无信。尽自治其事则事多，多则昏，昏则缓急俱植[23]。不許，则见所不善，余力自失而罚。

【注释】

[1]疾：快。

[2]申：通“信”，诚信。

[3]皆：通“稽”，计。要：账簿。

[4]得：通“德”，恩德。

[5]素：朴实。

[6]故主虞而安：此句至“世无刑民”一段，原文在下文“故一人之治乱在其心”上，据张文虎、郭沫若说移至此处。虞，通“娱”，欢娱。

[7]惠主：随意施惠的君主。

[8]闿(kǎi)：通“开”，开启。

[9]侵主：侵害法度的君主。

[10]狙：窥伺。

[11]忤：通“悟”，觉悟。下文同此。

[12]芒：通“荒”，荒淫。

[13]伸：放纵。

[14]四邻：前后左右的辅臣。计：商议。

[15]司声：谏官。

[16]劳主：烦劳的君主。

[17]丰：繁多。

[18]振主：使人震恐的君主。振，通“震”，震恐。

[19]恐：原文为“怒”，据王引之说校改。

[20]错：通“措”，举措、措施。

[21]故：诈伪。

[22]亡：原文为“芒”，据张佩纶说校改，亡国。

[23]植：古“置”字，废弃。

【品读】

此节罗列了七种君主的行为，其中一种是有为君主，即法令严明、赏罚必信的申主；另外六种是无良君主，分别为惠主、侵主、芒主、劳主、振主、亡主。其中，惠主滥行赏赐，放纵奸行；侵主法令无常，苛察小事；芒主专务声色犬马之娱，纵欲享乐；劳主干预臣职，事事干涉，法令滋繁，劳而无功；振主喜怒无常，刑罚严酷；亡主昏庸无能，怀疑众人，失信臣下。其主题是强调“法令固”“赏罚必”，反对“丰赏厚赐以竭藏，赦奸纵过以伤法”，反映的是法家思想。

故一人之治乱在其心，一国之存亡在其主。天下得失，道一人[1]出。主好本则民好垦草莱，主好货则人贾市，主好宫室则工匠巧，主好文采则女工靡[2]。夫楚王好小腰[3]而美人省食，吴王好剑而国士轻死。死与不食者，天下之所共恶也，然而为之者何也？从主之所欲也。而况愉乐音声之化乎？夫男不田，女不緇[4]，工技力于无用，而欲土地之毛[5]，仓库满实，不可得也。土地不毛则人不足，人不足则逆气生，逆气生则令不行。然强敌发而起，虽善者不能存。何以效[6]其然也？曰：昔者纣[7]是也。诛贤忠，近谗贼之士而贵妇人，好杀而不勇，好富而忘贫。驰猎无穷，鼓乐无厌，瑶台玉铺[8]不足处，驰车千驷不足乘，材女乐三千人，钟石丝竹之音不绝。百姓罢乏，君子无死[9]，卒莫有人，人有反心，遇周武王，遂为周氏之禽。此营于物而失其情者也，愉于淫乐而忘后患者也。故设用无度国家踣[10]，举事不时必受其灾。夫仓库非虚空也，商宦非虚坏也，法令非虚乱也，国家非虚亡也。彼时有春秋，岁有赈[11]凶，政有急缓。政有急缓故物有轻重，岁有赈凶故民有羡[12]不足，时有春秋故谷有贵贱。而上不调淫[13]，故游商得以什伯其本也。百姓之不田，贫富之不訾[14]，皆用此作。城郭不守，兵士不用，皆道此始。夫亡国踣家者，非无壤土也，其所事者，非其功也。夫凶岁雷旱，非无雨露也，其燥湿非其时也。乱世烦政，非无法令也，其所诛赏者非其人也。暴主迷君，非无心腹也，其所取舍非其术也。故明主有六务四禁。六务者何也？一曰节用，二曰贤佐，三曰法度，四曰必诛，五曰天时，六曰地宜。四禁者何也？春无杀伐，无割大陵[15]，倮大衍[16]，伐大木，斩大山，行大火，诛大臣，收谷赋。夏无遏水达名川，塞大谷，动土功，射鸟兽。秋毋赦过、释罪、缓刑。冬无赋爵赏禄，伤伐五藏[17]。故春政不禁则百长不生，夏政不禁则五谷不成，秋政不禁则奸邪不胜，冬政不禁则地气不藏。四者俱犯，则阴阳不和，风雨不时，大水飘[18]州流邑，大风飘屋折树，暴火焚地燋[19]草；天冬雷，地冬霆[20]，草木夏落而秋荣；蛰虫不藏，宜死者生，宜蛰者鸣；苴多螣蟆[21]，山多虫蠹[22]；六畜不蕃，民多夭死；国贫法乱，逆气下生。故曰：台榭相望者，亡国之庑[23]也；驰车充国者，追寇之马也；羽[24]剑珠饰者，斩生之斧也；文采纂组[25]者，燔功之窑也。明王知其然，故远而不近也。能去此取彼，则人主道备矣。夫法者，所以兴功惧暴也；律者，所以定分止争也；令者，所以令人知事也。法律政令者，吏民规矩绳墨也。夫矩不正，不可以求方；绳不信[26]，不可以求直。法令者，君臣之所共立也；权势者，人主之所独守也。故人主失守则危，臣吏失守则乱。罪决于吏则治，权断于主则威，民信其法则亲。是故明王审法慎权，下上有分。夫凡私之所起，必生于主。夫上好本则端正之士在前，上好利则毁誉之士在侧，上多喜善赏，不随其功，则士不为用；数出重法，而不克其罪，则奸不为止。明王知其然，故见必然之政，立必胜之罚。故民知所必就，而知所必去，推则往，召则来，如坠重于高，如渎[27]水于地。故法不烦而吏不劳，民无犯禁，故有百姓无怨于上矣[28]。

【注释】

[1]道：从。一人：指君主。

[2]靡：浪费。

[3]小腰：细腰。

[4]缁：读为“织”，纺织。

[5]毛：泛指土地所产草木、五谷等。

[6]效：验证。

[7]纣：原文为“桀纣”，据王念孙说删。

[8]铺：通“圃”。

[9]死：通“尸”，主持。

[10]踣(bó):跌倒。

[11]赈:原文为"败",据丁士涵、陶鸿庆说校改,富。下句"赈"同此。

[12]羡:原文为"义",据王念孙说校改,多余。

[13]淫:过度。此指价格过贵过贱。

[14]訾:计量。

[15]割:挖掘。大陵:大的丘陵。

[16]倮:赤体,此处指焚烧。衍:沼泽。

[17]五藏:五谷之藏。

[18]飘:原文为"漂",据孙星衍改。

[19]暴火:原文为"火暴",据王念孙说校改。燋(jiāo):烧焦。

[20]霆:震动。

[21]苴:通"菹",草泽。螣(téng):螣蛇,传说是一种会飞的蛇。蟆:蛤蟆。

[22]蝱:蚊虫。

[23]庑:廊房。

[24]羽:指箭。

[25]文采:华丽的花纹。纂组:彩色的丝带。

[26]信:通"伸",伸展。

[27]渎:开水沟。

[28]矣:原文为"上亦",据何如璋说校改。

【品读】

此节与上下文义不连贯,颇有突兀之感,应为错简。古时书籍饱经劫难,竹简错乱、片纸补佚的现象已司空见惯。清人张佩纶认为此文原属于本书《禁藏》篇,今人张固也持该观点。①

此节主张审法慎权,尤其强调君主上行下效的示范作用,指出君主的喜好决定国家的存亡,即"一国之存亡在其主"。在君权至高无上的制度设计下,君主个人的品行、素质就直接决定了国家的兴盛衰亡。如作者所说:"上好本则端正之士在前,上好利则毁誉之士在侧。"当然,这种制度也专门配有谏官制度来制约君主的言行。在储君的教育上,历代君王也可算倾尽全力,费尽心思。但是,一旦权力在手,手握天宪,不少君王还是由人变成了魔。这就是君权制度与生俱来的缺陷——缺乏有效的权力制约。此外,"政有急缓故物有轻重"是指政令缓急与物价高低的杠杆关系,反映的经济思想是《管子》的轻重论。

法臣:法断名[1]决,无诽誉[2]。故君法则主位安,臣法则货赂止而民无奸。呜呼美哉,名断言泽[3]。

① 参见张固也:《管子研究》,齐鲁书社 2006 年版,第 330 页。

饰[4]臣：克[5]亲贵以为名，恬[6]爵禄以为高。好名则无实，为高则不御。《故记[7]》曰："无实则无势，失辔[8]则马焉制？"

侵臣：事小察以折法令，好佼友而行私请[9]。故私道行则法度侵，刑法繁则奸不禁。主严诛则失民心。

谄[10]臣：多造钟鼓，众饰妇女以惛上。故上惛则四邻[11]不计，而司声直禄[12]。是以谄臣贵而法臣贱。此之谓微孤[13]。

愚臣：深罪厚罚以为行，重赋敛，多兑[14]道以为上，使身见憎而主受其谤。《故记》称之曰："愚忠谗贼"，此之谓也。

奸臣：痛言人情以惊主，开罪党以为雠[15]除。雠则罪不辜，罪不辜则与雠居。故善言可恶以自信，而主失亲。

乱臣：自为[16]辞功禄，明为下请厚赏。居为非母[17]，动为善栋[18]。以非买名，以是伤上，而众人不知。此[19]之谓微攻。

【注释】

[1]名：刑名。

[2]诽：诽谤。誉：赞誉。

[3]言：指狱辞。泽：通"释"，判别。

[4]饰：粉饰。

[5]克：制伏。

[6]恬：恬淡。

[7]故记：古书名。

[8]辔：马缰绳。

[9]佼：通"交"，交往。友：原文为"反"，据刘绩说校改。私请：私托。

[10]谄：原文为"乱"，据猪饲彦博说校改。

[11]惛：心乱。四邻：原文为"隟"，据俞樾说校改。

[12]直禄：此指空拿俸禄。直，通"值"，持有。

[13]微孤：暗自孤立。

[14]兑：悦。

[15]雠：仇敌。

[16]为：通"伪"，假意。

[17]居：家居。非：非议。母：指祸首。

[18]动：出动。善：称赞。栋：指骨干。

[19]此：原文无此字，据文例补。

【品读】

此节论述七种臣子的行为。其中一种为公正守法的臣子，即法臣，其余六种是无良的臣子，分别为粉饰虚名之臣、侵害法度之臣、谗媚奉承之臣、愚臣、奸臣、乱臣。在君主、臣子行为的分析、归类上，作者可谓细致入微、缜密到位。在君臣关系的规范上，能起到甄别真伪、对号入座的作用。

禁藏第五十三

杂篇四

禁[1]藏于胸胁之内，而祸避于万里之外。能以此制彼[2]者，唯能以己知人者也。夫冬日之不滥[3]，非爱[4]冰也；夏日之不炀[5]，非爱火也，为不适于身便于体也。夫明王不美宫室，非喜小也；不听钟鼓，非恶乐也。为其伤于本事，而妨于教也。故先慎于己而后彼，官亦慎内而后外，民亦务本而去末。

【注释】

[1]禁：禁止，此处指自我克制。

[2]此：指“禁”。彼：指“祸”。

[3]滥：加冰的水。

[4]爱：吝惜。

[5]炀：烤火。

【品读】

本篇篇名“禁藏”直取文首二字。此节强调要修养内心，立于本事。只有内心自我克制，才可以避祸于千里之外。远离祸端的方法，就是以己推人。也就是己所不欲，勿施于人。冬天不喝加冰的水，夏天不随意烤火，是因为这些容易引起身体不适。贤王不建造宫殿，不沉湎声乐，是因为这些伤害农事、妨碍教化。因而，君主要先严于律己，再统治民众；为官者要先管好自己，再管理属下；百姓也要务于农业本事，远离伤农的末业。

居[1]民于其所乐，事[2]之于其所利，赏之于其所善，罚之于其所恶，信[3]之于其所余财，功之于其所无诛。于下无诛者，必[4]诛者也；有诛者，不必诛者也。以[5]有刑至无刑者，其法易而民全；以无刑至有刑者，其刑烦而奸多。夫先易者后难，先难而后易，万物尽然。明王知其然，故必诛而不赦，必赏而不迁者，非喜予而乐其杀也，所以为人致利除害也。于以养老长弱，完活万民，莫明[6]焉。

【注释】

[1]居：安置。

[2]事：使用。

[3]信：使……相信。

[4]必：必定。

[5]以：由。

[6]明：显明。

【品读】

此节论述法家的法理基础，逻辑严密。其逻辑推理为：只有“有刑”，才能实现天下“无刑”。也就是说，只有严格实行法治，才能最终达到“法易而民全”的安定局面。与之相反，如果赏罚不明，则会出现“刑烦而奸多”的混乱局面。此法学理论的逻辑起点源于人的本性，即“先易者后难，先难而后易”的人性论。

夫法法[1]则治。法者，天下之仪[2]也，所以决疑而明是非也，百姓所县[3]命也。故明王慎之，不为亲戚故贵易其法，吏不敢以长官威严危其命，民不以珠玉重宝犯其禁。故主上视法严于亲戚，吏之举令敬于师长，民之承教重于神宝[4]。故法立而不用，刑设而不行也。夫施功而不钧[5]，位虽高为用者少；赦罪而不一，德虽厚不誉者多；举事而不时，力虽尽其功不成；刑赏不当，断斩虽多其暴不禁。夫公之所加，罪虽重下无怨气；私之所加，赏虽多士不为欢。行法不道，众民不能顺；举错[6]不当，众民不能成；不攻不备[7]，当命[8]为愚人。

【注释】

[1]法法：原文“法法”前有一“不”字，据王念孙说校改，按法行法。

[2]仪：法度。

[3]县：通“悬”，维系、关联。

[4]神宝：即神保，指代表祖先受祭的活人。

[5]钧：通“均”，平均。

[6]错：通“措”，措施。

[7]攻：治理。备：完备。

[8]命：原文为“令”，据安井衡说校改，命名。

【品读】

此节可分两部分内容：一是强调法律至高无上的地位。因为法律是“天下之仪”，所以君主不能为亲戚、权贵而改变法令，官吏也不能为长官威严而损毁法令，百姓更不能为珠玉财宝而触犯法令。二是强调秉公执法，刑罚恰当。如果执法不当，即便杀人众多，也不会禁止暴行；如果公正判罚，即便刑罚过重，百姓也不会有所怨言；如果徇私行法，即便赏赐很多，士兵也不会欢喜。只有做到上述两点，才可以达到“法立而不用，刑设而不行”的最高境界。

故圣人之制事也，能节宫室、适[1]车舆以实藏，则国必富、位必尊；能适衣服、去玩好以奉本，而用必赡、身必安矣；能移无益之事、无补之费，通币行礼，而党必多、交必亲矣。夫众人[2]者，多营于物，而苦其力、劳其心，故困而不赡，大者以失其国，小者以危其身。凡人之情：得所欲则乐，逢所恶则忧，此贵贱之所同有也。近之不能勿欲，远之不能勿忘，人情皆然，而好恶不同，各行所欲，而安危异焉，然后贤不肖之形见也。夫物有多寡，而情不能等；事有成败，而意不能同；行有进退，而力不能两[3]也。故立身于中，养有节：宫室足以避燥湿，食饮足以和血气，衣服足以适寒温，礼仪足以别贵贱，游虞[4]足以发欢欣，棺椁足以朽骨，衣衾足以朽肉，坟墓足以道记[5]。不作无补之功，不为无益之事，故意定而不营气情。气情不营则耳目毂[6]、衣食足；耳目毂、衣食足，则侵争不生，怨怒无有，上下相亲，兵刃不用矣。故适身行义，俭约恭敬，其唯无福，祸亦不来矣；骄傲侈泰，离度绝理，其唯无祸，福亦不至矣。是故君于上观绝理者以自恐也，下观不及者以自隐[7]也。故曰：誉不虚出，而患不独生，福不择家，祸不索人，此之谓也。能以所闻瞻察，则事必明矣。

【注释】

[1]适：节制。

[2]众人：平庸的人。

[3]两：并存、两全。

[4]虞：通“娱”，欢乐。

[5]道记：标记。

[6]毂：善，此指聪明。

[7]隐：审度。

【品读】

作者指出人的本性为“得所欲则乐，逢所恶则忧”。该论点深受荀子人性论的影响，这与荀子曾三次担任稷下学宫的祭酒不无渊源。

此节一反管子学说的惯有观点，作者大张旗鼓地提出重本抑末，强调低消费，去“无益之事”“无补之费”等，体现了战国晚期法家的功利性倾向。战国晚期，大国兼并小国，天下统一已成为大势所趋。因而，短期内实现富国强兵是战国七雄的首要任务。主张重本抑末、奖励耕战的法家思想能起到立竿见影的效果。这就是秦王嬴政见到韩非《五蠹》篇相见恨晚的原因。而学富五车的孟子以仁政说游说魏惠王，却碰了一鼻子灰。其原因并不是仁政说不好，而是见效周期太长。魏惠王明白：等到仁政说取得成效之时，魏国已经被他国灭亡了。

故凡治乱之情，皆道[1]上始。故善者圉[2]之以害，牵[3]之以利。能利害者，财多而过寡矣。夫凡人之情，见利莫能勿就[4]，见害莫能勿避。其商人通贾，倍道兼行，夜以续日，千里而不远者，利在前也。渔人之入海，海深万仞，就波逆流，乘危百里，宿[5]夜不出者，利在水也。故利之所在，虽千仞之山无所不上，深渊[6]之下无所不入焉。故善者执[7]利之在，而民自美安；不推而往，不引而来，不烦不扰，而民自富。如鸟之覆卵，无形无声，而唯见其成。

【注释】

[1]道：从、由。

[2]圉：防御。

[3]牵：牵引。

[4]就：靠近。

[5]宿：通“夙”，白天。

[6]渊：原文为“源”，据王念孙说校改。

[7]执：原文为“势”，据张佩伦说校改，掌握。

【品读】

此节作者明确指出，趋利性是社会经济生活的原动力，强调要顺应人性的合理的需求。司马迁在《史记·货殖列传》中也云：“天下熙熙，皆为利来；天下攘攘，皆为利往。”西方经济学鼻祖亚当·斯密提出“无形的手”，反对政府干预这只“有形的手”，主张自由放任的经济政策，与此有着异曲同工之妙。

夫为国之本，得天之时而为经[1]，得人之心而为纪[2]，法令为维[3]纲，吏为网罟[4]，什伍以为行列，赏诛为文武[5]。缮农具当器械，耕农当攻战，推引铫耨[6]以当剑戟，被蓑以当铠镭[7]，菹笠以当盾橹[8]。故耕器具则战器备，农事习则功[9]战巧矣。当春三月，萩室熯造[10]，钻隧易火[11]，抒井[12]易水，所以去兹毒也。举春祭，塞久[13]祷，以鱼为牲，以糵[14]为酒，相召，所以属亲戚也。毋杀畜生，毋拊卵[15]，毋伐木，毋夭英[16]，毋拊竿[17]，所以息百长也。赐鳏寡，振[18]孤独，贷无种，与无赋，所以劝弱民。发五正[19]，赦薄罪，出拘民，解仇雠，所以建时功施生谷也。夏赏五德，满爵禄，迁官位，礼孝弟，复[20]贤力，所以劝功也。秋行五刑，诛大罪，所以禁淫邪，止盗贼。冬收五藏，最[21]

万物，所以内[22]作民也。四时事备，而民功百倍矣。故春仁、夏忠、秋急、冬闭，顺天之时，约地之宜，忠[23]人之和，故风雨时，五谷实，草木美多，六畜蕃息，国富兵强，民材[24]而令行，内无烦扰之政，外无强敌之患也。

夫动静顺然后和也，不失其时[25]然后富，不失其法然后治。故国不虚[26]富，民不虚治。不治而昌，不乱而亡者，自古至今未尝有也。故国多私勇[27]者其兵弱，吏多私智者其法乱，民多私利者其国贫。故德莫若博厚，使民死之；赏罚莫若必成，使民信之。

【注释】

[1]经：常理。

[2]纪：纲纪。

[3]维：关键。

[4]网罟：渔网，此指统治工具。

[5]文武：指军队的鼓与金。古时击鼓则进，鸣金则退。

[6]铫耨(yáo nòu)：二者皆为锄类农具。

[7]被：通“披”，穿戴。蓑：蓑衣。繻(xū)：通“襦”，甲内衬衣。

[8]菹：通“组”，编织。笠：斗笠。橹：盾牌。

[9]功：通“攻”。

[10]萩室：用火熏烤室内。萩，通“樵”，柴薪。熯(hàn)：烧。造：通“灶”，炉灶。

[11]钻燧易火：指根据不同的季节，变换钻燧取火的树种。

[12]抒井：淘井。抒，原文为“杼”，据丁士涵说校改。

[13]塞：通“赛”，酬神。久：通“疚”，疾病。

[14]糵(niè)：酿酒的曲。

[15]拊(fǔ)：击。卵：原文为“卯”，据赵用贤本校改。

[16]夭：早折。英：花。

[17]竿：竹笋。

[18]振：通“赈”，赈济

[19]正：通“政”，政令。

[20]复：免除徭赋。

[21]冣：原文为“最”，据丁士涵说校改，通“聚”，聚集。

[22]内：通“纳”，招纳。

[23]忠：通“中”，符合。

[24]材：通“财”，财物，此指富有。

[25]时：农时。

[26]虚：凭空。

[27]私勇：勇于私斗。

【品读】

此节讲述了三个方面的问题：一是治国的根本要以顺应天时为常理，以争取民心为纲纪，以实行法令为关键，以官吏作为统治工具，以什伍编制为军队行列，以奖赏诛杀为文武之道；二是寓兵于农的问题，将修缮好的农具当作军事器械，把农耕当作攻战，锄头当作剑戟，蓑衣当作铠甲，斗笠当作盾牌，百姓熟习农事的同时，也充分领悟到了战争的技巧；三是四时的政令问题，与《四时》《五行》《幼官》篇有相似之处，兹不赘述。

夫善牧民者，非以城郭也，辅之以什，司之以伍。伍无非其人，人无非其里，里无非其家。故奔亡者无所匿，迁徙者无所容，不求而约[1]，不召而来。故民无流亡之意，吏无追捕[2]之忧。故主政可往于民，民心可系于主。夫法之制民也，犹陶之于埴，冶之于金也。故审利害之所在，民之去就，如火之于燥湿，水之于高下。夫民之所生，衣与食也；食之所生，水与土也。所以富民有要[3]，食民有率，率三十亩而足于卒岁。岁兼美恶[4]，亩取一石，则人有三十石；果蓏素食[5]当十石，糠秕[6]六畜当十石，则人有五十石，布帛麻丝，旁入奇利[7]，未在其中也。故国有余藏，民有余食。夫缀钧[8]者，所以定[9]多寡也；权衡者，所以视重轻也；户籍田结[10]者，所以知贫富之不訾[11]也。故善者必先知其田，乃知其人，田备然后民可足也。

【注释】

[1]约：约束。

[2]追捕：原文为“备追”，据王引之说校改。

[3]要：要领。

[4]岁兼美恶：按年景的好坏平均计算。

[5]蓏：瓜类等植物的果实。素食：蔬食。

[6]秕(bǐ)：空壳无实或子实不饱满的谷粒。

[7]旁入奇利：额外收入。奇，余。

[8]缀钧：古代筹码一类的计量工具。缀，原文为“叙”，据刘绩注本改。钧，原文为“钩”，据丁士涵说校改。

[9]定：原文无此字，据郭沫若说补。

[10]田结：有关土地使用分配的籍簿。

[11]訾：计量。

【品读】

此节思想多半是受秦晋法家思想的熏陶，主要论述了两大方面的内容：其一，强化基层什伍制，加大对民众的监督与控制；其二，户籍、田结分别是登记人口、田地的账簿。秦国基层官员就分为两大并行系统：一是主管人口的官啬夫、正典；二是主管田地的田啬夫、田典。这种双重模式一直延续到汉初。

凡有天下者，以情[1]伐者帝，以事伐者王，以政[2]伐者霸。而谋功[3]者五，一曰视其所爱，以分其威，一人两心，其内必衰也。臣不用，其国可危。二曰视其阴[4]所憎，厚其货赂，得情可深，身内情外，其国可知。三曰听其淫乐，以广[5]其心，遗[6]以竽瑟美人，以塞其内；遗以谄臣文马，以蔽其外。外内蔽塞，可以成败。四曰必深亲之，如与[7]之同生。阴内[8]辩士，使图其计；内勇士，使高其气。内人他国，使倍其约，绝其使，拂其意，是必互[9]斗。两国相敌，必承其弊。五曰深察其谋，谨其忠臣，睽[10]其所使，令内不信，使有离意。离不能合[11]，必内自贼。忠臣已死，故政可夺。此五者，谋功之道也。

【注释】

[1]情：指敌方内情。

[2]政：通"征"，征战。

[3]谋功：原文为"谋有功"，据丁士涵说删改。功，通"攻"。

[4]阴：暗中。

[5]广：通"旷"，荒废。

[6]遗(wèi)：馈赠。

[7]与：原文为"典"，据朱长春、孙星衍说校改。

[8]内：通"纳"，招纳。

[9]互：原文为"士"，据郭沫若说校改。

[10]睽：原文为"揆"，据猪饲彦博说校改，违背，此处指离间。

[11]离不能合：原文为"离气不能令"，据丁士涵说删改。

【品读】

此节强调摸清敌方的内情，有针对性、有步骤地谋划、颠覆别国。如何利用敌情来运用谋略成就功业呢？一是挑拨敌国君主与其爱臣的关系，让他们树立各自的权威，互相提防，心生二心，爱臣不能为君主所用，国家就危险了；二是用重金贿赂君主所憎恨的臣子，以套取敌方的详细情报；三是诱导敌国君主淫乐纵欲，荒废政务，如馈赠敌方君主乐队、美女等，使其闭塞在宫内；四是表面上与敌国建立兄弟一般的关系，待时机成熟，便挑拨敌国与他国的关系，促使他们互相争斗，我们便从中渔翁得利；五是离间敌国君主与忠臣的关系，使他们君臣失和，忠臣被杀，我们就可以夺取其政权了。

情报战、间谍战是战争胜败的关键因素，古今中外的战争概莫能外。孙子说："知己知彼，百战不殆。"如何做到"知己知彼"？就要靠搜集情报、布置间谍。这是一条隐蔽而至关重要的战线。

入国第五十四

杂篇五

入国四旬[1]，五行九惠之教。一曰老老[2]，二曰慈幼，三曰恤孤，四曰养疾，五曰合独，六曰问病[3]，七曰通穷，八曰振[4]困，九曰接绝。

【注释】

[1]四旬：四十日。

[2]老老：敬老、养老。

[3]病：原文为“疾”，据王引之说校改。

[4]振：通“赈”，赈济。

【品读】

篇名《入国》取于篇首二字。此节概述了有关社会救济、抚恤等的九个方面的内容，条理清晰，面面俱到。不过，当时的社会保障工作受到钱财、人力的制约，还是很难执行到位。因而，九个方面的工作大多流于制度设计与理论层面，具体能否付诸实践，须另当别论。

所谓老老者，凡国、都皆有掌老[1]。年七十已上，一子无征[2]，三月有馈肉[3]；八十已上，二子无征，月有馈肉；九十已上，尽家无征，日有酒肉。死，上共[4]棺椁。劝子弟，精膳食，问所欲，求所嗜[5]。此之谓老老。

【注释】

[1]掌老：掌管老年事务的官员。

[2]征：指征发徭役。

[3]馈肉：指政府赠予老人的肉。

[4]共：通“供”，供给。

[5]嗜：嗜好。

【品读】

此节是我国尊老文化的典型体现。当然，统治者不遗余力地推行敬老、养老政策，主要有两点考量：其一，尊老是孝道的延伸，也是强化上下尊卑、父权家长制的必要环节；其二，从社会保障的角度来看，给予老人优待，有利于社会的稳定。至汉代，《管子》的养老思想进一步制度化、法律化。张家山汉简《二年律令》中就有许多在政治、经济上优待老人的法令。如律文规定七十岁以上的老人按爵位授予王杖，九十岁以上的老人按爵位每日供食一石米。

……………………………………

所谓慈幼者，凡国、都皆有掌幼，士民有子，子有幼弱不胜养为累者，有三幼者无妇征[1]，四幼者尽家无征，五幼又予之葆[2]，受[3]二人之食，能事而后止。此之谓慈幼。

【注释】

[1]征：指布帛之征。

[2]葆：保姆。

[3]受：通“授”，授予。

【品读】

在古代，人口是国家赋役的来源，也是军事力量的体现。幼儿是国家的未来，民族的希望。政府给予幼儿呵护、照顾尤为必要。此节中“葆”是指国家为家有五个幼儿而难以养育的家庭配备的专职保姆。

……………………………………

所谓恤孤者，凡国、都皆有掌孤，士民[1]死，子孤幼，无父母所养，不能自生者，属之其乡党、知识[2]、故人。养一孤者一子无征，养二孤者二子无征，养三孤者尽家无征。掌孤数行问之，必知其食饮饥寒身之膌胜[3]而哀怜之。此之谓恤孤。

【注释】

[1]民：原文为“人”，据丁士涵说校改。此节下文“士民”同此。

[2]属：通“嘱”，委托。知识：所熟知的人。

[3]膌：通“瘠”，瘦。胜：通“省”，瘦。

【品读】

关于抚恤孤儿，在城邑与国都专门设置掌孤一职来负责。失去父母的孤儿，如果没有生活能力的，托付给乡亲、熟人、故交来抚养。当然，国家也有配套的优惠政策。收养一名孤儿的家庭可免除一人的赋役；收养两名孤儿的，免除两人的赋役；收养三名孤儿的，全家免除赋役。为确保孤儿受到良好照顾，掌孤就要经常询问下情，争取将此项工作落到实处。

所谓养疾者，凡国、都皆有掌养疾，聋、盲、喑哑、跛躄、偏枯、握递[1]，不耐[2]自生者，上收而养之疾官[3]，而衣食之，殊[4]身而后止。此之谓养疾。

【注释】

[1]喑(yīn)：不能说话。躄(bì)：跛脚。偏枯：半身不遂。握递：指两手不能屈伸。

[2]耐：通“能”。

[3]官：通“馆”，馆舍。

[4]殊：死。

【品读】

由政府统一收治、安置、养护各类残疾人，的确是极为人性化的惠民政策。然而，这需要耗费较大的财政支出，占用较多的护理人员，政府很难有财力与精力长期担负。因此，此种主张恐怕只能流于制度设计层面，沦为具文而已。秦汉时期，政府给予残疾家庭一定的减免优待政策，让其所在家庭来行使照顾残疾群体的日常起居，确是一种切实可行的稳妥做法。当时，残疾人群体有专门法律称谓——“罢癃”。罢癃根据具体的伤残情况，享有一定程度的赋役优待，甚至全部免除。甘肃武威汉简中发现西汉成帝建始元年（前32年）诏令，其中明文规定：“孤、独、盲、珠孺，不属律人，吏毋得擅征召。”①

所谓合独者，凡国、都皆有掌媒[1]，丈夫无妻曰鳏，妇人无夫曰寡，取鳏寡而合和之，予田宅而家室之，三年然后事[2]之。此之谓合独。

【注释】

[1]掌媒：掌管婚配的官员。

[2]事：古时法律术语，指服役纳税。

【品读】

关于鳏、寡的婚配问题，在城邑、国都设有掌媒来穿线搭桥，从中撮合。政府在经济上大力支持，鳏夫、寡妇一旦结合后，国家将授予其田地、宅地，三年之内不用交税。可以说，此项工作一举实现了男、女劳动力与土地资源的最佳配置，将一个被救济的弱势群体转变成一个基本的生产单位，既有利于社会的稳定，又增加了赋税来源，可谓一举两得。

① 武威县博物馆：《武威新出王杖诏令册》，载甘肃省文物工作队、甘肃省博物馆编：《汉简研究文集》，甘肃人民出版社1984年版，第35页。

所谓问病[1]者，凡国、都皆有掌病，士民有病者，掌病以上令问之。九十以上，日一问；八十以上，二日一问；七十以上，三日一问；众庶五日一问。疾甚者，以告上[2]，身问之。掌病行于国中，以问病为事。此之谓问病。

【注释】

[1]病：原文为“疾”，据上下文义改。

[2]上：指君主。

【品读】

关于探问疾病，在城邑、国都设有掌病负责。士民有病，掌病要按照君主的规定来慰问。九十岁以上的病人，每天慰问一次；八十岁以上的，两天慰问一次；七十岁以上的，三天慰问一次；普通百姓五天慰问一次。疾病严重的，向上报告，由君主亲自慰问。此项工作的制度成本太高，恐怕只能流于形式，或者在小范围、小群体内部还能勉强推行。

所谓通穷者，凡国、都皆有通穷[1]，若有穷夫妇无居处，穷宾客绝粮食，居其乡党以闻者有赏，不以闻者有罚。此之谓通穷。

【注释】

[1]通穷：指负责通报贫穷的官员。

【品读】

关于调查贫穷人群，在城邑、国都设有通穷一职。主要调查没有居所的家庭及断粮挨饿的宾客等穷困人群。为此，政府还制定了严厉的奖惩机制。发现穷人，能上报给通穷者，给予奖赏。发现不报的，则要受到处罚。

所谓振困者，岁凶，庸人訾厉[1]，多死丧；弛[2]刑罚，赦有罪，散仓粟以食之。此之谓振困。

【注释】

[1]庸人：佣工之人。庸，通“佣”，雇佣。訾厉：疾病。

[2]弛：宽松。

【品读】

当年景不好，农业歉收，劳动力因疾病而大量锐减时，国家就要放宽刑罚，赦免罪犯，以缓解紧张的劳动力需求。同时，还要打开粮仓，发放存粮来救济百姓。这就是赈济穷困的工作。

所谓接绝者，士民死上事、死战事，使其知识、故人受资于上而祠[1]之。此之谓接绝也。

【注释】

[1]资：钱财。祠：祭祀。

【品读】

士民因公殉职、死于战争而没有后代的人，政府要拨付专项钱款给英烈的熟人、故交，让他们定期祭祀死者，以慰藉亡灵。

九守第五十五

杂篇六

安徐正静[1]，柔节[2]先定，虚心平意以待须[3]。

右主位。

【注释】

[1]安徐：安定舒缓。正静：原文为"而静"，据本书《势》篇改。长沙马王堆帛书《黄帝·十六经》也云"安徐正静"。

[2]柔节：和柔节制。

[3]须：等待。

【品读】

本篇篇名《九守》指主位、主明、主听、主赏、主问、主因、主周、主参、督名九个守则，涉及君主治理政务、驾驭臣下的九个方面要领，是齐地黄老学派的代表之作。

安定舒缓，正心虚静，和柔节制，内心安定，虚心平气来对待万事万物。这就是守住君位的内心境界。

目贵明，耳贵聪，心贵智。以天下之目视则无不见也，以天下之耳听则无不闻也，以天下之心虑则无不知也。辐凑[1]并进，则明不塞[2]矣。

右主明。

【注释】

[1]辐凑：车轮辐条向轴心汇集。

[2]塞：蒙蔽。

【品读】

此节着重论述的是明察万物的条件，主要包括三个方面：一是高瞻远瞩的眼界，以此眼界看待万物，就没有不能辨析的；二是倾听意见，以天下人的耳朵倾听百姓的心声，天下的意见就没有被掩蔽的；三是考虑周详，以天下人的心智去考虑万物，没有不能被察知的。集中天下所见、所闻，就不会被蒙蔽了。

听之术,曰:勿望而距[1],勿望而许[2]。许之则失守,距之则闭塞。高山,仰之不可极也;深渊,度之不可测也。神明之德,正静其极也。

右主听。

【注释】

[1]距:通"拒",拒绝。

[2]许:赞许。

【品读】

此节主题是倾听臣下意见的原则。既不要轻易拒绝,也不要随意赞许。随意附和赞许,会失去做人的准则;轻易武断拒绝,就会堵塞实情,受到蒙蔽。听取意见的要领,即如同神明一般正心虚静。只有如此,君主才能如同高山一样高不可攀,如同深渊一样深不可测。

用赏者贵诚[1],用刑者贵必[2]。刑赏信必于耳目之所见,则其所不见,莫不暗化矣。诚,畅乎天地,通于神明,况[3]奸伪也?

右主赏。

【注释】

[1]诚:诚信。

[2]必:坚决。

[3]况:原文为"见",据俞樾说校改。

【品读】

行赏的根本原则是诚信。该赏就赏,该罚就罚。无论赏罚都要公布于众,接受民众的监督。此时,你可能觉察不到,行赏的激励作用已经潜移默化地扩散了。《论语·为政》曰:"人而无信,不知其可。"只有诚信,才能畅行于天下,通达于神明。奸伪的人怎能奈何?

一曰天之,二曰地之,三曰人之,四方[1]上下,左右前后,荧惑[2]其处安在?

右主问。

【注释】

[1]方:原文为"曰",据王念孙说校改。

[2]荧惑:迷惑。

【品读】

天地之间，人为贵。贵在什么地方？思考。思考什么？天道、地道、人道，四方上下，生前死后的事情。这都是人们应该慎重思考、关注的问题。

心不为九窍，九窍治；君不为五官，五官治。为善者，君予之赏；为非者，君予之罚。君因[1]其所以来，因而予之，则不劳矣。圣人因之，故能掌之。因之循[2]理，故能长久。

右主因。

【注释】

[1]因：凭借。

[2]循：原文为"修"，据王念孙说校改。

【品读】

君主治理国家不能事事亲为，要善于凭借、利用他物。只要因势利导，顺其常理，就可长治久安了。例如，心没有代替行使九窍的功能，而九窍运行良好。如果君主不干涉五官的职能，五官也会得到治理。有善行的人，君主要奖赏；为非作歹的人，定要惩罚。君主只要依据他们的功与过，给予相应的处置，就可以身心安逸而天下大治了。

人主不可不周[1]。人主不周则群臣下乱。寂乎其无端也。外内不通，安知所怨？关闭[2]不开，善否[3]无原。

右主周。

【注释】

[1]周：周密。

[2]闭：原文为"闬"，据王引之说校改。

[3]善否：好坏。

【品读】

此节讲的是君主御臣之术——做事周密、深藏不露。君主一定要做事周密。如果不周密，就会内情外泄，群臣作乱。如果君主做事不动声色，深不可测，内外不得窜通，就不会招致怨恨。也就是说，内情外通的门户关闭了，好坏的传言就失去了来源。周密之术是君主集权的衍生品，又随着集权的强化而不断更新换代，如明代的东厂、西厂等特务机构，清代独当一面的军机处。君主在神不知鬼不觉中将天下臣民玩弄于股掌之间，越来越得心应手了。

一曰长目，二曰飞耳，三曰树[1]明。明知千里之外，隐微之中，曰动[2]奸。奸动则变更[3]矣。

右主参。

【注释】

[1]树：树立。

[2]动：通“洞”，洞察。

[3]更：通“梗”，阻塞。

【品读】

本节大意为：一是看得远，二是听得清，三是明察秋毫。明察到千里之外和隐微之中的情况，就可以洞悉奸恶、阻止变乱了。

循名而督[1]实，按实而定名。名实相生，反相为情[2]。名实当则治，不当则乱。名生于实，实生于德，德生于理，理生于智，智生于当。

右督名。

【注释】

[1]循：原文为“修”，据王念孙说校改。督：察。

[2]反：通“返”。情：情实。

【品读】

“循名而督实，按实而定名”属于典型的齐地黄老学派的形名之学，与本书《心术》篇思想相近。其主张按照名称来考察实际，按照实际来确定名称，强调名与实既相互促进，又相互印证。名实相称就安定，不相称则招致动乱。战国后期，以韩非子为代表的法家又将刑名论作了进一步发挥和演绎。

桓公问第五十六

杂篇七

齐桓公问管子曰:“吾念有而勿失,得而勿亡[1],为之有道乎?”对曰:“勿创勿作[2],时至而随[3]。毋以私好恶害公正,察民所恶,以自为戒。黄帝立明台之议者,上观于贤也;尧有衢室之问者,下听于民[4]也;舜有告善之旌[5],而主不蔽也;禹立建鼓于朝,而备讯也[6];汤有总街之庭,以观人诽也;武王有灵台之复,而贤者进也。此古圣帝明王所以有而勿失,得而勿忘者也。”桓公曰:“吾欲效而为之,其名云何?”对曰:“名曰啧[7]室之议。曰:法简而易行,刑审而不犯,事约[8]而易从,求寡而易足。人有非上之所过,谓之正士,内[9]于啧室之议。有司执事者咸以厥[10]事奉职,而不忘为。此啧室之事也,请以东郭牙为之。此人能以正事争于君前者也。”桓公曰:“善。”

【注释】

[1]亡:原文为“忘”,据戴望说校改。

[2]创:首创。作:创作。

[3]随:随从。

[4]民:原文为“人”,以避唐太宗李世民讳,今据《艺文类聚》引文改。

[5]旌:旌旗。

[6]讯:问。也:原文为“唉”,据郭沫若说校改。

[7]啧(zé):争论。

[8]约:简要。

[9]内:通“纳”,纳入。

[10]厥:其,他们的。

【品读】

此节中,管仲详细列举了历代圣王的纳谏机构、制度,并亲自为齐桓公设计了纳谏机构——啧室之议。首先,齐桓公问管仲道:“我想常有天下而不失去,得到天下而不灭亡,有什么好方法呢?”管仲回答:“其实不需要标新立异,只要随机而动就行。不要让个人的喜好来危害公正,要体察百姓痛恨的地方,以此来自我警醒。历代圣王都是如此。譬如,尧建立衢室的问政制度,来听取下面百姓的建议。这就是圣王常有天下而不会失去,得到天下而不会灭亡的原因。”接着，管仲亲自设计了“啧室之议”的制度。只要能指出君主过失的正直之士，都招至啧室来品论朝政。啧室设有专门的官员负责。为此，管仲还推荐善于谏议的东郭牙来管理啧室。“啧室之议”的设计对于君主的不良言行起到了一定的制约作用。但是，此类谏议机构始终附属于君权，没有真正赋予其一定的权力来制衡君权。而英国在13世纪时就成立了议会，并拥有决定征税、立法等权力，在一定程度上限制了王权。

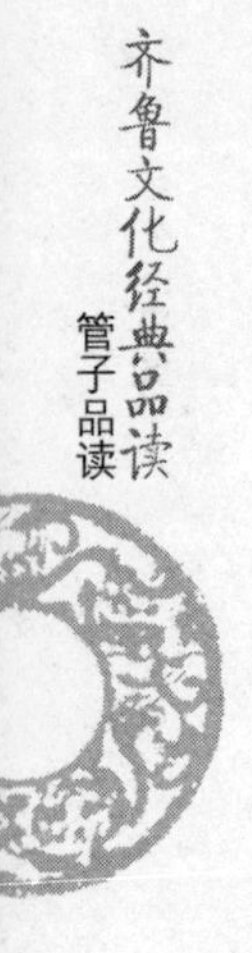

度地第五十七

杂篇八

昔者，桓公问管仲曰："寡人请问度地形而为国[1]者，其何如而可？"管仲对曰："夷吾之所闻，能为霸王者，盖天下[2]圣人也。故圣人之处国者，必于不倾之地，而择地形之肥饶者，乡[3]山，左右经水若[4]泽。内为落渠之写[5]，因大川而注焉。乃以其天材、地之所生，利养其人，以育六畜。天下之人，皆归其德而惠其义。乃别制断[6]之，不满[7]州者谓之术，不满术者谓之里。故百家为里，里十为术，术十为州，州十为都，都十为霸国[8]。不如霸国者，国[9]也。以奉天子，天子有万诸侯也，其中有公侯伯子男焉。天子中而处，此谓因天之材[10]，归[11]地之利。内为之城，城外为之郭，郭外为之土阆[12]，地高则沟之，下则堤之，命之曰金城[13]。树以荆棘，上相穑著[14]者，所以为固也。岁修增而毋已，时修增而毋已，福及孙子，此谓人命万世无穷之利，人君之葆[15]守也。臣服之以尽忠于君，君体有之以临天下，故能为天下之民先也。此宰之任，则臣之义也。故善为国者，必先除其五害，人乃终身无患害而孝慈焉。"

【注释】

[1]度：勘察。国：国都。

[2]下：原文为"子"，据猪饲彦博说校改。

[3]乡：通"向"，靠近，此处指背景。

[4]若：连词，或。

[5]落渠：沟渠网。落，通"络"网络。写：通"泻"，排泄、倾泻。

[6]断：裁定。

[7]不满：原文无二字，据猪饲彦博说补。

[8]霸国：成就霸业之国。

[9]国：与霸国相对，指平常之国。

[10]材：原文为"固"，据许维遹说校改。

[11]归：合并。

[12]阆(láng)：无水的城壕。

[13]金城：指固若金汤之城。

[14]穑：通"啬"，合。著：附着。

[15]葆：通"保"，保护、保全。

【品读】

此节论述的是建国选地的具体准则。其中，行政系统划分为里、术、州、都，独缺“乡”一级，内容卓异，不同于本书《立政》篇里、州、乡三级。由此说明，《管子》一书来源繁杂，更像是一部整理汇编文集。

桓公曰：“愿闻五害之说。”管仲对曰：“水，一害也；旱，一害也；风雾雹霜，一害也；厉[1]，一害也；虫，一害也。此谓五害。五害之属，水最为大。五害已除，人乃可治。”桓公曰：“愿闻水害。”管仲对曰：“水有大小，又有远近[2]。水之出于山，而流入于海者，命曰经水；水别于他水，入于大水及海者，命曰枝水；山之沟，一[3]有水一毋水者，命曰谷水；水之出于地[4]，流于大水及海者，命曰川水；出地而不流者，命曰渊水。此五水者，因其利而往之可也，因而扼之可也，而不久常有危殆矣。”桓公曰：“水可扼而使东西南北及高乎？”管仲对曰：“可。夫水之性，以高走下则疾，至于漂[5]石；而下向高，即留而不行。故高其上[6]，领瓴[7]之，尺有十分之三[8]，里满四十九者，水可走也。乃迂其道而远之，以势行之。水之性，行至曲必留退，满则后推前，地下则平行，地高即控[9]，杜曲[10]则捣毁。杜曲激则跃，跃则倚[11]，倚则环[12]，环则中，中则涵[13]，涵则塞，塞则移，移则控，控[14]则水妄行，水妄行则伤人，伤人则困，困则轻法，轻法则难治，难治则不孝，不孝则不臣矣。故五害之属，伤杀之类，祸福同矣。知备此五者，人君[15]天地矣。”

【注释】

[1]厉：疫病。

[2]远近：指水流的长短。

[3]一：一时。

[4]地：原文为“他水沟”，据王念孙说校改。

[5]漂：通“漂”，漂浮。

[6]上：上游。

[7]领：引领。瓴(líng)：砖瓦砌的通水沟。

[8]十分之三：指倾斜度。

[9]控：激荡。

[10]杜：通“堵”，堵塞。曲：曲折处。

[11]倚：偏斜。

[12]环：回旋。

[13]涵：沉浸。

[14]控：原文为“空”，据文义改。

[15]君：统治。

【品读】

此节专论治水，是论述古代水利技术的珍贵资料，反映了战国时期人们认识自然、利用自然能力的提升。从"对妄行则伤人，伤人则困，困则轻法，轻法则难治"一句，可以看出因水害而产生的连锁反应及其与治国的重要关系。

桓公曰："请问备五害之道？"管子对曰："请除五害[1]，以水为始。请为置水官[2]，令习水者为吏：大夫、大夫佐各一人，率部校长、官佐各财[3]足。乃取水官[4]左右各一人，使为都匠水工。令之行水道、城郭、堤川、沟池、官府、寺舍及州中，当缮治者，给卒财足。令曰：常以秋岁末之时，阅其民，案[5]家人比地，定什伍口数，别男女大小[6]。其不为用者辄免之，有锢病[7]不可作者疾之，可省作者半事之[8]。并行以定甲士，当被兵之数，上其都。都以临下，视有余不足之处，辄下水官。水官亦以甲士当被兵之数，与三老、里有司、伍长行里，因父母案行。阅具备水之器，以冬无事之时。笼、臿、板、筑[9]，各什六[10]，土车什一，雨輂[11]什二，食器两具，人有之，锢[12]藏里中，以给丧[13]器。后常令水官吏与都匠，因三老、里有司、伍长案行之。常以朔日始，出具阅之，取完坚，补弊久[14]，去苦恶。常以冬少事之时，令甲士以更次益薪[15]，积之水旁。州大夫将之，唯毋后时。其积薪也，以事之已[16]；其作土也，以事未起。天地和调，日有长久，以此观之，其利百倍。故常以毋事具器，有[17]事用之，水常可制，而使毋败。此谓素有备而豫具者也。"

【注释】

[1]请除五害：原文为"请除五害之说"，据猪饲彦博、陶鸿庆说校改。

[2]水官：管理水利事务的机构。

[3]财：通"裁"，裁定。下文"给卒财足"之"财"同此。

[4]水官：原文无"官"字，据猪饲彦博说补。

[5]案：考察。

[6]男女大小：指大男、大女、小男、小女，分别对应不同的年龄和赋役标准。

[7]锢病：经久不治的病。锢，通"痼"。

[8]半事之：指赋役减半。

[9]笼：土筐。臿(chā)：锹一类的掘土工具。板：夹墙板。筑：捣土的杵。

[10]什六：指十件出六件。

[11]雨輂(jú)：防雨的车篷。

[12]锢：禁闭。

[13]丧：丧失、损坏。

[14]久：通"旧"。

[15]更：轮番。薪：木柴。

[16]已：完毕。

[17]有：原文为"毋"，据郭沫若说校改。

【品读】

"令曰：常以秋岁末之时，阅其民，案家人比地，定什伍口数，别男女大小。其不为用者辄免之，有锢病不可作者疾之，可省作者半事之"，应是作者引用当时的法令条文，绝不是凭空想象的，与秦汉法律之间有一定的承袭关系。在汉代，"八月案比"是用于征发赋役的一项固定的调查统计制度。

桓公曰："当何时作之？"管子曰："春三月，天地干燥，水纠列[1]之时也。山川涸落，天气下，地气上，万物交通。故事已，新事未起，草木荑[2]生可食。寒暑调，日夜分，分之后，夜日益短，昼日益长。利以作土功之事，土乃益刚[3]。令甲士作堤大水之旁，大其下，小其上，随水而行。地有不生草者，必为之囊[4]。大者为之堤，小者为之防。夹水四周[5]，禾稼不伤。岁埤[6]增之，树以荆棘，以固其地，杂之以柏杨，以备决水。民得其饶，是谓流膏[7]，令下贫守之，往往而为界，可以毋败。当夏三月，天地气壮，大暑至，万物荣华，利以疾薅杀草薉[8]，使令不欲扰，命曰不长。不利作土功之事，放[9]农焉，利皆耗十分之五，土功不成。当秋三月，山川百泉踊[10]，下雨降，山水出，海路距，雨露属，天地凑泊[11]。利以疾作，收敛毋留，一日把，百日餔[12]。民毋男女，皆行于野。不利作土功之事，濡湿日生，土弱难成。利耗什分之六，土工之事亦不立。当冬三月，天地闭藏，暑雨止，大寒起，万物实熟。利以填塞空郄[13]，缮边城，涂郭术[14]，平度量，正权衡，虚牢狱，实廥[15]仓，君修乐，与神明相望。凡一年之事毕矣，举有功，赏贤，罚有罪，迁有司之吏而第[16]之。不利作土工之事，利耗什分之七，土刚不立。昼日益短，而夜日益长，利以作室，不利以作堂[17]。四时以得，四害皆服。"

【注释】

[1]纠列：指水流细而清。纠，三股的绳子。列，通"冽"，水清。

[2]荑(tí)：草木初生的嫩芽。

[3]刚：坚硬。

[4]囊：指盛土的口袋。

[5]周：原文为"道"，据郭沫若说校改。

[6]埤(pí)：增加。

[7]流膏：指肥沃土地。膏，油脂。

[8]薅：通"薅"，除草。薉(huì)：通"秽"，杂草。

[9]放：通"妨"，妨碍。

[10]踊：通"涌"，水向上翻腾。

[11]凑泊：聚合。泊，原文为"汐"，据李哲明说校改。

[12]餔(bǔ):食。

[13]郄:通“隙”,孔隙。

[14]术:道路。

[15]廥(kuài):贮存草料的房舍。

[16]第:次序,指考核名次。

[17]堂:堂屋,指外室。

【品读】

此节分门别类地论述了四季不同的水利政策。值得注意的是,作者制定“土功”政策的依据是成本核算法,如夏季“利皆耗十分之五”、秋季“皆耗什分之六”、冬季“利耗什分之七”。作者按照成本收益原理,自然而然得出结论:春季是修建防洪工程的最佳季节。

桓公曰:“寡人悖,不知四害之服奈何?”管仲对曰:“冬作土功,发地藏,则夏多暴雨,秋霖[1]不止。春不收枯骨朽脊[2],伐枯木而去之,则夏旱至矣。夏有大露原烟[3],曀[4]下百草,人采食之伤人。人多疾病而不止,民乃恐殆。君令五官之吏,与三老、里有司、伍长行里顺[5]之,令之家起火为温,其田及宫中皆盖井,毋令毒下及食器,将饮伤人。有[6]下虫伤禾稼。凡天灾害之下也,君子谨避之,故不八九死也。大寒、大暑、大风、大雨,其至不时者,此谓四刑。或遇以死,或遇以生,君子避之,是亦伤人。故吏者所以教顺也,三老、里有司、伍长者,所以为率也。五者已具,民无愿[7]者,愿其毕也。故常以冬日顺三老、里有司、伍长,以冬[8]赏罚,使各应其赏而服其罚。五者不可害,害[9]则君之法犯矣。此示民而易见,故民不比[10]也。”

【注释】

[1]霖:连绵雨。

[2]朽脊:腐朽尸体。脊,通“瘠”,腐肉。

[3]原烟:指原野中的瘴气。

[4]曀(yì):原文为“噎”,据陈奂说校改,阴暗。

[5]顺:通“训”,训导。

[6]有:通“又”。

[7]愿:要求。

[8]冬:通“终”,最后。

[9]害:原文无此字,据许维遹说补。

[10]比:勾结。

【品读】

此节包含两方面的内容:一是如何防止水害之外的四害。不要违背四季的时令行事。如果冬天大兴土木,会散发地气,导致夏天多发暴雨,秋天久雨不止。如果春天不及时掩埋尸骨，不砍除枯木，夏天就会发生大旱。夏天原野弥漫瘴气，附着在阴暗的百草之上，人们采摘食用就会伤及性命。要做好卫生防疫工作，每家都要生火熏屋，驱除瘟疫，田间、家中的水井要盖好井盖，不要让毒气污染食物、食器，防止饮食伤人。还要防治害虫败坏庄稼。二是基层三老、里有司、伍长要以身作则，教顺百姓。冬季，政府要对他们的工作进行考核，并进行相应地奖赏、处罚。实际上，基层乡官并不属官吏编制，也无俸禄，只是享有一定的优惠待遇。但是，在我国古代社会，作为君主权力的终端末梢，乡村政治是事关国家运转、社会稳定的重要环节，不容小觑。

桓公曰："凡一年之中十二月，作土功，有时则为之，非其时而败，将何以待之？"管仲对曰："常令水官之吏，冬时行堤防，可治者章[1]而上之都。都以春少事作之。已作之后，常案行。堤有毁作，大雨，各葆[2]其所，可治者趣[3]治，以徒隶[4]给。大雨，堤防可衣[5]者衣之。冲水，可据[6]者据之。终岁以毋败为故[7]。此谓备之常时，祸何从来？所以然[8]者，浊水蒙壤[9]，自塞而行者，江河之谓也。岁高其堤，所以不没也。春冬取土于中，秋夏取土于外，浊水入之不能为败。"桓公曰[10]："善。仲父之语寡人毕矣，然则寡人何事乎哉？亟为寡人教侧臣[11]。"

【注释】

[1]章：指书面报告。

[2]葆：通"保"，保护。

[3]趣：通"促"，催促。

[4]徒隶：刑徒奴隶。

[5]衣：遮盖。

[6]据：据守、坚守。

[7]故：存意、留心。

[8]然：这样。

[9]浊水：原文为"独水"，据王念孙说校改。蒙壤：夹杂泥土。

[10]曰：原文无此字，据赵用贤本补。

[11]侧臣：左右大臣。

【品读】

秦简《徭律》载："县所葆禁苑之傅山、远山，其土恶不能雨，夏有坏者，勿稍补缮，至秋毋(无)雨时而以繇(徭)为之。"①结合本节内容不难发现，作者深受战国时期秦晋法家思想的影响。

---

① 睡虎地秦墓竹简整理小组编：《睡虎地秦墓竹简》，文物出版社1978年版，第77页。

地员第五十八

杂篇九

夫管仲之匡天下也，其施[1]七尺。

渎田息徒[2]，五种[3]无不宜。其立后而垂[4]实。其木宜蚖苍[5]与杜松，其草宜楚[6]棘。见是土也，命之曰五施，五七三十五尺而至于泉。呼音中角[7]。其水仓[8]，其民强。

【注释】

[1]施：古时一种大尺。

[2]渎：河川。息徒：肥沃土地。原文为“悉徙”，据孙诒让说校改。徒，通“土”，土地。

[3]五种：五谷。

[4]立后：通“粒厚”。垂：原文为“手”，据章炳麟说校改。

[5]蚖苍：即杬楡，树名。

[6]楚：一种丛生落叶灌木，又名荆。

[7]角：五音之一。

[8]仓：通“苍”，青色。

【品读】

“地员”是指土地的种类、物数。本节内容大致分为两部分：一是依照地下水位的高低，对各种地势作详细的划分；二是根据土壤性质、物种特点，将各类土壤作细致的区分。本篇是古代农学、地理学方面极具价值的宝贵史料。如果作者没有实地调查、农业实践的亲身经历，绝不可能有如此细致入微、客观翔实的记述。

此节中，作者假托“管仲之匡天下”的名义，提出测量地下水位的标准单位是每施为七尺。文中“渎田息徒”是指江河冲积形成的土地。它地力肥沃，五谷皆宜。杬楡、松树、牡荆、棘草都适宜生长于此。这类土壤的地下水位深达三十五尺。如果在地面呼喊，会听到类似“角”的回声。泉水颜色发青，人民身体强健。此说虽系牵强附会，难逃五行理论的窠臼，但是古人能认识到地理环境与人们身心健康有着密切联系，已是超乎寻常了。

赤垆[1]，历强[2]肥，五种无不宜。其麻白，其布黄，其草宜白茅与藋，其木宜赤棠。见是土也，命之曰四施，四七二十八尺而至于泉。呼音中商。其水白而甘，其民寿。

【注释】

[1]赤垆：红色坚硬的土壤。

[2]历：干疏。强：坚硬。

【品读】

赤垆是一种干疏而坚硬的红色土壤。其土质肥沃，五谷皆宜，最适合种植麻，在该土壤中长成的麻洁白，织成的布呈黄色。白茅、藋草、赤棠树也都适宜生长于此。它的地下水位深达二十八尺，呼喊后的回音为“商”音。泉水发白而甜美，人民健康而长寿。

黄唐[1]，无宜也，唯宜黍秫[2]也。宜县泽[3]。行廧落[4]，地润数毁，难以立邑置廧。其草宜术[5]与茅，其木宜櫄、杻[6]、桑。见是土也，命之曰三施，三七二十一尺而至于泉。呼音中宫。其泉黄而糗[7]，流徙。

【注释】

[1]黄唐：黄色泥状土壤。

[2]黍：糜稷一类草本植物。秫(shú)：黏高粱。

[3]县泽：指排空水泽。县，通“悬”，悬空。

[4]廧：通“墙”，指院墙。落：院落。

[5]术(zhú)：原文为“黍秫”，据张佩纶说校改，指山姜。

[6]櫄：通“椿”，椿树。杻：通“杻”，檍树。

[7]糗：通“臭”，臭味。

【品读】

黄唐是一种呈黄色泥状且盐碱性重的土壤。它不适宜谷物生长，只能种早熟的黍子和高粱，且而还得经常排水才行。因为地基湿软，人民无法筑墙盖房，不宜居住。山姜、茅草、椿树、檍树、桑树适宜在此地生长。它的地下水位深二十一尺，呼喊后的回音为“宫”音。泉水发黄有臭味，容易流失。

斥埴[1]，宜大菽[2]与麦。其草宜苠、藋，其木宜杞。见是土也，命之曰再施，二七一十四尺而至于泉。呼音中羽。其泉咸，水流徙。

【注释】

[1]斥埴：盐碱黏土。

[2]菽：豆类。

【品读】

斥埴是一种黏性的盐碱土，适宜种植大豆、麦子等谷物。苋草、雚草、杞树也适合在此地生长。它的地下水位深十四尺，呼喊后的回音为“羽”音。泉水味道发咸，容易流失。

黑埴[1]，宜稻麦。其草宜苹、蓨[2]，其木宜白棠。见是土也，命之曰一施，七尺而至于泉。呼音中徵。其水黑而苦。

【注释】

[1]黑埴：黑色黏土。

[2]苹：赖蒿。蓨(tiáo)：羊蹄菜。

【品读】

黑埴是一种黑色黏土，适宜种植水稻、麦子等谷物。赖蒿、羊蹄菜、白棠树也适合在此地生长。由于地势较低，它的地下水位只有七尺深，呼喊后的回音为“徵”音。水质发黑，味苦，这是因为土中多含卤质的缘故。

凡听徵，如负猪豕觉而骇[1]。凡听羽，如鸣马在野。凡听宫，如牛鸣窌[2]中。凡听商，如离群羊。凡听角，如雉登木以鸣，音疾以清。凡将起五音凡首[3]，先立一而三之[4]，四开以合九九[5]，以是生黄钟[6]小素之首，以成宫。三分而益之以一，为百有八，为徵。不无有三分而去其乘[7]，适足，以是生商。有三分，而复于其所，以是成羽。有三分，去其乘，适足，以是成角。

【注释】

[1]豕：猪。觉：直。骇：惊。

[2]窌：地窖。

[3]凡：假借为“风”，风律。首：调。

[4]立：原文为“主”，据王引之说校改。三之：三等分。

[5]四开：开四次。九九：八十一等分。

[6]黄钟：十二律之一。

[7]乘：据尹知章注，指三分之一。

【品读】

此节讲述了如何辨别五音的方法。一是粗略而简易的方法。听“徵”音时，就如同听到猪惊恐的叫声；听“羽”音时，就如同听到马在原野上嘶鸣；听“宫”音时，就如同听到牛在地窖里鸣叫；听“商”音时，就如同听到离群之羊的哀鸣；听“角”音时，就如同听到野鸡在树上啼鸣。二是复杂而准确的方法——三分损益法，即根据振动体的长度来进行律学计算，最终得到五音的高低关系。首先，用“小素”，即熟丝，当作发音体的弦。接着，将弦连续四次三等分后，就形成八十一个等分单位的长度，作为标准音黄钟，定为宫声。然后，将长度八十一的宫声延长其三分之一，形成一百零八单位长度的徵声。徵声减去它的三分之一，就形成七十二长度的商声。商声延长它的三分之一，就形成九十六长度的羽声。羽声减去它的三分之一，就形成六十四长度的角声。由此，就得到了徵、羽、宫、商、角五个由低到高的音阶。三分损益法对于中国古代音律的发展有着重要的影响。此外，《吕氏春秋·音律》中又将十二律全部算出。根据乐律学发展的规律来看，此篇成书年代要在前。

坟延[1]者，六施，六七四十二尺而至于泉。陕之旁[2]，七施，七七四十九尺而至于泉。阸[3]陕八施，七八五十六尺而至于泉。杜[4]陵九施，七九六十三尺而至于泉。延陵十施，七十尺而至于泉。环陵十一施，七十七尺而至于泉。蔓山十二施，八十四尺而至于泉。付[5]山十三施，九十一尺而至于泉。付山白徒[6]十四施，九十八尺而至于泉。中陵十五施，百五尺而至于泉。青山十六施，百一十二尺而至于泉，青龙之所居，庚[7]泥，不可得泉。赤壤磝[8]山十七施，百一十九尺而至于泉，其下青商，不可得泉。陛[9]山白壤十八施，百二十六尺而至于泉，其下骈石，不可得泉。陡[10]山十九施，百三十三尺而至于泉，其下有灰壤，不可得泉。高陵土山二十施，百四十尺而至于泉。

【注释】

[1]坟延：据夏纬英说，指介于丘陵与原隰之间的蔓坡地。

[2]陕：隘。旁：原文为“芳”，据俞樾说校改。

[3]阸：原文为“祀”，据王绍兰说校改，指险厄。

[4]杜：通“土”，泥土。

[5]付：通“附”，小土丘。

[6]徒：通“土”，泥土。

[7]庚：坚强貌。

[8]磝(áo)：原文为“勢”，孙诒让说校改，指山多小石。

[9]陛山：石山。

[10]陡：原文为“徙”，据王绍兰说校改。

【品读】

此节主要记述山地丘陵等地形的地下水位状况。坡地的地下水位深四十二尺,狭隘地形的旁侧为四十九尺,险恶地势为五十六尺,土陵为六十三尺,丘陵的延伸处为七十尺,丘陵的周边地带为七十七尺,山岭的蔓延地带为八十四尺,土山为九十一尺,土山上的白土地区为九十八尺,中等山陵为一百零五尺,青山为一百一十二尺,不过在青龙的居处,因土质坚硬,就无法见到水泉了。红壤多小石的山的地下水位为一百一十九尺,再往下是神怪青商的居处,就见不到水泉了。石山的白土地区的地下水位为一百二十六尺,再往下大石块相连,也见不到水泉了。陡峭之山的地下水位为一百三十三尺,再往下为灰土,也见不到水泉了。高陵土山上要到地下一百四十尺才能见到泉水。上述地形考察得极为细致、翔实,体现了古人对自然界勇于探索的精神。

山之上,命之曰县泉[1],其地不干,其草如茅与走[2],其木乃樠[3],凿之二尺,乃至于泉。山之上,命曰复吕[4],其草鱼肠[5]与莸,其木乃柳,凿之三尺而至于泉。山之上,命之曰泉英,其草蕲、白昌[6],其木乃杨,凿之五尺而至于泉。山之侧[7],其草莶与蔷[8],其木乃格[9],凿之二七十四尺而至于泉。山之侧,其草葍与蒌[10],其木乃区榆[11],凿之三七二十一尺而至于泉。

【注释】

[1]县泉:指高山之泉。县,通“悬”,悬挂。

[2]如茅:茜草。走:据夏纬英说,应为“蘆”,类似乌拉草。

[3]樠:松心木。

[4]复吕:据夏纬英说,指重山之巅。

[5]鱼肠:竹子的一种。

[6]蕲:当归。白昌:菖蒲。

[7]侧:原文为“材”,据陈奂说校改。

[8]莶(xiān):原文为“兢”,据王绍兰说校改,草名,即豨莶。蔷:麦冬。

[9]格:通“椵”,山楸。

[10]葍:小旋花,一种蔓草。蒌:蒌蒿。

[11]区榆:刺榆。区,原文为“品”,据王引之说校改。

【品读】

此节讲述的是如何在山陵地区根据植被情况来寻找水源,极具实用价值。山顶上称作“悬泉”的地带,如果土不干燥,长有茜草、乌拉草、松心木,那么挖地二尺就能见到水了;山顶上称作“重山之巅”的地方,如果长有鱼肠竹、莸草、柳树,那么挖地三尺就能见到水了;山顶上称作“英山之泉”的地方，如果长有当归、菖蒲、杨树，那么挖地五尺就能见到水了；大山的一侧，如果长有豨莶、麦冬、山楸树，那么挖地十四尺就能见到水了；大山的一侧，如果长有小旋花、蒌蒿、刺榆，那么挖地二十一尺就能见到水了。

作者主要依据地下水位的高低，来细分不同地势的地貌特征、物种状况。《周礼·大司徒》云："以土宜之法辨十有二土之名物，以相民宅，而知其利害，以阜人民，以蕃鸟兽，以毓草木，以任土事。"其中"土宜之法"大致与此种地势划分法相类似。

凡草土之道，各有穀[1]造。或高或下，各有草土。叶下于攀[2]，攀下于苋[3]，苋下于蒲，蒲下于苇，苇下于雚，雚下于蒌，蒌下于荓[4]，荓下于萧，萧下于薛[5]，薛下于萑[6]，萑下于茅。凡彼草物，有十二衰[7]，各有所归。

【注释】

[1]穀：善，好。

[2]攀：古"芰"字，菱。

[3]苋：原文为"莞"，据王念孙说校改，指水葱。

[4]荓(píng)：马帚草。

[5]薛：薛荔。

[6]萑(tuī)：通"蓷"，益母草。

[7]衰(cuī)：等次。

【品读】

此节罗列了十二种草类植物的生长环境。由于它们适应生存的土壤条件不同，生长地域也有高有低，其由低到高的顺序为荷叶、菱、水葱、香蒲、芦苇、雚草、蒌蒿、马帚草、艾蒿、薛荔、益母草、茅草。

九州之土，为九十物。每土[1]有常，而物有次。群土之长，是唯五粟。五粟之物，或赤或青或白或黑或黄。五粟五章。五粟之状，淖而不肕[2]，刚而不觳[3]，不泞车轮，不污手足。其种，大重[4]细重，白茎白秀，无不宜也。五粟之土，若在陵在山，在隫在衍[5]，其阴其阳，尽宜桐柞[6]，莫不秀长。其榆其柳，其檿[7]其桑，其柘其栎，其槐其杨，群木蕃滋数[8]大，条直以长。其泽则多鱼，牧则宜牛羊。其地其樊[9]，俱宜竹、箭、藻、龟、楢[10]、檀。五臭[11]生之：薛荔、白芷、麋芜、椒、连[12]。五臭所效[13]，寡疾难老，士女皆好，其民工巧。其泉黄白，其人夷姤[14]。五粟之土，干而不格[15]，湛而不泽[16]，无高下，葆[17]泽以处。是谓粟土。

【注释】

[1]土：原文为“州”，据王念孙说校改。

[2]淖(nào)而不肕(rèn)：湿而不粘。淖，湿。肕，柔韧。

[3]觳(què)：瘠薄。

[4]重：通“种”，此处指谷物种类。

[5]隫：通“坟”，假借为“濆”，指水边。衍：低而平坦之地。

[6]柞(zuò)：一种栎属的乔木或灌木。

[7]檿(yǎn)：桑树的一种。

[8]数：通“速”，快速。

[9]樊：指山边。

[10]藻：假借为“枣”，指枣树。龟：楸树。楢(yǒu)：一种质地柔软的树木。

[11]臭：指香气。

[12]连：通“兰”，兰草。

[13]效：原文为“校”，据王绍兰说校改。

[14]夷：平正。姤(gòu)：善、好。

[15]格：通“垎”，坚硬。

[16]湛(zhàn)：水深，指湿润。泽：通“释”，解散。

[17]葆：通“保”，保持。

【品读】

作者认为九州之地总共有九十种不同的土壤。此节所讲的是最上等的粟土，分为赤、青、白、黑、黄五种。它们的特点是湿而不黏，干硬而不贫瘠，且能够经常保持水分。适宜种植的谷物，有大种、小种之分，外表为白茎白花。无论在山地、丘陵、水边、平原，还是向阳、背阴之地，树木都能生长高大，枝繁叶茂。就连土地上的水泽、牧场也适宜动物的繁衍生息。更为奇特的是，此类土壤上生长的“薜荔、白芷、蘪芜、椒、连”五种香草具有滋养身体、养颜抗衰的功效。此外，这里的泉水呈黄白色，人民都正直善良。

粟土之次，曰五沃。五沃之物，或赤或青或黄或白或黑。五沃五物，各有异则。五沃之状，剽�橐土[1]，虫易全处，怸剽不白，下乃以泽。其种，大苗细苗，赨茎黑秀箭[2]长。五沃之土，若在丘在山，在陵在冈，若在陬[3]陵之阳，其左其右，宜彼群木：桐、柞、枎、杶[4]，及彼白梓。其梅其杏，其桃其李，其秀生茎起。其棘其棠，其槐其杨，其榆其桑，其杞其枋，群木数大，条直以长。其阴则生之楂藜，其阳安[5]树之五麻，若高若下，不择畴所。其麻大者，如箭如苇，大长以美；其细者，如雚如蒸，欲有与名[6]。大者不类[7]，小者则治，揣而藏之，若众练丝。五臭畴生，莲、舆[8]、蘪芜、藁本、白芷。其泽则多鱼，牧则宜牛羊。其泉白青，其人坚劲，寡有疥骚，终无痟酲[9]。五沃之土，干而不斥[10]，湛而不泽，无高下，葆泽以处。是谓沃土。

【注释】

[1]剽：坚。忞：密。橐土：指多孔穴的土。

[2]秱（tóng）：红色。箭：禾秆。

[3]陬（zōu）：山脚。

[4]杶（chūn）：古同"椿"，树名。

[5]安：则。原文"安"有"则"字，据王念孙说校改。

[6]欲：婉顺的样子。名：原文为"各"，据张佩伦说校改，指分明。

[7]类：通"纇"，节疵。

[8]舆：原文为"与"，据张佩伦说校改，指一种香草。

[9]痟（xiāo）：头痛。酲（chéng）：酒醒后不舒适的感觉。

[10]斥：通"坼"，裂开。

【品读】

仅次粟土的是沃土，分为赤、青、白、黑、黄五种。它特点是疏松多孔，坚实却不干白，能保持土地湿润。适宜种植的谷物，有大苗、小苗，红茎、黑穗，禾秆修长。无论土丘、山陵，还是山陵的阳面、阴面，各种树木都能在沃土上茁壮成长。它尤其适宜种植各类麻，产出的麻质量均上乘，是用来纺织麻布的佳品。这里泉水呈白青色，人民强健有力，少有疥疮、头痛等病。

沃土之次，曰五位。五位之物，五色杂英，各有异章。五位之状，不塥[1]不灰，青忞以落[2]。及其种，大苇无[3]、细苇无，秱茎白秀。五位之土，若在冈在陵，在陨在衍，在丘在山，皆宜竹、箭、藻、龟[4]、楢、檀。其山之浅，有茏与介[5]。群木安逐[6]，条长数大：其桑其松，其杞其茸[7]，种木胥容[8]，榆、桃、柳、楝[9]。群药安生，姜与桔梗，小辛、大蒙。其山之枭[10]，多桔、符[11]、榆；其山之末，有箭与苑[12]；其山之旁，有彼黄宝[13]，及彼白昌，山藜、苇、芒。群药安聚，以圉民殃。其林其漉[14]，其槐其楝，其柞其榖[15]，群木安逐，鸟兽安族[16]。既有麋麃[17]，又且多鹿。其泉青黑，其人轻直[18]，省事少食。无高下，葆泽以处。是谓位土。

【注释】

[1]塥（gé）：沙碛。

[2]落：读为"苔"，地衣。

[3]苇：薇，即野豌豆。无：通"芜"，杂乱丛生。

[4]藻、龟：原文为"求黾"，据上文"藻龟楢檀"改。

[5]茏（lóng）：红草。介：原文为"斥"，据郭沫若说校改，指芥菜。

[6]安：于是。逐：强。

[7]茸：通“楫”，楫树。

[8]胥：都。容：容纳。

[9]楝：原文为“栋”，据尹知章注改，指楝树。

[10]山之枭：山之巅。

[11]符：通“苻”，鬼目草。

[12]箭：箭竹。苑：通“菀”，紫菀。

[13]茧：贝母。

[14]漉：读为“麓”，山麓。

[15]榖：楮树。

[16]族：众多。原文为“施”，据王念孙说校改。

[17]麃(páo)：鹿属。

[18]轻直：廉洁正直。

【品读】

仅次沃土的是位土，有五种不同的颜色。它的特性不如沙碛坚硬，也不粉散如灰，如同青悉土一样疏松并长有地衣，能够保持水分。它适宜种植的谷物，有大苇无、细苇无，长成多为红茎白花。竹子、枣树、楸树、楢树、檀树、桑树、杞树、楫树等都可在不同地形的位土上种植。最特别的是，它极为适合各类药草的生长，可以用来祛除疾病。这里泉水呈青黑色，人民正直少事，无饮食之忧。

位土之次，曰五隐[1]。五隐之状，黑土黑落，青怵[2]以肥，芬[3]然若灰。其种櫑葛，赨茎黄秀恚目[4]，其叶若苑。以蓄[5]殖果木，不若三土[6]以十分之二，是谓隐土。

【注释】

[1]隐：原文为“薀”，据何如璋说校改。

[2]怵：通“悉”，细密。

[3]芬：通“粉”，粉末。

[4]恚(huì)目：指颗粒饱满。

[5]蓄：通“畜”，畜产。

[6]三土：指粟土、沃土、位土。

【品读】

仅次于位土的是五种隐土。其土色为黑色，并长有黑色的地衣。它土质肥沃如青悉土，却粉散如灰。其适合种植的谷物是櫑葛，红茎黄花，颗粒饱满，叶子似苑草。这类土壤的生产力要比粟土、沃土、位土减少两成。

隐土之次，曰五壤。五壤之状，芬然若泽、若屯土。其种，大水肠[1]、细水肠，赨茎黄秀以慈[2]。忍水旱，无不宜也。蓄殖果木，不若三[3]土以十分之二，是谓壤土。

【注释】

[1]水肠：水稻。

[2]慈：通“滋”，繁盛。

[3]三：原文无此字，据上下文例改。

【品读】

仅次于隐土的是五种壤土。其特性为粉散而润湿，如同堆积的肥土。其适合种植的谷物是名为大水肠、细水肠的水稻，红茎黄花，谷粒饱满，较耐水旱。这类土壤的生产力要比粟土、沃土、位土减少两成。

壤土之次，曰五浮。五浮之状，捍然[1]如米。以葆泽，不离不坼。其种，忍隐[2]。忍叶如藿叶，以长狐茸。黄茎黑茎黑秀，其粟大，无不宜也。蓄殖果木，不如三上以十分之二。

凡上土三十物，种十二物。

【注释】

[1]捍然：坚硬的样子。

[2]忍隐：大黍。

【品读】

仅次于壤土的是五种浮土。其特性坚硬如米。因为能保持水分，所以土壤不会离散、开裂。其适合种植的谷物为忍隐，叶子如藿叶，叶茸类狐茸。它有黄茎、黑茎两种，开黑花，粟粒大。这类土壤的生产力要比粟土、沃土、位土减少两成。

以上所述的上等土壤共六类三十种。如果每类土壤种植的谷物都分大、小两种的话，共有十二种。

中土曰五忎。五忎之状，廪焉如埳[1]，润湿以处。其种，大稷、细稷，赨茎黄秀以[2]慈。忍水旱，细粟如麻。蓄殖果木，不若三土以十分之三。

【注释】

[1]廪：通“凛”，寒冷。埳：假借为“盐”。

[2]以：原文无，据上下文例补。

【品读】

中土中，土质最好的是五种忝土。其特性凛然如盐粒，能够保持土质湿润。其适合种植的谷物为大稷、细稷，红茎黄花，颗粒饱满而多如麻籽，能耐水旱。这类土壤的生产力要比粟土、沃土、位土减少三成。

……………………………………

忝土之次，曰五纑[1]。五纑之状，强力刚坚。其种，大邯郸[2]、细邯郸，茎叶如扶櫄，其粟大。蓄殖果木，不若三土以十分之三。

【注释】

[1]纑(lú)：通"垆"，黑色而坚硬的土。

[2]邯郸：以地名代表谷物名。

【品读】

仅次于忝土的是五种纑土。其特性为强力坚硬。其适合种植的谷物为大邯郸、细邯郸。它的茎叶类似扶树、櫄树，粟粒较大。这类土壤的生产力要比粟土、沃土、位土减少三成。

……………………………………

纑土之次，曰五壏。五壏之状，芬焉若糠以肥[1]。其种，大荔、细荔，青茎黄秀。蓄殖果木，不若三土以十分之三。

【注释】

[1]肥：古"俷"字，瘠薄。

【品读】

仅次于纑土的是五种壏土。其特性较为松散，如米糠一样瘠薄。其适合种植的谷物为大荔、细荔，外表青茎黄花。这类土壤的生产力要比粟土、沃土、位土减少三成。

……………………………………

壏土之次，曰五剽。五剽之状，华然如芬以脆[1]。其种，大秬[2]、细秬，黑茎青秀。蓄殖果木，不若三土以十分之四。

【注释】

[1]脆：原文为"脤"，据孙诒让说校改。

[2]秬(jù)：黑黍。

【品读】

仅次于壏土的是五种剽土。其特性光亮如粉，易破碎。其适合种植的谷物为大秬、细秬，外表黑茎青花。这类土壤的生产力要比粟土、沃土、位土减少四成。

剽土之次，曰五沙。五沙之状，粟焉如屑尘厉[1]。其种，大萯[2]、细萯，白茎青秀以蔓。蓄殖果木，不如三土以十分之四。

【注释】

[1]粟焉：指如粟米状细碎。厉：飞扬。

[2]萯(fù)：据刘绩说，应为小豆。

【品读】

仅次于剽土的是五种沙土。它如同飞扬的粟屑一样。其适合种植的谷物为大萯、细萯，白茎青花，属蔓生一类。这类土壤的生产力要比粟土、沃土、位土减少四成。

沙土之次，曰五塥。五塥之状，累然如仆累[1]，不忍水旱。其种，大穋秙[2]、细穋秙，黑茎黑秀。蓄殖果木，不若三土以十分之四。

凡中土三十物，种十二物。

【注释】

[1]仆累：蜗牛。

[2]穋秙：原文为"樛杞"，据王念孙说校改，谷物名。

【品读】

仅次于沙土的是五种塥土。它的土粒堆积状如蜗牛，适合种植的谷物为大穋秙、细穋秙，外表黑茎黑花。这类土壤的生产力要比粟土、沃土、位土减少四成。以上中土共有六类三十种，可以种植的谷物共有十二种。

下土曰五犹[1]。五犹之状如粪。其种，大华[2]、细华，白茎黑秀。蓄殖果木，不如三土以十分之五。

【注释】

[1]犹：即莸，一种臭草。

[2]华：黍的别名。

【品读】

下土中，土质最好的是五种犹土。它的形状如同粪土。其适合种植的谷物为大华、细华，外表白茎黑花。这类土壤的生产力要比粟土、沃土、位土减少五成。

犹土之次，曰五壮[1]。五壮之状如鼠肝。其种，青梁，黑茎黑秀。蓄殖果木，不如三土以十分之五。

【注释】

[1]壮：原文为“缸”，据唐兰说校改，指赤色之土。

【品读】

仅次于犹土的是五种壮土。它的形状如同鼠肝。其适合种植的谷物为青梁，外表黑茎黑花。这类土壤的生产力要比粟土、沃土、位土减少五成。

壮土之次，曰五殖。五殖之状，甚泽[1]以疏，离坼以臞埆[2]。其种，雁膳[3]黑实，朱跗[4]黄实。蓄殖果木，不如三土以十分之六。

【注释】

[1]甚：通“湛”。泽：通“释”，散。

[2]臞(qú)埆：贫瘠。

[3]雁膳：据夏纬英说，水稻的一种。

[4]朱跗：赤米。朱，原文为“末”，据赵用贤本改。

【品读】

仅次于壮土的是五种殖土。它遇水易散而疏松，遇旱而开裂、贫瘠。其适合种植的谷物为黑粒的雁膳，黄粒的朱跗。这类土壤的生产力要比粟土、沃土、位土减少六成。

五殖之次，曰五觳[1]。五觳之状娄[2]娄然，不忍水旱。其种大菽[3]、细菽，多白实。蓄殖果木，不如三土以十分之六。

【注释】

[1]觳：假借为“确”，瘠土。

[2]娄：空。

[3]菽：豆类。

【品读】

仅次于殖土的是五种觳土。它的土性空疏，不耐水旱。其适合种植的谷物为大豆、细豆，豆粒多白色。这类土壤的生产力要比粟土、沃土、位土减少六成。

觳土之次，曰五舄[1]。五舄之状，坚而不骼[2]。其种，陵稻：黑鹅、马夫[3]。蓄殖果木，不如三土以十分之七。

【注释】

[1]舄：原文为“凫”，据孙诒让说校改，指盐碱地。

[2]骼：通“垎”，干硬。

[3]黑鹅、马夫：指陵稻的两个品种。

【品读】

仅次于觳土的是五种舄土。它为盐碱之地，特性坚实而不干硬。其适合种植的谷物为名为黑鹅、马夫的陵稻。这类土壤的生产力要比粟土、沃土、位土减少七成。

舄土之次，曰五桀[1]，五桀之状，甚咸以苦，其物为下。其种，白稻长狭。蓄殖果木，不如三土以十分之七。

凡下土三十物，其种十二物。

凡土物九十，其种三十六。

【注释】

[1]桀：枯，枯竭。

【品读】

仅次于舄土的是五种桀土。其土质味道又咸又苦，位在最下等。其适合种植的谷物为米粒细长的白稻。这类土壤的生产力要比粟土、沃土、位土减少七成。下等土壤共有六类共三十种，能种植的谷物有十二种。所有土壤总计共九十种，谷物共三十六种。

由上来看，作者通过对各地土壤的实地调查，按照地力、物种将土壤划分若干类，其直接目的是因地制宜，适时播种。如《周礼·大司徒》所云：“辨十有二壤之物而知其种，以教稼穑树艺。”

弟子职第五十九

杂篇十

先生施教，弟子是则[1]。温恭自虚，所受是极[2]。见善从之，闻义则服[3]。温柔孝悌，毋骄恃力。志毋虚邪，行必正直。游居[4]有常，必就有德。颜色整齐，中心必式[5]。夙兴夜寐，衣带必饰；朝益暮习，小心翼翼。一此不解[6]，是谓学则。

【注释】

[1]则：效法。

[2]极：穷尽。

[3]服：实行。

[4]游：出游。居：居家。

[5]式：法式。

[6]一：专一。解：通“懈”，懈怠。

【品读】

“弟子职”是指学生的守则。本篇首先概述学生的学习态度、品德修养、日常行为等，然后具体叙述起床、授业、对客、就食、洒扫、执烛、复习等方面的行为准则，是一篇完整而详细的古代学府学规，体现了我国古代尊师重教的优良传统，具有重要的史料价值和教育意义。郭沫若先生认为此篇“当是齐稷下学官之学则，故被收入《管子》书中”①。

此节大意是：老师授业施教，学生潜心修学。恭敬谦虚，才能学业穷尽。见善就要跟随，见义就要力行。温柔孝顺，不可骄傲而自恃力强。心志不可虚伪奸邪，行为就要正直无邪。外出、居家要遵循常理，交友必是有德的人。容色端正得体，内心合于法度。早起晚睡，衣带齐整。早晚学习，小心翼翼。专一遵守而毫不懈怠，这就是学生的守则。上述内容属于学生守则的总论部分。

少者之事，夜寐蚤[1]作。既拚盥漱[2]，执事有恪[3]。摄衣共[4]盥，先生乃

① 郭沫若：《管子集校》，科学出版社1956年版，第956页。

作。沃盥彻[5]盥，汛拚正席，先生乃坐。出入恭敬，如见宾客。危坐乡[6]师，颜色毋怍[7]。

【注释】

[1]蚤：通“早”，早晨。

[2]拚（fèn）：扫除。盥（guàn）：洗手洗脸。漱：漱口。

[3]恪：恭敬。

[4]摄衣：提起衣服。共：通“供”，供奉。

[5]沃：浇水。彻：撤除。

[6]乡：通“向”面对。

[7]怍（zuò）：面色改变。

【品读】

此节讲的是学生从晨起到上课服侍老师要做的工作，年少的学生侍奉老师要晚睡早起。晨起之后，要扫除、洗脸、漱口，事事要恭敬谨慎。在老师起床之前，学生要提起衣襟做好盥洗准备。服侍老师洗漱完毕后，要撤掉盥洗用具。学生洒扫房间，摆正讲席，老师就座。学生进出要保持恭敬，如同会见宾客。学生端坐，面朝老师，保持沉稳，不能随意变换脸色。

受业之纪[1]，必由长始，一周[2]则然，其余则否。始诵必作[3]，其次则已。凡言与行，思中[4]以为纪。古之将兴者，必由此始。后至就席，狭坐则起。若有宾客，弟子骏[5]作。对客无让[6]，应且遂行，趋进受命。所求虽不在，必以反命。反坐复业。若有所疑，捧手[7]问之。师出皆起。

【注释】

[1]纪：准则。

[2]一周：第一遍。

[3]诵：诵读。作：站起。

[4]中：适中。

[5]骏：迅速。

[6]让：通“攘”，推让。

[7]捧手：拱手。

【品读】

此节大意是：授业首先从年长的学生开始，第一遍这样，之后则无需如此。学生第一次诵读要起立，之后就不用再起立了。一切言语行动都要以适中为度。古代有所成就的人，都是从这些做起的。后来的学生入席就座，旁边的人要起身让行。若有宾客来到，学生要迅速起身。对待宾客不要推让，热情应答并上前迎接，再快步告知老师。如果宾客找的人不在，也要回复客人，然后回到原位继续学习。学习如有疑问，要拱手询问老师。老师下课走出，学生都要起立。上述内容就是老师授课的具体原则，体现了我国尊师重教的优良传统。

……………………………………

至于食时，先生将食，弟子馔馈[1]。摄衽盥漱，跪坐而馈。置酱错[2]食，陈膳毋悖。凡置彼食：鸟兽鱼鳖，必先菜羹。羹胾[3]中别，胾在酱前，其设要方[4]。饭是为卒[5]，左酒右浆[6]。告具而退，捧手而立。三饭二斗，左执虚豆[7]，右执挟匕[8]，周还而贰[9]，唯嗛[10]之视。同嗛以齿[11]，周则有始，柄尺不跪[12]，是谓贰纪。先生已食，弟子乃彻。趋走进漱，拚前敛祭[13]。

【注释】

[1]馔馈：进献食物。

[2]错：通“措”，安置。

[3]胾(zì)：切成的大块的肉。

[4]方：方形。

[5]卒：最后。

[6]酒：古时饭后用酒漱口，也称“酳”。浆：原文为“酱”，据刘绩说改，指古时饭后用水漱口。

[7]虚：空。豆：食器。

[8]挟：通“梜”，筷子。匕：勺子。

[9]贰：再，此指添饭。

[10]嗛(xián)：食尽。

[11]齿：年龄。

[12]柄尺不跪：指勺柄过长，进食时可不用跪。

[13]敛祭：收拾祭品。古人每食必祭。敛，原文为“板”，据洪亮吉说校改。

【品读】

此节大意是：到了用饭之时，老师用餐前，学生要准备饭菜。挽起衣袖洗净手后，恭敬地跪坐进献饭菜。摆好酱、食物，要陈列有序，不能违背常规。其上菜顺序一般为：在鸟、兽、鱼、鳖等荤菜前，要先上素菜、羹汤。羹汤与块肉要相隔而放，肉放在酱的前面，整个席面呈方形。最后再上饭，漱口的酒、浆分别放置在左右。饭菜上完就退在一旁，拱手站立。一般为三碗饭、两斗酒，学生左手拿着空碗，右手拿着筷子、勺子，轮番为老师添菜加饭，尤其要留意杯碗将空的师长。为多人添食时，要按年龄区分先后，循环往复。如使用长勺添食，可不用拘礼跪坐，这是添食的规矩。老师吃完饭后，学生便撤下饭食，赶快侍奉老师洗漱，再清扫席面收拾祭品。上述内容是在用餐时，学生布置席面、添加饭食的具体注意事项。从当今标准来看，礼节有些繁琐。但是，在某些礼节的制定上，也有一定的变通性。如学生用勺添食时，可跪坐而不用拘泥礼节。

先生有命，弟子乃食。以齿相要[1]，坐必尽席[2]。饭必奉揽[3]，羹不以手。亦有据膝[4]，毋有隐肘[5]。既食乃饱，循咡覆手[6]，振衽扫席。已食者作，抠[7]衣而降。旋而乡席，各彻其餽，如于宾客。既彻并[8]器，乃还而立。

【注释】

[1]要：通“邀”，邀请。

[2]尽席：指尽前而坐。

[3]奉：捧。揽：持。

[4]据膝：指手放在膝上。

[5]隐肘：指伏肘在案上。隐，倚。

[6]循咡(èr)覆手：指顺着口边用手擦拭。咡，口旁。

[7]抠：提。

[8]并：通“屏”，收藏。

【品读】

上述内容是学生进食时的基本准则。其大意是：老师吩咐之后，学生开始进食。按年龄相邀坐下，坐席必须要尽前。吃饭必捧碗，食羹不用手。将手放在膝上，不能将肘伏在案上。吃饱以后，要顺着口边擦净，抖动衣襟，准备离席。吃完后起身，要提衣后退。然后对着席位，各自撤去所食，如临宾客一般。彻食并收藏食器后，学生还要返回站立待命。其中“食羹不用手”，不单单是出于礼节的需要，也是出于卫生的考虑。

凡拚之道：实水于盘，攘臂袂[1]及肘，堂上则播洒，室中握手[2]。执箕膺揲[3]，厥中有帚。入户而立，其仪不贷[4]。执帚下箕，倚于户侧。凡拚之纪，必由奥[5]始。俯仰磬折[6]，拚毋有彻。拚前而退，聚于户内。坐板排之，以叶[7]适己，实帚于箕。先生若作，乃兴而辞。坐执而立，遂出弃之。既拚反立，是协是稽[8]。暮食复礼。

【注释】

[1]攘：捋起。袂：衣袖。

[2]握手：指用手掬水来洒水。

[3]膺：胸，此处指对着胸。揲：通“葉”，箕舌。

[4]贷：通“忒”，差错。

[5]奥：房屋的西南角。古时尊长所居。

[6]磬折：指身子如同磬状弯曲。

[7]葉：箕舌。

[8]协：合。稽：相合。

【品读】

此节讲述了清扫教室的环节。大意是：关于扫地的方法：将水倒入盘中，把衣袖挽到肘部，堂屋内可以扬手洒水，内室中要以手掬水轻洒。手拿簸箕时，将箕口对着自己，扫帚放在簸箕上。进门后要站立片刻再扫，礼仪不能有所疏忽。拿起扫帚，放下簸箕，将簸箕置放门侧。按扫地的规距，要从室内的西南角开始。俯仰低头，躬身弯腰，扫地时不要碰及其他物品。边扫除边后退，将垃圾聚在门内。蹲下来用木板将垃圾推进簸箕中，仍将箕口对着自己，扫帚放在簸箕上。此时，若恰逢老师出来做事，就要起身告止。然后，蹲下拿起簸箕，起身出门将垃圾倒掉。扫除完毕，回来站立听命。这样才符合扫地的规矩。晚饭时，洒扫的礼仪与早晨相同。

上述内容是学生洒扫、清洁房间的注意事项。洒扫之礼既体现了学生对老师的尊重，又兼顾了洒扫的合理程序。当然，洁净的外教部环境是教学得以顺利开展的必要条件。

昏将举火，执烛隅[1]坐。错总[2]之法，横于坐所。栉之远近[3]，乃承厥火。居句如矩[4]，蒸间[5]容蒸。然[6]者处下，捧椀以为绪[7]。右手执烛，左手正栉。有堕[8]代烛，交坐毋倍[9]尊者。乃取厥栉，遂出是去[10]。

【注释】

[1]隅：角。

[2]错：通“措”放置。总：麻杆扎成的火把。

[3]栉：火烛燃烧后剩下的部分。远近：指长短。

[4]居：通“倨”，直而折曲。句：弯曲。矩：法。

[5]蒸：细柴。间：空隙。

[6]然：通“燃”，燃烧。

[7]椀：碗。绪：指灰烬。

[8]堕：通“惰”，疲怠。

[9]交：交替。倍：通“背”，背对。

[10]去：通“弃”，抛弃、倒掉。

【品读】

此节大意是：黄昏时举火照明，学生手执火把坐在房屋的一角。放置备用火把的方法，是横放在执烛人所坐的地方。要注意火把燃烧的多少，及时进行接续。新旧火把接续时，一直一弯呈直角，新旧火把之间留有空隙。燃烧的灰烬落下，要捧着碗来盛接。右手拿着火把，左手整理灰烬。当一人执烛疲劳时，要换人来接替。交接之时，不要背对老师。还要将燃烧的灰烬拿出去倒掉。

上述内容是傍晚时分学生执火烛照明的注意事项。除了尊师的礼节外,更多的是火烛照明技术、安全上的考虑。此外,与今日新式学校相比,古代学生求学过程中要更加辛苦与枯燥,类似一种苦行僧的生活。不过,在与老师的朝夕相处、言传身教中,学生最终收获的不仅仅是课本上的知识,还有为人处世的道理;同时,老师日常生活的点点滴滴也全部展现在学生面前,也是对老师为人师表的一种鞭策。

先生将息,弟子皆起。敬奉枕席,问所何趾[1];俶衽[2]则请,有常则否。先生既息,各就其友。相切相磋,各长其仪[3]。周则复始,是谓弟子之纪[4]。

【注释】

[1]趾:脚,此处指睡觉时脚伸的方向。

[2]俶:开始。衽:指铺床的布席。

[3]仪:法度。

[4]纪:守则。

【品读】

此节大意是:老师将要休息,学生都要起身服侍。恭敬捧来枕席,请问老师脚朝何方。首次铺床要请问清楚,时间长了就不必了。老师休息后,学生各自会同学朋友,相互切磋,增长学识。如此这样,周而复始。这就是学生守则。

"一日为师,终身为父"。这一点在学生的守则中完完全全体现了出来。在现代社会中,这些礼节已经荡然无存。但是,必要的礼节是不可或缺的。首先,任何事物只有内容没有形式是不行的。《论语·雍也》说道:"质胜文则野,文胜质则史,文质彬彬,然后君子。"一个不讲礼节的人,言行举止必定是粗野的。其次,礼节不但能节制人的情感,而且能约束人的行为。即便是现代社会还是必要的。例如,升国旗,唱国歌,行注目礼,每一个中国人不都是在这一形式过程中热血沸腾。最后,这种约束又是双向的,不是一般人认为的单向约束。学生严格遵守《弟子职》,向老师行礼。老师直面学生的重礼,更是感受到职业的神圣,定会鞭策他为人师表,辛勤育人。因而,在现代社会师生之礼还是要提倡的。《弟子职》有它自身的历史背景,虽然其礼节太过繁琐,不宜提倡,但它对礼的重视,对我们现在亟须解决的传统丧失的问题具有借鉴意义。

形势解第六十四

管子解二

山者，物之高者也。惠者，主之高行也。慈者，父母之高行也。忠者，臣之高行也。孝者，子妇之高行也。故山高而不崩则祈羊至，主惠而不解[1]则民奉养，父母慈而不解则子妇顺，臣下忠而不解则爵禄至，子妇孝而不解则美名附。故节高而不解，则所欲得矣；解，则不得。故曰："山高而不崩则祈羊至矣。"

渊者，众物之所生也，能深而不涸，则沈玉至。主者，人之所仰而生也，能宽裕纯厚而不苛忮[2]，则民人附。父母者，子妇之所受教也，能慈仁教训而不失理，则子妇孝。臣下者，主之所用也，能尽力事上，则当于主。子妇者，亲之所以安也，能孝弟顺亲，则当于亲。故渊涸而无水则沈玉不至，主苛而无厚则万民不附，父母暴而无恩则子妇不亲，臣下堕[3]而不忠则卑辱困穷，子妇不安亲则祸忧至。故渊不涸[4]，则所欲者至；涸，则不至。故曰："渊深而不涸则沈玉极。"

天，覆万物，制寒暑，行日月，次星辰，天之常也。治之以理，终而复始。主，牧万民，治天下，莅百官，主之常也。治之以法，终而复始。和子孙，属[5]亲戚，父母之常也。治之以义，终而复始。敦敬忠信，臣下之常也。以事其主，终而复始。爱亲善养，思敬奉教，子妇之常也。以事其亲，终而复始。故天不失其常，则寒暑得其时，日月星辰得其序。主不失其常，则群臣得其义，百官守其事。父母不失其常，则子孙和顺，亲戚相欢。臣下不失其常，则事无过失，而官职政治。子妇不失[6]其常，则长幼理而亲疏和。故用常者治，失常者乱。天未尝变，其所以治也。故曰："天不变其常。"

地生养万物，地之则[7]也。治安百姓，主之则也。教护家事，父母之则也。正谏死节，臣下之则也。尽力共[8]养，子妇之则也。地不易其则，故万物生焉。主不易其则[9]，故百姓安焉。父母不易其则，故家事办焉。臣下不易其则，故主无过失。子妇不易其则，故亲养备具。故用则者安，不用则者危。地未尝易，其所以安也。故曰："地不易其则。"

春者，阳气始上，故万物生。夏者，阳气毕上，故万物长。秋者，阴气始下，故万物收。冬者，阴气毕下，故万物藏。故春夏生长，秋冬收藏，四时之节也。赏赐刑罚，主之节也。四时未尝不生杀也，主未尝不赏罚也。故曰："春秋冬夏不更其节也。"

天，覆万物而制之；地，载万物而养之；四时，生长万物而收藏之。古以至今，不更其道。故曰："古今一也。"

蛟龙，水虫之神者也。乘于水则神立，失于水则神废。人主，天下之有威者也。得民则威立，失民则威废。蛟龙待得水而后立其神，人主待得民而后成其威。故曰："蛟龙得水而神可立也。"

虎豹，兽之猛者也。居深林广泽之中则人畏其威而载[10]之。人主，天下之有势者也，深居则人畏其势。故虎豹去其幽而近于人，则人得之而易其威。人主去其门而迫于民，则民轻之而傲其势。故曰："虎豹托幽而威可载也。"

风，漂物者也。风之所漂，不避贵贱美恶。雨，濡物者也。雨之所堕，不避小大强弱。风雨至公而无私，所行无常乡[11]，人虽遇漂濡而莫之怨也。故曰："风雨无乡而怨怒不及也。"

人主之所以令则行禁则止者，必令于民之所好而禁于民之所恶也。民之情莫不欲生而恶死，莫不欲利而恶害。故上令于生、利人，则令行；禁于杀、害人，则禁止。令之所以行者，必民乐其政也，而令乃行。故曰："贵有以行令也。"

人主之所以使下尽力而亲上者，必为天下致利除害也。故德泽加于天下，惠施厚于万物，父子得以安，群生得以育，故万民欢尽其力而乐为上用。入则务本疾作以实仓廪，出则尽节死敌以安社稷，虽劳苦卑辱而不敢告也。此贱人之所以亡[12]其卑也。故曰"贱有以亡卑。"

起居时，饮食节，寒暑适，则身利而寿命益，起居不时，饮食不节，寒暑不适，则形体累而寿命损。人惰而侈则贫，力而俭则富。夫物莫虚至，必有以也。故曰："寿夭贫富无徒归也。"

法立而民乐之，令出而民衔[13]之，法令之合于民心如符节之相得也，则主尊显。故曰："衔令者君之尊也。"

人主出言，顺于理，合于民情，则民受其辞[14]。民受其辞则名声章[15]。故曰："受辞者名之运也。"

明主之治天下也，静其民而不扰，佚其民而不劳。不扰则民自循；不劳则民自试。故曰："上无事而民自试。"

人主立其度量，陈其分职，明其法式，以莅[16]其民，而不以言先之，则民循正。所谓抱蜀[17]者，祠器也。故曰："抱蜀不言而庙堂既修。"

将将鸿鹄，貌之美者也。貌美，故民歌之。德义者，行之美者也。德义美，故民乐之。民之所歌乐者，美行德义也，而明主鸿鹄有之。故曰："鸿鹄将将[18]，维[19]民歌之。"

济济[20]者，诚庄事断也；多士者，多长者也。周文王诚庄事断，故国治。其群臣明理以佐主，故主明。主明而国治，竟内被其利泽，殷民举首而望文王，愿为文王臣。故曰："济济多士，殷民化之。"

纣之为主也，劳民力，夺民财，危民死，冤暴之令，加于百姓；憯[21]毒之使，施于天下。故大臣不亲，小民疾怨，天下叛之而愿为文王臣者，纣自取之也。故曰："纣之失也。"

无仪法程式，蜚[22]摇而无所定，谓之蜚蓬之间。蜚蓬之间，明主不听也。无度之言，明主不许也。故曰："蜚蓬之间，不在所宾。"

道行则君臣亲，父子安，诸生育。故明主之务，务在行道，不顾小物。燕爵[23]，物之小者也。故曰："燕爵之集，道行不顾。"

明主之动静得理义，号令顺民心，诛杀当其罪，赏赐当其功，故虽不用牺牲珪璧祷于鬼神，鬼神助之，天地与之，举事而有福。乱主之动作失义理，号令逆民心，诛杀不当其罪，赏赐不当其功。故虽用牺牲珪璧祷于鬼神，鬼神不助，天地不与[24]，举事而有祸。故曰："牺牲珪璧不足以享鬼神[25]。"

主之所以为功者，富强也。故国富兵强，则诸侯服其政，邻敌畏其威，虽不用宝币事诸侯，诸侯不敢犯也。主之所以为罪者，贫弱也。故国贫兵弱，战则不胜，守则不固，虽出名器重宝以事邻敌，不免于死亡之患。故曰："主功有素[26]，宝币奚为[27]？"

羿，古之善射者也。调和其弓矢而坚守之。其操弓也，审其高下，有必中之道，故能多发而多中。明主，犹羿也，平和其法。审其废置而坚守之，有必治之道，故能多举而多当。道者，羿之所以必中也，主之所以必治也。射者，弓弦发矢也。故曰："羿之道非射也。"

造父，善驭马者也。善视其马，节其饮食，度量马力，审其足走，故能取远道而马不罢[28]。明主，犹造父也。善治其民，度量其力，审其技能，故立功而民不困伤。故术者，造父之所以取远道也，主之所以立功名也。驭者，操辔也。故曰："造父之术非驭也。"

奚仲之为车器也，方圜曲直皆中规矩钩绳，故机旋[29]相得，用之牢利，成器坚固。明主，犹奚仲也。言辞动作，皆中术数[30]，故众理相当，上下相亲。巧者，奚仲之所以为器也，主之所以为治也。斫[31]削者，斤刀也。故曰："奚仲之巧非斫削也。"

民，利之则来，害之则去。民之从利也，如水之走下，于四方无择也。故欲来民者，先起其利，虽不召而民自至。设其所恶，虽召之而民不来也。故曰："召远者使无为焉。"

莅民[32]如父母，则民亲爱之。道之纯厚，遇之有实，虽不言曰吾亲民，而民亲矣。莅民如仇雠，则民疏之。道之不厚，遇之无实，诈伪并起，虽言曰吾亲民，民不亲也。故曰："亲近者言无事焉。"

明主之使远者来而近者亲也，为之在心。所谓夜行者，心行也。能心行德，则天下莫能与之争矣。故曰："唯夜行者独有之乎。"

【注释】

[1]解：通"懈"懈怠、轻慢。下文五"解"字同此。

[2]苛伎：苛刻、固执。苛，原文为"荀"，据赵用贤本改。

[3]堕：通"惰"，懈怠。

[4]涸：水干枯

[5]属：连接。

[6]失：原文为"夫"，据赵用贤本改。

[7]则：准则、法则。

[8]共：通"供"，供给。

[9]则：原文为"利"，据赵用贤本改。

[10]载：通"戴"，拥戴。

[11]乡：通"向"，方向。

[12]亡：通"忘"，忘记。

[13]衔：遵奉、接受。

[14]辞：言辞、文辞，此处为指示。

[15]章：通"彰"，显著、明显。

[16]莅：治理、掌管。

[17]蜀：祭器，此处指治国之道。

[18]将将：美好貌。一说为悦耳鸣声。

[19]维：只、仅

[20]济济：指诚实、庄重、事有决断。

[21]憯：通"惨"，残酷。

[22]蜚：通"飞"，飞动。

[23]爵：通"雀"泛指小鸟。下"爵"字同此。

[24]与：帮助。

[25]神：原文无此字，据本书《形势》篇正文补。

[26]素：始、本，此处指治国之道。

[27]奚为：有何用。

[28]罢：通"疲"，疲劳。

[29]旋：转轴。

[30]术数：治理国家的策略、方法。

[31]斫(zhuó)：砍、劈。

[32]莅民：治理人民。

【品读】

《形势解》是对《形势》原篇的逐文讲解，个别之处也作发挥甚至演绎。不过，我们将解文的思想倾向与原文的内容主旨进行细致区分的话，仍可以捕捉到思想差异的时代印记。解文可能是稷下先生教授弟子的讲稿，大致反映了战国晚期的齐地学术思想。

为主而贼，为父母而暴，为臣下而不忠，为子妇而不孝，四者人之大失也。大失在身，虽有小善，不得力贤。所谓平原者，下泽也。虽有小封，不得为高。故曰："平原之径[1]，奚有于高？"

为主而惠，为父母而慈，为臣下而忠，为子妇而孝，四者人之高行也。高行在身，虽有小过，不为不肖。所谓大山者，山之高者也。虽有小隈，不以为深。故曰："大山之隈，奚有于深？"

毁訾贤者之谓訾，推誉不肖之谓讆。訾讆之人得用，则人主之明蔽，而毁誉之言起。任之大事，则事不成而祸患至。故曰："訾讆之人，勿与任大。"

明主之虑事也，为天下计者，谓之谟巨[2]。谟巨则海内被其泽，泽布于天下，后世享其功久远而利愈多。故曰："谟巨者可与远举。"

圣人择可言而后言，择可行而后行。偷得利而后有害，偷得乐而后有忧者，圣人不为也。故圣人择言必顾其累，择行必顾其忧。故曰："顾忧者可与致道。"

小人者，枉道而取容，适主意而偷说，循[3]利而偷得。如此者，其得之虽速，祸患之至亦急。故圣人去而不用也。故曰："其计也速而忧在近者，往而勿召也。"

举一而为天下长利者，谓之举长。举长则被其利者众，而德义之所见远。故曰："举长者可远见也。"

天之裁[4]大，故能兼覆万物；地之裁大，故能兼载万物；人主之裁大，故容物多而众人得比焉。故曰："裁大者众之所比也。"

贵富尊显，民归乐之，人主莫不欲也。故欲民之怀乐己者，必服道德而勿厌也，而民怀乐之。故曰："欲[5]人之怀，定服而勿厌也。"

圣人之求事也，先论其理义，计其可否。故义则求之，不义则止；可则求之，不可则止。故其所得事者，常为身宝。小人之求事也，不论其理义，不计其可否。不义亦求之，不可亦求之。故其所得事者，未尝为赖也。故曰："必得之事，不足赖也。”

圣人之诺已也，先论其理义，计其可否。义则诺，不义则已；可则诺，不可则已。故其诺未尝不信也。小人不义亦诺，不可亦诺，言而必诺。故其诺未必信也。故曰：“必诺之言，不足信也。”

谨于一家，则立于一家；谨于一乡，则立于一乡；谨于一国，则立于一国；谨于天下，则立于天下。是故其所谨者小，则其所立亦小；其所谨者大，则其所立亦大。故曰：“小谨者不大立。”

海不辞水，故能成其大；山不辞土石，故能成其高；明主不猒人，故能成其众；士不猒[6]学，故能成其圣。飺者，多所恶也。谏者，所以安主也；食者，所以肥体也。主恶谏则不安，人飺食则不肥。故曰：“飺食者不肥体也。”

言而语道德忠信孝弟者，此言无弃者。天公平而无私，故美恶莫不覆；地公平而无私，故小大莫不载。无弃之言，公平而无私，故贤不肖莫不用。故无弃之言者，参伍于天地之无私也。故曰：“有无弃之言者，必参之于天地也[7]。”

明主之官物也，任其所长，不任其所短，故事无不成而功无不立。乱主不知物之各有所长所短也，而责必备。夫虑事定物，辩明礼义，人之所长而蝚猿之所短也；缘高出险，蝚猿之所长而人之所短也。以蝚猿之所长责人，故其令废而责不塞。故曰：“坠岸三仞，人之所大难也，而蝚猿[8]饮焉。”

明主之举事也，任圣人之虑，用众人之力，而不自与焉，故事成而福生。乱主自智也，而不因圣人之虑；矜奋自功，而不因众人之力；专用己，而不听正谏，故事败而祸生。故曰：“伐矜好专，举事之祸也。”

【注释】

[1]径：原文为“隰”，据郭沫若说校改。

[2]巨：原文为“臣”，据戴望说校改。下二“巨”字同此。

[3]循：原文为“备”，据王念孙说校改。

[4]裁：通“材”，资质、能力。

[5]欲：原文为“美”，据上文文义改。

[6]猒（yàn）：饱、满足。

[7]也：原文为“矣”，据《形势》篇正文改。

[8]蝚猿：《形势》篇为“猿猱”。蝚，通“猱”，猴类动物。猿，兽名，灵长类动物，似猴而大，生活在森林中。

【品读】

“海不辞水，故能成其大；山不辞土石，故能成其高”一句，与《荀子·劝学》篇的“积水成渊”“积土成山”有异曲同工之妙，说明在稷下学宫这个学术大熔炉里，学者之间不可避免地存有潜移默化的相互影响与彼此传承。

马者，所乘以行野也。故虽不行于野，其养食马也，未尝解惰也。民者，所以守战也。故虽不守战，其治养民也，未尝解惰也。故曰：“不行其野，不违其马。”

天生四时，地生万财，以养万物而无取焉。明主配天地者也。教民以时，劝之以耕织，以厚民养，而不伐[1]其功，不私其利。故曰：“能予而无取者，天地之配也。”

解惰简慢，以之事主则不忠，以之事父母则不孝，以之起事则不成。故曰：“怠倦者不及也。”

以规矩为方圜则成，以尺寸量长短则得，以法数治民则安。故事不广[2]于理者，其成若神。故曰：“无广者疑[3]神。”

事主而不尽力则有刑，事父母而不尽力则不亲，受业问学而不加务则不成。故朝不勉力务进，夕无见功。故曰：“朝忘其事，夕失其功。”

中情信诚则名誉美矣，修行谨敬则尊显附矣。中无情实则名声恶矣，修行慢易则污辱生矣。故曰：“邪气袭内，正色乃衰也。”

为人君而不明君臣之义以正其臣，则臣不知于为臣之理以事其主矣。故曰：“君不君则臣不臣。”

为人父而不明父子之义以教其子而整齐之，则子不知为人子之道以事其父矣。故曰：“父不父则[4]子不子。”

君臣亲，上下和，万民辑[5]，故主有令则民行之，上有禁则民不犯。君臣不亲，上下不和，万民不辑，故令则不行，禁则不止。故曰：“上下不和，令乃不行。”

言辞信，动作庄，衣冠正，则臣下肃。言辞慢，动作亏，衣冠惰，则臣下轻之。故曰：“衣冠不正则宾者不肃。”

仪者，万物之程式也。法度者，万民之仪表也。礼义者，尊卑之仪表也。故动有仪则令行，无仪则令不行。故曰：“进退无仪则政令不行。”

人主者，温良宽厚则民爱之，整齐严庄则民畏之。故民爱之则亲，畏之则用。夫民亲而为用，主之所急也。故曰：“且怀且威则君道备矣。”

人主能安其民，则事其主如事其父母。故主有忧则忧之，有难则死之。主视民如土，则民不为用。主有忧则不忧，有难则不死。故曰：“莫乐之则莫哀之，莫生之则莫死之。”

民之所以守战至死而不衰者，上之所以加施于民者厚也。故上施厚，则民之报上亦厚；上施薄，则民之报上亦薄。故薄施而厚责[6]，君不能得之于臣，父不能得之于子。故曰：“往者不至，来者不极。”

道者，扶持众物，使得生育，而各终其性命者也。故或以治乡，或以治国，或以治天下。故曰："道之所言者一也，而用之者异。"

闻道而以治一乡，亲其父子，顺其兄弟，正其习俗，使民乐其上，安其土，为一乡主干者，乡之人也。故曰："有闻道而好为乡者，一乡之人也。"

民之从有道也，如饥之先食也，如寒之先衣也，如暑之先阴也。故有道则民归之，无道则民去之。故曰："道往者其人莫来，道来者其人莫往。"

道者，所以变化身而之正理者也，故道在身则言自顺，行自正，事君自忠，事父自孝，遇人自理。故曰："道之所设，身之化也。"

天之道，满而不溢，盛而不衰。明主法象天道，故贵而不骄，富而不奢，行理而不惰。故能长守贵富，久有天下而不失也。故曰："持满者与天。"

明主救天下之祸，安天下之危者也。夫救祸安危者，必待万民之为用也，而后能为之。故曰："安危者与人。"

地大国富，民众兵强，此盛满之国也。虽已盛满，无德厚以安之，无度数以治之，则国非其国，而民无其民也。故曰："失天之度，虽满必涸。"

臣不亲其主，百姓不信其吏，上下离而不和，故虽自安，必且危之。故曰："上下不和，虽安必危。"

主有天道，以御其民，则民一心而奉其上，故能贵富而久王天下。失天之道，则民离叛而不听从，故主危而不得久王天下。故曰："欲王天下而失天之道，天下不可得而王也。"

人主务学术数，务行正理，则化变日进，至于大功，而愚人不知也。乱主淫佚邪枉，日为无道，至于灭亡，而不自知也。故曰："莫知其为之，其功既成；莫知其舍之也，藏之而无形。"

古者三王五伯[7]皆人主之利天下者也，故身贵显而子孙被其泽。桀，纣、幽、厉皆人主之害天下者也，故身困伤而子孙蒙其祸。故曰："疑今者察之古，不知来者视之往。"

神农教耕生谷，以致民利。禹身决渎，斩高桥[8]下，以致民利。汤武征伐无道，诛杀暴乱，以致民利。故明王之动作虽异，其利民同也。故曰："万事之生[9]也，异趣[10]而同归，古今一也。"

【注释】

[1]伐：损害、败坏。

[2]广：通"旷"，荒废。

[3]疑：通"拟"，比拟。

[4]则：原文无此字，据本书《形势》篇补。

[5]辑：和睦。

[6]责：索取。

[7]伯：通"霸"，霸主。

[8]桥：通“矫”，矫正。

[9]生：原文为“任”，据《形势》篇正文改，通“性”，本性。

[10]趣：原文为“起”，据《形势》篇正文改。

【品读】

经文“莫知其为之，其功既成；莫知其舍之也，藏之而无形”一句，本属于管子的原生态思想，蕴含着道家“无为而治”的思想。然而，解文却强解为“人主务学术数，务行正理，则化变日进，至于大功，而愚人不知也”，不经意间流露出法家思想的倾向。

栋生桡不胜任则屋覆，而人不怨者，其理然也。弱子，慈母之所爱也，不以其理下瓦则慈[1]母笞之。故以其理动者，虽覆屋不为怨；不以其理动者，下瓦必笞。故曰：“生栋覆屋，怨怒不及；弱子下瓦，慈母操棰。”

行天道，出公理，则远者自亲；废天道，行私为，则子母相怨。故曰：“天道之极，远者自亲；人事之起，近亲造怨。”

古者，武王地方不过百里，战卒之众不过万人，然能战胜攻取，立为天子，而世谓之圣王者，知为之之术也。桀、纣贵为天子，富有海内，地方甚大，战卒甚众，而身死国亡，为天下僇[2]者，不知为之之术也。故能为之，则小可为大，贱可为贵。不能为之，则虽为天子，人犹夺之也。故曰：“巧者有余而拙者不足也。”

明主上不逆天，下不圹[3]地，故天予之时，地生之财。乱主上逆天道，下绝地理，故天不予时，地不生财。故曰：“其功顺天者，天助之；其功逆天者，天违之。”

古者，武王，天之所助也。故虽地小而民少，犹之为天子也。桀纣，天之所违也，故虽地大民众，犹之困辱而死亡也。故曰：“天之所助，虽小必大；天之所违，虽大必削。”

与人交，多诈伪无情实，偷取一切，谓之乌集之交。乌集之交，初虽相欢，后必相咄[4]。故曰：“乌集之交，虽善不亲。”

圣人之与人约结[5]也，上观其事君也，内观其事亲也，必有可知之理，然后约结。约结而不袭于理，后必相倍[6]。故曰：“不重之结，虽固必解。道之用也，贵其重也。”

明主与圣人谋，故其谋得；与之举事，故其事成。乱主与不肖者谋，故其计失；与之举事，故其事败。夫计失而事败，此与不可之罪。故曰：“毋与不可。”

主度量人力之所能为，而后使焉。故令于人之所能为，则令行；使于人之所能为，则事成。乱主不量人力，令于人之所不能为，故其令废；使于人之所不能为，故其事败。夫令出而废，举事而败，此强不能之罪也。故曰："毋强不能。"

狂惑之人，告之以君臣之义、父子之理、贵贱之分，不信圣人之言也，而反害伤之。故圣人不告也。故曰："毋告不知。"

与不肖者举事，则事败；使于人之所不能为，则令废；告狂惑之人，则身害。故曰："与不可，强不能，告不知，谓之劳而无功。"

常以言翘明[7]其与人也，其爱人也，其有德于人也，以此为友则不亲，以此为交则不结，以此有德于人则不报。故曰："见与之友，几于不亲；见爱之交，几于不结；见施之德，几于不报。四方之所归，心行者也。"

明主不用其智，而任圣人之智；不用其力，而任众人之力。故以圣人之智思虑者，无不知也；以众人之力起事者，无不成也。能自去而因天下之智力起，则身逸而福多。乱主独用其智，而不任圣人之智；独用其力，而不任众人之力，故其身劳而祸多。故曰："独任之国，劳而多祸。"

明主内行其法度，外行其理义，故邻国亲之，与国信之，有患则邻国忧之，有难则邻国救之。乱主内失其百姓，外不信于邻国，故有患则莫之忧也，有难则莫之救也。外内皆失，孤特而无党，故国弱而主辱。故曰："独国之君，卑而不威。"

明主之治天下也，必用圣人，而后天下治；妇人之求夫家也，必用媒，而后家事成。故治天下而不用圣人，则天下乖乱而民不亲也；求夫家而不用媒，则丑耻而人不信也。故曰："自媒之女，丑而不信。"

明主者，人未之见而有亲心焉者，有使民亲之之道也。故其位安而民往之。故曰："未之见而亲焉，可以往矣。"

尧舜，古之明主也。天下推之而不倦，誉之而不厌，久远而不忘者，有使民不忘之道也。故其位安而民来之。故曰："久而不忘焉，可以来矣。"

日月，昭察万物者也，天多云气，蔽盖者众，则日月不明。人主，犹日月也，群臣多奸立私，以拥蔽主，则主不得昭察其臣下，臣下之情不得上通。故奸邪日多而人主愈蔽。故曰："日月不明，天不易也。"

山，物之高者也。地险秽不平易，则山不得见。人主，犹山也，左右朋[8]党比周以壅其主，则主不得见。故曰："山高而不见，地不易也。"

人主出言不逆于民心，不悖于理义，其所言足以安天下者也，人唯恐其不复言也。出言而离父子之亲，疏君臣之道，害天下之众，此言之不可复者也，故明主不言也。故曰："言而不可复者，君不言也。"

人主身行方正，使人有理，遇人有礼，行发于身而为天下法式者，人唯恐其不复行也。身行不正，使人暴虐，遇人不信，行发于身而为天下笑者，此不可复之行，故明主不行也。故曰："行而不可再者，君不行也。"

言之不可复者，其言不信也；行之不可再者，其行贼暴也。故言而不信则民不附，行而贼暴则天下怨。民不附，天下怨，此灭亡之所从生也，故明主禁之。故曰："凡言之不可复，行之不可再者，有国者之大禁也。"

【注释】

[1]理：原文"理"字下有一"衍"字，据王念孙说删。慈：原文为"必"，据文义改。

[2]僇：通"戮"，杀戮。

[3]圹：通"旷"，荒废。

[4]咄(duō)：呵叱。

[5]约结：结交。

[6]倍：通"背"，背叛、反叛。

[7]翘明：高调宣明。翘，高举。

[8]朋：原文为"多"，据王引之说校改。

【品读】

与原文相比，本篇解文成文年代在后，大致为战国晚期，其思想集中表现为儒、法思想的交互融合：其一，文中强调"主惠""夫慈""臣忠""子孝"，提出"主之常""父母之常""臣下之常""子妇之常"，明系儒家的伦理思想。其二，文中提出"民之情莫不欲生而恶死，莫不欲利而恶害"，可能与担任稷下学宫祭酒的荀子有一定的渊源关系。性恶论一直是秦晋法家理论的逻辑基础，文中相关的法家思想也俯拾皆是。如"上令于生、利人，则令行；禁于杀、害人，则禁止"的重法思想以及"入则务本疾作以实仓廪"的农功思想，等等。

立政九败解第六十五

管子解三

人君唯毋[1]听寝兵[2]，则群臣宾客莫敢言兵。然则内之不知国之治乱，外之不知诸侯强弱。如是则城郭毁坏，莫之筑补；甲弊兵凋[3]，莫之修缮。如是则守圉[4]之备毁矣。辽远之地谋，边竟之士偷[5]，百姓无圉敌之心。故曰："寝兵之说胜，则险阻不守。"

人君唯毋听兼爱之说，则视天下之民如其民，视国如吾国。如是则无并兼攘夺之心，无覆军败将之事。然则射御勇力之士不厚禄，覆军杀将之臣不贵[6]爵，如是则射御勇力之士出在外矣。我能毋攻人可也，不能令人毋攻我。彼求地而予之，非吾所欲也，不予而与战，必不胜也。彼以教士，我以驱众；彼以良将，我以无能。其败必覆军杀将。故曰："兼爱[7]之说胜，则士卒不战。"

人君唯无好全生，则群臣皆全其生，而又养生[8]。养生[9]何也？曰：滋味也，声色也，然后为养生。然则从[10]欲妄行，男女无别，反于禽兽。然则礼义廉耻不立，人君无以自守也。故曰："全生之说胜，则廉耻不立。"

人君唯无听私议自贵，则民退静隐伏，窟穴就山，非世间上，轻爵禄而贱有司。然则令不行禁不止。故曰："私议自贵之说胜，则上令不行。"

人君唯无好金玉货财，必欲得其所好，然则必有以易之。所以易之者何也？大官尊位，不然则尊爵重禄也。如是则不肖者在上位矣。然则贤者不为下，智者不为谋，信者不为约，勇者不为死。如是则驱国而捐之也。故曰："金玉货财之说胜，则爵服下流。"

人君唯毋听群徒比周[11]，则群臣朋党，蔽美扬恶。然则国之情伪不见于上。如是则朋党者处前，寡党者处后。夫朋党者处前，贤、不肖不分，则争夺之乱起，而君在危殆之中矣。故曰："群徒比周之说胜，则贤、不肖不分。"

人君唯毋听观乐玩好，则败。凡观乐者，宫室、台池，珠玉、声乐也。此皆费财尽力伤国之道也。而以此事君者，皆奸人也。而人君听之，焉得毋败？然则府仓虚，蓄积竭，且奸人在上，则壅遏贤者而不进也。然则国适有患，则优倡侏儒起而议国事矣。是驱国而捐之也。故曰："观乐玩好之说胜，则奸人在上位。”

人君唯毋听请谒任举[12]，则群臣皆相为请。然则请谒得于上，党与成于乡。如是则货财行于国，法制毁于官，群臣务佼[13]而不求用，然则无爵而贵，无禄而富。故曰：“请谒任举之说胜，则绳墨不正。”

人君唯无听谄谀饰过之言，则败。奚以知其然也？夫谄臣者，常使其主不悔其过不更其失者也，故主惑而不自知也，如是则谋臣死而谄臣尊矣。故曰：“谄谗饰过之说胜，则巧佞者用。”

【注释】

[1]毋：语助词，无实义。

[2]寝兵：停息干戈。

[3]凋：损伤。

[4]圉：防御。

[5]竟：通“境”，边境。偷：原文为“修”，据郭沫若说校改，此指苟且、偷佚。

[6]贵：尊重、重视。

[7]兼爱：同时爱不同的人或物。

[8]而又养生：原文为“而生又养”，据姚永概说校改。

[9]养生：原文为“生养”，据姚永概说校改。

[10]从：通“纵”，放纵、纵容。

[11]比周：结党营私。

[12]举：原文为“誉”，据本书《立政》篇正文改。

[13]佼：通“交”，交结。

【品读】

本篇为《立政》篇中“九败”一节的解文，是对九种败亡国家思想的进一步解读。对《立政》篇其余部分的解文早已散佚，今唯见“九败”解文内容。

版法解第六十六

管子解四

版法[1]者，法[2]天地之位，象[3]四时之行，以治天下。四时之行，有寒有暑；圣人法之，故有文有武。天地之位，有前有后，有左有右；圣人法之，以建经纪[4]。春生于左，秋杀于右；夏长于前，冬藏于后。生长之事，文也；收藏之事，武也。是故文事在左，武事在右，圣人法之，以行法令，以治事理。凡法事者，操持不可以不正。操持不正则听治不公，听治不公则治不尽理，事不尽应。治不尽理，则疏远微贱者无所告愬[5]；事不尽应，则功利不尽举。功利不尽举则国贫，疏远微贱者无所告愬则下饶[6]。故曰："凡将立事，正彼天植。"

天植者，心也。天植正，则不私近亲，不孽[7]疏远。不私近亲，不孽疏远，则无遗利，无隐治[8]。无遗利，无隐治，则事无不举，物无遗者。欲见天心，明以风雨。故曰："风雨无违，远近高下，各得其嗣[9]。"

万物尊天而贵风雨。所以尊天者，为其莫不受命焉也；所以贵风雨者，为其莫不待风而动，待雨而濡[10]也。若使万物释天而更有所受命，释风而更有所仰动，释雨而更有所仰濡，则无为尊天而贵风雨矣。今人君之所尊安者，为其威立而令行也。其所以能立威行令者，为其威利之操莫不在君也。若使威利之操不专在君，而有所分散，则君日益轻而威利日衰，侵暴之道也。故曰："三经既饬[11]，君乃有国。"

【注释】

[1]版法：唐人尹知章注："选择政要，载之于版，以为常法。"古人书写常在方版或竹策之上，把为政之要录于版，故名。

[2]法：效法、取法

[3]象：依随

[4]经纪：纲纪、法度。

[5]愬：诉说、告诉。

[6]饶：原文为"蹺"，据赵用贤本改，通"扰"，扰乱。

[7]孽：危害。

[8]隐治：指暗箱操作。

[9]嗣：通“治”，治理。

[10]濡：迟缓、滞留。

[11]饬：整治、整顿。

【品读】

本篇是《版法》篇的逐句解文，并对原文作了进一步的发挥、延伸。解文作者带有一定的法家倾向。比如，在此节中，作者将原文“风雨无违，远近高下”进一步诠释为“万物尊天而贵风雨”，借此强调“人君之所尊安者，为其威力而令也”。此种解读与原文强调风雨无私无偏的本义有所偏离。

乘夏方长，审治刑赏，必明经纪，陈义[1]设法，断事以理。虚气平心，乃去怒喜。若倍[2]法弃令而行怒喜，祸乱乃生，上位乃殆。故曰：“喜无以赏，怒无以杀。喜以赏，怒以杀，怨乃起，令乃废。骤令而不行，民心乃外，外之有徒，祸乃始牙[3]。众之所忿，寡不能图。”

冬既闭藏，百事尽止，往事毕登[4]，来事未起。方冬无事，慎观终始，审察事理。事有先易而后难者，有始不足见而终不可及者。此常利之所以不举，事之所以困者也。事之先易者，人轻行之，人轻行之，则必困难成之事；始不足见者，人轻弃之，人轻弃之，则必失不可及之功。夫数困难成之事，而时失不可及之功，衰耗之道也。是故明君审察事理，慎观终始，为必知其所成，成必知其所用，用必知其所利害。为而不知所成，成而不知所用，用而不知所利害，谓之妄举。妄举者，其事不成，其功不立。故曰：“举所美必观其所终，废所恶必计其所穷。”

凡人君者，欲民之有礼义也。夫民无礼义，则上下乱而贵贱争。故曰：“庆勉敦敬以显之，富禄有功以劝之，爵贵有名以休之。”

凡人君者，欲众之亲上乡[5]意也，欲其从事胜任[6]也。而众者，不爱则不亲[7]，不教顺则不乡意。是故明君兼爱以亲之，明教顺以道之，便其势，利其备，爱其力，而勿夺其时以利之。如此则众亲上乡意，从事胜任矣。故曰：“兼爱无遗，是谓君心。必先顺教，万民乡风。旦暮利之，众乃胜任。”

治之本二：一曰人，二曰事。人欲必用，事欲必工[8]。人有逆顺，事有称量。人心逆则人不用，事失称量则事不工。事不工则伤，人不用则怨。故曰：“取人以己，成事以质。”

成事以质者，用称量也。取人以己者，度恕而行也。度恕者，度之于己也，己之所不安，勿施于人。故曰：“审用财，慎施报，察称量。故用财不可以啬，用力不可以苦。用财啬则费，用力苦则劳矣。”

奚以知其然也？用力苦则事不工，事不工而数复之，故曰劳矣。用财啬则不当人心，不当人心则怨起。用财而生怨，故曰费。怨起而不复反，众劳而不得息，则必有崩阤[9]堵坏之心。故曰："民不足，令乃辱；民苦殃，令不行。施报不得，祸乃始昌；祸昌而不悟，民乃自图。"

【注释】

[1]义：通"仪"，法度。

[2]倍：通"背"，违背。

[3]牙：通"芽"，萌芽。

[4]登：成熟。

[5]乡：通"向"，亲近。

[6]从事胜任：原文为"从事之胜任"，据王念孙说删。

[7]不爱则不亲：原文此句下有"不亲则不明"，据俞樾说删。

[8]工：精致。

[9]阤(tuó)：倒塌。

【品读】

"己之所不安，勿施于人"一句，当是孔子"己所不欲，勿施于人"的翻版。儒、法融合的趋势十分明显。

凡国无法则众不知所为，无度则事无仪[1]。有法不正，有度不直，则治辟[2]。治辟则国乱。故曰："正法直度，罪杀不赦。杀僇必信，民畏而惧。武威既明，令不再行。"

凡民者，莫不恶罚而畏罪。是以人君严教以示之，明刑罚以致之。故曰："顿卒怠[3]倦以辱之，罚罪有过以惩之，杀僇犯禁以振之。"

治国有三器，乱国有六攻。明君能胜六攻而立三器，则国治；不肖之君不能胜六攻而立三器，故国不治。三器者何也？曰：号令也、斧钺也、禄赏也。六攻者何也？亲也、贵也、货也、色也、巧佞也、玩好也。三器之用何也？曰：非号令无以使下，非斧钺无以畏众，非禄赏无以劝民。六攻之败何也？曰：虽不听而可以得存，虽犯禁而可以得免，虽无功而可以得富。夫国有不听而可以得存者，则号令不足以使下；有犯禁而可以得免者，则斧钺不足以畏众；有无功而可以得富者，则禄赏不足以劝民。号令不足以使下，斧钺不足以畏众，禄赏不足以劝民，则人君无以自守也。然则明君奈何？明君不为六者变更号令，不为六者疑错[4]斧钺，不为六者益损禄赏。故曰："植固而不动，奇邪乃恐。奇革邪化，令往民移。"

【注释】

[1]仪：原文为"机"，据洪颐煊说校改。

[2]辟：通“僻”，邪僻。

[3]怠：原文为“台”，据《版法》正文改。

[4]错：通“措”，设置。

【品读】

“号令、斧钺、禄赏”等“三器”及“亲也、贵也、货也、色也、巧佞也、玩好也”等“六功”的说法，也见于本书《重令》篇。作者能直引《重令》篇的观点，说明该篇成文时间应该更晚。

凡人君者，覆载万民而兼有之，烛[1]临万族而事使之。是故以天地、日月、四时为主、为质，以治天下。天覆而无外也，其德无所不在；地载而无弃也，安固而不动。故莫不生殖。圣人法之以覆载万民，故莫不得其职姓[2]，得其职姓，则莫不为用。故曰：“法天合德，象地无亲。”

日月之明无私，故莫不得光。圣人法之，以烛万民，故能审察，则无遗善，无隐奸。无遗善，无隐奸，则刑赏信必。刑赏信必，则善劝而奸止。故曰：“参于日月。”

四时之行，信必而著明。圣人法之，以事[3]万民，故不失时功。故曰：“伍于四时。”

凡众者，爱之则亲，利之则至。是故明君设利以致之，明爱以亲之。徒利而不爱，则众至而不亲；徒爱而不利，则众亲而不至。爱施俱行，则说君臣、说朋友、说兄弟、说父子。爱施所设，四固不能守。故曰：“说众[4]在爱施。”

凡君所以有众者，爱施之德也。爱有所移，利有所并，则不能尽有。故曰：“有众在废私。”

爱施之德虽行而无私，内行不修，则不能朝远方之君。是故正君臣上下之义，饰[5]父子兄弟夫妻之义，饰男女之别，别疏数之差，使君德臣忠，父慈子孝，兄爱弟敬，礼义章明。如此则近者亲之，远者归之。故曰：“召远在修近。”

闭祸在除怨，非有怨乃除之，所事之地常无怨也。凡祸乱之所生，生于怨咎；怨咎所生，生于非理。是以明君之事众也必经，使之必道，施报必当，出言必得，刑罚必理。如此则众无郁怨之心，无憾恨之意。如此则祸乱不生，上位不殆。故曰：“闭祸在除怨也。”

凡人君所以尊安者，贤佐也。佐贤则君尊、国安、民治，无佐则君卑、国危、民乱。故曰：“备长在[6]乎任贤。”

凡人者，莫不欲利而恶害。是故与天下同利者，天下持之；擅天下之利者，天下谋之。天下所谋，虽立必隳；天下所持，虽高不危。故曰："安高在乎同利。"

【注释】

[1]烛：指照耀。

[2]职：常。姓：通"生"，生产。

[3]事：使。

[4]说众：原文为"四说"，据刘绩说改。说，通"悦"，取悦。

[5]饰：通"饬"，整饬。

[6]在：原文为"存"，据《版法》正文改。

【品读】

此处将"同利"解释为"与天下同利"，是在原有意义上的进一步延伸。实际上，对一个国家来说，无论是国内贸易，还是国际贸易，"与天下同利"是经济往来、交换生产的最基本原则，也是经济自由主义思想的核心理念。

凡所谓能以所不利[1]利人者，舜是也。舜耕历山，陶河滨，渔雷泽，不取其利，以教百姓，百胜举利之。此所谓能以所不利利人者也。所谓能以所不有[2]予人者，武王是也。武王伐纣，士卒往者，人有书社。入殷之日，决钜桥之粟，散鹿台之钱，殷民大说。此所谓能以所不有予人者也。

桓公谓管子曰："今子教寡人法天合德，合德长久。合德而兼覆之则万物受命。象地无亲，无亲安固，无亲而兼载之则诸生皆殖。参于日月，无私葆光。无私而兼照之则美恶不隐。然则君子之为身，无好无恶然已乎？"管子对曰："不然。夫学者所以自化，所以自抚。故君子恶称人之恶，恶不忠而怨妒，恶不公议而名当称，恶不位下而位上，恶不亲外而内放。此五者君子之所恐行，而小人之所以亡[3]，况人君乎？"

【注释】

[1]所不利：指民处不利之时。

[2]所不有：指民处无有之时。

[3]亡：原文为"三"，据赵用贤本改。

【品读】

此两节与本篇内容不甚关联，应是错简误编。不过，此节中"法天和德""象地无亲""参于日月"亦见于《版法》篇。可能是出于上述文字上的关联，整理者将此节辑入此篇解文中。

明法解第六十七

管子解五

明主者，有术数而不可得欺也，审于法禁而不可犯也，察于分职而不可乱也。故群臣不敢行其私，贵臣不得蔽贱，近者不得塞远，孤寡老弱不失其所职，竟内明辨而不相逾越。此之谓治国。故《明法》曰："所谓治国者，主道明也。"

明法[1]者，上之所以一民使下也。私术者，下之所以侵上乱主也。故法废而私行，则人主孤特而独立，人臣群党而成朋。如此则主弱而臣强，此之谓乱国。故《明法》曰："所谓乱国者，臣术胜也。"

明主在上位，有必治之势，则群臣不敢为非。是故群臣之不敢欺主者，非爱主也，以畏主之威势也；百姓之争用，非以爱主也，以畏主之法令也。故明主操必胜之数，以治必用之民；处必尊之势，以制必服之臣。故令行禁止，主尊而臣卑。故《明法》曰："尊君卑臣，非亲也[2]，以势胜也。"

明主之治也，县爵禄以劝其民，民有利于上，故主有以使之；立刑罚以威其下，下有畏于上，故主有以牧之。故无爵禄则主无以劝民，无刑罚则主无以威众。故人臣之行理奉命者，非以爱主也，且以就利而避害也；百官之奉法无奸者，非以爱主也，欲以受[3]爵禄而避罚也。故《明法》曰："百官论职，非惠也，刑罚必也。"

人主者，擅生杀，处威势，操令行禁止之柄以御其群臣，此主道也。人臣者，处卑贱，奉主令，守本任，治分职，此臣道也。故主行臣道则乱，臣行主道则危。故上下无分，君臣共道，乱之本也。故《明法》曰："君臣共道则乱。"

人臣之所以畏恐而谨事主者，以欲生而恶死也。使人不欲生，不恶死，则不可得而制也。夫生杀之柄，专在大臣，而主不危者，未尝有也。故治乱不以法断而决于重臣，生杀之柄不制于主而在群下，此寄生之主也。故人主专以其威势予人，则必有劫杀之患；专以其法制予人，则必有乱亡之祸。如此者，亡主[4]之道也。故《明法》曰："专授则失。"

凡为主而不得行其令，废法而恣群臣，威严已废，权势已夺，令不得出，群臣弗为用，百姓弗为使，竟内之众不制，则国非其国而民非其民。如此者，灭主之道也。故《明法》曰:“令本不出谓之灭。”

明主之道,卑贱不待尊贵而见,大臣不因左右而进,百官条[5]通,群臣显见。有罚者主见其罪,有赏者主知其功。见知不悖,赏罚不差。有不蔽之术,故无壅遏之患。乱主则不然,法令不得至于民,疏远鬲[6]闭而不得闻。如此者,壅主[7]之道也。故《明法》曰:“令出而留谓之壅。”

人臣之所以乘而为奸者,擅主也。臣有擅主者,则主令不得行,而下情不上通。人臣之力,能鬲君臣之间,而使美恶之情不扬闻,祸福之事不通彻,人主迷惑而无从悟。如此者,塞主之道也。故《明法》曰:“下情不上通谓之塞。”

明主者,兼听独断,多其门户。群臣之道,下得明上,贱得言贵。故奸人不敢欺。乱主则不然,听无术数,断事不以参伍[8]。故无能之士上通,邪枉之臣专国,主明蔽而聪塞,忠臣之欲谋谏者不得进。如此者,侵主之道也。故《明法》曰:“下情上而道止,谓之侵。”

人主之治国也,莫不有法令赏罚。是故[9]其法令明而赏罚之所立者当,则主尊显而奸不生;其法令逆而赏罚之所立者不当,则群臣立私而壅塞之,朋党而劫杀之。故《明法》曰:“灭、塞、侵、壅之所生,从法之不立也。”

法度者,主之所以制天下而禁奸邪也,所以牧领海内而奉宗庙也。私意者,所以生乱长奸而害公正也,所以壅蔽失正而危亡也。故法度行则国治,私意行则国乱。明主虽心之所爱而无功者不赏也,虽心之所憎而无罪者弗罚也。案法式而验得失,非法度不留意焉。故《明法》曰:“先王之治国也,不淫意于法之外。”

明主之治国也,案其当宜,行其正理。故其当赏者,群臣不得辞也;其当罚者,群臣不敢避也。夫赏功诛罪,所以为天下致利除害也。草茅弗去,则害禾谷;盗贼弗诛,则伤良民。夫舍公法而行私惠,则是利奸邪而长暴乱也。行私惠而赏无功,则是使民偷幸而望于上也;行私惠而赦有罪,则是使民轻上而易为非也。夫舍公法用私惠[10],明主不为也。故《明法》曰:“不为惠于法之内。”

凡人主莫不欲其民之用也。使民用者,必法立而令行也。故治国使众莫如法,禁淫止暴莫如刑。故贫者非不欲夺富者财也,然而不敢者,法不使也;强者非不能暴弱也,然而不敢者,畏法诛也。故百官之事,案之以法,则奸不生;暴慢之人,诛之以刑,则祸不起;群臣并进,策之以数,则私无所立。故《明法》曰:“动无非法者,所以禁过而外私也。”

人主之所以制臣下者,威势也。故威势在下,则主制于臣;威势在上,则臣制于主。夫蔽主者,非塞其门守其户也,然而令不行、禁不止、所欲不得者，失其威势也。故威势独在于主，则群臣畏敬；法政独出于主，则天下服听[11]。故威势分于臣则令不行，法政出于臣则民不听。故明主之治天下也，威势独在于主而不与臣共，法政独制于主而不从臣出。故《明法》曰："威不两错，政不二门。"

明主者，一度量，立表仪，而坚守之。故令下而民从。法者，天下之程式也，万事之仪表也。吏者，民之所悬命也。故明主之治也，当于法者赏之，违于法者诛之[12]。故以法诛罪，则民就死而不怨；以法量功，则民受赏而无德也。此以法举错之功也。故《明法》曰："以法治国，则举错而已。"

明主者，有法度之制，故群臣皆出于方正之治而不敢为奸。百姓知主之从事于法也，故吏之所使者，有法则民从之，无法则止，民以法与吏相距，下以法与上从事。故诈伪之人不得欺其主，嫉妒之人不得用其贼心，谗谀之人不得施其巧。千里之外，不敢擅为非。故《明法》曰："有法度之制者，不可巧以诈伪。"

权衡者，所以起轻重之数也。然而人不事者，非心恶利也，权不能为之多少其数，而衡不能为之轻重其量也。人知事权衡之无益，故不事也。故明主在上位，则官不得枉法，吏不得为私。民知事吏之无益，故财货不行于吏。权衡平正而待物，故奸诈之人不得行其私。故《明法》曰："有权衡之称者，不可欺以轻重。"

尺寸寻丈者，所以得长短之情也。故以尺寸量短长，则万举而万不失矣。是故尺寸之度，虽富贵众强，不为益长；虽贫贱卑辱，不为损短。公平而无所偏，故奸诈之人不能误也。故《明法》曰："有寻丈之数者，不可差以长短。"

国之所以乱者，废事情而任非誉也。故明主之听也，言者责之以其实，誉人者试之以其官。言而无实者，诛；吏而乱官者，诛。是故虚言不敢进，不肖者不敢受官。乱主则不然，听言而不督其实，故群臣以虚誉进其党；任官而不责其功，故愚污之吏在庭。如此则群臣相推以美名，相假以功伐，务多其佼而不为主用。故《明法》曰："主释法以誉进能，则臣离上而下比周矣；以党举官，则民务佼而不求用矣。"

乱主不察臣之功劳，誉众者，则赏之；不审其罪过，毁众者，则罚之。如此者，则邪臣无功而得赏，忠正无罪而有罚。故功多而无赏，则臣不务尽力：行正而有罚，则贤圣无从竭能；行货财而得爵禄，则污辱之人在官；寄托之人不肖而位尊，则民倍公法而趋有势。如此，则悫愿之人失其职，而廉洁之吏失其治。故《明法》曰："官之失其治也，是主以誉为赏，而以毁为罚也。"

平吏之治官也，行法而无私，则奸臣不得其利焉。此奸臣之所务伤也。

人主不参验其罪过，以无实之言诛之，则人臣[13]不能无事贵重而求推誉，以避刑罚而受禄赏焉。故《明法》曰："喜赏恶罚之人，离公道而行私术矣。"

奸臣之败其主也，积渐积微，使主迷惑而不自知也。上则相为候[14]望于主，下则买誉于民。誉其党而使主尊之，毁不誉者而使主废之。其所利害者，主听而行之。如此，则群臣皆忘主而趋私佼矣。故《明法》曰："比周以相为慝，是故忘主私佼，以进其誉。"

主无术数，则群臣易欺之；国无明法，则百姓轻为非。是故奸邪之人用国事，则群臣仰利害也。如此，则奸人为之视听者多矣。虽有不义[15]，主无从知之。故《明法》曰："佼众誉多，外内朋党，虽有大奸，其蔽主多矣。"

凡所谓忠臣者，务明法术，日夜佐主明于度数之理，以治天下者也。奸邪之臣知法术明之必治也，治则奸臣困而法术之士显。是故邪之所务事者，使法无明，主无悟，而己得所欲也。故方正之臣得用则奸邪之臣困伤矣，是方正之与奸邪不两进之势也。奸邪在主之侧者，不能勿恶也。唯恶之，则必候主间而日夜危之。人主不察而用其言，则忠臣无罪而困死，奸臣无功而富贵。故《明法》曰："忠臣死于非罪，而邪臣起于非功。"

富贵尊显，久有天下，人主莫不欲也。令行禁止，海内无敌，人主莫不欲也。蔽欺侵凌，人主莫不恶也。失天下，灭宗庙，人主莫不恶也。忠臣之欲明法术以致主之所欲而除主之所恶者，奸臣之擅主者，有以私危之，则忠臣无从进其公正之数矣。故《明法》曰："所死者非罪，所起者非功，然则为人臣者重私而轻公矣。"

乱主之行爵禄也，不以法令案功劳；其行刑罚也，不以法令案罪过。而听重臣之所言。故臣有所欲赏，主为赏之；臣欲有所罚，主为罚之。废其公法，专听重臣。如此，故群臣皆务其党，重臣而忘其主，趋重臣之门而不庭。故《明法》曰："十至于私人之门，不一至于庭。"

明主之治也，明于分职，而督其成事。胜其任者处官，不胜其任者废免。故群臣皆竭能尽力以治其事。乱主则不然。故群臣处官位，受厚禄，莫务治国者，期于管国之重而擅其利，牧渔其民[16]以富其家。故《明法》曰："百虑其家，不一图国。"

明主在上位，则竟内之众尽力以奉其主，百官分职致治以安国家。乱主则不然，虽有勇力之士，大臣私之，而非以奉其主也；虽有圣智之士，大臣私之，非以治其国也。故属数虽众，不得进也；百官虽具，不得制也。如此者，有人主之名而无其实。故《明法》曰："属数虽众，非以尊君也；百官虽具，非以任国也。此之谓国无人。"

明主者，使下尽力而守法分，故群臣务尊主而不敢顾其家；臣主之分明，上下之位审，故大臣各处其位而不敢相贵。乱主则不然，法制废而不行，故群臣得务益其家；君臣无分，上下无别，故群臣得务相贵。如此者，非朝臣少也，众不为用也。故《明法》曰："国无人者，非朝臣衰也。家与家务相益，不务尊君也；大臣务相贵，而不任国也。"

人主之张官置吏也，非徒尊其身厚奉之而已也，使之奉主之法，行主之令，以治百姓而诛盗贼也。是故其所任官者大，则爵尊而禄厚；其所任官者小，则爵卑而禄薄。爵禄者，人主之所以使吏治官也。乱主之治也，处尊位，受厚禄，养所与佼，而不以官为务。如此者，则官失其能矣。故《明法》曰："小臣持禄养佼，不以官为事，故官失职。"

明主之择贤人也，言勇者试之以军，言智者试之以官。试于军而有功者则举之，试于官而事治者则用之。故以战功之事定勇怯，以官职之治定愚智；故勇怯愚智之见也，如白黑之分。乱主则不然，听言而不试，故妄言者得用；任人而不官[17]，故不肖者不困。故明主以法案其言而求其实，以官任其身而课其功，专任法不自举焉。故《明法》曰："先王之治国也，使法择人不自举也。"

凡所谓功者，安主上，利万民者也。夫破军杀将，战胜攻取，使主无危亡之忧，而百姓无死虏之患，此军士之所以为功者也。奉主法，治竟内，使强不凌弱，众不暴寡，万民欢尽其力而奉养其主，此吏之所以为功也。匡主之过，救主之失，明理义以道其主，主无邪僻之行，蔽欺之患，此臣之所以为功也。故明主之治也，明分职而课功劳，有功者赏，乱治者诛，诛赏之所加，各得其宜，而主不自与焉。故《明法》曰："使法量功，不自度也。"

明主之治也，审是非，察事情，以度量案之。合于法则行，不合于法则止。功充其言则赏，不充其言则诛。故言智能者，必有见功而后举之；言恶败者，必有见过而后废之。如此则士上通而莫之能妒，不肖者困废而莫之能举。故《明法》曰："能不可蔽而败不可饰也。"

明主之道，立民所欲而求其功，故为爵禄以劝之；立民所恶以禁其邪，故为刑罚以畏之。故案其功而行赏，案其罪而行罚，如此则群臣之举无功者，不敢进也；毁无罪者，不能退也。故《明法》曰："誉者不能进，而诽者不能退也。"

制群臣，擅生杀，主之分也；县令仰制，臣之分也。威势尊显，主之分也；卑贱畏敬，臣之分也。令行禁止，主之分也；奉法听从，臣之分也。故君臣相与，高下之处也，如天之与地也；其分画之不同也，如白之与黑也。故君臣之间明别，则主尊臣卑。如此，则下之从上也，如响之应声；臣之法主也，如景之随形。故上令而下应，主行而臣从，以令则行，以禁则止，以求则得。此之谓易治。故《明法》曰："君臣之间明别，则易治。"

明主操术任臣下，使群臣效[18]其智能，进其长技。故智者效其计，能者进其功。以前言督后事，所效当则赏之，不当则诛之，张官任吏治民，案法试课成功。守法而法之，身无烦劳而分职明[19]。故《明法》曰："主虽不身下为，而守法为之可也。"

【注释】

[1]法：原文为"主"，据王念孙说校改。

[2]非亲也：原文为"非计亲也"，据丁士涵说删改。

[3]受：原文为"爱"，据王念孙说校改。

[4]亡主：原文为"亡王"，据文义改。

[5]条：通顺。

[6]鬲：通"隔"，阻隔。下一"鬲"字同此。

[7]壅主：原文为"壅遏"，据猪饲彦博说校改。

[8]参伍：比较、参验。

[9]是故：原文为"具故"，据猪饲彦博说校改。

[10]私惠：原文为"私意"，据赵用贤本校改。

[11]听：原文为"德"，据王念孙说校改。

[12]当于法者赏之，违于法者诛之：原文为"当于法者诛之"，据刘绩注本补。

[13]人臣：原文为"奸臣"，据俞樾说校改。

[14]候：侦察。

[15]不义：原文为"大义"，据猪饲彦博说校改。

[16]牧渔其民：指鱼肉百姓。

[17]官：原文为"言"，据赵用贤本改。

[18]效：献出。

[19]明：原文无此字，据陶鸿庆说补。

【品读】

本篇是《明法》篇的解文。与原文相同，解文也是一篇反映法家思想的专文。文中明确提出"法""势""术"并用的主张，代表了战国后期逐渐成熟、日趋完备的法家思想。解文对原文主旨理解深刻，认识到位，思维周密，精要钩玄，是《管子》诸解文中最出色、最严谨的一篇。

巨乘马第六十八

管子轻重一

桓公问管子曰："请问乘马[1]。"管子对曰："国无储在令[2]。"桓公曰："何谓国无储在令？"管子对曰："一农之量，壤百亩也，春事二十五日之内。"桓公曰："何谓春事二十五日之内？"管子对曰："日至六十日而阳冻[3]释，七十五日而阴冻[4]释。阴冻释而秇[5]稷，百日不秇稷，故春事二十五日之内耳也。今君立扶台[6]，五衢[7]之众皆作。君过春而不止，民失其二十五日，则五衢之内阻[8]弃之地也。起一人之繇[9]，百亩不举；起十人之繇，千亩不举；起百人之繇，万亩不举；起千人之繇，十万亩不举。春已失二十五日，而尚有[10]起夏作，是春失其地，夏失其苗，秋起繇而无止，此之谓谷地数亡。谷失于时，君之衡藉[11]而无止，民食什伍[12]之谷，则君已藉九矣。有衡求币[13]焉，此盗暴之所以起，刑罚之所以众也。随之以暴，谓之内战。"桓公曰："善哉！"

【注释】

[1]乘马：军赋征发单位。此处泛指计算、谋划。

[2]储：储备。令：政令。

[3]日至：冬至。阳冻：向阳的冻土。

[4]七十五：原文为"七十"，据俞樾说补。阴冻：背阴的冻土。

[5]秇：通"埶"，种植。原文为"杋"，据庞树典说校改。

[6]扶台：建筑名。

[7]衢：道路。

[8]阻：阻隔。

[9]繇：通"徭"，徭役。

[10]有：通"又"，再。

[11]衡：通"横"，横行。藉：通"籍"，征税，此处指田赋。

[12]什伍：指十分之五。

[13]有：通"又"，再。求币：指征收人头税。

【品读】

本篇篇名"巨乘马"疑为"策乘马"之误。因为篇中不见"巨乘马"一词，而出现四处"策乘马"。

作为该章篇首,《管子轻重》主张国家运用轻重理论来实施经济干预、宏观调控。具体来讲,政府要适时进入流通领域,通过廉价收购谷物,操纵粮食价格,以解决财政开支问题。

此节的核心观点是保证民时。作者一针见血地指出,国家的粮食存储状况直接取决于政令。在传统社会里,农业生产具有极强的季节性,只有适度征役、保证民时,才是政令的根本所在。否则,"盗暴"兴作,陷于"内战"。

管子曰[1]:"策乘马之数未[2]尽也。彼王者不夺民时,故五谷兴丰。五谷兴丰,则士轻禄,民简[3]赏。彼善为国者,使农夫寒耕暑耘,力归于上,女勤于纤微而织归于府者,非怨民心伤民意,高下[4]之策,不得不然之理也。"

【注释】

[1]管子曰:原文无此三字,据王念孙说补。

[2]未:原文为"求",据安井衡说校改。

[3]简:怠慢。

[4]高下:指物价高低。

【品读】

"五谷兴丰,则士轻禄,民简赏"说明农业丰收、实现民富并不是政府的真正目的。其最终用意是通过"高下之策",重新在"国"与"民"之间进行收入再分配,使国家尽可能地垄断一切资源,小民"力归于上""织归于府",始终处于仰人鼻息、受制于人的被动境遇。这是一种典型的国家至上理论。

桓公曰:"为之奈何?"管子曰:"虞国[1]得策乘马之数矣。"桓公曰:"何谓策乘马之数?"管子曰:"百亩之夫,予[2]之策:'率二十五[3]日为子之春事,资[4]子之币。'泰[5]秋,子谷大登,国谷之重去分[6]。谓农夫曰:'币之在子者以为谷而廪之州里。'国谷之分在上,国谷之重再十倍[7]。谓远近之县,里、邑百官,皆当奉器械[8]备,曰:'国无币,以谷准[9]币。'国谷之横[10],一切什九[11]。还谷而应谷,国器皆资,无籍[12]于民。此有虞之策乘马也。"

【注释】

[1]虞国:传说虞舜所建之国。

[2]予:原文为"子",据文义改。

[3]二十五:原文为"二十七",据王念孙说校改。

[4]资:资助,此指贷款。

[5]泰:原文为"春",据王念孙说校改,指极大,常作赞美之词。

[6]去：减。分：一半。

[7]再十倍：二十倍。

[8]器械：指军备物资。

[9]准：抵充、折算。

[10]横(huǎng)：物价。

[11]什九：十分之九的暴利。

[12]无藉：指不用征税。

【品读】

此节着重论述了“高下之策”，即策乘马的操作方法。第一，春耕之际，政府主动借贷农民以保障生产。第二，农业丰收之时，农产品因需求弹性较小，价格定会下跌。此时，政府趁机要求农民以谷抵贷，也就是变相低价收购谷物。第三，当市场流通的谷物减少时，政府借机操纵价格，使暴涨粮价。第四，政府利用手中屯积的粮食，轻松换购军需物资，大大缓解财政压力，达到“无藉于民”的目的。轻重论的核心思想为“无藉于民”，即不采取扩大征税的方法，来解决财政开支问题，尤其是反对常规赋税以外的临时性的横征赋敛。

策乘马的高明之处在于：首先，熟谙政府宏观调控的经济职能。政府不仅仅是发号施令者，一心垄断、占有所有资源，竭泽而渔的做法是不对的，而是要更注重经济调控，引导经济健康、有序发展。其次，政府进入流通流域，采用市场手段，利用价值规律，借助价格机制的传动作用，来实现经济调控的目的。最后，“无藉于民”的思想比较先进，比单纯横征暴敛更隐蔽、更明智、更有效。此举通过粮食管控，操纵价格，既剥削农民的部分劳动，又瓜分工商业者的一部分利润。而这一切都在看似平等交换的条件下进行，巧妙地将政府的暴利行为化为无形。

不过，策乘马也有局限之处：其一，丰收之际，农民手中的谷物被政府廉价收购；青黄不接之时，还要向政府高价购买谷物，遭受双重剥削。此举与政府的横征暴敛、法外征税殊途同归，无甚区别，“无藉于民”的实行效果大打折扣。其二，策乘马理论看似奇思妙想、高深莫测，实际上可操作性并不强。其症结在于，未考虑到经济生活中的复杂性，忽略了政府、农民、工商业者之间的博弈、规避行为。也就是说，在政府操纵价格时，农、工、商也定会做出相应的调整、规避。因而，策乘马或许是政府的一厢情愿，只能流于权变，理论意义大于实践意义。

乘马数第六十九

管子轻重二

桓公问管子曰:"有虞策乘马已行矣,吾欲立策乘马,为之奈何?"管子对曰:"战国[1]修其城池之功,故其国常失其地用[2]。王国则以时[3]行也。"桓公曰:"何谓以时行?"管子对曰:"出准[4]之令,守地用人策,故开阖[5]皆在上,无求于民。"

【注释】

[1]战国:战乱之国。

[2]地用:指农业生产。

[3]王国:成就王业之国。时:时机。

[4]准:平准,指调控物价。

[5]阖:关闭。

【品读】

本篇与上篇《巨乘马》文义连贯,与下篇《问乘马》也可能属同一体系。此篇主题仍为国家的经济政策、经济管理和宏观调控,具体涉及价格控制、粮食储备、赈灾荒政、土地政策等诸多方面,不乏真知灼见。"出准之令"是指控制物价、调节市场的政令。"无求于民"与前文"无藉于民"含义相同,皆指政府直接进入流通领域,采用市场手段,解决财政开支,而不是直接向百姓强征暴敛。

"霸国守分上分下[1],游[2]于分之间而用足。王国守始[3],国用一不足则加一焉,国用二不足则加二焉,国用三不足则加三焉,国用四不足则加四焉,国用五不足则加五焉,国用六不足则加六焉,国用七不足则加七焉,国用八不足则加八焉,国用九不足则加九焉,国用十不足则加十焉。人君之守高下,岁藏三分,十年则必有三[4]年之余。若岁凶旱水泆[5],民失本,则修宫室台榭,以前无狗后无彘者为庸[6]。故修宫室台榭,非丽[7]其乐也,以平国策也。今至于其亡策乘马之君,春秋冬夏,不知时终始,作功起众,立宫室台榭。民失其本事,君不知其失诸春策,又失诸夏秋之策[8]也。民无饘[9]卖子数矣。猛毅之人淫暴,贫病之民乞请,君行律度[10]焉,则民被刑僇[11]而不从于主上。此策乘马之数亡也。"

【注释】

[1]霸:原文为“朝”,据赵用贤本改。分上分下:指政府控制一半左右的物资,即下文的“分之间”。

[2]游:游离。

[3]始:根源。

[4]三:原文为“五”,据王引之说校改。

[5]泆:通“溢”。

[6]前无狗后无彘者:指家中无狗、猪的穷人。庸:受雇用的人。

[7]丽:依托。

[8]策:原文为“策数”,据马非百说删改。

[9]糧:通“饘”,粥。

[10]律度:法律制度。

[11]僇:通“戮”,杀。

【品读】

“若岁凶旱水泆,民失本,则修宫室台榭,以前无狗后无彘者为庸。故修宫室台榭,非丽其乐也,以平国策也。”这是本篇最为精彩的一段话。其核心思想为以工代赈,是指在遭受水旱灾害的特殊时期,政府不只是通过无偿的财政拨款来赈济灾民,而是通过修建宫殿、楼宇等大型工程的方式,向灾民提供就业机会,以解决其生计问题,达到减灾、赈灾的最终目的。当然,政府修建宫殿赈灾的做法,只是特殊情况下的权宜之计,须慎之又慎。文中作者就着重批评“不知时终始,作功起众,立宫室台榭”的错误做法,反对那种不合时宜、不顾民力的滥建行为。

在先秦经济思想中,此种“以工代赈”的观点可谓独树一帜,卓异超群。在伦理至上的古代社会,作者能挣脱传统伦理观念的束缚,完全从经济的角度来思考现实问题,实为难能可贵。然而,由于与传统观念的背离以及缺乏一定的可操作性,管子“以工代赈”的新奇观点终究曲高和寡,缺乏回应,问世千余年来一直沦为奇谈怪论。直至北宋,名臣范仲淹主政浙西时实行荒政,深得其法。沈括《梦溪笔谈》记载,当时吴中地区爆发饥荒,范仲淹在赈济饥民的同时,大力举办龙舟大赛,亲自出行宴游,并扩建粮仓及官舍,鼓励寺庙大兴土木。此种做法旋即遭到监司的弹劾。而范仲淹上书自辩云:“所以宴游及兴造,皆欲以发有馀之财以惠贫者。贸易、饮食、工技、服力之人,仰食于公私者,日无虑数万人。荒政之施,莫此为大。”果然不久,“两浙唯杭州晏然,民不流徙”①。由此可知:其一,我国古代“以工代赈”的做法要背负着一定的政治风险,并与主流伦理价值相背离,很难获得官方甚至民间认可,影

① (宋)沈括著,侯真平校点:《梦溪笔谈》,岳麓书社2002年版,第85、86页。

响其真正的实施运行;其二,"以工代赈"并不能完全取代开仓赈粮的传统方式,只是一种补充手段而已;其三,范仲淹的成功之处是将"以工代赈"思想用对了地方,即商品经济发达的繁华都市,而非边远的农村地区,故效果颇佳。

在西方,直到古典政治经济学阶段才出现类似的思想。17世纪英国经济学家威廉·配第说道:"比如搞盛大的集会,看起来毫无意义,但是正是这种盛大集会的支出使得被征收上来的货币立刻回到了那些对社会最有用的人手里,也就是回到了酿酒师、烤面包师、鞋匠、裁缝等人手里。"①他甚至还提议让闲散劳动力"到索尔兹布里平原修建毫无用处的金字塔"②。后来,凯恩斯创立的宏观经济学正式强调政府干预的必要性,提出通过修建桥梁、大坝等公共工程来雇佣失业人员,解决社会有效需求不足的问题。人类历史上"以工代赈"最成功的范例当属美国的"罗斯福新政",其成功地将美国从史无前例的经济大萧条之中拯救了出来。

"乘马之准[1],与天下齐准。彼物轻则见泄[2],重则见射[3]。此斗国相泄,轻重之家相夺也。至于王国,则持流[4]而止矣。"桓公曰:"何谓持流?"管子对曰:"有一人耕而五人食者,有一人耕而四人食者,有一人耕而三人食者,有一人耕而二人食者。此齐力而功地[5]。田策相员[6],此国策之时守也。君不守以策,则民且守于下[7],此国策流[8]已。"

【注释】

[1]准:标准,指物价水平。

[2]轻:指价格偏低。泄:流散。

[3]重:指价格偏高。射:谋取、射利。

[4]持流:控制流通。

[5]功地:种地。

[6]田:指农业。策:指物价调控。员:运行。

[7]下:原文为"上",据猪饲彦博说校改。

[8]流:流失。

【品读】

"彼物轻则见泄,重则见射"是极具特色的国际贸易理论。具体是指当本国某种商品价格过低,就可能流向国外以寻求高价;当本国某种商品价格奇高时,别国商品就会为逐利而涌入倾销。政府可以利用此种理论进行国际贸易的价格战,控制战略物资,甚至摧毁敌国经济。

① [英]威廉·配第著,邱霞等译:《赋税论》,华夏出版社2006年版,第27页。

② [英]威廉·配第著,邱霞等译:《赋税论》,华夏出版社2006年版,第23页。

桓公曰："乘马之数尽于此乎？"管子对曰："布织财物，皆立其赀[1]。财物之赀与币高下，谷独[2]贵独贱。"桓公曰："何谓独贵独贱？"管子对曰："谷重而万物轻，谷轻而万物重。"

【注释】

[1]赀：价格。

[2]独：单独。

【品读】

"谷重而万物轻，谷轻而万物重"反映了古代的小农社会下，人们对粮食的重要性、普遍性的直觉认识。谷物在社会总产品所占比重较大，又易受自然条件的影响，价格波动较大，故其他商品与它常常有一定的比价关系。此外，谷物虽然不同于金银充当流通媒介、行使价值衡量的职能，但在战乱、饥荒之际，谷物常常替代货币，行使一般等价物的职能，自然而然地出现了谷轻物重、谷重物轻的经济现象。

公曰："贱[1]策乘马之数奈何？"管子对曰："郡县上臾[2]之壤守之若干，间[3]壤守之若干，下壤守之若干。故相壤定籍而民不移，振贫补不足，下乐上。故以上壤之满补下壤之虚[4]，章[5]四时，守诸开阖，民之不移也，如废方[6]于地。此之谓策乘马之数也。"

【注释】

[1]贱：通"践"，实行。

[2]臾：通"腴"，肥沃。

[3]间：中等。

[4]虚：原文为"众"，据俞樾说校改。

[5]章：通"障"，阻挡、干预。

[6]废：放下。方：指方形之物。

【品读】

"策乘马"的核心举措是"相壤定籍"，即按照土地肥力差异，制定不同的赋役标准，保证税赋相对公平，确保百姓安土重业。"相壤定籍"的思想大概源于《小匡》篇的"相地而衰征"。它对后世也颇有影响。如《后汉书·秦彭传》载："兴起稻田数千顷，每于农月，亲度顷亩，分别肥塉，差为三品，各立文簿，藏之乡县。于是奸吏跼蹐，无所容诈。"此外，文中"郡县"一词的出现，说明此篇成文时间较晚。

事语第七十一

管子轻重四

桓公问管子曰："事之至数[1]可闻乎？"管子对曰："何谓至数？"桓公曰："泰奢[2]教我曰：'帷[3]盖不修，衣服不众，则女事不泰[4]。俎豆[5]之礼不致牲，诸侯太牢[6]，大夫少牢[7]，不若此，则六畜不育。非高其台榭，美其宫室，则群材不散。'此言何如？"管子曰："非数也。"桓公曰："何谓非数？"管子对曰："此定壤之数也。彼天子之制，壤方千里，齐诸侯方百里，负[8]海子七十里，男五十里，若胸臂之相使也。故准徐疾、赢[9]不足，虽在下也，不为君忧。彼壤狭而欲举与大国争者，农夫寒耕暑芸[10]，力归于上，女勤于缉绩徽织[11]，功归于府者，非怨民心伤民意也，非有积蓄不可以用人，非有积财无以劝下。泰奢之数，不可用于危隘之国。"桓公曰："善。"

【注释】

[1]至数：最好的策略。

[2]泰奢：假托人名。原文为"秦奢"，据姚永概说校改。

[3]帷：围在四周的布幕。

[4]泰：通达。

[5]俎豆：盛祭品的礼器。

[6]太牢：指牛、羊、猪全具的祭礼。

[7]少牢：指羊、猪二牲的祭礼。

[8]负：背靠。

[9]准：调节。徐疾：缓急。赢：多余。

[10]芸：通"耘"，除草。

[11]缉绩徽织：泛指纺织之事。

【品读】

篇名《事语》当与首句"事之至数"相关。本篇反对政府奢侈铺张，似与《侈靡》篇观点相背。不过，篇中强调"力归于上"的国家本位主义，及所主张"壤辟举则民留处，仓廪实则知礼节"，倒与管子的原生态思想相契合。

本节中，作者主张国家经济政策的制定要立足于本国国情，一切从实际出发。对于"壤狭""危隘"的小国来说，其政府的财政开支要量力而行，不能奢侈无度，要善于聚集民力，强化管控，增强政府自身的经济调控能力，实现利出一孔、力归于上的既定目标。

桓公又问管子曰："佚田谓寡人曰：'善者用非其有，使非其人，何不因诸侯权以制天下？'"管子对曰："佚田之言非也。彼善为国者，壤辟举则民留处，仓廪实则知礼节。且无委致围，城脆致冲[1]。夫不定内，不可以持天下。佚田之言非也。"管子曰："岁藏一，十年而十也。岁藏二，五年而十也。谷十而守五，绨素[2]满之，五在上。故视岁而藏，县时[3]积岁，国有十年之蓄，富胜贫，勇胜怯，智胜愚，微胜不微，有义胜无义，练士胜驱众[4]。凡十胜者尽有之。故发如风雨，动如雷霆，独出独入，莫之能禁止，不待权与[5]。故佚田之言非也。"桓公曰："善。"

【注释】

[1]脆：原文为"肥"，据赵用贤本改，不坚。冲：冲车，此处指攻城。

[2]绨素：据丁士涵说，读为"夷疏"，剪取菜蔬。

[3]县时：长久。

[4]练士：受过训练的士兵。驱众：临时拼凑的乌合之众。

[5]权与：盟国。

【品读】

发展农业，积蓄粮食，是战争胜利的关键。当丰收之际，国家要将粮食的一成（十分之一）贮藏起来。十年以后，就能达到十成的存粮。如果每年蓄藏二成的话，五年就达到十成。这十成的存粮拿出五成来调节灾荒，不够的话就用蔬菜等来补足，剩下的五成则完全由政府控制。长此以往，国家就会拥有十年的储粮，为战争胜利奠定雄厚的物质基础。

海王第七十二

管子轻重五

桓公问于管子曰："吾欲藉于台榭[1]何如？"管子对曰："此毁成[2]也。""吾欲藉于树木？"管子对曰："此伐生也。""吾欲藉于六畜？"管子对曰："此杀生也。""吾欲藉于人[3]，何如？"管子对曰："此隐情[4]也。"桓公曰："然则吾何以为国？"管子对曰："唯官[5]山海为可耳。"

【注释】

[1]藉：通"籍"，指征税。榭：原文为"雉"，据王引之说校改。

[2]成：已成之物。

[3]藉于人：指征税人头税。

[4]隐情：隐藏情欲。

[5]官：通"管"，管理，此处指垄断。

【品读】

本篇核心是"官山海"政策，即政府通过盐、铁专卖政策，进行垄断销售，以牟取巨额利润，达到无税而王天下的目的。许多学者认为篇名有所脱漏，应为"山海王"。不过，先秦文献篇名的命名较为随意，甚至无有，故不必过分在意。

此节首倡政府盐铁专卖。对于强制征收的财产税、人头税，百姓可以通过"毁成""伐生""杀生"等极端方式来逃税、漏税。相较而言，政府通过盐铁专卖，可将赋税加到盐铁之中，寓税于价，化税于无形。这种征税方式更为隐蔽、有效。因为盐铁是民生之经用，是人们生产、生活中不可或缺的物品，需求弹性较小。再加之，由于盐铁受到原料产地的限制，及其对技术要求较高，老百姓很难进行自我生产，必须仰仗于市场的供给。

大凡提到古代盐铁专卖，人们多会想到汉武帝。其实在武帝之前，战国时期官营盐铁机构就已经存在，只不过未大范围普及罢了。如《左传・昭公二十年》载齐国"海之盐蜃，祈望守之"。云梦秦简《秦律杂抄》中记有秦国设"右采铁""左采铁"①官职。诸侯国多半采取官营与私营并行的方式。一般

① 睡虎地秦墓竹简整理小组编：《睡虎地秦墓竹简》，文物出版社1978年版，第138页。

来说，私人先发现矿藏，然后政府的触角才随之进入。对于偏僻边远、产量不高，或不便集中控制的盐铁之地，多采取民间私营、政府收税的方式。时至汉初，这一状况仍未改变。汉初《二年律令·金布律》载："诸私为菌(卤)盐，煮济、汉，及有私盐井煮者，税之，县官取一，主取五""采铁者五税一；其鼓销以为成器，有(又)五税一"①。

……………………………………

桓公曰："何谓官山海？"管子对曰："海王之国，谨正[1]盐策。"桓公曰："何谓正盐策？"管子对曰："十口之家十人食盐，百口之家百人食盐。终月，大男食盐五升少半[2]，大女食盐三升少半，吾子[3]食盐二升少半。此其大历[4]也。盐百升而釜[5]。令盐之重升加分强[6]，釜五十也；升加一强，釜百也；升加二强，釜二百也。钟二千，十钟二万，百钟二十万，千钟二百万。万乘之国，人数开口[7]千万也。禺[8]策之，商[9]日二百万，十日二千万，一月六千万。万乘之国，正人[10]百万也。月人三十钱之籍，为钱三千万。今吾非籍之诸君吾子，而有二国之籍者六千万。使君施令曰：吾将籍于诸君吾子，则必嚣号[11]。今夫给之盐策，则百倍归于上，人无以避此者。数也。"

【注释】

[1]正：通"征"，征收。

[2]少半：三分之一升。

[3]吾子：指小男、小女。

[4]大历：大数。

[5]釜：齐国量器。

[6]分：半。强：通"繦"，钱绳，此处指钱。

[7]开口：口食人数。

[8]禺：通"偶"，合。

[9]商：计算。

[10]人：原文为"九"，据俞樾说校改。

[11]嚣(xiāo)号：喧哗号叫。

【品读】

作者主张通过提高盐价来获取巨额利润，即政府积极进入流通领域，控制盐的销售，制定垄断价格，来牟取暴利。为此，作者算了一笔精细账，将盐铁官营的获利额与人头征税额进行横向比较，发现盐铁专卖不仅获利更多，而且隐蔽性强，百姓很难规避、逃税。

---

① 张家山二四七号汉墓竹简整理小组编著：《张家山汉墓竹简[二四七号墓](释文修订本)》，文物出版社2006年版，第68页。

“今铁官之数曰:一女必有一针一刀[1],若其事立;耕者必有一耒一耜[2]一铫,若其事立;行服连轺辇[3]者必有一斤一锯一锥一凿,若其事立。不尔[4]而成事者天下无有。令[5]针之重加一也,三十针一人之籍;刀之重加六,五六三十,五刀一人之籍也;耜铁之重加十[6],三耜铁一人之籍也。其余轻重皆准此而行。然则举臂胜事[7],无不服籍者。”

【注释】

[1]刀:剪刀。

[2]耒:古代翻土农具,犁的前身。耜:耒下端铲土的部分,铧的前身。

[3]连:辇,人力推车。轺(yáo):轻便的小马车。辇(jú):马拉大车。

[4]尔:这样。

[5]令:原文为“今”,据赵用贤本改。

[6]耜铁:铁铧。十:原文为“七”,据王引之说校改。

[7]举臂胜事:指动手做事的人。

【品读】

此节直云“铁官之数”,说明战国时期铁官的国营机构就已存在。不过,与盐的专卖相比,铁的专卖弊端较多:其一,由于铁产品种类的多样性,官营作坊很难满足市场千差万别的需求,产与销往往不匹配;其二,官营机构管理死板,效率低下,产品质量很难保证。这也是历史上铁官专卖存续不久的原因。

桓公曰:“然则国无山海不王乎?”管子曰:“因人之山海假之。名有海之国雠[1]盐于吾国,釜五十[2],吾受而官出之以百。我未与其本事也,受人之事,以重相推。此用人[3]之数也。”

【注释】

[1]名:通“命”,命令。雠:售卖。

[2]五十:原文为“十五”,据王引之说校改。

[3]用人:原文为“人用”,据郭沫若说校改。

【品读】

此节着重论述盐、铁资源匮乏之国的“官山海”政策——因人之山海假之。不过,盐铁官营固然可以分割盐铁商人的利润,有效弥补财政赤字,但是它所带来的奇高的价格、苦恶的产品,却是作者所未曾预见到的。

国蓄第七十三

管子轻重六

国有十年之蓄，而民不足于食，皆以其技能望君之禄也；君有山海之金[1]，而民不足[2]于用，是皆以其事业交接于君上也。故人君挟其食，守其用，据有余而制不足，故民无不累[3]于上也。五谷食米，民之司命也；黄金刀币，民之通施[4]也。故善者执其通施以御其司命，故民力可得而尽也。

【注释】

[1]金：钱财。

[2]足：原文为“罪”，据赵用贤本改。

[3]累：系。

[4]通：流通。施：用。

【品读】

篇名《国蓄》应源自首句。在轻重论诸篇中，唯其文风卓异，并未采用桓公与管子对话的问答体，而是总述轻重论的基本原理，思想深邃，内容全面，起到提纲挈领的作用。

“五谷食米，民之司命也；黄金刀币，民之通施也。”这是我国在农业文明下，人们对粮食、货币职能的特有认识。与西方海洋文明不同，先秦时期海外贸易几乎无有，农业才是立国之本，而货币“饥不能食，寒不能衣”的表象使得人们对其流通职能有足够清醒的认识，很难将财富的来源归结为货币本身，进而形成一种货币“拜物教”。

……………………………………

夫民者信亲而死利[1]，海内皆然。民予则喜，夺则怒，民情皆然。先王知其然，故见予之形，不见夺之理。故民爱可洽[2]于上也。租籍[3]者，所以强求也；租税[4]者，所虑而请[5]也。王霸之君去其所以强求，废[6]其所虑而请。故天下乐从也。

【注释】

[1]死利：为利而死。

[2]洽：融洽。

[3]租籍：指临时强行征税。

[4]租税：指常规赋税。

[5]虑：谋划。请：求，此处指征税。

[6]废：置。

【品读】

此节是从人性的角度来论证法外强行征税的弊端。实际上，作者是主张用“见予之形”的经济杠杆来代替“见夺之理”的行政命令的，这是因为运用经济手段比单纯的行政命令更加隐蔽、更加有效，更能够达到“无藉于民而国利归于君”的境界。

利出于一孔[1]者，其国无敌；出二孔者，其兵不诎[2]；出三孔者，不可以举兵；出四孔者，其国必亡。先王知其然，故塞民之羡[3]，隘[4]其利途。故予之在君，夺之在君，贫之在君，富之在君。故民之戴[5]上如日月，亲君若父母。

【注释】

[1]孔：小洞。

[2]诎：通“屈”，屈服。

[3]羡：原文为“养”，据闻一多说校改，指多余。

[4]隘：狭小，此处指阻碍。

[5]戴：拥护。

【品读】

“利出一孔”的实质就是限制富贾大商的财富增值，阻塞其牟取暴利的途径，以加强中央财权的掌控。只有君主将财权揽于一身，才能具有调控、干预经济的实力，做到“予之在君，夺之在君，贫之在君，富之在君”。

凡将为国，不通于轻重，不可为笼[1]以守民；不能调通民利，不可以语制为大治。是故万乘之国有万金之贾，千乘之国有千金之贾，然者何也？国多失利，则臣不尽其忠，士不尽其死矣。岁有凶穰[2]，故谷有贵贱；令有缓急，故物有轻重。然而人君不能治，故使蓄贾[3]游市，乘民之不给，百倍其本。分地若一，强者能守；分财若一，智者能收。智者有什倍人之功，愚者有不赓[4]本之事。然而人君不能调，故民有相百倍之生也。夫民富则不可以禄使也，贫则不可以罚威也。法令之不行，万民之不治，贫富之不齐也。且君引錣[5]量用，耕田发草，上得其数矣。民人所食，人有若干步[6]亩之数矣，计本量委[7]则足矣。然而民有饥饿不食者何也？谷有所藏也。人君铸钱立币，民庶之通施也。人有若干百千之数矣。然而人事不及、用不足者何也？利有所并[8]也。然则人君非能散积聚，钧羡不足，分并财利而调民事也，则君虽强本趣[9]耕，而自为铸币而无已，乃今使民下相役耳，恶能以为治乎？

【注释】

[1]笼：笼子，此处指控制。

[2]穰（ráng）：丰收。

[3]蓄贾：蓄积的商人。

[4]赓：赔偿。

[5]引：拿出。鑀（zhuì）：计数的筹码。

[6]步：古时丈量土地的单位。

[7]委：积聚。

[8]并：原文为"并藏"，据王念孙说删改。

[9]趣：通"促"。

【品读】

作者认为，如果政府不懂得运用轻重论，就无法实现"大治"。"轻重"本意是指重量的多少，而在轻重论中则演变为一个专业术语，专指市场中各类经济指标的动态变化，诸如物价的高低、谷物的多少、货币的多少、价值的高低等。轻重论的核心是国家利用手中的权力资源，进入流通流域，调节供需状况来影响市场价格，最终导致社会总产品的重新分配。

政府运用轻重论的目的是解决"贫富之不齐"，即贫富差距问题。作者分析造成贫富悬殊的因素有：一是"岁有凶穰"一类的自然因素；二是个体愚智不同，才能各异；三是蓄贾大商操纵价格，巧取豪夺。因而，蓄贾大商成为政府首要压制、改造的对象。当然，解决贫富差距的初衷并不是维护老百姓的福祉，而是巩固君主自身的统治。因为"民富则不可以禄使也，贫则不可以罚威也"。不过，作者大胆提出从分配领域着手解决贫富不均问题，还是相当有积极意义的。

……………………………………

岁适美[1]，则市粜无予[2]，而狗彘食人食。岁适凶，则市籴釜十繦，而道有饿民。然则岂壤力固不足而食固不赡[3]也哉？夫往岁之粜贱，狗彘食人食，故来岁之民不足也。物适贱，则半力[4]而无予，民事不偿其本；物适贵，则什倍而不可得，民失其用。然则岂财物固寡而本委不足也哉？夫民利之时失，而物利之不平也。故善者委施于民之所不足，操事于民之所有余。夫民有余则轻之，故人君敛之以轻；民不足则重之，故人君散之以重。敛积之以轻，散行之以重，故君必有十倍之利，而财之櫎[5]可得而平也。

【注释】

[1]适：遇。美：丰年。

[2]无予：指卖不出去。予，卖。

[3]赡：充足。

[4]半力：一半工力，指半价。

[5]横：物价。

【品读】

政府通过适时收购、投放谷物来平抑粮价是轻重论在社会经济生活中最基本的应用。这首先要从农业的特性谈起。农产品季节性强、周期长、不易调整，又集中上市，不便保存，因而其需求弹性较小，少了不行，多了难办，常常出现“谷贱伤农”的现象。即便到今天，各国政府也都要保护、补贴农业生产。

运用轻重论进行宏观调控的具体做法为：在丰收季节，粮价下跌，政府“敛之以轻”，低价收购，以拉升需求，导致价格回升；在歉收季节，粮价上升，政府“散行之以重”，即投放存粮于市场，增加供给，导致价格回落。最终粮价得到平抑，百姓免受投机商人的盘剥，政府也从贱买贵卖中获利。战国李悝的平粜法与此做法相似，后世的常平仓也源于此。

凡轻重之大利，以重射轻[1]，以贱泄平[2]。万物之满虚随时[3]，准平而不变，衡绝则重见[4]。人君知其然，故守之以准平，使万室之都必有万钟之藏，藏繦千万；使千室之都必有千钟之藏，藏繦百万。春以奉耕，夏以奉芸[5]。耒耜械器，种穰[6]粮食，毕取赡于君。故大贾蓄家不得豪夺吾民矣。然则何？君养其本谨也。春赋[7]以敛缯帛，夏贷以收秋实，是故民无废事而国无失利也。

【注释】

[1]以重射轻：以高价来收购滞销的廉价商品。

[2]以贱泄平：以低价卖出商品使物价保持稳定。

[3]时：原文为“财”，据张佩纶说校改。

[4]衡：平衡。重：再。见：通“现”，显现。

[5]芸：通“耘”，除草。

[6]种穰：种子。种，原文为“钟”，据赵用贤本改。穰，原文为“饟”，据闻一多说校改。

[7]赋：给予，此处指放贷。

【品读】

“凡轻重之大利，以重射轻，以贱泄平”是轻重论的基本原理，即高价收购廉价产品，低价投放以稳定物价。“万物之满虚随时，准平而不变”，类似于价值规律，指随着供求关系的波动，价格围绕价值上下波动。“衡绝则重见”中的“衡”可理解为微观经济学中的“均衡价格”。也就是说，如果供需双方进一步发生变动，原有的均衡价格被打破，会出现新的均衡价格，这就是所谓的动态均衡。

“万室之都必有万钟之藏，藏缰千万；使千室之都必有千钟之藏，藏缰百万”，是指政府手中必须握有宏观调控经济的本钱。在金属货币时代，由于货币具有贮藏职能，政府必须拥有足够数量的货币与物资，才能运用轻重论调控、干预经济。

“春赋以敛缯帛，夏贷以收秋实”，是轻重论思想的补充。即在青黄不接之际，政府赊贷粮种，以资助农民生产。至收获季节，农民不得不以收获的谷物来还贷。此举既解决了农民生产不足的问题，又限制了蓄家大贾的盘剥，同时使政府廉价获得大量急需的物资，解决了财政不足的问题。

凡五谷者，万物之主也。谷贵则万物必贱，谷贱则万物必贵。两者为敌，则不俱平。故人君御谷物之秩[1]相胜，而操事于其不平之间。故万民无籍而国利归于君也。夫以室庑[2]籍，谓之毁成；以六畜籍，谓之止生；以田亩籍，谓之禁耕；以正人籍，谓之离情；以正户籍，谓之养赢[3]。五者不可毕用，故王者遍行而不尽也。故天子籍于币，诸侯籍于食。中岁之谷，粜石十钱。大男食四石，月有四十之籍；大女食三石，月有三十之籍；吾子食二石，月有二十之籍。岁凶谷贵，籴石二十钱，则大男有八十之籍，大女有六十之籍，吾子有四十之籍。是人君非发号令收穑[4]而户籍也，彼人君守其本委谨，而男女诸君吾子无不服籍者也。一人廪食[5]，十人得余；十人廪食，百人得余；百人廪食，千人得余。夫物多则贱，寡则贵，散[6]则轻，聚[7]则重。人君知其然，故视国之羡不足而御其财物。谷贱则以币予[8]食，布帛贱则以币予衣。视物之轻重而御之以准。故贵贱可调而君得其利。

【注释】

[1]秩：读为“迭”，更。

[2]室庑：房屋。

[3]赢：盈余，指大户人家。

[4]穑：收获，此指收敛。

[5]廪食：发放粮食，此处指政府有偿借贷。

[6]散：流散。

[7]聚：囤积。

[8]予：交换、购买。

【品读】

“万民无籍而国利归于君”是此节的核心观点。以谷物为例，政府在丰歉时节，通过贱买贵卖，既平抑了粮价，抑制了商人的投机行为，又谋取了巨利。与单纯地强制征税相比，此举不仅利润可观，百姓也容易被看似公平交换的市场行为所欺骗，只能安于现状，任人宰割。

“散则轻，聚则重”是轻重论的基本原理。由于市场价格受到供求关系的影响，“物多则贱，寡则贵”，因而人为地向市场大量投放某种商品，可能导致价格回落；人为地囤积、缩减其流通量，价格又可能回升。如现代社会中，石油输出国组织人为地调整石油产量的做法、房地产商的捂盘销售以及手机厂商的饥饿销售法，都属于此类办法。

前有万乘之国，而后有千乘之国，谓之抵[1]国。前有千乘之国，而后有万乘之国，谓之距[2]国。壤正方，四面受敌，谓之衢[3]国。以百乘衢处，谓之讬食[4]之君。千乘衢处，壤削太半[5]。万乘衢处，壤削少半。何谓百乘衢处讬食之君也？夫以百乘衢处，危慑围阻千乘万乘之间。大[6]国之君不相中，举兵而相攻，必以为扞挌[7]蔽圉之用，有功利不得乡[8]。大臣死于外，分壤而功；列陈[9]系累获虏，分赏而禄。是壤地尽于功赏，而税臧殚[10]于继孤也。是特名罗[11]于为君耳，无壤之有。号有百乘之守，而实无尺壤之用，故谓讬食之君。然则大国内款[12]，小国用尽，何以及此？曰：百乘之国，官赋轨符[13]，乘四时之朝夕[14]，御之以轻重之准，然后百乘可及也。千乘之国，封天财之所殖[15]，械器之所出，财物之所生，视岁之满虚而轻重其禄，然后千乘可足也。万乘之国，守岁之满虚，乘民之缓急，正其号令而御其大准[16]，然后万乘可资也。

【注释】

[1]抵：通“牴”，牛角向前，此指强敌在前。
[2]距：雄鸡爪子后面突出的像脚趾的部分，此处指强敌在后。
[3]衢：四通八达的道路，此处指四面受敌。
[4]讬食：寄生。
[5]太半：原文为“少半”。下句“少半”原文为“太半”，据陶鸿庆说改。
[6]大：原文为“夫”，据王念孙说校改。
[7]扞(hàn)挌：互相抵触。
[8]乡：通“享”，享用。
[9]陈：通“阵”，军阵。
[10]殚：原文为“弹”，据文义改，意为尽。
[11]特：只。罗：列。
[12]款：空，空虚。
[13]轨符：法定契券。
[14]朝夕：通“潮汐”，指价格波动。
[15]封：封闭，指垄断。殖：生产。
[16]大准：指平衡全国物价。

【品读】

此节是为地理位置处于劣势的万乘、千乘、百乘之国专门设计的一套轻重理论。不少学者认为《管子·轻重》篇是汉朝人所著。不过，从此处来看，窃以为非。因为汉朝人没有必要虑及此类特殊问题，显然应是战国时期的学者们所关注的命题。

……………………………………

玉起于禺氏[1]，金起于汝汉[2]，珠起于赤野，东西南北距周七千八百里。水绝壤断，舟车不能通。先王为其途之远，其至之难，故托用于其重，以珠玉为上币，以黄金为中币，以刀布[3]为下币。三币握之则非有补于暖也，食之则非有补于饱也，先王以守财物，以御民事，而平天下也[4]。今人君籍求于民，令曰十日而具，则财物之贾[5]什去一；令曰八日而具，则财物之贾什去二；令曰五日而具，则财物之贾什去半；朝令而夕具，则财物之贾什去九。先王知其然，故不求于万民而籍于号令也。

【注释】

[1]禺氏：月氏，古民族名。

[2]汝汉：汝水、汉水。

[3]刀：刀币。布：布币。

[4]平天下也：《通典·食货八》引文“平天下也”后有“是以命之曰衡。衡者，使物一高一下，不得有调也”。

[5]贾：通“价”，价格。

【品读】

作者从货币起源谈起，认为珠玉、黄金不为中原特产，因长途运入，稀缺性强，价值高，故被选作货币。此说有一定的合理性。古代贝壳曾作为一般等价物，后被弃用的原因就是其不再稀缺，价值极低，无法行使价值衡量职能。而黄金成为货币是商品经济发展到一定阶段的产物，与其价值高、体积小、便携带、好保存、易分割的特性有关。不过，春秋战国时期，上币珠玉是高级奢侈品，一般不流通；中币黄金由于产量不高，价值高，只适用于赏赐和大额支付；下币铜币才是日常流通使用的货币。

“三币握之则非有补于暖也，食之则非有补于饱也”说明在小农经济下，人们对货币职能有着与生俱来的清醒认识。作者始终未把金银货币当作财富的唯一来源，似乎意识到它本身所具有的流通手段，甚至贮藏职能，进而把货币当作控制万物、掠夺民财的调控手段。

此节主张政府可以通过“号令”的缓急，逼迫百姓纷纷抛售手中财物来变现缴税，从而导致财物价格急剧下跌，为政府廉价收购创造机会。这种做法充分凸显了一些轻重论学者醉心于经济规则游戏的研究，经济思维模式渐趋固化，伦理道德、价值判断早已抛置脑后了。

山国轨第七十四

管子轻重七

桓公问管子曰："请问官国轨[1]。"管子对曰："田有轨，人有轨，用[2]有轨，乡有轨，人事有轨，币有轨，县有轨，国有轨。不通于轨数而欲为国，不可。"

【注释】

[1]官：通"管"。轨：法度，此处指统计工作。

[2]用：费用。

【品读】

篇名"山国轨"之"山"字无意义，与后篇《山权数》《山至数》体例相似。"国轨"指国家统计工作。实际上，作者俨然将其作为货币轻重论的代称。本篇中不仅强调基础统计工作的必要性，而且将货币这一因素纳入轻重论之中，由"散则轻，聚则重"的基本原理衍伸出"币重万物轻"的高级原理，扩大了轻重论在时间、空间上的应用。

……………………………………

桓公曰："行轨数奈何？"对曰："某乡田若干？人事之准[1]若干？谷重若干？曰：某县之人若干？田若干？币若干而中[2]用？谷重若干而中币？终岁度[3]人食，其余若干？曰：某乡女胜事者终岁绩[4]，其功业若干？以功业直时[5]而櫎之，终岁，人已衣被之后，余衣若干？别群轨，相[6]壤宜。"

【注释】

[1]人事：指日常费用。准：标准。

[2]中：相当。

[3]度：估计。

[4]绩：纺织。

[5]直：通"值"。时：时价。

[6]相：观察。

【品读】

经济决策的依据是详细的统计数据，其中土地、人口、粮食、货币以及衣服状况是基层统计的重点。由于较早成熟的文官制度体系以及赋役制度的需要，我国经济统计工作一直较为发达。从云梦秦律中可知经济统计占据了基层官吏的大部分工作时间，只不过此篇称作“轨”，秦律称为“计”而已。

桓公曰：“何谓别群轨，相壤宜？”管子对曰：“有莞蒲[1]之壤，有竹前[2]檀柘之壤，有汜[3]下渐泽之壤，有水潦[4]鱼鳖之壤。今四壤之数，君皆善官而守之，则籍于财物，不籍于人。亩十鼓之壤[5]，君不以轨守，则民且守之。民有通移长力[6]，不以本为得，此君失也。”

【注释】

[1]莞蒲：两种水草，可用于织席。

[2]前：通“箭”，箭竹。

[3]汜：不流通的水沟。

[4]潦(lǎo)：雨后积水。

[5]十鼓之壤：指亩产量高的上等土地。鼓，古量器名。

[6]通移：原文为“过移”，据王念孙说校改，指货币。长力：崇尚财力。

【品读】

此节强调政府考察、控制四类物产丰富的土地的必要性。因为土地的种类很多，既有适宜生长莞蒲的沼泽地，也有适合生长箭竹、檀树、柘树的山地，还有低下潮湿的淤积之地和盛产鱼鳖的水泽。如果政府能控制这四类土地，就可以按照出产的物品来征税，也就不用直接向百姓强征赋税了。此外，政府统计高产良田的目的是防止豪族大家的侵夺，以挪作他用。

桓公曰：“轨意安出？”管子对曰：“不阴[1]据其轨，皆下制其上。”桓公曰：“此若言何谓也？”管子对曰：“某乡田若干？食者若干？某乡之女事若干？余衣若干？谨行州里，曰：‘田若干，人若干，人众田不度食若干。’曰：‘田若干，余食若干。’必得轨程[2]，此谓之泰[3]轨也。然后调立环乘[4]之币。田轨之有余于其人食者，谨置公币[5]焉。大家众，小家寡。山田、间田[6]，曰终岁其食不足于其人若干，则置公币焉，以满其准。重[7]岁，丰年，五谷登，谓高田之萌[8]曰：‘吾所寄币于子者若干，乡谷之槚若干，请为子什减三。’谷为上，币为下。高田抚[9]，间田山田不被[10]，谷十倍。山田以君寄币，振其不赡，未淫[11]失也。高田以时抚于主上，坐长加十也。女贡[12]织帛，苟合于国奉者，皆置而券[13]之。以乡槚市准曰：‘上无币，有谷。以谷准币。’环谷而应策[14]，国奉决。谷反准[15]，赋轨币，谷廪重有加十。谓大家委赀[16]家曰：‘上且修游，人出若干币。’谓邻县曰：‘有实者皆勿左右[17]。不赡，则且为人马假其食民。’邻县四面皆横[18]，谷坐长而十倍。上下令曰：‘赀家假币，皆以谷准币，直币而庚之。’谷为下，币为上。百都百县轨据，谷坐长十倍。环谷而应假币。国币之九在上，一在下，币重而万物轻。敛万物，应之以币。币在下，万物皆在上，万物重十倍。府官以市横出万物，隆[19]而止。国轨，布于未形，据其已成，乘令而进退，无求于民。谓之国轨。”

【注释】

[1]阴：暗中。

[2]程：法式。

[3]谓：原文为“调”，据猪饲彦博说校改。泰：通“大”。

[4]环：循环。乘：计算。

[5]置：设置。公币：指国家贷款。

[6]间田：指中等土地。

[7]重：数量多。

[8]萌：通“氓”，民。

[9]抚：据有。

[10]山田：原文为“山”，据闻一多说补。被：及。

[11]淫：过度。

[12]贡：通“工”，此指女工。

[13]劵：契约。

[14]环：通“还”。策：契约。

[15]反准：返回原价。

[16]委：积聚。赀：资财。

[17]勿左右：指不得擅自买卖粮食。左右，支配。

[18]横：指物价变动。

[19]隆：假借为“降”。

【品读】

此节论述的是轻重论基本原理，即“散则轻，聚则重”规律的高级运用。其将货币作为变量纳入进来，可称为“货币轻重论”。具体内容包括：

第一，调查各地农业收成，统计粮食剩余、不足的数量，作为政府发行货币数额的参照基准数据。

第二，贷款轻重论。政府主动甚至硬性向不同地区的人们放贷货币。等到谷物丰收之际，谷价下跌，政府要求高产地区借贷者以谷物来抵偿贷款，变相地廉价收购谷物。由此，政府手中控制大量谷物，使得市场流通谷物量减少，导致谷价坐涨十倍。然后，政府用手中增值的谷物来换购纺织品等急缺物资，从而谷物又回流市场，谷价又趋于平稳。至此，一个经济调控周期结束，政府又可回到起点继续放款，操纵谷价。

第三，借款轻重论。政府强制向富人借款，待手中货币量增加后，再故意明令民间谷物不能擅自买卖，造成谷物价格上涨十倍。然后，政府利用手中暴涨的谷物来抵偿已缩水的借款，导致谷物流入民间，价格下跌，政府手中货币币值增加，再购买所需的各类物资。

第四，政府将贷款轻重论与借款轻重论先后推广至“百都百县”，即全国各地，运用“币重而万物轻”的原理收购万物，再运用“币轻而万物重”的原理售卖万物。

需要指出的是，货币轻重论不是一种典型的货币数量理论，即政府不是通过增加货币供应量或发行成色贬损的轻劣货币来影响商品的价格，而是将货币与其他商品同等对待，通过货币的投放、聚藏来改变市场流通量及商品的价格。这是货币轻重论的一大特色。

桓公问于管子曰：“不籍而赡国，为之有道乎？”管子对曰：“轨守其时，有官[1]天财，何求于民。”桓公曰：“何谓官天财？”管子对曰：“泰春民之功繇[2]，泰夏民之令之所止[3]，令之所发[4]。泰秋民令之所止，令之所发；泰冬民令之所止，令之所发。此皆民所以时守也，此物之高下之时也，此民之所以相并兼之时也。君守诸四务。”桓公曰：“何谓四务？”管子对曰：“泰春，民之且所用者，君已廪之矣；泰夏，民之且所用者，君已廪之矣；泰秋，民之且所用者，君已廪之矣；泰冬，民之且所用者，君已廪之矣。泰春功布[5]日，春缣衣、夏单衣、捍、笼、累、箕、縢、籯、筲、稯[6]，若干日之功，用人若干？无赀之家皆假[7]之械器，縢、籯、筲、稯、公衣，功已而归公[8]，折券[9]。故力出于民，而用出于上。春十日不害耕事，夏十日不害芸事，秋十日不害敛实，冬二十日不害除田。此之谓时作。”

【注释】

[1]官：通“管”，管理。

[2]泰：通“大”。功：农业生产。繇：徭役。

[3]止：指封禁山泽。

[4]发：指开发山泽。

[5]布：公布。

[6]缣衣：夹衣。捍：据王引之说，当为“梩”，臿一类的农具。笼：原文为“宠”，据刘绩注本改，指筐子。縢(téng)：原文为“胜”，据王念孙说校改，指袋子。籯(yíng)：竹笼。筲(shāo)：原文为“屑”，据张佩纶说校改，指盛饭用的竹器。稯(zōng)：原文为“糉”，据洪颐煊说校改，指古代计算禾束的单位。

[7]假：借。

[8]公：原文为“公衣”，据猪饲彦博说删。

[9]折券：折毁券契，此处指解除契约。

【品读】

作者分析农民遭受兼并的原因时，依然延续其独特的经济思维，指出“物之高下之时”即农业因四时的周期性而形成物价的剧烈波动，是贫民饱受富民盘剥、压榨的直接原因。鉴于此，政府应该积极进行干预，在青黄不接之际主动借给贫民所急需物资，助其渡过难关，以免遭兼并、破产。

“力出于民，而用出于上”，是指农民出力，政府竭力保障农民所用。它准确地定位了农民与政府的关系，是此节最宝贵的思想。如同现代经济学一样，政府的最佳角色是“守夜人”，做好本职工作，不与民争利。世界各国都实行保护、补贴农业的经济政策。然而，此节又提出轻重论的根本目的是“不籍而赡国”，就是必须保障政府获利。实际上，轻重论在大多数情况下，将政府定位在“经济人”的角色，始终推演着百姓、大家、政府三方博弈斗争的关系。

因而，轻重论一直存在政府“守夜人”与“经济人”角色的错位，其复杂理论的背后，只不过君主取代大家、富商来盘剥百姓而已，甚至有过之而无不及。这也是古代社会无法根除贫富兼并的原因。

桓公曰：“善。吾欲立轨官，为之奈何？”管子对曰：“盐铁之策，足以立轨官。”桓公曰：“奈何？”管子对曰：“龙夏之地，布[1]黄金九千，以币赀[2]金。巨家以金，小家以币。周岐山至于峥丘之西塞丘者，山邑之田也，布币称贫富而调之。周寿陵而东至少沙者，中田也，据之以币，巨家以金，小家以币。三壤已抚[3]，而国谷再什倍。梁渭、阳琐之牛马满齐衍[4]，请区之颠齿[5]，量其高壮，曰：‘国为师旅，战车驱就敛子之牛马，上无币，请以谷视市横而庚[6]子。’牛马在上，粟二家。二家散其粟，反准。牛马归于上。”管子曰：“请立赀[7]于民，有田倍之。内毋有，其外[8]皆为赀壤。被鞍之马千乘，齐之战车之具，具于此，无求于民。此去丘邑之籍也。”

【注释】

[1]布：散布，此处指投放。

[2]赀：通“资”，资助。

[3]抚：据有。

[4]梁渭、阳琐：假托人名。衍：低而平坦之地。

[5]区：原文为“毆”，据张佩纶说校改，区别。颠齿：马的额头、牙齿，用来识别马的年龄。

[6]市横：市场价格。庚：补偿。

[7]赀：价格，此处指购买合同。

[8]外：原文为"外外"，据许维遹说删，指相对于内地的边远地区。

【品读】

此节是货币轻重论的运用案例。政府首先贷出货币，廉价换取谷物，然后操纵谷物价格，强制用增值的谷物来廉价换购牛马，达到"无求于民"而"赡国"的目的。

"国谷之朝夕[1]在上，山林廪械器之高下在上，春秋冬夏之轻重在上。行[2]田畴，田中有木者，谓之谷贼[3]。宫中四荣[4]，树其余曰害女功[5]。宫室械器非山无所仰。然后君立三等之租于山，曰：握以下者为柴楂[6]，把以上者为室奉，三围以上为棺椁之奉；柴楂之租若干，室奉之租若干，棺椁之租若干。"管子曰："盐铁抚轨，谷一廪十，君常操九，民衣食而繇，下安无怨咎。去其田赋，以租其山。巨家重葬其亲者服重租，小家菲[7]葬其亲者服小租；巨家美修其宫室者服重租，小家为室庐者服小租。上立轨于国，民之贫富如加之以绳，谓之国轨。"

【注释】

[1]朝夕：物价变动。

[2]行：巡行。

[3]谷贼：谷物之害。

[4]四荣：房屋的四翼。

[5]树其余：指种桑树以外的树木。女功：指纺织。

[6]握：一把大小。楂：通"茬"，小木。

[7]菲：微薄。

【品读】

"三等之租于山"，是指按照差别缴税的原则，不同的木材征收不同的税额，相对公平、合理。同时，对消费高的"巨家"征高税，对消费低的"小家"征低税，有利于缩小贫富差距这样的缴税原则有了现代累进税制的意味。

山权数第七十五

管子轻重八

桓公问管子曰："请问权数。"管子对曰："天以时[1]为权，地以财为权，人以力为权，君以令为权。失天之权，则人地之权亡。"桓公曰："何为失天之权则人地之权亡？"管子对曰："汤七年旱，禹五年水，民之无𫗴有[2]卖子者。汤以庄山之金铸币，而赎民之无𫗴卖子者；禹以历山之金铸币，而赎民之无𫗴卖子者。故天权失，人地之权皆失也。故王者岁守十分之参[3]，三年与少半成岁，三十七[4]年而藏十一年与少半。藏三之一不足以伤民，而农夫敬事力作。故天毁埊[5]，凶旱水泆[6]，民无入于沟壑乞请者也。此守时以待天权之道也。"桓公曰："善。吾欲行三权之数，为之奈何？"管子对曰："梁山之阳綪茜[7]、夜石之币[8]，天下无有。"管子曰："以守国谷，岁守一分[9]，以行五年，国谷之重什倍异日。"管子曰："请立币，国铜以二年之粟顾[10]之，立黔落[11]。力[12]重与天下调。彼重则见射，轻则见泄，故与天下调。泄者，失权也；见射者，失策也。不备天权，下相求备，准下阴相隶[13]。此刑罚之所起而乱之之本也。故平则不平，民富则不如贫，委积则虚矣。此三权之失也已。"桓公曰："守三权之数奈何？"管子对曰："大丰则藏分[14]，阨[15]亦藏分。"桓公曰："阨者，所以益也。何以藏分？"管子对曰："隘[16]则易益也，一可以为十，十可以为百。以阨守丰[17]，阨之准数一上十，丰之策数十去九，则吾九为余。于[18]数策丰，则三权皆在君，此之谓国权。"

【注释】

[1]时：时令。

[2]𫗴：粥。有：原文无此字，据王念孙说补。

[3]参：通"叁"，三。

[4]七：原文为"一"，据俞樾说校改。

[5]埊：古"地"字。

[6]泆：通"溢"，淹没。

[7]綪(qiàn)茜：染红色的草。茜，原文为"细"，据李哲明说校改。

[8]夜石：今山东掖县附近的莱阳石。币：财物，此处指夜石。

[9]一分：十分之一。

[10]国铜：国家铜矿。二年之粟：指两年的粮食收入。顾：通“雇”，雇佣。

[11]黔落：指聚落。

[12]力：疑当为“币”。

[13]准：相当。阴：私下。相隶：相互奴役。

[14]丰：丰年。分：半。

[15]阸：困厄，指歉年。

[16]隘：通“阸”。

[17]以阸守丰：指用歉年的高价售粮收入来低价购进丰年的粮食。

[18]于：以。

【品读】

本篇篇名《山权数》意为权变之数，实为轻重之数。君主“行权”的原则为“以令为权”，“通于广狭之数，不以狭畏广；通于轻重之数，不以少畏多”。即君主通过行政命令，利用地区差价、聚重散轻的原则，来收到化腐朽为神奇的效果。此外，本篇还谈到吸纳人才的策略以及利用特殊物品的虚高价格而获利的方法。

“君以令为权”一语道破了政府手中宏观调控的王牌是权力资源。“彼重则见射，轻则见泄，故与天下调。泄者，失权也；见射者，失策也”是轻重论中典型的国际贸易理论，其要求本国的物价紧跟国际价格进行适时调整。否则，如本国物价过低，商品会流通到国外；若本国物价过高，别国商人则会投机获利。

此节最精彩的地方是关于粮食储备思想的论述。拥有经济思维的作者，不乏新奇之见。其一，在财政吃紧时，政府利用“梁山之阳绪绖、夜石之币”等稀有物品来换购粮食，以达到储备粮食、控制粮价的目的。其二，“大丰则藏分，阸亦藏分”，指丰收之年储备余粮，歉收之年则积极出售贮藏粮食。因为歉年粮价暴涨，可获取十分(倍)收入；当丰收之际，粮价暴跌，只要用歉年的一分收入就可购买十分的粮食，轻松赚取九分利润。当然，政府荒年贮粮获利的做法完全暴露了轻重论是专门为君主的利益服务的本质，只不过政府取代了大家、蓄贾的投机行为，广大百姓还是输家。

……………………………………

桓公问于管子曰：“请问国制[1]。”管子对曰：“国无制，地有量[2]。”桓公曰：“何谓国无制，地有量?”管子对曰：“高田十石，间田五石，庸田三石，其余皆属诸荒田。地量百亩，一夫之力也。粟贾[3]一，粟贾十，粟贾三十，粟贾百。其在流策者，百亩从中[4]千亩之策也。然则百乘从千乘也，千乘从万乘也。故地有量，国无策。”桓公曰：“善。今欲为大国，大国欲为天下，不通权策，其无能者矣。”

【注释】

[1]制：政策。

[2]量：产量。

[3]贾：通“价”，价格。

[4]从：赶上。中：相当。

【品读】

“高田十石，间田五石，庸田三石”就是“地有量”，指各地区土地亩产量的差异性。这原本是司空见惯的经济现象，但在轻重论者的眼中却隐藏着莫大的商机。政府可以利用各地亩产量不同而造成的粮价差异，运用“流策”（轻重论）来赚取十倍差价，牟取暴利。因而，百亩土地的收入能获得相当于千亩土地的收入。推而广之，“百乘从千乘也，千乘从万乘也”，就是说国力也能轻松增长十倍。这句话讲得最具诱惑力，可谓正中桓公下怀。

桓公曰：“今行权奈何？”管子对曰：“君通于广狭之数，不以狭畏广；通于轻重之数，不以少畏多。此国策之大者也。”桓公曰：“善。盖[1]天下，视[2]海内，长誉而无止，为之有道乎？”管子对曰：“有。曰：轨守其数，准平其流，动于未形，而守事已成。物一也而十，是九为用。徐疾之数，轻重之策也，一可以为十，十可以为百。引十之半而藏四，以五操事，在君之决塞[3]。”桓公曰：“何谓决塞？”管子曰：“君不高仁，则国不相被[4]；君不高慈孝，则民简[5]其亲而轻过。此乱之至也。则君请以国策十分之一者树表置高[6]，乡之孝子聘之币，孝子兄弟众寡不与师旅之事[7]。树表置高而高仁慈孝，财散而轻。乘轻而守之以策，则十之五有[8]在上。运五如行事，如日月之终复。此长有天下之道，谓之准道。”

【注释】

[1]盖：通“盍”，合。

[2]视：治理。

[3]决塞：开放、关闭。

[4]被：及，遍及。

[5]简：怠慢。

[6]表：表柱。高：高大的门闾。

[7]众寡：多少。师旅之事：指兵役。

[8]有：通“又”，再。

【品读】

此节是轻重论诸篇中鲜有的论述“仁”“孝”伦理的内容，不过仍打上强烈的经济烙印。政府先抽取十分之一的财政收入来“树表置高”“聘之币”，以褒奖仁孝之人。褒奖的财物进入流通市场，则导致“财散而轻”，物价下跌。然后，政府趁机低价收购物资，重新掌控财物的调控权。

桓公问于管子曰：“请问教数。”管子对曰：“民之能明于农事者，置之黄金一斤，直[1]食八石。民之能蕃育六畜者，置之黄金一斤，直食八石。民之能树艺者，置之黄金一斤，直食八石。民之能树瓜瓠荤菜百果使蕃衮[2]者，置之黄金一斤，直食八石。民之能已民疾病者，置之黄金一斤，直食八石。民之知时：曰‘岁旦阨’，曰‘某谷不登’，曰‘某谷丰’者，置之黄金一斤，直食八石。民之通于蚕桑，使蚕不疾病者，皆置之黄金一斤，直食八石。谨听其言而藏之官，使师旅之事无所与[3]，此国策之大[4]者也。国用相靡[5]而足，相因揲而澹[6]，然后置四限[7]高下，令之徐疾，驱屏[8]万物，守之以策，有[9]五官技。”桓公曰：“何谓五官技？”管子曰：“诗者所以记物也，时者所以记岁也，春秋者所以记成败也，行者[10]道民之利害也，易者所以守凶吉成败也，卜者卜凶吉利害也。民之能此者皆一马之田，一金之衣。此使君不迷妄之数也。五家[11]者，即见：其时，使豫先蚤闲之日受[12]之，故君无失时，无失策，万物兴丰；无失利[13]，远占得失，以为末教；诗，记人无失辞；行，殚[14]道无失义；易，守祸福凶吉不相乱。此谓君棅[15]。”

【注释】

[1]直：相当。

[2]蕃衮：繁衍。衮，原文为“衮”，据王念孙说校改，通“裕”，意为富饶。

[3]与：参与。

[4]大：原文无此字，据王念孙说补。

[5]靡：靡费，此指消费。

[6]揲(dié)：积。澹：原文为“峜”，据王引之说校改，通“赡”，意为足。

[7]四限：四境。

[8]驱：驱使。屏：隐藏。

[9]有：通“又”，表示进一层。

[10]行者：掌祭行神的人。

[11]五家：原文为“六家”，据郭沫若说校改。

[12]豫：预备、事先准备。蚤：通“早”。受：通“授”，传授。

[13]无失利：据赵守正说，当为“其春秋”。

[14]殚：尽。

[15]棅：通“柄”，权柄。

【品读】

此节的主题是用经济刺激的手段，来召集、引用各种专业人才。第一类人才偏重于农业，包括明晓农事、擅长饲养六畜、善于种树、种植瓜果蔬菜、精通医术、熟知农时且预知丰歉、精通养蚕等专业人才。对这七种人才，政府的奖赏力度很大，每人重奖黄金一斤，并且免除兵役。当然，他们要把自己的经验、技术贡献出来，由官府负责记录、保存，便于以后推广实施。第二类人才为"五官技"，包括精通诗、天时、春秋、行、易卜五种。因为诗记述名物，能让人言辞无过失；天时预知年成好坏，能让君主不违背时令，正确决策，从而万物兴盛；春秋记录历史成败，能让君主明白政治得失，可作为以后施政的经验教训；行记述出行的利害、讳忌，指导人们外出避开灾祸；易与卜筮能推算吉凶祸福，不至于发生错乱。对于这五种人才，物质奖励为价值一匹马的田地及价值一金的衣服。

由上来看，《诗》《春秋》《易》在当时并不是儒家的专利，而属于一种普遍的社会需求。不过，作者对待《诗》《春秋》《易》的态度，并不偏重道德伦理，长远教化，而是更注重实用性。在他们看来，诗是一种交际言谈的重要工具，春秋是君主施政的必备教科书，易则是预知祸福的神书罢了。

桓公问于管子曰："权棅之数吾已得闻之矣，守国之固奈何？"曰："能皆已官，时皆已官，得失之数，万物之终始，君皆已官之矣。其余皆以数行。"桓公曰："何谓以数行？"管子对曰："谷者民之司命也，智者民之辅也。民智而君愚，下富而君贫，下贫而君富，此之谓事名二[1]。国机[2]，徐疾而已矣。君道，度法而已矣。人心，禁缪[3]而已矣。"桓公曰："何谓度法？何谓禁缪？"管子对曰："度法者，量人力而举功；禁缪者，非往而戒来[4]。故祸不萌[5]通而民无患咎。"桓公曰："请问[6]心禁。"管子对曰："晋有臣不忠于其君，虑杀其主，谓之公过[7]。诸公过之家毋使得事君。此晋之过失也。齐之公过，坐立长差[8]。恶恶乎来[9]刑，善善乎来荣，戒也。此之谓国戒。"

【注释】

[1]名二：指两个对立方面。

[2]机：关键。

[3]缪：错误。

[4]非往而戒来：惩前毖后。

[5]萌：产生。

[6]问：原文为"闻"，据刘绩注本改。

[7]公过：公贼。

[8]坐：定罪。长差：主从差别。

[9]来：通"赉"，赐予。

【品读】

"下富而君贫，下贫而君富"是传统社会自然经济下，统治者一种常见的思维定式。作者将全社会的财富看成一个定量，将君与民之间的财富分配看作是一种零和游戏。在统治者看来，若百姓财富减少，就会导致君主财富增加；而百姓财富增加，就会使得君主财富减少。在这种传统理念支配下，"民富"很难成为国家发展的终极目标。殊不知，国家的真正职能是维护正常的经济秩序，充分调动一切生产要素，为人民生产创造最有利的条件。只有把蛋糕做大，国君、百姓各自的财富份额才会大大增加。

桓公问管子曰："轻重准施之矣，策尽于此乎？"管子曰："未也，将御[1]神用宝。"桓公曰："何谓御神用宝？"管子对曰："北郭有掘阙[2]而得龟者，此检[3]数百里之地也。"桓公曰："何谓得龟百里之地？"管子对曰："北郭之得龟者，令过[4]之平盘之中。君请起十乘之使，百金之提[5]，命北郭得龟之家曰：'赐若服中大夫。'曰：'东海之子类于龟，托舍于若。赐若大夫之服，以终而身，劳若以百金。'之龟为无赀，而藏诸泰台，一日而衅[6]之以四牛，立宝曰无赀。还四年，伐孤竹。丁氏之家粟可食三军之师行五月，召丁氏而命之曰：'吾有无赀之宝于此。吾今将有大事，请以宝为质[7]于子，以假子之邑粟。'丁氏北乡再拜，入粟，不敢受宝质。桓公命丁氏曰：'寡人老矣，为子者不知此数。终受吾质！'丁氏归，革筑室，赋籍[8]藏龟。还四年，伐孤竹，谓丁氏之粟中食三军五月之食。桓公立贡数：文行中七千金[9]，年龟中四千金，黑白之子当千金。凡贡制，中二齐之壤策也。用贡：国危出宝，国安行流。"桓公曰："何谓流？"管子对曰："物有豫[10]，则君失策而民失生矣。故善为天下者，操于二豫之外。"桓公曰："何谓二豫之外？"管子对曰："万乘之国，不可以无万金之蓄饰[11]；千乘之国，不可以无千金之蓄饰；百乘之国，不可以无百金之蓄饰。以此与令进退，此之谓乘时。"

【注释】

[1]御：驾御。

[2]阙：据张佩纶说，当为"阅"，通"穴"。

[3]检：通"敛"，收敛。

[4]过：放置。

[5]提：携带。

[6]衅：原文为"亹"，据赵用贤本改，血祭。

[7]质：抵押。

[8]赋：通“敷”，铺开。籍：通“藉”，席子。

[9]千金：原文无此二字，据张佩纶说补。

[10]豫：通“预”，预先。下文“二豫”指货币投机和粮食投机。

[11]蓄：储藏。饰：饰物，此处指龟宝一类。

【品读】

此段情节离奇，类似寓言，只不过是作者卖弄轻重论技巧的托辞而已。除了粮食、货币方面的轻重论外，君主还可以利用权力人为地制造、烘托某种商品的稀缺性、神秘性，从而极度虚高其价格，然后强制百姓抵押换购所需物资。上述案例就是政府利用龟宝这个特殊商品的轻重论来筹集军粮的。

山至数第七十六

管子轻重九

桓公问管子曰："梁聚谓寡人曰：'古者轻赋税而肥[1]籍敛，取下无顺于此者矣。'梁聚之言如何？"管子对曰："梁聚之言非也。彼轻赋税则仓廪虚，肥籍敛则械器不奉[2]。械器不奉[3]，而诸侯之皮币[4]不衣；仓廪虚则倳[5]贱无禄。外，皮币不衣于天下；内，国倳贱。梁聚之言非也。君有山，山有金，以立币。以币准谷而授禄，故国谷斯[6]在上，谷贾什倍。农夫夜寝蚤起，不待见使，五谷什倍。士半禄而死君，农夫夜寝蚤起，力作而无止。彼善为国者，不曰使之，使不得[7]不使；不曰用[8]之，使不得不用。故使民无有不用[9]不使者。夫梁聚之言非也。"桓公曰："善。"

【注释】

[1]肥：通"俷"，薄。

[2]奉：供奉。

[3]械器不奉：原文无此四字，据赵用贤本补。

[4]币：帛。

[5]倳：通"士"，士人。

[6]斯：尽。

[7]不得：原文为"不衍得"，据赵用贤本删改。

[8]用：原文为"贫"，据王念孙说校改。

[9]用：原文为"得"，据丁士涵说校改。

【品读】

作者首先反驳轻赋论，认为轻徭薄赋势必导致财政不足。其主张政府通过发行货币来积聚粮食，根据聚重散轻的原则，市场粮价定会上涨十倍。由此，农民不见驱使，而政府手中粮食却获得增值。随着政府存粮价格的提高，战士的应发俸禄——谷物遭到贬值、缩水，却依然要为国效命；农民的生活成本大幅提高，更要没日没夜地劳作。

儒家极力主张对百姓实行仁政，呼吁政府实行轻徭薄赋政策，其着眼点是民心的向背，即只要天下百姓归心，必将无敌于天下。而轻重论学者则机械地死守轻重之术，沉溺于一为十、十为百的投机游戏，与民锱铢必较。这也是后世学者视其鄙俗的原因。

桓公又问于管子曰："有人教我，谓之请士。曰：'何不官[1]百能？'"管子对曰："何谓官[2]百能？"桓公曰："使智者尽其智，谋士尽其谋，百工尽其巧。若此则可以为国乎？"管子对曰："请士之言非也。禄肥[3]则士不死，币轻则士简[4]赏，万物轻则士偷幸。三怠在国，何数之有？彼谷七[5]藏于上，三游于下，谋士尽其虑，智士尽其知，勇士轻其死。请士所谓妄言也。不通于轻重，谓之妄言。"

【注释】

[1]官：通"管"，管理。

[2]官：原文无此字，据闻一多说补。

[3]肥：通"俷"，薄。

[4]简：怠慢。

[5]七：原文为"十"，据猪饲彦博说校改。

【品读】

此节讲到俸禄轻，士就不愿为国效命；币值低，士就会看轻奖赏；物价低，士就会苟全性命。如果国家出现这三种松懈的现象，还有什么办法呢？假如把粮食的七成掌握在国家手中，只有三成在民间流通，谋士就会尽力发挥他们的谋略，智士就会尽力发挥他的智慧，勇士也会不顾生命，为国牺牲了。

桓公问于管子曰："昔者周人有天下，诸侯宾服，名教通于天下，而夺于其下[1]。何数也？"管子对曰："君分壤而贡入，市朝同流[2]。黄金，一策也；江阳之珠，一策也；秦之明山之曾青[3]，一策也。此谓以寡为多，以狭为广，轻重[4]之属也。"桓公曰："天下之数尽于轻重之属也？"管子曰[5]："今国谷重什倍而万物轻，大夫谓贾人[6]：'子为吾运谷而敛财。'谷之重一也，今九为余。谷重而万物轻，若此，则国财九在大夫矣。国岁反一，财物之九者皆倍重而出矣。财物在下，币之九在大夫。然则币谷羡[7]在大夫也。天子以客[8]行，令[9]以时出。熟[10]谷之人亡，诸侯受而官之。连朋而聚与[11]，高下万物以合民用。内则大夫自还[12]而不尽忠，外则诸侯连朋合与，熟谷之人则去亡。故天子失其权也。"桓公曰："善。"

【注释】

[1]下：指地方诸侯。

[2]市朝同流:指当地市场流通与进贡朝廷之物相同。市朝,市场和朝廷。

[3]曾青:铜精,色青,可用于绘画。

[4]轻重:原文为"轨出",据郭沫若说校改。下句"轻重"同此。

[5]管子曰:原文无此三字,据戴望说补。

[6]人:原文为"子",据马非百说校改。

[7]羡:多余。

[8]客:指退居客位。

[9]令:指大夫之令。

[10]熟:精通。

[11]与:朋党。

[12]自还:自营私利。还,通"环",环绕。

【品读】

作者认为轻重论作为一项经济规律,如果国君不加以运用和掌控,贵族、官吏及商人就会抢先投机获利,国君则会陷入失权、被动的境遇。轻重论学派的启蒙老师恐怕就是善于投机专营的富商大贾。

桓公又问管子曰:"终身有天下而勿失,为之有道乎?"管子对曰:"请勿施于天下,独施之于吾国。"桓公曰:"此若言何谓也?"管子对曰:"国之广狭、壤之肥垅[1]有数,终岁食余有数。彼守国者,守谷而已矣。曰:某县之壤广若干,某县之壤狭若干,则必积委[2]币,于是县州里受公钱[3]。泰秋,国谷去参之一,君下令谓郡、县、属大夫、里邑皆籍粟入若干。谷重一也,以藏于上者。国谷三分则二分在上矣。泰春,国谷倍重,数也。泰夏,赋谷以市横[4],民皆受上谷以治田土。泰秋,曰[5]:'谷之存予者若干,今上敛谷以币。'民曰:'无币以谷。'则民之三有归于上矣。重[6]之相因,时[7]之化举,无不为国策。君用大夫之委,以流归于上。君用民,以时归于君。藏轻[8],出轻以重[9],数也。则彼安有自还之大夫独委之?彼诸侯之谷十,使吾国谷二十,则诸侯谷归吾国矣;诸侯谷二十,吾国谷十,则吾国谷归于诸侯矣。故善为天下者,谨守重流,而天下不吾泄矣。彼重之相归,如水之就下。吾国岁非凶也,以币藏之,故国谷倍重,故诸侯之谷至也。是藏一分以致诸侯之一分。利不夺于天下,大夫不得以富侈。以重藏轻,国常有十国之策也。故诸侯服而无正[10],臣[11]从而以忠。此以轻重御天下之道也,谓之数应[12]。"

【注释】

[1]垅(qiāo):通"硗",瘠薄。

[2]委:储备。

[3]受:通"授"。公钱:指国家贷款。

[4]赋:授予。市横:市价。

[5]曰:原文为"田",据陶鸿庆说校改。

[6]重:指价格,上涨。

[7]时:指季节。

[8]藏轻:指低价收购。

[9]出轻以重:指高价抛出。

[10]正:原文为"止",据赵用贤本改,通"征"。

[11]臣:原文为"臣"下有一"横"字,据猪饲彦博说删。

[12]数应:轻重术的效应。

【品读】

此节所述轻重论可分为国内与国际两部分。在国内,轻重策略为"君用大夫之委,以流归于上。君用民,以时归于君"。对于有地位、富有的大夫群体,政府向其放贷货币,等到收获季节,要求大夫以廉价粮食偿款。对于普通百姓,政府在青黄不接之际向其赊贷粮食,等到收获季节,要求农民以廉价粮食还贷。在国外,轻重策略为"谨守重流",即虚高本国粮价,吸引国外粮食的流入。在古代小农社会,在诸侯国之间敌对状态下,谁能控制别国粮食,谁就占据了战争的主动权。此处本国粮价的暴涨,不是因为国内闹饥荒、缺粮,而是因为政府按照"币重万物轻"的原理收紧货币的流通量。

桓公问管子曰:"请问国会[1]。"管子对曰:"君失大夫为无伍,失民为失下。故守大夫以县之策,守一县以一乡之策,守一乡以一家之策,守家以一人之策。"桓公曰:"其会数奈何?"管子对曰:"币准之数,一县必有一县中[2]田之策,一乡必有一乡中田之策,一家必有一家直[3]人之用。故不以时守郡为无与,不以时守乡为无伍。"桓公曰:"行此奈何?"管子对曰:"王者藏于民,霸者藏于大夫,残国亡家藏于箧[4]。"桓公曰:"何谓藏于民?"管子曰[5]:"请[6]栈台之钱,散诸城阳;鹿台之布[7],散诸济阴。君下令于百姓曰:'民富君无与贫,民贫君无与富。故赋无钱布,府无藏财,赀[8]藏于民。'岁丰,五谷登,五谷大轻,谷贾[9]去上岁之分,以币据之,谷为君,币为下。国币尽在下,币轻,谷重上分。上岁之二分在下,下岁之二分在上,则二岁者四分在上,则国谷之一分在下,谷三倍重。邦布之籍[10],终岁十钱。人家受食,十亩加十,是一家十户也。出于国谷策而藏于币者也。以国币之分复布百姓,四减国谷,三在上,一在下。复策也。大夫旅[11]壤而封,积实而骄上,请夺之以会。"桓公曰:"何谓夺之以会?"管子对曰:"粟之三分在上,谓民萌皆受上粟,度君藏焉。五谷相靡[12]而重去什三，为余以国币谷准反行，大夫无计于重[13]。君以币赋禄，什在上。君出谷，什而去七。君敛三，上赋七，散振不资者，仁义也。五谷相靡而轻，数也；以乡完[14]重而籍国，数也；出实财，散仁义，万物轻，数也。乘时进退。故曰：王者乘时，圣人乘易。”桓公曰：“善。”

【注释】

[1]会：计算。

[2]中：符合。

[3]直：价值相当于。

[4]簏：小箱子。

[5]管子曰：原文无，据文义补。

[6]请：原文为“请散”，据《太平御览》引文删改。

[7]布：指布币。

[8]赀：财物。

[9]贾：通“价”，价格。

[10]邦布之籍：指人头税。

[11]旅：通“列”，分割。

[12]靡：分散。

[13]无计于重：无计抬高价格。计，原文为“什”，据郭沫若说校改。下句“计”同此。

[14]完：据马非百说，当为“家”。

【品读】

“币准之数”是指根据基层数据来计算流通所需的货币量。当然，其真正目的不是统计国家货币的发行量，而是通过收放货币来掌控粮食、调节粮价。

货币轻重论的原理是“币重万物轻”。虽然铜币的价值直接取决于铜的价格，但货币购买力还是会受货币本身供求关系的影响。在货币总量不变的前提下，流通中的货币数量减少，货币购买力就相应提高，从而同量货币购买商品就越多，商品价格则相对越低。

“以币赋禄”是货币轻重论的新方法，指利用货币的支付手段，以货币工资来取代实物（谷物）工资，来增加货币流通量，减少谷物流通量，从而影响粮价以及货币的实际购买力。

………………………………

桓公问管子曰：“特[1]命我曰：‘天子三百领[2]，泰啬[3]。而散[4]大夫准此而行。’此如何？”管子曰：“非法家也。大夫高其垄[5]，美其室，此夺农事及市庸[6]，此非便国之道也。民不得以织为縿绡而貍[7]之于地。彼善为国者，乘时徐疾而已矣。谓之国会。”

【注释】

[1]特:假托人名。

[2]领:件,此处指葬服。

[3]啬:吝啬。

[4]散:分散,此处指削弱大夫的财力。

[5]垄:坟墓。

[6]庸:庸工。

[7]縿绡:盖在棺上的丝织品。貍:通"埋"的古字,指埋葬、埋藏。

【品读】

此节直接表明,轻重学派的侈靡政策,是在水旱灾害等特定条件下用来刺激就业、解决生计的一时之举。在此文中,管子反对奢靡之风。他认为,大夫们高建坟墓、大兴土木只不过是夺取农业生产及就业市场上的劳动力而已,厚葬之风只不过是将华丽的丝织品白白地埋入地下罢了。在传统农业社会,如果百姓过分追求奢侈对于国民经济的基础——农业还是有害而无利的。

桓公问管子曰:"请问争夺之事何如?"管子曰:"以戚[1]始。"桓公曰:"何谓用戚始?"管子对曰:"君人之主,弟兄十人,分国为十;兄弟五人,分国为五。三世则昭穆[2]同祖,十世则为祏[3]。故伏尸满衍,兵决而无止。轻重之家复游于其间。故曰:毋予人以壤,毋授人以财。财终则有始,与四时废起。圣人理之以徐疾,守之以决塞,夺之以轻重,行之以仁义。故与天壤同数,此王者之大辔[4]也。"

【注释】

[1]戚:近亲。

[2]昭穆:古宗法制度。始祖居中,二、四、六世居左称昭,三、五、七居右称穆。

[3]祏(shí):存放祖宗牌位的石匣。

[4]辔:缰绳,此处指统治工具。

【品读】

"圣人理之以徐疾,守之以决塞,夺之以轻重,行之以仁义"。这是轻重论的运用原则。"徐疾"指利用号令的急缓来影响商品价格;"决塞"指利用商品的聚散来调控供求关系;"轻重"指利用散轻聚重的原理来争夺民间商品;"仁义"指政府散放手中财物,既彰显仁义,又能平抑物价。

桓公问管子曰:"请问币乘马[1]。"管子对曰:"始取夫三夫[2]之家,方六里而一乘,二十七人而奉一乘。币乘马者,方六里,田之美恶若干,谷之多寡若干,谷之贵贱若干,凡方六里用币若干,谷之重用币若干。故币乘马者,布币于国,币为一国陆地之数。谓之币乘马。”桓公曰:“行币乘马之数奈何?”管子对曰:“士受资以币,大夫受邑以币,人马受食以币,则一国之谷赀[3]在上,币赀在下。国谷什倍,数也。万物财物去什二,策也。皮革、筋角、羽毛、竹箭、器械、财物,苟合于国器君用者,皆有矩券[4]于上。君实乡州藏焉,曰:‘某月某日,苟从责[5]者,乡决[6]州决’。故曰:就庸[7]一日而决。国策出于谷轨,国之策货,币乘马者也。今刀布藏于官府,巧币、万物轻重皆在贾人[8]。彼币重而万物轻,币轻而万物重,彼谷重而金[9]轻。人君操谷、币、金衡,而天下可定也。此守天下之数也。”

【注释】

[1]乘马:军赋征发单位。

[2]三夫:原文为“三大夫”,据王引之说删。

[3]赀:资财。

[4]矩券:契券。矩,刻识。

[5]责:通“债”,债务。

[6]决:决断,此处指决算。

[7]就庸:雇人运送。就,通“僦”,运送。

[8]贾人:原文为“贾之”,据马非百说校改。

[9]金:原文为“谷”,据马非百说校改。

【品读】

“币乘马”是货币轻重论的专用术语,其基本原理便是“币重而万物轻,币轻而万物重”。在此节“币乘马”的案例中,政府投放的货币不仅仅局限于“公钱”的放贷,还提出“士受资以币,大夫受邑以币,人马受食以币”,即俸禄、封邑以及日常生活开支都以货币的形式支付,进一步扩大了货币轻重论的适用范围。

桓公问于管子曰:“准衡、轻重、国会,吾得闻之矣。请问县数[1]。”管子对曰:“狼牡以至于冯会之口[2],龙夏以北至于海庄,禽兽羊牛之地也,何不以此通国策哉?”桓公曰:“何谓通国策?”管子对曰:“冯市门一吏书赘直事[3]。若其事庱[4]圉牧食之人养视不失折殂[5]者,去其都秩[6],与其县秩[7]。大夫不乡赘合游[8]者,谓之无礼义,大夫幽其春秋[9],列民幽其门、山[10]之祠。冯会、龙夏牛羊牺牲月价十倍异日。此出诸礼义,籍于无用之地,因栏牢[11]策也。谓之通。”

【注释】

[1]县数:相关的方法。县,通“悬”,关联。

[2]口：原文为“曰”，据安井衡说校改。

[3]冯：通“凭”，依仗。赘：指马匹配种。直：当值、负责。事：事务。

[4]廋：原文为“唐”，据张佩纶说校改，指养马的小吏。

[5]折殂(cú)：死亡。折，原文为“扞”，据张佩纶说校改。

[6]都秩：指中央系统官吏。

[7]县秩：指地方系统官吏。

[8]乡赘合游：指牛、马等在野外群游配种。

[9]幽：禁止。春秋：春秋祭祀。

[10]门：门神。山：山神。

[11]栏牢：养牲畜的圈栏，此处指控制。栏，原文为“扪”，据丁士涵说校改。

【品读】

此节主张政府以“礼义”为幌子，有意抬高冯会、龙夏地区牛羊的市场价格，充分彰显了轻重论理论中“礼义”等伦理观念的功利性，与儒家伦理观念截然不同。

桓公问管子曰：“请问国势[1]。”管子对曰：“有山处之国，有氾[2]下多水之国，有山地分[3]之国，有水泆之国，有漏壤[4]之国。此国之五势，人君之所忧也。山处之国常藏谷三分之一。氾下多水之国常操国谷三分之一。山地分之国常操国谷十分之三。水泉之所伤，水泆之国常操十分之二。漏壤之国谨下诸侯之五谷，与工雕文梓器[5]以下天下之五谷。此准时五势之数也。”

【注释】

[1]势：地势。

[2]氾(sì)：不流通的水沟。

[3]分：一半。

[4]漏壤：指渗漏土地。

[5]与：帮助。梓器：指制作木器。

【品读】

此节主题是因地制宜，按照不同产量的土地采取不同的政策。对于“山处之国”“氾下多水之国”“山地分之国”“水泆之国”，政府要注意未雨绸缪，经常保持适当的粮食储备，以备歉年调剂。最让人感到耳目一新的观点是，对于“漏壤之国”一类的最劣等土地，作者大胆建议当地政府可以积极发展手工业，生产附加值高的“雕文梓器”与天下诸侯进行贸易，以解决自身粮食不足的问题。

桓公问管子曰：“今有海内，县诸侯[1]，则国势不用已乎？”管子对曰：“今以诸侯为管公州之余[2]焉，以乘四时，行栏[3]牢之策。以东西南北相被[4]，用平而准。故曰：为诸侯，则高下万物以应诸侯。遍有天下，则赋币以守万物之朝夕[5]，调而已。利有足则行，不满则有止。王者乡州以时察之，故利不相倾[6]，县死其所[7]。君守大奉一[8]，谓之国簿。”

【注释】

[1]县诸侯：以诸侯国为县制，此处指统一天下。

[2]管、余：原文分别为“筦”“饰”。二处改动据李哲明说校改。

[3]栏：原文为“扪”，据丁士涵说校改。

[4]被：原文为“彼”，据戴望说校改，指及。

[5]朝夕：物价变动。

[6]倾：倾轧。

[7]县死其所：安死其地。县，通“悬”，系。

[8]一：指利出一孔。

【品读】

此节大谈“有海内，县诸侯”“遍有天下”，显然是战国后期学术思潮的反映，而生活在春秋时期奉行“尊王攘夷”的齐桓公是绝不会说出此类话语的。《管子·轻重》篇的成书年代也可窥见一斑。

地数第七十七

管子轻重十

桓公曰："地数可得闻乎？"管子对曰："地之东西二万八千里，南北二万六千里。其出水者[1]八千里，受水者[2]八千里，出铜之山四百六十七山，出铁之山三千六百九山。此之所以分壤树谷也，戈矛之所发，刀币之所起也。能者有余，拙者不足。封于泰山，禅于梁父，封禅之王七十二家，得失之数，皆在此内。是谓国用。"桓公曰："何谓得失之数皆在此？"管子对曰："昔者桀霸有天下而用不足，汤有七十里之薄而用有余。天非独为汤雨菽粟，而地非独为汤出财物也。伊尹善通移[3]、轻重、开阖、决塞，通于高下徐疾之策，坐起之弗[4]时也。黄帝问于伯高曰：'吾欲陶[5]天下而以为一家，为之有道乎？'伯高对曰：'请刈其莞而树[6]之，吾谨逃其蚤牙[7]，则天下可陶而为一家。'黄帝曰：'此若言可得闻乎？'伯高对曰：'上有丹砂者下有黄金，上有慈[8]石者下有铜金，上有绿石[9]者下有铅、锡、赤铜，上有赭者下有铁。此山之见荣[10]者也。苟山之见其荣者，君谨封而祭之。距封十里而为一坛，是则使乘者下行，行者趋[11]。若犯令者，罪死不赦。然则与折取[12]之远矣。'修教十年，而葛卢之山发而出水，金从之。蚩尤受而制之，以为剑、铠、矛、戟，是岁相兼者诸侯九。雍狐之山发而出水，金从之。蚩尤受而制之，以为雍狐之戟、芮戈，是岁相兼者诸侯十二。故天下之君顿戟一怒，伏尸满野，此见戈之本[13]也。"

【注释】

[1]出水者：指水源地。

[2]受水者：指流经地。

[3]通移：流通。

[4]弗：原文为"费"，据马非百说校改，指违逆。

[5]陶：陶冶、化育。

[6]刈：割。莞：草名。树：指树立标志。

[7]蚤牙：爪牙，此处指作乱的帮凶。

[8]慈：通"磁"，磁性。

[9]绿石：原文为"陵石"，据《北堂书钞》《太平御览》引文改。

[10]见：通"现"，显现。荣：植物开花，此处指矿藏存在的标志——矿苗。

[11]趋:快步走。

[12]折取:指开采。

[13]见戈之本:指战争出现的根源。

【品读】

此节不惜借用甚至曲解远古黄帝、蚩尤的传说来论证政府控制矿山资源的必要性。道必称古、假托黄帝是先秦学派维护自身学说正统性的惯用伎俩。不过,鉴于对矿山资源的日趋重视,战国时期一些诸侯国已经在个别地区开始设立铁官等机构,垄断部分矿山的开采。至汉世,武帝只是将盐铁专卖推行至全国各地而非这一制度的首创者。

桓公问于管子曰:“请问天财[1]所出?地利所在?”管子对曰:“山上有赭者其下有铁,上有铅者其下有银。一曰:‘上有铅者其下有鉒银,上有丹砂者其下有鉒金,上有慈石者其下有铜金。’此山之见荣者也。苟山之见荣者,谨封而为禁。有动封山者,罪死而不赦。有犯令者,左足入,左足断;右足入,右足断。然则其与犯之远矣。此天财地利之所在也。”桓公问于管子曰:“以天财地利立功成名于天下者,谁子[2]也?”管子对曰:“文武[3]是也。”桓公曰:“此若言何谓也?”管子对曰:“夫玉起于牛氏[4]边山,金起于汝汉之右洿[5],珠起于赤野之末光。此皆距周七千八百里,其涂远而至难。故先王各用于其重,珠玉为上币,黄金为中币,刀布为下币。令疾则黄金重,令徐则黄金轻。先王权度其号令之徐疾,高下其中币而制下上[6]之用,则文武是也。”

【注释】

[1]天财:自然资源。

[2]谁子:谁人。

[3]文武:指周文王、周武王。

[4]牛氏:月氏。

[5]洿(wū):低洼。

[6]中币:指黄金。下上:指下币、上币。

【品读】

此节内容分为两部分:一是政府要垄断铁、银等矿产资源,以控制财源,独占利润。为防止私人违法开采,政府采取了严厉的处罚措施:“有犯令者,左足入,左足断;右足入,右足断。”据《史记·平准书》载,汉武帝盐铁官营时,也严格规定“敢私铸铁器煮盐者,钛左趾,没入其器物”,与此论述类似。

二是作者打着周文王、武王的旗号,来阐述轻重学派的货币理论。首先,他分析了珠玉、黄金行使货币职能的缘由。“其涂远而至难”一句具有一定的合理性。因为珠玉、黄金非常稀缺，获取它又要耗费大量时间、人力，所以其价值极高，具备作为货币的基本要求。例如，贝壳也曾行使过货币的职能，但是后来随着贝壳越来越多不再稀有后，价值大幅降低，无法行使原有的职能，最后被历史所淘汰。其次，珠玉虽然价值大，但不易分割，只能作为财富的象征——上币；而刀币虽然流通广，但价值不高，只能作为下币；唯有黄金便于分割、携带和储藏，价值又高，称为“中币”。再次，政府可以运用行政命令的缓急，来操纵黄金的市场价格。由于上币、中币、下币总是保持一定价格比例关系，政府就可以利用“高下其中币而制下上之用”的杠杆传递机制，通过调控金价来驾驭珠玉、刀币的价格了。

桓公问于管子曰：“吾欲守国财而毋税于天下[1]，而外因天下，可乎？”管子对曰：“可。夫水激而流渠[2]，令疾而物重。先王理其号令之徐疾，内守国财而外因天下矣。”桓公问于管子曰：“其行事奈何？”管子对曰：“夫昔者武王有巨桥之粟贵籴之数。”桓公曰：“为之奈何？”管子对曰：“武王立重泉之戍，令曰：‘民自有百鼓之粟者不行。’民举所最[3]粟以避重泉之戍，而国谷二什倍，巨桥之粟亦二什倍。武王以巨桥之粟二什倍而市缯帛，军五岁毋籍衣于民。以巨桥之粟二什倍而衡黄金百万，终身无籍于民。准衡之数也。”桓公问于管子曰：“今亦可以行此乎？”管子对曰：“可。夫楚有汝汉之金，齐有渠展之盐，燕有辽东之煮[4]。此三者亦可以当武王之数。十口之家，十人咶[5]盐，百口之家，百人咶盐。凡食盐之数，一月丈夫五升少半[6]，妇人三升少半，婴儿二升少半。盐之重，升加分耗[7]而釜五十，升加一耗而釜百，升加十耗而釜千。君伐菹薪煮泲[8]水为盐，正而积之三万钟，至阳春请籍于时。”桓公曰：“何谓籍于时？”管子曰：“阳春农事方作，令民毋得筑垣墙，毋得缮冢墓；大夫[9]毋得治宫室，毋得立台榭；北海之众毋得聚庸[10]而煮盐。然盐之贾必四什倍。君以四什之贾，循[11]河、济之流，南输梁、赵、宋、卫、濮阳。恶食无盐则肿[12]，守圉之本，其用盐独重。君伐菹薪煮泲水以籍于天下，然则天下不吾减[13]矣。”

【注释】

[1]税于天下：向天下交税，此指财利流往国外。

[2]渠：通“遽”，急。

[3]最：聚。

[4]煮：煮盐。

[5]咶(shì)：通“舐”，食。

[6]少半：三分之一升。

[7]分耗：半钱。耗，通“好”，钱孔。

[8]泲(jǐ)水：指卤水。泲，过滤。

[9]大夫：原文为“丈夫”，据尹注改。

[10]庸：雇工。

[11]循：原文为“修”，据王念孙说校改。

[12]肿：水肿。

[13]不吾减：原文为“不减”，据张佩纶说校改。

【品读】

从表面上看，周武王的“重泉之戍”与齐国的盐政垄断都是借用行政命令这一工具以增加政府的财政收入，但实际上二者还是有所区别的。前者是纯粹使用行政命令，利用人们纳粟规避戍役的行为来解决政府财政问题；后者则主要是利用盐的垄断特性，并辅之行政命令，来实现政府财政的增收。

桓公问于管子曰：“吾欲富本而丰五谷，可乎？”管子对曰：“不可。夫本富而财物众，不能守，则税于天下。五谷兴丰，吾贱[1]而天下贵，则税于天下，然则吾民常为天下虏矣。夫善用本者，若以舟[2]济于大海，观风之所起。天下高则高，天下下则下。天下高我下[3]，则财利税于天下矣。”

【注释】

[1]吾贱：原文为“巨钱”，据俞樾说校改。

[2]舟：原文为“身”，据戴望说校改。

[3]天下高我下：原文为“天高我下”，据王念孙说补。

【品读】

“天下高则高，天下下则下”是关于国际贸易的重要理论，其主张本国粮食价格要根据国际市场的行情适时调整。当国际市场价格高时，要及时抬价，防止本国粮食外流他国；当国际市场价格低时，要抑制本国价格，防止国外商人前来投机射利。与西方不同，战国时期诸侯国之间纵横捭阖、彼此分化，敌我地位转换相当频繁，故国际贸易很难长久互利互惠，常常演变为彼此政治博弈、经济控制的操纵工具。

桓公问于管子曰：“事尽于此乎？”管子对曰：“未也。夫齐衢处之本[1]，通达所出也，游子胜商[2]之所道。人来[3]本者，食吾本粟，因吾本币，骐骥[4]黄金然后出。令有徐疾，物有轻重，然后天下之宝壹[5]为我用。善者用非有，使非人。”

【注释】

[1]衢：四通八达的道路。本：指本国。

[2]胜商：指富商。

[3]来：原文为“求”，据俞樾说校改。

[4]骐骥：良马。

[5]壹：一概。

【品读】

此节还是在讲国际贸易问题。齐国地处交通要道，又有盐、丝织品等特有的商品，因而各国商人来往比较频繁。众多外国商人云集齐国，衣食住行所需花费都要兑换成齐国的货币。如果政府利用政令，要求商人用黄金、良马来兑换齐币的话，天下的宝贝就可尽收囊中。国际贸易表面上是互通有无、互利互惠的，但是齐国凭借着附加值较高的盐、丝织品，在贸易中还是占据着主动的优势地位，拥有一定的操纵价格的能力。

揆度第七十八

管子轻重十一

齐桓公问于管子曰："自燧人[1]以来，其大会可得而闻乎?"管子对曰："燧人以来，未有不以轻重为天下也。共工之王，水处什之七，陆处什之三，乘天势以隘制[2]天下。至于黄帝之王，谨逃其爪牙，不利其器，烧山林，破增薮[3]，焚沛泽，逐禽兽，实以益[4]人，然后天下可得而牧也。至于尧舜之王，所以化海内者，北用禺氏之玉，南贵江汉之珠，其胜禽兽[5]，以大夫随之。"桓公曰："何谓也?"管子对曰："令诸侯之子将委质[6]者，皆以双武[7]之皮，卿大夫豹饰[8]，列大夫豹幨[9]。大夫散其邑粟与其财物以市虎豹之皮，故山林之人刺其猛兽若从亲戚之仇[10]。此君冕服[11]于朝，而猛兽胜于外。大夫已散其财物，万人得受其流。此尧舜之数也。"

【注释】

[1]燧人：发明钻木取火的燧人氏。

[2]隘制：控制。

[3]增薮：杂草丛生的湖泽。增，通"橧"，垫草。

[4]益：通"隘"，关隘。

[5]禽兽：原文"禽兽"后有"之仇"二字，据王引之说删。

[6]委质：献礼。质，通"贽"，礼物。

[7]双武：应为"双虎"。唐高祖李渊之祖名虎，故唐人讳"虎"为"武"。

[8]饰：衣袖。

[9]幨(chān)：衣襟。

[10]从：追逐。亲戚之仇：父母的仇人。

[11]冕服：礼服。

【品读】

作者费尽心机地历数从燧人氏到尧舜"以轻重为天下"的事例，旨在论证轻重论的历史正统性。虽然明属杜撰，但能看出轻重论呈现出向体系化、学派化转变的趋势。当然，轻重论中所特有的诸多专业术语，也能够说明这一点。

桓公曰:"'事名二、正名五而天下治',何谓'事名二'?"对曰:"天策阳也,壤策阴也,此谓'事名二'。""何谓'正名五'?"对曰:"权也,衡也,规也,矩也,准也,此谓'正名五'。其在色者,青黄白黑赤也;其在声者,宫商羽徵角也;其在味者,酸辛咸苦甘也。二五者,童山竭泽,人君以数制之人。味者所以守[1]民口也,声者所以守民耳也,色者所以守民目也。人君失二五者亡其国,大夫失二五者亡其势,民失二五者亡其家。此国之至机[2]也,谓之国机。"

【注释】

[1]守:掌管。

[2]机:关键。

【品读】

此节中,"事名二""正名五"其实讲的就是天、地、人之间的关系,也是客观规律与人的主观能动性之间的关系。其中,"事名二"是指天时、地利。只有顺应天时,利用地利,不违背自然规律,才能风调雨顺,五谷丰登。"正名五"是指"权,衡,规,矩,准",是人们认识、厘定万事万物的标准。五色、五音、五味就是人们辨别颜色、声音、口味的结果。因此,人君只有运用"二五"之策,"以数制之人",才能治理天下。

轻重之法曰:"自言能为司马不能为司马者,杀其身以衅[1]其鼓;自言能治田土不能治田土者,杀其身以衅其社;自言能为官不能为官者,刖[2]以为门父。"故无敢诬能奸禄[3]至于君者矣。故相任寅为官者[4],重门击柝不能者[5],亦随之以法。

【注释】

[1]衅:血祭,此指杀人用血涂鼓行祭。

[2]刖:原文为"劓",据闻一多说校改,指断足之刑。

[3]诬能奸禄:原文为"奸能诬禄",据本书《法法》篇改。

[4]任寅:保举引进。者:原文为"都",据张佩纶说校改。

[5]柝(tuò):木梆子。原文为"拆",形近而误。者:原文为"去",据俞樾说校改。

【品读】

此节称引"轻重之法",实非典型的轻重论,而是极端的法制思想。轻重法说:"自荐能担任司马而不称职的,要处死以血来祭祀战鼓;自荐能治理农田而不称职的,要处死以血来祭祀社神;自荐能为官而不称职的,要断其足让其看守城门。"因而,无论是保举引荐做官,还是看门敲梆的小吏,都要依法严格考核。只有这样,才能杜绝那些称狂言来骗取禄位的小人。

桓公问于管子曰："请问失准[1]。"管子对曰："失准者，天下皆制我而无我焉。此谓失准。"桓公曰："何谓也？"管子对曰："今天下起兵加我，臣之能谋厉[2]国定名者，割壤而封；臣之能以车兵进退成功立名者，割壤而封。然则是天下尽封君之臣也，非君封之也。天下已封君之臣十里矣，天下每动[3]，重[4]封君之民二十里。君之民非君富之[5]也，邻国富之。邻国每动，重富君之民，贫者重贫，富者重富。失准之数也。"桓公曰："何谓也？"管子对曰："今天下起兵加我，民弃其耒耜，出持戈于外，然则国不得耕。此非天凶也，此人凶也。君朝令而夕求具，民肆其财物与其五谷为雠[6]，厌分[7]而去。贾人受而廪之，然则国财之一分[8]在贾人。师罢，民反其事，万物反其重。贾人出其财物，国币之少分[9]廪于贾人。若此则币重三分，财物之轻[10]三分。贾人市于三分之间，国之财物尽在贾人，而君无策焉。民吏相制[11]，君无有事焉。此轻重之失准也。"

【注释】

[1]失准：原文为"大准"，据张佩纶说校改。准，调控平衡。

[2]厉：通"利"，有利。

[3]动：指战争。

[4]重：增加。

[5]非君富之：原文为"非富"，据陶鸿庆说补。

[6]肆：陈列。雠：通"售"，售卖。

[7]厌：满。分：半，原文为无此字，据刘绩注本补。

[8]一分：一半。

[9]少分：三分之一。

[10]轻：原文为"轻重"，据文义删改。

[11]吏：原文为"更"，据刘绩注本改。制：控制。

【品读】

"非天凶也，此人凶也"，这一观点颇有见地。古代社会，农民境遇悲惨，天灾、人祸二者皆有，而往往人祸对农民生活的冲击更为残酷。当然，从轻重论的角度出发，作者认为人祸主要包括以下两类：一是政府"朝令而夕求具"，不能适时、正确地运用轻重论；二是大商蓄贾投机专营、囤积居奇的行为。

管子曰："人君操本，民不得操末；人君操始，民不得操卒[1]。其在涂[2]者，籍之于衢塞[3]；其在谷者，守之春秋；其在万物者，立赀[4]而行。故物动则应之。故豫[5]夺其涂，则民无遵[6]；君守其流[7]，则民失其高。故守四方之高下，国无游贾，贵贱相当，此谓国衡[8]。以数相守，则利归于君矣。[9]”

【注释】

[1]卒：末尾。

[2]涂：通“途”，指运输过程。

[3]衢塞：通道要塞。

[4]赀：价格，此处指合同。

[5]豫：预先。

[6]遵：循、沿着。

[7]流：指流通领域。

[8]衡：平衡。

[9]以数相守，则利归于君矣：原文为“以利相守，则数归于君矣”，据马非百说校改。

【品读】

“国衡”是轻重论又一新的术语。其核心内容是“贵贱相当”，就是通过“守四方之高下”的轻重论方法，限制“游贾”的投机盘剥行为，达到稳定市场、调节分配的目的。当然，“国衡”的最终目的还是“利归于君”。

管子曰：“善正商任者省有肆[1]，省有肆则市朝闲，市朝闲则田野充，田野充则民财足，民财足则君赋敛焉不穷。今则不然，民重而君重，重而不能轻；民轻而君轻，轻而不能重。天下善者不然，民重则君轻，民轻则君重。此乃财[2]余以满不足之数也。故凡不能调民利者，不可以为大治；不察于终始，不可以为至[3]矣。动左右[4]以重相因，二十国之策也；盐铁二十国之策也；锡金二十国之策也。五官[5]之数，不籍于民。”

【注释】

[1]正：正直。商任：指私商。省：官署。肆：官市。

[2]财：通“裁”，裁断。

[3]至：最高。

[4]左右：左右拨动秤锤，此处指轻重之术。

[5]五官：指物价、盐、铁、锡、金。

【品读】

此节提出轻重论的运用原则类似“动左右以重相因”的平秤，即“民重则君轻，民轻则君重”，而非“民重而君重”“民轻而君轻”。作者还指出，如果政府能够充分运用盐铁等“五官”的轻重政策，就可以将年度财政收入提高二十倍，实现“不藉于民”的最高境界。

桓公问于管子曰："轻重之数恶[1]终？"管子对曰："若四时之更举[2]，无所终。国有患忧，轻重五谷以调用，积余臧羡[3]以备赏。天下宾服，有海内，以富诚信仁义之士，故民高辞让，无为奇怪者。彼轻重者，诸侯不服以出战，诸侯宾服以行仁义。"

【注释】

[1]恶(wū)：怎么。

[2]更举：交替兴起。

[3]臧：通"藏"，收藏、隐藏。羡：多余。

【品读】

轻重论的运用没有极限，永无止境。其理论出发点是经济人的假设，也就是因为人人都是趋利避害、自私自利的，所以轻重论就可永远发生作用。当"国有患忧"之时，政府实行"轻重五谷以调用"；当"天下宾服"之时，政府"富诚信仁义之士"，即给予他们高额的物质奖励，以教行天下。

管子曰："一岁耕，五岁食，粟贾[1]五倍。一岁耕，六岁食，粟贾六倍。二年耕而十一年食。夫富能夺，贫能予，乃可以为天下。且天下者，处兹行兹，若此而天下可壹[2]也。夫天下者，使之不使，用之不用。故善为天下者，毋曰使之，使不得不使；毋曰用之，用不得不用也。"

【注释】

[1]贾：通"价"，价格。

[2]壹：统一。

【品读】

此节轻重论的方法是通过大幅度提高粮食价格，来刺激农业生产，增加粮食收入。如果要想一年耕地的粮食收入够五年食用的，就要把粮食价格提高五倍；要够六年食用的，就要把价格提高六倍。粮价的适当提高，有利于提高农民的积极性，扩大开垦土地的面积。但是，单纯提高价格还是不够的。因为土地亩产量的真正提高取决于科学技术的进步。再加之，粮食价格奇高也会影响到整个社会的稳定。实际上，由于受到供求关系的影响，粮价也不可能一直居高不下。

管子曰："善为国者，如金石之相举[1]，重钧[2]则金倾。故治权则势重，治道则势羸[3]。今谷重于吾国，轻于天下，则诸侯之自泄，如原水之就下。故物重则至，轻则去。有以重至而轻处者，我动而错[4]之，天下即已于我矣。物臧[5]则重，发则轻，散则多。币重则民死利，币轻则决而不用，故轻重调[6]于数而止。”

【注释】

[1]金：货币。石：重量单位，三十斤为一钧，四钧为一石。举：称量。

[2]钧：重量单位。

[3]羸（léi）：衰弱。

[4]错：通“措”，举措。

[5]臧：通“藏”，收藏。

[6]调：调节。

【品读】

“有以重至而轻处者，我动而错之，天下即已于我矣”是轻重论中国际贸易理论的进一步动态分析。具体来说就是本国政府有意虚高本国的粮价，利欲驱使邻国粮食大量流入。然而，随着粮食的不断涌入，逐渐形成供大于求的态势，粮价自然会下跌。邻国商人考虑到高额的运输成本，其剩余粮食势必留存当地而贱价出售，从而本国就达到了“天下即已于我”的目的。

“五谷者，民之司命也。刀币者，沟渎[1]也。号令者，徐疾也。‘令重于宝，社稷重于亲戚[2]’，胡[3]谓也？”对曰：“夫城郭拔，社稷不血食[4]，无生臣。亲没之后，无死子。此社稷之所重于亲戚者也。故有城无人，谓之守平虚；有人而无甲兵而无食，谓之与祸居。”

【注释】

[1]沟渎：沟渠，指流通渠道。

[2]亲戚：父母。

[3]胡：何。

[4]血食：祭祀。

【品读】

“社稷重于亲戚。”作者对此句的解释非常有意思。国家重要，还是父母双亲重要？从大道理上讲，肯定是国家重要。没有大家，哪来的小家？而作者如此解释：城池被攻陷后，国家灭亡了，祖宗社稷的祭祀中断了，臣子殉难或被杀。而父母双亲去世后，却没有孝子去殉死。这不就是说明国家比双亲重要吗？与西方的逻辑思维不同，这属于我国古人典型的比附类推思维。

如果不仔细地加以思考，一时很难辩解反驳。实际上，一方面，古时“不孝有三，无后为大”，如果孝子去殉死，就是最大的不孝；另一方面，臣子殉难的原因是国家灭亡，社稷祖宗祭祀中断，而如果孝子殉死的话，是祖先祭祀血食的真正中断。所以，二者比附类推显然就不合乎逻辑。

桓公问管子曰：“吾闻海内玉币[1]有七策，可得而闻乎？”管子对曰：“阴山之礝碈[2]，一策也；燕之紫山白金[3]，一策也；发、朝鲜之文[4]皮，一策也；汝、汉水之右衢黄金，一策也；江阳之珠，一策也；秦明山之曾青，一策也；禺氏边山之玉，一策也。此谓以寡为多，以狭为广。天下之数尽于轻重矣。”

【注释】

[1]玉币：珍贵货币。

[2]礝碈(ruǎn mín)：似玉的美石。

[3]白金：指银。

[4]发：北发，古代的部族，属东夷。文：花纹。

【品读】

此节中列举了当时各地特产的七种珍贵宝物。之所以称为“币”，因为它们在某种程度上行使着货币的流通职能。最初，它们是不同地区之间贸易往来的主要商品，后来渐渐成为各地商品交易的媒介工具。因此，君主通过对七种玉币的调控，就可以“以寡为多，以狭为广”，达到控制天下粮食、军器等战略物资的目的。

桓公问于管子曰：“阴山之马具驾者千乘[1]，马之平贾[2]万也，金之平贾万也。吾有伏[3]金千斤，为此奈何？”管子对曰：“君请使与正籍者[4]，皆以币还于金[5]，吾至四万。此一为四矣。吾非埏埴摇炉橐[6]而立黄金也，今黄金之重一为四者，数也。珠起于赤野之末光，黄金起于汝汉水之右衢，玉起于禺氏之边山。此度去周七千八百里，其涂远，其至阨。故先王度用其重而因之，珠玉为上币，黄金为中币，刀布为下币。先王高下中币，制[7]下上之用。”

【注释】

[1]千乘：一乘四马，此处指四千匹马。

[2]平贾：公平的价格。贾，通“价”，价格。

[3]伏：藏、贮藏。

[4]正籍者：缴税的人。

[5]以币还于金：把钱币之数折算成黄金缴纳。

[6]埏埴：和泥制造陶器，此处指烧制冶金所用的坩埚。橐：原文为"橐"，据王念孙说校改，指风箱。

[7]制：原文为"利"，据本书《地数》篇改。

【品读】

在此节案例中，政府为抬高手中黄金价格，强令百姓将税赋折算成黄金缴纳，借以改变黄金的供求关系，抬高其价格。当然，由于黄金价值极高，以黄金缴税并不现实。此外，"黄金之重一为四"的戏法也显系夸大，其理论意义远远大于现实意义。

百乘之国，中而立市[1]，东西南北度五十里。一日定虑[2]，二日定载，三日出竟[3]，五日而反。百乘之制轻重，毋过五日。百乘为耕田万顷，为户万户，为开口[4]十万人，为当分[5]者万人，为轻车[6]百乘，为马四百匹。千乘之国，中而立市，东西南北度百五十余里。二日定虑，三日定载，五日出竟，十日而反。千乘之制轻重，毋过一旬。千乘为耕田十万顷，为户十万户，为开口百万人，为当分者十万人，为轻车千乘，为马四千匹。万乘之国，中而立市，东西南北度五百里。三日定虑，五日定载，十日出竟，二十日而反。万乘之制轻重，毋过二旬。万乘为耕田百万顷，为户百万户，为开口千万人，为当分者百万人，为轻车万乘，为马四万匹。

【注释】

[1]市：原文无此字，据下文补。

[2]定虑：制定谋划。

[3]竟：通"境"，国境。

[4]开口：人口。

[5]当：原文无此字，据下文文例补。分：应分，指有纳税义务的人。

[6]轻车：战车。

【品读】

此节主要分析"百乘""千乘""万乘"之国的经济实力状况以及轻重论运用的不同。由于国土面积的差异以及商品运输距离的长短，国际之间商品价格的波动周期定会有所不同。此外，根据"百乘""千乘""万乘"之国的细致划分也可蠡测《管子·轻重》篇的写作年代应非汉代。

管子曰："匹[1]夫为鳏，匹妇为寡，老而无子者为独。君问其若有子弟师役[2]而死者，父母为独，上必葬之，衣衾[3]三领，木必三寸，乡吏视事，葬于公壤。若产而无弟兄，上必赐之匹马之壤[4]。故亲之杀其子以为上用，不苦也。君终岁行邑里。其人力同而宫室美者，良萌[5]也，力作者也，脯[6]二束、酒一石以赐之。力足荡游不作，老者谯[7]之，当壮者遣之边戍。民之无本者贷之圃强[8]。故百事皆举，无留力失时之民。此皆国策之数也。”

【注释】

[1]匹：单独。

[2]师役：军役。

[3]衾：被子。

[4]匹马之壤：指一匹马所能耕种的土地。

[5]萌：通“氓”，民。

[6]脯：干肉。

[7]谯：通“诮”，责备。

[8]圃：园圃，此处指土地。强：通“繦”，钱币。

【品读】

此节“国策”可分两个方面：一是抚恤鳏寡孤独等弱势群体。对因战事牺牲的家庭，政府要赐予棺木、葬衣，准许在公地埋葬死者。如果死者没有兄弟，还要赐予其父母土地。二是君主定期巡视乡里，奖励勤力耕田的良民，赐予酒肉以示慰问。对于游手好闲的人，年纪大的要受到责备，年富力强的要被遣送边境戍守。百姓无法从事耕种的，政府要贷给土地、货币。

上农挟五[1]，中农挟四，下农挟三。上女衣五，中女衣四，下女衣三。农有常业，女有常事。一农不耕，民有为之饥者；一女不织，民有为之寒者。饥寒冻饿，必起于粪土[2]，故先王谨于其始，事再其本[3]，民无卖其子者[4]。三其本，若为食。四其本，则乡里给。五其本，则远近通，然后死得葬矣。事不能再其本，而上之求焉无止，然则奸涂不可独遵[5]，货财不安于拘[6]。随之以法，则中内撕[7]民也，轻重不调，无饘之民不可责理[8]，鬻子不可得使。君失其民，父失其子，亡国之数也。

【注释】

[1]挟五：养活五个人。挟，挟养。

[2]粪土：施肥土地，此处指农业生产。

[3]再其本：成本的二倍。再，二。

[4]民无卖其子者：原文为“民无饘者卖其子”，据本书《轻重甲》改。

[5]涂：通“途”，道路。遵：循、沿着。

[6]拘：留止。

[7]中：相当。摲(chàn)：割除。

[8]责理：督责管理。

【品读】

作者用成本收益法来分析农民的不同生活境遇，是本节最大的闪光点。当农民的收入是其投入土地、种子、工具等生产成本的两倍时，才能满足他们生存的最低需要，至少不会卖儿鬻女；当达到三倍时，农民基本解决温饱问题；四倍时，乡里乡亲可以相互接济；五倍时，农民余粮可以远近售卖，能有财力妥善安葬逝者。

管子曰："神农之数曰：'一谷不登[1]，减一谷，谷之法什倍。二谷不登，减二谷，谷之法再十倍。'夷疏[2]满之，无食者予之陈[3]，无种者贷之新，故无什倍之贾，无倍称之民[4]。"

【注释】

[1]登：丰收。

[2]夷疏：割取菜蔬。

[3]陈：旧粮。

[4]倍称之民：取成倍利息的高利贷者。

【品读】

此节中"神农之数"是假托之言，实际上指由于粮食供给量的减少，粮价会得到推升。如果一种粮食作物没有丰收，五谷中就少了一种谷物的供给量，粮价会提高十倍；如果两种谷物减产，粮价会上涨二十倍。在粮价暴涨的情况下，缺乏口粮的百姓，可以用蔬菜等补充；没饭吃的百姓，政府发放存粮；没有种子的百姓，政府贷给粮种。因而，这就不会出现借粮食短缺之机来牟取十倍暴利的奸商和榨取成倍利息的高利贷。需要补充的是，粮价适度的提高对农民也有一定的好处。

国准第七十九

管子轻重十二

桓公问于管子曰："国准可得闻乎？"管子对曰："国准者，视时而立仪[1]。"桓公曰："何谓视时而立仪？"对曰："黄帝之王，谨逃其爪牙[2]。有虞之王，枯泽童山。夏后之王，烧增薮，焚沛[3]泽，不益民之利。殷人之王，诸侯无牛马之牢[4]，不利其器。周人之王，官能[5]以备物。五家之数殊而用一也。"

【注释】

[1]仪：法度。
[2]爪牙：指猛兽。
[3]沛：多水草的沼泽地。
[4]牢：养牲畜的圈栏。
[5]官能：授予才能之人官职。

【品读】

"视时而立仪"是指根据不同时势而制定相应的法度。作者列举黄帝、虞、夏、商、周不同时代的经济调控政策，指出"五家之数殊而用一"，即五家虽然做法各异，但调控经济的实质是一致的，表明了作者具有较为进步的历史观。

桓公曰："然则五家之数，籍[1]何者为善也？"管子对曰："烧山林，破增薮，焚沛泽，猛兽众也。童山竭泽者，君智不足也。烧增薮，焚沛泽，不益民利，逃械器，闭智能者，辅己者也。诸侯无牛马之牢，不利其器者，毋[2]淫器而壹民心者也。以人御人[3]，逃戈刃，高[4]仁义，乘天固[5]以安己者也。五家之数殊而用一也。"

【注释】

[1]籍：通"藉"，借用。
[2]毋：原文为"曰"，据张佩纶说校改。
[3]以人御人：指任用官吏。
[4]高：尊崇。
[5]天固：原文为"天国"，据赵用贤本校改，意为天然稳固。

【品读】

此节详细分析了五家不同经济政策的历史背景，认为虽然五家政策不同，但都是从“乘天固以安己者”的角度，依据具体情况而适时制定的。

桓公曰：“今当时之王者立何而可？”管子对曰：“请兼用五家而勿尽[1]。”桓公曰：“何谓？”管子对曰：“立祈祥[2]以固山泽，立械器以使万物，天下皆利而谨操重策。童山竭泽，益利专[3]流。出山金[4]立币，存菹[5]丘，立骈牢[6]，以为民饶。彼菹莱[7]之壤，非五谷之所生也，麋鹿牛马之地。春秋赋生杀老[8]，立施[9]以守五谷，此以无用之壤臧民之羸[10]。五家之数皆用而勿尽。”

【注释】

[1]尽：全，指照搬。
[2]祈祥：祈福于神灵。
[3]益：通“隘”，控制。专：原文为“抟”，据李哲明说校改，意为垄断。
[4]山金：原文为“金山”，据赵用贤本改。
[5]存：原文为“成”，据赵用贤本改。菹：水草丛生的沼泽地，意为保存。
[6]骈牢：并列的圈栏。
[7]莱：原文为“菜”，据王念孙说校改，指杂草。
[8]赋生：繁殖幼小牲畜。杀老：屠宰年老的牲畜。
[9]施：指货币。
[10]羸：原文为“羸”，据安井衡说校改，意为多余。

【品读】

如何借鉴五家的做法，此节主张“兼用五家而勿尽”，就是不完全照搬，也不完全否定，要有选择地借鉴、吸收。具体举措为政府通过控制山川资源、兴建国家牧场等垄断政策，借助于轻重原理，实现“臧民之羸”于国君。

桓公曰：“五代之王以尽天下数矣，来世之王者可得而闻乎？”管子对曰：“好讥[1]而不乱，亟变而不娈[2]，时至则为，过则去。王数不可豫致。此五家之国准也。”

【注释】

[1]讥：查问。
[2]娈(liàn)：原文为“变”，据郭沫若说校改，指留恋。

【品读】

人们往往都想探寻过去，遥望未来。桓公也不例外，也想了解未来“王者”的政策变化。这也说明他没有深刻领会“视时而立仪”这句话，故被管仲泼了冷水。因为“时至则为，过则去”，就是政策制定只能根据目前的时势来判断、决定，而未来的时势无法确定，所以“王数不可豫致”，也就无从告知了。

轻重甲第八十

管子轻重十三

桓公曰:“轻重有数[1]乎?”管子对曰:“轻重无数,物发而应之,闻声而乘之。故为国不能来天下之财,致天下之民,则国不可成。”桓公曰:“何谓来天下之财?”管子对曰:“昔者桀之时,女乐三万人,晨噪于端门[2],乐闻于三衢,是无不服文绣衣裳者。伊尹以薄之游女工文绣纂组[3],一纯[4]得粟百钟于桀之国。夫桀之国者,天子之国也。桀无天下忧,饰妇女钟鼓之乐,故伊尹得其粟而夺之流[5]。此之谓来天下之财。”桓公曰:“何谓致天下之民?”管子对曰:“请使州有一掌,里有积五窌[6]。民无以与正籍者予之长假[7],死而不葬者予之长度[8]。饥者得食,寒者得衣,死者得葬,不澹[9]者得振,则天下之归我者若流水。此之谓致天下之民。故圣人善用非其有,使非其人,动言摇辞[10],万民可得而亲。”桓公曰:“善。”

【注释】

[1]数:定数。

[2]晨噪于端门:原文为“端噪晨”,据《太平御览》引文改。噪,喧哗。端门,正门。

[3]工:善于。纂组:彩色的丝带,此泛指精美的织锦。纂,原文为“篡”,据文义改。

[4]一纯:一匹。

[5]流:流通。

[6]窌:地窖。

[7]无以与正籍者:不能正常参与缴纳赋税的人,指残疾、鳏寡孤独等贫困群体。长假:长期借贷。

[8]长度:指丧葬用地。

[9]澹:原文为“窖”,据王引之说校改,通“赡”,足。下文“不澹者振之”之“澹”同此。

[10]动言摇辞:指发号施令。

【品读】

作者从夏桀亡国的案例出发,提出要治理好国家就须运用轻重之数,“来天下之财,致天下之民”。具体来讲,就是通过控制商品市场流通,实现“用非其有”“来天下之财”的目的;通过物资的储备、投放,来赈贷百姓,实现“使非其人”“致天下之民”的目的。

桓公问管子曰:“夫汤以七十里之薄,兼桀之天下,其故何也?”管子对曰:“桀者冬不为杠[1],夏不束柎[2],以观冻溺。弛牝[3]虎充市,以观其惊骇。至汤而不然。夷疏[4]而积粟,饥者食之,寒者衣之,不澹者振之,天下归汤若流水。此桀之所以失其天下也。”桓公曰:“桀使汤得为是,其故何也?”管子曰:“女华者,桀之所爱也,汤事之以千金;曲逆[5]者,桀之所善也,汤事之以千金。内则有女华之阴,外则有曲逆之阳,阴阳之议合,而得成其天子。此汤之阴谋也。”

桓公曰:“轻重之数,国准之分,吾已得而闻之矣,请问用兵奈何?”管子对曰:“五战而至于兵。”桓公曰:“此若言何谓也?”管子对曰:“请战衡[6],战准[7],战流[8],战权[9],战势[10]。此所谓五战而至于兵者也。”桓公曰:“善。”

【注释】

[1]杠(gāng):小桥。

[2]束柎(fū):编束渡河的木筏。

[3]弛:放纵。牝(pìn):雌。

[4]夷疏:原文为“夷竞”,据丁士涵说校改,意为割取菜蔬。

[5]曲逆:夏桀的嬖臣。

[6]衡:平衡供求。

[7]准:调控物价。

[8]流:控制流通。

[9]权:通权达变。

[10]势:利用时势。

【品读】

此节主要探讨夏桀失天下、商汤得天下的原因。作者着重强调的“汤之阴谋”,属于轻重学派的谋略之术。其中,汤通过重金贿赂夏桀的宠妃、嬖臣,来达到刺探敌情、离间敌人的目的。当然,汤运用“阴谋”成功的根源还是夏桀本人的暴虐无道与听信奸佞。

战国时期,各国国君内心最牵挂的还是如何强兵。然而,在轻重论学者眼里,商场如战场,因而提出“战衡,战准,战流,战权,战势”。也就是说政府可以运用轻重论,夺取国际市场中商品流通的控制权,以摧毁别国的经济命脉,达到“不战而屈人之兵”的奇效。

桓公欲赏死事之后[1],曰:“吾国者,衢处之国,馈食[2]之都,虎狼之所栖也。今每战舆死[3]扶伤,如孤:荼首[4]之孙,仰傳戟之寡[5],吾无由予[6]之,为之奈何?”管子对曰:“吾国之豪家,迁封、食邑[7]而居者,君章[8]之以物则物重,不章以物则物轻;守之以物则物重,不守以物则物轻。故迁封、食邑、富商、蓄贾、积余、藏羡、跱[9]蓄之家,此吾国之豪也。故君请缟素[10]而就士室,朝功臣、世家、迁封、食邑、积余、藏羡、跱蓄之家曰:‘城肥[11]致冲,无委致围。天下有虑,齐独不与其谋?子大夫有五谷菽粟者勿敢左右[12],请以平贾取之子。’与之定其券契之齿[13]。釜鏂[14]之数,不得为侈弇[15]焉。困穷之民闻而籴之,釜鏂无止,远近[16]不推。国粟之贾坐长而四十倍。君出四十倍之粟以振孤寡,收[17]贫病,视独老穷而无子者,靡[18]得相鬻而养之,勿使赴于沟浍[19]之中。若此,则士争前战为颜行[20],不偷而为用,舆死扶伤,死者过半。此何故也?士非好战而轻死,轻重之分使然也。”

【注释】

[1]死事之后:阵亡士兵的家属。

[2]馈食:指依靠他国供食。

[3]舆死:车载死者。

[4]荼(tú)首:白发老人。

[5]俜戟:持戟,此处指战士。原文为“宝”,据马非百说校改,寡:寡妇。

[6]予:给予,此处指救济。

[7]迁封:升迁受封。食邑:封邑之家。

[8]章:通“障”,阻碍,引申为控制。

[9]跱(zhì):储备。

[10]缟素:白色丧服。

[11]肥:通“俷”,薄。

[12]左右:支配。

[13]券契:契约。齿:古时券契一般要刻齿剖为两半,交易双方各持一份。齿数及形状代表交易金额。

[14]釜鏂(ōu):齐国的两种量器。

[15]侈弇(yǎn):钟口的大小,此处指人为增减。

[16]远近:原文为“远通”,据张佩纶说校改。

[17]收:原文为“牧”,据刘绩注本改,收留。

[18]靡:没有。

[19]浍(kuài):水沟。

[20]颜行:前行。

【品读】

此节是政府运用轻重论“劫富济贫”、赈济弱势群体的案例。政府先利用手段来掌控功臣、世家、富商手中的粮食,坐拥粮价暴涨,然后用增值的粮食来接济孤寡、贫病之人。其中,国君“缟素而就士室”,对众豪家动之以情、晓之以理的做法看似高明、隐蔽，实际上仍是君主利用手中的权力来强行夺取粮食的控制权。

桓公曰："皮、干、筋、角[1]之征甚重。重籍于民而贵市之皮、干、筋、角，非为国之数也。"管子对曰："请以令高杠柴池[2]，使东西不相睹，南北不相见。"桓公曰："诺。"行事期年[3]，而皮、干、筋、角之征去分，民之籍去分。桓公召管子而问曰："此何故也？"管子对曰："杠池平之时，夫妻服辇[4]，轻至百里。今高杠柴池，东西南北不相睹，天酸[5]然雨，十人之力不能上；广泽遇雨，十人之力不可得而恃。夫舍牛马之力所无因。牛马绝罢，而相继死其所者相望，皮、干、筋、角徒予人而莫之取。牛马之贾必坐长而百倍。天下闻之，必离其牛马而归齐若流。故高杠柴池，所以致天下之牛马而损民之籍也。《道若秘》云：'物之所生，不若其所聚。'"

【注释】

[1]皮、干、筋、角：制作弓箭等军事物资的原材料。干，肋骨。

[2]高：抬高。杠：小桥。柴：据戴望说，当为"罙"，即"深"。

[3]期年：一年。

[4]服：负载。辇：原文为"簟"，据王引之说校改，指手推车。

[5]酸：通"霰"，小雨。

【品读】

本节故事虽貌合神离，甚至荒诞不经，但却蕴含着一定的经济原理，也比较难得。当国家军需物资"皮、干、筋、角"匮乏时，轻重论学者提出了一个奇思妙想：政府可以有意恶化道路状况，使得牛马等运输工具大量死亡，导致本国牛马价格暴涨百倍。根据供求规律，商品价格提高，供给自然增加，因而天下牛马便会流入齐国，"皮、干、筋、角"匮乏的问题即可轻松搞定。

桓公曰："弓弩多匡輆[1]者，而重籍于民奉缮工[2]，而使弓弩多匡輆者，其故何也？"管子对曰："鹅鹜[3]之舍近，鹍鸡鹄鸨[4]之通远。鹄鹍之所在，君请式[5]璧而聘之。"桓公曰："诺。"行事期年，而上无阙[6]者，前无趋人[7]。三月解匽[8]，弓弩无匡輆者。召管子而问曰："此何故也？"管子对曰："鹄鹍之所在，君式璧而聘之。菹泽之民闻之，越平[9]而射远。非十钧[10]之弩不能中鹍鸡鹄鸨。彼十钧之弩，不得棐檄[11]不能自正。故三月解匽而弓弩无匡輆者，此何故也？以其家习其所也。"

【注释】

[1]匡:弯曲。簃(qǐ):碍,指不能用。

[2]奉:奉养。缮工:制作弓弩的工匠。

[3]鹜:鸭子。

[4]鹍鸡鹄鸨:高飞一类的大鸟。

[5]式:用。

[6]阙:缺。

[7]趋人:奔走之人。

[8]医:原文为"匋",据俞樾说校改,指盛弓弩矢器。下文"医"同此。

[9]平:原文为"乎",据文义改,指平地。

[10]钧:三十斤。

[11]棐檠(fěi qíng):校正弓弩的工具。棐,原文为"蘃",据王念孙说校改。

【品读】

桓公征调工匠制造弓箭,结果发现质量较差。然而,在采取经济刺激的手段后,弓箭的质量却明显改观。此事表明在特定的情况下,死板、硬性的行政命令还不如经济的刺激来得更有效。这就是西方经济学的经济人假设,我国古代称为人的趋利避害本性。直到今天,大部分国家仍是采取计划手段与市场手段相结合的方式来调控国民经济的发展。

桓公曰:"寡人欲藉于室屋。"管子对曰:"不可,是毁成也。""欲藉于万民。"管子曰:"不可,是隐情也。""欲藉于六畜。"管子对曰:"不可,是杀生也。""欲藉于树木。"管子对曰:"不可,是伐生也。""然则寡人安藉而可?"管子对曰:"君请藉于鬼神。"桓公忽然作色曰:"万民、室屋、六畜、树木且不可得藉,鬼神乃可得而藉夫?"管子对曰:"厌宜[1]乘势,事之利得也;计议因权,事之囿[2]大也。王者乘势,圣人乘幼[3],与物皆宜。"桓公曰:"行事奈何?"管子对曰:"昔尧之五吏[4]无所食,君请立五厉[5]之祭,祭尧之五吏。春献兰,秋敛落[6];原鱼以为脯[7],鲵以为殽[8]。若此,则泽鱼之正伯[9]倍异日,则无屋粟邦布[10]之藉。此之谓设之以祈祥,推之以礼义也。然则自足,何求于民也?"

【注释】

[1]厌宜:合宜。

[2]囿:读为"侑",辅助。

[3]幼:读为"幽",幽隐。

[4]五吏:原文为"五更五官",据赵守正说删改。

[5]厉:指死后无人祭祀的厉鬼。

[6]落:指果实。

[7]原鱼:生鱼。脯:干肉。

[8]鲵:小鱼。殽:原文为"都",据文义改,指做熟的鱼肉。

[9]伯:通"百",一百。

[10]屋粟:周制,有田不耕者罚三夫的税粟。邦布:人头税。

【品读】

此节中,君主打算征收房屋、牲畜、树木等财产税以及人头税,来解决财政开支问题。对于君主来说,征收财产税是操作最方便、聚财最快的有效方式,而轻重学者是一贯反对的。在他们看来,为了规避财产税、人头税,人们会不修房屋,不育人口,不养六畜,不植树木,最终导致整个社会的经济停滞、衰落。对此,轻重学家提出了一个奇特的方法:借助鬼神征税。过去尧手下有五个贤臣,至今没有人祭祀他们。君主可以命令百姓祭祀这五个贤臣,要求春天献兰花,秋天献果实,用生鱼干与熟鱼肉作为祭品。如此一来,渔业的税收就会增长百倍,不用强征于民了。

在此,我们不能当真计较五位贤臣的祭祀到底能带来多少收入。因为轻重学说毕竟多停留在理论层面。它的伟大之处是特有的经济思维。当然,为了吸引更多人的眼球,它常常用寓言的形式创造一个个奇谋诡计,确实含有故弄玄虚的成分。

桓公曰:"天下之国,莫强于越。今寡人欲北举事孤竹、离枝[1],恐越人之至,为此有道乎?"管子对曰:"君请遏原流[2],大夫立沼池,令以矩[3]游为乐,则越人安敢至?"桓公曰:"行事奈何?"管子对曰:"请以令隐[4]三川,立员都[5],立大舟之都。大舟[6]之都有深渊,垒[7]十仞。令曰:'能游者赐十金[8]。'未能用金千,齐民之游水,不避吴越。"桓公终北举事于孤竹、离枝。越人果至,隐曲菑[9]以水齐。管子有扶身[10]之士五万人,以待战于曲菑,大败越人。此之谓水豫。

【注释】

[1]孤竹、离枝:北方小国。

[2]遏:阻遏。原流:源流,即淄水的源头。

[3]矩:通"距",跳跃。

[4]隐:通"匽",停息,引申为堵塞。

[5]员:通"圆",圆形。都:通"潴",水聚集的地方。下文"大舟之都"之"都"同此。

[6]舟:原文为"身",据王念孙说校改。

[7]垒：通“累”，累积。

[8]十金：原文为“千金”，据上下文义改。

[9]曲菑：淄水弯曲之处。菑，原文为“蓄”，据戴望说校改，通“淄”，淄水。

[10]扶身：指习水。扶，通“浮”，漂浮。

【品读】

此节主题为经济奖励的激励作用，即“重赏之下，必有勇夫”。所述故事纯属虚构，且较离谱。因为齐桓公时期越国还比较弱小，等到越国强大、觊觎中原已是春秋末期的事了。由此，编订者刘向将轻重论诸篇置放在本书最后，就极易理解了。

齐之北泽烧，火光照堂下。管子入贺桓公曰：“吾田野辟，农夫必有百倍之利矣。”是岁租税九月[1]而具，粟又美。桓公召管子而问曰：“此何故也？”管子对曰：“万乘之国、千乘之国，不能无薪而炊。今北泽烧，莫之续[2]，则是农夫得居装而卖其薪荛[3]，一束十倍。则春有以傳耜[4]，夏有以决芸[5]。此租税所以九月而具也。”

【注释】

[1]九月：十月岁首，计断九月。

[2]续：接续。

[3]居：积储。装：装载。薪荛：柴草。

[4]傳：通“剸”，插入。耜：翻土农具。

[5]决：去除。芸：通“耘”，锄草。

【品读】

齐国北泽爆发火灾，导致薪柴的供给大大减少，价格面临暴涨。而薪柴的涨价使得农民卖柴收入高于平常十倍，其生产投入势必得到补充甚至扩大，农业增收的可能性大大增强。因而，齐国发生火灾，管子反而高兴，祝贺桓公农业将会增收。管子并不是神机妙算、内藏玄机，而仅是通晓轻重之术而已。

桓公忧北郭民之贫，召管子而问曰：“北郭者，尽屦缕之甿[1]也，以唐园[2]为本利，为此有道乎？”管子对曰：“请以令：禁百钟之家不得事鞒[3]，千钟之家不得为唐园，去市三百步者不得树葵菜[4]。若此，则空闲[5]有以相给资，则北郭之甿有所雠[6]。其手搔之功[7]，唐园之利，故有十倍之利。”

【注释】

[1]屦(jù)缕之甿(méng):指以编织草鞋为生的贫民。屦,鞋。缕,线。甿,通"氓",民。

[2]唐园:菜园。

[3]鞒:通"屩",草鞋。

[4]葵菜:冬葵。

[5]空闲:指无业人员。

[6]雠:出售。

[7]手搔之功:手工劳动,此处指做鞋。搔,通"爪",手指甲。

【品读】

此节是政府利用供求原理进行市场干预,对贫困群体实行垄断性救济的案例。为了扶植以做鞋、种菜为生的弱势群体,政府严令禁止富裕之家涉足制鞋、蔬菜行业,以减少市场上鞋、菜的供给量,从而抬高其价格,让贫困鞋匠、菜农实现脱贫致富。

管子曰:"阴[1]王之国有三,而齐与在焉。"桓公曰:"此若言可得闻乎?"管子对曰:"楚有汝、汉之黄金,而齐有渠展之盐,燕有辽东之煮,此阴王之国也。且楚之有黄金,中齐有菑石[2]也。苟有操之不工,用之不善,天下倪[3]而是耳。使夷吾得居楚之黄金,吾能令农毋耕而食,女毋织而衣。今齐有渠展之盐,请君伐菹薪,煮泲水[4]为盐,正而积之。"桓公曰:"诺。"十月始正,至于正月,成盐三万六千钟。召管子而问曰:"安用此盐而可?"管子对曰:"孟春既至,农事且起。大夫无得缮冢墓,理宫室,立台榭,筑墙垣。北海之众无得聚庸而煮盐。若此,则盐必坐长而十倍。"桓公曰:"善。行事奈何?"管子对曰:"请以令粜之梁、赵、宋、卫、濮阳。彼尽馈食[5]之也,国无盐则肿,守圉之国,用盐独甚。"桓公曰:"诺。"乃以令使粜之,得成金万一千余斤。桓公召管子而问曰:"安用金而可?"管子对曰:"请以令使贺献[6],出正籍者必以金,金坐长而百倍。运金之重以衡万物,尽归于君。故此所谓用若挹[7]于河海,若输之给马[8]。此阴王之业。"

【注释】

[1]阴:古以地为阴,此处指地利。

[2]中:相当。菑石:淄地美石。菑,原文为"蓄",据王念孙说校改。

[3]倪:通"睨",斜视,此处指小看。

[4]泲水:原文为"沸火",据猪饲彦博说校改,指卤水。

[5]馈食:指靠别国供应食盐。

[6]贺献：朝贺、贡献。

[7]挹(yì)：舀。

[8]马：指计数的筹码。

【品读】

此节是政府运用供求原理，先操纵食盐价格，再炒作黄金价格，最终达到万物“尽归于君”的案例。农闲时节，齐国大力组织人力生产食盐，产量达到三万六千钟之多，并全部征收囤积起来。到春耕之际，要求齐国上下以农事为重，禁止百姓煮盐。因而，食盐的价格暴涨十倍。于是齐国将囤积的食盐高价销往国外，销售收入高达黄金一万一千多斤。然后，齐国政府下令朝贺、贡献以及缴纳税收一律都采用黄金。于是，黄金的价格又狂涨百倍。最终齐国就可以利用手中增值百倍的黄金来掌控天下万物了。

管子曰：“万乘之国必有万金之贾，千乘之国必有千金之贾，百乘之国必有百金之贾，非君之所赖[1]也，君之所与[2]。故为人君而不审其号令，则中[3]一国而二君二王也。”桓公曰：“何谓一国而二君二王？”管子对曰：“今君之籍取以正，万物之贾轻去其分，皆入于商贾，此中一国而二君二王也。故贾人乘其弊以守民之时，贫者失其财，是重贫也；农夫失其五谷，是重竭[4]也。故为人君而不能谨守其山林、菹泽、草莱[5]，不可以立为天下王。”桓公曰：“此若言何谓也？”管子对曰：“山林、菹泽、草莱者，薪蒸[6]之所出，牺牲之所起也。故使民求之，使民藉[7]之，因此给之。私爱之于民，若弟之与兄，子之与父也，然后可以通财交假[8]也。故请取君之游财[9]，而邑里布积之。阳春，蚕桑且至，请以给其口食筐曲之强[10]。若此，则绛丝之籍去分[11]而敛矣。且四方之不至，六时制之：春曰[12]傳耜，次曰获麦，次曰薄芋[13]，次曰树麻，次曰绝菹[14]，次曰大雨且至，趣芸壅培[15]。六时制之，以[16]给至于国都。善者乡[17]因其轻重，守其委庐[18]，故事至而不妄，然后可以立为天下王。”

【注释】

[1]赖：依靠。

[2]与：参与，此处指干预。

[3]中：相当。

[4]竭：穷尽。

[5]草莱：未开垦的草田。

[6]薪蒸：木柴。

[7]藉：凭借。

[8]假：原文为“叚”，据王念孙说校改，指借助。

[9]游财：流动资财。

[10]筐：原文为"篼"，据安井衡说校改，指指盛桑叶的竹筐。曲：通"笛"，蚕箔。强：通"繈"，钱。

[11]絓(guà)：粗蚕丝。分：半。

[12]曰：原文为"日"，据张佩纶说校改。下文五"曰"字同此。

[13]薄：通"敷"，撒播。芋：芋头。

[14]绝菹：除草。

[15]趣芸壅培：指抓紧锄草培土。芸，通"耘"，除草。壅，堆积。

[16]以：原文为"臣"，据马非百说校改。

[17]乡：通"向"，向来。

[18]委庐：贮存钱、粮、房舍等，此处指国家府库。

【品读】

此节的重点是厘清了君主的防范对象和笼络对象。"万乘之国必有万金之贾，千乘之国必有千金之贾，百乘之国必有百金之贾。"这说明商贾阶层存在的合理性与必然性。但是，如果国君不对商贾大家加以抑制、防范，他们就会利用雄厚的财力来巧取豪夺，与君争利，导致出现"一国而二君二王"的危险局面。因而，君主要善于笼络民众，不遗余力地施贷、扶持他们，借用轻重之术，自然而然地将百姓之财力集于国君一身。

管子曰："一农不耕，民或为之饥；一女不织，民或为之寒。故事再其本，则无卖其子者；事三其本，则衣食足；事四其本，则正籍给；事五其本，则远近通，死得藏[1]。今事不能再其本，而上之求焉无止，是使奸涂不可独行，遗财不可包止[2]。随之以法，则是下艾[3]民。食三升[4]，则乡有乏[5]食而盗；食二升，则里有乏食而盗；食一升，则家有乏食而盗。今操不反[6]之事，而食四十倍之粟，而求民之毋失，不可得矣。且君朝令而求夕具，有者出其财，无有者卖其衣屦，农夫粜其五谷，三分贾而去。是君朝令一怒，布帛流越[7]而之天下。君求焉而无止，民无以待之，走亡而栖山阜[8]。持戈之士顾不见亲，家族失而不分[9]，民走于中而士遁于外，此不待战而内败。"

【注释】

[1]藏：指葬。

[2]包止：指把持。包，通"抱"，怀抱。

[3]艾：通"刈"，割。

[4]三升：指三种粮食作物丰收。升，谷熟。

[5]乏：原文为"正"，据王引之说校改，指缺乏。下文二"乏"字同此。

[6]不反：不够本钱。

[7]流越：流失散播。

[8]阜：土山。

[9]不分：指没有名分。

【品读】

首先，作者分析了传统社会小农经济的先天脆弱性。一方面，“一农不耕，民或为之饥；一女不织，民或为之寒”，即种地、纺织是劳动密集型的行业，人民没有充足的劳作时间，就会挨饿受冻。另一方面，根据农业生产的特性，其行业利润的最低要求为“事再其本”。也就是当农民收入是其投入土地、种子、工具等生产成本的两倍时，才能满足他们生存的最低需求。而“食一升，则家有乏食而盗”，也说明小农经济还是要靠天吃饭，如果五谷中只有一种丰收的话，家中就会缺粮少食，很有可能发生盗粮行为。

其次，作者分析了政府的不当政策对农民的负面影响。“上之求焉无止”，即政府横征暴敛，竭泽而渔，大大超越了农民的承受能力。他们缴纳赋税后，“操不反之事”，剩下的收入连本钱都不够，又如何能购买市场上暴涨“四十倍”的粮食。“君朝令而求夕具”，即政府急征无常，名目繁多，农民不得不贱卖粮食、布帛以按时满足政府的各种要求。因而，“布帛流越而之天下”，大量物资被天下商贾以低价收购而囤积起来。

管子曰：“今为国有地牧民者，务在四时，守在仓廪。国多财则远者来，地辟举则民留处；仓廪实则知礼节，衣食足则知荣辱。今君躬[1]犁垦田，耕发草土，得其谷矣。民人之食，人有[2]若干步亩之数，然而有饿馁于衢闾者何也？谷有所藏也。今君铸钱立币，民通移，人有百十之数，然而民有卖子者何也？财有所并也。故为人君不能散积聚，调高下，分并财，君虽强本趣耕，发草[3]立币而无止，民犹若不足也。”桓公问于管子曰：“今欲调高下，分并财，散积聚。不然，则世且并兼而无止，蓄余藏羡而不息，贫贱鳏寡独老不与得焉。散之有道，分之有数乎？”管子对曰：“唯轻重之家为能散之耳，请以令轻重之家。”恒公曰：“诺。”束车[4]五乘，迎癸乙于周下原。桓公因与[5]癸乙、管子、宁戚相与四坐。桓公曰：“请问轻重之数。”癸乙曰：“重籍其民者失其下，数欺诸侯者无权与[6]。”管子差肩[7]而问曰：“吾不籍吾民，何以奉车革？不籍吾民，何以待邻国？”癸乙曰：“唯好心[8]为可耳！夫好心则万物通，万物通则万物运，万物运则万物贱，万物贱则万物可因。知万物之可因而不因者，夺于天下。夺于天下者，国之大贼也。”桓公曰：“请问好心万物之可因？”癸乙曰：“有余富无余乘者，责之卿诸侯[9]。足其所，不赂其游[10]者，责之令大夫。若此则万物通，万物通则万物运，万物运则万物贱，万物贱则万物可因矣。故知三准[11]同策者能为天下，不知三准之同策者不能为天下。故申之以号令，抗之以徐疾也，民乎其归我若流水。此轻重之数也。”

【注释】

[1]躬：亲自。

[2]人有：原文为“有人”，据王念孙说校改。

[3]发草：指垦荒。

[4]束车：备车。束，原文为“东”，据丁士涵说校改，整理。

[5]桓公因与：原文为“桓公问四因与”，据猪饲彦博说删改。

[6]权与：盟国。

[7]差肩：指探身。差，次第。

[8]好心：空其中心。好，通“空”，虚空。

[9]诸侯：指齐国附属小诸侯。

[10]赂：赠送财物。游：交游。

[11]三准：指上文调高下、分并财、散积聚。

【品读】

如何实施“调高下，分并财，散积聚”的“三准”政策，此节中虚构了一位“轻重之家”癸乙。他提出了一个轻重专业术语“好心”，即散空大家之财，来抑制富豪大家兼并贫民。从“轻重之家”可以臆测，轻重论作为一个完整的理论体系，似乎短暂出现过学派化的趋向。

桓公问于管子曰：“今傳戟[1]十万，薪菜之靡日虚十里之衍[2]；顿戟一噪[3]，而靡币之用日去千金之积。久之，且何以待之？”管子对曰：“粟贾平四十，则[4]金贾四千。粟贾釜四十则钟四百也，十钟四千也，二十钟者为八千也。金贾四千，则二金中八千也。然则一农之事，终岁耕百亩，百亩之收不过二十钟，一农之事乃中二金之财耳。故粟重黄金轻，黄金重而粟轻，两者不衡立。故善者重[5]粟之贾。釜四百，则是钟四千也，十钟四万，二十钟者八万。金贾四千，则是十金四万也，二十金者为八万。故发号出令，曰一农之事有二十金之策。然则地非有广狭，国非有贫富也，通于发号出令，审于轻重之数然。”

【注释】

[1]傳戟：持戟，此处指战士。

[2]菜：蔬菜。靡：耗费。衍：低而平坦之地。

[3]顿：以物叩地。噪：喧闹。

[4]则：连词，表示转折关系，相当于“然而”。

[5]重：提高。

【品读】

此节轻重论的原理是“粟重黄金轻，黄金重而粟轻，两者不衡立”，即如果粮食价格提高，黄金价格就会降低；黄金价格提高的话，粮食价格就会降低。二者的价格不能同涨同降。轻重学者已经隐约认识到黄金的价值尺度职能，模糊感知到商品价格与货币价值之间存有一定的反向关系。这是其进步之处。但是，真正解决粮食的不足问题，还是需要从生产领域着手。一味地随意操纵粮食价格，那只会造成社会经济秩序的混乱。

……………………………………

管子曰：“湩[1]然击鼓，士愤怒；枪[2]然击金，士帅然[3]。策桐鼓[4]从之，舆死扶伤，争进而无止。口满用，手满钱，非大父母之仇也，重禄重赏之所使也。故轩冕[5]立于朝，爵禄不随，臣不为忠；中军[6]行战，委予之赏不随，士不死其列陈[7]。然则是大臣执于朝，而列陈之士执于赏也。故使父不得子其子，兄不得弟其弟，妻不得有其夫，唯重禄重赏为然耳，故不远道里而能威绝域之民，不险山川而能服有恃之国[8]，发若雷霆，动若风雨，独出独入，莫之能圉。”

【注释】

[1]湩(dòng)：鼓声。

[2]枪(qiāng)：鸣金声。

[3]帅然：肃然。

[4]策：杖。枹：原文为“桐”，据张佩纶说校改，指鼓槌。

[5]轩冕：轩车、礼帽，此处指君主。

[6]中军：主帅。

[7]陈：通“阵”，军阵。

[8]国：原文为“固”，据赵用贤本改。

【品读】

此节着重强调“重禄重赏”能够起到激励士兵奋勇杀敌的作用。人的本性是趋利避害的，在一定条件下，“口满用，手满钱”的物质赏赐还是能起到良好效果的。楚汉战争之际，项羽兵败垓下，突围而走，汉军将士则奋勇向前，紧追不舍，最终在乌江将其包围，迫使项羽自刎而死。瞬间之内，他的尸首遭到哄抢，被五人争相瓜分。这并不是出自对项羽不共戴天的仇恨，而是他们荣封“万户侯”的思想在作祟罢了。

桓公曰："四夷不服，恐其逆政[1]游于天下而伤寡人，寡人之为[2]此有道乎？"管子对曰："吴越不朝，请[3]珠象而以为币乎？发、朝鲜不朝，请文皮、㲰[4]服而为币乎？禺氏不朝，请以白璧为币乎？昆仑之虚不朝，请以璆琳、琅玕[5]为币乎？故夫握而不见于手，含而不见于口，而辟[6]千金者，珠也，然后，八千里之吴越可得而朝也。一豹之皮，而辟千金[7]也，然后，八千里之发、朝鲜可得而朝也。怀而不见于抱，挟而不见于掖[8]，而辟千金者，白璧也，然后，八千里之禺氏可得而朝也。簪珥[9]而辟千金者，璆琳、琅玕也，然后，八千里之昆仑之虚可得而朝也。故物无主，事无接，远近无以相因，则四夷不得而朝矣。"

【注释】

[1]逆政：逆行之政。

[2]为：原文为"行为"，据闻一多说删。

[3]请：原文无此字，据王念孙说补。

[4]㲰(tuò)：鸟兽脱毛。

[5]璆琳、琅玕：昆仑所产美玉。

[6]辟：通"譬"，如。

[7]而辟千金：原文为"容金而金"，据姚永概说校改。

[8]掖：通"腋"，胳肢窝。

[9]珥：用珠子或玉石做的耳环。

【品读】

如何能让四夷臣服？轻重论学者提出使用经济的手段——国际贸易来解决。四夷都处于边远的落后地区，齐国的军事触角是远远达不到的。但是，四夷地区的人民喜好齐国的财物，而齐国也需要珍珠、白璧、兽皮等当地特产。毕竟中原地区经济发达，商品丰富，在国际贸易中占有主导地位。所以，随着经贸往来的日益频繁，四夷地区就会逐渐与中原融为一体，自然就会臣服了。

轻重乙第八十一

管子轻重十四

桓公曰:“天下之朝夕[1]可定乎?”管子对曰:“终身不定。”桓公曰:“其不定之说,可得闻乎?”管子对曰:“地之东西二万八千里,南北二万六千里。天子中而立,国之四面,面万有余里。民之入正籍者亦万有余里。故有百倍之力而不至者,有十倍之力而不至者,有倪而是[2]者。则远者疏,疾怨上。边竟[3]诸侯受君之怨民,与之为善,缺然不朝,是天子塞其涂。熟谷者[4]去,天下之可[5]得而霸?”桓公曰:“行事奈何?”管子对曰:“请与之立壤列天下之旁[6],天子中立,地方千里,兼霸之壤三百有余里,佌诸侯[7]度百里,负海子男者度七十里,若此则如胸之使臂,臂之使指也。然则小不能分于民,准[8]徐疾羡不足,虽在下不为君忧。夫海出泲[9]无止,山生金木无息,草木以时生,器以时靡幣[10],泲水之盐以日消。终则有始,与天壤争[11],是谓立壤列也。”

【注释】

[1]朝夕:物价波动。

[2]倪而是:转眼即到。倪,通“睨”,斜视。

[3]竟:假借为“境”。

[4]熟谷者:指熟悉谷价调控的人才。

[5]可:通“何”,怎么。

[6]壤列:土地等次。旁:附近。

[7]佌诸侯:指一般诸侯。佌,通“齐”同等。

[8]准:原文为“推”,据赵用贤本改,平准。

[9]泲(jǐ):原文为“沸”,据马非百说校改。

[10]靡:靡散。幣:通“弊”,破损。

[11]与天壤争:指利用自然,为我所用。

【品读】

桓公问道:“天下物价波动可以停止吗?”管子回答:“永远不会。”其根本原因是“草木以时生,器以时靡幣,泲水之盐以日消”。也就是说,万物的生产、使用、消亡总是有一定的周期性,其供求关系会一直在变化,因而价格的波动自然在所难免。由此说明,作者对商品经济中的价值规律有着较为深刻的认识。

武王问于癸度曰："贺献不重，身不亲于君；左右不足，支[1]不善于群臣。故不欲收穑户籍[2]而给左右之用，为之有道乎？"癸度对曰："吾国者衢处之国也，远秸[3]之所通，游客蓄商之所道，财物之所遵。故苟食[4]吾国之粟，因吾国之币，然后载黄金而出。故君请重重而衡轻轻[5]，运物而相因，则国策可成。故谨毋失其度，未与，民可治？"武王曰："行事奈何？"癸度曰："金出于汝、汉之右衢，珠出于赤野之末光，玉出于禺氏之旁山。此皆距周七千八百余里，其涂远，其至阸。故先王度用于其重，因以珠玉为上币，黄金为中币，刀布为下币。故先王善高下中币，制下上之用，而天下足矣。"

【注释】

[1]支，通"肢"，四肢，此处指君主左右之人。

[2]收穑户籍：指按户收取租税。

[3]远秸：指远道贡物。秸，秸秆。

[4]食：原文为"人"，据猪饲彦博说校改。

[5]重重：第一个"重"指提高，第二个"重"指黄金。轻轻：第一个"轻"指降低，第二个"轻"指一般物品。

【品读】

此节是轻重学派假借周武王的名义，来提出自己的货币理论。此节中，周武王一方面感觉财用不足，手头吃紧；另一方面，他又不愿意向百姓直接征税，强行索取。对此，大臣癸度提出了两全其美的方法。由于周地所处交通要道，为四方商贾汇聚之地，黄金等货币自然使用较为频繁。因此，周王可以操作黄金等货币的价格，利用"币重而万物轻"的原理，来达到控制天下资财的目的。

桓公曰："衡谓寡人曰：'一农之事必有一耜、一铫、一镰、一鎒、一椎、一铚[1]，然后成为农。一车必有一斤、一锯、一釭、一钻、一凿、一銶、一轲[2]，然后成为车。一女必有一刀、一锥、一箴、一鉥[3]，然后成为女。请以令断山木，鼓山铁[4]，是可以无籍而用尽。'"管子对曰："不可。今发徒隶而作之，则逃亡而不守。发民，则下疾怨上，边竟有兵则怀宿怨而不战。未见山铁之利而内败矣。故善者不如与民，量其重，计其赢[5]，民得其七[6]，君得其三。有杂之以轻重，守之以高下。若此，则民疾作而为上虏[7]矣。"

【注释】

[1]铫：大锄。鎒(nòu)：即"耨"，小锄。椎(zhuī)：即櫌(yōu)，碎土平田的农具。铚(zhì)：短镰。

[2]斤：斧。釭：车毂内的铁环，用以穿轴。銶(qiú)：凿的一种。軻：车轴铁，与釭配套。

[3]箴：针。鉥(shù)：长针。

[4]鼓山铁：指鼓橐铸铁。

[5]赢：赢利。

[6]七：原文为"十"，据安井衡说校改。

[7]虏：奴仆。

【品读】

作者认为国家设置铁官，强制徒隶(罪犯、奴隶)生产、制造铁器，容易导致徒隶怠工甚至逃跑，而征调人民来生产又会招致怨恨，造成"边竟有兵则怀宿怨而不战"的危险局面。因而，作者主张铁矿向民间资本开放，政府从中收取分成税而已。具体方法是"量其重，计其赢，民得其七，君得其三"，也就是君民三七分成。

桓公曰："请问壤数。"管子对曰："河埮[1]诸侯，亩钟之国也。碛[2]，山诸侯之国也。河埮诸侯常不胜山诸侯之国者，豫戒[3]者也。"桓公曰："此若言何谓也？"管子对曰："夫河埮诸侯，亩钟之国也，故谷众多而不理，固不得有。至于山诸侯之国，则敛蔬[4]藏菜，此之谓豫戒。"桓公曰："壤数尽于此乎？"管子对曰："未也。昔狄诸侯[5]，亩钟之国也，故粟十钟而锱[6]金。程诸侯，山诸侯之国也，故粟五釜而锱金。故狄诸侯十钟而不得倳戟，程诸侯五釜而得倳戟，十倍而不足，或五分[7]而有余者，通于轻重高下之数。国有十岁之蓄，而民食不足者，皆以其事业望君之禄也。君有山海之财，而民用不足者，皆以其事业交接于上者也。故租籍[8]，君之所宜得也；正籍[9]者，君之所强求也。亡君废其所宜得而敛其所强求，故下怨上而令不行。民，夺之则怒，予之则喜。民情固然。先王知其然，故见予之形[10]，不见夺之理。故五谷粟米者，民之司命也；黄金刀布者，民之通货也。先王善制其通货以御其司命，故民力可尽也。"

【注释】

[1]埮：通"淤"，河沟中沉积的泥沙。

[2]碛(qì)：原文为"蹟"，据何如璋说校改，指沙石地。

[3]豫戒：预先防备。

[4]蔬：据张佩纶说，当为"疏"，粗米。

[5]狄诸侯：假托的诸侯名。下文"程诸侯"同。

[6]锱(zī)：古代的重量单位，六铢为一锱，四锱为一两。

[7]五分：十分之五钟，即半钟。

[8]租籍：正常的租税。

[9]正籍：强制征收的赋税，如财产税、人头税等。

[10]形：原文为“所”，据本书《国蓄》篇改。

【品读】

此节体现了轻重论独到的“以寡为多，以狭为广”的弹性理财思想。产量高的“亩钟之国”容易造成“谷贱伤农”。如果政府不抑制商贾盘剥，百姓依然贫困受穷；相反，产量低的“山诸侯之国”虽然粮价高，但能吸引粮食流入。如果政府号令发展民间手工业，百姓就能衣食无忧，富裕充足。

管子曰：“泉雨[1]五尺，其君必辱。食称[2]之国必亡，待五谷者众也。故树木之胜霜露者不受令于天，家足其所者不从圣人。故夺然后予，高然后下，喜然后怒，天下可举。”

【注释】

[1]泉雨：泉水、雨水。

[2]食称：指粮食与人口相称。

【品读】

此节着重强调君主要掌控社会的资财来源。如果“泉雨五尺”，风调雨顺，百姓粮食众多，衣食无忧，那么君主就很难掌控、利用民力了。君主只有先夺取、控制财源，才能让百姓体会君主给予的恩惠。君主只有善于调节价格的高低，才可以掌控天下。由此看出，轻重理论的服务对象是君主本身，而非百姓。

桓公曰：“强本节用，可以为存[1]乎？”管子对曰：“可以为益愈[2]，而未足以为存也。昔者纪氏之国强本节用者，其五谷丰满而不能理也，四流[3]而归于天下。若是，则纪氏其强本节用，适足以使其民谷尽而不能理，为天下虏。是以其国亡而身无所处，故可以益愈而不足以为存。故善为国者，天下下我高，天下轻我重，天下多我寡，然后可以朝天下[4]。”

【注释】

[1]存：生存。

[2]益愈：更好。

[3]四流：四处流散。

[4]朝天下：使天下诸侯来朝。

【品读】

"天下下我高，天下轻我重"是轻重论中诸侯国之间抢购粮食的基本准则。不过，此节又添加了一条"天下多我寡"，故意造成"我寡"，即国内粮食供不应求的态势，以推高国内粮价，吸引国外粮食流入。

桓公曰："寡人欲毋杀[1]一士，毋顿[2]一戟，而辟方都[3]二，为之有道乎？"管子对曰："泾水十二空，汶、泗、洙、沿满三之。[4]于乃请以令使九月种麦，日至日获，则时雨未下而利农事矣。"桓公曰："诺。"令以九月种麦，日至而获。量其艾，一收之积中[5]方都二。故此所谓善因天时，辩[6]于地利而辟方都之道也。

【注释】

[1]杀：原文为"榖"，形近而误。

[2]顿：损坏。

[3]方都：大城市。

[4]泾水上下空，汶、泗、洙、沿满三之：原文为"泾水十二空汶渊洙沿满三之"，据郭沫若说校改，指根据高低形势控制支流，那么汶、泗、洙、沿水量则会增加三倍。

[5]中：相当。

[6]辩：通"辨"，分辨。

【品读】

此节也是轻重学派虚构的案例。文中，齐桓公想不费吹灰之力，兴建两大都邑。管子则提出，利用地势的高低，重新调控齐国的水流，促使齐国四大水系的流量大增。然后，让百姓九月就开始种麦，利用充沛的水源来灌溉，结果大获丰收。最终，政府就可以用增加的粮食收入来兴建都邑了。这就是"善因天时，辩于地利"的道理。

管子入复桓公曰："终岁之租金四万二千金，请以一朝素赏[1]军士。"桓公曰："诺。"以令至鼓期于泰舟之野期[2]军士。桓公乃即坛而立，宁戚、鲍叔、隰朋、易牙、宾须无皆差肩而立。管子执枹而揖军士曰："谁能陷陈破众者，赐之百金。"三问不对。有一人秉剑而前，问曰："几何人之众也？"管子曰："千人之众。""千人之众，臣能陷之。"赐之百金。管子又曰："兵接弩张，谁能得卒长者，赐之百金。"问曰："几何人卒之长也？"管子曰："千人之长。""千人之长，臣能得之。"赐之百金。管子又曰："谁能听旌旗之所指，而得执将首者，赐之千金。"言能得者垒十[3]人，赐之人千金。其余言能外斩首者，

赐之人十金。一朝素赏，四万二千金廓[4]然虚。桓公惕然[5]太息曰："吾曷以识此？"管子对曰："君勿患。且使外为名于其乡[6]，内为功于其亲，家为德于其妻子。若此，则士必争名报德，无北[7]之意矣。吾举兵而攻，破其军，并其地，则非特四万二千金之利也。"五子曰："善。"桓公曰："诺。"乃诫大将曰："百人之长，必为之朝礼。千人之长，必拜而送之，降两级[8]。其有亲戚[9]者，必遗[10]之酒四石，肉四鼎。其无亲戚者，必遗其妻子酒三石，肉三鼎。"行教半岁，父教其子，兄教其弟，妻谏其夫，曰："见其[11]若此其厚，而不死列陈，可以反于乡乎？"桓公终举兵[12]攻莱，战于莒必市里。鼓旗未相望，众少未相知，而莱人大遁。故遂破其军，兼其地，而虏其将。故未列[13]地而封，未出金而赏，破莱军，并其地，禽[14]其君。此素赏之计也。

【注释】

[1]素赏：空赏，指事先许诺赏赐。

[2]至：通"致"，招致。期：通"旗"，旗帜。泰舟：地名。期：期会、集合。

[3]垒：通"累"，累计。十：原文为"千"，据何如璋说校改。

[4]廓：空虚。

[5]惕然：忧虑的样子。

[6]乡：原文为"内"，下句"乡"原文为"内"，据安井衡说校改。

[7]北：败逃。

[8]降两级：走下两级台阶。级，台阶。

[9]亲戚：指父母。

[10]遗(wèi)：赠送。

[11]其：通"期"，期待。

[12]桓公终举兵：原文为"桓公衍终举兵"，据赵用贤本删改。

[13]列：通"裂"，分裂。

[14]禽：通"擒"，擒获。

【品读】

此节内容是素赏的妙用。素赏就是空头许诺赏赐。首先，管仲名义上将租税收入的四万二千金全部用来赏赐将士，并预先召开赏赐的"招标"大会。会中，对承诺能够攻敌破阵、俘获敌军卒长、取敌将首级等壮举的士兵，政府给予名义上的丰厚赏赐，从而极大鼓舞了士兵勇猛杀敌的斗志。其次，对军士礼遇有加。要求将帅接见百人的官长，要按朝礼相待；接见千人的官长，拜送时要下两级台阶。如果他们的父母健在，政府要赐予酒肉慰问；父母去世，就慰问其妻子。因而，全军上下都同仇敌忾，以死报效君主。后来，气势如虹的齐军攻打莱国，敌军不战而逃。最终，齐桓公没有赏赐一寸土地、一两黄金，却胜利攻占莱国，虏其国君。

桓公曰："曲防之战，民多假贷[1]而给上事者。寡人欲为之出赂[2]，为之奈何？"管子对曰："请以令：令富商蓄贾百符[3]而一马，无有者取于公家。若此，则马必坐长而百倍其本矣。是公家之马不离其牧皂[4]，而曲防之战赂足矣。"

【注释】

[1]假贷：借贷。

[2]赂：财物。

[3]符：契券，此处指借券。

[4]牧皂：管理畜牧的小吏。

【品读】

此节是政府运用号令，硬性摊派富商蓄贾的经典案例。战时，为应对政府的临时征调，老百姓不得不借贷于富商蓄贾，饱受盘剥之苦。战后，政府依靠行政命令，强行要求富商蓄贾按照借贷金额摊派战马。没有战马的，被迫向政府高价购买。然后，政府利用获取的巨额赢利来帮助老百姓偿还债务。

桓公问于管子曰："崇弟、蒋弟、丁、惠[1]之功世，吾岁罔[2]。寡人不得籍斗升焉，去。菹莱、咸卤、斥泽、山间壖埊[3]不为用之壤，寡人不得籍斗升焉，去[4]。列稼缘封[5]十五里之原，强耕而自以为落[6]，其民寡人不得籍斗升焉。则是寡人之国，五分而不能操其二，是有万乘之号而无千乘之用也。以是与天子提衡，争秩[7]于诸侯，为之有道乎？"管子对曰："唯籍于号令为可耳。"桓公曰："行事奈何？"管子对曰："请以令发师置屯[8]籍农，十钟之家不行，百钟之家不行，千钟之家不行。行者不能百之一，千之十，而困窌[9]之数皆见于上矣。君案困窌之数，令之曰：'国贫而用不足，请以平价取之子，皆案困窌而不能挹损[10]焉。'君直币之轻重以决其数，使无券契之责[11]，则积藏困窌之粟皆归于君矣。故九州无敌，竟[12]上无患。"公[13]曰："罢兵归农，无所用之。"管子曰："天下有兵，则积藏之粟足以备其粮。天下无兵，则以赐贫甿，若此则菹莱、咸卤、斥泽、山间壖埊之壤无不发草。此之谓籍于号令。"

【注释】

[1]崇弟、蒋弟、丁、惠：皆齐国贵族。

[2]岁罔：歉收。罔，无。

[3]菹莱：荒地。莱，原文为"菜"，据王念孙说校改。下文"莱"同此。咸卤：盐碱地。

斥泽：含盐分的沼泽。堨埈：高低不平。

[4]去：原文为“去一”，据文义删改。

[5]缘封：沿着封界。

[6]落：聚落。

[7]秩：位次。

[8]屯：屯田。

[9]囷：圆形谷仓。窌：粮窖。

[10]挹：通“抑”，一直。损：减少。

[11]责：通“债”，债务。

[12]竟：通“境”，边境。

[13]公：原文为“令”，据马非百说校改。

【品读】

齐桓公将全国粮食控制于手中，则“九州无敌，竟上无患”。而“罢兵归农”后，桓公直云“无所用之”。由此说明，粮食的确是战争胜负的关键要素，“天下下我高，天下轻我重”的国际抢购粮食策略也就不解自通了。

管子曰：“滕鲁之粟釜百，则使吾国之粟釜千，滕鲁之粟四流而归我，若下深谷者。非岁凶而民饥也，辟[1]之以号令，引之以徐疾，施乎[2]其归我若流水。”

【注释】

[1]辟：征召。

[2]施乎：舒行貌。

【品读】

此节是政府利用号令来抢购别国粮食的经典案例。当滕、鲁二国的粮价只有每釜一百钱时，齐国政府就有意将本国粮价抬高为每釜一千钱。因而，滕、鲁二国的人民为了逐利，就如同流水般，纷纷将粮食贩运至齐国。

桓公曰：“吾欲杀正[1]商贾之利而益农夫之事，为此有道乎？”管子对曰：“粟重而万物轻，粟轻而万物重，两者不衡[2]立。故杀正商贾之利而益农夫之事，则请重粟之价釜[3]三百。若是则田野大辟，而农夫劝其事矣。”桓公曰：“重之有道乎？”管子对曰：“请以令与大夫城藏[4]，使卿、诸侯藏千钟，令大夫[5]藏五百钟，列大夫藏百钟，富商蓄贾藏五十钟，内可以为国委，外可以益农夫之事。”桓公曰：“善。”下令卿诸侯令大夫城藏。农夫辟其五谷，三倍其贾。则正商失其事，而农夫有百倍之利矣。

【注释】

[1]杀：减。正：指有市籍的商贾。

[2]衡：平衡。

[3]釜：原文为“金”，据刘绩注本改。

[4]城藏：城中藏粮。

[5]令大夫：命大夫。比下文“列大夫”地位高。

【品读】

“粟重而万物轻，粟轻而万物重”是小农社会的常见现象。当时农业靠天吃饭，产量极低，尤其在战乱、灾荒年代，商品交换的媒介往往是粮食，而不是货币。

“重粟之价釜三百”指粟米价格提高至三百钱一釜。如何抬高价格？政府利用供求原理，下达命令让贵族、富商们贮藏粮食，减少市场上粮食的流通量，从而达到粮价“三倍其贾”的奇效。

桓公问于管子曰：“衡有数[1]乎？”管子对曰：“衡无数也。衡者使物一高一下，不得常固。”桓公曰：“然则衡数不可调[2]耶？”管子对曰：“不可调。调则澄[3]，澄则常，常则高下不贰[4]，高下不贰则万物不可得而使固[5]。”桓公曰：“然则何以守时？”管子对曰：“夫岁有四秋，而分有四时。故曰：农事且作，请以什伍农夫赋耜铁[6]，此之谓春之秋[7]。大夏且至，丝纩[8]之所作，此之谓夏之秋。而大秋成，五谷之所会，此之谓秋之秋。大冬营室中，女事纺绩缉缕之所作也，此之谓冬之秋。故岁有四秋，而分有四时。已有四者之序，发号出令，物之轻重相什而相伯[9]。故物不得有常固。故曰衡无数。”

【注释】

[1]衡：平衡。数：定数。

[2]调：调和。

[3]澄：水静而清。

[4]不贰：没有差异。

[5]固：固定、不变动。

[6]什伍：基层民户的什伍编制。赋：给予，此指借贷。耜铁：铁铧，此处指农具。

[7]秋：收获季节，此指收益。

[8]纩（kuàng）：丝棉絮。

[9]伯：通“百”，指一百倍。

【品读】

“衡”指稳定市场的平衡物价政策。“衡无数”指“衡者使物一高一下,不得常固”。也就是说,平衡物价不是将价格定死、管死,而是根据市场变化来顺时调节,物价表现有时高、有时低,并不是整齐划一的。

桓公曰:“皮干筋角竹箭羽毛齿革不足,为此有道乎?”管子曰:“惟曲衡[1]之数为可耳。”桓公曰:“行事奈何?”管子对曰:“请以令为诸侯之商贾立客舍,一乘者有食,三乘者有刍菽[2],五乘者有伍养[3],天下之商贾归齐若流水。”

【注释】

[1]曲:迂回。衡:平衡,指供求平衡。

[2]刍菽:喂养牲口的饲料。刍,草。菽,豆。

[3]养:指负责食厨的仆役。

【品读】

为保证军需物资的进口,政府积极营造有利条件,实施优惠政策,鼓励国外商人携货前来贸易。主要措施为:政府为外国商人建造馆舍,带来一车货物的商人,可免费吃饭;带来三车货物的,供应牲畜草料;带来五车货物的,配备五个服务人员。

轻重丁第八十三

管子轻重十六

桓公曰："寡人欲西朝天子而贺献不足，为此有数乎？"管子对曰："请以令城阴里[1]，使其墙三重而门九袭[2]。因使玉人刻石而为璧，尺者万泉[3]，八寸者八千，七寸者七千，珪[4]中四千，瑗[5]中五百。"璧之数已具，管子西见天子曰："弊邑之君欲率诸侯而朝先王之庙，观于周室。请以令使天下诸侯朝先王之庙、观于周室者，不得不以彤弓[6]石璧。不以彤弓石璧者，不得入朝。"天子许之曰："诺。"号令于天下。天下诸侯载黄金珠玉五谷文采布泉输齐，以收石璧。石璧流而之天下，天下财物流而之齐。故国八岁而无籍，阴里之谋也。

右石璧谋。

【注释】

[1]城：筑城。阴里：地名。

[2]袭：层，重。

[3]泉：古钱币名。

[4]珪(guī)：长条形玉，上端为三角形，下端正方。

[5]瑗(yuàn)：大孔的环形玉。

[6]彤弓：朱红色的弓。

【品读】

此节是轻重论运用的案例。为解决齐桓公朝贺周天子的开支问题，管仲事先利用齐国当地的资源，专门生产各类精美的石璧。然后，齐桓公利用自己在诸侯中的威望、地位，请求周天子下令，凡是前来朝拜先王、观礼周室的诸侯，都要携带彤弓、石璧为献礼。因而市场中的石璧就供不应求，价格陡然上升。于是天下诸侯用黄金、珠玉等贵重财物前来齐国换取价格暴涨的石璧，天下的财物自然就流向齐国了。此类故事虽然多属虚构，但是轻重论利用供求关系来调控商品价格，还是值得充分肯定的。

桓公曰："天子之养不足，号令赋于天下则不信[1]诸侯，为此有道乎？"管子对曰："江淮之间有一茅而三脊毌[2]至其本，名之曰菁茅。请使天子之吏环封而守之。夫天子则封于太山，禅于梁父，号令天下诸侯曰：'诸从天子封于太山、禅于梁父者，必抱菁茅一束以为禅籍[3]。不如令者不得从。'"天子[4]诸侯载其黄金，争秩[5]而走。江淮之菁茅坐长而十倍，其贾一束而百金。故天子三日即位[6]，天下之金四流而归周若流水。故周天子七年不求贺献者，菁茅之谋也。

右菁茅谋。

【注释】

[1]信：取信。

[2]茅：茅草。脊：脊梗。毌：古"贯"字，通。

[3]籍：通"藉"，垫席。

[4]天子：原文为"天子下"，据王引之说删。

[5]轶：位次。

[6]即位：就座。

【品读】

此节案例与上节案例的理财方法如出一辙。政府首先垄断某种特殊物品——菁茅的供给，"使天子之吏环封而守之"，然后强制号令天下诸侯购买，借以将菁茅抬高到"一束而百金"的天价，从而获取高额利润，一举解决了周天子的供养问题。

……………………………………

桓公曰："寡人多务[1]，令衡籍吾国之富商蓄贾称贷家，以利吾贫萌[2]、农夫，不失其本事。反[3]此有道乎？"管子对曰："惟反之以号令为可耳。"桓公说："行事奈何？"管子对曰："请使宾胥无驰而南，隰朋驰而北，宁戚驰而东，鲍叔驰而西。四子之行定，夷吾请号令谓四子曰：'子皆为我君视四方称贷之间[4]，其受息[5]之氓几何千家，以报吾。'"鲍叔驰而西。反报曰："西方之氓者，带济负河，菹泽之萌也。渔猎取薪蒸而为食。其称贷之家多者千钟，少者六、七百钟。其出之，钟也一钟。其受息之萌九百余家。"宾胥无驰而南。反报曰："南方之萌者，山居谷处，登降之萌也。上断轮轴[6]，下采杼栗[7]，田猎而为食。其称贷之家多者千万，少者六、七百万。其出之，中伯伍也。其受息之萌八百余家。"宁戚驰而东。反报曰："东方之萌，带山负海，苦处，上断福[8]，渔猎之萌也。治葛[9]缕而为食。其称贷之家丁[10]、惠、高、国，多者五千钟，少者三千钟。其出之，中钟五釜也。其受息之萌八、九百家。"隰朋驰而北。反报曰："北方之萌者，衍[11]处负海，煮沛水为盐，梁[12]济取鱼之萌也。薪食。其称贷之家多者千万，少者六、七百万。其出之，中伯二十也。受息之萌九百余家。”凡称贷之家出泉三千万，出粟叁数千万钟，受子息民三万家。四子已报。管子曰：“不意[13]我君之有萌中一国而五君[14]之正也，然欲国之无贫，兵之无弱，安可得哉?”桓公曰：“为此有道乎?”管子曰：“惟反之以号令为可。请以令贺献者皆以镰枝兰鼓[15]，则必坐长什倍其本矣。君之栈台之织[16]亦坐长什倍。请以令召称贷之家，君因酌之酒，太宰行觞。桓公举衣而问曰：‘寡人多务，令衡籍吾国。闻子之假贷吾贫萌，使有以终其上令。寡人有镰枝兰鼓，其贾中纯[17]万泉也。愿以为吾贫萌决其子息之数，使无券契之责。’称贷之家皆齐首而稽颡[18]曰：‘君之忧萌至于此！请再拜以献堂下。’桓公曰：‘不可。子使吾萌春有以傳耜，夏有以决芸。寡人之德子无所宠，若此而不受，寡人不得于心。’故称贷之家皆曰[19]：‘再拜受。’所出栈台之织未能三千纯也，而决四方子息之数，使无券契之责。四方之萌闻之，父教其子，兄教其弟曰：‘夫垦田发务[20]，上之所急，可以无度[21]乎？君之忧我至于此！’此之谓反准。”

【注释】

[1]务：事务。
[2]萌：通“氓”，人民。
[3]反：变更。
[4]间：指地区。
[5]受息：支付利息，指借债。受，通“授”，授予。
[6]断：砍伐。轮轴：制作轮轴的木料。
[7]杼栗：橡子。
[8]福：通“辐”，车辐。
[9]葛：葛藤，其纤维可织布。
[10]丁：原文为“下”，据文义改，指齐国贵族。
[11]衍：沼泽。
[12]梁：鱼梁，在水中筑堰捕鱼。
[13]意：原文为“弃”，据吴志忠说校改，指意料。
[14]五君：指桓公与东西南北的高利贷者。
[15]镰枝兰鼓：美锦名。
[16]织：原文为“职”，据许维遹说校改。
[17]纯：织物的数量单位。
[18]稽颡(sǎng)：古代的一种跪拜礼，屈膝下拜，以额触地。
[19]皆曰：原文为“曰皆”，据闻一多说校改。
[20]务：通“蓩”，毒草。
[21]度：原文为“庶”，据马非百说校改，指考虑。

【品读】

高利贷是一种古老的借贷资本。此节记述的是齐国政府对高利贷状况

的实地调研。虽然此不足为信史，但是《史记·孟尝君列传》所载孟尝君经营高利贷致“息钱十万”的史实，说明齐国高利贷之风还是较为盛行的。

管子曰：“昔者癸度居人之国，必四面望于天下，天下[1]高亦高。天下高我独下，必失其国于天下。”桓公曰：“此若言曷[2]谓也？”管子对曰：“昔莱人善染。练茈之于莱纯锱[3]，緺绶[4]之于莱亦纯锱也。其于[5]周，中十金。莱人知之，间纂[6]茈空。周且敛马[7]作见于莱人操之。莱有准马[8]。是自莱失纂茈而反准于马也。故可因者因之，乘者乘之，此因天下以制天下。此之谓国准。”

【注释】

[1]天下：原文为“下”，据《册府元龟》引文改。

[2]曷：何。

[3]练茈：紫色的丝绢。茈，通“紫”。锱：指一锱金。

[4]緺(guā)绶：紫青色的丝带。

[5]于：原文无此字，据马非百说校补。

[6]间：一会儿。纂：原文为“蓁”，据赵用贤本校改，此处指收购。

[7]马：筹码。

[8]准马：原文为“推马”，据文义改，指可折算钱币的筹码。

【品读】

此节是轻重论在国际贸易中的运用，原理是“天下高亦高”，即用高于别国价格的价格来抢购重要物资。由于莱国人擅长染色，当地紫色丝绢、紫青色丝带的价格较为低廉。可是在周地，此类丝织品极为昂贵。于是，莱国商人将大量本地的丝织品贩运到周地去牟利。从战略物资角度来看，莱国人亲自送去精美的丝织品，却仅仅获得了“寒不可衣”的筹码。

桓公曰：“齐西水潦[1]而民饥，齐东丰庸[2]而粜贱，欲以东之贱被[3]西之贵，为之有道乎？”管子对曰：“今齐西之粟釜百泉，则鏂[4]二十也。齐东之粟釜十泉，则鏂二钱也。请以令籍人三十泉，得以五谷菽粟决其籍。若此，则齐西出三斗而决其籍，齐东出三釜而决其籍。然则釜十之粟皆实于仓廪，西之民饥者得食，寒者得衣；无本者予[5]之陈，无种者予之新。若此，则东西之相被，远近之准平矣。”

【注释】

[1]水潦：水灾。

[2]丰庸：指足用。庸，用。

[3]被：及、到。

[4]鏂(ōu)：古容量单位。二斗为一鏂，或说一斗二升八合为一鏂，五鏂为一釜。

[5]予：原文为"子"，据文义改。下句"予"字同此。

【品读】

面对齐国西部水灾饥荒、东部丰收谷贱的局面，政府通过行政命令向每人征收三十钱的人头税，并要求以粮食折算缴纳。然而，由于东部、西部粮价相差十倍，同样的三十钱可折算为西部粮食三釜，而东部仅为三斗。由此，西部地区的大量粮食进入国家粮仓，政府就可以用来赈济东部灾民了。这便是"东西之相被，远近之准平"的轻重论。

桓公曰："衡数吾已得闻之矣，请问国准。"管子对曰："孟春且至，沟渎阮而不遂[1]，溪谷障[2]上之水不安于藏，内毁室屋，坏墙垣，外伤田野，残禾稼。故君谨守泉金之谢物[3]，且为之举[4]。大夏，帷盖衣幕之奉不给，谨守帛[5]布之谢物，且为之举。大秋，甲兵求缮，弓弩求弦，谨守丝麻之谢物，且为之举。大冬，任[6]甲兵，粮食不给，黄金之赏不足，谨守五谷黄金之谢物，且为之举。已守其谢，富商蓄贾不得如故。此之谓国准。"

【注释】

[1]阮：原文为"阮"，据猪饲彦博说校改，指阻塞。遂：通。

[2]障：原文为"报"，据王引之说校改，指阻隔。

[3]谢物：代谢过季之物。

[4]举：举动，此处指收购。

[5]帛：原文为"泉"，据戴望说校改。

[6]任：用。

【品读】

此节的核心思想为"守其谢"，其主张政府要注意收购、控制过季物品，防止富商蓄贾的囤积居奇、投机专营等行为。这也是战国时期商业学派的贯用伎俩。如《史记·货殖列传》载商业鼻祖白圭就善于"乐观时变"，采取"人弃我取，人取我与"的投机策略。

龙斗于马渎[1]之阳，牛山之阴。管子入复于桓公曰："天使使者临君之郊，请使大夫初饬[2]，左右玄服迎[3]天之使者乎！"天下闻之曰："神哉齐桓公，天使使者临其郊。"不待举兵，而朝者八诸侯。此乘天威而动天下之道也。故智者役使鬼神而愚者信之。

【注释】

[1]马渎:原文为“马谓”,据张佩纶说校改,为一地名。

[2]袀(jūn)饬:黑色服饰。袀,原文为“初”,据陶鸿庆说校改,指黑色。饬,通“饰”,服饰。

[3]迎:原文无,据猪饲彦博说补。

【品读】

齐国有人传言看到两龙在马渎以南、牛山以北的地方相斗。对于轻重学派来讲,这又是一个“役使鬼神”的绝佳机会。此节中,齐桓公借助龙斗传言,对外宣称上天的使者降临齐境,并派大夫等人着黑色礼服去迎接。各国听后,大为震动。前来齐国朝见的国家达八个之多。这就是“乘天威而动天下”的道理。

桓公终神[1]。管子入复桓公曰:“地重[2],疫之哉兆[3],国有恸。风重,疫之哉兆。国有枪星[4],其君必辱;国有彗星[5],必有流血。浮丘之战,彗之所出,必服天下之仇。今彗星见于齐之分[6],请以令朝功臣世家,号令于国中曰:‘彗星出,寡人恐服天下之仇。请有五谷菽[7]粟布帛文采者,皆勿敢左右。国且有大事,请以平贾取之。’功臣之家、人民百姓皆献其谷菽粟泉金,归[8]其财物,以佐君之大事。此谓乘天灾而求民邻[9]财之道也。”

【注释】

[1]终神:祭神结束。

[2]地重:地震。重,通“动”,下句“重”同此。

[3]疫:原文为“投”,据郭沫若说校改,下句“疫”同此。哉:通“灾”,灾祸。兆:预兆。

[4]枪星:天枪星。古人视为灾星。

[5]彗星:扫帚星。

[6]分:分野。

[7]菽:原文为“收”,据文义改。

[8]归:通“馈”,馈赠。

[9]灾:原文为“啬”,据王念孙说校改。邻:近臣。

【品读】

古代社会生产力低下的条件下,神灵祭祀和观星占卜是科学知识匮乏、人们对宇宙万物心存敬畏和盲目崇拜的自然表现。而在轻重论学者眼里,它却成为调控经济的有力托辞。这就是上节所说的“智者役使鬼神而愚者信之”的应用。

桓公曰:“大夫多并[1]其财而不出,腐朽五谷而不散。”管子对曰:“请以令召城阳大夫而谪[2]之。”桓公曰:“何哉?”管子对曰:“‘城阳大夫,嬖宠被絺綌[3],鹅鹜含余粖[4],齐钟鼓之声,吹笙篪[5],同姓[6]不入,伯叔父母远近兄弟皆寒而不得衣,饥而不得食。子欲尽忠于寡人,能乎?故子毋复见寡人。’灭其位[7],杜[8]其门而不出。”功臣之家皆争发其积藏,出其资财,以予其远近兄弟。以为未足,又收国中之贫病孤独老不能自食之萌,皆与得焉。故桓公推仁立义,功臣之家兄弟相戚[9],骨肉相亲,国无饥民。此之谓缪数[10]。

【注释】

[1]并:通“屏”,隐藏。

[2]谪:原文为“请”,据王念孙说校改,指责备。

[3]被:通“披”。絺綌:精美的丝织品。

[4]鹜:鸭。余粖:吃不完的饲料。粖,通“秣”。

[5]笙篪(chí):两种管乐器。

[6]同姓:指同族。

[7]灭其位:取消其职位。

[8]杜:塞,堵塞。

[9]戚:亲近。

[10]缪数:诈伪之术。

【品读】

此节首提“缪数”,即诈伪之术。文中,齐国的大夫们囤积钱财,生活奢靡,不体恤百姓疾苦。齐桓公不知如何是好。对此,管子采用杀鸡儆猴的做法,选择生活最糜烂的“城阳大夫”作为负面典型,历数其声色犬马,不恤宗族的过错,并废黜其职位,促其闭门思过。因而,齐国功臣世家大恐,纷纷捐献钱财,接济宗族,赈济贫穷。结果,在政府导向下,仁义之风大行其道。由此看出,“仁义”在轻重学派眼里只是一个经济调控的幌子而已。

桓公曰:“峥丘之战,民多称贷负子息,以给上之急,度[1]上之求。寡人欲复业产,此何以洽[2]?”管子对曰:“惟缪数为可耳。”桓公曰:“诺。”令左右州曰:“表称贷之家,皆垩白其门而高其闾[3]。”州通之师执折箓[4]曰:“君且使使者。”桓公使八使者式[5]璧而聘之,以给盐菜之用。称贷之家皆齐首稽颡而问曰:“何以得此也?”使者曰:“君令曰:‘寡人闻之《诗》曰:恺悌[6]君子,民之父母也。寡人有峥丘之战,吾闻子假贷吾贫萌,使有以给寡人之急,度寡人之求,使吾萌春有以傳耜,夏有以决芸,而给上事,子之力也。是以式璧而聘子，以给盐菜之用。故子中民之父母也。'”称贷之家皆折其券而削其书，发其积藏，出其财物，以振贫病，分其故赀[7]，故国中大给，峥丘之谋也。此之谓缪数。

【注释】

[1]度：考虑。

[2]洽：通达。

[3]垩(è)：白色土，可用来粉饰墙壁。闾：里门。

[4]州：州长。通：上报。师：乡师。折箓(lù)：简册。

[5]式：用。

[6]恺悌：和乐而平易。

[7]赀：财物。

【品读】

此节是君主运用“缪数”，即巧诈之术的案例。战争期间，为满足政府的急征暴敛，齐国老百姓背负了一身的高利贷。战后，管仲采用“缪数”来帮助百姓偿还债务。首先，政府隆重表彰高利贷之家，刷白其大门，增高其里门，以示尊崇。然后，齐桓公亲自派遣八名使者携带石璧来探问，并谦称仅为微薄之礼。众高利贷者都受宠若惊，纷纷折毁债券，献出家财，赈济贫穷。这种做法貌似高明，实际上高利贷者并不是傻子，他们屈从的多半是君主手中的强权而已。

桓公曰：“四郊之民贫，商贾之民富，寡人欲杀[1]商贾之民以益四郊之民，为之奈何?”管子对曰：“请以令决瓁洛[2]之水，通之抗庄[3]之间。”桓公曰：“诺。”行令未能一岁，而郊之民殷然益富，商贸之民廓然[4]益贫。桓公召管子而问曰：“此其故何也?”管子对曰：“瓁洛之水通之抗庄之间，则屠酤之汁[5]肥流水，则蝱母巨雄[6]、翡燕小鸟皆归之，宜昏饮，此水上之乐也。贾人蓄物而卖为雠买为取[7]，市未央[8]毕，而委舍其守列[9]，投[10]蝱母巨雄。新冠五尺请挟弹怀丸[11]游水上，弹翡燕小鸟，被[12]于暮。故贱卖而贵买。四郊之民卖贵而买贱[13]，何为不富哉？商贾之人，何为不贫乎?”桓公曰：“善。”

【注释】

[1]杀：减。

[2]瓁(wò)洛：地名。

[3]抗庄：两条相对的大道。抗，原文为“杭”，据王念孙说校改，意为对抗。庄，六路通达的大路。下文“抗庄”同此。

[4]廓然：空然。

[5]屠酤之汁：屠户、酒坊流出的油水。

[6]鼤(wén)母：蚊母鸟。母，原文为“虻”，据张佩纶说校改。下文“鼤母”，原文为“鼤虻”，同改。巨雄：大鸟。

[7]卖为雠买为取：指卖只为速卖，买只为速取。

[8]央：尽。

[9]委：舍弃。列：市列。

[10]投：投掷。

[11]新冠：新加冠的年轻人。古代男子年二十而冠。丸：原文为“九”，据赵用贤本改。

[12]被：及，遍及。

[13]卖贵而买贱：原文为“卖贱”，据陶鸿庆说补。

【品读】

此节中，齐桓公想通过削减富商的财富来补给四郊的贫民，以缩小贫富差距。而管子轻描淡写地回答：“请开通蒦洛之水，让其流到城中两条大道之间的低洼处。”表面上看，均贫富与疏通河道是风马牛不相及的两件事情。然而，其内藏玄机。当河道疏通后，屠户、酒坊排出的油水等流入水中，吸引众多小鸟前来聚集，蒦洛俨然成为水上乐园。城里的商人都无心经营，甚至不惜贱卖商品，也要去捉鸟饮乐。如此贱卖贵买，周围贫民自然就富足了。轻重学派能准确地捕捉到不同事件之间的连锁反应，确实是其高明之处。

然而，从福利经济学的角度来看，商人虽然贱卖了商品，但也收获了难得的闲暇享受。与粗暴的行政命令相比，这就是灵活的经济调控的大妙用。政府通过开通河道，改善了人们的居住环境，使得商人有处可乐，贫民有利可图，从而提高了全民的幸福指数。

桓公曰：“五衢之民，衰然多衣弊而屦穿，寡人欲使帛、布、丝、纩之贾贱，为之有道乎？”管子曰：“请以令沐[1]途旁之树枝，使无尺寸之阴。”桓公曰：“诺。”行令未能一岁，五衢之民皆多衣帛完屦。桓公召管子而问曰：“此其何故也？”管子对曰：“途旁之树未沐之时，五衢之民，男女相好往来之市者，罢市相睹树下，谈语终日不归。男女当壮，扶辇推舆，相睹树下，戏笑超距[2]，终日不归。父兄相睹树下，论议玄语[3]，终日不归。是以田不发，五谷不播，桑麻不种，茧缕不治。内严一家而三不归[4]，则帛、布、丝、纩之贾安得不贵？”桓公曰：“善。”

【注释】

[1]沐：剪除。

[2]超距：跳跃。

[3]玄：虚，指不真实。

[4]严：假借为“曮”，视。三不归：指上文三类“终日不归”的情形。

【品读】

齐桓公下令剪除道路两旁树枝后，原来在树荫下游玩、嬉戏、聊天的人们不见了，各自开始回归工作，辛勤劳动。不到一年，布、帛等价格大跌，百姓丰衣足食。与此相反，上一节中商贾们由于沉湎于弹鸟、游水而最终沦为贫穷。虽然两个小故事纯属虚构，但从正反两面说明人民的勤勉劳动才是国家财富的主要来源。

桓公曰：“粜贱，寡人恐五谷之归于诸侯，寡人欲为[1]百姓万民藏之，为此有道乎？”管子曰：“今者夷吾过市，有新成囷京[2]者二家。君请式璧而聘之。”桓公曰：“诺。”行令半岁，万民闻之，舍其作业而为囷京以藏菽粟五谷者过半。桓公问管子曰：“此其何故也？”管子曰：“成囷京者二家，君式璧而聘之，名显于国中，国中莫不闻。是民上则无功[3]显名于百姓也，功立而名成；下则实其囷京，上以给上为君。壹举而名实[4]俱在也，民何为也？”

【注释】

[1]为：使。

[2]囷：圆形谷仓。京：方形大谷仓。

[3]无功：没有战功。

[4]名实：指显名与实其囷京。

【品读】

此节中，齐桓公欲想鼓励百姓储备粮食，以防止流散他国，但苦于无策。而管子经过市场时，见到两家新落成的粮仓。于是他建议桓公派使者携带玉璧去慰问并礼遇这两家。结果不出半年，在名利双收的促动下，齐国百姓兴建粮仓，蔚然成风。这就是政府决策的示范效应。

桓公问管子曰：“请问王数之守终始，可得闻乎？”管子曰：“正月之朝，谷始也；日至百日，黍秫之始也；九月敛实，牟麦[1]之始也。”

【注释】

[1]牟麦：大麦。牟，原文为“平”，据何如璋说校改。

【品读】

此节内容略有突兀。齐桓公问管子道：“请问，王者如何安排农事的起始，能说来听听吗？”管子回答到：“正月上旬要开始种谷，冬至过后一百天，要开始种黍、秫。九月秋收后，就要开始种大麦了。”

管子问于桓公：“敢问齐方于[1]几何里？”桓公曰：“方五百里。”管子曰：“阴雍[2]长城之地，其于齐国三分之一，非谷之所生也。海庄[3]、龙夏，其于齐国四分之一也，朝夕[4]外之，所壖[5]齐地者五分之一，非谷之所生也。然则吾非讬食[6]之主耶？”桓公遽然[7]起曰：“然则为之奈何？”管子对曰：“动之以言，溃[8]之以辞，可以为国基。且君币籍而务，则贾人独操国趣[9]；君谷籍而务，则农人独操国固[10]。君动言操辞，左右之流君独因之，物之始吾已见之矣，物之终吾已见之矣，物之贾吾已见之矣。”管子曰：“长城之阳，鲁也；长城之阴，齐也。三败杀君二重臣定社稷者[11]，吾此皆以孤突之地封者也。故山地者山也，水地者泽也，薪刍之所生者斥[12]也。”公曰：“讬食之主及吾地亦有道乎？”管子对曰：“守其三原[13]。”公曰：“何谓三原？”管子对曰：“君守布则籍于麻，十倍其贾，布五十倍其贾。此数也。君以织籍，籍于糸[14]。未为糸籍糸，抚织，再十倍其价。如此，则去[15]五谷之籍。是故籍于布则抚之糸，籍于谷则抚之山，籍于六畜则抚之术[16]。籍于物之终始而善御以言。”公曰：“善。”

【注释】

[1]方于：通“方舆”，指大地。

[2]阴雍：平阴大堤。

[3]海庄：原文为“洊”，据洪颐煊说校改。

[4]朝夕：通“潮汐”。

[5]壖：通“滞”，指海水淹滞。

[6]讬食：寄食。

[7]遽然：惊慌的样子。

[8]溃：据下文“动言操辞”，疑为“操”。

[9]国趣：指国家的经济趋向。趣，通“趋”，趋向。

[10]国固：指国家的根本。

[11]三败杀君二重臣定社稷者：指齐国与鲁国之间的战事。

[12]斥：盐碱地。

[13]三原：指三种产品的来源。

[14]糸(mì)：原文为“系”，据安井衡说校改，指细丝。此节下文“糸”同此。

[15]去：原文为“云”，据刘绩说校改。

[16]术：通“遂”，古代行政区划，一万三千五百家为遂。此处指郊外。

【品读】

此节的精髓是寓价于税的财税思想。“君守布则籍于麻，十倍其贾，布五十倍其贾”，是指国君要想手中的布匹增值，就要提高其原材料——麻的税收。一般来讲，成品价格的涨幅高于其原材料的价格涨幅。如果政府对麻征税导致其价格升高十倍的话，其成品——布的价格就会暴涨五十倍。因而，政府通过对商品的原材料进行税率调整，就可以达到调控市场价格的目的。

……………………………………

管子曰：“以国一籍臣右守布万两而右麻籍四十倍其贾衍[1]。布五十倍其贾。公以重布决诸侯贾，如此而有二十齐之故[2]。是故轻轶于贾谷制畜者则物轶于四时之辅[3]。善为国者守其国之财，汤[4]之以高下，注[5]之以徐疾，一可以为百。未尝籍求于民，而使用若河海，终则有始。此谓守物而御天下也。”公曰：“然则无可以为有乎？贫可以为富乎？”管子对曰：“物之生未有刑[6]，而王霸立其功焉。是故以人求人则人重[7]矣，以数求物则物重[8]矣。”公曰：“此若言何谓也？”管子对曰：“举国而一则无赀[9]，举国而十则有百。然则吾将以徐疾御之，若左之授右，若右之授左，是以外内不踡[10]，终[11]身无咎。王霸之不求于人而求之终始，四时之高下，令之徐疾而已矣。源泉有竭，鬼神有歇。守物之终始，终身不竭。此谓源究[12]。”

【注释】

[1]此句费解，疑错简。

[2]二十齐之故：指齐国往日收入二十倍。故，旧时。

[3]此句费解，疑错简。

[4]汤：通“荡”，震动。

[5]注：注入。

[6]刑：通“形”，实、形体。

[7]以人求人则人重：指直接按人收税，则人治为主导。

[8]以数求物则物重：指按轻重术来取利，则价格为主导。

[9]一：指价格无差。赀：财物。

[10]踡(quán)：束缚。

[11]终：原文无此字，据王念孙说补。

[12]源究：探究本源。

【品读】

“以人求人则人重矣，以数求物则物重矣”，是指两种不同的经济思想。前者是“籍求于民”，强制征税，则百姓倦怠，政府无利；后者是“无籍于民”，用轻重之术，控制市场，百姓便利，政府获利。“国而一则无赀，举国而十则有百”是指全国实行统一价格的计划方式，会造成商品奇缺、经济萧条，而按照市场手段来调节经济，则商品丰裕、经济繁荣。

轻重戊第八十四

管子轻重十七

桓公问于管子曰："轻重安施[1]？"管子对曰："自理国虙戏[2]以来，未有不以轻重而能成其王者也。"公曰："何谓？"管子对曰："虙戏作，造六法[3]以迎阴阳，作九九之数[4]以合天道，而天下化之。神农作，树五谷淇山之阳，九州之民乃知谷食，而天下化之。燧人[5]作，钻燧生火，以熟荤臊，民食之无兹胃之病[6]，而天下化之。黄帝之王，童山竭泽。有虞之王，烧曾薮[7]，斩群害，以为民利，封土为社，置木为闾，始民知礼也。当是其时，民无愠恶不服，而天下化之。夏人之王，外凿二十宝[8]，韘十七湛[9]，疏三江，凿五湖，道四泾[10]之水，以商[11]九州之高，以治九薮，民乃知城郭、门闾、室屋之筑，而天下化之。殷人之王，立皂牢[12]，服牛马，以为民利，而天下化之。周人之王，循六法，合阴阳，而天下化之。"公曰："然则当世之王者何行而可？"管子对曰："并用而毋俱尽也。"公曰："何谓？"管子对曰："帝王之道备矣，不可加也。公其行义而已矣。"公曰："其行义奈何？"管子对曰："天子幼弱，诸侯亢强，聘享不上。公其弱强继绝，率诸侯以起周室之祀。"公曰："善。"

【注释】

[1]安：怎么。施：施行。

[2]虙戏：即伏羲。

[3]六法：原文为"六峜"，据洪颐煊说校改，指八卦。下文"循六法"，原文为"循六峜"，同改。

[4]九九之数：九九乘法术。

[5]燧人：原文为"黄帝"，据张佩纶说校改。

[6]兹(xuán)胃之病：指食物中毒。兹，原文为"兹"，据马非百说校改，即黑，污浊。胃，通"胃"。

[7]曾薮：指大泽。曾，通"层"，重叠。

[8]宝(méng)：通"虻"，指大河。

[9]韘(xiè)：通"渫"，疏通。湛：水不流。

[10]道：通"导"，引导、疏导。四泾：指江、淮、河、济。

[11]商：计算。

[12]皂：原文为"帛"，据王念孙说校改，指差役。牢：养牲畜的圈栏。

【品读】

此节是一部虚构的轻重理论的学术史，颇为生硬牵强。作者将创立八卦的伏羲、树种五谷的神农、钻木取火的燧人、开辟荒林的黄帝、封土为社的虞舜、治理江河的大禹、服用牛马的王亥、推衍八卦的周文王等，都一一纳入到轻重理论的先贤之列。而作者内心最想说的就是"自理国虙戏以来，未有不以轻重而能成其王者也"一句，以此来彰显轻重理论的正统性。不过，他们主张"并用而毋俱尽也"，即要因时而动，与时俱进；另外，作者还指出桓公称霸的策略为"其弱强继绝，率诸侯以起周室之祀"，这体现了轻重派进步的历史观。

桓公曰："鲁梁之于齐也，千谷[1]也，蜂螫[2]也，齿之有唇也。今吾欲下鲁梁，何行而可？"管子对曰："鲁梁之民俗为绨[3]。公服绨，令左右服之，民从而服之。公因令齐勿敢为，必仰于鲁梁，则是鲁梁释其农事而作绨矣。"桓公曰："诺。"即为服于泰山之阳，十日而服之。管子告鲁梁之贾人曰："子为我致绨千匹，赐子金三百斤，什至而金三千[4]斤。"则是鲁梁不赋于民，财用足也。鲁梁之君闻之，则教其民为绨。十三月，而管子令人之鲁梁。鲁梁郭中之民道路扬尘，十步不相见，曳挢而踵[5]相随，车毂齺[6]，骑连伍而行。管子曰："鲁梁可下矣。"公曰："奈何？"管子对曰："公宜服帛，率民去绨。闭关，毋与鲁梁通使。"公曰："诺。"后十月，管子令人之鲁梁，鲁梁之民饿馁相及，应声之正[7]无以给上。鲁梁之君即令其民去绨修农。谷不可以三月而得，鲁梁之人籴十百[8]，齐粜十钱[9]。二十四月，鲁梁之民归齐者十分之六。三年，鲁梁之君请服。

【注释】

[1]千谷：田间之谷，此处指举手可得。千，通"阡"，田间道路。

[2]蜂螫(shì)：蜂的螯刺。

[3]绨：一种粗厚光滑的丝织品。

[4]三千：原文为"三十"，据赵用贤本改。

[5]曳：原文为"绁"，据王念孙说校改，意为拖。挢：通"屩"，草鞋。踵：脚后跟。

[6]车毂：指车轮。齺(zōu)：牙齿咬东西时上下相交，此指交错。

[7]正：通"征"，指赋税征收。

[8]籴十百：指买粮价格千钱。

[9]粜十钱：指卖粮价格十钱。

【品读】

此节叙述的是典型的国际贸易战争，通过控制别国经济命脉来达到"不战而屈人之兵”的目的。首先，齐国政府有意制造丝织品——绨的高需求假象，暴利驱使鲁、梁二国全民生产绨，导致农业荒废。接着，齐国突然断绝与二国的贸易往来，再加之“谷不可以三月而得”的农业周期性，最终鲁、梁二国陷入饥荒，被迫臣服于齐国。由此可知，粮食生产是国民经济的基石，社会安定的保障。这也是轻重论以“天下下我高，天下轻我重”的方法来抢购国际市场粮食的原因所在。时至今日，我国的大豆、玉米、食用油等渐渐被外资控制，我们理应常持警惕、戒备之心。下文与此原理类似，兹不赘述。

桓公问管子曰：“民饥而无食，寒而无衣，应声之正无以给上，室屋漏而不治[1]，墙垣坏而不筑，为之奈何？”管子对曰：“沐涂[2]树之枝也。”桓公曰：“诺。”令谓左右伯[3]沐涂树之枝。左右伯受沐，涂树之枝阔。其年[4]，民被白[5]布，清中而浊[6]，应声之正有以给上，室屋漏者得居，墙垣坏者得筑。公召管子问曰：“此何故也？”管子对曰：“齐者，夷莱之国也。一树而百乘息其下者，以其不捎[7]也。众鸟居其上，丁壮者胡[8]丸操弹居其下，终日不归。父老柎[9]枝而论，终日不归。归市亦惰倪[10]，终日不归。今吾沐涂树之枝，日中无尺寸之阴，出入者长时，行者疾走，父老归而治生，丁壮者归而薄[11]业。彼臣归其三不归，此以乡不资也。”

【注释】

[1]治：原文为“居”，据王念孙说校改。

[2]沐：剪。涂：通“途”，道路。

[3]左右伯：指齐国王卒的官长。

[4]其年：一年。其，通“期”。

[5]白：通“帛”，丝帛。

[6]清中而浊：指腹内由空虚变得充实。

[7]捎：砍除。

[8]胡：据戴望说，当为“怀”。

[9]柎：通“抚”，抚摩。

[10]惰：慵懒。倪：通“睨”，视。

[11]薄：勉力。

【品读】

此节内容也见于《轻重丁》篇，略有差异，应是不同版本的原因。

桓公问于管子曰：“莱、莒与柴田相并[1]，为之奈何？”管子对曰：“莱、莒之山生柴，君其率白徒[2]之卒铸庄山之金以为币，重莱之柴贾。”莱君闻之，告左右曰："金币者，人之所重也。柴者，吾国之奇出也。以吾国之奇出，尽齐之重宝，则齐可并也。"莱即释其耕农而治柴。管子即令隰朋反农。二年，桓公止柴。莱、莒之籴三百七十，齐粜十钱，莱、莒之民降齐者十分之七。二十八月，莱、莒之君请服。

【注释】

[1]与：同。柴田相并：指砍柴与农业并重。

[2]白徒：未受过训练的新兵。

【品读】

莱国与莒国是东夷建立的国家，与齐国素有恩怨。此节中，莱、莒二国盛产薪材，于是齐国开山铸币，用钱币高价收购薪材。而这两国国君只图钱币之利，大肆号召百姓上山砍伐，结果农事荒废。齐国则暗暗鼓励农业生产。两年后，齐国断然停止进口薪材。莱、莒二国因粮食匮乏，粮价陡升至三百七十钱，而齐国只有十钱。饥馑之下，十分之七的两国民众迁来齐国。最终，莱、莒二国臣服于齐。

桓公问于管子曰："楚者，山东[1]之强国也，其人民习战斗之道。举兵伐之，恐力不能过。兵弊于楚，功不成于周，为之奈何？"管子对曰："即以战斗之道与之矣。"公曰："何谓也？"管子对曰："公贵买其鹿。"桓公即为百里之城，使人之楚买生鹿。楚生鹿当一而八万。管子即令桓公与民通轻重，藏谷什之六。令左司马伯公[2]将白徒而铸钱于庄山，令中大夫王邑载钱二千万，求生鹿于楚。楚王闻之，告其相曰："彼金钱，人之所重也，国之所以存，明王之所以赏有功。禽兽者群害也，明王之所弃逐也。今齐以其重宝贵买吾群害，则是楚之福也。天且以齐私楚也。子告吾民急求生鹿，以尽齐之宝。"楚人即释其耕农而田[3]鹿。管子告楚之贾人曰："子为我致生鹿二十，赐子金百斤。什至而金千斤也。"则是楚不赋于民而财用足也。楚之男子居外，女子居涂。隰朋教民藏粟五倍，楚以生鹿藏钱五倍。管子曰："楚可下矣。"公曰："奈何？"管子对曰："楚钱五倍，其君且自得而修[4]谷。钱五倍，是楚强也。"桓公曰："诺。"因令人闭关，不与楚通使。楚王果自得而修谷，谷不可三月而得也，楚籴四百。齐因令人载粟处芊[5]之南，楚人降齐者十分之四。三年而楚服。

【注释】

[1]山东：指崤山、函谷关以东。

[2]伯公：齐国大臣。下文"王邑"同。

[3]田：打猎。

[4]自得：自鸣得意。修：整治。

[5]芊：楚地名。

【品读】

与上节原理类似，此节仍是轻重学派虚构的案例。文中，齐桓公想一举降服强敌楚国。管子建议以八万一只的高价收购楚国的生鹿。于是，齐国一方面开山铸币，载钱两千万前去购买；另一方面则暗自将本国十分之六的粮食囤积起来。而楚王贪图金钱，号召百姓猎取生鹿。同时，管仲用重金利诱楚国商人大肆收购、转运生鹿。因而，楚国上上下下都投入到猎鹿的洪流之中，农事便无人问津了。最后，齐国关闭边境，断绝贸易。而楚国因粮食无法“三月而得”，陷入饥荒。齐国适时运粮到楚国边境，楚国大量饥民流入齐地。三年后，楚国臣服。

桓公问于管子曰：“代国之出，何有？”管子对曰：“代之出，狐白[1]之皮。公其贵买之。”管子曰：“狐[2]应阴阳之变，六月而壹见。公贵买之，代人忘其难得，喜其贵买，必相率而求之。则是齐金钱不必出，代民必去其本而居山林之中。离枝闻之，必侵其北。离枝侵其北，代必归于齐。公其令[3]齐载金钱而往。”桓公曰：“诺。”即令中大夫王师北[4]将人徒载金钱之代谷之上，求狐白之皮。代王闻之，即告其相曰：“代之所以弱于离枝者，以无金钱也。今齐乃以金钱求狐白之皮，是代之福也。子急令民求狐白之皮以致齐之币，寡人将以来离枝之民。”代人果去其本，处山林之中，求狐白之皮。二十四月而不得一。离枝闻之，则侵其北。代王闻之，大恐，则将其士卒葆[5]于代谷之上。离枝遂侵其北，王即将其士卒愿以下齐。齐未亡一钱币，修使三年而代服。

【注释】

[1]狐白：狐腋下的白毛。

[2]狐：原文为“狐白”，据《太平御览》引文删。

[3]其令：原文为“曰今”，据文义改。

[4]王师北：人名。

[5]葆：通“保”，保卫、看守。

【品读】

此节中，齐国先是高价收购代国的特产狐白之皮。面对齐国金钱的诱惑，代王命令百姓放弃本业，钻入深山，大肆猎狐，却一无所获。敌国离枝听说后，随即侵略代国边境。最终，齐国不费一钱，也没有动用一兵一卒，便将内忧外患的代国彻底降服。

桓公问于管子曰："吾欲[1]制衡山之术，为之奈何?"管子对曰："公其令人贵买衡山之械器[2]而卖之。燕、代必从公而买之，秦、赵闻之，必与公争之。衡山之械器必倍其贾。天下争之，衡山械器必什倍以上。"公曰："诺。"因令人之衡山求买械器，不敢辩其贵贾。齐修械器于衡山十月，燕、代闻之，果令人之衡山求买械器。燕、代修三月，秦国闻之，果令人之衡山求买械器。衡山之君告其相曰："天下争吾械器，令其贾[3]再什以上。"衡山之民释其本，修械器之巧。齐即令隰朋漕[4]粟于赵。赵粜[5]十五，隰朋取之石五十。天下闻之，载粟而之齐。齐修械器十七月，修籴五月，即闭关不与衡山通使。燕、代、秦、赵即引其使而归。衡山械器尽，鲁削衡山之南，齐削衡山之北。内自量无械器以应二敌，即奉[6]国而归齐矣。

【注释】

[1]欲：原文为"谷"，据文义改。

[2]械器：指军事器械。

[3]贾：原文为"买"，据刘绩注本改，通"价"。

[4]漕：水运粮食。

[5]粜：原文为"籴"。下文"修籴"，原文为"修粜"，据吴志忠说校改。

[6]奉：进献。

【品读】

此节中，齐国高价收购衡山国的兵器，引起了各诸侯国的竞价抢购。而衡山国国君贪图一时暴利，命令百姓放弃本业，齐力制造兵器。最后，齐国断绝贸易往来，致使衡山国陷入内外困境，不得不臣服于齐。

本篇多为轻重论的经典案例，主题思想是利用经济战争来征服别国。具体来讲，在两国贸易中，利用高价诱使别国荒废农业，专营他业，然后中断贸易，垄断国际市场的粮食，致使别国陷入饥馑，被迫臣服。

轻重己第八十五

管子轻重十八

清[1]神生心，心生规，规生矩，矩生方，方生正，正生历，历生四时，四时生万物。圣人因而理之，道遍[2]矣。

【注释】

[1]清：通“精”，精气。

[2]遍：完备。

【品读】

作者将精气作为万物的本源，无疑是受稷下黄老道家的影响。接着，又用一系列的机械推衍，得出“四时生万物”的推论，开门见山地指明时令的重要性。

以冬日至[1]始，数四十六日，冬尽而春始。天子东出其国四十六里而坛，服青而绕[2]青，搢玉忽[3]，带玉监[4]，朝诸侯卿大夫列士，循于百姓，号曰祭日，牺牲以鱼。发号出令[5]曰：“生而勿杀，赏而勿罚，罪狱勿断，以待期年。”教民樵室钻鐩[6]，墐灶泄井[7]，所以寿民也。耜、耒、耨、檲、铝、鈶、乂、橿、权渠、绳绁[8]，所以御春夏之事也，必具。教民为酒食，所以为孝敬也。民生而无父母谓之孤子；无妻无子，谓之老鳏；无夫无子，谓之老寡。此三人者，皆就官而众[9]。可事者不可事者，食如言而勿遗。多者[10]为功，寡者为罪，是以路无行乞者也。路有行乞者，则相之罪也。天子之春令也。

【注释】

[1]冬日至：冬至。

[2]绕(wèn)：通“冕”，礼冠。

[3]搢：插。忽：原文为“揔”，据王念孙说校改，通“笏”，笏板。

[4]监：通“鉴”，镜。

[5]发号出令：原文为“发出令”，据刘绩注本补。

[6]樵室：以火温室。钻鐩：钻木取火。鐩，通“燧”。

[7]墐(jìn)灶：用泥涂灶。泄井：淘井。

[8]耨：小锄。檲：原文为“怀”，据张佩纶说校改，指大锄。铝(zhāo)：镰刀。鈶(sì)：

镰柄。乂：原文为“又”，据王念孙说校改，指通“刈”，镰刀。橿(jiāng)：锄柄。权渠：据马非百说，应为“护渠”，指蓑衣。绳：原文为“緿”，据王念孙说校改。緤：绳类。

[9]众：读为“终”。

[10]多者：指收养孤子、老鳏、老寡人数多的官吏。

【品读】

在春令中，政府亲自收养“孤子”“老鳏”“老寡”等弱势群体，给予抚恤、养护。“可事者不可事者，食如言而勿遗”，是指上述三类群体无论有能力服役干活的，还是身体不允许的，都要按规定供食，不能有所遗漏。

以冬日至始，数九十二日，谓之春至[1]。天子东出其国九十二里而坛，朝诸侯卿大夫列士，循于百姓，号曰祭星。十日之内，室无处女[2]，路无行人。苟不树艺者，谓之贼人；下任[3]之地，上任之天，谓之不服之民；处里为下陈[4]，处师为下勇[5]，谓之役夫[6]。三[7]不树而主使之。天子之春令也。

【注释】

[1]春至：春分。

[2]处女：指闲居女子。

[3]任：原文为“作”，据张佩纶说校改，指听凭。下一“任”字，同此。

[4]下陈：下列。

[5]勇：原文为“通”，据郭沫若说校改。

[6]役夫：指供役使的低贱之人。

[7]三：指上“文贼人”“不服之民”“役夫”。

【品读】

此节为春分前后的时令。天子要在东面九十二里的地方，设置祭坛，进行“祭星”的重大仪式。天下百姓要全力投入耕种，要做到家无闲女，路无行人。对于不事耕种、专门靠天吃饭以及逃避劳作的人，政府要严加管理，驱使归农。

以春日至始，数四十六日，春尽而夏始。天子服黄而静处，朝诸侯卿大夫列士，循于百姓，发号出令曰：“毋聚大众，毋行大火，毋断大木[1]，毋斩大山，毋戮大衍[2]。灭三大[3]而国有害也。”天子之夏禁也。

【注释】

[1]断大木：原文后有“诛大臣”三字，据俞樾说删。

[2]戮：砍伐。大衍：沼泽。

[3]三大：指断大木、斩大山、戮大衍。

【品读】

此节是立夏的禁令。立夏时节，君主应穿着黄衣而静居安处，并颁布禁令：不允许私自聚众集会，不能引发火灾，不要砍断大树，不要破坏大山的植被，不要堵塞水泽。这些都是有利于保护生态环境的禁令。

以春日至始，数九十二日，谓之夏至，而麦熟。天子祀于太宗，其盛[1]以麦。麦者，谷之始也。宗者，族之始也。同族者入[2]，殊族者处[3]。皆齐[4]。大牲[5]，出祭王母[6]。天子之所以主始而忌讳[7]也。

【注释】

[1]盛：放在祭器里的谷物。

[2]入：原文为“人”，据王念孙说校改，指入祭。

[3]处：止、休息。

[4]齐：通“斋”，斋戒。

[5]大牲：原文为“大材”，据张佩纶说校改。

[6]王母：祖母。

[7]主始而忌讳：指追念先祖。

【品读】

此节是夏至的时令。夏至时节，五谷之中的麦子最早成熟。此时，天子要以新麦作为祭品，来祭祀太宗。同时，还要用大的牺牲来祭祀祖母。这些都是天子用来彰显追念先祖、不忘根本的重大礼仪。

以夏日至始，数四十六日，夏尽而秋始，而黍熟。天子祀于太祖，其盛以黍。黍者，谷之美者也。祖者，国之重者也。大功者太祖，小功者小祖，无功者无祖。有功者皆称其位而立沃[1]，无功者观于外。祖者所以功祭也，非所以戚祭[2]也。天子之所以异贵贱而赏有功也。

【注释】

[1]有功：原文为“无功”，据张佩纶说校改。下文“无功”，原文为“有功”，同改。立沃：站立着行宴会礼。沃，通“饫”。

[2]戚祭：以亲入祭。

【品读】

此节是立秋的时令。立秋时节，黍子正好成熟。天子要以黄米作为祭品来祭祀太祖。需要注意的是，祭祀太祖的原则是凭借功绩，而不是靠亲戚的远近。因为这是天子用来区别贵贱、论功行赏的重大仪式。

以夏日至始，数九十二日，谓之秋至。秋至而禾[1]熟。天子祀于太蕊[2]，西出其国百三十八里而坛，服白而绕白，搢玉忽[3]，带锡监[4]，吹埙篪之风[5]，凿[6]动金石之音，朝诸侯卿大夫列士，循于百姓，号曰祭月，牺牲以彘[7]。发号出令：罚而勿赏，夺而勿予，罪狱诛而勿生，终岁之罪，毋有所赦。作衍牛马之实在野者[8]，王[9]。天子之秋计也。

【注释】

[1]秋至：秋分。禾：指粟。

[2]太蕊(ruǐ)：据郭沫若说，当为"太郊"。

[3]忽：原文为"揔"，据王念孙说校改，通"笏"。

[4]监：通"鉴"，镜子。

[5]埙：陶制吹乐器。篪：竹制吹乐器。风：乐风。

[6]凿：敲击。

[7]彘：猪。

[8]作衍：疑衍文，可删。牛马之实在野者：指将牛马充实在田野，进行放牧。

[9]王：通"旺"，兴旺。

【品读】

此节是秋分的时令。秋分时节，恰好是粟米成熟的时候。天子要在西面一百三十八里的地方，设立祭坛，进行"祭月"的盛大仪式。此时的政令为：应该行刑而不能行赏，应该剥夺而不能赐予，判处死罪的决不能让其逃生，终年羁押的罪犯也不能轻易赦免。

以秋日至始，数四十六日，秋尽而冬始。天子服黑绕黑而静处，朝诸侯卿大夫列士，循于百姓，发号出令曰："毋行大火，毋斩大山，毋塞大水，毋犯天之隆[1]。"天子之冬禁也。

【注释】

[1]隆：尊。

【品读】

此节是立冬的时令。立冬时节，天子要穿黑衣，冠黑冕，静居安处。此时的政令为：不要引发火灾，不要砍伐大山，不要堵塞大水，也不能触犯天威。这就是天子冬季的禁令。

以秋日至始，数九十二日，天子北出九十二里而坛，服黑而绕黑，朝诸侯卿大夫列士，号曰祭辰[1]。趣[2]山人断伐，具械器；趣菹人薪雚[3]苇，足蓄积。三月之后，皆以其所有易其所无，谓之大通三月之蓄。

【注释】

[1]祭辰：原文为“发繇”，据郭沫若说校改。辰，星辰。

[2]趣：督促。

[3]菹人：沼泽之民。薪：作动词，采伐。雚(huán)：通“萑”，即荻，形状像芦苇。

【品读】

此节是冬至的时令。冬至时节，天子要在北面九十二里的地方设置祭坛，进行“祭辰”的重大礼仪。此时的政令为：督促山民砍伐树木，以制造械器；督导沼泽之民砍伐雚苇，保证储备充足。三个月后，就是鼓励百姓互通有无、加快蓄积流动的时期。

凡在趣耕而不耕，民以不令[1]，不耕之害也。宜芸而不芸，百草皆存，民以仅存[2]，不芸之害也。宜获而不获，风雨将作，五谷以削，士民零落[3]，不获之害也。宜藏而不藏，雾气阳阳，宜死者生，宜蛰[4]者鸣，不藏之害也。张耜当弩，铫耨[5]当剑戟，擭渠当胁軥[6]，蓑笠当抹橹[7]，故耕械具则战械备矣。

【注释】

[1]令：善。

[2]仅存：指勉强生存。

[3]零落：指死亡。

[4]蛰：动物冬眠。

[5]铫：大锄。耨：小锄。

[6]擭(huò)渠：护渠，指蓑衣。胁軥：护胸肋的铠甲。

[7]抹橹：大盾牌。

【品读】

本篇完整、系统地叙述了一年四季天子所推行的不同政令，属于时令一类的文章。此文归入轻重论专文之中，显得尤为特别。

本篇第一节为总论。精气是万物的源头，它生成心，心生成规，规生成矩，矩生成方，方生成正，正生成历法，历法生成四时，四时生成万物。在这一系列的机械推衍中，四时无疑扮演着重要的角色。也就是说，只有顺应四时，万物才能完备共生。从第二节到第九节分别论述了春、夏、秋、冬四时的政令，内容包括天子祭祀的名号服色、农事安排、赏罚号令等方面。最后一节，着重强调违背时令所带来的危害性。

主要参考文献

(春秋)管仲:《管子》二十四卷,《四部丛刊初编》本,据常熟瞿氏铁琴铜剑楼藏南宋浙刻本,商务印书馆 1926 年影印。

(明)刘绩:《管子补注》,《湖北先正遗书》,卢木斋据明万历七年朱东光刻中都四子本影印,《丛书集成续编》第 76 册,上海书店出版社 1994 年影印。

(明)赵用贤:《管韩合刻》万历十年刻本,《二十二子》本,浙江书局光绪二年据赵氏本校刻,上海古籍出版社 1986 年缩印。

(明)朱长春:《管子榷》,《续修四库全书》第 970 册,据万历四十年张维枢刻本,上海古籍出版社 1996 年影印。

(明)凌汝亨:《管子》万历四十八年刻本,宋哲元 1937 年影印,浙江人民出版社 1983 年影印。

《管子》,《景印文渊阁四库全书》第 729 册,台湾商务印书馆 1986 年影印。

《管子补注》,《景印文渊阁四库全书》第 729 册,台湾商务印书馆 1986 年影印。

《管子》,《百子全书》第 3 册,上海扫叶山房 1919 年石印,浙江人民出版社 1984 年影印。

(唐)房玄龄注:《管子注》,《中华再造善本》,北京图书馆出版社 2004 年版。

(清)洪颐煊:《管子义证》,《续修四库全书》本,第 970 册,上海古籍出版社 1996 年版。

(清)戴望:《管子校正》,《诸子集成》第五册,中华书局 1954 年版。

(清)张佩纶:《管子学》,台湾商务印书馆 1971 年版。

(清)王仁俊:《管子集注》,《续修四库全书》本,第 971 册,上海古籍出版社 1996 年版。

(清)王绍兰:《管子地员篇注》,《续修四库全书》本,第 970 册,上海古籍出版社 1996 年版。

支伟成编纂:《管子通释》,上海书店出版社 1924 年版。

唐敬杲选注:《管子》,商务印书馆 1926 年版。

郭沫若、闻一多、许维遹:《管子集校》,科学出版社 1956 年版。

赵守正:《管子注译》,广西人民出版社 1982 年版。

章炳麟著,沈延国校点:《管子余义》,《章太炎全集》(第六册),上海人民出版社 1986 年版。

赵守正:《管子通解》,北京经济学院出版社 1989 年版。

谢浩范、朱迎平译注:《管子全译》,贵州人民出版社 1996 年版。

颜昌峣:《管子校释》,岳麓书社 1996 年版。

钟肇鹏、孙开泰、陈升:《管子简释》,齐鲁书社 1997 年版。

周瀚光、朱幼文、戴洪才:《管子直解》,复旦大学出版社 2000 年版。

黎翔凤著,梁运华整理:《管子校注》,《新编诸子集成》本,中华书局 2004 年版。

马非百:《管子轻重篇新诠》,《新编诸子集成》本,中华书局 1979 年版。

《管子》经济思想研究组:《〈管子〉经济篇文注译》,江西人民出版社 1980 年版。

夏纬瑛校释:《管子地员篇校释》,农业出版社 1981 年版。

姜涛:《管子新注》,齐鲁书社 2009 版。

李山译注:《管子》,中华书局 2009 年版。

(晋)杜预注,(唐)孔颖达等正义:《春秋左传正义》,《十三经注疏》本,中华书局 1980 年影印。

(魏)何晏等注,(宋)邢昺疏:《论语注疏》,《十三经注疏》本,中华书局 1980 年影印。

杨伯峻译注:《论语译注》,中华书局 1980 年版。

(魏)王弼注,楼宇烈校释:《老子道德经注校释》,《新编诸子集成》本,中华书局 2008 年版。

上海师范大学古籍整理组校点:《国语》,上海古籍出版社 1978 年版。

吴则虞撰:《晏子春秋集释》,《新编诸子集成》本,中华书局 1982 年版。

杨伯峻撰:《列子集释》,《新编诸子集成》本,中华书局 1979 年版。

王先慎撰,钟哲点校:《韩非子集解》,《新编诸子集成》本,中华书局 1998 年版。

(汉)司马迁:《史记》,中华书局 1959 年点校本。

(汉)班固,(唐)颜师古注:《汉书》,中华书局 1962 年点校本。

(汉)贾谊撰,阎振益、钟夏校注:《新书校注》,《新编诸子集成》本,中华书局 2000 年版。

(汉)刘向集录:《战国策》(全三册),上海古籍出版社 1985 年版。

(汉)刘向撰,向宗鲁校正:《说苑校正》,中华书局1987年版。

王利器校注:《盐铁论校注》,《新编诸子集成》本,中华书局1992年版。

(隋)虞世南撰:《北堂书钞》,天津古籍出版社1988年版。

(唐)欧阳询撰,汪绍楹校:《艺文类聚》(全二册),中华书局1965年版。

(唐)魏征等撰:《群书治要》(全二册),团结出版社2012年版。

(唐)徐坚等撰:《初学记》(全二册),中华书局1962年版。

(唐)陆德明撰,黄焯校:《经典释文汇校》,中华书局2006年版。

(唐)杜佑撰,王文锦等点校:《通典》(全五册),中华书局1988年版。

(北宋)李昉等撰:《太平御览》(全四册),中华书局1960年影印本。

(北宋)王钦若等编:《册府元龟》(全十二册),中华书局1960年影印。

(清)王念孙:《读书杂志》,江苏古籍出版社1985年版。

(清)陶鸿庆:《读诸子札记》,中华书局1959年版。

(清)俞樾:《诸子平议》,上海书店1988年版。

(清)姚振宗:《七略别录佚文》,《师石山房丛书》,开明书店1936年版。

(清)孙诒让著,梁运华点校:《札迻》,中华书局1989年版。

梁启超:《管子评传》,《诸子集成》第五册,世界书局1935年版。

黄汉:《管子经济思想》,商务印书馆1936年版。

戴濬编著:《管子学案》,正中书局1949年版。

胡寄窗:《中国经济思想史》上册,上海人民出版社1978年版。

睡虎地秦墓竹简整理小组编:《睡虎地秦墓竹简》,文物出版社1978年版。

国家文物局古文献研究室编:《马王堆汉墓帛书[壹]》,文物出版社1980年版。

马王堆汉墓帛书整理小组:《马王堆汉墓帛书[叁]》,文物出版社1983年版。

银雀山汉墓竹简整理小组编:《银雀山汉墓竹简〔壹〕》,文物出版社1985年版。

张家山二四七号汉墓竹简整理小组编著:《张家山汉墓竹简〔二四七号墓〕:释文修订本》,文物出版社2006年版。

赵守正:《管子经济思想研究》,上海古籍出版社1989年版。

巫宝三:《管子经济思想研究》,中国社会科学出版社1989年版。

《管子学刊》编辑部编:《管子与齐文化》,北京经济学院出版社1990年版。

徐汉昌:《管子思想研究》,台北学生书局1990年版。

刘蔚华、苗润田:《稷下学史》,中国广播电视出版社1992年版。

胡家聪:《管子新探》,中国社会科学出版社 1995 年版。
王志民:《齐文化论稿》,山东大学出版社 1995 年版。
汤孝纯:《管子述评》,东大图书股份有限公司 1995 年版。
刘师培:《管子斠补》,《刘申叔遗书》上册,江苏古籍出版社 1997 年版。
胡家聪:《稷下争鸣与黄老新学》,中国社会科学出版社 1998 年版。
袁闾:《〈管子〉与中国文化》,河南大学出版社 1998 年版。
陈庆照、李障天注释:《管子房注释解》,齐鲁书社 2001 年版。
李学勤:《简帛佚籍与学术史》,江西教育出版社 2001 年版。
战化军:《管仲评传》,齐鲁书社 2001 年版。
宣兆琦:《齐文化发展史》,兰州大学出版社 2002 年版。
张友直:《管子货币思想考释》,北京大学出版社 2002 年版。
胡家聪:《管子新探》,中国社会科学出版社 2003 年版。
周俊敏:《〈管子〉经济伦理思想研究》,岳麓书社 2003 年版
池万兴:《管子研究》,高等教育出版社 2004 年版。
刘蔚华:《管仲与〈管子〉》,山东文艺出版社 2004 年版。
乐爱国:《管子的科技思想》,科学出版社 2004 年版。
任继亮:《〈管子〉经济思想研究:轻重论史话》,中国社会科学出版社 2005 年版。
张力:《管仲评传》,四川大学出版社 2005 年版。
陈鼓应:《管子四篇诠释:稷下道家代表作解析》,商务印书馆 2006 年版。
张固也:《管子研究》,齐鲁书社 2007 年版。
李玉洁:《齐国史》,新华出版社 2007 年版。
陈书仪:《管子大传》,齐鲁书社 2008 年版。
司马琪主编:《十家论管》,上海人民出版社 2008 年版。
于省吾:《管子新证》,《双剑誃诸子新证》上册,中华书局 2009 年版。
胡新生:《管子志》(附晏子志),山东人民出版社 2009 年版。
耿振东:《〈管子〉研究史(战国至宋代)》,学苑出版社 2011 年版。